A-Z SURR

CW00499442

CONTENTS

REFERENCE

Motorway	M3
A Road	A246
Under Construction	
Proposed	
B Road	B3430
Dual Carriageway	
One-Way Street Traffic flow on A Roads is indicated by a heavy line on the driver's left	→
Large Scale Pages Only	⇒
Junction Name	APEX CORNER
Pedestrianized Road	
Restricted Access	
Track and Footpath	
Residential Walkway	
Railway	Tunnel / Level Crossing
Stations: National Rail Network	🚉
Heritage Station	
Underground Station	⊖ is the registered trade mark of Transport for London
Croydon Tramlink	Tunnel / Stop
The boarding of Tramlink trams at stops may be limited to a single direction, indicated by the arrow	
Built-Up Area	HIGH STREET
Local Authority Boundary	— ·· — ·· —
Posttown Boundary	
Postcode Boundary (within Posttown)	— — — —

Map Continuation	80 / Large Scale Town Centre 200
Car Park (Selected)	P
Park & Ride	P+
Church or Chapel	†
Fire Station	■
Hospital	⊞
House Numbers A & B Roads only	51 19 / 22 48
Information Centre	🛈
National Grid Reference	⁵35
Police Station	▲
Post Office	★
Toilet	▽
with Facilities for the Disabled	♿
Viewpoint	☀ ⁂
Educational Establishment	◥
Hospital or Hospice	◥
Industrial Building	◥
Leisure or Recreational Facility	◥
Place of Interest	◥
Public Building	◥
Shopping Centre or Market	◥
Other Selected Buildings	◥

SCALE

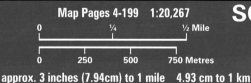

Map Pages 4-199   1:20,267

0   ¼   ½ Mile

0   250   500   750 Metres

approx. 3 inches (7.94cm) to 1 mile   4.93 cm to 1 km

Map Pages 200-203   1:9051

0   ⅛   ¼ Mile

0   100   200   300   400 Metres

7 inches (17.78 cm) to 1 mile   11.05 cm to 1 km

Copyright of Geographers' A-Z Map Company Ltd.

Head Office:
Fairfield Road, Borough Green, Sevenoaks, Kent TN15 8PP
Telephone: 01732 781000 (Enquiries & Trade Sales)
01732 783422 (Retail Sales)
www.a-zmaps.co.uk

Ordnance Survey   This product includes mapping data licensed from Ordnance Survey® with the permission of the Controller of Her Majesty's Stationery Office.

© Crown Copyright 2002. All rights reserved   Licence number 100017302

Copyright © Geographers' A-Z Map Co. Ltd.   Edition 4 2002   Edition 4B 2005 (part revision)

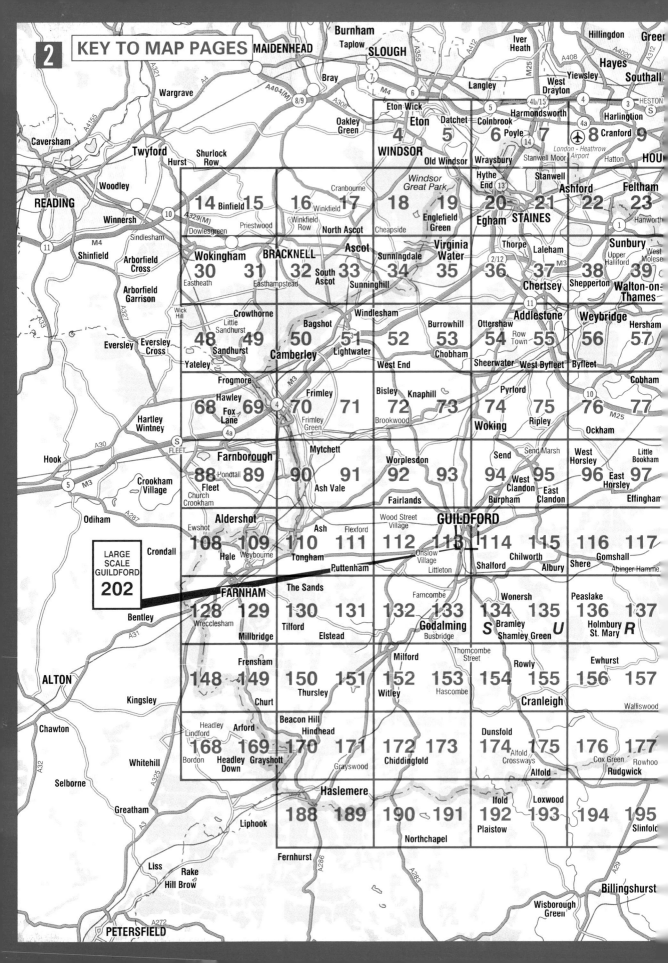

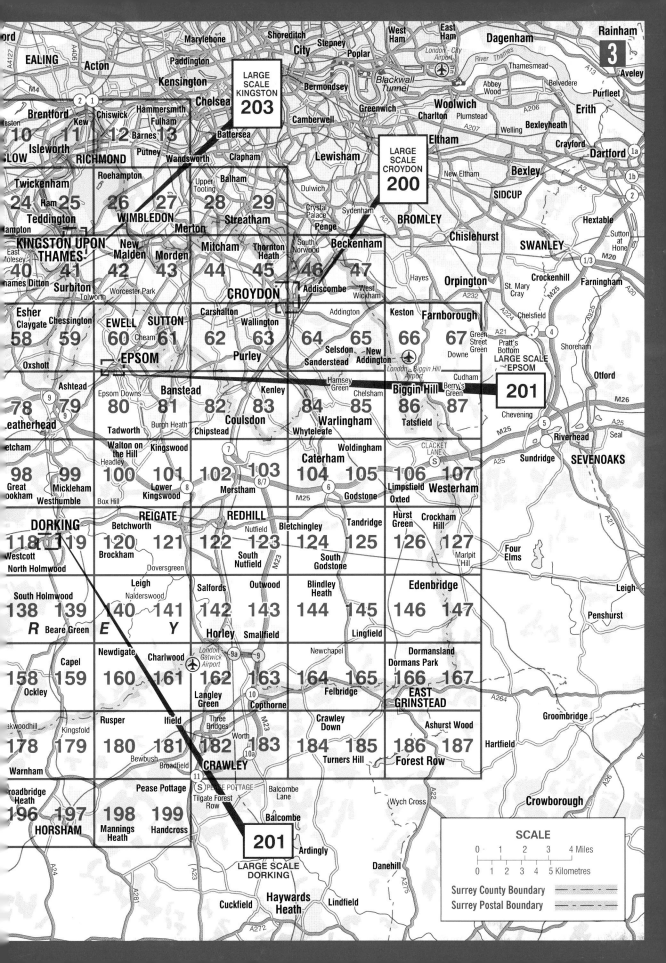

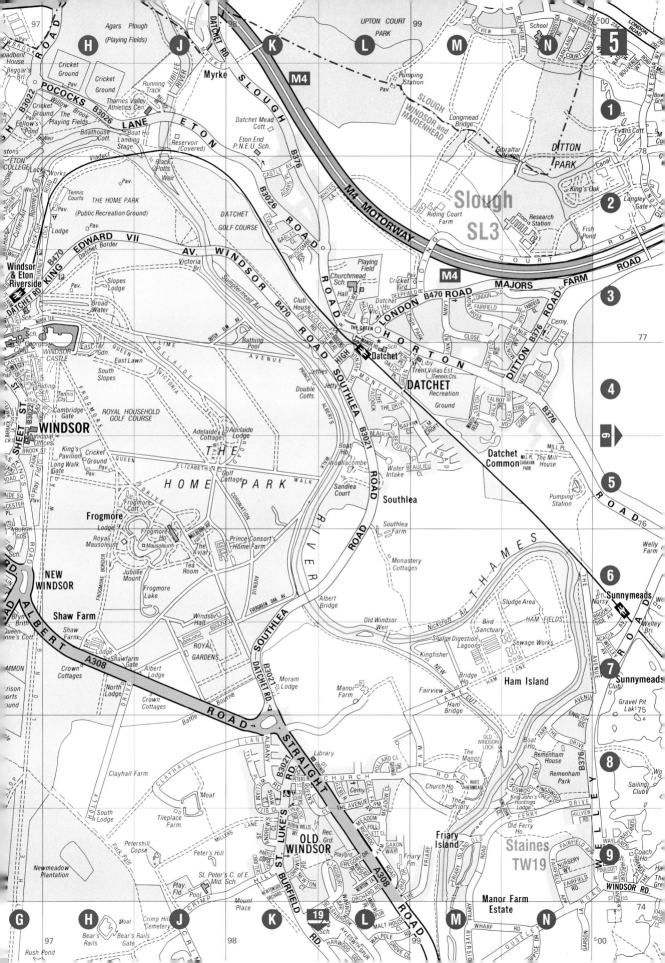

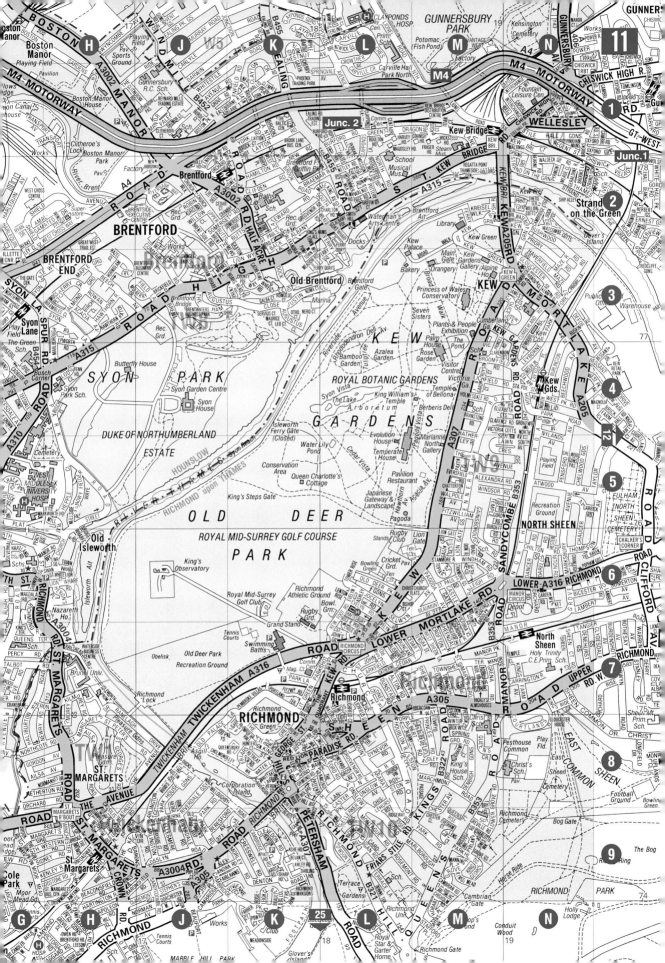

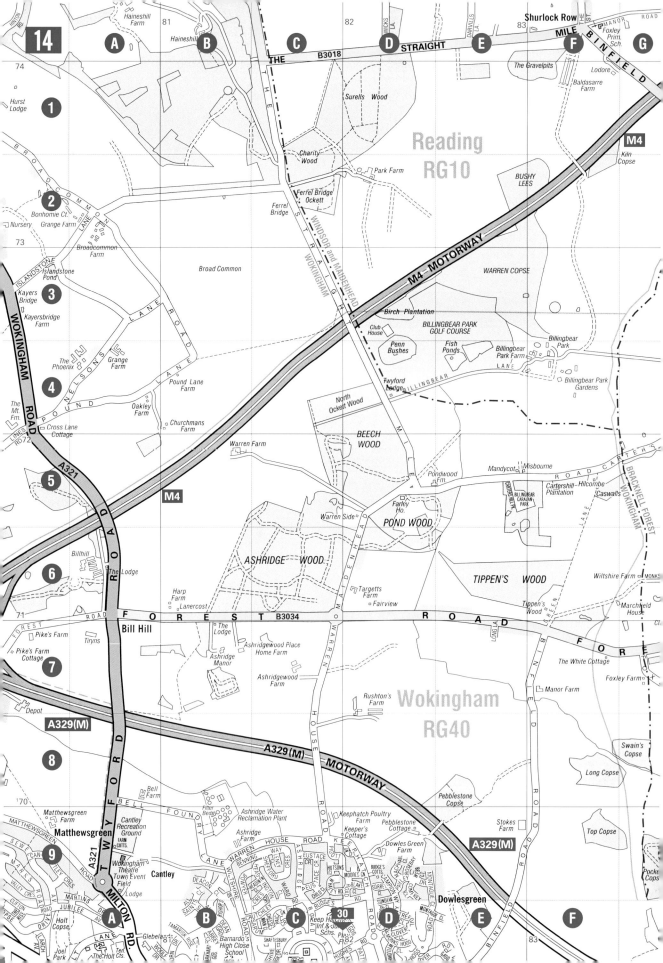

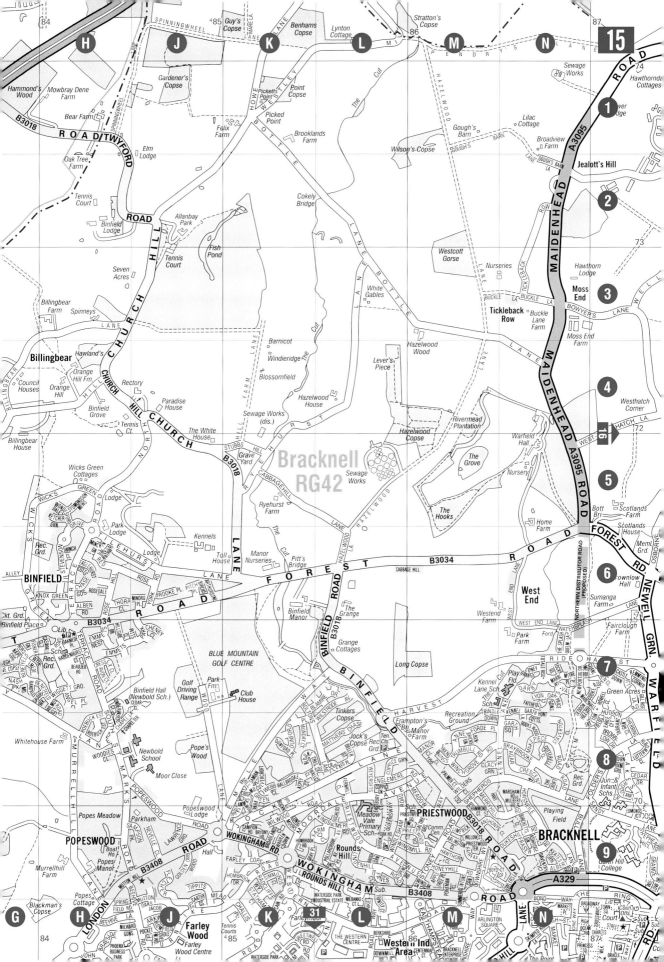

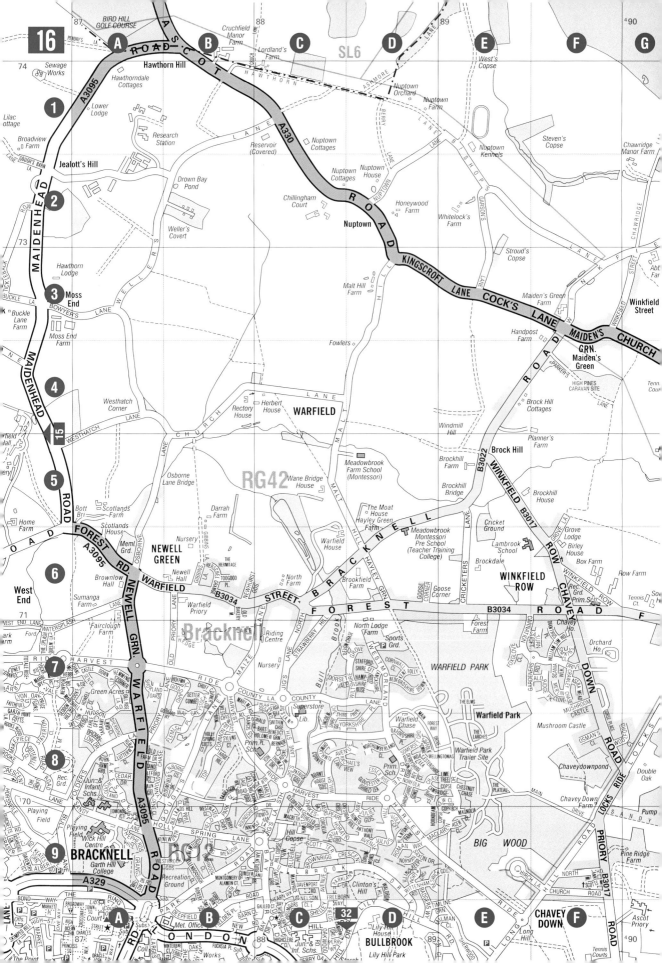

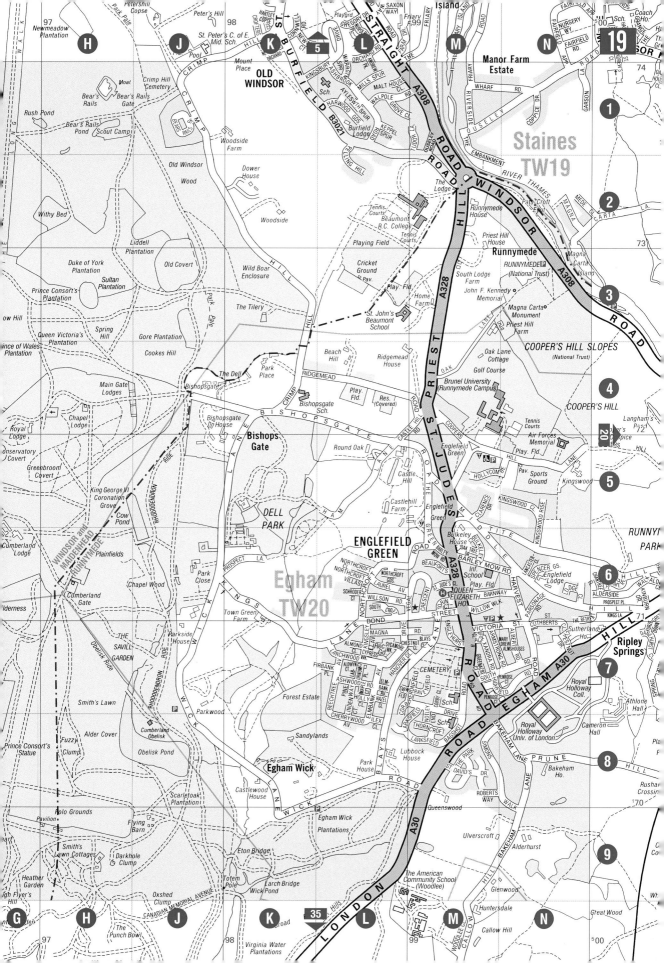

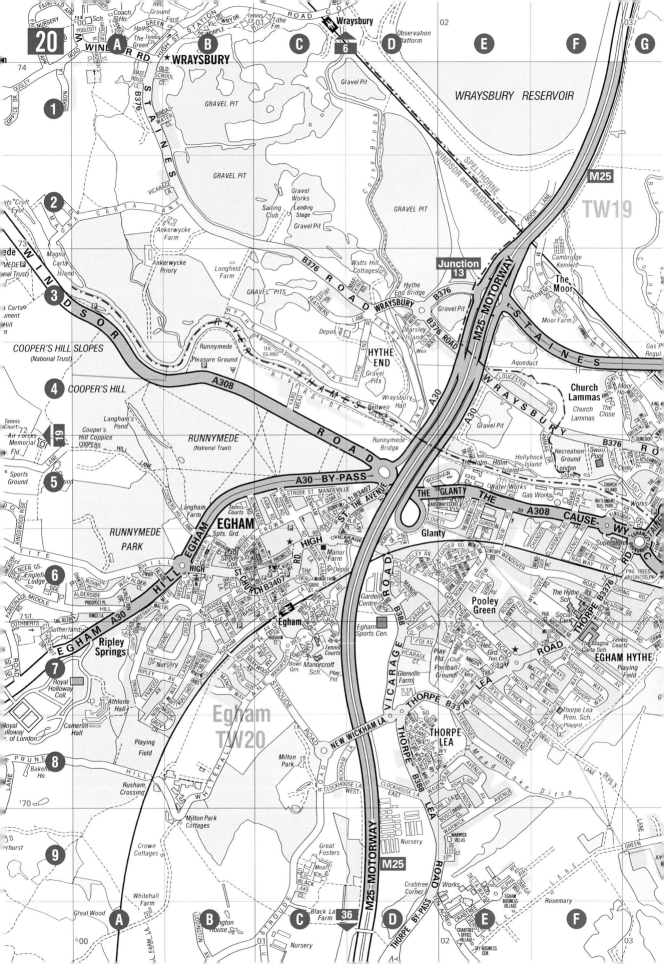

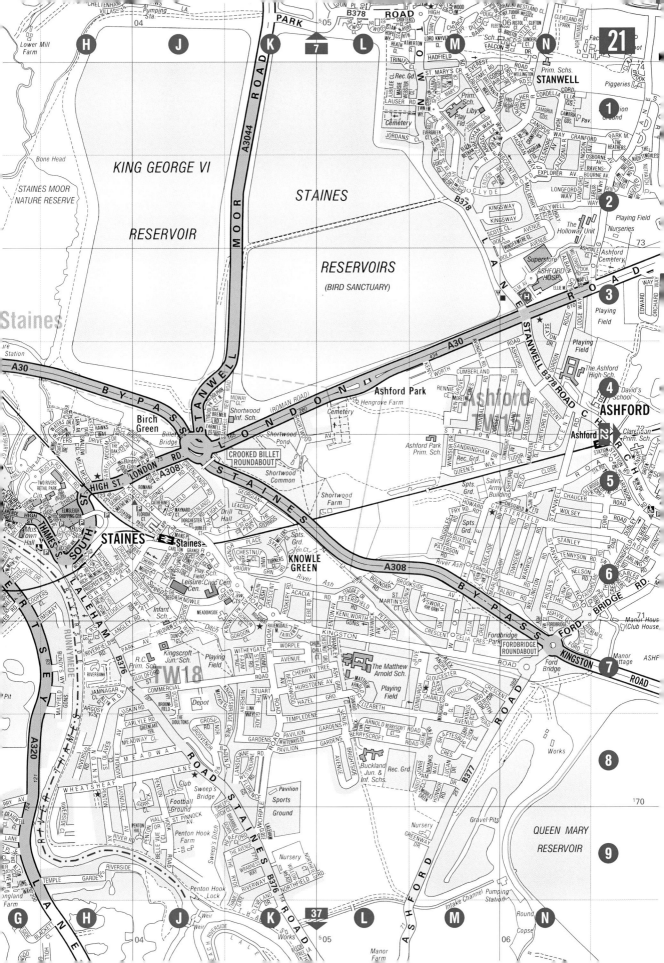

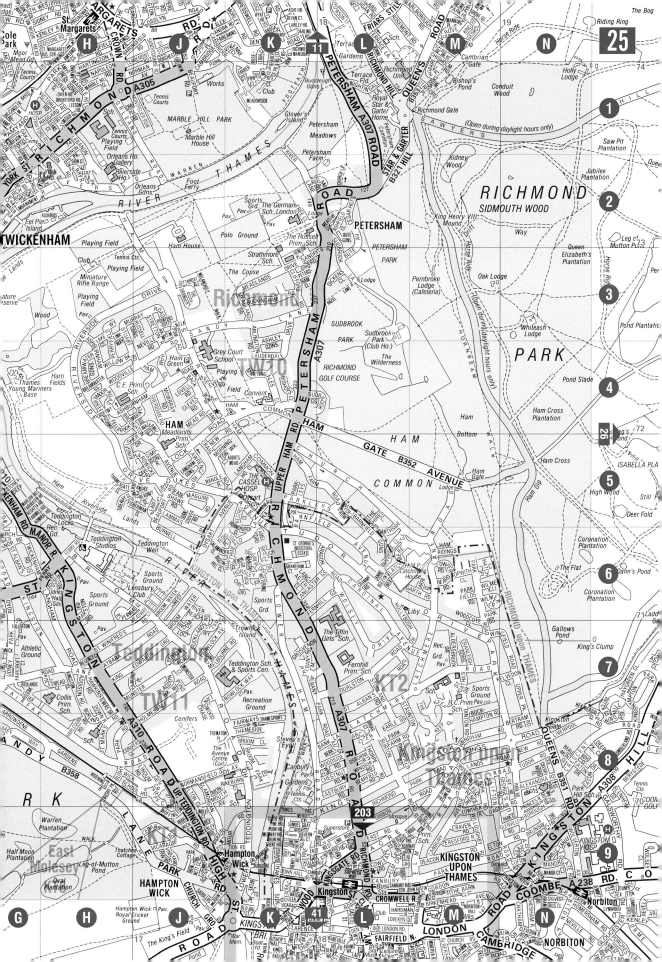

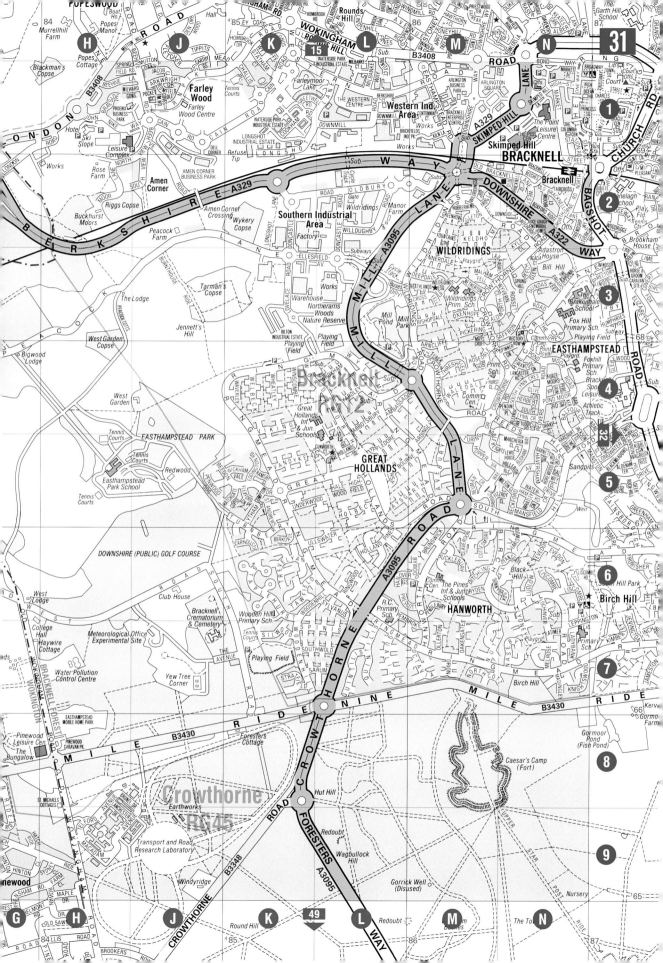

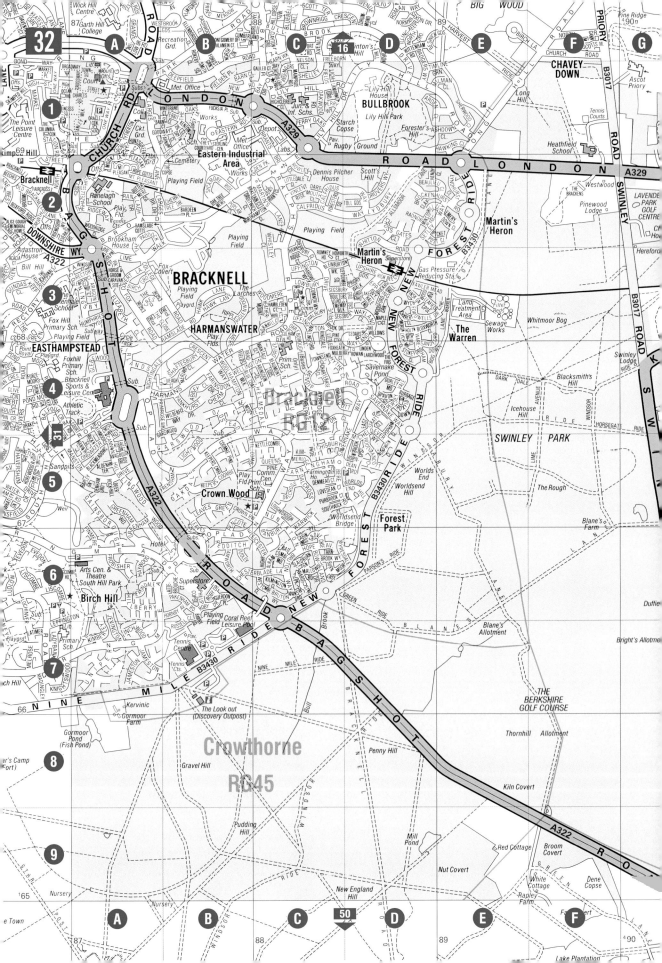

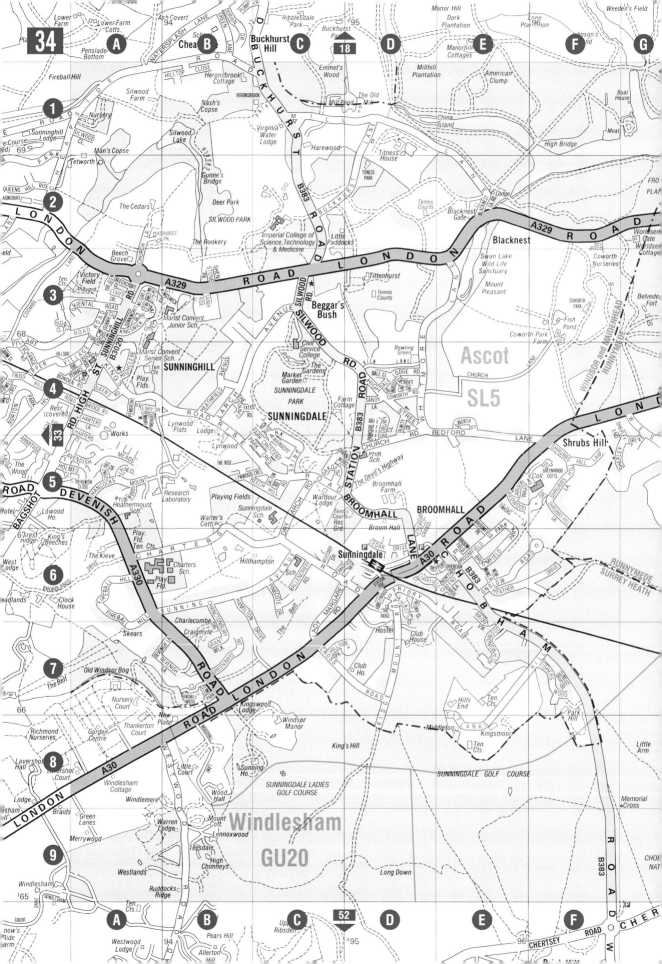

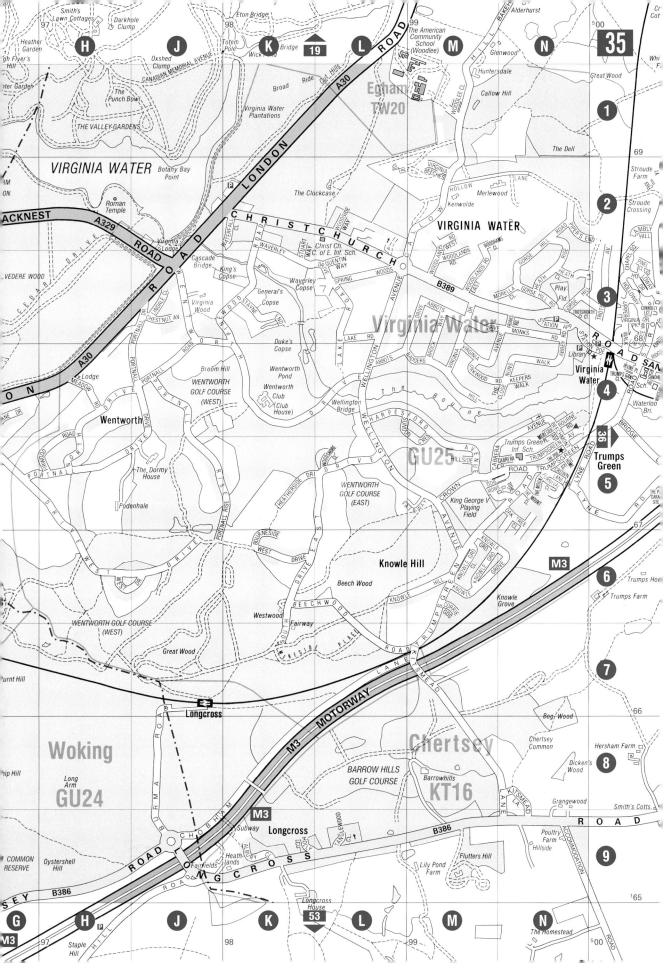

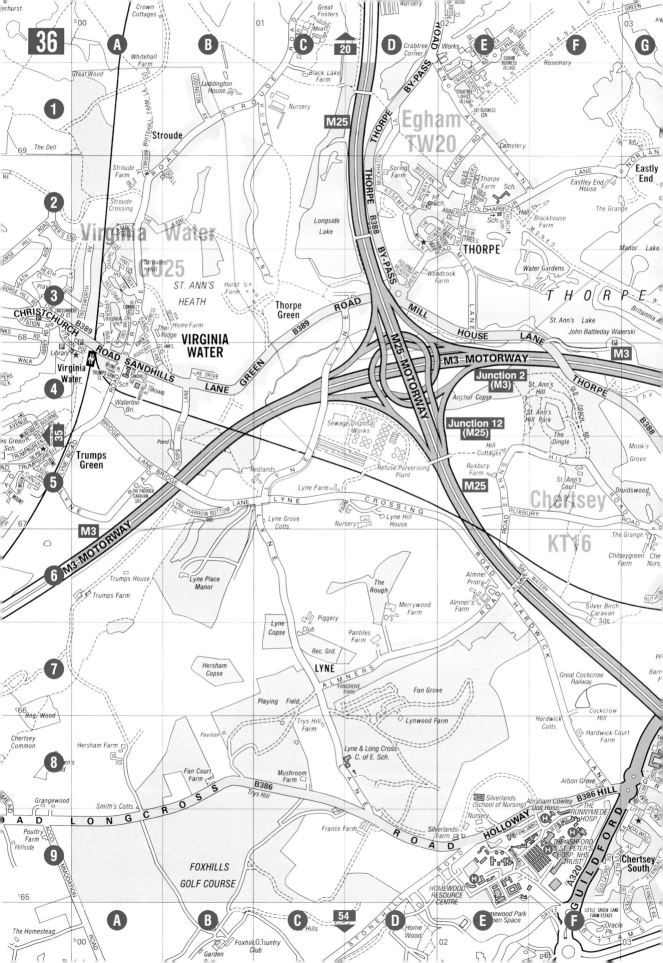

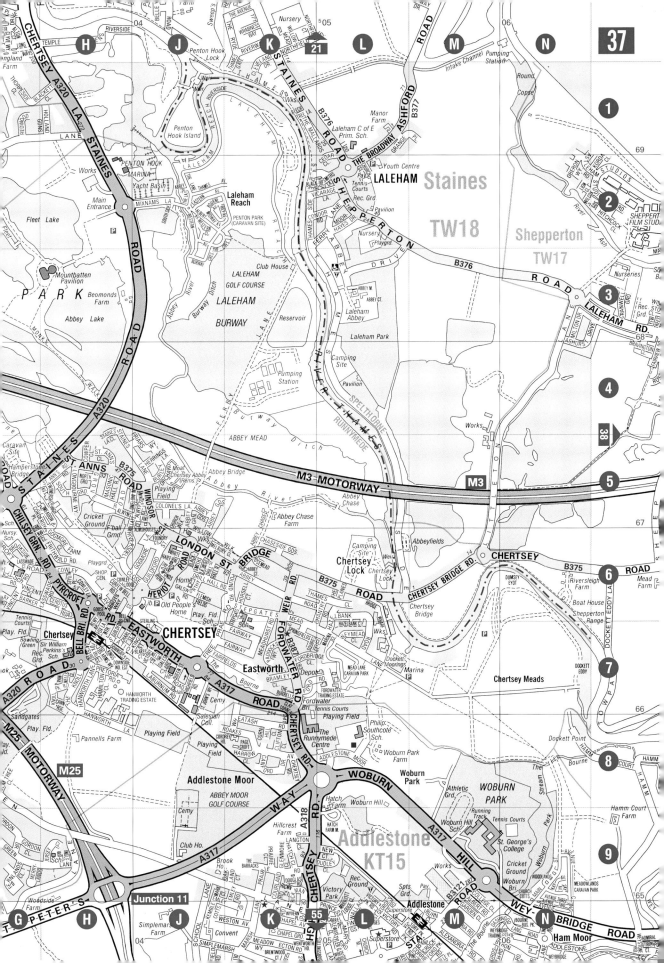

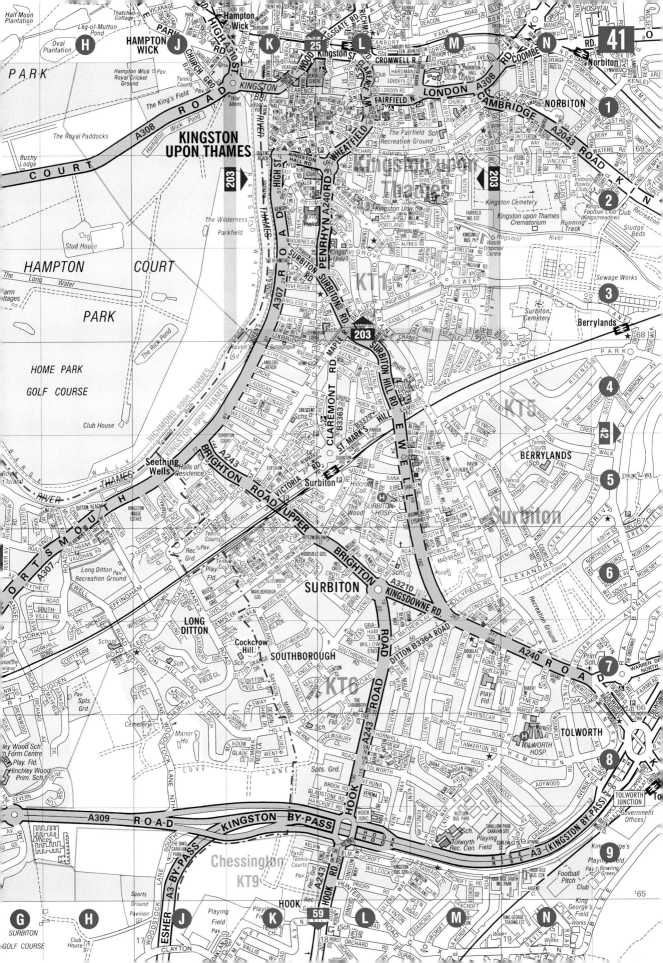

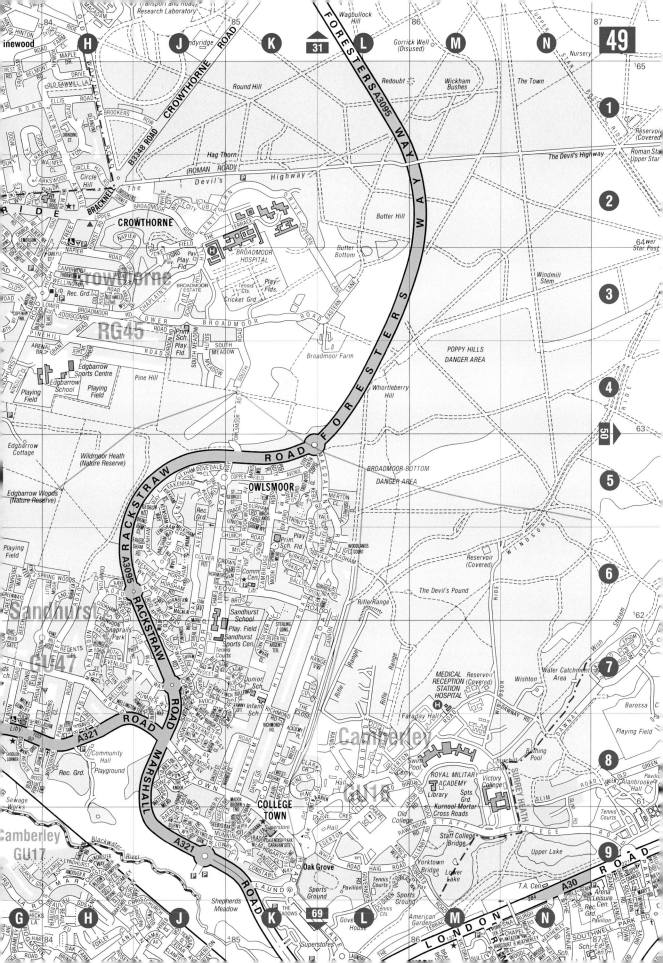

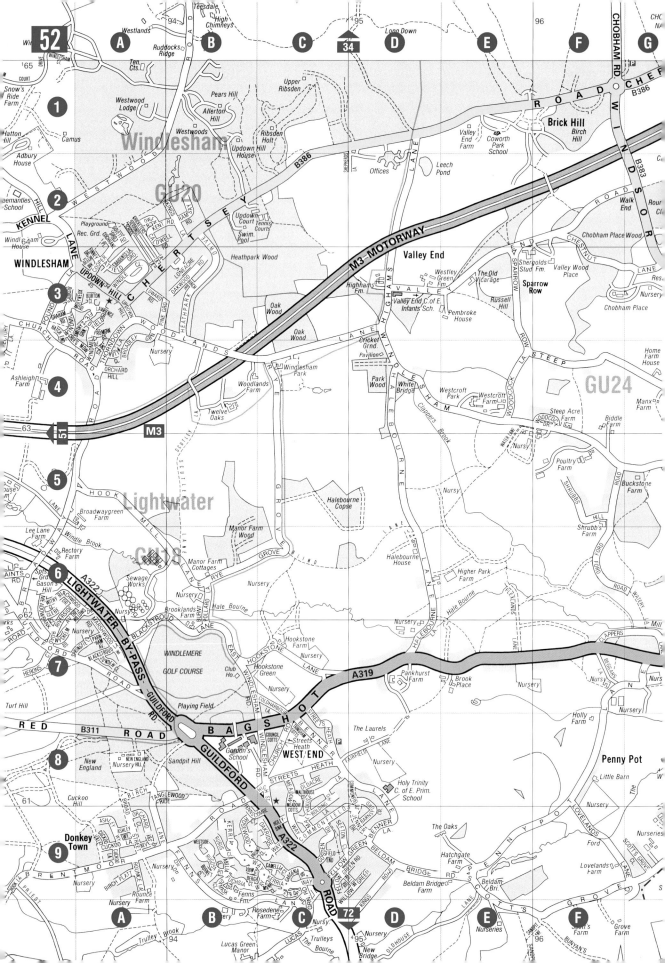

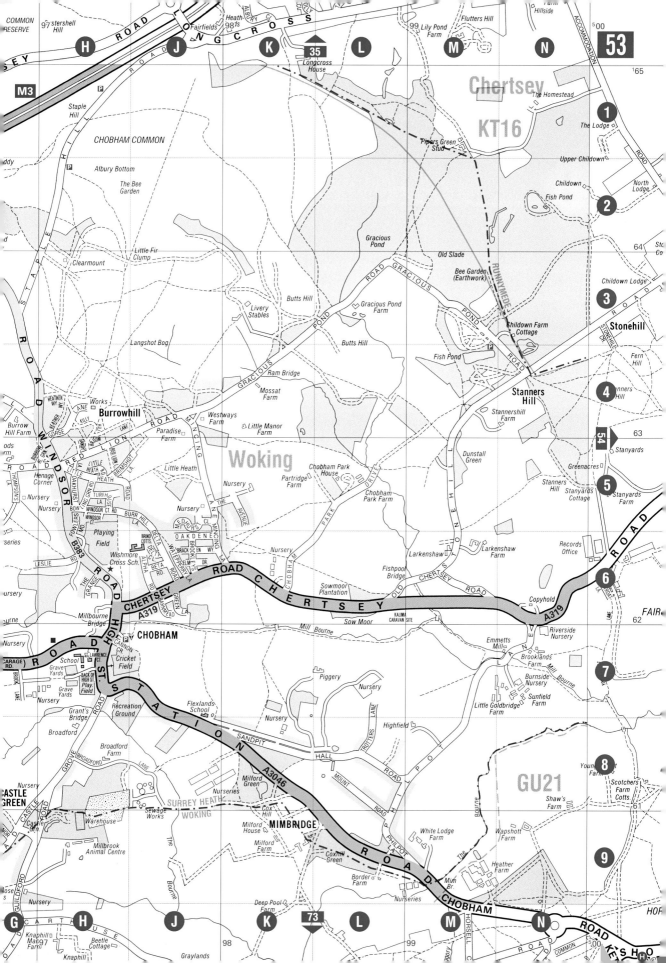

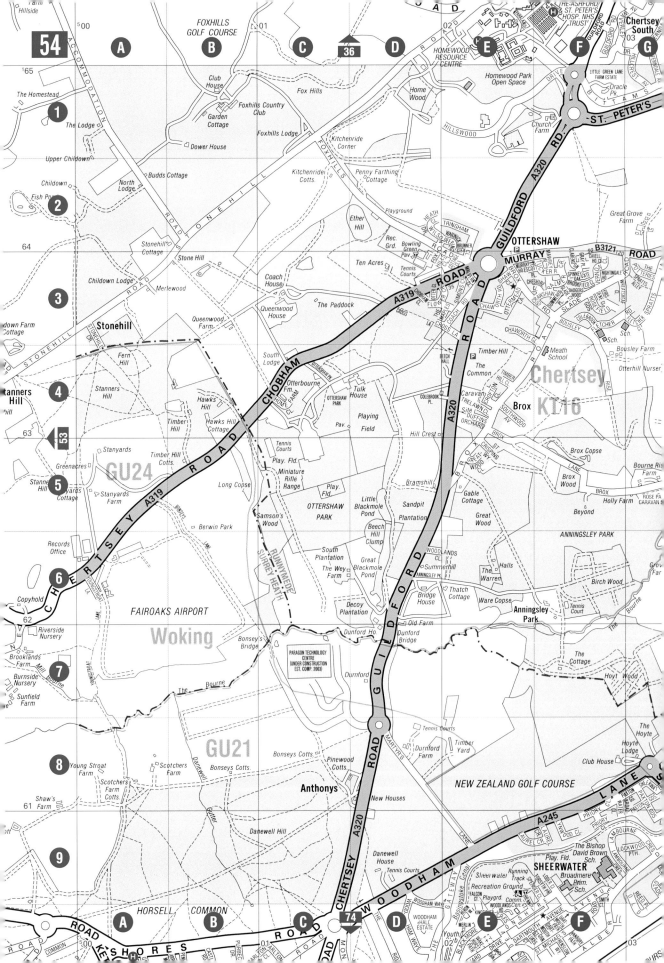

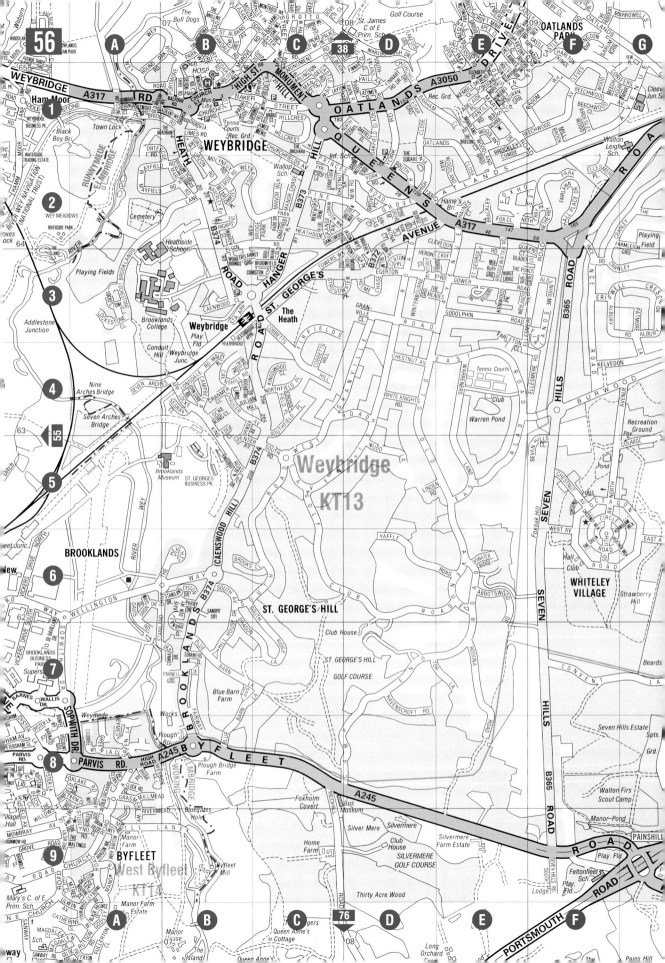

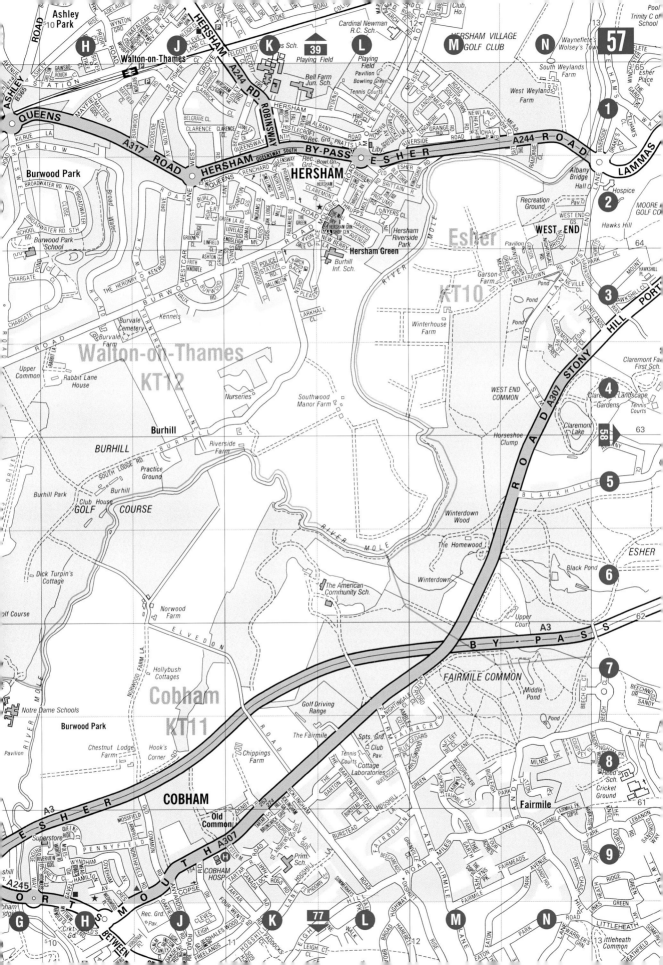

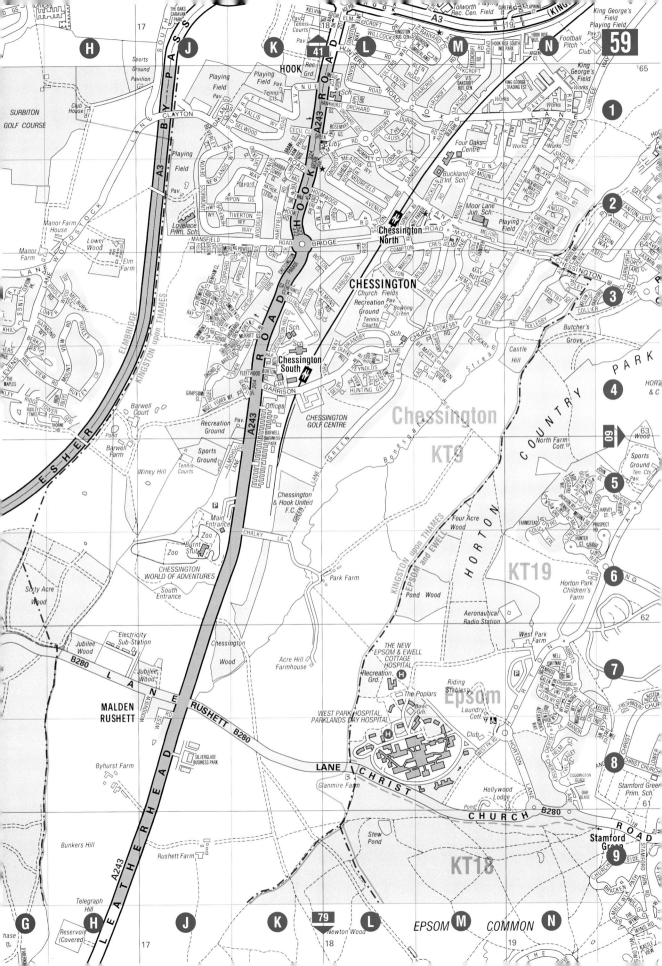

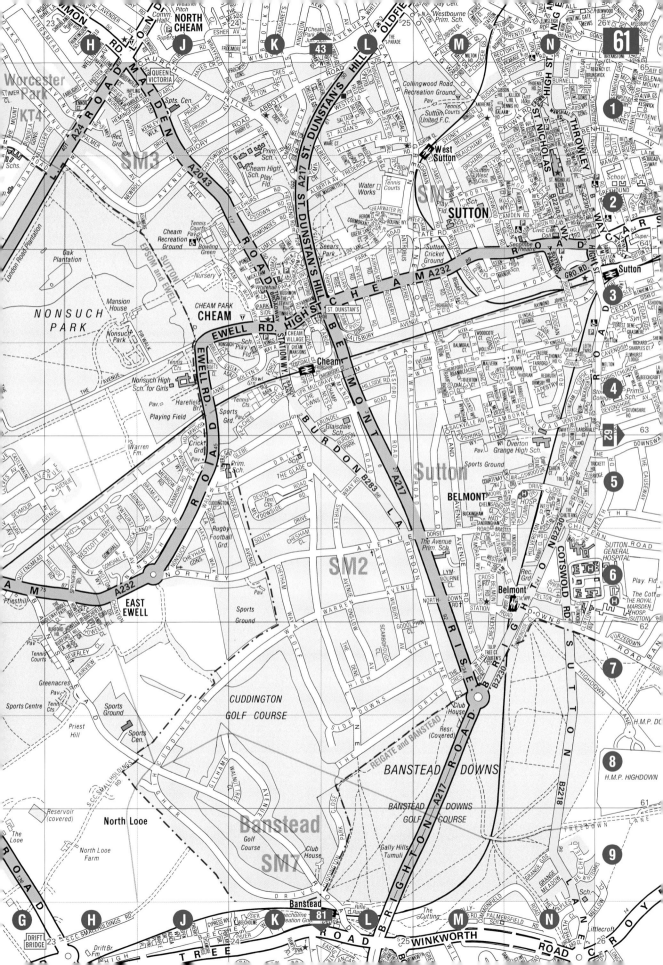

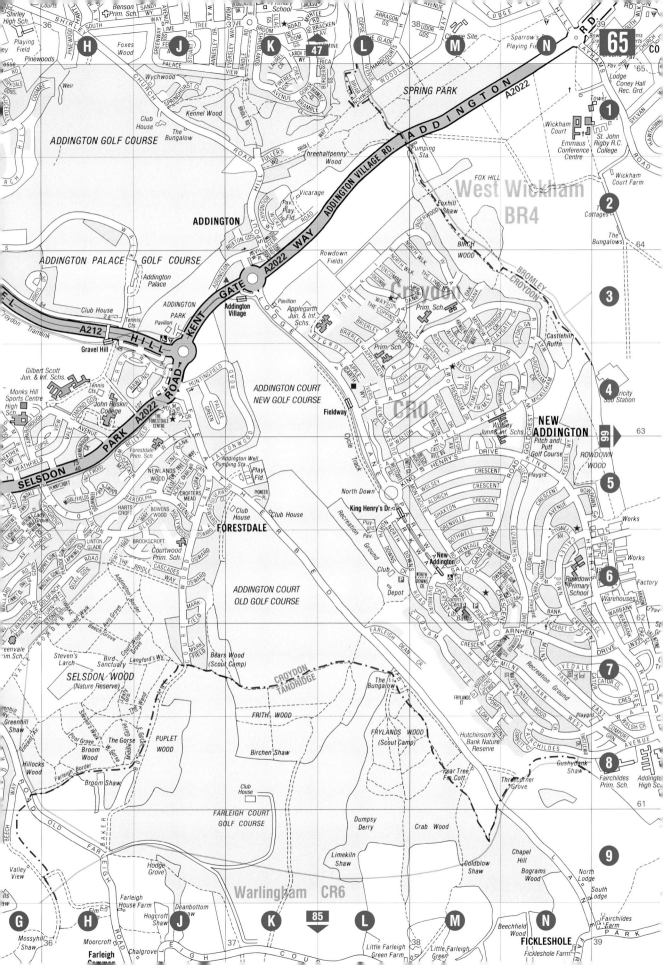

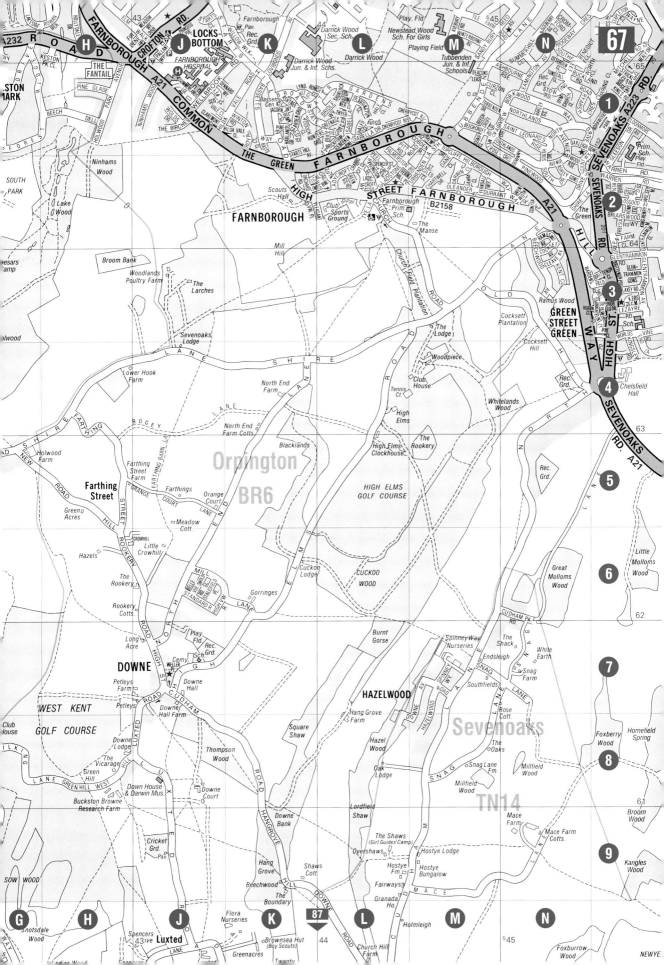

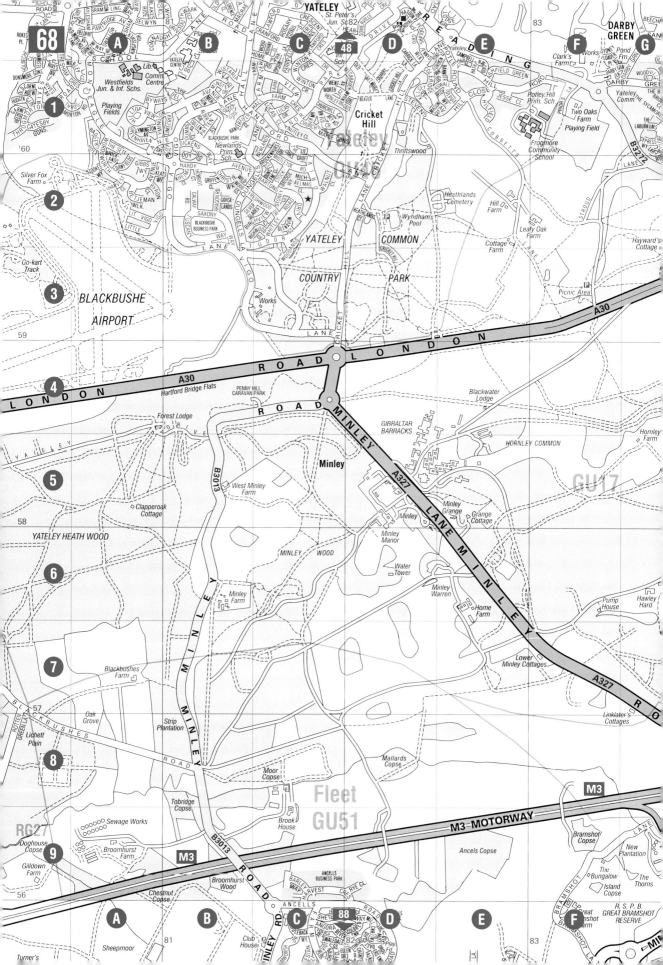

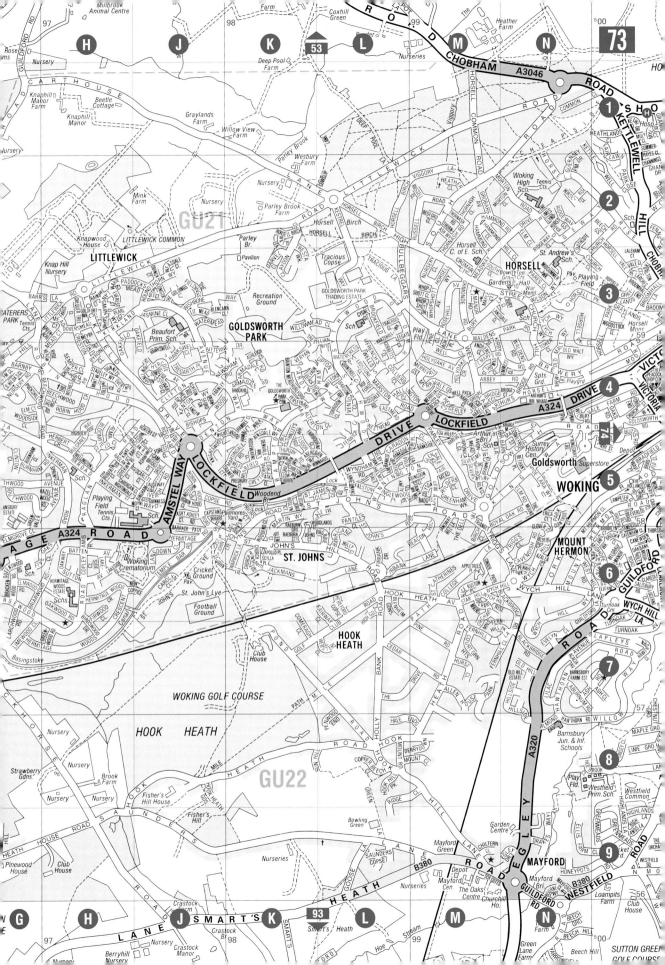

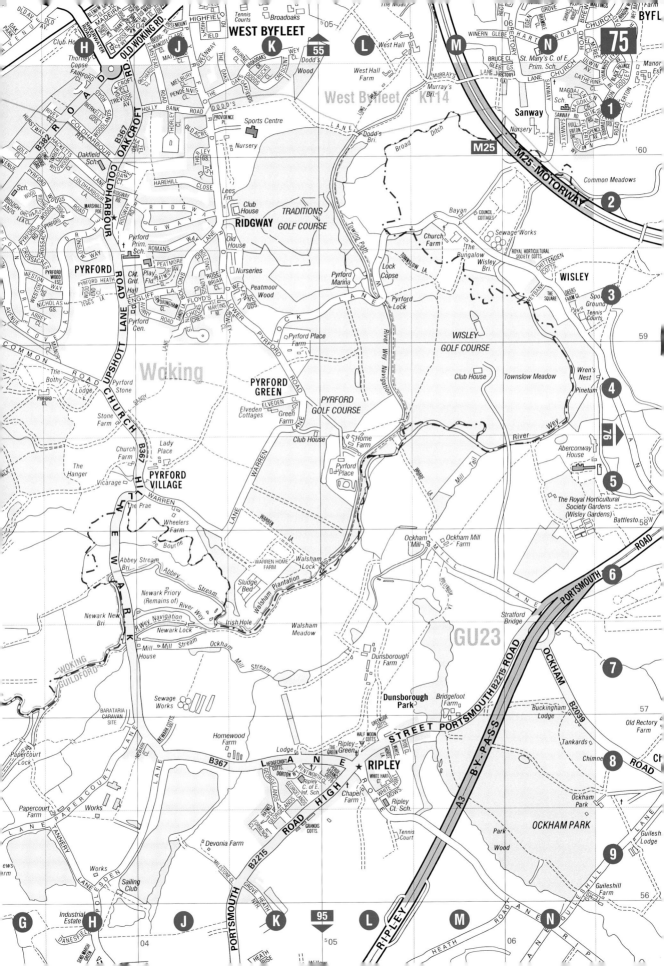

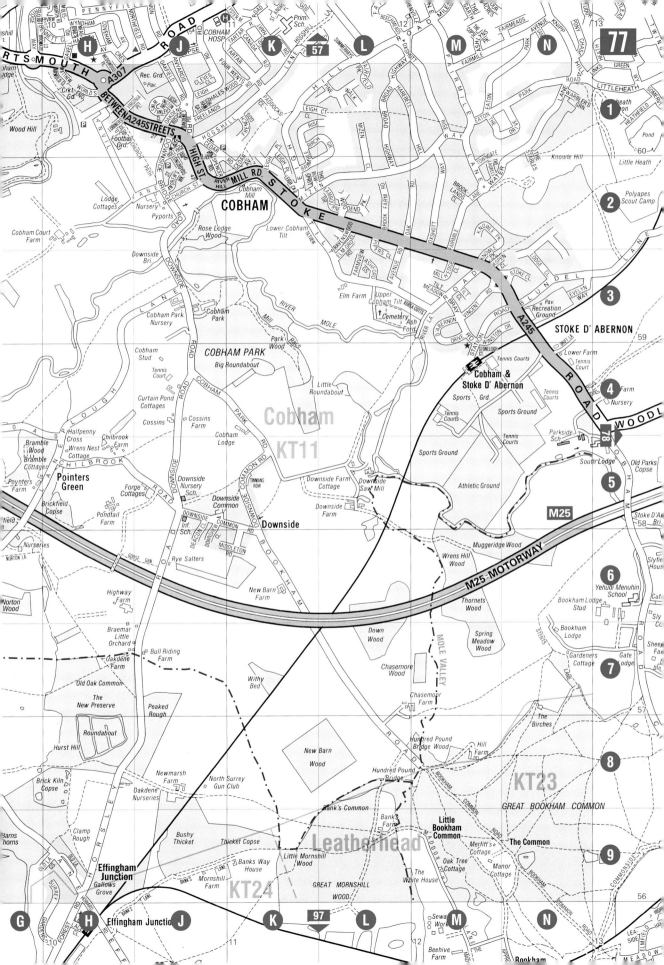

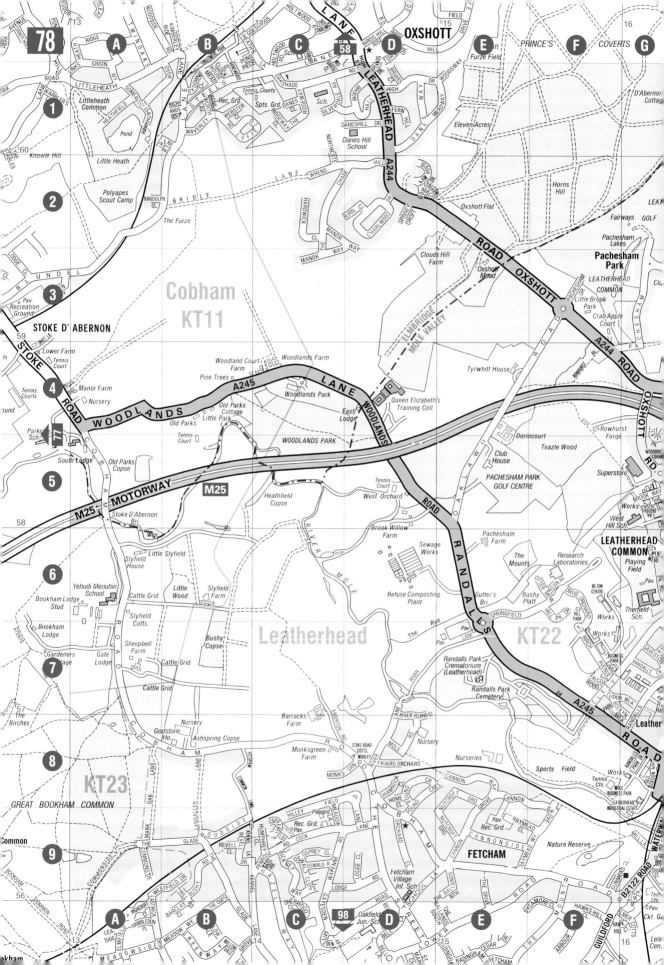

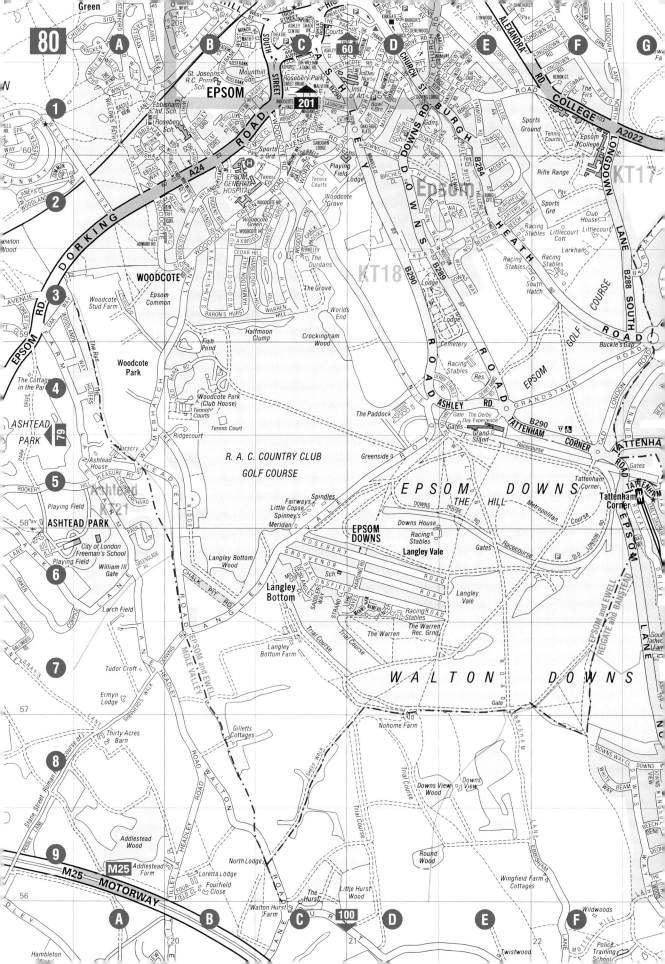

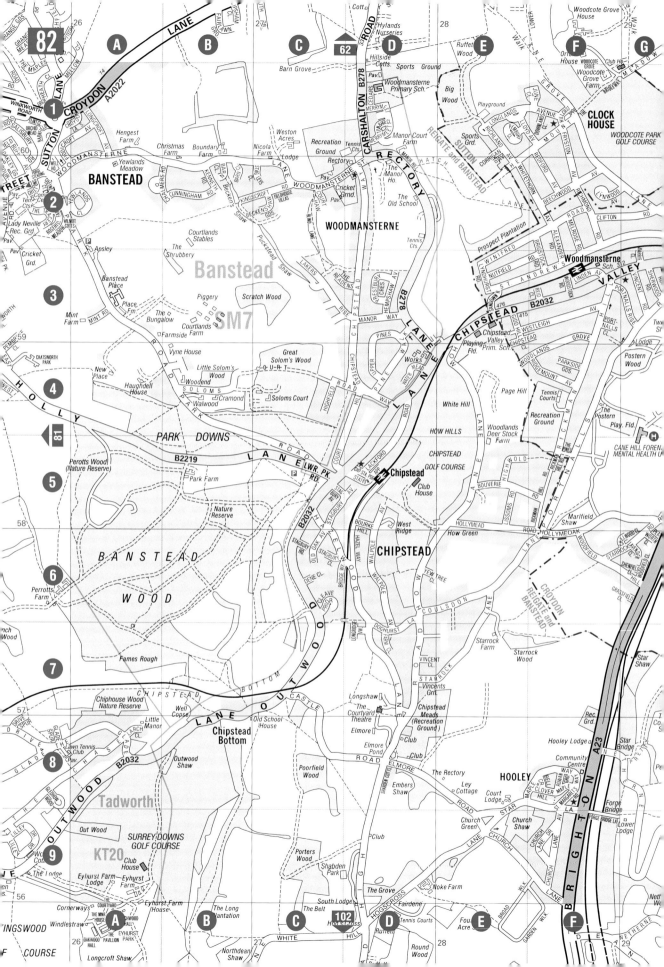

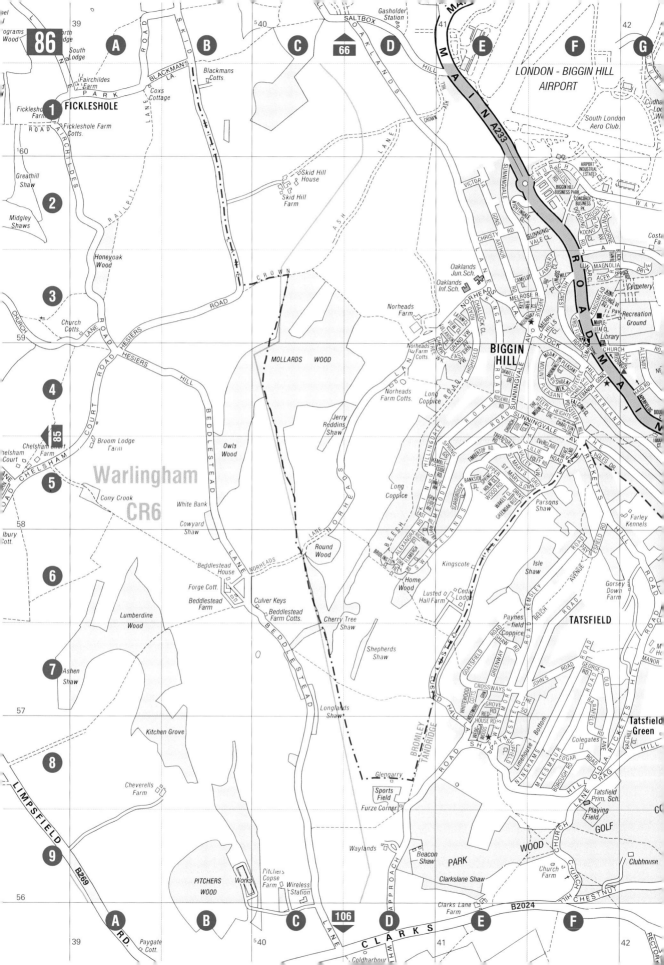

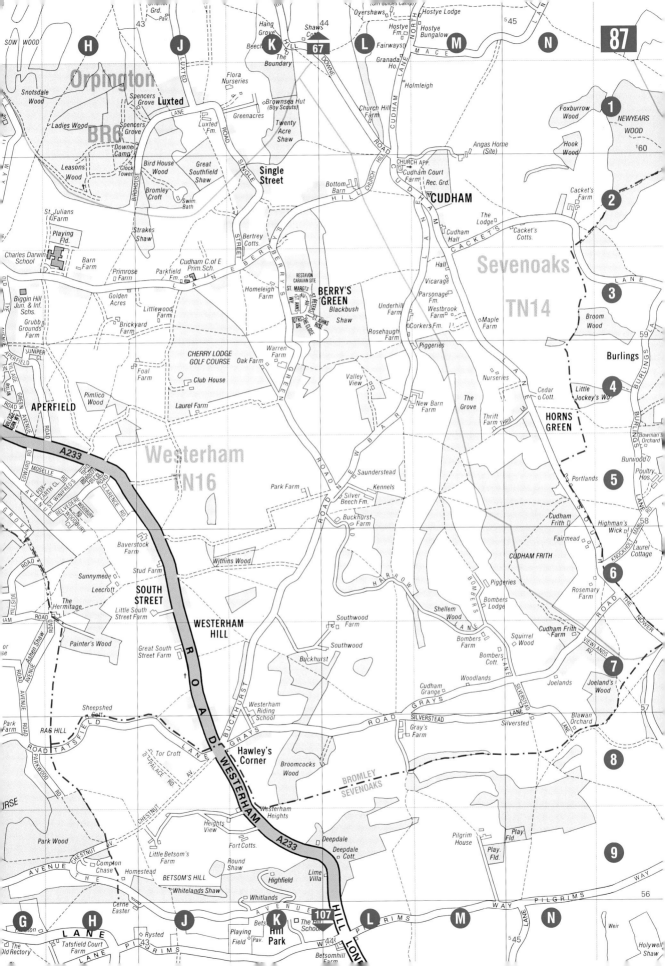

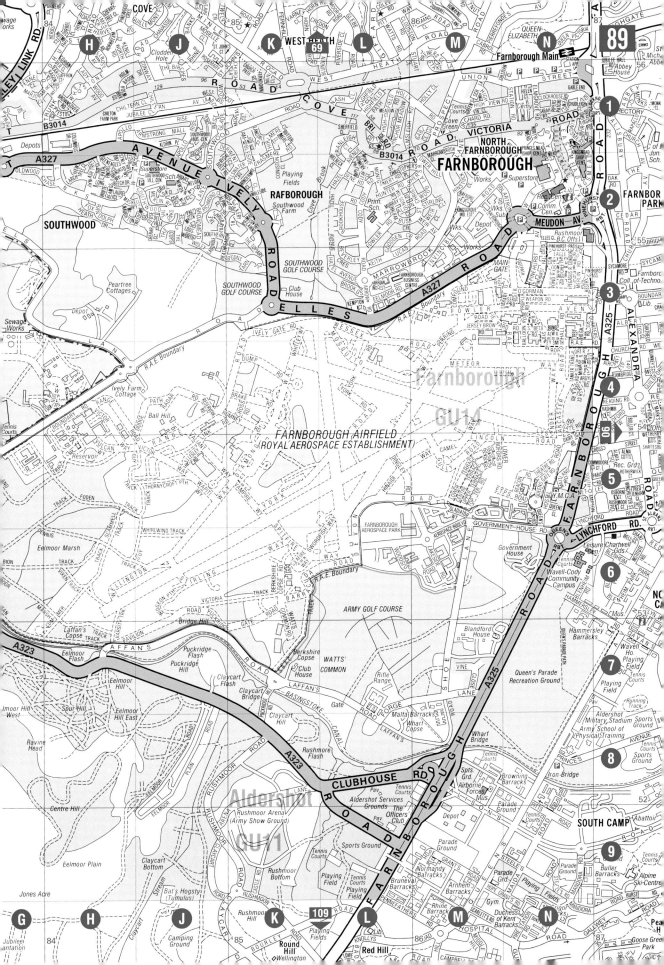

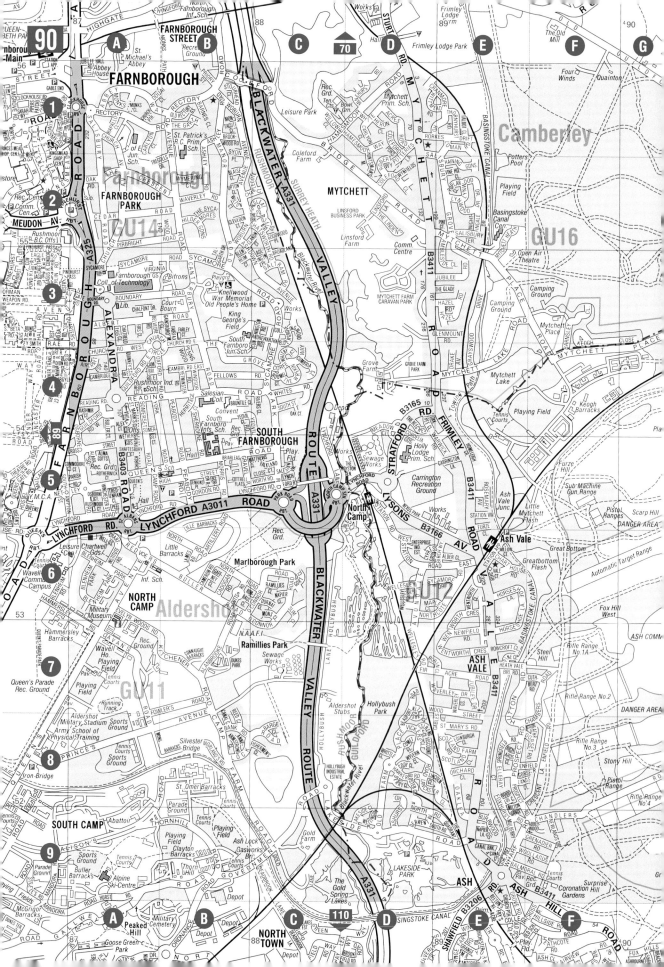

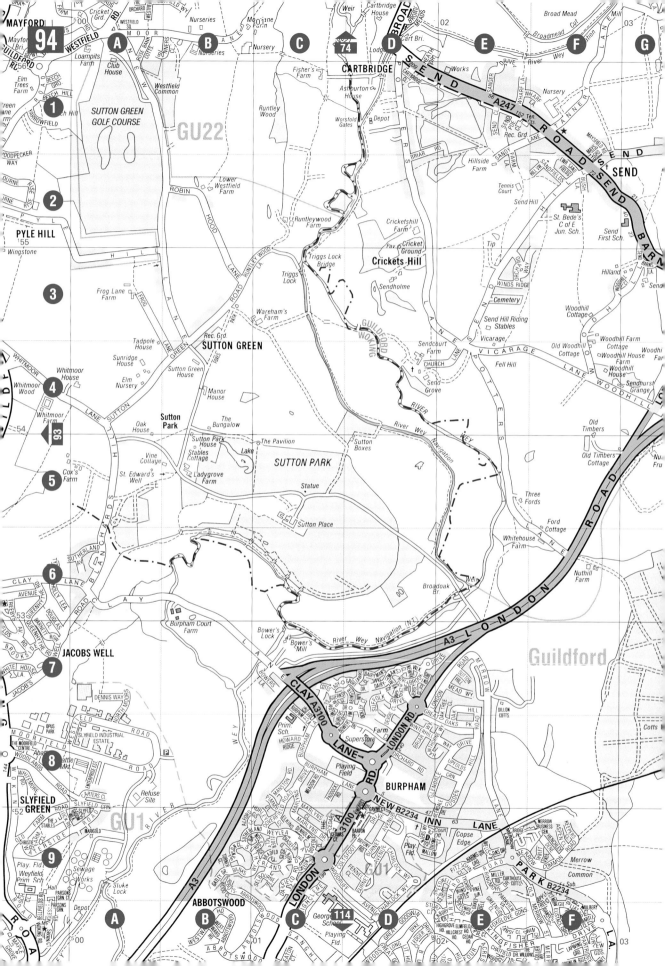

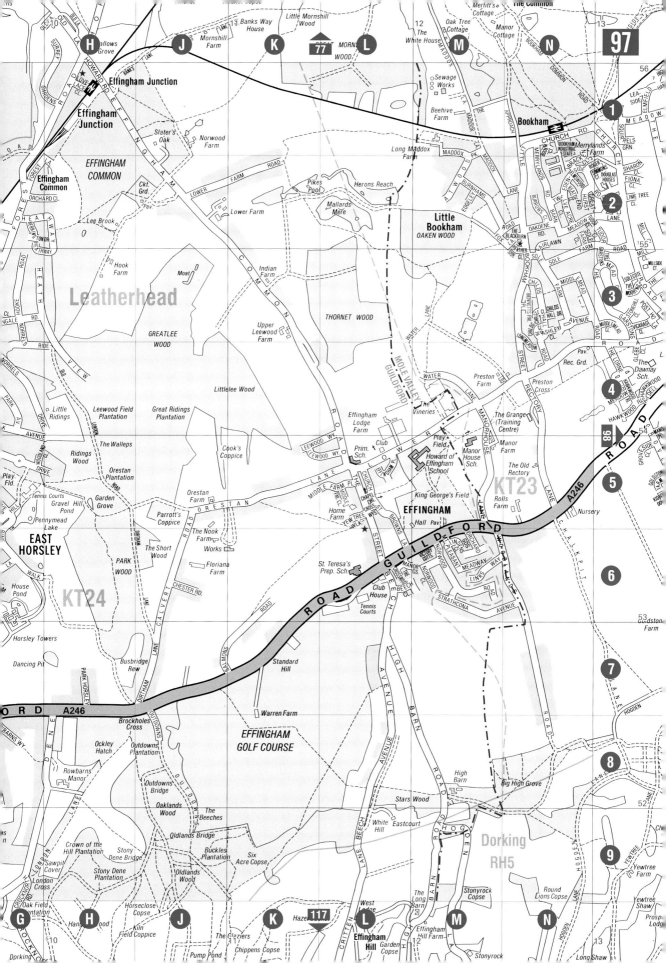

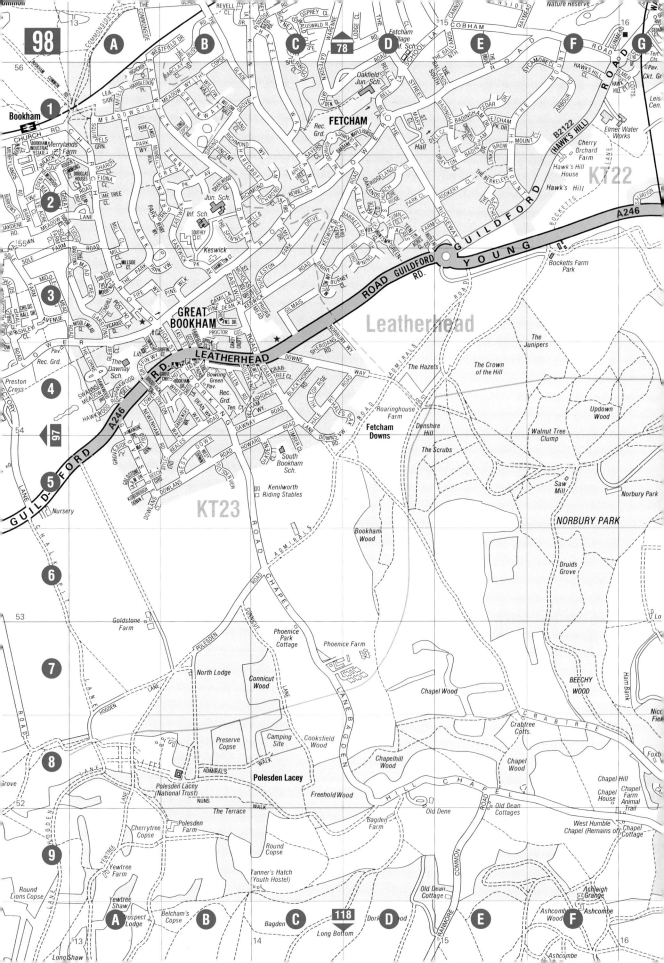

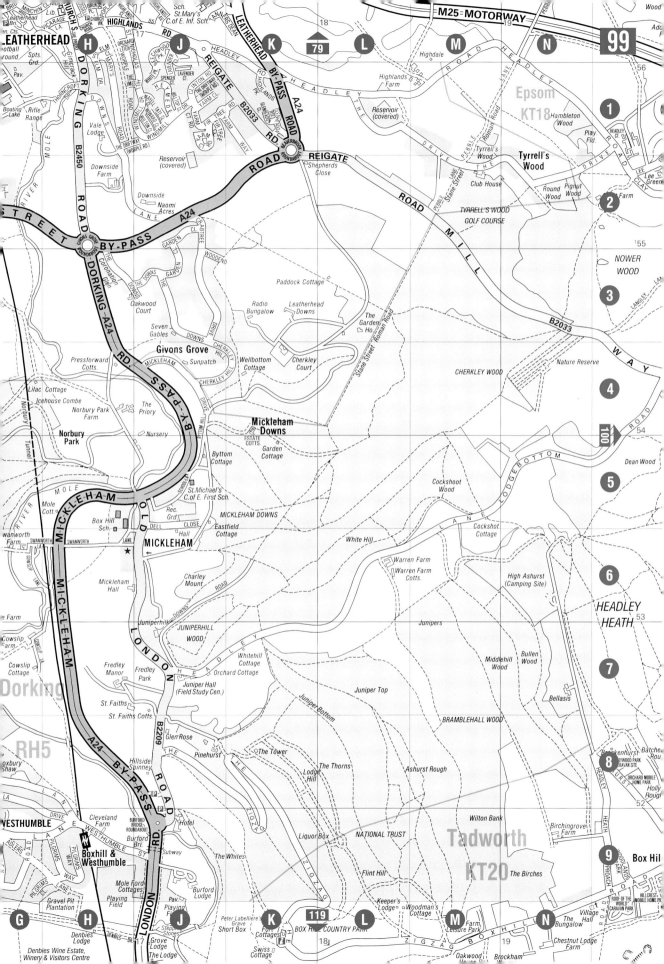

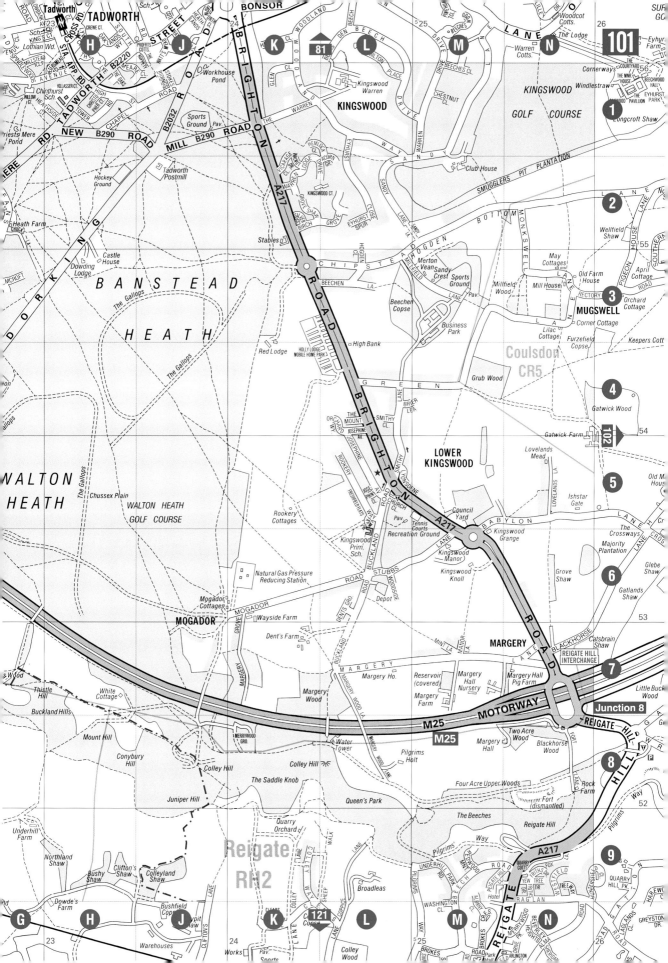

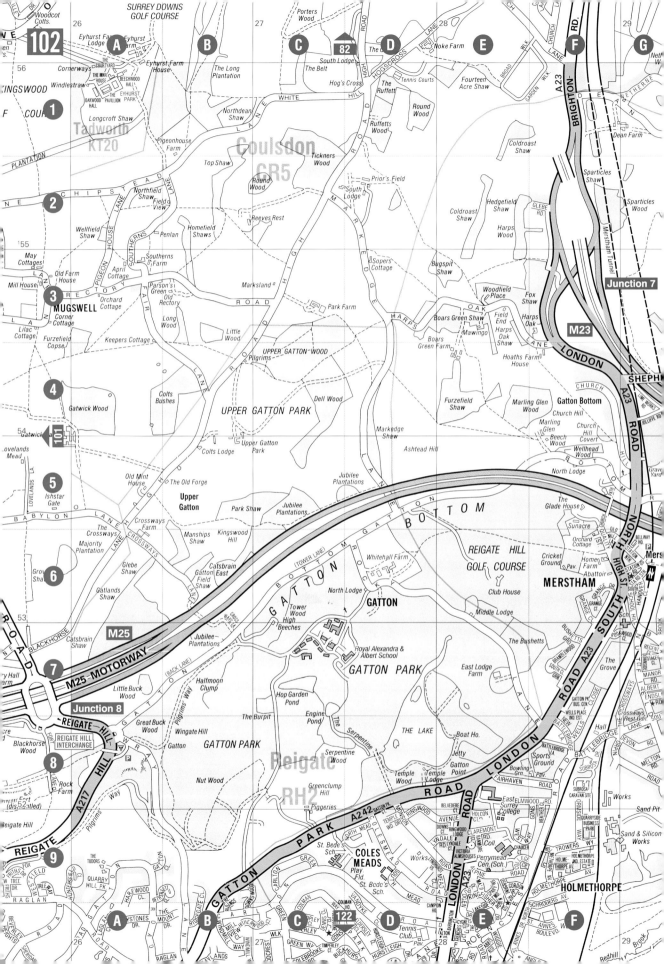

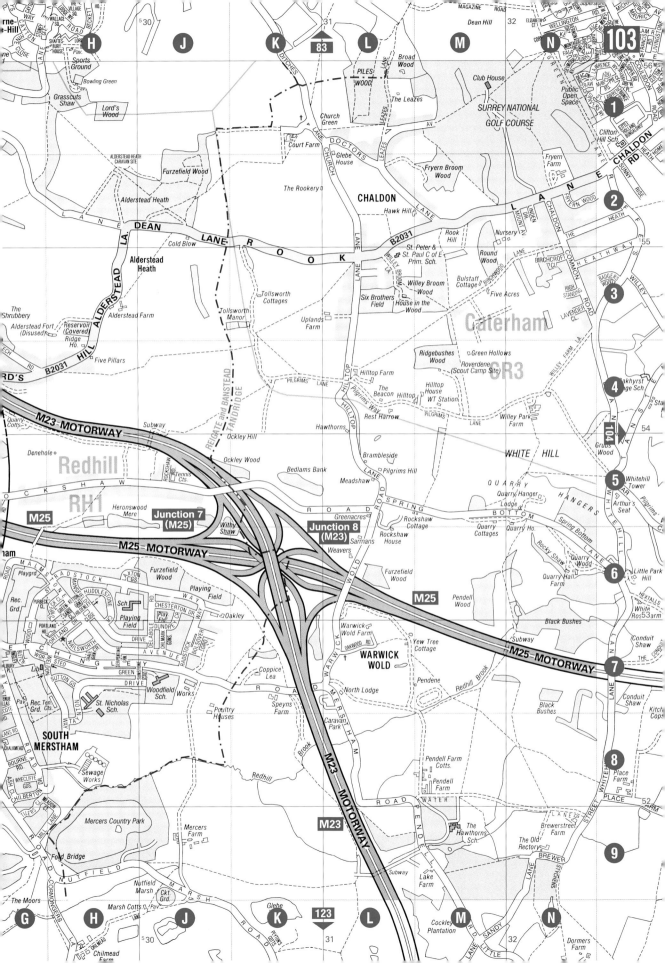

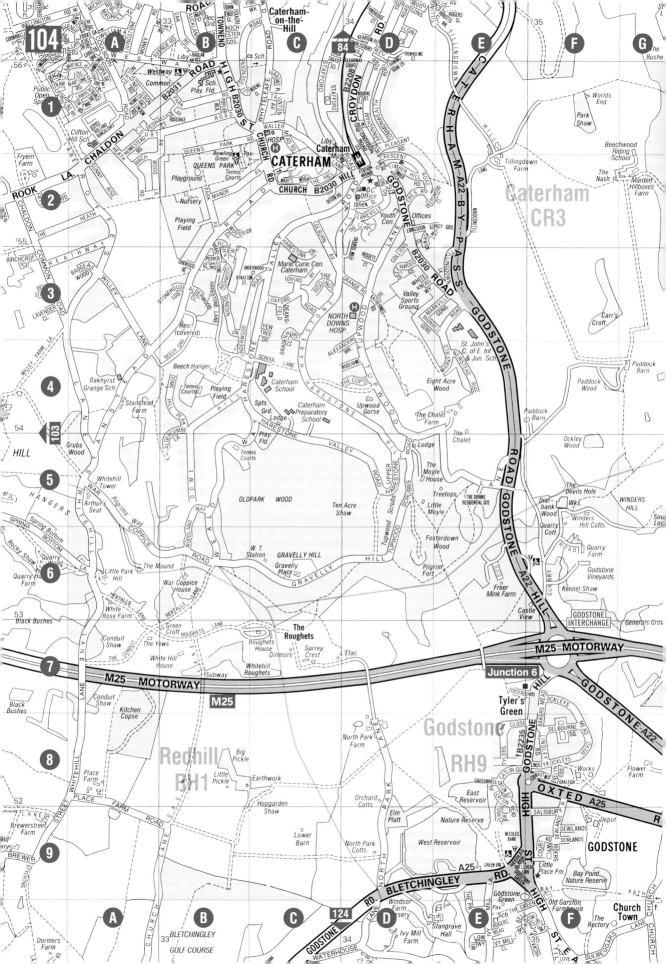

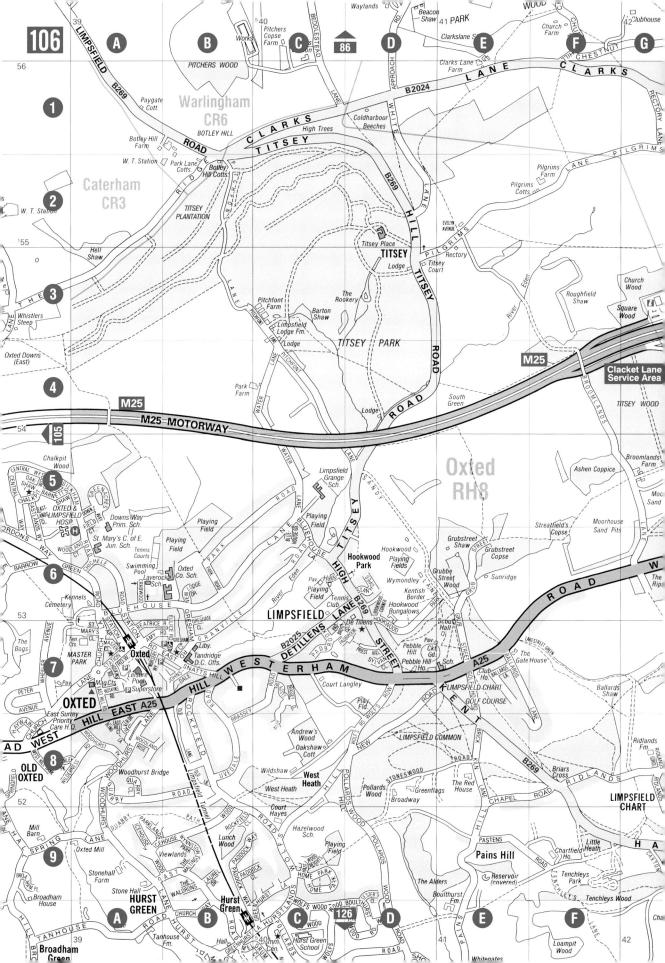

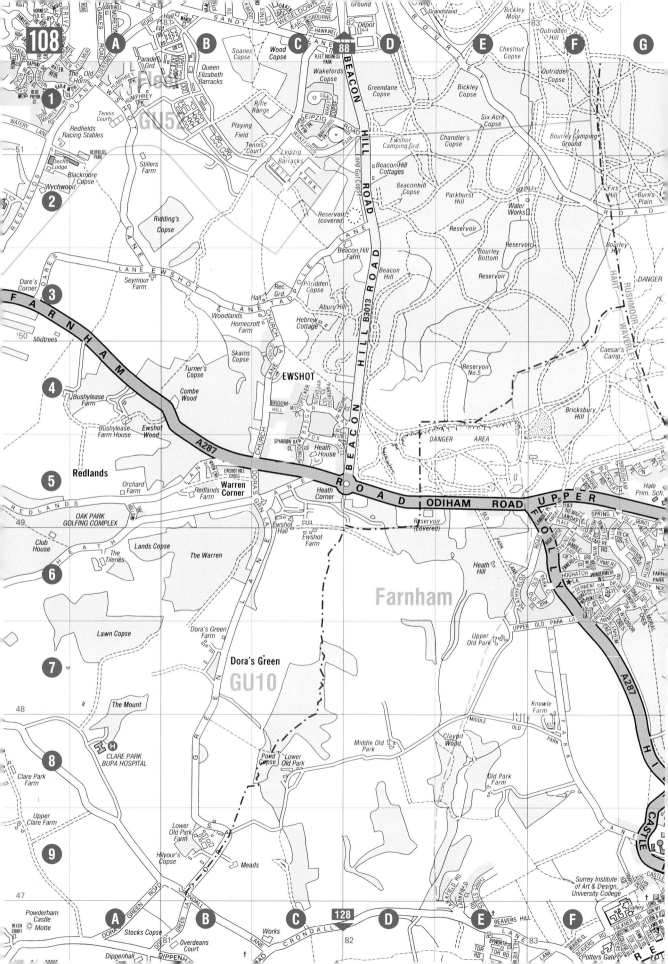

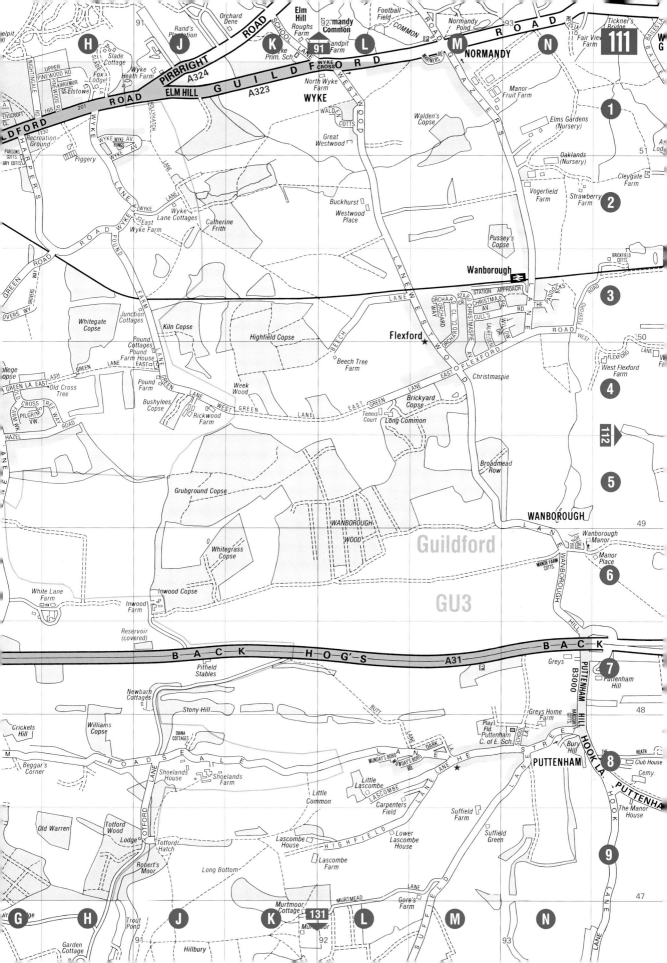

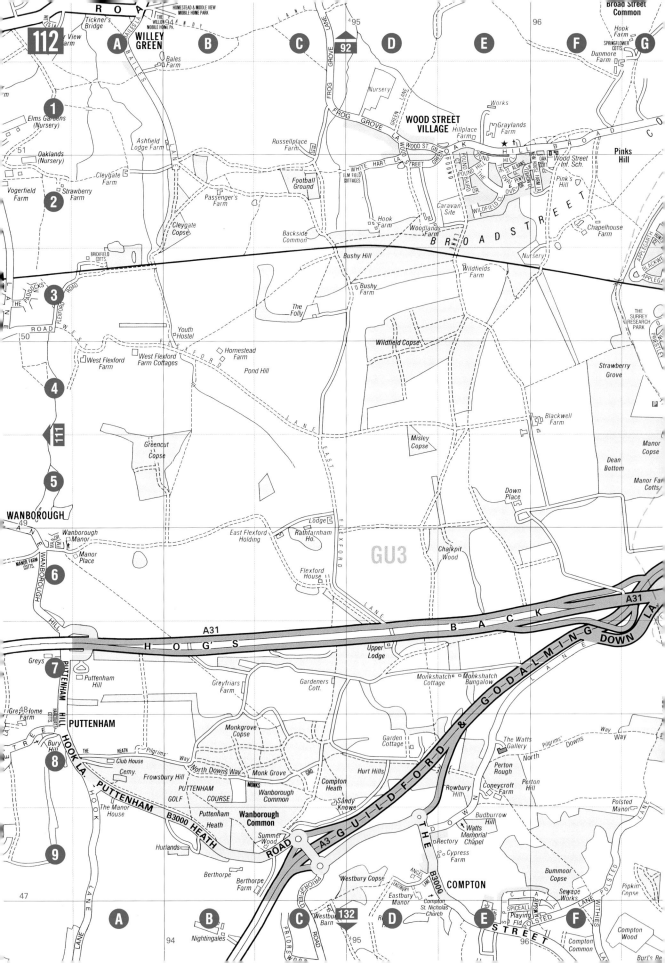

1
2
3
4
116
5
6
7
8
9

Clandon Regis
CLANDON REGIS
GOLF COURSE
NEW PARK

THE STREET
A247

Clandon C of E
Infant Sch.
Tanfield
Place
PARKSIDE
COTTS

WEST
CLANDON

EPSOM EAST
CLANDON

Blake's Lane
Farm

51

Don Regis

Royal Surrey
Regiment
Museum
The Rectory
Springfield
Ho.

High
Clandon

BULLARD
COTTS
Temple
Court

Clandon
House (N.T.)

The Wilderness

GLEBE
COTTS

High
Clandon
Farm

High
Clandon

Henchley
Gate

SOM A25

Bampfylde
Cotts.

Chalk Pit

ROAD A-A246

The Wild
Wood

Chalk
Pit

Long
Acre Farm

Sunray
Farm

Reservoir
(covered)

Reservoir
(covered)

Dean Bottom

Sun Valley
Farm

CLANDON DOWNS

Training

Course

Netherlands

Old Scotland
Farm

50

COURSE

SHERE A25 ROAD

Harrowhill Copse

Amberwell

Harrowhill

Stables

Upper
Lodge

Plovers
Field

Harrow Hill
Farm

Newlands
Corner

NETHERLANDS

Tickners
Copse

sledown

New Scotland
Farm

Chantry
Wood

TREE BOTTOM

The Roughs

LANE

DROVE ROAD ROAD

Newlands Corner
Countryside Centre

ALBURY DOWNS

SHERE

The Boxwood

Mother
Webb's Corner

DROVE

Albury West
Hanger

Albury Down

49

Coom
Botto

White Lane
Farm

ANE

GUILDFORD

PILGRIMS

WAY

Newbarn

Pilgrims'

Way

Pilgrims'

Way

Way

WATER

LANE

Water Lane
Cottages

Water Lane
Farm

Timbercroft

Weston Wood

Pilgrims' Way

ROAD A25

Silent
Pool

Sherbourne
Farm

Sherbourne
Pond

SHERBOURNE COTTS

Home
Farm

SHERE A25 RD.

Farm Hill
Wood

SILVERWOOD
COTTS.

Juniper

COMBE LANE

UPPE

6

7

Lidwell
Copse

Colyers Hanger

Bourne

POSTFORD MILL
COTTAGES

Postford
Pond

ntyngeshay

Tilling

Dalton
Hill

Waterloo Pond

MILL LANE

LANE LANE

ROAD CHILWORTH ROAD

THE

Old Rectory

Library

Millennium Cotts

STREET

A248 SHERBOURNE NEW

Cook's
Place

Tilling

Bourne

Silver
Wood

ALBURY
PARK

Oak Pollard

Chantry
Bridge

48

8

Waterloo

Weston
Farm

WESTON FARM
COTTAGES

Albury Ho.
OLD FARM

TUPPERS
CT.

WESTON FIELDS

ALBURY

Birmingham
Farm

Weston
Yard

Weston
House

LANE

WARREN

GU5

ALBURY PARK

9

A248

Lockner
Farm

ROSE ACRE
GARDENS

ROSE VIEW
CL.

Boundary
Cotts.

Cuckoo
Copse

Belmount Copse

CHURCH LANE

Rectory

Res.
(covered)

LANE

ALBURY WARREN

ROAD

ROAD

47

ORKING A248

132

Lockner
Lodge

Lockner
Holt

Birget Hill

Albury Warren

ntyngeshay

Aston
House

LOCKNER HOLT

Lockner
Holt

Lockner
Brake

POSTFORD
FARM COTTS.

135

Ford Crossing

Little Ford

Kiln
Rough

SANDY LANE

Football
& Cricket
Ground

WARNERS
LA.

Albury
Heath

LONDON ROAD

Shere H
Crossin

Little

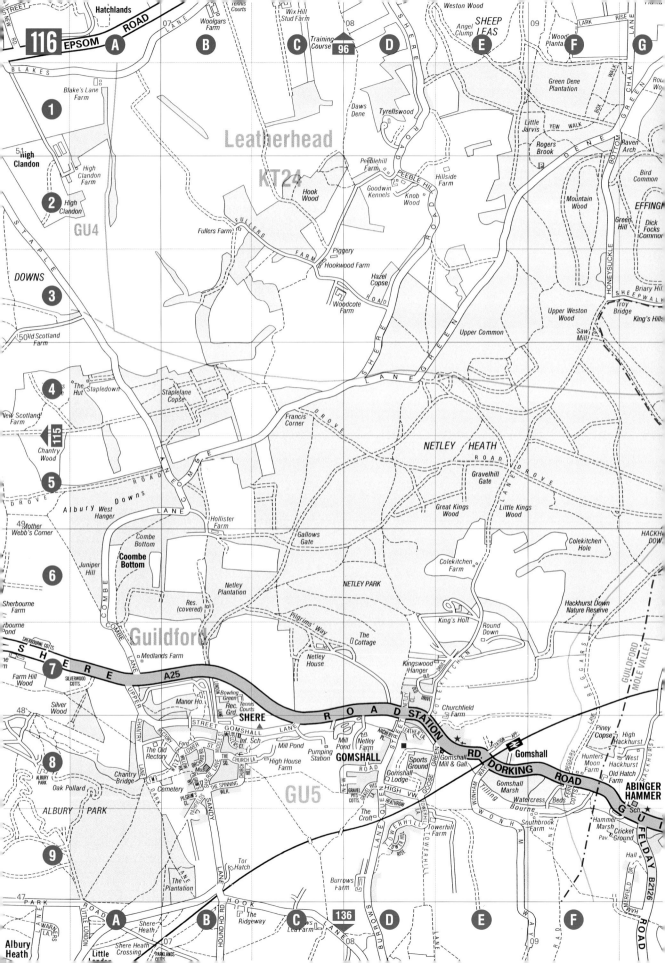

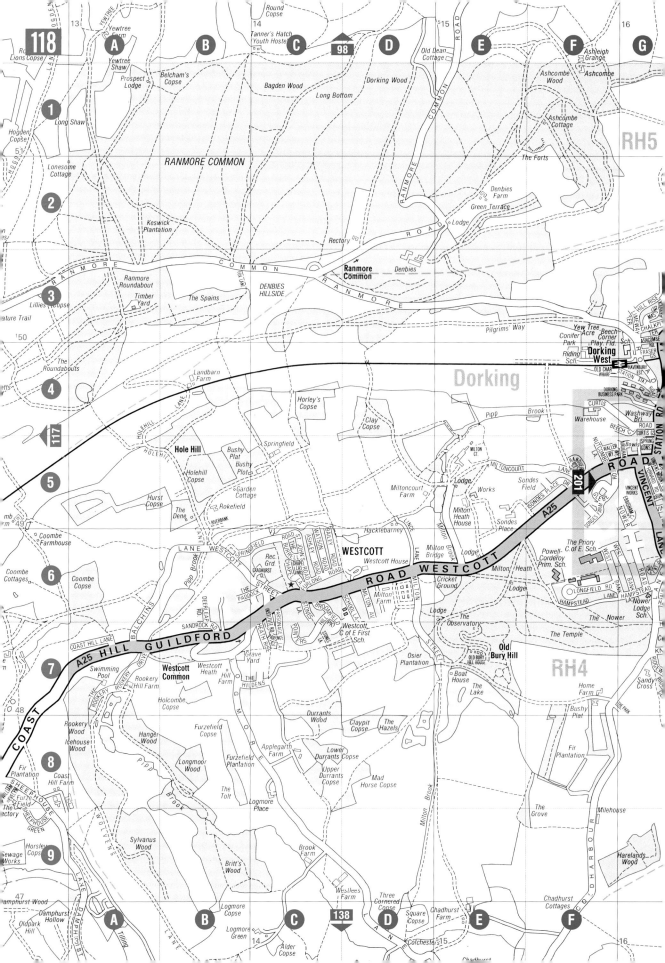

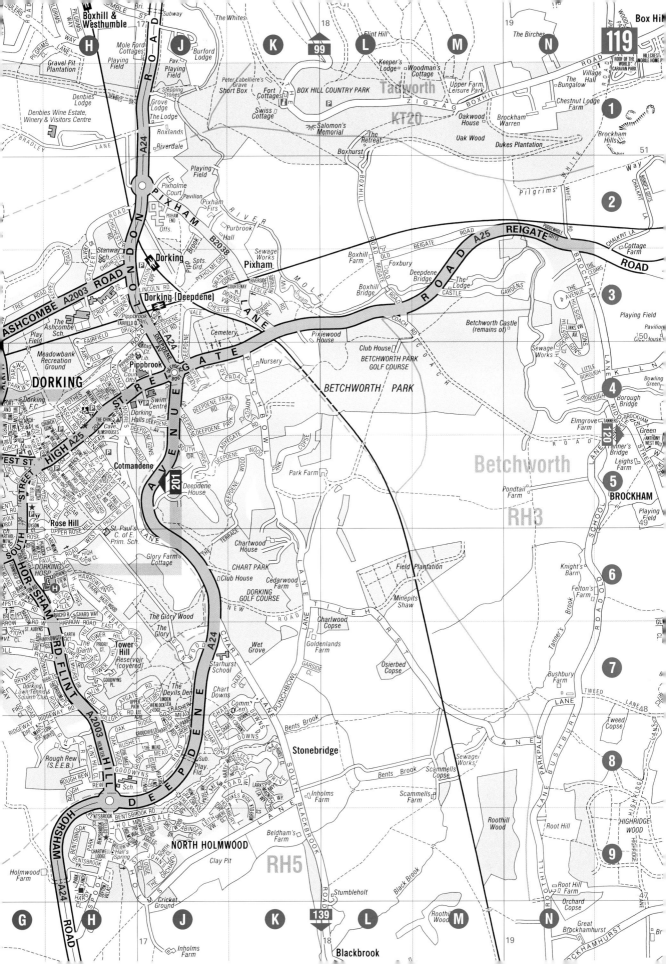

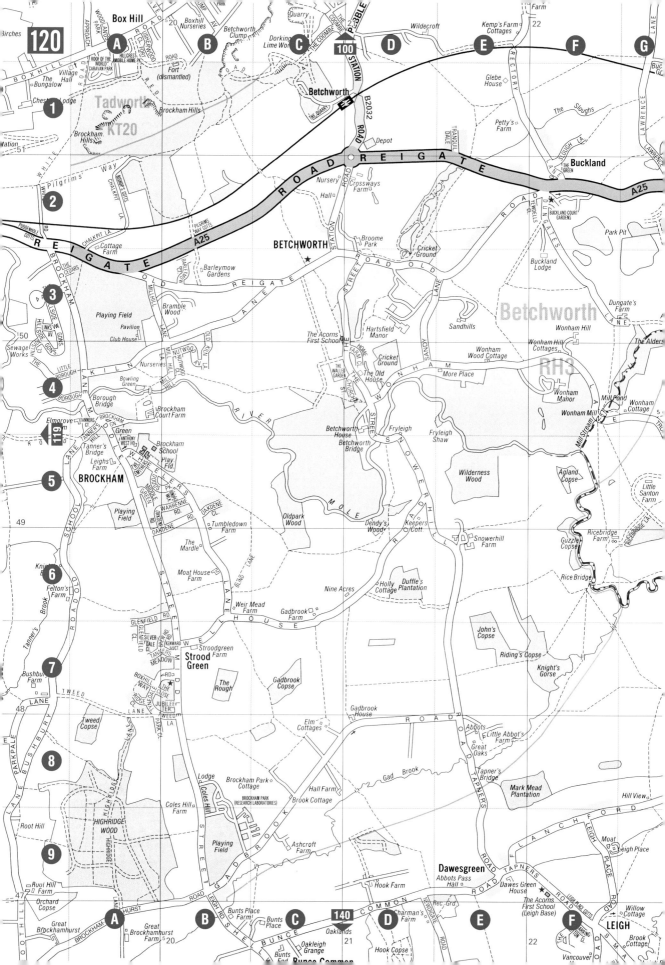

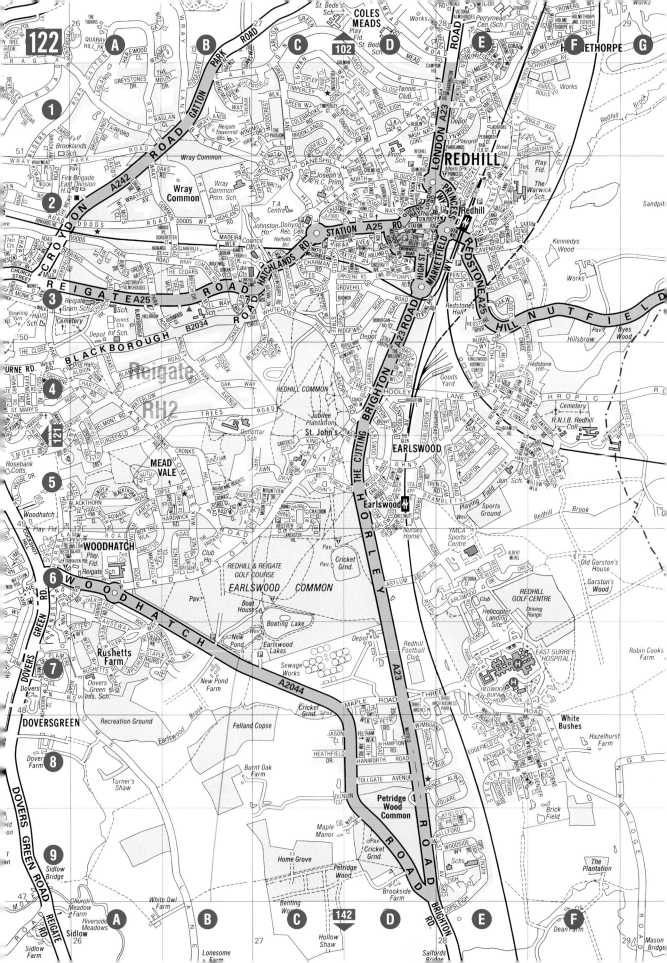

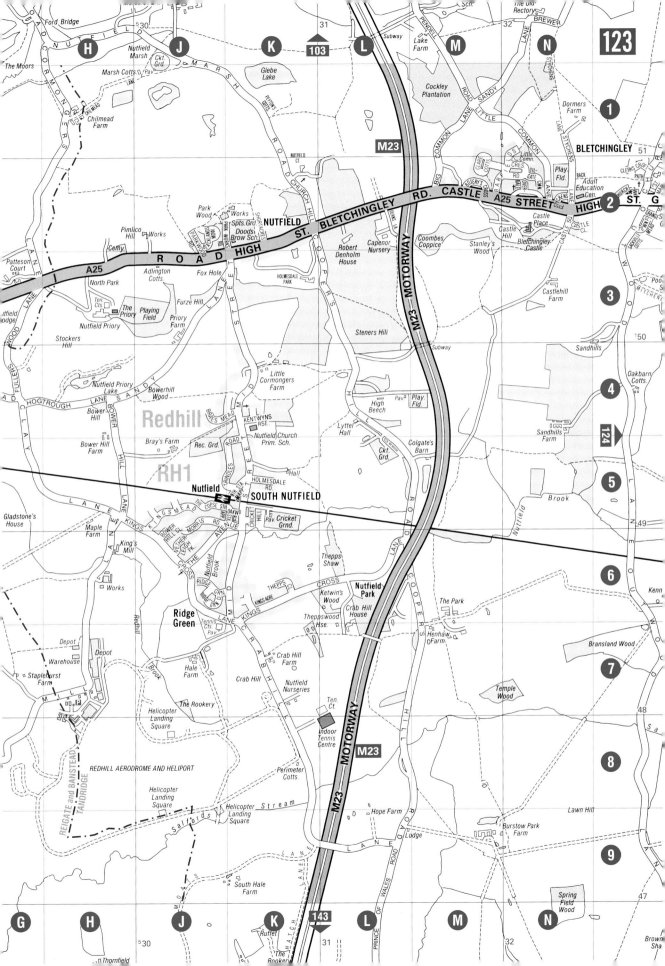

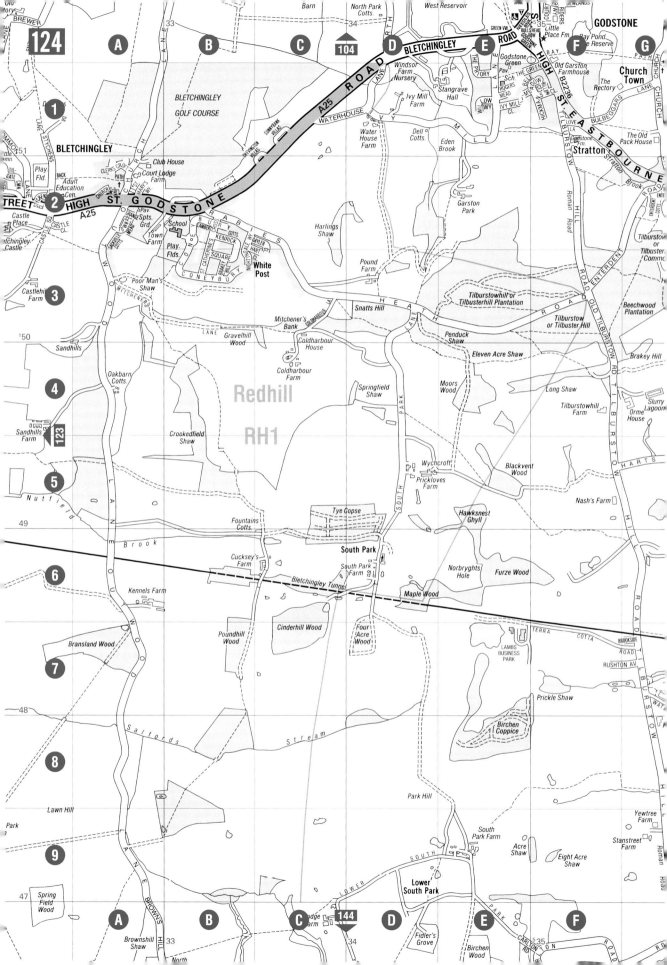

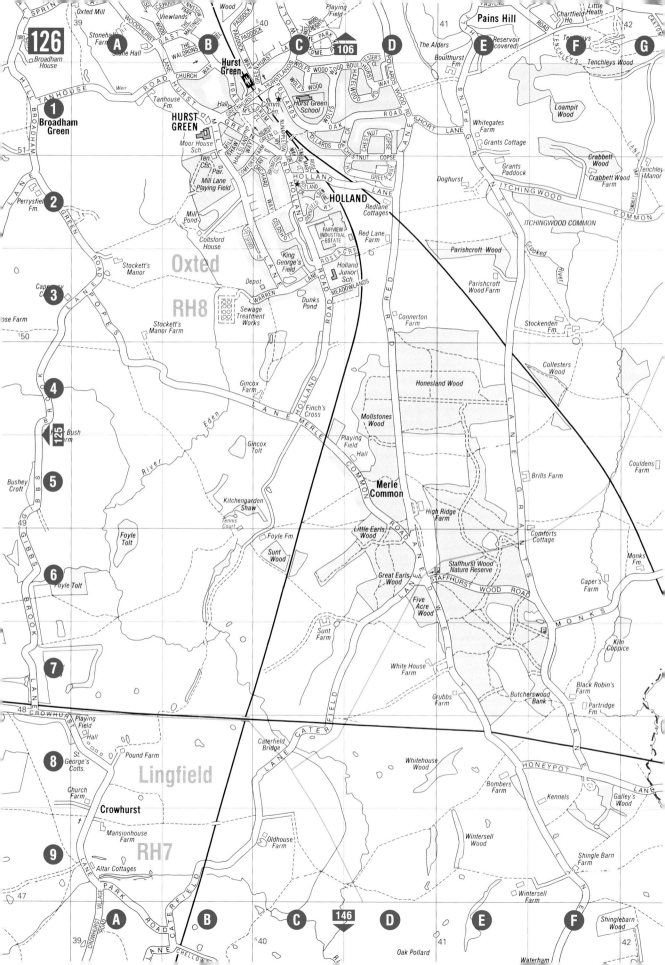

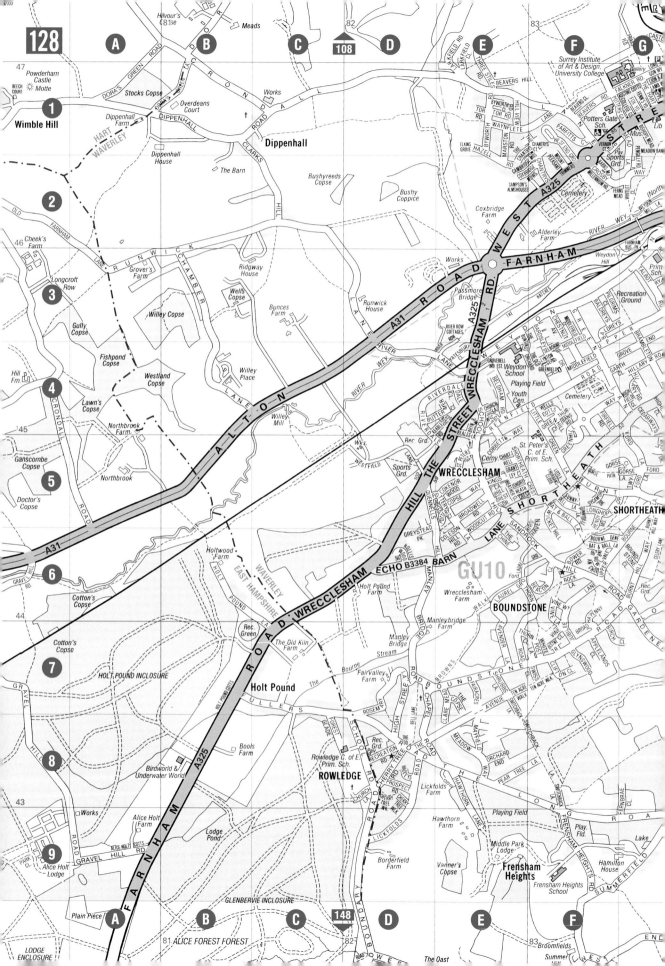

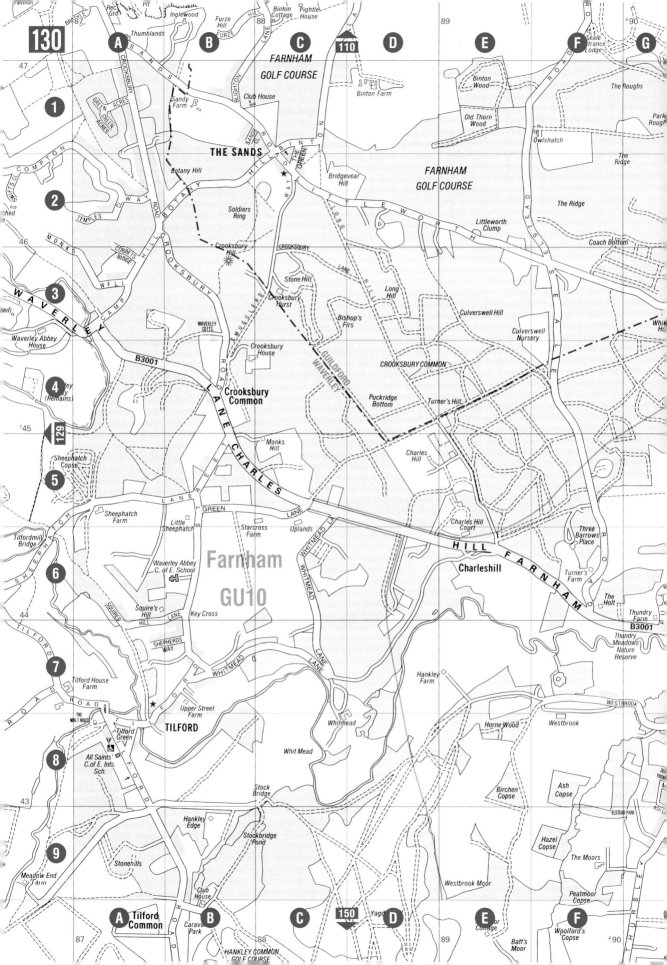

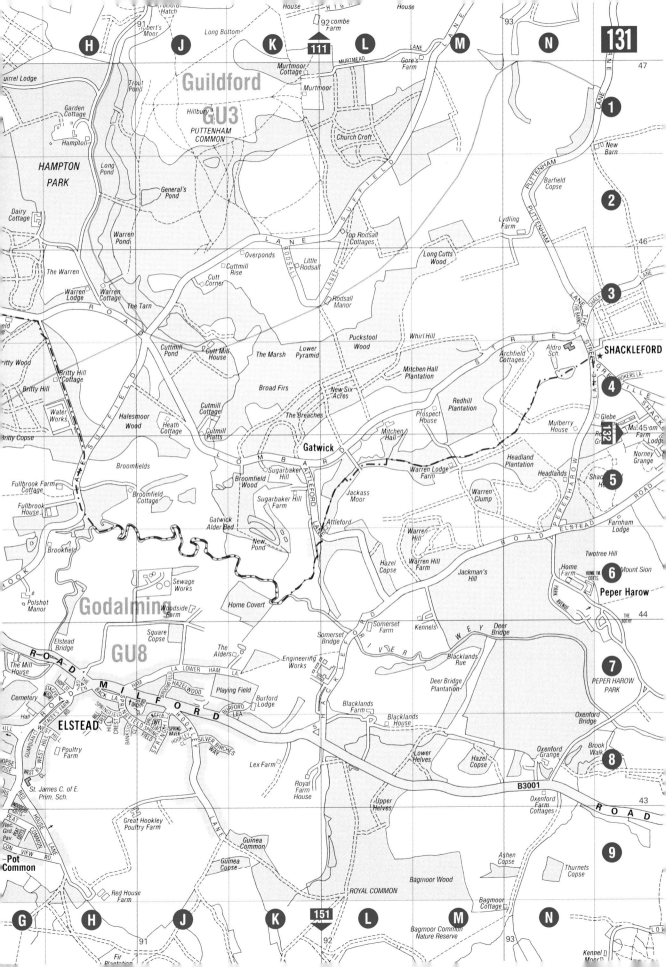

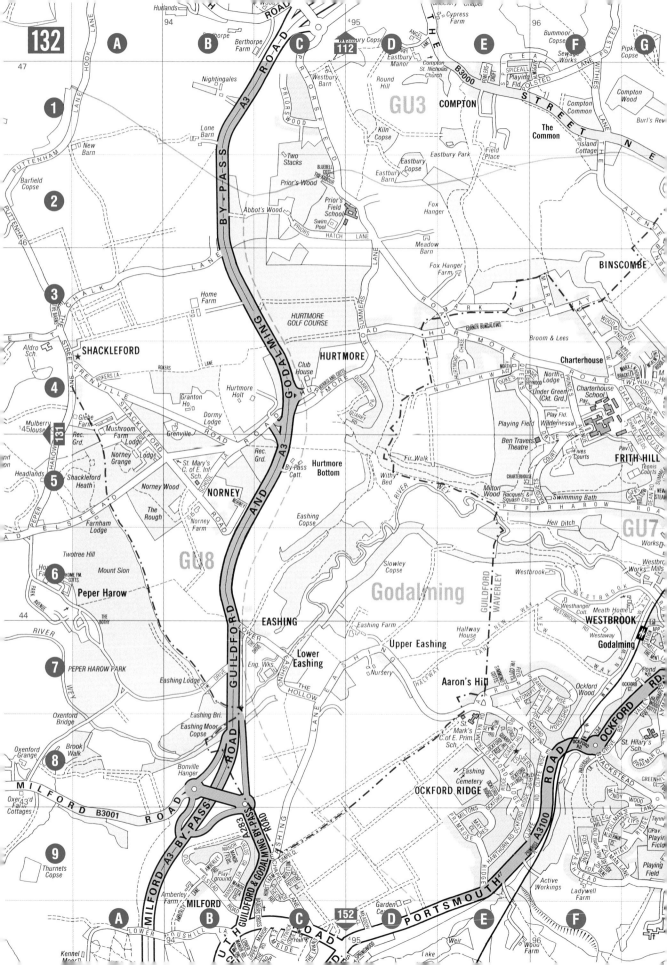

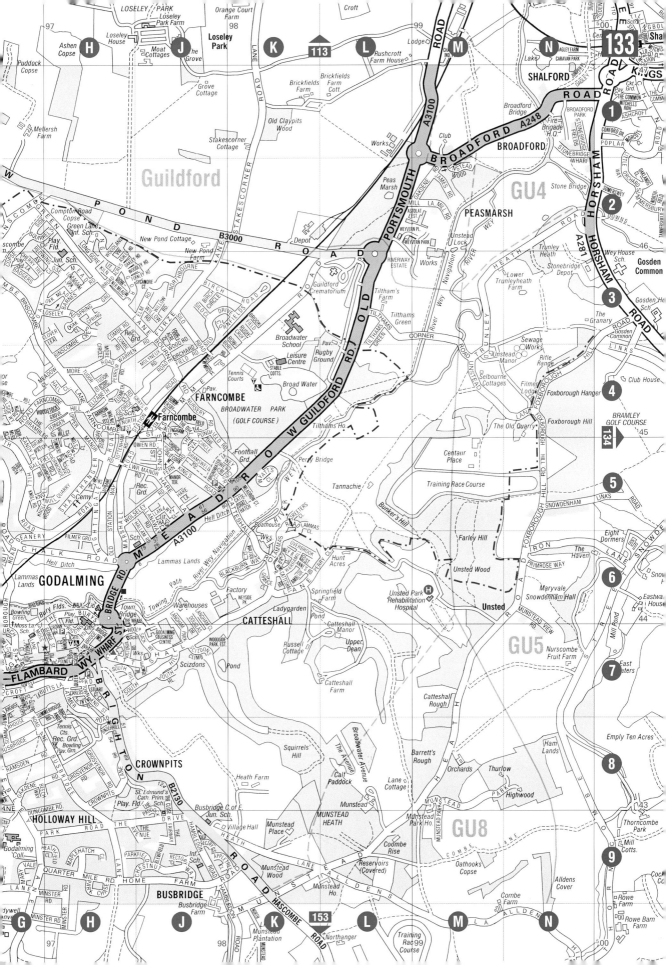

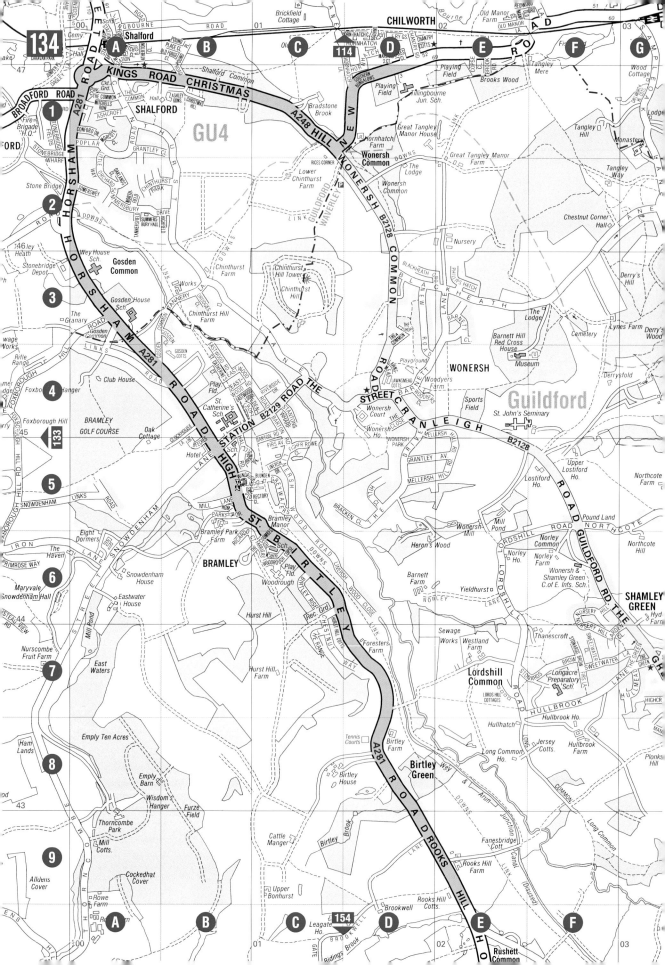

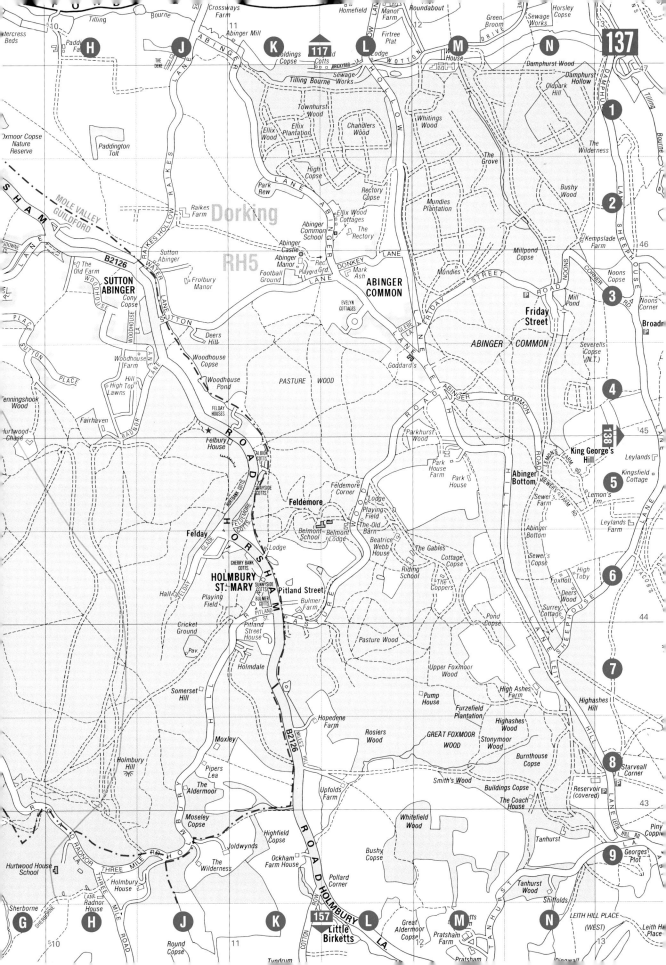

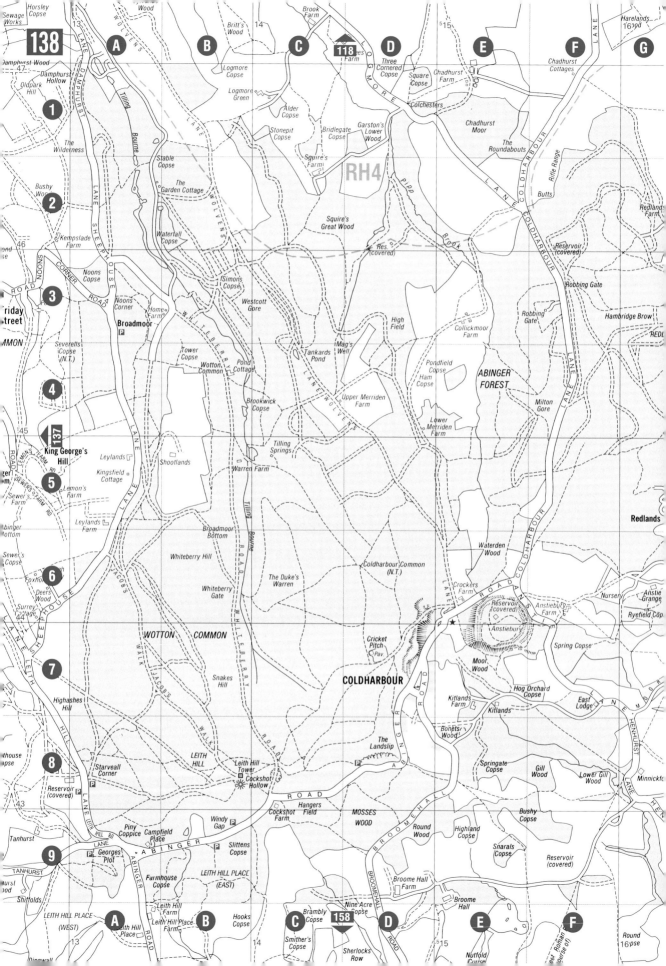

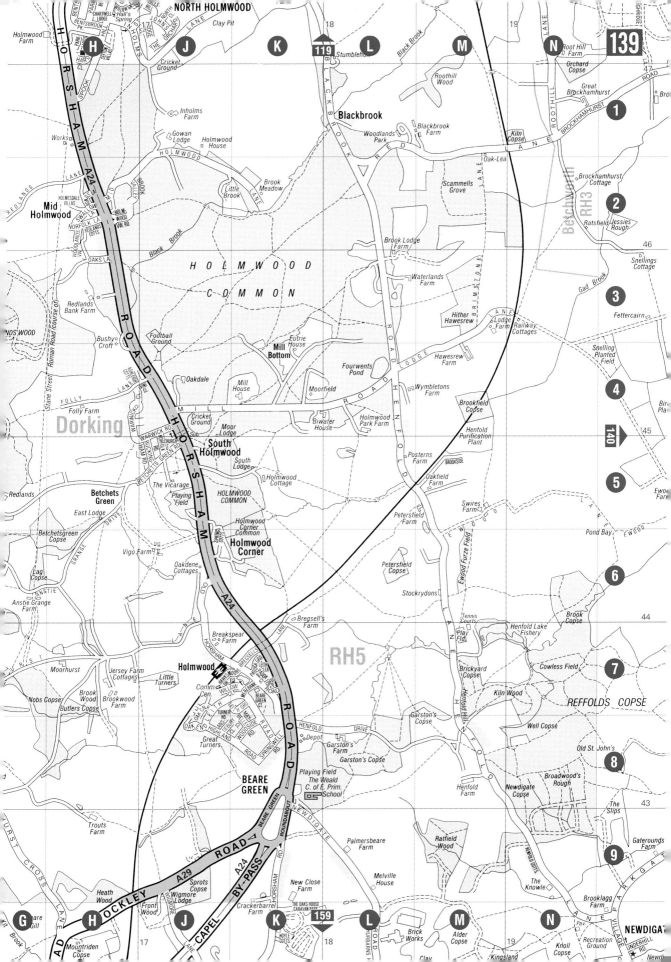

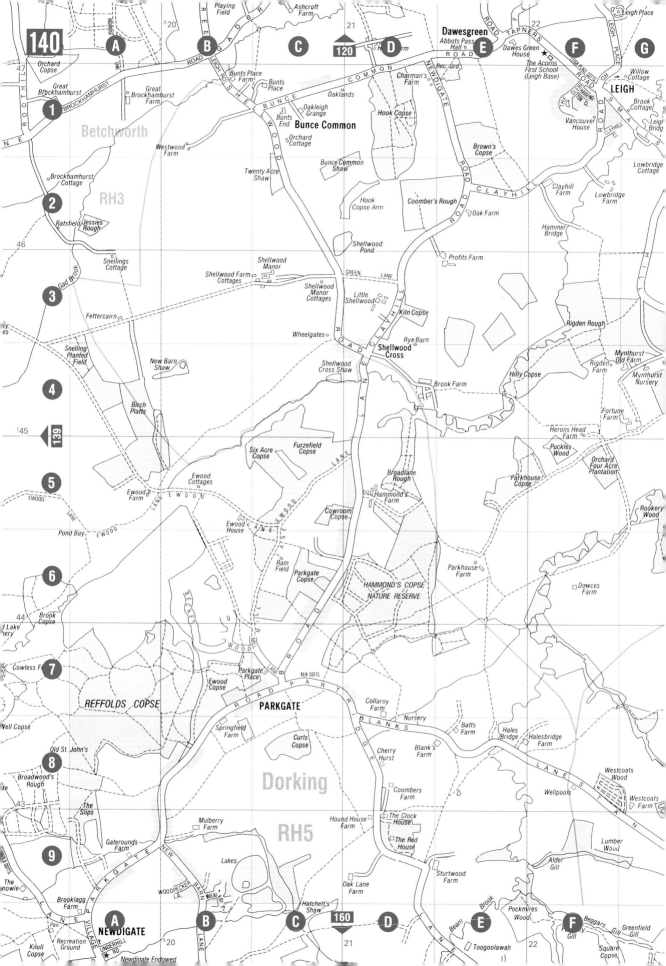

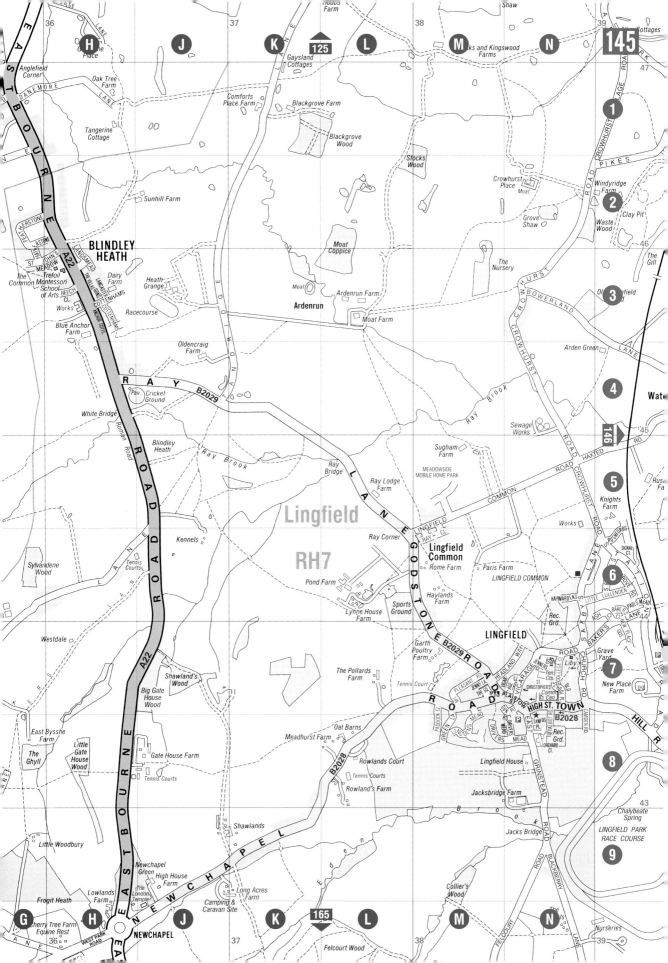

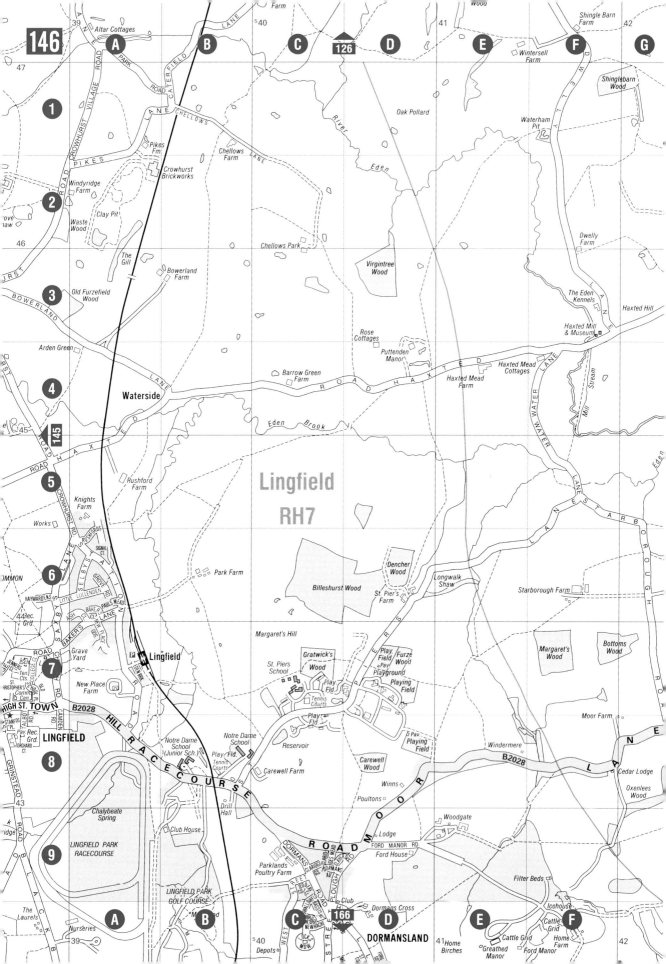

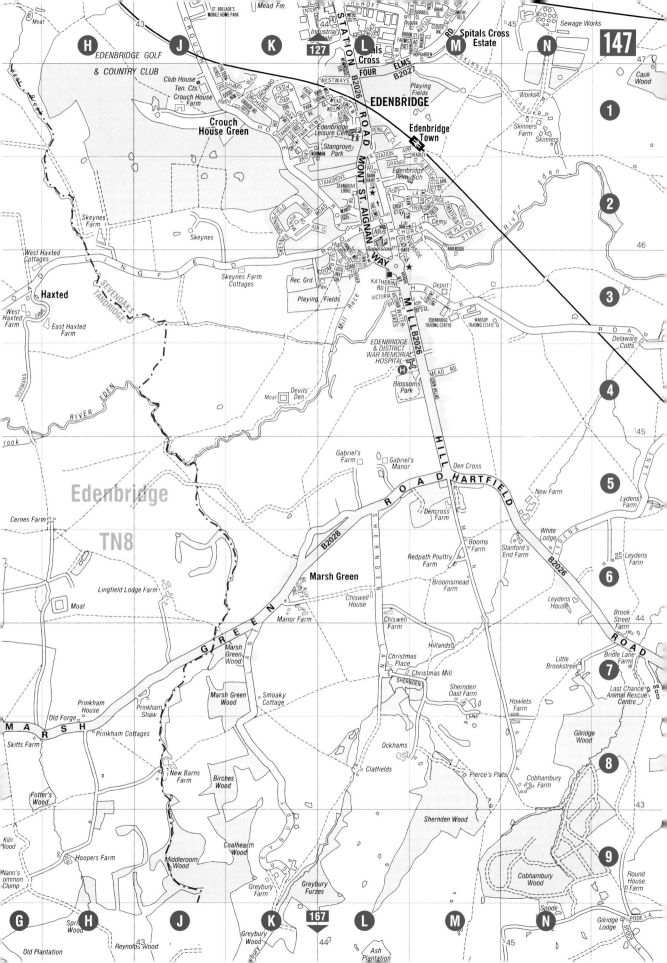

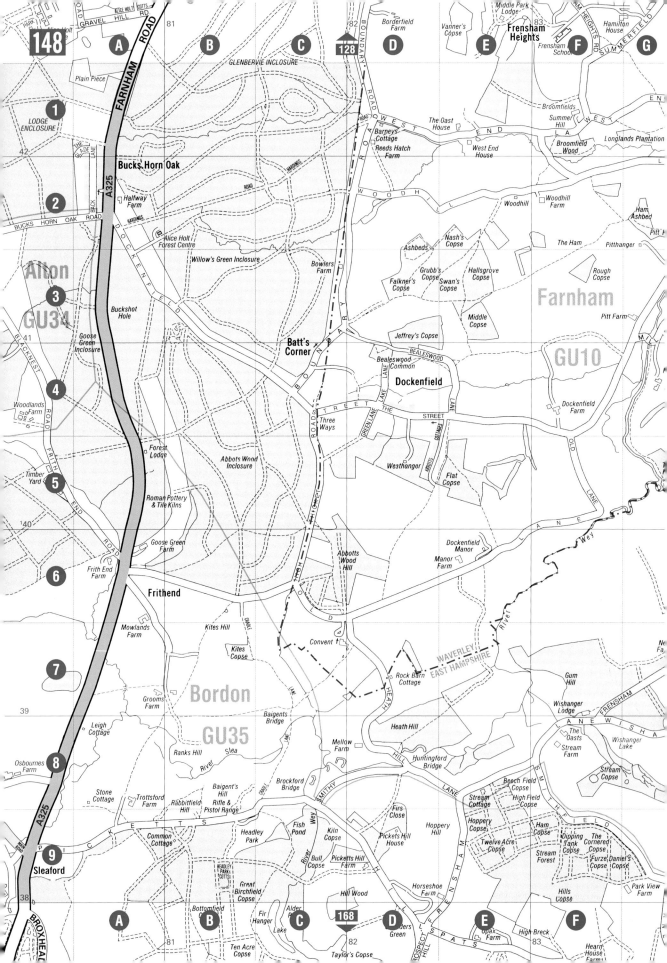

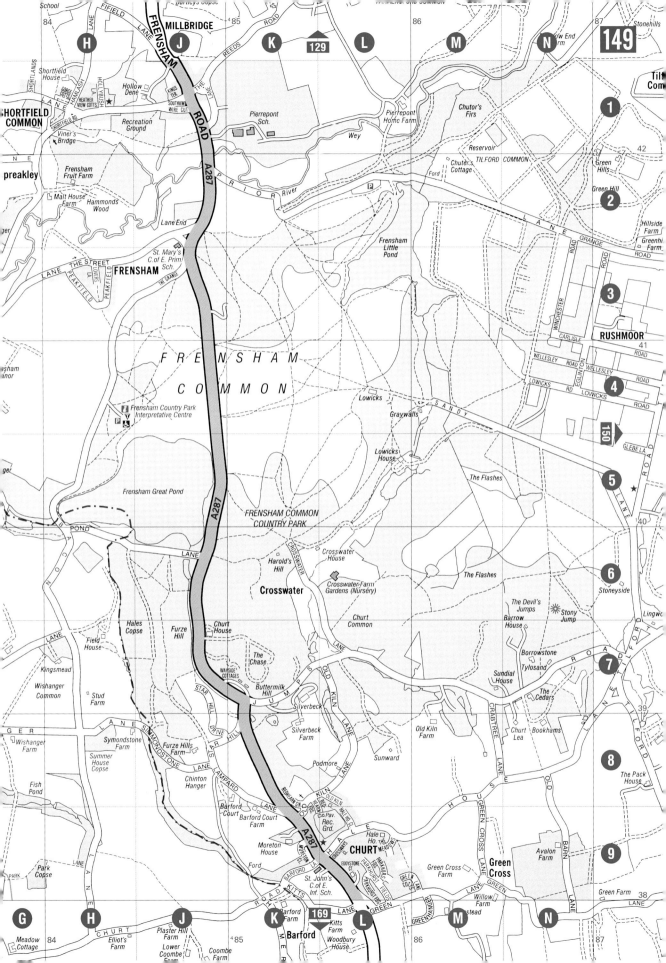

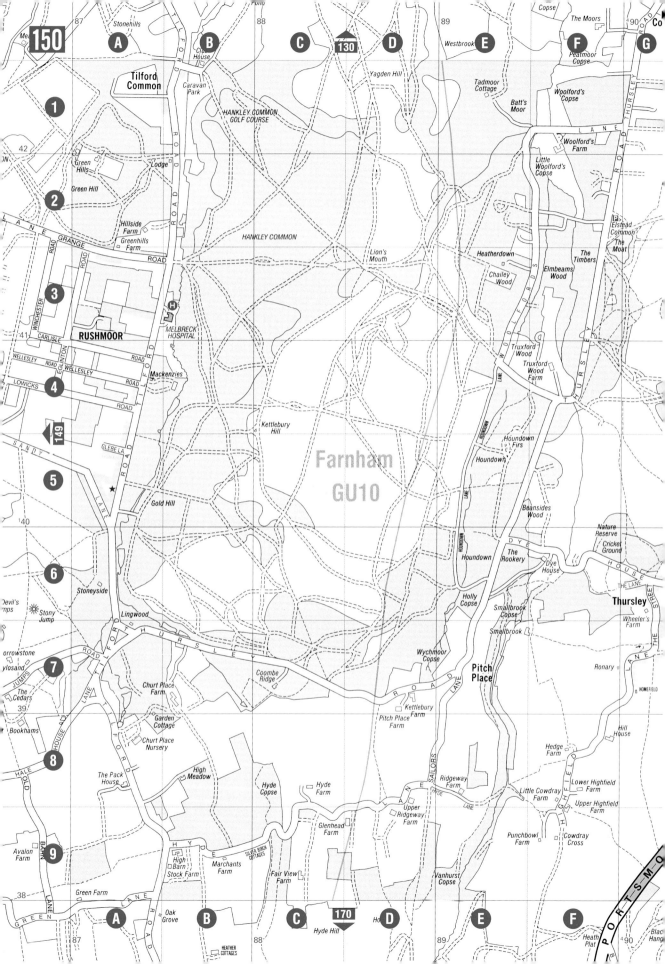

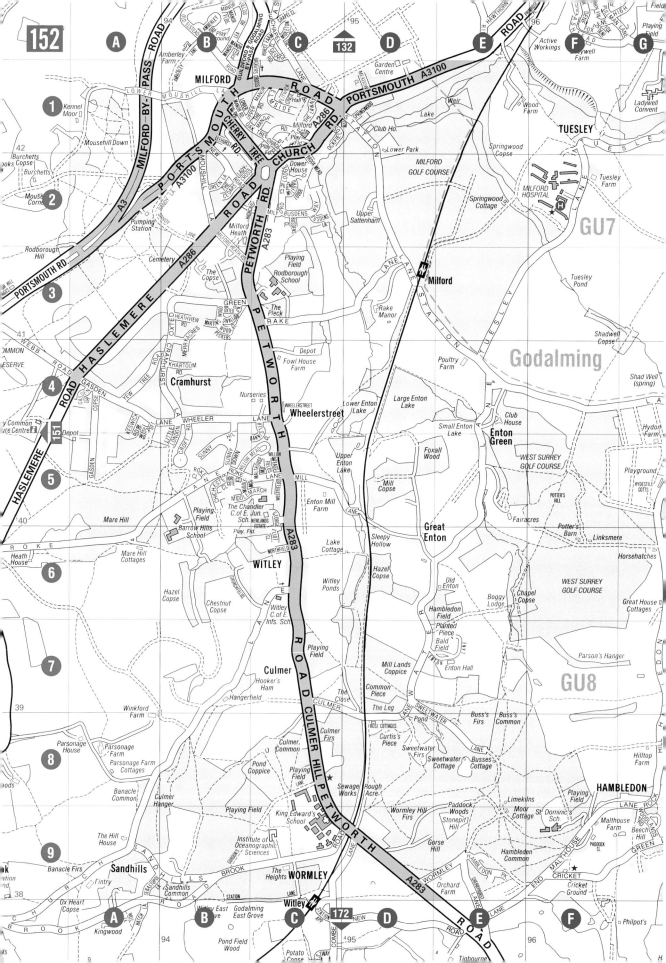

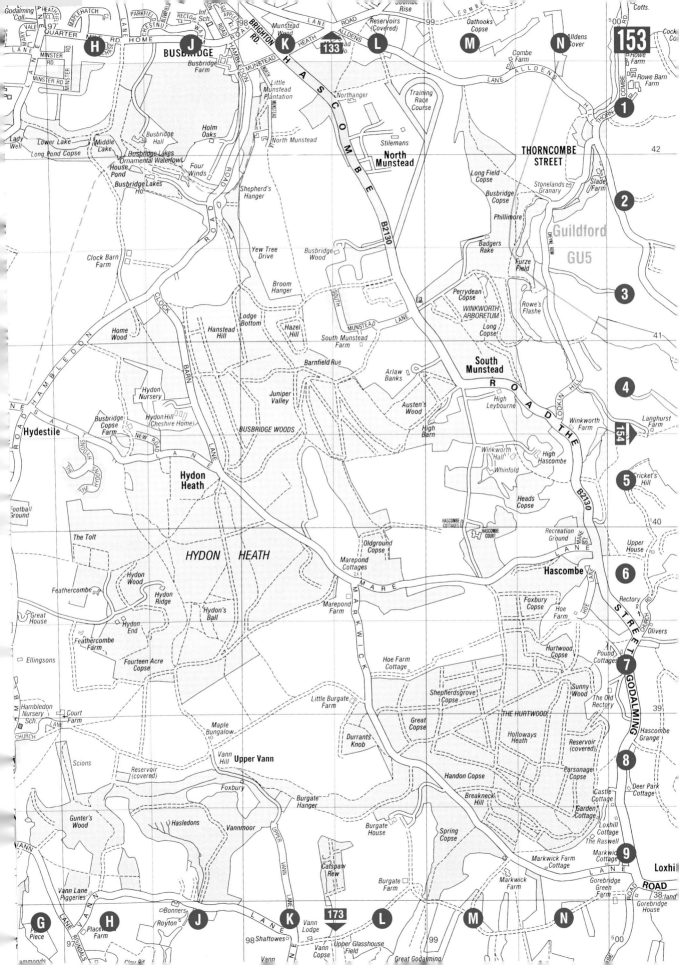

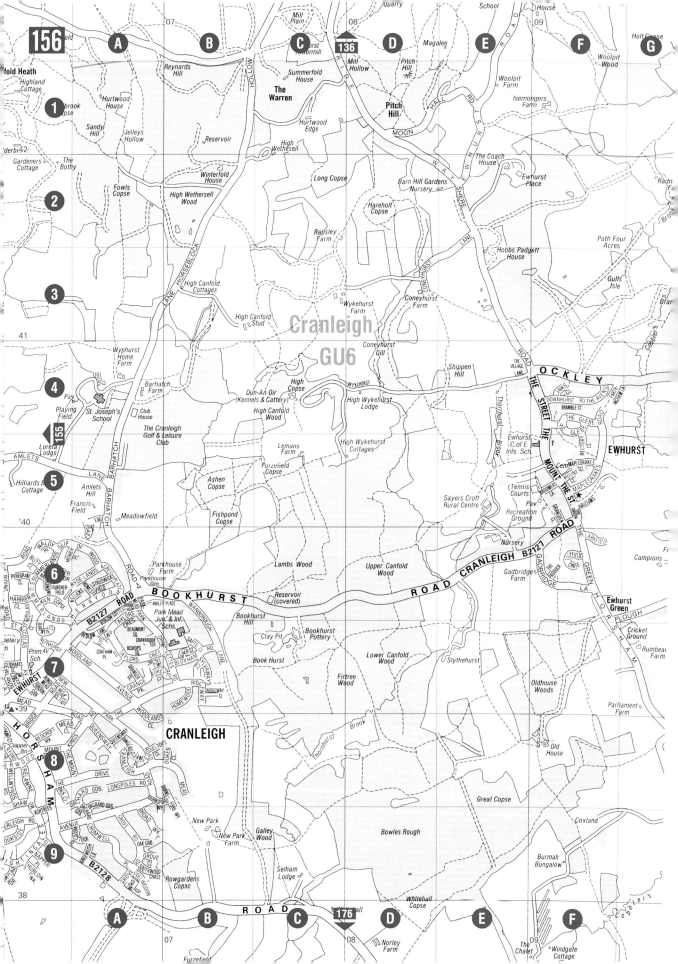

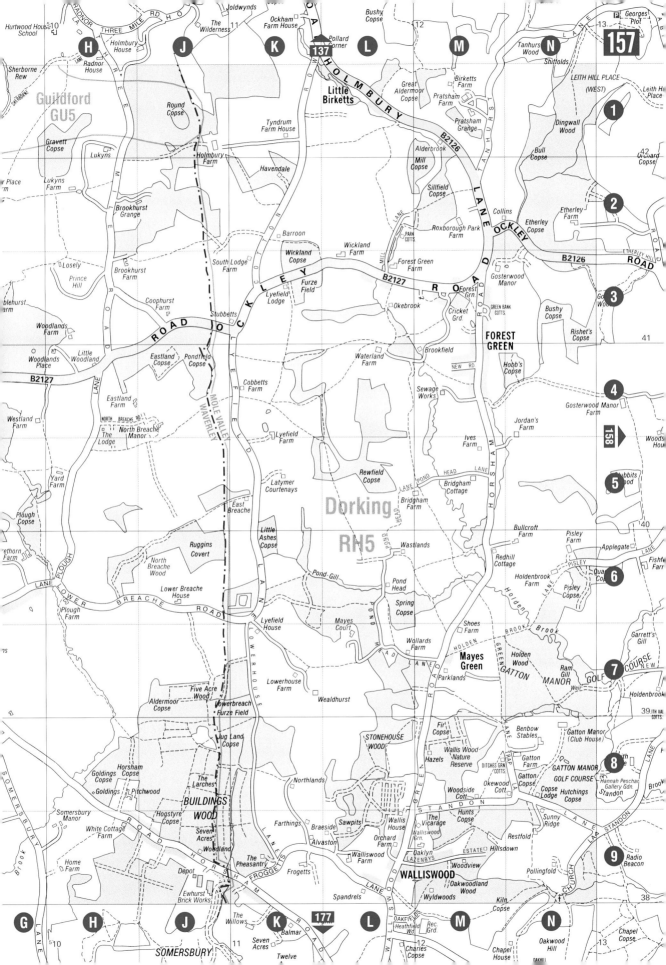

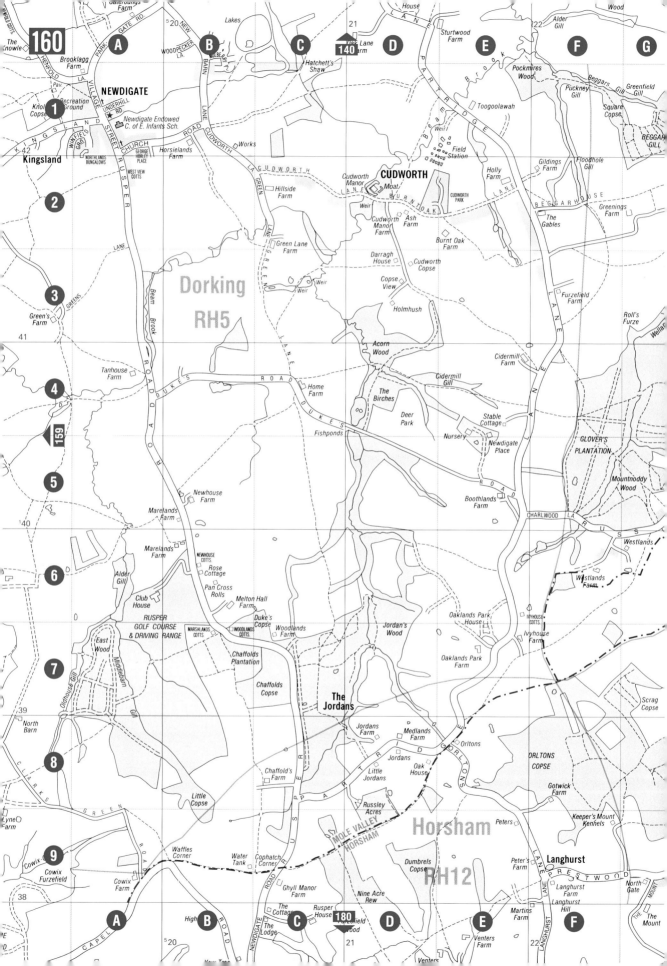

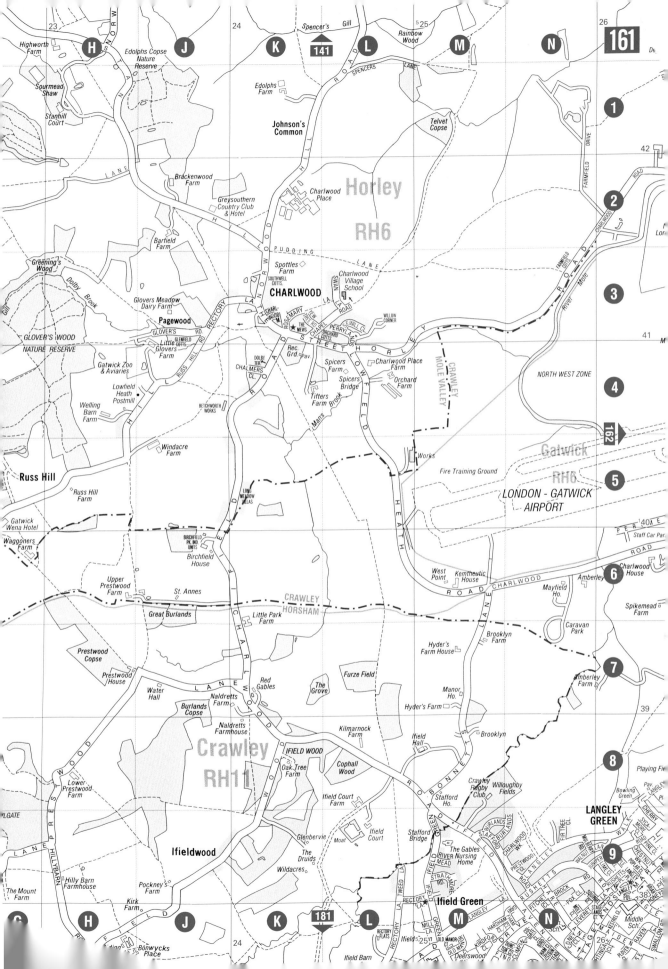

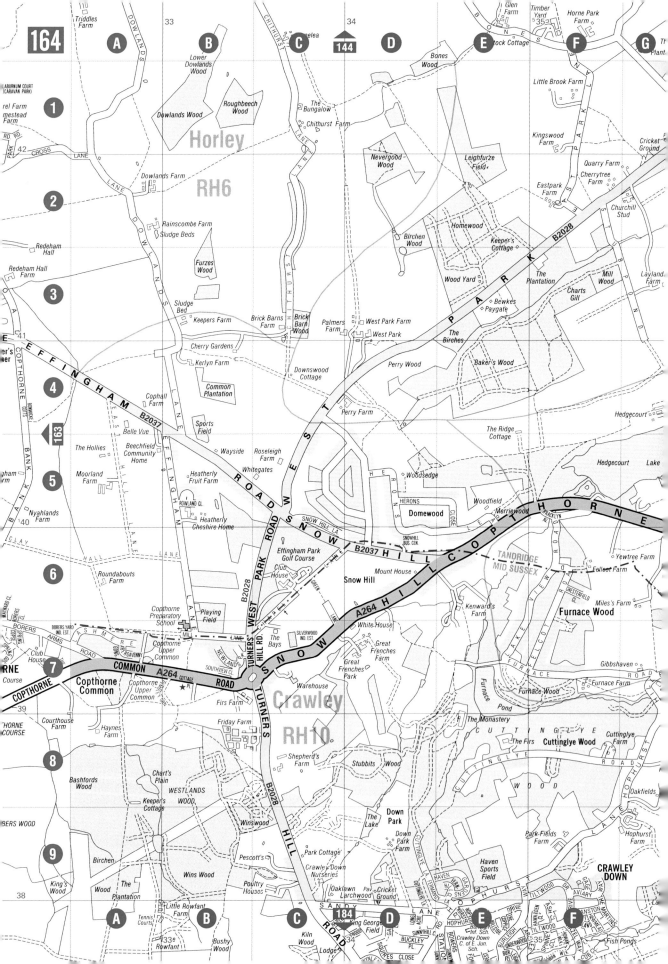

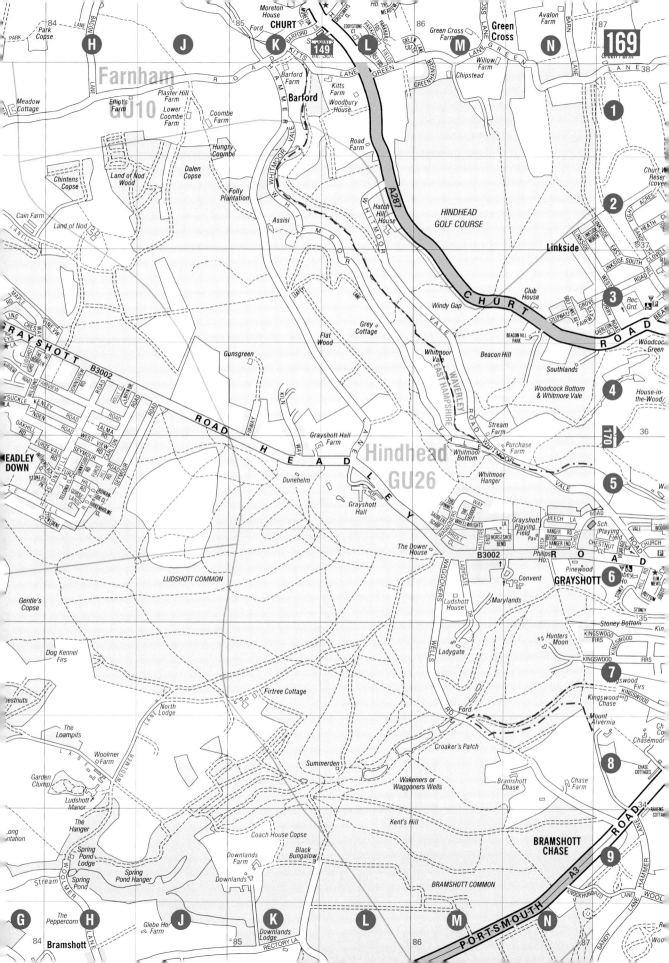

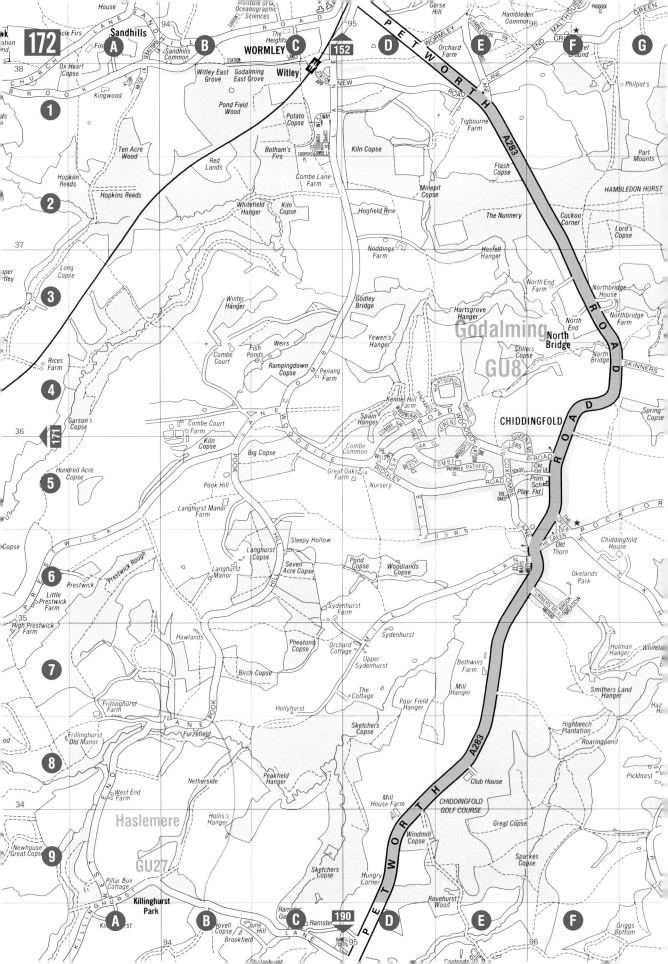

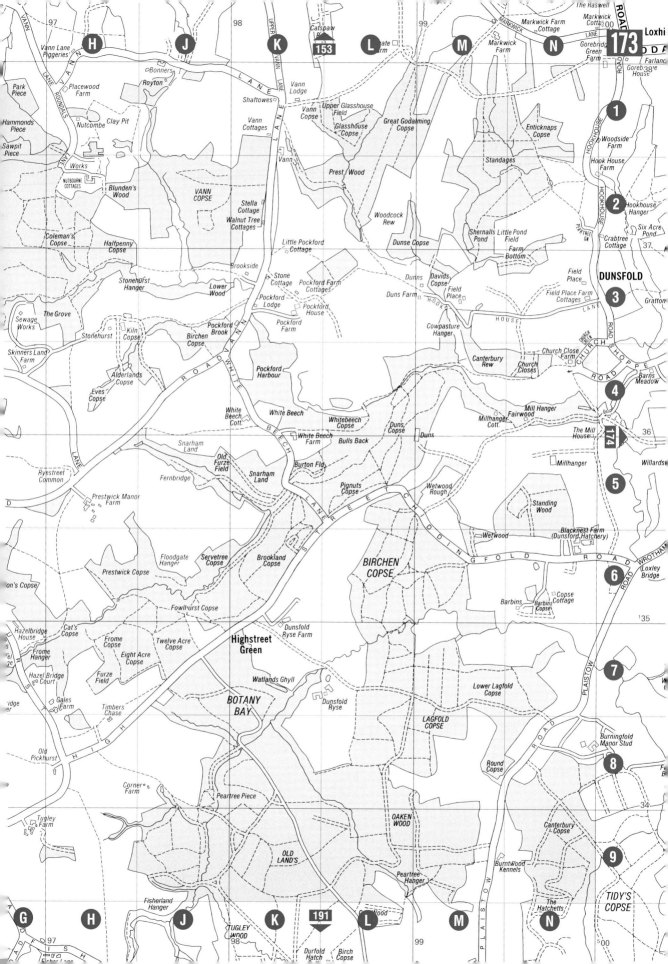

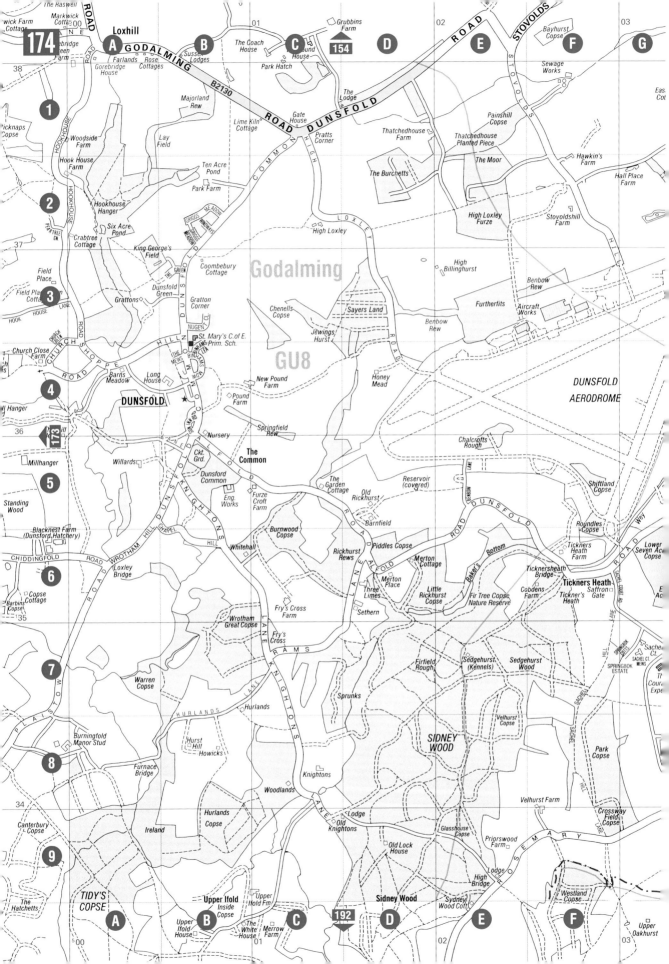

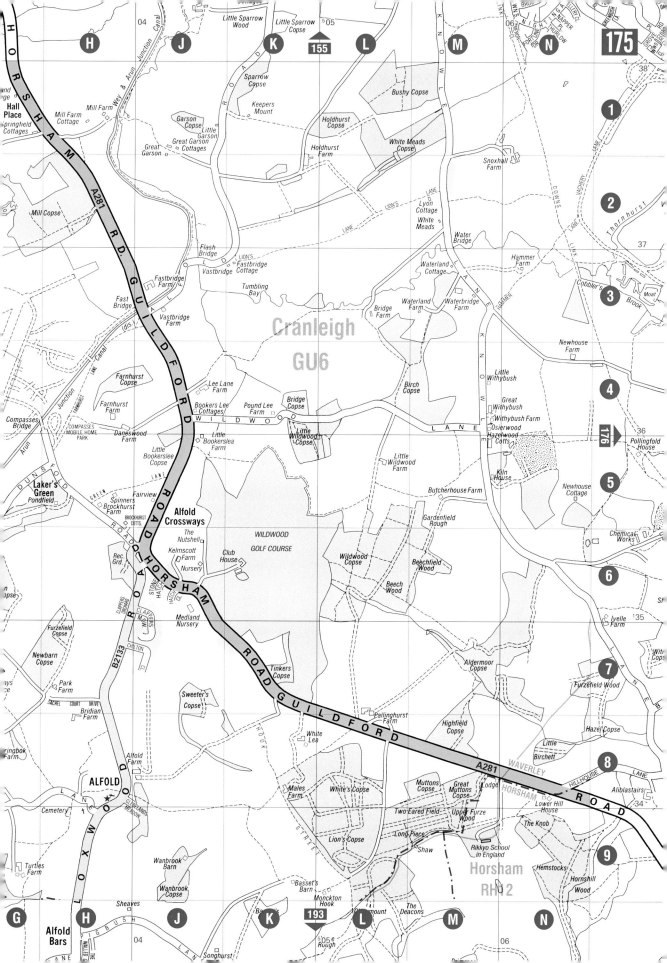

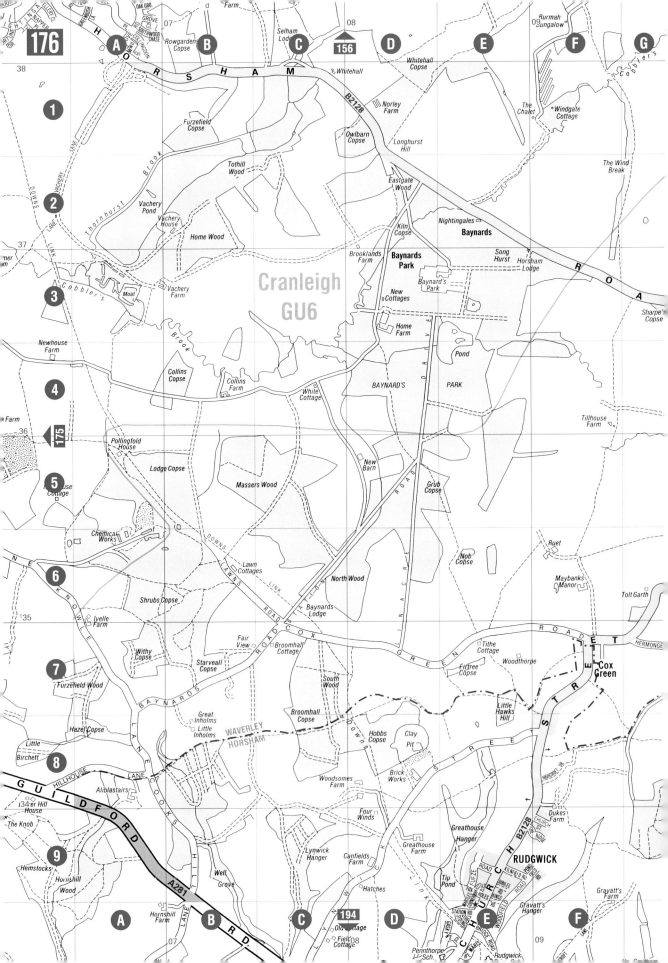

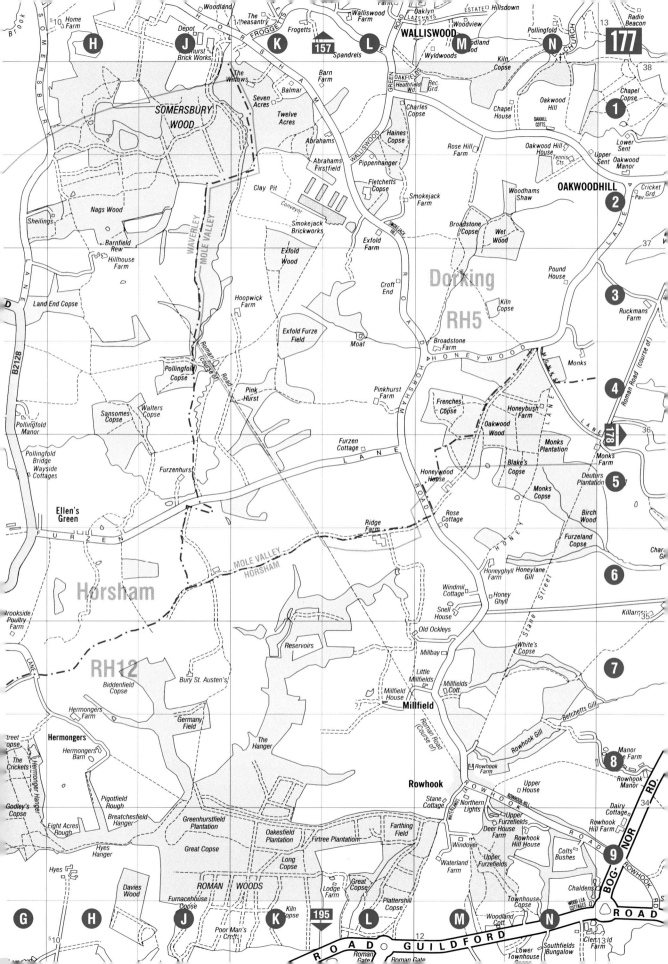

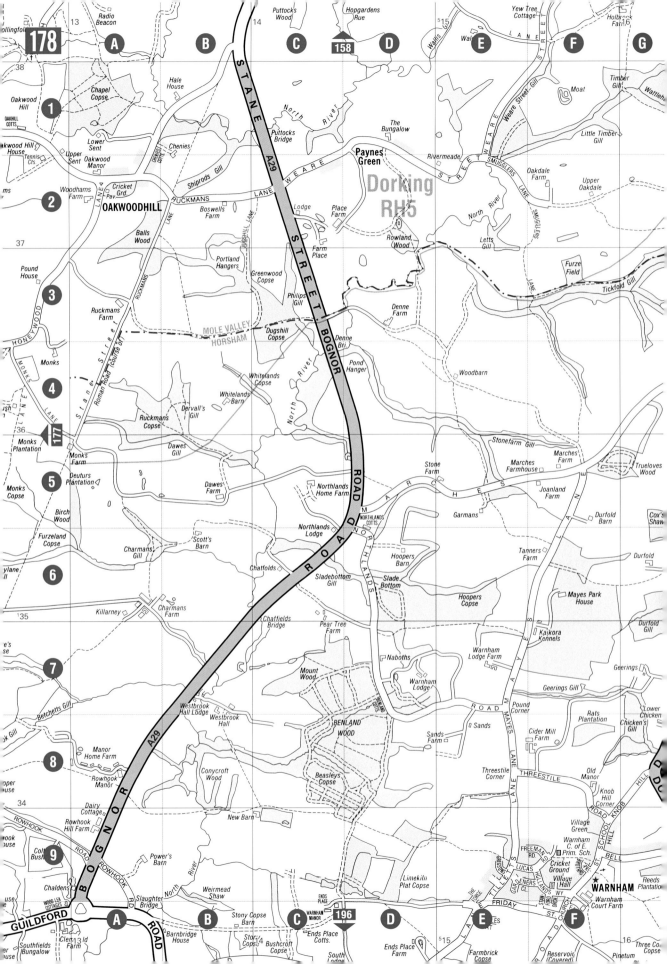

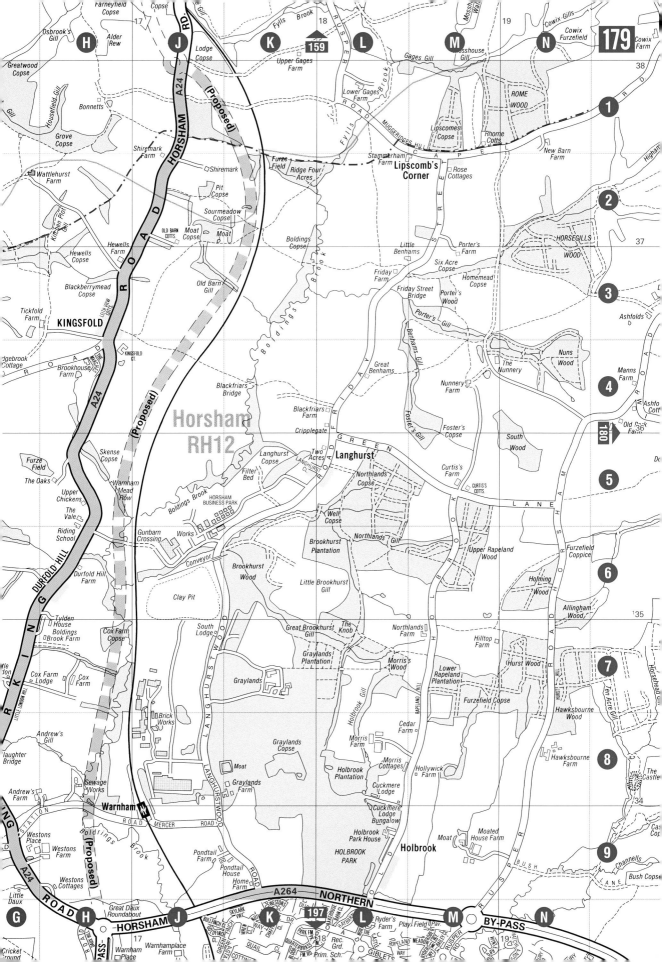

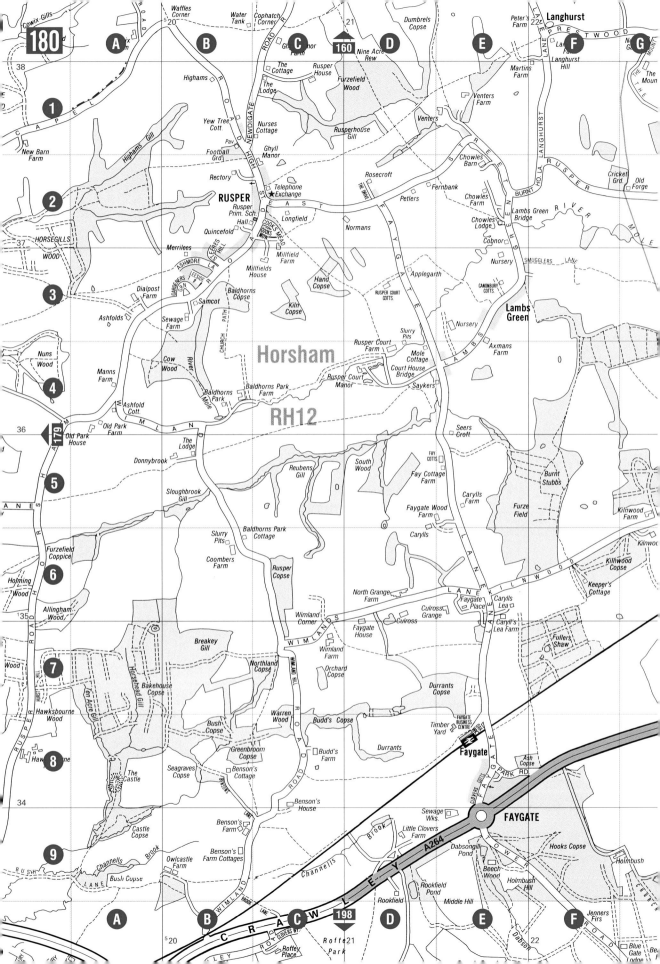

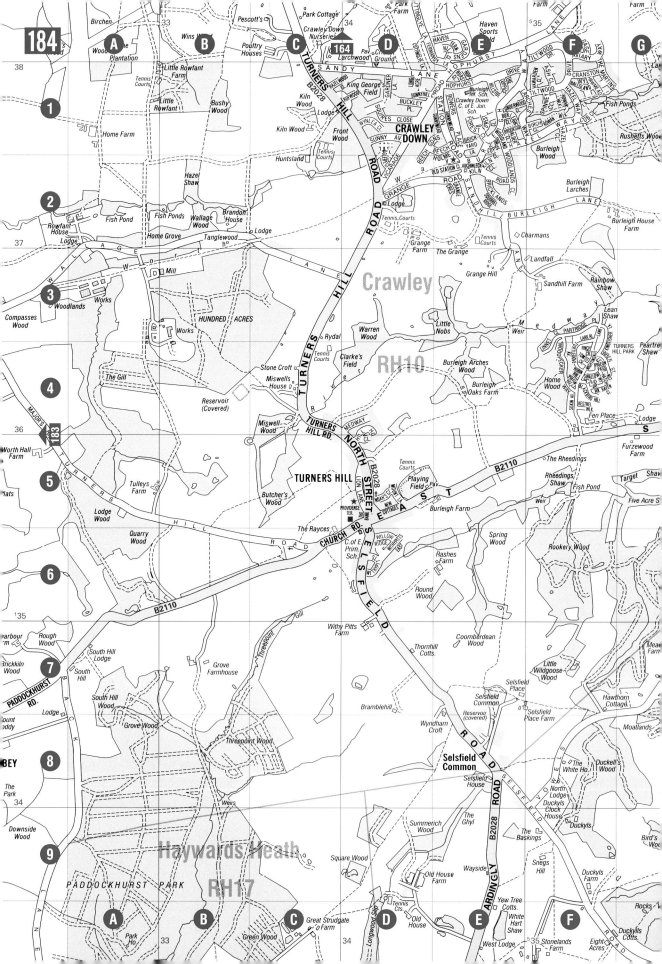

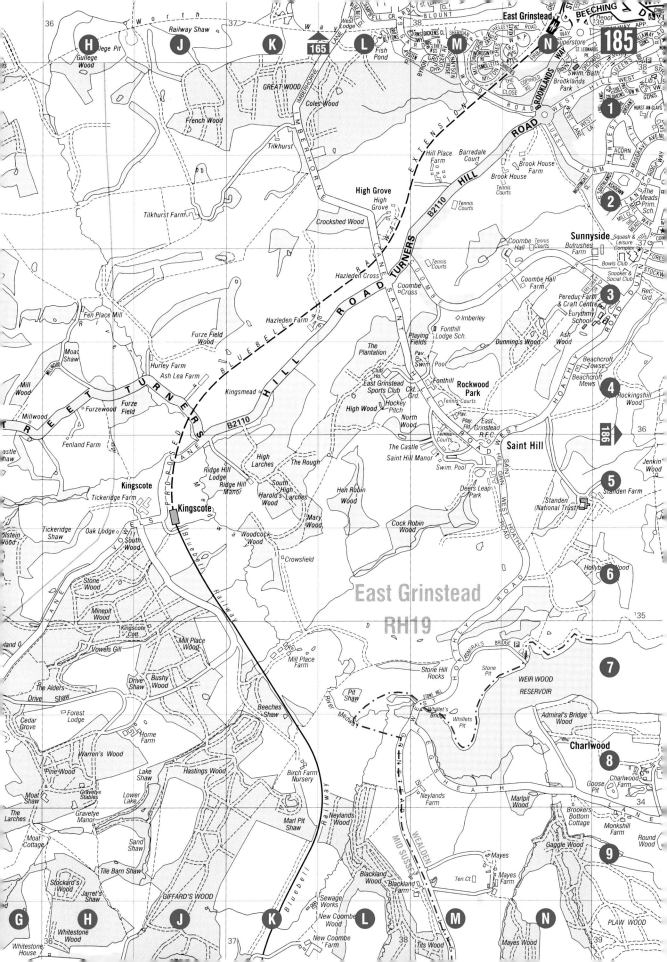

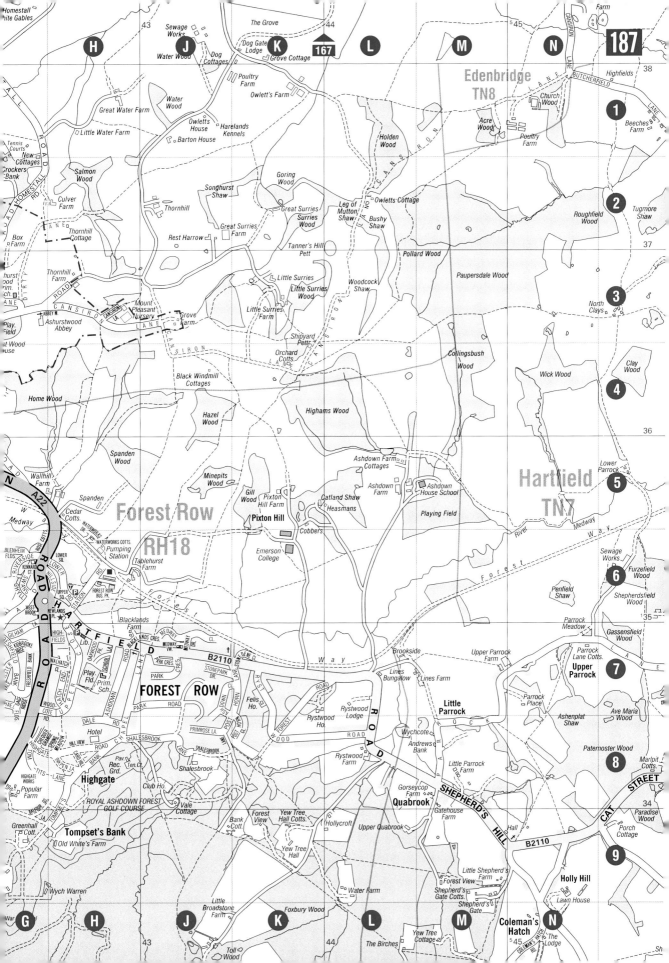

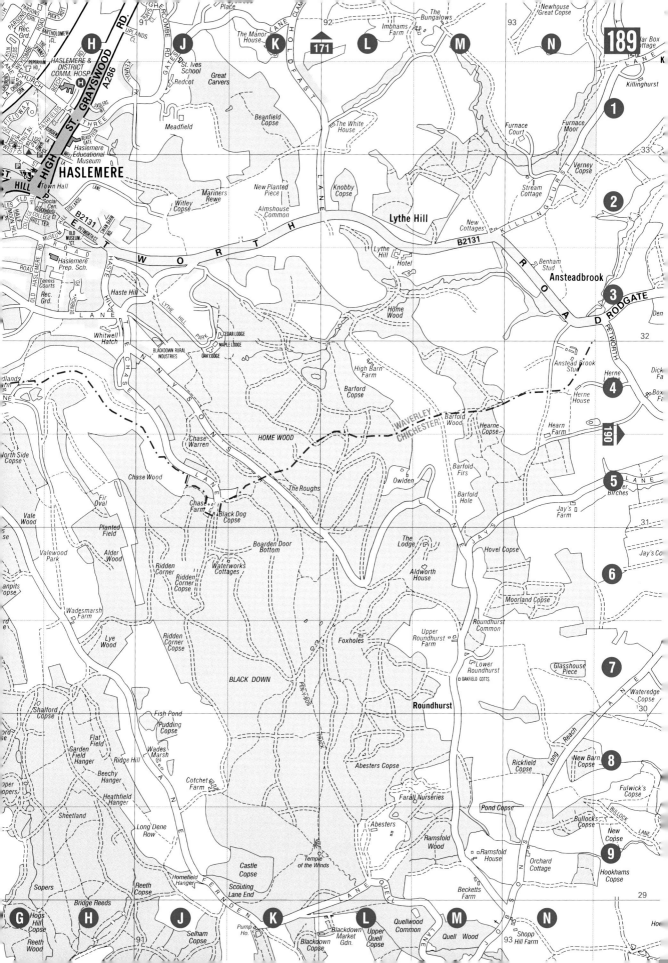

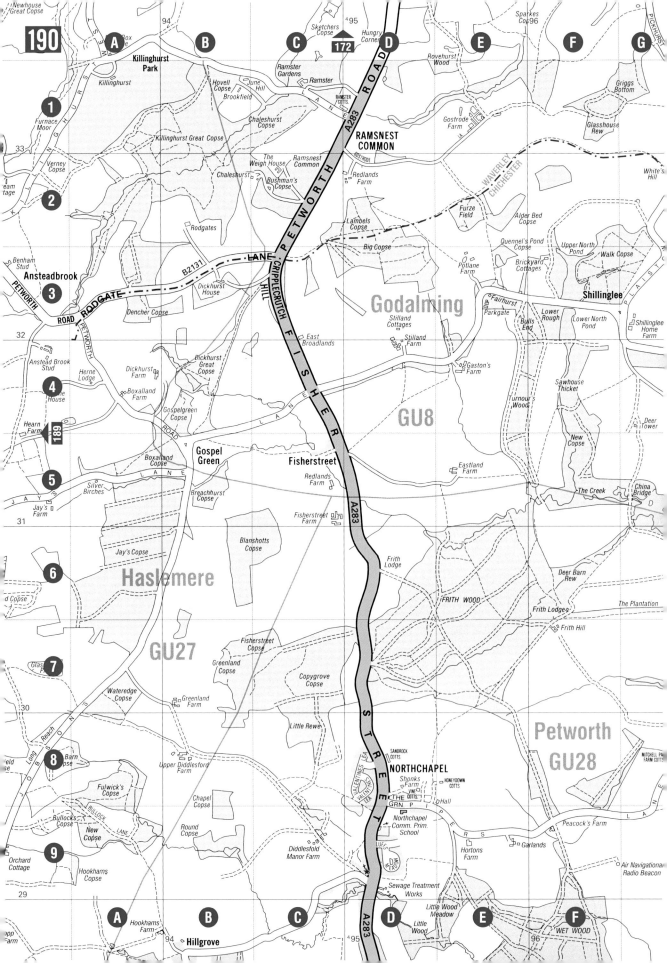

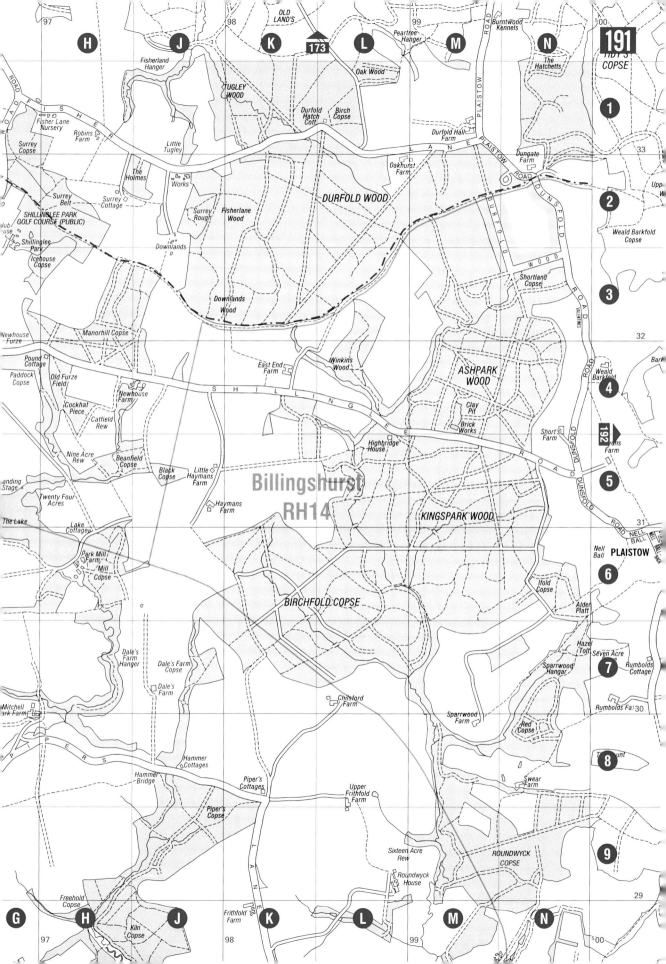

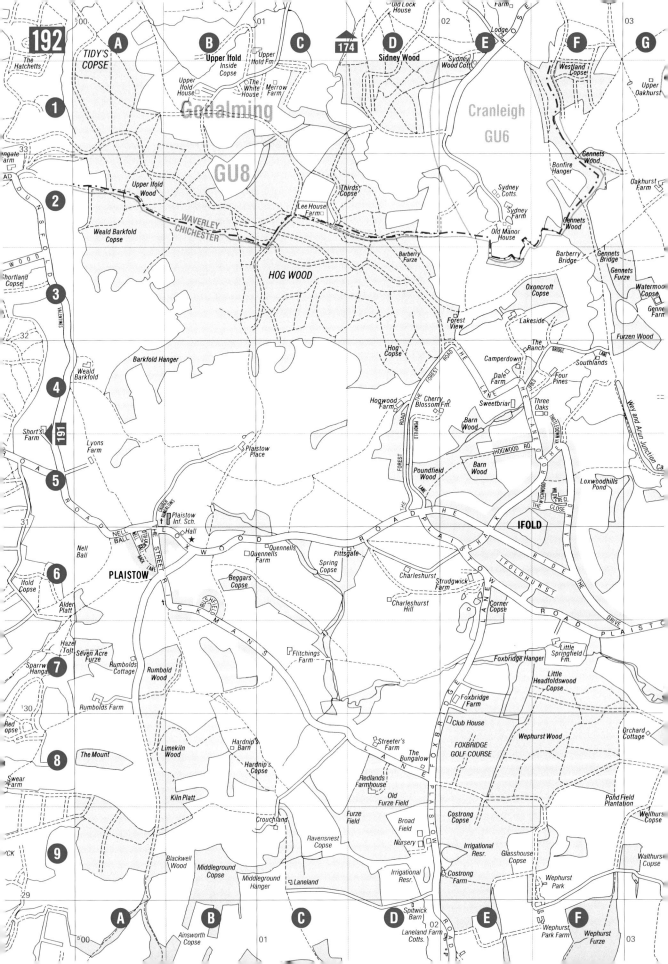

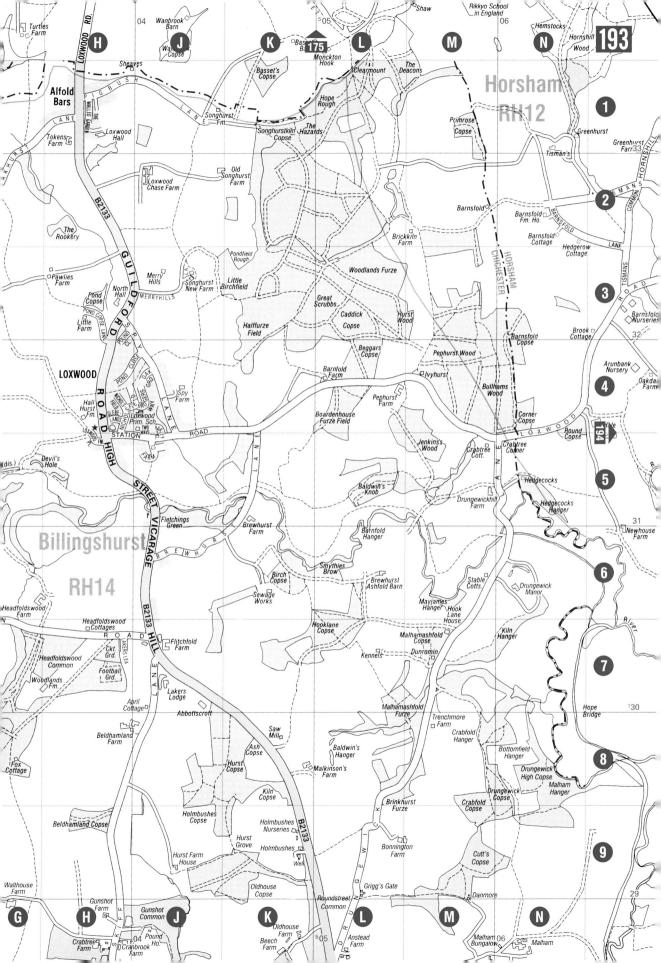

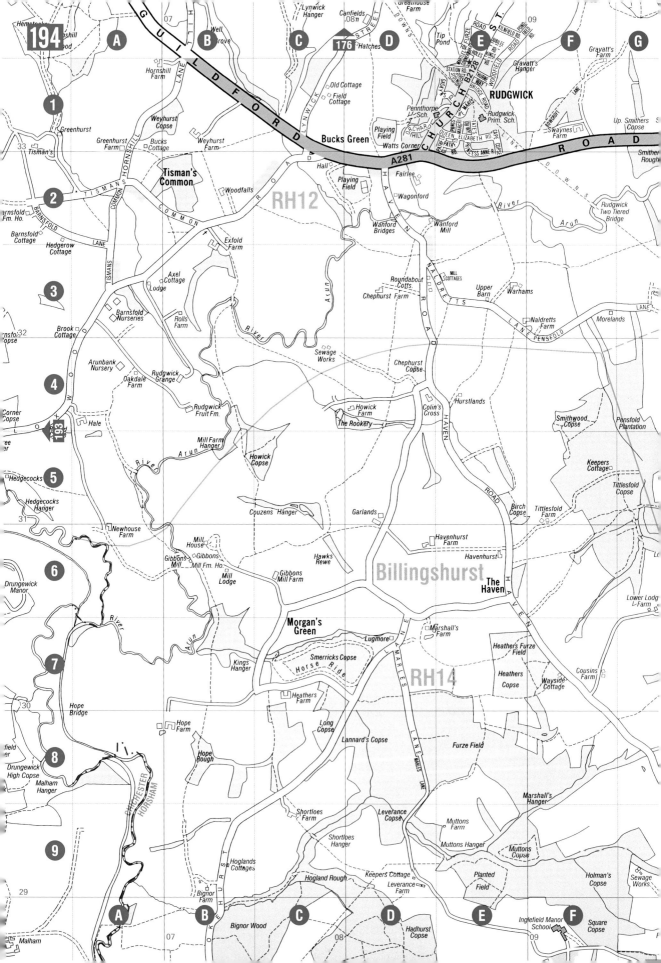

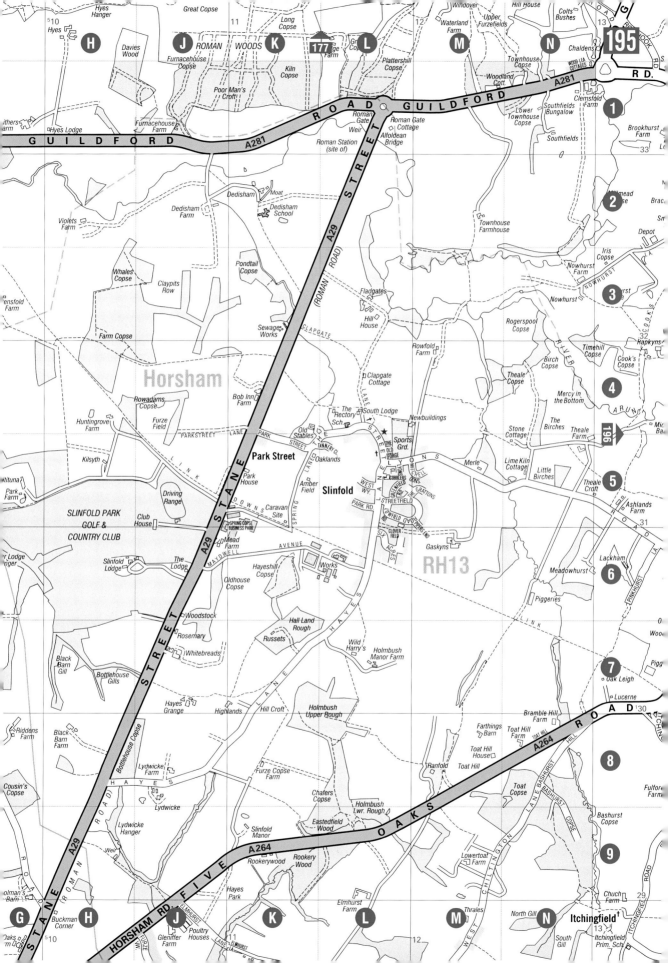

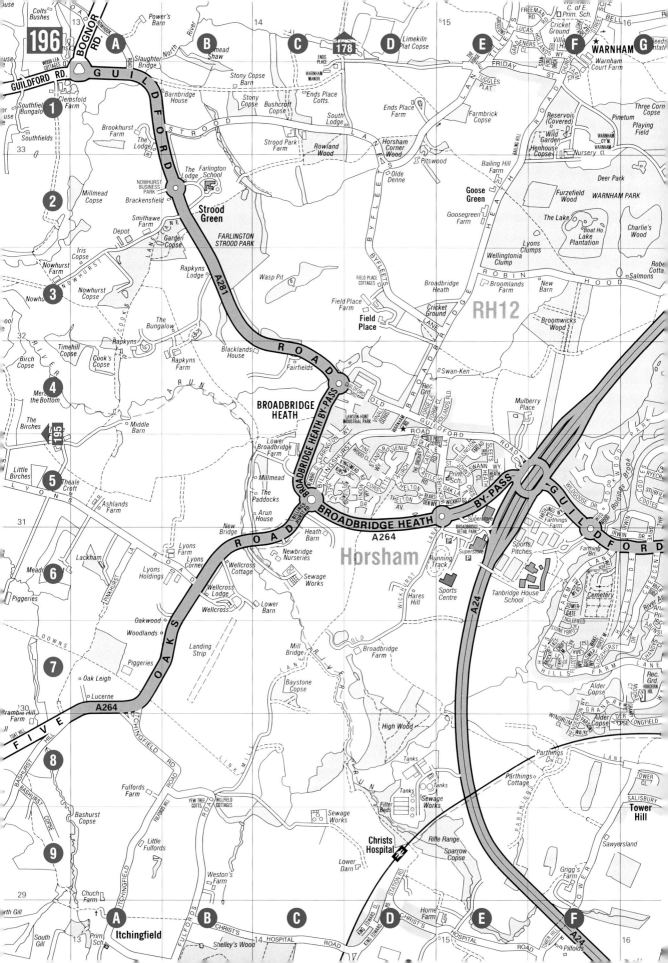

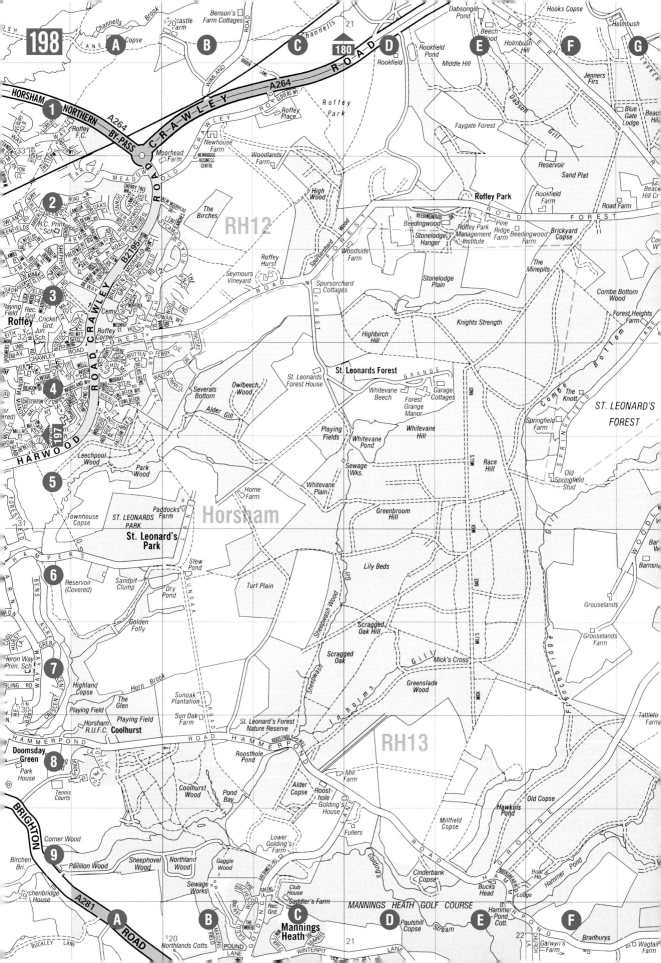

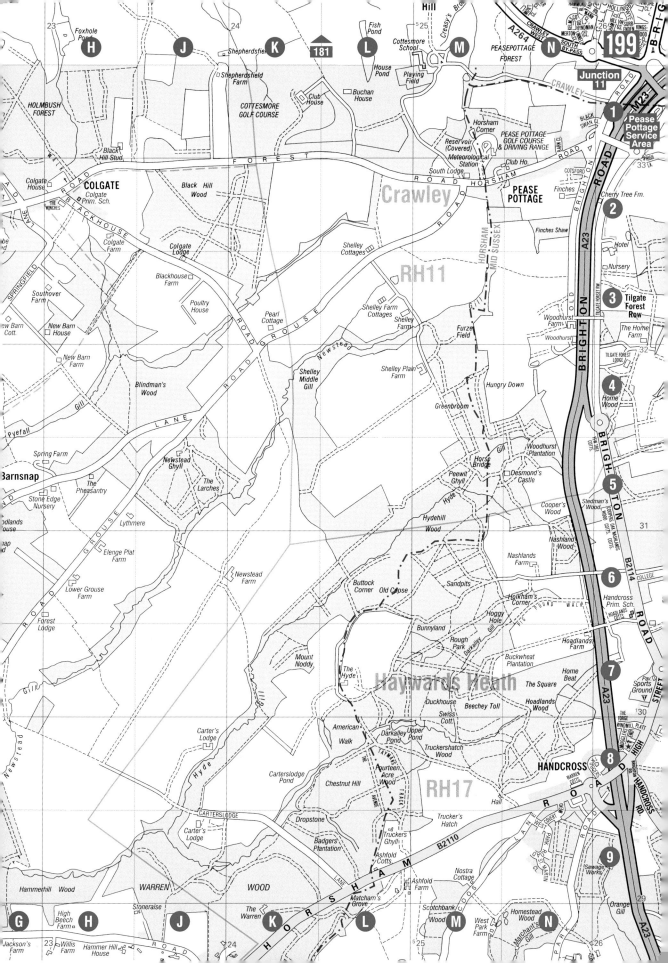

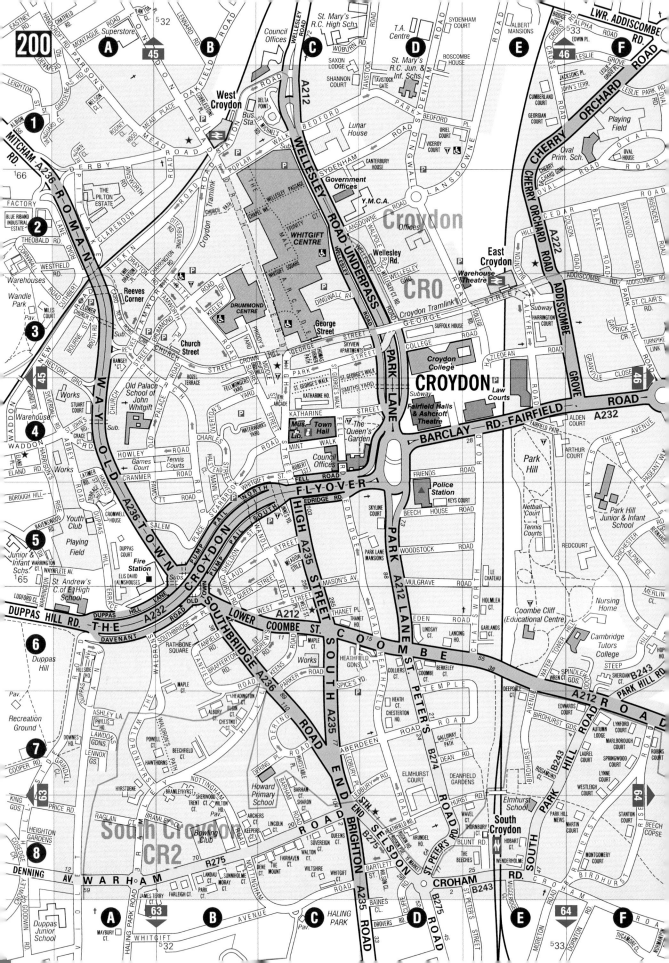

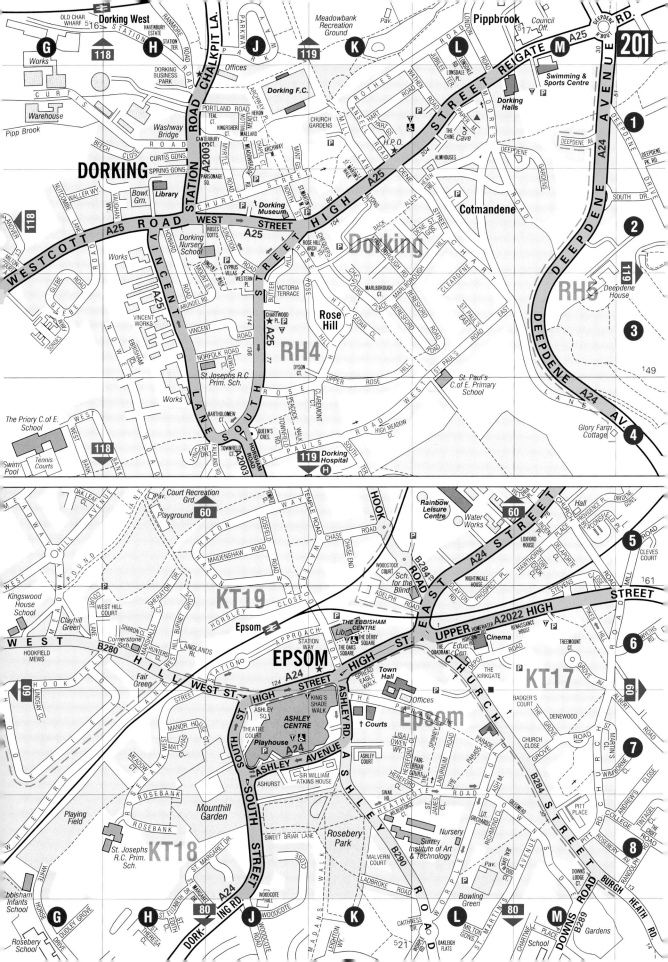

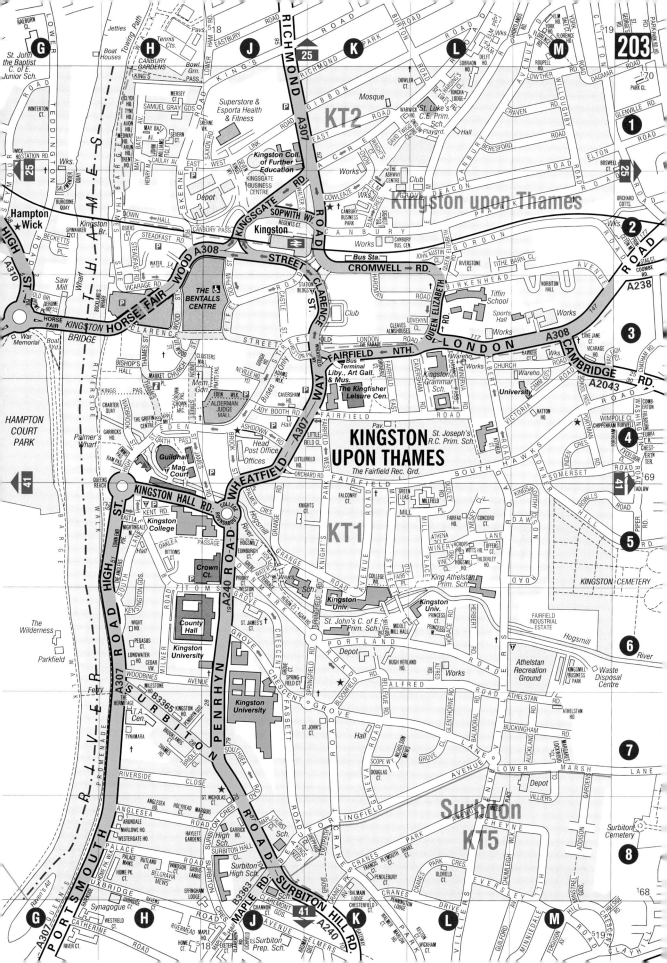

INDEX

Including Streets, Places & Areas, Junction Names, Industrial Estates,
Selected Flats & Walkways and Selected Places of Interest.

HOW TO USE THIS INDEX

1. Each street name is followed by its Posttown or Postal Locality and then by its map reference; e.g. Aaron's Hill *G'ming* ....7E **132** is in the Godalming Posttown and is to be found in square 7E on page **132**. The page number being shown in bold type.

2. A strict alphabetical order is followed in which Av., Rd., St., etc. (though abbreviated) are read in full and as part of the street name;
   e.g. Abbeyfield Clo. appears after Abbey Dri. but before Abbey Gdns.

3. Streets and a selection of flats and walkways too small to be shown on the maps, appear in the index in *Italics* with the thoroughfare to which it is connected shown in brackets;
   e.g. *Abbey Pde. SW19 ....8A* **28** *(off Merton High St.)*

4. Places and areas are shown in the index in **blue type** and the map reference is to the actual map square in which the town centre or area is located and not to the place name shown on the map;
   e.g. Addlestone 1K 55

5. An example of a selected place of interest is **Abinger Castle 2K 137**

6. Junction names are shown in the index in **bold type**; e.g. **Apex Corner (Junct.) 4N 23**

7. Map references shown in brackets; e.g. Abbey Rd. *Croy* ....9M **45** (4A **200**) refer to entries that also appear on the large scale pages **200** -**203**.

GENERAL ABBREVIATIONS

All : Alley	Cir : Circus	Gt : Great	M : Mews	Sq : Square
App : Approach	Clo : Close	Grn : Green	Mt : Mount	Sta : Station
Arc : Arcade	Comn : Common	Gro : Grove	Mus : Museum	St : Street
Av : Avenue	Cotts : Cottages	Ho : House	N : North	Ter : Terrace
Bk : Back	Ct : Court	Ind : Industrial	Pal : Palace	Trad : Trading
Boulevd : Boulevard	Cres : Crescent	Info : Information	Pde : Parade	Up : Upper
Bri : Bridge	Cft : Croft	Junct : Junction	Pk : Park	Va : Vale
B'way : Broadway	Dri : Drive	La : Lane	Pas : Passage	Vw : View
Bldgs : Buildings	E : East	Lit : Little	Pl : Place	Vs : Villas
Bus : Business	Embkmt : Embankment	Lwr : Lower	Quad : Quadrant	Vis : Visitors
Cvn : Caravan	Est : Estate	Mc : Mac	Res : Residential	Wlk : Walk
Cen : Centre	Fld : Field	Mnr : Manor	Ri : Rise	W : West
Chu : Church	Gdns : Gardens	Mans : Mansions	Rd : Road	Yd : Yard
Chyd : Churchyard	Gth : Garth	Mkt : Market	Shop : Shopping	
Circ : Circle	Ga : Gate	Mdw : Meadow	S : South	

POSTTOWN AND POSTAL LOCALITY ABBREVIATIONS

Ab C : Abinger Common	*Busb* : Busbridge	*E Mol* : East Molesey	*Head* : Headley (Bordon)	*Lyne* : Lyne
Ab H : Abinger Hammer	*Byfl* : Byfleet	*Eden* : Edenbridge	*H'ley* : Headley (Epsom)	*M'bowr* : Maidenbower
Add : Addlestone	*Camb* : Camberley	*Eff* : Effingham	*H'row* : Heathrow	*M'head* : Maidenhead
Alb : Albury	*Capel* : Capel	*Eff J* : Effingham Junction	*H'row A* : London Heathrow Airport	*Maid G* : Maidens Green
Alder : Aldershot	*Cars* : Carshalton	*Egh* : Egham	*Head D* : Headley Down	*Man H* : Mannings Heath
Alf : Alfold	*Cat* : Caterham	*Elst* : Elstead	*Hers* : Hersham	*M Grn* : Marsh Green
Adgly : Ardingly	*Charl* : Charlwood	*Elv* : Elvetham	*Hever* : Hever	*Mayf* : Mayford
Art : Artington	*Cheam* : Cheam	*Eng G* : Englefield Green	*Hin W* : Hinchley Wood	*Mers* : Merstham
Asc : Ascot	*Chels* : Chelsfield	*Ent* : Enton	*Hind* : Hindhead	*Mick* : Mickleham
As : Ash	*Chel* : Chelsham	*Eps* : Epsom	*Holm M* : Holmbury St Mary	*Mid H* : Mid Holmwood
Ashf : Ashford	*Cher* : Chertsey	*Esh* : Esher	*Holmw* : Holmwood	*Milf* : Milford
Ash G : Ash Green	*Chess* : Chessington	*Eton* : Eton	*Holt P* : Holt Pound	*Mitc* : Mitcham
Asht : Ashtead	*C'fold* : Chiddingfold	*Eton C* : Eton College	*Hkwd* : Hookwood	*Mit J* : Mitcham Junction
Ash W : Ashurst Wood	*Chil* : Chilworth	*Eton W* : Eton Wick	*Horl* : Horley	*Mord* : Morden
Ash V : Ash Vale	*Chips* : Chipstead	*Eve* : Eversley	*Horne* : Horne	*Myt* : Mytchett
Bad L : Badshot Lea	*Chob* : Chobham	*Ewe* : Ewell	*Hors* : Horsell	*New Ad* : New Addington
Bag : Bagshot	*C Hosp* : Christs Hospital	*Ewh* : Ewhurst	*H'ham* : Horsham	*Newc* : Newchapel
Bans : Banstead	*C Crook* : Church Crookham	*Ews* : Ewshot	*Hort* : Horton	*Newd* : Newdigate
B'ham : Barkham	*Churt* : Churt	*F'boro* : Farnborough (Kent)	*Houn* : Hounslow	*New H* : New Haw
Bear G : Beare Green	*Clar P* : Claremont Park	*Farnb* : Farnborough (Hampshire)	*Hurst* : Hurst	*N Mald* : New Malden
Beck : Beckenham	*Clay* : Claygate	*Farnc* : Farncombe	*Hurt* : Hurtmore	*Norm* : Normandy
Bedd : Beddington	*Cobh* : Cobham	*Farnh* : Farnham	*Hyde* : Hydestile	*N Asc* : North Ascot
Bedf : Bedfont	*Cold* : Coldharbour	*Fay* : Faygate	*If'd* : Ifield	*N'chap* : Northchapel
Belm : Belmont	*Cole H* : Colemans Hatch	*Felb* : Felbridge	*Iswth* : Isleworth	*N Holm* : North Holmwood
B'ley : Bentley	*Colg* : Colgate	*Felc* : Felcourt	*Itch* : Itchingfield	*Nutf* : Nutfield
Berr G : Berrys Green	*Col T* : College Town	*Felt* : Feltham	*Iver* : Iver	*Ock* : Ockham
Bet : Betchworth	*Coln* : Colnbrook	*Fern* : Fernhurst	*Jac* : Jacob's Well	*Ockl* : Ockley
Bew : Bewbush	*Comp* : Compton	*Fet* : Fetcham	*Kenl* : Kenley	*Oke H* : Okewood Hill
Big H : Biggin Hill	*Copt* : Copthorne	*Finch* : Finchampstead	*Kes* : Keston	*Old Win* : Old Windsor
Bil : Billingshurst	*Coul* : Coulsdon	*Fleet* : Fleet	*Kew* : Kew	*Old Wok* : Old Woking
Binf : Binfield	*Cowd* : Cowden	*F Grn* : Forest Green	*Kingf* : Kingfield	*Onsl* : Onslow Village
Bisl : Bisley	*Cowf* : Cowfold	*F Row* : Forest Row	*K'fold* : Kingsfold	*Orp* : Orpington
B'hth : Blackheath	*Cran* : Cranford	*Four E* : Four Elms	*K'ley* : Kingsley	*Ott* : Ottershaw
B'nest : Blacknest	*Cranl* : Cranleigh	*Fren* : Frensham	*K Grn* : Kingsley Green	*Out* : Outwood
B'water : Blackwater	*Craw* : Crawley	*Frim* : Frimley	*King T* : Kingston Upon Thames	*Owl* : Owlsmoor
Blet : Bletchingley	*Craw D* : Crawley Down	*Frim G* : Frimley Green	*Kgswd* : Kingswood	*Oxs* : Oxshott
Blind H : Blindley Heath	*Crock H* : Crockham Hill	*Gat J* : London Gatwick Airport	*Kird* : Kirdford	*Oxt* : Oxted
Bookh : Bookham	*Cron* : Crondall	*G'ming* : Godalming	*Knap* : Knaphill	*Pass* : Passfield
Bord : Bordon	*Crow* : Crowhurst	*God* : Godstone	*Knock* : Knockholt	*Peas P* : Pease Pottage
Bourne : Bourne, The	*Crowt* : Crowthorne	*Gom* : Gomshall	*Lale* : Laleham	*Peasl* : Peaslake
Brack : Bracknell	*Croy* : Croydon	*Gray* : Grayshott	*Langl* : Langley	*P'mrsh* : Peasmarsh
Brmly : Bramley	*Cud* : Cudham	*G'wood* : Grayswood	*Lea* : Leatherhead	*Pep H* : Peper Harow
Bram : Bramshott	*Dat* : Datchet	*G Str* : Green Street Green	*Leigh* : Leigh	*Pirb* : Pirbright
Bram C : Bramshott Chase	*Deep* : Deepcut	*Guild* : Guildford	*Lei H* : Leith Hill	*Plais* : Plaistow
Bras : Brasted	*Dipp* : Dippenhall	*Hack* : Hackbridge	*Light* : Lightwater	*Purl* : Purley
Bren : Brentford	*Dit H* : Ditton Hill	*Ham* : Ham	*Limp* : Limpsfield	*P'ham* : Puttenham
Broad H : Broadbridge Heath	*Dock* : Dockenfield	*Hamb* : Hambledon	*Limp C* : Limpsfield Chart	*Pyr* : Pyrford
Broadf : Broadfield	*Dork* : Dorking	*Hamm* : Hammerwood	*Lind* : Lindford	*Ran C* : Ranmore Common
Brock : Brockham	*D'land* : Dormansland	*Hamp* : Hampton	*Ling* : Lingfield	*Read* : Reading
Brom : Bromley	*Dor P* : Dormans Park	*Hamp H* : Hampton Hill	*Lip* : Liphook	*Red* : Redhill
Brook : Brook	*Dor* : Dorney	*Hamp W* : Hampton Wick	*L Sand* : Little Sandhurst	*Reig* : Reigate
Bro I : Brooklands Ind. Est.	*Dow* : Downe	*Hand* : Handcross	*Longc* : Longcross	*Rich* : Richmond
Bro P : Brooklands Ind. Pk.	*D'side* : Downside	*Hanw* : Hanworth	*Lwr Bo* : Lower Bourne	*Rip* : Ripley
Brkwd : Brookwood	*Duns* : Dunsfold	*Harm* : Harmondsworth	*Lwr E* : Lower Eashing	*Rowf* : Rowfant
Buck : Buckland	*Earl* : Earlswood	*Hartf* : Hartfield	*Lwr K* : Lower Kingswood	*Rowh* : Rowhook
Bucks H : Bucks Horn Oak	*E Clan* : East Clandon	*Hasc* : Hascombe	*Low H* : Lowfield Heath	*Rowl* : Rowledge
Burp : Burpham	*E Grin* : East Grinstead	*Hasl* : Haslemere	*Loxh* : Loxhill	*Rud* : Rudgwick
Burs : Burstow	*E Hor* : East Horsley	*Hay* : Hayes	*Loxw* : Loxwood	*Runf* : Runfold

Rusp : Rusper
St G : St Georges Hill
St J : St Johns
Salf : Salfords
Sand : Sandhurst
Seale : Seale
Send : Send
Shack : Shackleford
Shalf : Shalford
Sham G : Shamley Green
Sheer : Sheerwater
Shep : Shepperton
Shere : Shere
Ship B : Shipley Bridge
Short : Shortlands
Shot : Shottermill
Shur R : Shurlock Row
Slea : Sleaford
Slin : Slinfold
Slou : Slough
Sly I : Slyfield Ind. Est.
Small : Smallfield
S'hall : Southall
S Asc : South Ascot
S Croy : South Croydon
S God : South Godstone
S Nut : South Nutfield
S Pk : South Park
Stai : Staines
Stand : Standford
Stanw : Stanwell
Stoke D : Stoke D'Abernon
S'leigh : Stoneleigh
Str G : Strood Green
Sun : Sunbury-on-Thames
S'dale : Sunningdale
S'hill : Sunninghill
Surb : Surbiton
Sur R : Surrey Research Park
Sutt : Sutton
Sut G : Sutton Green
Tad : Tadworth
Tand : Tandridge
Tap : Taplow
Tats : Tatsfield
Tedd : Teddington
Th Dit : Thames Ditton
T Hth : Thornton Heath
Thur : Thursley
Tilf : Tilford
Tin G : Tinsley Green
T'sey : Titsey
Tong : Tongham
Turn H : Turners Hill
Twic : Twickenham
Up Har : Upper Hartfield
Vir W : Virginia Water
Wall : Wallington
Wal W : Wallis Wood
W on T : Walton-on-Thames
Wanb : Wanborough
Warf : Warfield
Warf P : Warfield Park
Warl : Warlingham
Warn : Warnham
Wel C : Wellington College
Well : Welling
W Byf : West Byfleet
W Cla : West Clandon
Westc : Westcott
W Dray : West Drayton
W End : West End
W'ham : Westerham
W Ewe : West Ewell
W Hoa : West Hoathly
W Hor : West Horsley
Westh : Westhumble
W Mol : West Molesey
W Wick : West Wickham
Wey : Weybridge
W'hill : Whitehill
W Vil : Whiteley Village
Whit : Whitton
Whyt : Whyteleafe
W'sham : Windlesham
Wind : Windsor
Wind C : Windsor Castle
Wink : Winkfield
Wink R : Winkfield Row
Winn : Winnersh
Wis G : Wisborough Green
Wis : Wisley
Witl : Witley
Wok : Woking
Wokgm : Wokingham
Wold : Woldingham
Won : Wonersh
Wdhm : Woodham
Wood S : Wood Street Village
Wor Pk : Worcester Park
Wmly : Wormley
Worp : Worplesdon
Worp H : Worplesdon Hill
Worth : Worth
Wott : Wotton
Wray : Wraysbury
Wrec : Wrecclesham
Yat : Yateley

A

Aaron's Hill. 7E 132
Aaron's Hill. G'ming 7E 132
Abbess Clo. SW2 . . . . 2M 29
Abbetts La. Camb 3N 69
Abbey Chase. Cher 6K 37
Abbey Clo. Brack 4B 32
Abbey Clo. Cranl 8H 155
Abbey Clo. Wok 3G 75
Abbey Clo. Wokgm 1B 30
Abbey Ct. Camb 1B 70
Abbey Ct. Cher 6K 37
Abbey Ct. Farnh 1H 129
Abbey Ct. Hamp 8A 24
Abbey Ct. Stai 3L 37
Abbey Dri. SW17 . . . . 6E 28
Abbey Dri. Stai 3L 37
Abbeyfield Clo. Mitc 1C 44
Abbey Gdns. W6 . . . . 2K 13
Abbey Gdns. Cher 5J 37
Abbey Grn. Cher 5J 37
Abbey Ind. Est. Mitc 4D 44
Abbey M. Ash W 3H 187
Abbey M. Stai 3L 37
Abbey Pde. SW19 . . . . 8A 28 (off Merton High St.)
Abbey Pl. Cher 5J 37
Abbey Rd. SW19 . . . . 8A 28
Abbey Rd. Cher 6K 37
Abbey Rd. Croy 9M 45 (4A 200)
Abbey Rd. Shep 7B 38
Abbey Rd. S Croy 6G 64
Abbey Rd. Vir W 4N 35
Abbey Rd. Wok 4M 73
Abbey St. Farnh 1H 129
Abbey Wlk. W Mol 2B 40
Abbey Way. Farnb 1A 90
Abbeywood. Ash V 9F 90
Abbeywood. S'dale 6D 34
Abbot Clo. Byfl 6M 55
Abbot Clo. Stai 8M 21
Abbot Rd. Guild . . . 5N 113 (7D 202)
Abbots Av. Eps 7N 59
Abbotsbury. Brack 4L 31
Abbotsbury Ct. H'ham 5L 197
Abbotsbury Rd. Mord 4N 43
Abbots Clo. Fleet 4B 88
Abbot's Clo. Guild 6H 113
Abbots Dri. Vir W 4L 35
Abbotsfield Rd. If'd 4J 181
Abbotsford Clo. Wok 4C 74
Abbots Grn. Croy 3G 65
Abbots Hospital. Guild 5D 202
Abbots La. Kenl 3N 83
Abbotsleigh Clo. Sutt 4N 61
Abbotsleigh Rd. SW16 . . . . 5G 28
Abbots Mead. Rich 5K 25
Abbotsmede Clo. Twic 3F 24
Abbots Pk. SW2 . . . . 2L 29
Abbot's Ride. Farnh 3K 129
Abbots Ri. Red 1E 122
Abbotstone Rd. SW15 . . . . 6H 13
Abbots Wlk. Wind 5B 4
Abbots Way. Cher 6H 37
Abbots Way. Guild 2F 114
Abbotswood. 1B 114
Abbotswood. Guild 1B 114
Abbotswood Clo. Guild 9B 94
Abbotswood Dri. Wey 6E 56
Abbotswood Rd. SW16 . . . . 4H 29
Abbott Av. SW20 . . . . 9J 27
Abbott Clo. Hamp 7M 23
Abbotts Cotts. Dock 5D 148
Abbotts Rd. Mitc . . . . 3G 45 (in two parts)
Abbotts Rd. Sutt 1K 61
Abbott's Tilt. W on T 9M 39
Abbotts Wlk. Cat 9E 84
Abelia Clo. W End 9B 52
Abercairn Rd. SW16 . . . . 8G 28
Aberconway Rd. Mord 3N 43
Abercorn Clo. S Croy 9G 64
Abercorn Ho. B'water 5K 69
Abercorn M. Rich 7M 11
Abercorn Way. Wok 5K 73
Aberdare Clo. W Wick 8M 47
Aberdeen Rd. Croy 1N 63 (7C 200)
Aberdeen Ter. Gray 5B 170
Aberfoyle Rd. SW16 . . . . 7H 29 (in two parts)
Abergavenny Gdns. Copt 7A 164
Abingdon. W14 . . . . 1L 13 (off Kensington Village)
Abingdon Clo. SW19 . . . . 7A 28
Abingdon Clo. Brack 4C 32
Abingdon Clo. Wok 5M 73
Abingdon Rd. SW16 . . . . 1J 45
Abingdon Rd. Sand 7H 49
Abinger Av. Sutt 5H 61
Abinger Bottom. 5N 137
Abinger Castle. 2K 137
Abinger Clo. New Ad 3M 65
Abinger Clo. N Holm 9J 119
Abinger Clo. Wall 2J 63
Abinger Common. 3L 137
Abinger Comn. Rd. Ab C 4M 137
Abinger Ct. Wall 2J 63
Abinger Dri. Red 5C 122
Abinger Gdns. Iswth 6E 10
Abinger Hammer. 8G 116
Abinger Keep. Horl . . . . 7G 142 (off Langshott La.)
Abinger La. Ab H 9J 117
Abinger Rd. Lei H 9A 138
Abinger Roughs. 8J 117
Abinger Way. Guild 7D 94
Aboyne Dri. SW20 . . . . 1F 42
Aboyne Rd. SW17 . . . . 4B 28
Abrahams Rd. Craw 8M 181
Abury La. Brack 5E 32
Acacia Av. Bren 3H 11
Acacia Av. Owl 6J 49
Acacia Av. Shep 4B 38
Acacia Av. Wok 7N 73
Acacia Av. Wray 7A 6
Acacia Clo. SE20 . . . . 1D 46
Acacia Clo. Wdhm 6H 55
Acacia Ct. Brack 3N 31
Acacia Dri. Bans 1J 81
Acacia Dri. Sutt 7M 43
Acacia Dri. Wdhm 6H 55
Acacia Gdns. W Wick 8M 47
Acacia Gro. SE21 . . . . 3N 29
Acacia Gro. N Mald 2C 42
Acacia M. W Dray 2M 7
Acacia Rd. SW16 . . . . 9J 29
Acacia Rd. Beck 2J 47
Acacia Rd. Guild . . . 3N 113 (2C 202)
Acacia Rd. Hamp 7A 24
Acacia Rd. Mitc 1E 44
Acacia Rd. Stai . . . . 6K 21 (in two parts)
Academy Clo. Camb 7C 50
Academy Gdns. Croy 7C 46
Academy Pl. Sand 8K 49
Accommodation La. W Dray . . . . 2L 7 (Moor La.)
Accommodation La. W Dray . . . . 4J 7 (Old Bath Rd.)
Accommodation Rd. Eps 2F 60
Accommodation Rd. Longc 9N 35
A.C. Court. Th Dit 5G 40
Ace Pde. Chess 9L 41
Acer Dri. W End 9C 52
Acer Rd. Big H 3F 86
Acfold Rd. SW6 . . . . 4N 13
Acheulian Clo. Farnh 4H 129
Achilles Pl. Wok 4M 73
Ackmar Rd. SW6 . . . . 4M 13
Ackrells Mead. Sand 6E 48
Acorn Clo. E Grin 1A 186
Acorn Clo. Hamp 7B 24
Acorn Clo. Horl 7G 143
Acorn Dri. Wokgm 1B 30
Acorn Gdns. SE19 . . . . 1C 46
Acorn Gro. Hay 3G 9
Acorn Gro. Tad 2L 101
Acorn Gro. Wok 8A 74
Acorn Keep. Farnh 4J 109
Acorn M. Farnb 7M 69
Acorn Rd. B'water 1G 69
Acorns. H'ham 4N 197
Acorns, The. Craw 8N 181
Acorns, The. Small 8M 143
Acorns Way. Esh 2C 58
Acorn Way. Beck 4M 47
Acorn Way. Orp 1K 67
Acre La. Cars & Wall 1E 62
Acre Pas. Wind 4G 4
Acre Rd. SW19 . . . . 7B 28
Acre Rd. King T 9L 25 (1K 203)
Acres Gdns. Tad 6J 81
Acres Platt. Cranl 6A 156
Acris St. SW18 . . . . 8N 13
Acropolis Ho. King T 5L 203
Acton La. W3 & W4 . . . . 1B 12 (in three parts)
Acuba Rd. SW18 . . . . 3N 27
Adair Clo. SE25 . . . . 2E 46
Adair Wlk. Brkwd 8M 71
Adams Clo. Farnb 8L 69
Adams Clo. Surb 5M 41
Adams Cft. Brkwd 7N 71
Adams Dri. Fleet 4D 88
Adamson Ct. Craw 8N 181
Adams Pk. Rd. Farnh 8J 109
Adams Rd. Beck 4H 47
Adams Wlk. King T 1L 41 (3J 203)
Adams Way. Croy 5C 46
Adam Wlk. SW6 . . . . 3H 13
Adare Wlk. SW16 . . . . 4K 29
Addington. 2K 65
Addington Clo. Wind 6D 4
Addington Ct. SW14 . . . . 6C 12
Addington Heights. New Ad 7M 65
Addington Rd. Croy 7L 45
Addington Rd. S Croy 7D 64
Addington Rd. W Wick 1M 65
Addington Village Rd. Croy . . . . 3J 65 (in two parts)
Addiscombe. 7D 46
Addiscombe Av. Croy 7D 46
Addiscombe Ct. Rd. Croy 7B 46
Addiscombe Gro. Croy 8B 46 (3E 200)
Addiscombe Rd. Crowt 3H 49
Addiscombe Rd. Croy 8B 46 (3F 200)
Addison Av. Houn 4C 10
Addison Clo. Cat 9A 84
Addison Ct. Guild 5B 114
Addison Gdns. Surb 3M 41 (8M 203)
Addison Pl. SE25 . . . . 3D 46
Addison Rd. SE25 . . . . 3D 46
Addison Rd. Cat 8A 84
Addison Rd. Frim 6C 70
Addison Rd. Guild 5A 114 (5F 202)
Addison Rd. Tedd 7H 25
Addison Rd. Wok 4B 74
Addisons Clo. Croy 8J 47
Addison Ter. W4 . . . . 1B 12 (off Chiswick Rd.)
Addlestone. 1K 55
Addlestone Moor. 8J 37
Addlestone Moor. Add 8L 37
Addlestone Pk. Add 2K 55
Addlestone Rd. Add & Wey 1N 55
Adecroft Way. W Mol 2C 40
Adela Av. N Mald 4G 42
Adela Ho. W6 . . . . 1H 13 (off Queen Caroline St.)
Adelaide Clo. Craw 9B 162
Adelaide Clo. H'ham 4M 197
Adelaide Pl. Wey 1E 56
Adelaide Rd. Ashf 6M 21
Adelaide Rd. SW18 . . . . 8M 13
Adelaide Rd. Houn 4M 9
Adelaide Rd. Rich 7M 11
Adelaide Rd. Surb 4L 41
Adelaide Rd. Tedd 7F 24
Adelaide Rd. W on T 9H 39
Adelaide Rd. Wind 4J 5
Adelaide Sq. Wind 5G 4
Adelaide Ter. Bren 1K 11
Adelina M. SW12 . . . . 2H 29
Adelphi Clo. M'bowr 5H 183
Adelphi Ct. W4 . . . . 2C 12
Adelphi Rd. Eps 9C 60 (6K 201)
Adeney Clo. W6 . . . . 2J 13
Adlers La. Westh 9G 99
Adlington Pl. Farnb 3C 90
Admark Ho. Eps 2A 80
Admiral Ct. Cars 7C 44
Admiral Ho. Tedd 5G 25
Admiral Kepple Ct. Asc 8J 17
Admiral Rd. Craw 6M 181
Admiral's Bri. La. E Grin 7M 185
Admirals Ct. Guild 2D 114
Admirals Rd. Bookh & Fet 6C 98
Admiral's Rd. Pirb 4K 91
Admiral Stirling Ct. Wey 1A 56
Admirals Wlk. Coul 7K 83
Admiral's Wlk. Dork 8B 98
Admiralty Rd. Tedd 7F 24
Admiralty Way. Camb 2L 69
Admiralty Way. Tedd 7F 24
Adrian Ct. Craw 8N 181
Adrian M. SW10 . . . . 2N 13
Advance Rd. SE27 . . . . 5N 29
Aerodrome Way. Houn 2K 9
Aerospace Boulevd. Farnb 6M 89
Agar Clo. Surb 8M 41
Agar Cres. Brack 8N 15
Agar Ho. King T 6J 203
Agars Pl. Dat 2K 5
Agate La. H'ham 3L 197
Agates La. Asht 5K 79
Agincourt. Asc 2N 33
Agnes Scott Ct. Wey . . . . 9C 38 (off Palace Dri.)
Agraria Rd. Guild 4L 113
Ailsa Av. Twic 8G 11
Ailsa Clo. Craw 6N 181
Ailsa Rd. Twic 8H 11
Ainger Clo. Alder 1B 110
Ainsdale Way. Wok 5K 73
Ainslie Wlk. SW12 . . . . 1F 28
Ainsworth Rd. Croy 7M 45 (2A 200)
Aintree Clo. Coln 4G 6
Aintree Est. SW6 . . . . 3K 13 (off Aintree St.)
Aintree Rd. Craw 5E 182
Aintree St. SW6 . . . . 3K 13
Airborne Forces Mus. 8M 89
Airbourne Ho. Wall . . . . 1G 62 (off Maldon Rd.)
Aircraft Esplanade. Farnb 4A 90
Airedale Av. W4 . . . . 1E 12
Airedale Av. S. W4 . . . . 1E 12
Airedale Rd. SW12 . . . . 1D 28
Air Forces Memorial. 5N 19
Airlinks Ind. Est. Houn 1K 9
Air Pk. Way. Felt 3J 23
Airport Ind. Est. Big H 2F 86
Airport Way. Gat A 2E 162
Airport Way. Stai 7H 7
Aisgill Av. W14 . . . . 1L 13 (in two parts)
Aisne Rd. Deep 5J 71
Aitken Clo. Mitc 6D 44
Akabusi Clo. Croy 5D 46
Akehurst Clo. Copt 7L 163
Akehurst St. SW15 . . . . 9F 12
Akerman Rd. Surb 5J 41
Alamein Rd. Alder 2N 109
Alanbrooke Clo. Knap 5F 72
Alanbrooke Rd. Alder 7B 90
Alan Hilton Ct. Ott . . . . 3F 54 (off Cheshire Clo.)
Alan Rd. SW19 . . . . 6K 27
Alan Turing Rd. Sur R 3G 113
Albain Cres. Ashf 3N 21
Albany Clo. SW14 . . . . 7A 12
Albany Clo. Esh 5A 58
Albany Clo. Fleet 5C 88
Albany Clo. Reig 9M 101
Albany Ct. Camb 5A 70
Albany Ct. Fleet 4C 88
Albany Cres. Clay 3E 58
Albany M. King T 7K 25
Albany M. Sutt 2N 61
Albany Pde. Bren 2L 11
Albany Pk. Camb 5A 70
Albany Pk. Coln 4F 6
Albany Pk. Ind. Est. Camb 5A 70
Albany Pk. Rd. King T 7K 25
Albany Pk. Rd. Lea 6G 78
Albany Pas. Rich 8L 11
Albany Pl. Egh 5D 20
Albany Reach. Th Dit 4F 40
Albany Rd. SW19 . . . . 6N 27
Albany Rd. Bren 2K 11
Albany Rd. Craw 3N 181
Albany Rd. Fleet 5B 88
Albany Rd. N Mald 3C 42
Albany Rd. Old Win 8K 5
Albany Rd. Rich 8M 11
Albany Rd. W on T 1L 57
Albany Rd. Wind 5G 4
Albany Ter. Rich . . . . 8M 11 (off Albany Pas.)
Albatross Gdns. S Croy 7G 65
Albemarle. SW19 . . . . 3J 27
Albemarle Av. Twic 2N 23
Albemarle Gdns. N Mald 3C 42
Albemarle Pk. Beck 1L 47
Albemarle Rd. Beck 1L 47
Alben Rd. Binf 6H 15
Alberta Av. Sutt 1K 61
Alberta Dri. Small 8L 143
Albert Av. Cher 2J 37
Albert Carr Gdns. SW16 . . . . 6J 29
Albert Crane Ct. Craw 1M 181
Albert Dri. SW19 . . . . 3K 27
Albert Dri. Stai 6J 21
Albert Dri. Wok 2E 74
Albert Gro. SW20 . . . . 9J 27
Albertine Clo. Eps 3G 81
Albert Mans. Croy 1E 200
Albert M. Red 6E 122

Albert Pl.—Anderson Pl.

Albert Pl. Eton W 1D 4
Albert Rd. Ashf. 6A 22
Albert Rd. Farnb. 3A 90
Albert Rd. SE25 3D 46
Albert Rd. Add. 1M 55
Albert Rd. Alder 2N 109
Albert Rd. Asht 5M 79
Albert Rd. Bag 6J 51
Albert Rd. Brack. 9N 15
Albert Rd. Crowt 2G 49
Albert Rd. Eng G 7N 19
Albert Rd. Eps 9E 60 (7M 201)
Albert Rd. Hamp H. 6C 24
Albert Rd. Horl 7E 142
Albert Rd. Houn 7A 10
Albert Rd. King T 1M 41 (3L 203)
Albert Rd. Mitc. 2D 44
Albert Rd. N Mald. 3E 42
Albert Rd. Red 7G 102
Albert Rd. Rich. 8L 11
Albert Rd. Sutt 2B 62
Albert Rd. Tedd. 7F 24
Albert Rd. Twic 2F 24
Albert Rd. Warl. 4J 85
Albert Rd. Wind & Old Win 6G 5
Albert Rd. Wokgm 3A 30
Albert Rd. N. Reig 2L 121
Albert St. Fleet 5A 88
Albert St. Wind. 4E 4
Albert Wlk. Crowt. 2G 49
Albery Clo. H'ham 4H 197
Albion Clo. Craw 4H 183
Albion Cotts. Holm M. 5K 137
Albion Ct. W6. 1G 13
(off Albion Pl.)
Albion Ho. Slou 1D 6
Albion Ho. Wok 4B 74
Albion M. W6. 1G 13
Albion Pl. SE25 2D 46
Albion Pl. W6. 1G 13
Albion Pl. Wind 5D 4
Albion Rd. Houn. 7A 10
Albion Rd. King T. 9B 26
Albion Rd. Reig 4A 122
Albion Rd. Sand. 8G 49
Albion Rd. Sutt. 3B 62
Albion Rd. Twic 2E 24
Albion St. Croy. 7M 45 (1A 200)
Albion Way. Eden 9K 127
Albion Way. H'ham 6H 197
Albury. 8K 115
Albury Av. Iswth 3F 10
Albury Av. Sutt. 5H 61
Albury Clo. Eps 5A 60
Albury Clo. Hamp. 7B 24
Albury Clo. Longc 9K 35
Albury Cotts. As. 2G 111
Albury Ct. Mitc. 1B 44
Albury Ct. S Croy 7B 200
Albury Ct. Sutt. 1A 62
Albury Heath. 1M 135
Albury Ho. Guild 5B 114
Albury Keep. Horl 8F 142
(off Langshott La.)
Albury Park. 9N 115
Albury Pk. Alb 8N 115
Albury Pl. Red 7G 103
Albury Rd. Chess 2L 59
Albury Rd. Guild 4B 114
Albury Rd. Red 7G 102
Albury Rd. W on T 3F 56
Alcester Rd. Wall 1F 62
Alcock Clo. Wall. 4H 63
Alcock Rd. Houn 3L 9
Alcocks Clo. Tad. 7K 81
Alcocks La. Kgswd. 8K 81
Alcorn Clo. Sutt. 8M 43
Alcot Clo. Crowt. 3G 48
Alcott Clo. Felt 2G 22
Alden Ct. Croy 9B 46 (4F 200)
Aldenham Ter. Brack 5A 32
Aldenholme. Wey 3F 56
Alden Vw. Wind 4A 4
Alderbrook Clo. Crowt 3D 48
Alderbrook Farm Cotts. Cranl 3M 155
Alderbrook Rd. SW12 1F 28
Alderbrook Rd. Cranl 2K 155
Alderbury Rd. SW13 2F 12
Alder Clo. Ash V. 6E 90
Alder Clo. Craw D. 1E 184
Alder Clo. Eng G. 6A 20
Aldercombe La. Cat 5B 104
Alder Copse. H'ham 8F 196
Aldercroft. Coul 3K 83
Alder Gro. Yat. 1B 68
Aldergrove Gdns. Houn. 5M 9
Alder Lodge. SW6 4H 13
Alderman Judge Mall. King T 1L 41 (4J 203)
Alderman Willey Clo. Wokgm 2A 30
Alderney Av. Houn 3B 10
Alder Rd. Hdly D 3G 168
Alder Rd. SW14 6C 12
Alders Av. E Grin 7N 165
Aldersbrook Dri. King T. 7M 25
Aldersey Rd. Guild 3B 114
Alders Gro. E Mol 4D 40
Aldershot. 2M 109
Aldershot Lodge. Alder 4A 110
Aldershot Military Mus. 6A 90
Aldershot Rd. As 3C 110
Aldershot Rd. C Crook 9A 88
Aldershot Rd. Fleet. 5B 88
Aldershot Rd. Norm & Guild 8B 92
Aldershot Rd. Pirb 5A 92
Aldershot Town Football Club. 2A 110
Alderside Wlk. Eng G 6A 20
Aldersmead Av. Croy 5G 47
Alders Rd. Reig 1N 121
Alderstead Heath. 3H 103
Alderstead La. Red. 3H 103
Alders, The. SW16. 5G 29
Alders, The. Bad L 6N 109
Alders, The. Felt 5M 23
Alders, The. Houn 2N 9
Alders, The. W Byf 8L 55
Alders, The. W Wick. 7L 47
Alders Vw. Dri. E Grin 7A 166
Alderton Rd. Croy 6C 46
Alderville Rd. SW6 5L 13
Alderwick Dri. Houn. 6D 10
Alderwood Clo. Cat 3B 104
Aldingbourne Clo. If'd 2L 181
Aldis M. SW17. 6C 28
Aldis St. SW17. 6C 28
Aldren Rd. SW17 4A 28
Aldrich Cres. New Ad 5M 65
Aldrich Gdns. Sutt 9L 43
Aldrich Ter. SW18 3A 28
Aldridge Pk. Wink R 7F 16
Aldridge Ri. N Mald 6D 42
Aldrington Rd. SW16 6G 29
Aldrin Pl. Farnb. 1J 89
Aldwick Clo. Farnb 8M 69
Aldwick Rd. Croy 9K 45
Aldworth Clo. Brack 3M 31
Aldworth Gdns. Crowt 2F 48
Aldwych Clo. M'bowr 5H 183
Aldwyn Ct. Eng G 7L 19
Alexa Ct. Sutt 3M 61
Alexander Clo. Twic 3E 24
Alexander Ct. Beck. 1N 47
Alexander Godley Clo. Asht 6M 79
Alexander Rd. Coul. 2F 82
Alexander Rd. Egh 6D 20
(in two parts)
Alexander Rd. Reig 6M 121
Alexanders Wlk. Cat. 4C 104
Alexander Wlk. Brack. 4N 31
Alexandra Av. W4. 3C 12
Alexandra Av. Camb 1M 69
Alexandra Av. Sutt. 9M 43
Alexandra Av. Warl 4J 85
Alexandra Clo. Ashf 8E 22
Alexandra Clo. Stai 7M 21
Alexandra Clo. W on T. 8H 39
Alexandra Ct. Ashf 7E 22
Alexandra Ct. Farnb 4A 90
Alexandra Ct. Craw. 4B 182
Alexandra Ct. Houn 5B 10
Alexandra Ct. Wokgm 3B 30
Alexandra Dri. Surb 6N 41
Alexandra Gdns. W4 3D 12
Alexandra Gdns. Cars. 4E 62
Alexandra Gdns. Houn 5B 10
Alexandra Gdns. Knap 5F 72
Alexandra Ho. W6 1H 13
(off Queen Caroline St.)
Alexandra Mans. Eps 9E 60
(off Alexandra Rd.)
Alexandra M. SW19 7L 27
Alexandra Pl. SE25. 4A 46
Alexandra Pl. Croy 7B 46
Alexandra Pl. Guild. 5B 114
Alexandra Rd. Ashf. 8E 22
Alexandra Rd. Farnb. 3A 90
Alexandra Rd. SW14 6C 12
Alexandra Rd. SW19 7L 27
Alexandra Rd. Add 1M 55
(in two parts)
Alexandra Rd. Alder. 2K 109
(in two parts)
Alexandra Rd. As. 3D 110
Alexandra Rd. Big H. 6D 86
Alexandra Rd. Bren 2K 11
Alexandra Rd. Croy 7B 46 (1F 200)
Alexandra Rd. Eng G. 7M 19
Alexandra Rd. Eps 9E 60
Alexandra Rd. Houn. 5B 10
Alexandra Rd. King T. 8N 25
Alexandra Rd. Mitc. 8C 28
Alexandra Rd. Rich 5M 11
Alexandra Rd. Th Dit 4F 40
Alexandra Rd. Twic. 9J 11
Alexandra Rd. Warl. 4J 85
Alexandra Rd. Wind. 5G 4
Alexandra Sq. Mord 4M 43
Alexandra Ter. Guild 4A 114 (4E 202)
Alexandra Way. Eps 7N 59
Alfold. 8H 175
Alfold Bars. 1H 193
Alfold Crossways. 5J 175
Alfold Rd. Cranl 7K 155
Alfold Rd. Duns 5B 174
Alfonso Clo. Alder 4A 110
Alford Clo. Guild. 9B 94
Alford Grn. New Ad 3N 65
Alfred Clo. W4 1C 12
Alfred Clo. Worth 4J 183
Alfred Rd. SE25 4D 46
Alfred Rd. Farnh. 2H 129
Alfred Rd. Felt 3K 23
Alfred Rd. King T 2L 41 (6K 203)
Alfred Rd. Sutt. 2A 62
Alfreton Clo. SW19. 4J 27
Alfriston. Surb. 5M 41
Alfriston Av. Croy 6J 45
Alfriston Clo. Surb. 4M 41
Alfriston Rd. Deep 7G 71
Algar Clo. Iswth 6G 10
Algar Rd. Iswth 6G 11
Algarve Rd. SW18. 2N 27
Alice Gilliatt Ct. W14 2L 13
(off Star Rd.)
Alice Gough Homes. Brack 2N 31
Alice Holt Cotts. Holt P 9A 128
Alice Holt Forest Cen. 2B 148
Alice M. Tedd 6F 24
Alice Rd. Alder. 2N 109
Alice Ruston Pl. Wok 6M 73
Alice Way. Houn. 7B 10
Alicia Av. Craw 3F 182
Alington Gro. Wall 5G 63
Alison Clo. Farnb 2L 89
Alison Clo. Croy. 7G 46
Alison Clo. Wok 2A 74
Alison Dri. Camb 1D 70
Alison's Rd. Alder 8M 89
Alison Way. Alder. 2L 109
Alkerden Rd. W4 1D 12
Allan Clo. N Mald 4C 42
Allbrook Clo. Tedd 6E 24
Allcard Clo. H'ham. 4K 197
Allcot Clo. Craw 6K 181
Allden Av. Alder 5B 110
Allden Cotts. G'ming 7E 132
(off Aaron's Hill)
Allden Gdns. Alder. 5B 110
Alldens Hill. G'ming & Brmly 1N 153
Alldens La. G'ming. 9L 133
Allder Way. S Croy 4M 63
Allenby Av. S Croy. 5N 63
Allenby Rd. Big H 4G 86
Allenby Rd. Camb 9M 49
Allen Clo. Mitc 9F 28
Allen Clo. Sun. 9J 23
Allendale Clo. Sand. 5F 48
Allenford Ho. SW15 9E 12
(off Tunworth Cres.)
Allen Ho. Pk. Wok 7M 73
Allen Rd. Beck 1G 46
Allen Rd. Bookh 4B 98
Allen Rd. Croy 7L 45
Allen Rd. Sun 9J 23
Allen's Clo. Ash W 3F 186
Allestree Rd. SW6 3K 13
Alleyn Pk. S'hall 1A 10
Allfarthing La. SW18 9N 13 & 1A 28
Allgood Clo. Mord 5J 43
Allingham Ct. G'ming 4J 133
Allingham Gdns. H'ham 3A 198
Allingham Rd. Reig 6M 121
Allington Av. Shep 2F 38
Allington Clo. SW19 6J 27
Allkins Ct. Wind 5G 5
Alloway Clo. Wok 5L 73
All Saints Clo. Wokgm 1B 30
All Saints Ct. Houn 4L 9
(off Springwell Rd.)
All Saints Cres. Farnb. 6K 69
All Saints Dri. S Croy 8C 64
All Saints Pas. SW18 8M 13
All Saints Ri. Warf 8B 16
All Saints Rd. SW19. 8A 28
(in two parts)
All Saints Rd. Light 6N 51
All Saints Rd. Sutt 9N 43
Allsmoor La. Brack 2D 32
All Souls Rd. Asc 3L 33
Allum Gro. Tad. 8G 81
Allyington Way. Worth 4H 183
Allyn Clo. Stai 7H 21
Alma Clo. Alder 2B 110
Alma Clo. Knap 4H 73
Alma Cotts. Farnb 5A 90
Alma Ct. Cat. 8N 83
(off Coulsdon Rd.)
Alma Cres. Sutt 2K 61
Alma Gdns. Deep 6H 71
Alma Ho. Bren 2L 11
Alma La. Farnh 5G 109
Alma Pl. T Hth 4L 45
Alma Rd. Hdly D 4H 169
Alma Rd. SW18. 7N 13
Alma Rd. Bord 6A 168
Alma Rd. Cars 2C 62
Alma Rd. Esh. 7E 40
Alma Rd. Eton W. 1C 4
Alma Rd. Reig 2N 121
Alma Rd. Wind. 5F 4
Alma Sq. Farnb 5A 90
Alma Ter. SW18 1B 28
Alma Way. Farnh 5J 109
Almer Rd. SW20 8F 26
Almners Rd. Lyne 7C 36
(in two parts)
Almond Av. Cars 8D 44
Almond Av. Wok 8N 73
Almond Clo. Farnb 7M 69
Almond Clo. Craw. 4M 181
Almond Clo. Eng G. 7L 19
Almond Clo. Felt 2H 23
Almond Clo. Guild 9N 93
Almond Clo. Shep 1D 38
Almond Clo. Wind 5E 4
Almond Ct. C Crook 7C 88
Almond Gro. Bren 3H 11
Almond Rd. Eps. 7C 60
Almond Way. Mitc 4H 45
Almorah Rd. Houn 4L 9
Almsgate. Comp. 1F 132
Alms Heath. Ock 8C 76
Almshouse La. Chess. 5J 59
Almshouses. Cher 6J 37
Almshouses. Dork 4H 119 (1L 201)
Almshouses. Wrec. 5D 128
Alnwick Gro. Mord. 3N 43
Aloes, The. Fleet 5C 88
Alphabet Gdns. Cars 5B 44
Alpha Pl. Mord 7J 43
Alpha Rd. Chob 6J 53
Alpha Rd. Craw 3A 182
Alpha Rd. Croy 7B 46 (1F 200)
Alpha Rd. Surb 5M 41
Alpha Rd. Tedd 6D 24
Alpha Rd. Wok. 3D 74
Alpha Way. Egh 9E 20
Alphea Clo. SW19 8C 28
Alphington Av. Frim 5C 70
Alphington Grn. Frim 5C 70
Alpine Av. Surb 8B 42
Alpine Clo. Farnb 2J 89
Alpine Clo. Asc. 5A 34
Alpine Clo. Croy 9B 46 (5F 200)
Alpine Rd. Red. 9E 102
Alpine Rd. W on T. 6H 39
Alpine Vw. Cars 2C 62
Alresford Rd. Guild 4K 113
Alric Av. N Mald. 2D 42
Alsace Wlk. Camb 5N 69
Alsford Clo. Light. 8K 51
Alsom Av. Wor Pk 1F 60
Alston Clo. Surb 6H 41
Alston Rd. SW17 5B 28
Alterton Clo. Wok. 4K 73
Alt Gro. SW19 8L 27
Althea St. SW6 5N 13
Althorne Rd. Red 5E 122
Althorp Rd. SW17 2D 28
Alton Clo. Iswth 5F 10
Alton Ct. Stai 9G 21
Alton Gdns. Twic 1D 24
Alton Ho. Red. 1E 122
Alton Ride. B'water 9H 49
Alton Rd. SW15 2F 26
Alton Rd. Croy 9L 45
Alton Rd. Farnh 5B 128
Alton Rd. Fleet. 4D 88
Alton Rd. Rich 7L 11
Altyre Clo. Beck 4J 47
Altyre Rd. Croy 8A 46 (3E 200)
Altyre Way. Beck 4J 47
Alvernia Clo. G'ming. 9F 132
Alverstoke Gdns. Alder 3K 109
Alverstone Av. SW19 3M 27
Alverstone Rd. N Mald 3E 42
Alverston Gdns. SE25 4B 46
Alvia Gdns. Sutt. 1A 62
Alway Av. Eps 2C 60
Alwin Pl. Farnh 5G 109
Alwyn Av. W4. 1C 12
Alwyn Clo. New Ad. 4L 65
Alwyne Ct. Wok 3A 74
Alwyne Rd. SW19 7L 27
Alwyns Clo. Cher 5J 37
Alwyns La. Cher. 5H 37
Amalgamated Dri. Bren 2G 11
Ambarrow Cres. Sand 6E 48
Ambarrow La. Sand. 5C 48
Ambassador. Brack 4L 31
Ambassador Clo. Houn. 5M 9
Amber Ct. Alder. 2A 110
Ambercroft Way. Coul. 6M 83
Amber Hill. Camb. 2F 70
Amberley Clo. Craw. 3G 183
Amberley Clo. H'ham. 2N 197
Amberley Clo. Send. 3H 95
Amberley Ct. Craw. 7B 162
(off County Oak La.)
Amberley Dri. Wdhm. 6H 55
(in two parts)
Amberley Gdns. Eps 1E 60
Amberley Grange. Alder. 4L 109
Amberley Gro. Croy 6C 46
Amberley La. Milf 1B 152
Amberley Pl. Wind. 4G 4
Amberley Rd. H'ham 2N 197
Amberley Rd. Milf 9B 132
Amberley Way. Houn 8K 9
Amberley Way. Mord 6L 43
Amberside Clo. Iswth 9D 10
Amberwood Clo. Wall 2J 63
Amberwood Dri. Camb 8D 50
Amberwood Ri. N Mald 5D 42
Amblecote. Cob 8L 57
Ambleside. G'ming 6K 133
Ambleside Av. SW16 5H 29
Ambleside Av. Beck 4H 47
Ambleside Av. W on T. 7K 39
Ambleside Clo. Farnb. 1K 89
Ambleside Clo. If'd. 4J 181
Ambleside Clo. Myt 3E 90
Ambleside Clo. Red 8F 122
Ambleside Cres. Farnh 6F 108
Ambleside Dri. Felt 2G 22
Ambleside Gdns. SW16. 6H 29
Ambleside Gdns. S Croy 5G 64
Ambleside Gdns. Sutt 3A 62
Ambleside Rd. Light 7K 51
Ambleside Way. Egh 8D 20
Ambrey Way. Wall 5H 63
Ambrose Clo. Orp 1N 67
Amelia Ho. W6 1H 13
(off Queen Caroline St.)
Amen Corner. 2J 31
Amen Corner. SW17 7D 28
Amen Corner Bus. Pk. Brack 2J 31
(Beehive Rd.)
Amen Corner Bus. Pk. Brack 1K 31
(Cain Rd.)
Amenity Way. Mord 6H 43
American International University of London, The. 1L 25
(in Richmond University)
Amerland Rd. SW18 8L 13
Amersham Rd. Croy 5N 45
Amesbury Av. SW2 3J 29
Amesbury Clo. Wor Pk 7H 43
Amesbury Rd. Felt. 3L 23
Amey Dri. Bookh 2C 98
Amhurst Gdns. Iswth 5G 10
Amis Av. Eps 3A 60
Amis Av. New H. 6J 55
Amis Rd. Wok 6H 73
Amity Gro. SW20 9G 27
Amity Way. Camb 1C 70
Amlets La. Cranl 5M 155
Ampere Way. Croy 6J 45
(in two parts)
Amstel Way. Wok 5J 73
Amundsen Rd. H'ham 2K 197
Amyand Cotts. Twic. 9H 11
Amyand La. Twic 1H 25
Amyand Pk. Gdns. Twic. 1H 25
Amyand Pk. Rd. Twic 1G 25
Amy Clo. Wall. 4J 63
Amy Rd. Oxt 7A 106
Ancaster Cres. N Mald 5F 42
Ancaster Dri. Asc 9J 17
Ancaster M. Beck 2G 47
Ancaster Rd. Beck 2G 46
Ancells Bus. Pk. Fleet 1D 88
(Ancells Rd.)
Ancells Bus. Pk. Fleet 9C 68
(Harvest Cres.)
Ancells Rd. Fleet 1C 88
Anchor. SW18 7N 13
Anchorage Clo. SW19 6M 27
Anchor Bus. Cen. Croy 9J 45
Anchor Cotts. Blind H 3H 145
Anchor Ct. H'ham 7J 197
Anchor Cres. Knap 4G 72
Anchor Hill. Knap 4G 72
Anchor Mdw. Farnb 1L 89
Anchor M. SW12 1F 28
Ancill Clo. W6 2K 13
Andermans. Wind 4A 4
Anders Corner. Brack 9L 15
Anderson Clo. Eps 8A 60
Anderson Clo. Sutt 7M 43
Anderson Dri. Ashf 5D 22
Anderson Pl. Bag 3J 51

Anderson Pl. *Houn.* 7B **10**
Anderson Rd. *Wey* 9E **38**
Andover Clo. *Eps* 7C **60**
Andover Clo. *Felt* 2G **23**
Andover Rd. *B'water* 9H **49**
Andover Rd. *Twic* 2D **24**
Andover Way. *Alder* 5N **109**
Andreck Ct. *Beck* 1L **47**
Andrewartha Rd. *Farnb* 3C **90**
Andrew Clo. *Wokgm* 3D **30**
Andrewes Ho. *Sutt* 1M **61**
Andrews Clo. *C Crook* 7B **88**
Andrew's Clo. *Eps* 1E **80** (8M **201**)
Andrews Clo. *Wor Pk* 8J **43**
Andrew's Ho. *S Croy* 3N **63**
Andrews Rd. *Farnb* 9K **69**
Andromeda Clo. *Bew* 5K **181**
Anerley. 1E 46
Anerley Rd. *SE19 & SE20* 1E **46**
Anfield Clo. *SW12* 1G **28**
Angas Ct. *Wey* 2D **56**
Angel Ct. *Comp* 9D **112**
Angel Ct. *G'ming* 7G **133**
Angelfield. *Houn.* 7B **10**
Angel Ga. *Guild.* 4N **113** (5C **202**)
Angel Hill. *Sutt* 9N **43**
(in two parts)
Angel Hill Dri. *Sutt* 9N **43**
Angelica Gdns. *Croy* 7G **46**
Angelica Rd. *Bisl* 2D **72**
Angelica Rd. *Guild* 8K **93**
Angell Clo. *M'bowr* 4G **182**
Angel M. *SW15* 1F **26**
Angel Pl. *Binf* 7H **15**
Angel Rd. *Th Dit* 6G **41**
Angel Wlk. *W6* 1H **13**
Angers Clo. *Camb* 8G **50**
Anglers Clo. *Rich* 5J **25**
Anglers Reach. *Surb* 4K **41**
Anglers, The. *King T* 5H **203**
Anglesea Ho. *King T* 8H **203**
Anglesea Rd. *King T* 3K **41** (8H **203**)
Anglesey Av. *Farnb.* 7L **69**
Anglesey Clo. *Ashf* 4B **22**
Anglesey Clo. *Craw* 6A **182**
Anglesey Ct. Rd. *Cars* 3E **62**
Anglesey Gdns. *Cars* 3E **62**
Anglesey Rd. *Alder* 3B **110**
Angles Rd. *SW16* 5J **29**
Anglo Way. *Red* 1F **122**
Angora Way. *Fleet* 1C **88**
Angus Clo. *Chess* 2N **59**
Angus Clo. *H'ham* 4K **197**
Angus Ho. *SW2* 1H **29**
Anlaby Rd. *Tedd* 6E **24**
Annadale Ct. Red 2D ***122***
(off Warwick Rd.)
Annandale Dri. *Lwr Bo* 5J **129**
Annandale Rd. *W4* 1D **12**
Annandale Rd. *Croy* 8D **46**
Annandale Rd. *Guild* 5L **113**
Annan Dri. *Cars* 5E **62**
Anne Armstrong Clo. *Alder* 8B **90**
Anne Boleyn's Wlk. *King T* 6L **25**
Anne Boleyn's Wlk. *Sutt* 4J **61**
Anne Case M. *N Mald* 2C **42**
Anneforde Pl. *Brack* 8M **15**
Anners Clo. *Egh* 2E **36**
Annesley Dri. *Croy* 9J **47**
Anne's Wlk. *Cat* 7B **84**
Annes Way. *C Crook* 7C **88**
Annett Clo. *Shep* 3F **38**
Annettes Cft. *C Crook* 9A **88**
Annett Rd. *W on T* 6H **39**
Anne Way. *W Mol* 3B **40**
Annie Brookes Clo. *Stai* 4F **20**
Anningsley Park. 6E 54
Anningsley Pk. *Ott* 6D **54**
Annisdowne Clo. *Ab H* 2G **137**
Annsworthy Av. *T Hth* 2A **46**
Annsworthy Cres. *SE25* 1A **46**
Ansell Gro. *Cars* 7E **44**
Ansell Rd. *SW17* 4C **28**
Ansell Rd. *Dork* 4H **119** (1K **201**)
Ansell Rd. *Frim* 6C **70**
Anselm Clo. *Croy* 9C **46**
Anselm Rd. *SW6* 2M **13**
Ansley Clo. *S Croy* 1E **84**
Anson Clo. *Alder* 1L **109**
Anson Clo. *Kenl* 7A **84**
Anstead. *C'fold* 6F **172**
Ansteadbrook. 3N 189
Anstice Clo. *W4* 3D **12**
Anstiebury Clo. *Bear G* 8J **139**
Anstie Grange Dri. *Holmw* 6G **139**
Anstie La. *Cold* 6E **138**
Anston Ct. *Guild* 3H **113**
Anthony Rd. *SE25* 5D **46**
Anthonys. 8C 54
Anthony Wall. *Warf* 9D **16**
Anthony W. Ho. *Brack* 5A **120**
Antlands La. *Ship B* 4J **163**
Antlands La. E. *Ship B* 4K **163**
Antlands La. W. *Ship B* 4J **163**
Anton Cres. *Sutt* 9M **43**
Antrobus Clo. *Sutt* 2L **61**
Anvil Clo. *SW16* 8G **28**
Anvil La. *Cob* 1H **77**
Anvil Rd. *Sun* 2H **39**
Anyards Rd. *Cob* 9J **57**
Anzio Clo. *Alder* 2M **109**
Apeldoorn Dri. *Wall* 5J **63**
Aperdele Rd. *Lea* 5G **79**
Aperfield. 4G 87
Aperfield Rd. *Big H* 4G **87**
Aperfields. *Big H* 4G **86**
Apers Av. *Wok* 8B **74**
Apex Clo. *Wey* 9E **38**
Apex Corner. (Junct.) 4N 23
Apex Dri. *Frim* 5B **70**
Apex Retail Pk. *Felt* 4N **23**
Apley Rd. *Reig* 6M **121**
Aplin Way. *Iswth* 4E **10**
Aplin Way. *Light* 7L **51**
Apollo Dri. *Bord* 7A **168**
Apollo Pl. *St J* 6K **73**
Apollo Ri. *Farnb* 1H **89**
Apostle Way. *T Hth* 1M **45**
Apperlie Dri. *Horl* 1G **162**
Appleby Clo. *Twic* 3D **24**
Appleby Gdns. *Felt* 2G **22**
Appleby Ho. *Eps* 7C **60**
Appledore. *Brack* 5L **31**
Appledore Clo. *SW17* 3D **28**
Appledore M. *Farnb* 7M **69**
Appledown Ri. *Coul* 2G **83**
Applefield. *Craw* 2C **182**
Apple Gth. *Bren* 1K **11**
Applegarth. *Clay* 2F **58**
Applegarth. *G'ming* 4G **132**
Applegarth. *New Ad* 4L **65**
(in two parts)
Applegarth Av. *Guild* 3G **112**
Apple Gro. *Chess* 1L **59**
Applelands Clo. *Wrec* 7F **128**
Apple Mkt. *King T* 1K **41** (4H **203**)
Appleton Gdns. *N Mald* 5F **42**
Appleton Sq. *Mitc* 9C **28**
Apple Tree Clo. *Fet* 2C **98**
Appletree Clo. *G'ming* 9J **133**
Appletree Ct. *Guild* 9F **94**
Appletree Pl. *Brack* 9M **15**
Appletrees Pl. *Wok* 6M **73**
Apple Tree Way. *Owl* 6J **49**
Appley Ct. *Camb* 1N **69**
Appley Dri. *Camb* 9N **49**
Approach Rd. *Ashf* 7D **22**
Approach Rd. *SW20* 1H **43**
Approach Rd. *Farnh* 2H **129**
Approach Rd. *Purl* 8L **63**
Approach Rd. *Tats* 1D **106**
Approach Rd. *W Mol* 4A **40**
Approach, The. *Bookh* 1M **97**
Approach, The. *Dor P* 4B **166**
April Clo. *Asht* 5M **79**
April Clo. *Camb* 4A **70**
April Clo. *Felt* 4H **23**
April Clo. *H'ham* 4J **197**
Aprilwood Clo. *Wdhm* 7H **55**
Apsey Ct. *Binf* 8K **15**
Apsley Ct. *Craw* 5L **181**
Apsley Ho. *Houn* 7N **9**
Apsley Rd. *SE25* 3E **46**
Apsley Rd. *N Mald* 2B **42**
Aquarius. *Twic* 2H **25**
Aquarius Ct. *Craw* 5K **181**
Aquila Clo. *Lea* 8L **79**
Arabella Dri. *SW15* 7D **12**
Aragon Av. *Eps* 6G **60**
Aragon Av. *Th Dit* 4F **40**
Aragon Clo. *New Ad.* 6A **66**
Aragon Clo. *Sun* 7G **22**
Aragon Ct. *Brack* 3A **32**
Aragon Ct. *E Mol* 3C **40**
Aragon Ct. *King T* 6L **25**
Aragon Rd. *Mord* 5J **43**
Aragon Rd. *Yat* 2B **68**
Aragon Wlk. *Byfl* 9A **56**
Aram Ct. *Wok* 2E **74**
Aran Ct. *Wey* 8E **38**
Arbor Clo. *Beck* 1L **47**
Arborfield Clo. *SW2* 2K **29**
Arbour Clo. *Fet* 1F **98**
Arbour, The. *Hurt* 2C **132**
Arbrook Chase. *Esh* 3C **58**
Arbrook Hall. *Clay* 3F **58**
Arbrook La. *Esh* 3C **58**
Arbury Ct. *SE20* 1E **46**
Arbutus Clo. *Red* 5A **122**
Arbutus Rd. *Red* 6A **122**
Arcade. *Croy* 8N **45** (3C **200**)
Arcade Pde. *Chess* 2K **59**
Arcade, The. *Alder* 2M **109**
Arcade, The. *Croy* 4C **200**
Arcade, The. *Wokgm* 2B **30**
Arcadia Clo. *Cars* 1E **62**
Archbishop's Pl. *SW2* 1K **29**
Archdale Pl. *King T* 2A **42**
Archel Rd. *W14* 2L **13**
Archeological Cen. 3J **51**
Archer Clo. *King T* 8L **25**
Archer M. *Hamp H* 7C **24**
Archer Rd. *SE25* 3E **46**
Archers Ct. *Craw* 1B **182**
Archers Ct. *S Croy* 8B **200**
Archery Pl. *Gom* 8D **116**
Arches, The. Wind 4F ***4***
(off Goswell Rd.)
Arch Rd. *W on T* 9L **39**
Archway Clo. *SW19* 4N **27**
Archway Clo. *Wall* 9H **45**
Archway M. SW15 7K ***13***
(off Putney Bri. Rd.)
Archway M. *Dork* 4G **119** (1J **201**)
Archway Pl. *Dork* 4G **119** (1J **201**)
Archway St. *SW13* 6D **12**
Arcturus Rd. *Craw* 6K **181**
Arden Clo. *Brack* 1D **32**
Arden Clo. *Reig* 7N **121**
Arden Gro. *Orp.* 1K **67**
Arden Rd. *Craw* 5D **182**
Ardenrun. 3L 145
Ardent Clo. *SE25* 2B **46**
Ardesley Wood. *Wey* 1F **56**
Ardfern Av. *SW16* 2L **45**
Ardingly. *Brack* 5M **31**
Ardingly Clo. *Craw* 1N **181**
Ardingly Clo. *Croy* 9G **47**
Ardingly Rd. *W Hoa* 9E **184**
Ardleigh Gdns. *Sutt* 6M **43**
Ardlui Rd. *SE27* 3N **29**
Ardmay Gdns. *Surb* 4L **41** (8J **203**)
Ardmore Av. *Guild* 1L **113**
Ardmore Ho. *Guild* 1L **113**
Ardmore Way. *Guild* 1L **113**
Ardrossan Av. *Camb* 2E **70**
Ardrossan Gdns. *Wor Pk* 9F **42**
Ardshiel Clo. *SW15* 6J **13**
Ardshiel Dri. *Red* 5C **122**
Ardwell Clo. *Crowt* 2D **48**
Ardwell Rd. *SW2* 3J **29**
Arena La. *Alder* 9J **89**
Arenal Dri. *Crowt* 4G **49**
Arethusa Way. *Bisl* 3C **72**
Arford. 3E 168
Arford Comn. *Hdly* 3E **168**
Arford Rd. *Hdly* 4E **168**
Argent Clo. *Egh* 7E **20**
Argent Ct. *Chess* 9N **41**
Argente Clo. *Fleet* 1C **88**
Argent Ter. *Col T* 7K **49**
Argon M. *SW6* 3M **13**
Argosy Gdns. *Stai* 7H **21**
Argosy La. *Stanw* 1M **21**
Argus Wlk. *Craw* 6M **181**
Argyle Av. *Houn* 9A **10**
(in two parts)
Argyle Pl. *W6* 1G **13**
Argyle Rd. *Houn.* 8B **10**
Argyle St. *Brkwd* 8L **71**
Ariel Way. *Houn* 6J **9**
Arkell Gro. *SE19* 8M **29**
Arkendale. *Felb* 6K **165**
Arklow M. *Surb* 8L **41**
Ark, The. W6 1J ***13***
(off Talgarth Rd.)
Arkwright Dri. *Brack* 1J **31**
Arkwright Ho. SW2 1J ***29***
(off Streatham Pl.)
Arkwright Rd. *Coln* 5G **6**
Arkwright Rd. *S Croy* 6C **64**
Arlesey Clo. *SW15* 8K **13**
Arlington Bus. Pk. *Brack* 1M **31**
Arlington Clo. *Brack* 9M **15**
Arlington Clo. *Sutt* 8M **43**
Arlington Clo. *Twic* 9J **11**
Arlington Ct. *Hay* 1F **8**
Arlington Ct. *Reig* 1N **121**
Arlington Dri. *Cars* 8D **44**
Arlington Gdns. *W4* 1B **12**
Arlington Lodge. *Wey* 1C **56**
Arlington M. *Twic* 9H **11**
Arlington Pk. Mans. W4 1B ***12***
(off Sutton La. N.)
Arlington Pas. *Tedd* 5F **24**
Arlington Rd. *Ashf* 6A **22**
Arlington Rd. *Rich* 3K **25**
Arlington Rd. *Surb* 5K **41**
Arlington Rd. *Tedd* 5F **24**
Arlington Rd. *Twic* 9J **11**
Arlington Sq. *Brack* 1M **31**
Arlington Ter. *Alder* 2L **109**
Armadale Rd. *SW6* 3M **13**
Armadale Rd. *Felt* 8H **9**
Armadale Rd. *Wok* 4K **73**
Armfield Clo. *W Mol* 4N **39**
Armfield Cres. *Mitc* 1D **44**
Armistice Gdns. *SE25* 2D **46**
Armitage Ct. *Asc* 5N **33**
Armitage Dri. *Frim* 5D **70**
Armoury Way. *SW18* 8M **13**
Armstrong Clo. *W on T* 5H **39**
Armstrong Mall. *Farnb* 1J **89**
Armstrong Rd. *Eng G* 7M **19**
Armstrong Rd. *Felt* 6M **23**
Armstrong Way. *Farnb.* 4G **88**
Army Medical Services Mus. 4F **90**
(in Keogh Barracks)
Army Physical Training Corps Mus. 8N 89
(off Queen's Av.)
Armytage Rd. *Houn* 3L **9**
Arnal Cres. *SW18* 1K **27**
Arncliffe. *Brack* 4M **31**
Arndale Wlk. *SW18* 8N **13**
Arndale Way. *Egh* 6C **20**
Arne Clo. *Craw* 6L **181**
Arne Gro. *Horl* 6C **142**
Arnewood Clo. *SW15* 2F **26**
Arnewood Clo. *Oxs* 1B **78**
Arneys La. *Mitc* 5E **44**
Arnfield Clo. *If'd* 4K **181**
Arnhem Clo. *Alder* 2N **109**
Arnhem Dri. *New Ad* 7N **65**
Arnison Rd. *E Mol* 3D **40**
Arnold Cres. *Iswth* 8D **10**
Arnold Dri. *Chess* 3K **59**
Arnold Mans. W14 2L ***13***
(off Queen's Club Gdns.)
Arnold Rd. *SW17* 8D **28**
Arnold Rd. *Stai* 8L **21**
Arnold Rd. *Wok* 2D **74**
Arnott Clo. *W4* 1C **12**
Arnulls Rd. *SW16* 7M **29**
Arodene Rd. *SW2* 1K **29**
Arosa Rd. *Twic* 9K **11**
(in two parts)
Arragon Gdns. *SW16* 8J **29**
Arragon Gdns. *W Wick* 9L **47**
Arragon Rd. *SW18* 2M **27**
Arragon Rd. *Twic* 1G **24**
Arran Clo. *Craw* 6N **181**
Arran Clo. *Wall* 1F **62**
Arran Ct. *H'ham* 6G **197**
Arran Way. *Esh* 8B **40**
Arras Av. *Mord* 4A **44**
Arreton Mead. *Hors* 1B **74**
Arrivals Rd. Gat A 2D ***162***
(off Gatwick Way)
Arrol Rd. *Beck* 2F **46**
Arrow Ct. SW5 1M ***13***
(off W. Cromwell Rd.)
Arrow Ind. Est. *Farnb* 3L **89**
Arrow Rd. *Farnb* 3L **89**
Artel Cft. *Craw* 3E **182**
Arterberry Rd. *SW20* 8H **27**
Arthur Clo. *Bag* 6J **51**
Arthur Clo. *Farnh* 2G **129**
Arthur Ct. *Croy* 4F **200**
Arthur Henderson Ho. SW6 5L ***13***
(off Fulham Rd.)
Arthur Rd. *SW19* 6L **27**
Arthur Rd. *Big H* 2E **86**
Arthur Rd. *Farnh* 2G **129**
(in two parts)
Arthur Rd. *H'ham* 7K **197**
Arthur Rd. *If'd* 3K **181**
Arthur Rd. *King T* 8N **25**
Arthur Rd. *N Mald* 4G **43**
Arthur Rd. *Wind* 4F **4**
Arthur's Bri. Rd. *Wok* 4M **73**
Arthur's Bri. Wharf. *Wok* 4N **73**
Arthurstone Birches. *Binf* 6J **15**
Arthur St. *Alder* 2N **109**
Artillery Rd. *Alder* 2N **109**
(High St.)
Artillery Rd. *Alder* 6B **90**
(North Rd.)
Artillery Rd. *Guild* 4N **113** (4C **202**)
Artillery Ter. *Guild* 3N **113** (3C **202**)
Artington. 8M 113
Artington Clo. *Orp* 1L **67**
Artington Wlk. *Guild* 6M **113** (8B **202**)
Artslink Theatre. 9B 50
Arun Ct. *SE25* 4D **46**
Arundale. *King T* 8H **203**
Arundel Av. *Eps* 6G **60**
Arundel Av. *Mord* 3L **43**
Arundel Av. *S Croy* 6D **64**
Arundel Clo. *Craw* 3G **182**
Arundel Clo. *Croy* 9M **45**
Arundel Clo. *Fleet* 5C **88**
Arundel Clo. *Hamp H* 6B **24**
Arundel Clo. *Pass* 9C **168**
Arundel Ct. SW13 2G ***13***
(off Arundel Ter.)
Arundel Ct. *Brom* 1N **47**
Arundel Ho. *Croy* 8D **200**
Arundel Mans. SW6 4L ***13***
(off Kelvedon Rd.)
Arundel Pl. *Farnh* 1G **128**
Arundel Rd. *Camb* 2G **70**
Arundel Rd. *Croy* 5A **46**
Arundel Rd. *Dork* 5G **118** (3H **201**)
Arundel Rd. *Houn* 6K **9**
Arundel Rd. *King T* 1A **42**
Arundel Rd. *Sutt* 4L **61**
Arundel Ter. *SW13* 2G **13**
Arun Ho. *King T* 9K **25** (1H **203**)
Arunside. *H'ham* 7G **196**
Arun Way. *H'ham* 7L **197**
Aschurch Rd. *Croy* 6C **46**
Ascot. 2L 33
Ascot Ct. *Alder* 3M **109**
Ascot Heath. 1K 33
Ascot M. *Wall* 5G **63**
Ascot Pk. *Asc* 2H **33**
Ascot Racecourse. 1L 33
Ascot Rd. *SW17* 7E **28**
Ascot Rd. *Felt* 2B **22**
Ascot Rd. *M'head & Warf* 1B **16**
Ascot Wood Pl. *Asc* 2L **33**
Ash. 9E 90
Ashbourne. *Brack* 5L **31**
Ashbourne Clo. *As* 1G **110**
Ashbourne Clo. *Coul* 5G **83**
Ashbourne Ct. *As* 1G **110**
Ashbourne Gro. *W4* 1D **12**
Ashbourne Ri. *Orp* 1M **67**
Ashbourne Rd. *Mitc* 8E **28**
Ashbourne Ter. *SW19* 8L **27**
Ash Bri. Cvn. Pk. *As* 4C **110**
Ashbrook Rd. *Old Win* 1L **19**
Ashburnham Ct. *Beck* 1M **47**
Ashburnham Pk. *Esh* 1C **58**
Ashburnham Rd. *SW10* 3N **13**
Ashburnham Rd. *Craw* 5E **182**
Ashburnham Rd. *Rich* 4H **25**
Ashburn Pl. *SW7* 1N **13**
Ashburton Av. *Croy* 7E **46**
Ashburton Clo. *Croy* 7D **46**
Ashburton Enterprise Cen. *SW15* 9H **13**
Ashburton Gdns. *Croy* 8D **46**
Ashburton Memorial Homes. *Croy* 6E **46**
Ashburton Rd. *Croy* 8D **46**
Ashbury Cres. *Guild* 1E **114**
Ashbury Dri. *B'water* 5M **69**
Ashbury Pl. *SW19* 7A **28**
Ashby Av. *Chess* 3N **59**
Ashby Ct. *H'ham* 6L **197**
Ashby's Clo. *Eden* 3M **147**
Ashby Wlk. *Croy* 5N **45**
Ashby Way. *W Dray* 3B **8**
Ash Church Rd. *As* 2F **110**
Ash Clo. *SE20* 1F **46**
Ash Clo. *As* 1F **110**
Ash Clo. *B'water* 1H **69**
Ash Clo. *Cars* 8D **44**
Ash Clo. *Craw D* 1F **184**
Ash Clo. *Eden* 2K **147**
Ash Clo. *Ling* 6A **146**
Ash Clo. *N Mald* 1C **42**
Ash Clo. *Pyr* 2J **75**
Ash Clo. *Red* 8G **103**
Ash Clo. *Tad* 9B **100**
Ash Clo. *Wok* 7A **74**
Ash Combe. *C'fold* 5D **172**
Ashcombe Av. *Surb* 6K **41**
Ashcombe Dri. *Eden* 8K **127**
Ashcombe Rd. *SW19* 6M **27**
Ashcombe Rd. *Cars* 3E **62**
Ashcombe Rd. *Dork* 3G **118**
Ashcombe Rd. *Red* 5G **102**
Ashcombe Sq. *N Mald* 2B **42**
Ashcombe St. *SW6* 5N **13**
Ashcombe Ter. *Tad* 7G **80**
Ash Ct. *SW19* 8K **27**
Ash Ct. *Add* 2K **55**
Ash Ct. *Eps* 1B **60**
Ash Ct. *Wokgm* 2B **30**
Ashcroft. *Shalf* 1A **134**
Ashcroft Pk. *Cob* 8M **57**
Ashcroft Ri. *Coul* 3J **83**
Ashcroft Rd. *Chess* 9M **41**
Ashcroft Sq. *W6* 1H **13**
Ashcroft Theatre. 9A 46 (4D 200)
Ashdale. *Bookh* 4C **98**
Ashdale Clo. *Stai* 3N **21**
Ashdale Clo. *Twic* 1C **24**
Ashdale Pk. *Finch* 1B **48**
Ashdale Way. *Twic* 1B **24**
Ashdene Clo. *Ashf* 8D **22**
Ashdene Cres. *As* 1E **110**
Ashdene Rd. *As* 1E **110**
Ashdown Av. *Farnb* 2B **90**
Ashdown Clo. *Beck* 1L **47**
Ashdown Clo. *Brack* 1E **32**
Ashdown Clo. *F Row* 7J **187**
Ashdown Clo. *Reig* 7N **121**
Ashdown Ct. *Craw* 6D **182**
Ashdown Ct. *Sutt* 3A **62**
Ashdown Dri. *Craw* 6B **182**

Ashdown Gdns.—Azalea Dri.

Ashdown Gdns. S Croy 2E 84
Ashdown Ga. E Grin 8M 165
Ashdown Pl. F Row 9G 186
Ashdown Pl. Th Dit 6G 40
Ashdown Rd. Eps 9E 60
Ashdown Rd. F Row 7H 187
Ashdown Rd. King T 1L 41 (4J 203)
Ashdown Rd. Reig 7N 121
Ashdown Vw. E Grin 2A 186
Ashdown Way. SW17 3E 28
Ash Dri. Red 5E 122
Ashe Ho. Twic 9K 11
Ashenden Rd. Guild 3J 113
Ashen Gro. SW19 4M 27
Ashen Va. S Croy 5G 65
Asher Dri. Asc 9G 17
Ashfield Av. Felt 2J 23
Ashfield Clo. Rich 2L 25
Ashfield Grn. Yat 1E 68
Ashfield Ho. W14 1L 13
(off W. Cromwell Rd.)
Ashfields Ct. Reig 1N 121
Ashford 5A 22
Ashford Av. Ashf 7C 22
Ashford Bus. Complex. Ashf 6D 22
(Sandell's Av.)
Ashford Bus. Complex. Ashf 5D 22
(Shield Rd.)
Ashford Clo. Ashf 5N 21
Ashford Common 8E 22
Ashford Cres. Ashf 4N 21
Ashford Gdns. Cob 3L 77
Ashford Park 5M 21
Ashford Rd. Ashf 8D 22
Ashford Rd. Felt 5E 22
Ashford Rd. Stai 1L 37
Ash Green 4G 111
Ash Grn. La. E. Ash G 4G 111
(in two parts)
Ash Grn. La. W. Ash G & Ash 4D 110
(in two parts)
Ash Grn. Rd. Ash G 3G 110
Ash Gro. SE20 1F 46
Ash Gro. Felt 2F 22
Ash Gro. Guild 3K 113
Ash Gro. Houn 4L 9
Ash Gro. Stai 7L 21
Ash Gro. W Wick 8M 47
Ashgrove Rd. Ashf 6D 22
Ash Hill Rd. As 9E 90
Ashington Rd. SW6 5L 13
Ash Keys. Craw 4C 182
Ashlake Rd. SW16 5J 29
Ash La. Elst 9G 130
Ash La. Wind 5A 4
Ashleigh Av. Egh 8E 20
Ashleigh Clo. Horl 8D 142
Ashleigh Cotts. Holmw 4H 139
Ashleigh Gdns. Sutt 8N 43
Ashleigh Rd. SE20 2E 46
Ashleigh Rd. SW14 6D 12
Ashleigh Rd. H'ham 3J 197
Ashley Av. Eps 9C 60 (7J 201)
Ashley Av. Mord 4M 43
Ashley Cen. Eps 9C 60 (7J 201)
Ashley Clo. Bookh 3N 97
Ashley Clo. Frim G 8E 70
Ashley Clo. W on T 7G 38
Ashley Ct. Eps 9C 60 (7K 201)
Ashley Ct. Wok 5J 73
Ashley Dri. Bans 1M 81
Ashley Dri. B'water 2H 69
Ashley Dri. Iswth 2E 10
Ashley Dri. Twic 1B 24
Ashley Dri. W on T 9H 39
Ashley Gdns. Orp 2N 67
Ashley Gdns. Rich 3K 25
Ashley Gdns. Shalf 1B 134
Ashley Ho. G'ming 3H 133
Ashley La. Croy 1M 63 (7A 200)
Ashley Park 9H 39
Ashley Pk. Av. W on T 8G 39
Ashley Pk. Cres. W on T 7H 39
Ashley Pk. Rd. W on T 8H 39
Ashley Ri. W on T 1G 57
Ashley Rd. Farnb 1B 90
Ashley Rd. SW19 7N 27
Ashley Rd. Eps 9C 60 (7K 201)
Ashley Rd. Hamp 9A 24
Ashley Rd. Rich 6L 11
Ashley Rd. Th Dit 5F 40
Ashley Rd. T Hth 3K 45
Ashley Rd. W on T 1G 57
Ashley Rd. Westc 6C 118
Ashley Rd. Wok 5J 73
Ashley Sq. Eps 7J 201
Ashley Way. W End 9A 52
Ashling Rd. Croy 7D 46
Ash Lodge Clo. As 3E 110
Ash Lodge Dri. As 3E 110
(in two parts)
Ashlone Rd. SW15 6H 13
Ashlyns Pk. Cob 9M 57
Ashlyns Way. Chess 3K 59
Ash M. Eps 9D 60 (7L 201)
Ashmead Rd. Felt 2H 23
Ashmere Av. Beck 1N 47
Ashmere Clo. Sutt 2J 61
Ashmore Ct. Houn 2A 10
Ashmore Ho. Craw 9B 162
Ashmore La. Kes 7E 66
Ashmore La. Rusp 3B 180
Ashmore La. Wind 1D 16
(in two parts)
Ashridge. Farnb 7L 69
Ashridge Grn. Brack 9N 15
Ashridge Rd. Wokgm 9C 14
Ashridge Way. Mord 2L 43
Ashridge Way. Sun 7H 23
Ash Rd. Alder 3A 110
Ash Rd. Craw 2E 182
Ash Rd. Croy 8K 47
Ash Rd. Pirb 4C 92
Ash Rd. Shep 3B 38
Ash Rd. Sutt 6K 43
Ash Rd. W'ham 3M 107
Ash Rd. Wok 7N 73
Ash St. As 3D 110
Ashtead 5M 79
Ashtead Gap. Lea 3H 79
Ashtead La. G'ming 9F 132
Ashtead Park 5N 79
Ashtead Woods Rd. Asht 4J 79
Ashton Clo. Sutt 1M 61
Ashton Clo. W on T 3J 57
Ashton Gdns. Houn 7N 9
Ashton Rd. Wok 4J 73
Ashtree Av. Mitc 1B 44
Ash Tree Clo. Farnb 2H 89
Ash Tree Clo. Croy 5H 47
Ash Tree Clo. G'wood 8K 171
Ashtree Clo. Orp 1K 67
Ash Tree Clo. Surb 8L 41
Ashtrees. Cranl 9N 155
Ash Tree Way. Croy 4G 47
Ashurst. Eps 1C 80 (7J 201)
Ashurst Clo. SE20 1E 46
Ashurst Clo. H'ham 3N 197
Ashurst Clo. Kenl 2A 84
Ashurst Dri. Craw 3H 183
Ashurst Dri. Shep 4N 37
Ashurst Dri. Tad 8A 100
Ashurst Gdns. SW2 2L 29
Ashurst Pk. Asc 2B 34
Ashurst Rd. Ash V 9D 90
Ashurst Rd. Tad 8G 81
Ashurst Wlk. Croy 8E 46
Ashurstwood 3F 186
Ash Vale 6E 90
Ash Va. C'fold 4D 172
Ashvale Rd. SW17 6D 28
Ash Vw. Clo. Ashf 7N 21
Ash Vw. Gdns. Ashf 6N 21
Ashville Way. Wokgm 3A 30
Ashway Cen., The. King T 9L 25 (2K 203)
Ashwell Av. Camb 9D 50
Ashwick Clo. Cat 2D 104
Ashwindham Ct. Wok 5J 73
Ashwood. Craw 4B 182
Ashwood. Warl 7F 84
Ashwood Gdns. New Ad 3L 65
Ashwood Pk. Fet 1C 98
Ashwood Pk. Wok 5C 74
Ashwood Rd. Eng G 7L 19
Ashwood Rd. Wok 5B 74
Ashworth Est. Croy 7J 45
Ashworth Pl. Guild 3J 113
Askill Dri. SW15 8K 13
Aslett St. SW18 1N 27
Asmar Clo. Coul 2J 83
Aspen Clo. Guild 9F 94
Aspen Clo. Stai 4H 21
Aspen Clo. Stoke D 3M 77
Aspen Ct. Vir W 3A 36
Aspen Gdns. Ashf 6D 22
Aspen Gdns. W6 1G 13
Aspen Gdns. Mitc 4E 44
Aspenlea Rd. W6 2J 13
Aspen Sq. Wey 9E 38
Aspen Va. Whyt 5C 84
Aspen Way. Bans 1J 81
Aspen Way. Felt 4J 23
Aspen Way. H'ham 4L 197
Aspin Way. B'water 1G 68
Aspley Rd. SW18 8N 13
Asprey Gro. Cat 2E 104
Assembly Wlk. Cars 6C 44
Assher Rd. W on T 9M 39
Astede Pl. Asht 5M 79
Astleham Rd. Shep 2N 37
Astley Ho. SW13 2G 13
(off Wyatt Dri.)
Astolat Est. P'mrsh 2M 133
Aston Clo. Asht 5J 79
Aston Ct. Craw 8N 181
Aston Grn. Houn 5K 9
Aston Mead. Wind 4B 4
Aston Pl. SW16 7M 29
Aston Rd. SW20 1H 43
Aston Rd. Clay 2E 58
Aston Ter. SW12 1F 28
Astonville St. SW18 2M 27
Aston Way. Eps 2E 80
Astor Clo. Add 1M 55
Astor Clo. King T 7A 26
Astor Ct. SW6 3N 13
(off Maynard Clo.)
Astoria Mans. SW16 4J 29
Astra Bus. Cen. Red 4F 142
Astra Mead. Wink R 7F 16
Astrid Ho. Felt 3K 23
Asylum Arch Rd. Red 6D 122
Atalanta Clo. Purl 6L 63
Atalanta St. SW6 3J 13
Atbara Rd. C Crook 9B 88
Atbara Rd. Tedd 7H 25
Atcham Rd. Houn 7C 10
Atfield Gro. W'sham 3A 52
Atheldene Rd. SW18 2N 27
Athelstan Clo. Worth 3J 183
Athelstan Ho. King T 7M 203
Athelstan Rd. King T 3M 41 (7M 203)
Athelstan Way. H'ham 8L 197
Athena Clo. King T 2M 41 (5L 203)
Atherfield Rd. Reig 6A 122
Atherley Way. Houn 1N 23
Atherton Clo. Shalf 9A 114
Atherton Clo. Stanw 9M 7
Atherton Ct. Wind 3G 4
Atherton Dri. SW19 5J 27
Atherton Rd. SW13 3F 12
Athlone. Clay 3E 58
Athlone Rd. SW2 1K 29
Athlone Sq. Wind 4F 4
Atkins Clo. Wok 5K 73
Atkins Dri. W Wick 8N 47
Atkinson Ct. Horl 9F 142
Atkinson Rd. M'bowr 5G 182
Atkins Rd. SW12 1G 28
Atney Rd. SW15 7K 13
Atrebatti Rd. Sand 6H 49
Attebrouche Ct. Brack 6B 32
Atte La. Warf 7A 16
Attenborough Clo. Fleet 2C 88
Atterbury Clo. W'ham 4M 107
Attfield Clo. As 3D 110
Attfield Ct. King T 4L 203
Attlee Clo. T Hth 4N 45
Attlee Gdns. C Crook 9A 88
Attlee Ho. Craw 7N 181
Attleford La. Shack 5K 131
Attwood Clo. S Croy 1E 84
Atwater Clo. SW2 2L 29
Atwell Pl. Th Dit 7F 40
Atwood. Bookh 2M 97
Atwood Av. Rich 5N 11
Atwood Ho. W14 1L 13
(off Beckford Clo.)
Atwoods All. Rich 4N 11
Aubyn Hill. SE27 5N 29
Aubyn Sq. SW15 8F 12
Auchinleck Ct. Craw D 2E 184
Auchinleck Way. Alder 2K 109
Auckland Clo. SE19 1C 46
Auckland Clo. Craw 9B 162
Auckland Gdns. SE19 1B 46
Auckland Hill. SE27 5N 29
Auckland Rd. SE19 1C 46
Auckland Rd. Cat 9B 84
Auckland Rd. King T 3M 41 (7M 203)
Auden Pl. Cheam 1H 61
Audley Clo. Add 2K 55
Audley Ct. Twic 4D 24
Audley Dri. Warl 2F 84
Audley Firs. W on T 1K 57
Audley Ho. Add 2K 55
Audley Pl. Sutt 4N 61
Audley Rd. Rich 8M 11
Audley Way. Asc 2H 33
Audrey Clo. Beck 5L 47
Audric Clo. King T 9N 25
Augur Clo. Stai 6H 21
Augusta Clo. W Mol 3N 39
Augusta Rd. Twic 3C 24
Augustine Clo. Coln 6G 7
Augustine Wlk. Warf 8C 16
August La. Alb 4M 135
Augustus Clo. Bren 3J 11
Augustus Ct. SW16 3H 29
Augustus Ct. Felt 5N 23
Augustus Gdns. Camb 1G 71
Augustus Rd. SW19 2J 27
Aultone Way. Cars 9D 44
Aultone Way. Sutt 8N 43
Aurelia Gdns. Croy 4K 45
Aurelia Rd. Croy 5J 45
Auriol Clo. Wor Pk 9D 42
Auriol Pk. Rd. Wor Pk 9D 42
Auriol Rd. W14 1K 13
Aurum Clo. Horl 9F 142
Austen Clo. E Grin 9L 165
Austen Rd. Farnb 8M 69
Austen Rd. Guild 4B 114
Austin Clo. Coul 5M 83
Austin Clo. Twic 8J 11
Austins Cotts. Farnh 1G 128
Australia Ter. Deep 6H 71
(off Cyprus Rd.)
Austyn Gdns. Surb 7A 42
Autumn Clo. SW19 7A 28
Autumn Dri. Sutt 5N 61
Autumn Lodge. S Croy 7F 200
Avalon Clo. SW20 1K 43
Avalon Rd. SW6 4N 13
Avard Gdns. Orp 1L 67
Avarn Rd. SW17 7D 28
Avebury. Brack 5M 31
Avebury Clo. H'ham 1N 197
Avebury Pk. Surb 6K 41
Avebury Rd. SW19 9L 27
Avebury Rd. Orp 1M 67
Aveley Clo. Farnh 4H 129
Aveley La. Farnh 5G 129
Aveling Clo. M'bowr 5G 182
Aveling Clo. Purl 9K 63
Aven Clo. Cranl 8N 155
Avening Rd. SW18 1M 27
Avening Ter. SW18 1M 27
Avenue C. Add 9N 37
Avenue Clo. Houn 4J 9
Avenue Clo. Tad 9G 81
Avenue Ct. Tad 1G 101
Avenue Cres. Houn 4J 9
Avenue de Cagny. Pirb 9C 72
Avenue Elmers. Surb 4L 41 (8J 203)
Avenue Gdns. SE25 1D 46
Avenue Gdns. SW14 6D 12
Avenue Gdns. Horl 9G 142
Avenue Gdns. Houn 3J 9
Avenue Gdns. Tedd 8F 24
Avenue One. Add 1N 55
Avenue Pde. Sun 2J 39
Avenue Pk. Rd. SE27 3M 29
Avenue Rd. Cob 3L 77
Avenue Rd. Farnb 1B 90
Avenue Rd. SE20 & Beck 1F 46
Avenue Rd. SE25 1C 46
Avenue Rd. SW16 1H 45
Avenue Rd. SW20 1G 42
Avenue Rd. Bans 2N 81
Avenue Rd. Bren 1J 11
Avenue Rd. Cat 9A 84
Avenue Rd. Cranl 9N 155
Avenue Rd. Eps 1C 80
Avenue Rd. Felt 4G 23
Avenue Rd. Fleet 3A 88
Avenue Rd. Gray 6A 170
Avenue Rd. Hamp 9B 24
Avenue Rd. Iswth 4F 10
Avenue Rd. King T 2L 41 (5K 203)
Avenue Rd. N Mald 3D 42
Avenue Rd. Stai 6F 20
Avenue Rd. Sutt 6M 61
Avenue Rd. Tats 7G 87
Avenue Rd. Tedd 8G 24
Avenue Rd. Wall 4G 62
Avenue S. Surb 6N 41
Avenue Sucy. Camb 2M 69
(in two parts)
Avenue Ter. N Mald 2B 42
Avenue, The. Row 8D 128
(in two parts)
Avenue, The. SW18 1C 28
Avenue, The. Alder 5A 110
Avenue, The. Asc 8K 17
Avenue, The. Brock 3N 119
Avenue, The. Camb 2N 69
Avenue, The. Cars 4E 62
Avenue, The. Chob 5K 53
Avenue, The. Clay 3E 58
Avenue, The. Comp & G'ming 1F 132
Avenue, The. Coul 2H 83
Avenue, The. Cran 4H 9
Avenue, The. Craw 8B 182
Avenue, The. Crowt 1F 48
Avenue, The. Croy 9B 46 (4F 200)
Avenue, The. Dat 4L 5
Avenue, The. E Grin 4C 166
Avenue, The. Egh 5D 20
Avenue, The. Eps & Sutt 4G 60
Avenue, The. Ewh 4F 156
Avenue, The. Fleet 4A 88
Avenue, The. G'ming 9H 133
Avenue, The. Gray 6B 170
Avenue, The. Hamp 7N 23
Avenue, The. Hand 8L 199
Avenue, The. Hasl 1D 188
(in two parts)
Avenue, The. Horl 9D 142
Avenue, The. Houn 8B 10
Avenue, The. Kes 1F 66
Avenue, The. Light 6L 51
Avenue, The. New H 6J 55
Avenue, The. Old Win 8L 5
Avenue, The. Oxs 7F 58
Avenue, The. Rich 5M 11
Avenue, The. S Nut 6J 123
Avenue, The. Stai 9K 21
Avenue, The. Sun 9J 23
Avenue, The. Surb 5M 41
Avenue, The. Sutt 6L 61
Avenue, The. Tad 9G 80
Avenue, The. Twic 8H 11
Avenue, The. W'ham 9H 87
Avenue, The. W Wick 6N 47
Avenue, The. Whyt 6D 84
Avenue, The. Wokgm 7K 31
Avenue, The. Wor Pk 8E 42
Avenue, The. Worp 5H 93
Avenue, The. Wray 6N 5
Avenue Three. Add 9N 37
Avenue Two. Add 1N 55
Avenue Vs. Red 7G 103
Averil Gro. SW16 7M 29
Averill St. W6 2J 13
Avern Gdns. W Mol 3B 40
Avern Rd. W Mol 3B 40
Avery Ct. Alder 2N 109
(off Alice Rd.)
Avia Pk. Felt 2C 22
Aviary Rd. Wok 3J 75
Aviary Way. Craw D 9F 164
Aviemore Clo. Beck 4J 47
Aviemore Way. Beck 4H 47
Avington Clo. Guild 3A 114 (2F 202)
Avoca Rd. SW17 5E 28
Avocet Cres. Col T 7J 49
Avon Clo. Farnb 7K 69
Avon Clo. Add 3J 55
Avon Clo. As 3D 110
Avon Clo. Sutt 1A 62
Avon Clo. Wor Pk 8F 42
Avon Ct. Binf 7H 15
Avon Ct. Farnh 2H 129
Avondale. Ash V 6D 90
Avondale Av. Esh 9G 40
Avondale Av. Stai 8H 21
Avondale Av. Wor Pk 7E 42
Avondale Clo. Horl 6D 142
Avondale Clo. W on T 2K 57
Avondale Gdns. Houn 8N 9
Avondale Rd. Ashf 4M 21
Avondale Rd. SW14 6D 12
Avondale Rd. SW19 6N 27
Avondale Rd. Alder 4N 109
Avondale Rd. Fleet 3B 88
Avondale Rd. S Croy 3N 63
Avon Gro. Brack 8A 16
Avon Ho. W14 1L 13
(off Kensington Village)
Avon Ho. King T 9K 25 (1H 203)
Avonmead. Wok 5M 73
Avonmore Av. Guild 2B 114
Avonmore Gdns. W14 1L 13
Avonmore Rd. W14 1L 13
Avon Path. S Croy 3N 63
Avon Rd. Farnh 2H 129
Avon Rd. Sun 8G 22
Avon Wlk. Craw 4L 181
Avonwick Rd. Houn 5B 10
Avro Way. Bro P 6N 55
Avro Way. Wall 4J 63
Award Rd. C Crook 8A 88
(in two parts)
Axbridge. Brack 4C 32
Axes La. Red 1G 142
Axis Pk. Langl 1D 6
Axwood. Eps 2B 80
Ayebridges Av. Egh 8E 20
Ayesgarth. C Crook 8C 88
Ayjay Clo. Alder 5N 109
Aylesbury Ct. Sutt 9A 44
Aylesford Av. Beck 4H 47
Aylesham Way. Yat 9A 48
Aylesworth Spur. Old Win 1L 19
Aylett Rd. SE25 3E 46
Aylett Rd. Iswth 5E 10
Ayliffe Clo. King T 1N 41
Ayling Ct. Farnh 5L 109
Ayling Hill. Alder 3L 109
Ayling La. Alder 4L 109
Aylward Rd. SW20 1L 43
Aymer Clo. Stai 9G 21
Aymer Dri. Stai 9G 20
Aynscombe Path. SW14 5B 12
Ayrshire Gdns. Fleet 1C 88
Aysgarth. Brack 5L 31
Aysgarth Ct. Sutt 9N 43
Ayshe Ct. Dri. H'ham 6L 197
Azalea Av. Lind 4B 168
Azalea Ct. Wok 6N 73
Azalea Dri. Hasl 9D 170

Azalea Gdns.—Basford Way

Azalea Gdns. C Crook 8C 88
Azalea Way. Camb 9F 50

B

Babbacombe Clo. Chess 2K 59
Babbage Way. Brack 5M 31
Babbs Mead. Farnh 2F 128
Baber Bri. Cvn. Site. Felt 8K 9
Baber Dri. Felt 9K 9
Babington Rd. SW16 6H 29
Babylon La. Lwr K 5M 101
Bachelors La. Ock 2A 96
Back All. Dork 5H 119 (2K 201)
Back Dri. Crowt 5D 48
Back Grn. W on T 3K 57
Back La. Bren 2K 11
Back La. Bucks H 2A 148
Back La. E Clan 9M 95
Back La. Elst 7H 131
Back La. Fren 1J 149
Back La. Plais 6A 192
Back La. Reig 7B 102
Back La. Turn H & Adgly 7N 183
Backley Gdns. SE25 5D 46
Bk. of High St. Chob 7H 53
Back Path. Blet 2N 123
Back Rd. Tedd 8E 24
Bacon Clo. Col T 8J 49
Bacon La. Churt 6H 149
Badajos Rd. Alder 1L 109
Baden Clo. Stai 8K 21
Baden Dri. Horl 7C 142
Baden Powell Clo. Surb 8M 41
Baden Rd. Guild 1K 113
Bader Clo. Kenl 2A 84
Bader Ct. Farnb 6L 69
Badger Clo. Felt 4J 23
Badger Clo. Guild 9L 93
Badger Clo. Houn 6K 9
Badger Dri. Light 6L 51
Badgersbridge Ride. Wind 1M 17
Badgers Clo. Ashf 6A 22
Badgers Clo. Fleet 5A 88
Badgers Clo. G'ming 3G 133
Badgers Clo. H'ham 2M 197
Badgers Clo. Wok 5M 73
Badgers Copse. Camb 3C 70
Badgers Copse. Wor Pk 8E 42
Badger's Ct. Eps 9D 60 (7M 201)
Badgers Cross. Milf 1C 152
Badgers Hill. Vir W 4M 35
Badgers Hole. Croy 1G 64
Badgers Hollow. G'ming 5G 132
Badgers Holt. Yat 1A 68
Badgers La. Warl 7F 84
Badgers Sett. Crowt 2E 48
Badgers Wlk. N Mald 1D 42
Badgers Wlk. Purl 7G 63
Badgers Wlk. Whyt 5C 84
Badgers Way. Brack 9D 16
Badger's Way. E Grin 8B 166
Badgers Way. Loxw 4J 193
Badgers Wood. Cat 3A 104
Badgers Wood. Ott 3F 54
Badger Wlk. Norm 6N 91
Badger Way. Ews 4C 108
Badgerwood Dri. Frim 4B 70
Badingham Dri. Fet 1E 98
Badminton Rd. SW12 1E 28
Badshot Farm La. Bad L 7M 109
Badshot Lea 7M 109
Badshot Lea Rd. Bad L 8L 109
Badshot Pk. Bad L 6M 109
Bagden Hill. Westh 8D 98
Bagley's La. SW6 4N 13
Bagot Clo. Asht 3M 79
Bagshot 4J 51
Bagshot Grn. Bag 4J 51
Bagshot Rd. Asc 8M 33
Bagshot Rd. Brack & Crowt 2N 31
Bagshot Rd. Eng G 8M 19
Bagshot Rd. Knap & Worp H 5E 72
Bagshot Rd. W End & Chob 8B 52
Bahram Rd. Eps 6C 60
Baigents La. W'sham 3A 52
Bailes La. Norm 9A 92
Bailey Clo. Frim 6B 70
Bailey Clo. H'ham 1M 197
Bailey Clo. Wind 5D 4
Bailey Cres. Chess 4J 59
Bailey M. W4 2A 12 (off Hervert Gdns.)
Bailey Rd. Westc 6C 118
Baileys Clo. B'water 2H 69
Bailing Hill. Warn 1E 196
Baillie Rd. Guild 4B 114
Bain Av. Camb 4N 69
Bainbridge Clo. Ham 6L 25
Baines Clo. S Croy 2A 64 (8D 200)
Bainton Mead. Wok 4K 73
Baird Clo. Craw 9E 162
Baird Dri. Wood S 2E 112
Baird Rd. Farnb 8A 70
Bakeham La. Eng G 8M 19
Bakehouse Barn Clo. H'ham 1L 197
Bakehouse Gdns. C Cook 8C 88
Bakehouse M. Alder 2M 109
Bakehouse Rd. Horl 6E 142
Baker Boy La. Croy 9H 65
Baker Clo. Craw 5B 182
Baker Ct. Wind 6E 4
Baker La. Mitc 1E 44
Bakers Clo. Kenl 1N 83
Baker's Clo. Ling 6A 146
Bakers Ct. SE25 2B 46
Bakers End. SW20 1K 43
Bakers Gdns. Cars 8C 44
Bakers La. Ling 7N 145
Bakers Mead. God 8F 104
Bakers M. Orp 3N 67
Baker St. Wey 1B 56
Bakers Way. Capel 5J 159
Baker's Yd. Guild 4N 113 (5D 202)
Bakery M. Surb 7N 41
Bakewell Way. N Mald 1D 42
Balaam Ho. Sutt 1M 61
Balaclava Rd. Surb 6J 41
Balchins La. Westc 7A 118
Balcombe Ct. Craw 2H 183
Balcombe Gdns. Horl 9G 142
Balcombe La. Adgly 9K 183
Balcombe Rd. Craw & Worth 2H 183
Balcombe Rd. Horl 7F 142
Baldreys. Farnh 3F 128
Baldry Gdns. SW16 7J 29
Baldwin Clo. M'bowr 6G 183
Baldwin Cres. Guild 1E 114
Baldwin Gdns. Houn 4C 10
Baldwin Ho. SW2 2L 29
Baldwins Fld. E Grin 6N 165
Baldwins Hill 7N 165
Baldwins Shore. Eton 2G 4
Balfern Gro. W4 1D 12
Balfont Clo. S Croy 9D 64
Balfour Av. Wok 9A 74
Balfour Cres. Brack 4N 31
Balfour Gdns. F Row 9G 187
Balfour Pl. SW15 7G 12
Balfour Rd. SE25 4D 46
Balfour Rd. SW19 8N 27
Balfour Rd. Cars 4D 62
Balfour Rd. Houn 6B 10
Balfour Rd. Wey 1B 56
Balgowan Clo. N Mald 4D 42
Balgowan Rd. Beck 2H 47
Balham 2F 28
Balham Continental Mkt. SW12 2F 28 (off Shipka Rd.)
Balham Gro. SW12 1E 28
Balham High Rd. SW17 & SW12 4E 28
Balham Hill. SW12 1F 28
Balham New Rd. SW12 1F 28
Balham Pk. Rd. SW12 2D 28
Balham Sta. Rd. SW12 2F 28
Balintore Ct. Col T 7J 49
Ballands N., The. Fet 9E 78
Ballands S., The. Fet 1E 98
Ball & Wicket La. Farnh 5H 109
Ballantine St. SW18 7N 13
Ballantyne Dri. Kgswd 8L 81
Ballantyne Rd. Farnb 8M 69
Ballard Clo. King T 8C 26
Ballard Ct. Camb 7E 50
Ballard Grn. Wind 3B 4
Ballard Rd. Camb 7E 50
Ballards Farm Rd. S Croy & Croy 3D 64 (in two parts)
Ballards Grn. Tad 6K 81
Ballards La. Oxt 7E 106
Ballards Ri. S Croy 3D 64
Ballards Way. S Croy & Croy 3D 64
Ballater Rd. S Croy 2C 64
Ballencrieff Rd. Asc 6C 34
Ballfield Rd. G'ming 5G 133
Balliol Clo. Craw 9G 163
Balliol Way. Owl 6K 49
Ballsdown. C'fold 5D 172
Balmain Ct. Houn 4B 10
Balmain Lodge. Surb 8K 203
Balmoral. E Grin 1C 186
Balmoral Av. Beck 3H 47
Balmoral Clo. SW15 9J 13
Balmoral Ct. SE27 5N 29
Balmoral Ct. Craw 7N 181
Balmoral Ct. Sutt 4M 61
Balmoral Ct. Wor Pk 8G 42
Balmoral Cres. Farnh 6G 108
Balmoral Cres. W Mol 2A 40
Balmoral Dri. Frim 6C 70
Balmoral Dri. Wok 3E 74
Balmoral Gdns. S Croy 6A 64
Balmoral Gdns. Wind 6G 4
Balmoral Rd. Ash V 9E 90
Balmoral Rd. King T 3M 41 (7L 203)
Balmoral Rd. Wor Pk 9G 42
Balmoral Way. Sutt 6M 61
Balmuir Gdns. SW15 7H 13
Balquhain Clo. Asht 4K 79
Baltic Cen., The. Bren 1K 11
Baltic Clo. SW19 8B 28
Balvernie Gro. SW18 1L 27
Balvernie M. SW18 1M 27
Bampfylde Clo. Wall 9G 44
Bampton Way. Wok 5K 73
Banbury. Brack 6C 32
Banbury Clo. Frim 7D 70
Banbury Clo. Wokgm 2A 30
Banbury Ct. Sutt 4M 61
Bancroft Clo. Ashf 6B 22
Bancroft Ct. Reig 3N 121
Bancroft Rd. M'bowr 4H 183
Bancroft Rd. Reig 3M 121
Banders Ri. Guild 2E 114
Band La. Egh 6B 20
Bandonhill 2H 63
Bandon Ri. Wall 2H 63
Bangalore St. SW15 6H 13
Bank Av. Mitc 1B 44
Bank Bldgs. Rd. Cranl 7M 155
Bank La. SW15 8D 12
Bank La. Craw 3B 182
Bank La. King T 8L 25
Bank M. Sutt 3A 62
Bank Rd. Alder 8B 90
Banksian Wlk. Isw'th 4E 10
Bankside. Farnh 5L 109
Bankside. S Croy 3C 64
Bankside. Wok 5L 73 (in three parts)
Bankside Clo. Big H 5E 86
Bankside Clo. Cars 3C 62
Bankside Clo. Elst 8H 131
Bankside Clo. Isw'th 7F 10
Bankside Dri. Th Dit 7H 41
Bank's La. Eff J 1H 97
Banks Rd. Craw 3G 182
Banks Way. Guild 9B 94
Bank Ter. Shere 8B 116 (off Gomshall La.)
Bank, The. Turn H 5D 184
Bannister Clo. SW2 2L 29
Bannister Clo. Witl 5C 152
Bannister Gdns. Yat 1E 68
Bannister's Rd. Guild 5J 113
Banstead 2M 81
Banstead Rd. Cars 5B 62
Banstead Rd. Cat 8A 84
Banstead Rd. Eps & Bans 6G 61
Banstead Rd. Purl 7L 63
Banstead Rd. S. Sutt 7A 62
Banstead Way. Wall 2J 63
Barataria Cvn. Site. Rip 7H 75
Barbara Clo. C Crook 7C 88
Barbara Clo. Shep 4C 38
Barber Clo. M'bowr 7G 182
Barber Dri. Cranl 6N 155
Barberry Clo. Fleet 6B 88
Barberry Way. B'water 4L 69
Barbon Clo. Camb 3H 71
Barchard St. SW18 8N 13
Barclay Clo. SW6 3M 13
Barclay Clo. Fet 1B 98
Barclay Rd. SW6 3M 13
Barclay Rd. Croy 9A 46 (4D 200)
Barcombe Av. SW2 3J 29
Bardney Rd. Mord 3N 43
Bardolph Av. Croy 5H 65
Bardolph Rd. Rich 6M 11
Bardon Wlk. Wok 4L 73
Bardsley Clo. Croy 9C 46
Bardsley Dri. Farnh 3F 128
Barfield Ct. Red 1E 122
Barfields. Blet 2M 123
Barford 1K 169
Barford Clo. Fleet 5E 88
Barford Copse 4L 189
Barford La. Churt 9K 149
Bargate Clo. N Mald 6F 42
Bargate Ct. Guild 3H 113
Bargate Ri. G'ming 7F 132
Barge Clo. Alder 8C 90
Barge Wlk. E Mol 2D 40
Barge Wlk. Hamp W 9K 25 (2H 203)
Barge Wlk. King T 2K 41 (5G 203)
Barham Clo. Wey 1D 56
Barham Ct. S Croy 7C 200
Barham Rd. SW20 8F 26
Barham Rd. S Croy 1N 63 (7C 200)
Barhatch La. Cranl 5A 156
Barhatch Rd. Cranl 5A 156
Baring Rd. Croy 7D 46
Barker Clo. N Mald 3A 42
Barker Grn. Brack 4N 31
Barker Rd. Cher 6G 37
Barkers Mdw. Asc 9H 17
Barker St. SW10 2N 13
Barker Wlk. SW16 4H 29
Barkham Rd. Wokgm 3A 30
Barkhart Dri. Wokgm 1B 30
Barkhart Gdns. Wokgm 1B 30
Barkis Mead. Owl 5K 49
Barkston Gdns. SW5 1N 13
Barley Clo. Craw 4B 182
Barleymead. Horl 7F 142
Barley Mead. Warf 8C 16
Barley Mow Clo. Knap 4G 72
Barleymow Ct. Bet 3B 120
Barley Mow Hill. Hdly D 3E 168
Barley Mow La. Knap 3F 72
Barley Mow Pas. W4 1C 12
Barley Mow Rd. Eng G 6M 19
Barleymow Way. Shep 3B 38
Barley Way. Fleet 9C 68
Barlow Clo. Wall 3J 63
Barlow Rd. Craw 6K 181
Barlow Rd. Hamp 8A 24
Barmouth Rd. SW18 9N 13 & 1A 28
Barmouth Rd. Croy 8G 47
Barnard Clo. Frim 6D 70
Barnard Clo. Sun 8J 23
Barnard Clo. Wall 4H 63
Barnard Ct. Wok 5H 73
Barnard Gdns. N Mald 3F 42
Barnard Rd. Mitc 2E 44
Barnard Rd. Warl 6L 85
Barnards Pl. S Croy 5M 63
Barnard Way. Alder 1L 109
Barnato Clo. W Byf 8N 55
Barnby Rd. Knap 4G 73
Barn Clo. Ashf 6C 22
Barn Clo. Bans 2B 82
Barn Clo. Brack 1B 32
Barn Clo. Camb 9C 50
Barn Clo. Eps 2B 80
Barn Clo. Peas P 1N 199
Barn Cres. Purl 9A 64
Barncroft. Farnh 2H 129 (in two parts)
Barneby Clo. Twic 2E 24
Barn Elms Pk. SW15 6H 13
Barnes 5E 12
Barnes All. Hamp 1C 40
Barnes Av. SW13 3F 12
Barnes Av. S'hall 1N 9
Barnes Clo. Farnb 1B 90
Barnes End. N Mald 4F 42
Barnes High St. SW13 5E 12
Barnes Rd. Frim 6C 70
Barnes Rd. G'ming 3H 133
Barnes Wallis Dri. Wey 7N 55
Barnett Clo. Lea 6H 79
Barnett Clo. Won 3E 134
Barnett Ct. Brack 1B 32
Barnett Grn. Brack 5N 31
Barnett La. Light 8K 51
Barnett La. Won 4D 134
Barnett Row. Guild 7N 93
Barnett's Shaw. Oxt 5N 105
Barnett Wood La. Lea & Asht 7H 79
Barnfield. Bans 1N 81
Barnfield. Cranl 7N 155
Barnfield. Horl 9E 142
Barnfield. N Mald 5D 42
Barn Fld. Yat 1C 68
Barnfield Av. Croy 8F 46
Barnfield Av. King T 5K 25
Barnfield Av. Mitc 3F 44
Barnfield Clo. SW17 4B 28
Barnfield Clo. Coul 6N 83
Barnfield Cotts. D'land 1C 166
Barnfield Gdns. King T 5L 25
Barnfield Rd. Craw 2B 182
Barnfield Rd. S Croy 5B 64
Barnfield Rd. Tats 7F 86
Barnfield Way. Oxt 2C 126
Barnfield Wood Clo. Beck 5N 47
Barnfield Wood Rd. Beck 5N 47
Barn Hawe. Eden 2L 147
Barnlea Clo. Felt 3M 23
Barnmead. Chob 6J 53
Barn Mdw. Clo. C Crook 1A 108
Barn Mdw. La. Bookh 2N 97
Barnmead Rd. Beck 1H 47
Barnsbury Clo. N Mald 3B 42
Barnsbury Cres. Surb 7B 42
Barnsbury Farm Est. Wok 7N 73
Barnsbury La. Surb 8A 42
Barnscroft. SW20 2G 43
Barnsfold La. Rud 2N 193
Barnsford Cres. W End 9D 52
Barnsley Clo. Ash V 3F 90
Barnsnap 5G 199
Barnsnap Clo. H'ham 2K 197
Barns, The. Shack 3N 131
Barnway. Eng G 6M 19
Barnwood. Craw 2G 183
Barnwood Clo. Guild 1H 113
Barnwood Rd. Guild 2H 113
Barnyard, The. Tad 2F 100
Baron Clo. Sutt 6N 61
Baron Gro. Mitc 3C 44
Barons Court 1K 13
Barons Ct. Wall 9H 45
Baron's Ct. Rd. W14 1K 13
Barons Court Theatre 1K 13 (off Comeragh Rd.)
Baronsfield Rd. Twic 9H 11
Baron's Hurst. Eps 3B 80
Barons Keep. W14 1K 13
Baronsmead Rd. SW13 4F 12
Barons, The. Twic 9H 11
Baron's Wlk. Croy 5H 47
Barons Way. Egh 7F 20
Baron's Way. Reig 7M 121
Baron Wlk. Mitc 3C 44
Barossa Rd. Camb 8B 50
Barracane Dri. Crowt 2F 48
Barrackfield Wlk. H'ham 8H 197
Barrack La. Wind 4G 5
Barrack Path. Wok 6J 73
Barrack Rd. Alder 2M 109
Barrack Rd. Guild 1K 113
Barrack Rd. Houn 7L 9
Barracks, The. Add 9K 37
Barrens Brae. Wok 5C 74
Barrens Clo. Wok 6C 74
Barrens Pk. Wok 5C 74
Barrett Cres. Wokgm 2C 30
Barrett Rd. Fet 2D 98
Barrhill Rd. SW2 3J 29
Barricane. Wok 6L 73
Barrie Clo. Coul 3G 82
Barrie Ho. Add 4J 55
Barrie Rd. Farnh 5F 108
Barrihurst 8F 154
Barrihurst La. Cranl 8F 154
Barringer Sq. SW17 5E 28
Barrington Ct. Dork 6G 119
Barrington Ct. Red 1E 122
Barrington Lodge. Wey 2D 56
Barrington Rd. Craw 5B 182
Barrington Rd. Dork 6G 119
Barrington Rd. H'ham 6L 197
Barrington Rd. Purl 8G 62
Barrington Rd. Sutt 8M 43
Barrosa Dri. Hamp 9A 24
Barrow Av. Cars 4D 62
Barrowgate Rd. W4 1B 12
Barrow Grn. Rd. Oxt 8K 105
Barrow Hedges Clo. Cars 4C 62
Barrow Hedges Way. Cars 4C 62
Barrowhill. Wor Pk 8D 42
Barrowhill Clo. Wor Pk 8D 42
Barrow Rd. SW16 7H 29
Barrow Rd. Croy 2L 63
Barrowsfield. S Croy 8C 64
Barrow Wlk. Bren 2J 11
Barr's La. Knap 3G 72 (in two parts)
Barry Av. Wind 3F 4
Barry Clo. Craw 6C 182
Barry Sq. Brack 6B 32
Bars, The. Guild 4N 113 (4C 202)
Barston Rd. SE27 4N 29
Barstow Cres. SW2 2K 29
Bartholomew Clo. Hasl 9H 171
Bartholomew Ct. Dork 6G 119 (4J 201)
Bartholomew Pl. Warf 8C 16
Bartholomew Way. H'ham 2N 197
Bartlett Rd. W'ham 4L 107
Bartlett St. S Croy 2A 64 (8D 200)
Barton Clo. Add 3J 55
Barton Clo. Alder 3K 109
Barton Clo. Shep 5C 38
Barton Ct. W14 1K 13 (off Baron's Ct. Rd.)
Barton Cres. E Grin 1C 186
Barton Grn. N Mald 1C 42
Barton Ho. SW6 6N 13 (off Wandsworth Bri. Rd.)
Barton Pl. Guild 9D 94
Barton Rd. W14 1K 13
Barton Rd. Brmly 4C 134
Bartons Dri. Yat 2C 68
Bartons Way. Farnb 7H 69
Barton, The. Cob 8L 57
Barton Wlk. Craw 5F 182
Barts Clo. Beck 4K 47
Barttelot Rd. H'ham 7K 197
Barwell Bus Pk. Chess 4K 59
Barwell Clo. Crowt 2E 48
Barwood Av. W Wick 7L 47
Basden Gro. Felt 3A 24
Basden Ho. Felt 3A 24
Basemoors. Brack 1C 32
Basford Way. Wind 6A 4

Bashford Way—Beehive Ring Rd.

Bashford Way. Worth. 1H 183
Bashurst Copse. Itch 8N 195
Bashurst Hill. Itch 8N 195
Basildene Rd. Houn 6L 9
Basildon Clo. Sutt 5N 61
Basildon Way. Bew. 6K 181
Basil Gdns. SE27 6N 29
Basil Gdns. Croy 7G 46
Basingbourne Clo. Fleet 7B 88
Basingbourne Rd. Fleet 8A 88
Basing Clo. Th Dit. 6F 40
Basing Dri. Alder 5N 109
Basingfield Rd. Th Dit. 6F 40
Basinghall Gdns. Sutt 5N 61
Basing Rd. Bans. 1L 81
Basingstoke Canal Cen. 2E 90
Basing Way. Th Dit 6F 40
Baskerville Rd. SW18. 1C 28
Basset Clo. Frim. 6C 70
Basset Clo. New H 6K 55
Bassett Clo. Sutt 5N 61
Bassett Dri. Reig 2M 121
Bassett Gdns. Iswth. 3C 10
Bassett Rd. M'bowr. 6H 183
Bassett Rd. Wok. 3E 74
Bassett's Clo. Orp. 1K 67
Bassetts Hill. D'land. 1C 166
Bassett's Way. Orp 1K 67
Bassingham Rd. SW18 1A 28
Baston Mnr. Rd. Brom. 1D 66
Baston Rd. Brom 1E 66
Basuto Rd. SW6 4M 13
Bat & Ball La. Wrec 5F 128
(in two parts)
Batavia Clo. Sun 9J 23
Batavia Rd. Sun 9J 23
Batchelors Acre. Wind 4G 4
Batcombe Mead. Brack 6C 32
Bateman Ct. Craw. 6E 182
Bateman Gro. As 4D 110
Bates Cres. SW16 8G 28
Bates Cres. Croy. 2L 63
Bateson Way. Wok 1E 74
Bates Wlk. Add. 3L 55
Bathgate Rd. SW19 4J 27
Bath Ho. Rd. Croy 7J 45
Bath Pas. King T 1K 41 (4H 203)
Bath Pl. W6 1H 13
(off Fulham Pal. Rd.)
Bath Rd. Camb. 9B 50
Bath Rd. Coln. 3E 6
Bath Rd. Hay & H'row A. 4F 8
Bath Rd. Houn 4K 9
Bath Rd. W Dray & H'row A 4K 7
Baths App. SW6. 3L 13
Bathurst Av. SW19. 9N 27
Batley Clo. Mitc 6D 44
Batsworth Rd. Mitc 2B 44
Batten Av. Wok 6H 73
Battersea Ct. Guild. 3K 113
Battlebridge La. Red. 8F 102
Battle Clo. SW19 7A 28
Batt's Corner. 4C 148
Batts Hill. Red 1C 122
Batts Hill. Reig 1B 122
Batty's Barn Clo. Wokgm 3C 30
Baulk, The. SW18 1M 27
Bavant Rd. SW16 1J 45
Bawtree Clo. Sutt. 6A 62
Bax Clo. Cranl 8N 155
Baxter Av. Red. 3D 122
Baxter Clo. M'bowr. 5F 182
Bayards. Warl. 5F 84
Bay Clo. Horl 6C 142
Bay Dri. Brack 1C 32
Bayeux. Tad 9J 81
Bayfield Av. Frim 4B 70
Bayfield Rd. Horl 7C 142
Bayford Clo. B'water 5M 69
Baygrove M. Hamp W 9J 25
Bayham Rd. Mord 3N 43
Bayhorne La. Horl 1G 162
Bay Ho. Brack 1C 32
Bayleaf Clo. Hamp H 6D 24
Bayliss Ct. Guild 4M 113 (4B 202)
Bayliss M. Twic 1G 25
Baylis Wlk. Craw 8N 181
Baynards. 2E 176
Baynards Park. 3D 176
Baynards Rd. Rud 7A 176
Bayonne Rd. W6 2K 13
Bay Path. God. 9F 104
Bay Rd. Brack 9C 16
Baysfarm Ct. W Dray 4L 7
Bay Tree Av. Lea. 7G 79
Baywood Clo. Farnb. 9H 69
Bazalgette Clo. N Mald 4C 42
Bazalgette Gdns. N Mald 4C 42
Beach Gro. Felt. 3A 24
Beach Ho. SW5. 1M 13
(off Philbeach Gdns.)
Beach Ho. Felt 3A 24
Beachy Rd. Craw. 8M 181
Beacon Clo. Bans 3J 81
Beacon Clo. Wrec. 6F 128
Beacon Ct. H'ham 4N 197
Beacon Gdns. Fleet 4A 88
Beacon Gro. Cars 1E 62
Beacon Hill. 3A 170
Beacon Hill. D'land. 2D 166
Beacon Hill. Wok. 6M 73
Beacon Hill Ct. Hind. 3B 170
Beacon Hill Pk. Hind 3N 169
Beacon Hill Rd. C Crook & Ews 8C 88
Beacon Hill Rd. Hind 3A 170
Beacon Pl. Croy 9J 45
Beacon Rd. H'row A. 9B 8
Beaconsfield Clo. W4. 1B 12
Beaconsfield Pl. Eps 8D 60 (5M 201)
Beaconsfield Rd. Clay. 4E 58
Beaconsfield Rd. Croy 5A 46
Beaconsfield Rd. Eps 6C 80
Beaconsfield Rd. N Mald 1C 42
Beaconsfield Rd. Surb. 6M 41
Beaconsfield Rd. Twic 9H 11
Beaconsfield Rd. Wok 7B 74
Beaconsfield Wlk. SW6 4L 13
Beacon Vw. Rd. Elst. 9G 130
Beacon Way. Bans 3J 81
Beadles La. Oxt 8N 105
Beadlow Clo. Cars 5B 44
Beadman St. SE27 5M 29
Beadon Rd. W6 1H 13
Beaford Gro. SW20 2K 43
Beagle Clo. Felt. 5J 23
Beale Clo. Wokgm 1A 30
Beale Ct. Craw. 6M 181
Beales La. Wey. 9C 38
Beales La. Wrec 4E 128
Beales Rd. Bookh. 5B 98
Bealeswood La. Dock. 4D 148
Beam Hollow. Farnh. 5H 109
Bean Oak Rd. Wokgm 2D 30
Beard Rd. King T. 6M 25
Beard's Hill. Hamp 9A 24
Beard's Hill Clo. Hamp 9A 24
Beard's Rd. Ashf. 7F 22
Beare Green. 8K 139
Beare Grn. Ct. Bear G 7K 139
Beare Grn. Rd. Bear G 2E 158
Beare Grn. Roundabout. Bear G 9K 139
Bearfield Rd. King T. 8L 25
Bear La. Farnh 9G 109
Bear Rd. Felt. 5L 23
Bears Den. Kgswd 9L 81
Bearsden Way. Broad H 5D 196
Bears Rails Pk. Old Win 1J 19
Bearwood Clo. Add. 3J 55
Bearwood Gdns. Fleet 4B 88
Beasley's Ait. Sun 5G 39
Beasley's Ait La. Sun 5G 39
Beatrice Av. SW16 2K 45
Beatrice Ho. W6. 1H 13
(off Queen Caroline St.)
Beatrice Rd. Oxt. 7A 106
Beatrice Rd. Rich 8M 11
Beatrix Ho. SW5 1N 13
(off Old Brompton Rd.)
Beattie Clo. Bookh 2N 97
Beattie Clo. Felt 1G 22
Beatty Av. Guild 2C 114
Beauchamp Rd. SE19 9N 29 & 1A 46
Beauchamp Rd. Sutt. 1M 61
Beauchamp Rd. Twic 1G 25
Beauchamp Rd. W Mol & E Mol 4B 40
Beauchamp Ter. SW15. 6G 13
Beauclare Clo. Lea 7K 79
Beauclerc Ct. Sun. 1K 39
Beauclerk Clo. Felt 2J 23
Beauclerk Ho. SW16. 4J 29
Beaufield Ga. Hasl 1H 189
Beaufort Clo. SW15. 1G 27
Beaufort Clo. Reig 2L 121
Beaufort Clo. Wok 3E 74
Beaufort Ct. Rich 5J 25
Beaufort Gdns. SW16 8K 29
Beaufort Gdns. Asc. 9J 17
Beaufort Gdns. Houn. 4M 9
Beaufort M. SW6 2L 13
Beaufort Rd. Ash V 8D 90
Beaufort Rd. C Crook. 6C 88
Beaufort Rd. Farnh. 9H 109
Beaufort Rd. King T 3L 41 (8J 203)
Beaufort Rd. Reig. 2L 121
Beaufort Rd. Rich. 5J 25
Beaufort Rd. Twic 1J 26
Beaufort Rd. Wok. 3E 74
Beauforts. Eng G. 6M 19
Beaufort Way. Eps 4F 60
Beaufoy Ho. SE27. 4M 29
Beaufront Clo. Camb 8E 50
Beaufront Rd. Camb. 8E 50
Beaulieu Clo. Brack 2D 32
Beaulieu Clo. Dat 4L 5
Beaulieu Clo. Houn 8N 9
Beaulieu Clo. Mitc 9E 28
Beaulieu Clo. Twic 9K 11
Beaulieu Gdns. B'water 1H 69
Beaulieu Ho. Binf. 7H 15
Beaumaris Pde. Frim 6D 70
Beaumont. W14 1L 13
(off Kensington Village)
Beaumont Av. W14. 1L 13
Beaumont Av. Rich 6M 11
Beaumont Clo. If'd. 4K 181
Beaumont Clo. King T 8N 25
Beaumont Ct. W4. 1B 12
Beaumont Cres. W14 1L 13
Beaumont Dri. Ashf 6E 22
Beaumont Gdns. Brack 4C 32
Beaumont Gro. Alder 2K 109
Beaumont Pl. Iswth 8F 10
Beaumont Rd. SE19. 7N 29
Beaumont Rd. SW19 1K 27
Beaumont Rd. Purl. 9L 63
Beaumont Rd. Wind. 5F 4
Beaumonts. Red 2D 142
Beaumont Sq. Cranl. 7A 156
Beaverbrook Roundabout. Lea 1K 99
Beaver Clo. Hamp 9B 24
Beaver Clo. H'ham 2L 197
Beaver Clo. Wokgm 5A 30
Beaver La. Yat 1D 68
Beavers Clo. Farnh 1F 128
Beavers Clo. Guild 2H 113
Beavers Cres. Houn 7K 9
Beavers Hill. Farnh 1E 128
Beavers La. Houn. 5K 9
Beavers M. Bord 5A 168
Beavers Rd. Farnh 1F 128
Beavor Gro. W6 1F 12
(off Beavor La.)
Beavor La. W6 1F 12
Bechtel Ho. W6. 1J 13
(off Hammersmith Rd.)
Beck Ct. Beck. 2G 46
Beckenham. 1K 47
Beckenham Crematorium. Beck 2F 46
Beckenham Gro. Brom. 1N 47
Beckenham Rd. Beck. 1H 47
Beckenham Rd. W Wick. 6L 47
Beckenshaw Gdns. Bans 2C 82
Becket Clo. SE25 5D 46
Becket Clo. SW19 8N 27
(off High Path)
Beckett Av. Kenl 2M 83
Beckett Clo. SW16. 3H 29
Beckett Clo. Wokgm 2D 30
Beckett La. Craw 9B 162
Becketts Clo. Felt 9J 9
Becketts Pl. Hamp W 9K 25 (2G 203)
Beckett Way. E Grin 1B 186
Becket Wood. Newd. 6B 140
Beckford Av. Brack. 5N 31
Beckford Clo. W14. 1L 13
Beckford Rd. Croy 5C 46
Beckford Way. M'bowr 7F 182
Beck Gdns. Farnh. 6G 108
Beckingham Rd. Guild. 1K 113
Beck La. Beck 2G 46
Beck River Pk. Beck. 1K 47
Beck Way. Beck 2J 47
Beckway Rd. SW16 1H 45
Beclands Rd. SW17. 7E 28
Becmead Av. SW16 5H 29
Bective Pl. SW15 7L 13
Bective Rd. SW15 7L 13
Bedale Clo. Craw 5A 182
Beddington. 9J 45
Beddington Corner. 6E 44
Beddington Farm Rd. Croy. 6J 45
Beddington Gdns. Cars & Wall 3E 62
(in two parts)
Beddington Gro. Wall. 2H 63
Beddington La. Croy 4G 44
Beddington Pk. Cotts. Wall 9H 45
Beddington Ter. Croy 6K 45
Beddington Trad. Est. Croy. 7J 45
Beddlestead La. Warl. 4B 86
Bedfont Clo. Felt 9D 8
Bedfont Clo. Mitc 1E 44
Bedfont Ct. Stai 6J 7
Bedfont Ct. Est. Stai. 7K 7
Bedfont Grn. Clo. Felt 2D 22
Bedfont Ind. Pk. Ashf. 4D 22
Bedfont Lakes Country Pk. 3D 22
Bedfont La. Felt 1G 22
Bedfont Pk. Ind. Est. Ashf 4D 22
Bedfont Rd. Felt. 2D 22
Bedfont Rd. Stanw. 9N 7
Bedford Av. Frim G 9D 70
Bedford Clo. W4 2D 12
Bedford Clo. Wok 2M 73
Bedford Ct. Croy 7N 45
(off Tavistock Rd.)
Bedford Cres. Frim G. 8C 70
Bedford Hill. SW12 & SW16 2F 28
Bedford La. Asc 4E 34
Bedford La. Frim G 8D 70
Bedford Pk. Croy 7N 45 (1C 200)
Bedford Pas. SW6 3K 13
(off Dawes Rd.)
Bedford Pl. Croy. 7A 46 (1D 200)
Bedford Rd. Guild 4M 113 (4B 202)
Bedford Rd. H'ham 7K 197
Bedford Rd. Twic. 4D 24
Bedford Rd. Wor Pk 8H 43
Bedfordshire Down. Warf 7D 16
Bedgebury Gdns. SW19. 3K 27
Bedlow Cotts. Cranl. 7A 156
Bedlow La. Cranl 7A 156
Bedlow Way. Croy 1K 63
Bedser Clo. T Hth 2N 45
Bedser Clo. Wok 3C 74
Bedster Gdns. W Mol. 1B 40
Bedwell Gdns. Hay. 1F 8
(in two parts)
Beech Av. Bren 3H 11
Beech Av. Camb. 2B 70
Beech Av. Eff 6L 97
Beech Av. Lwr Bo 6H 129
Beech Av. S Croy 7A 64
Beech Av. Tats 6F 86
Beechbrook Av. Yat 1D 68
Beech Clo. Ashf 6E 22
Beech Clo. Cob 8A 58
Beech Clo. SW15 1F 26
Beech Clo. SW19. 7H 27
Beech Clo. Blind H. 3H 145
Beech Clo. Byfl 8N 55
Beech Clo. Cars. 8D 44
Beech Clo. C'fold 5D 172
Beech Clo. Dork 4F 118 (1G 201)
Beech Clo. E Grin. 8N 165
Beech Clo. Eff. 6L 97
Beech Clo. Stanw 1M 21
Beech Clo. Sun. 1L 39
Beech Clo. W on T. 1K 57
Beech Clo. Ct. Cob. 7N 57
Beech Copse. S Croy 2B 64 (8F 200)
Beech Ct. Farnh 1A 128
Beech Ct. Surb. 6K 41
Beech Cres. Tad. 8B 100
Beechcroft. Asht 6M 79
Beechcroft Av. Kenl 2A 84
Beechcroft Av. N Mald 9B 26
Beechcroft Clo. SW16 6K 29
Beechcroft Clo. Asc 3A 34
Beechcroft Clo. Houn 3M 9
Beechcroft Clo. Orp. 1M 67
Beechcroft Ct. Brack 2N 31
Beechcroft Ct. Sutt. 4A 62
Beechcroft Dri. Guild. 6G 113
Beechcroft Mnr. Wey 9E 38
Beechcroft Rd. SW14 6B 12
Beechcroft Rd. SW17 3C 28
Beechcroft Rd. Chess 9M 41
Beechcroft Rd. Orp. 1M 67
Beechdale Rd. SW2. 1K 29
Beech Dell. Kes 1H 67
Beechdene. Tad. 9G 80
Beech Dri. B'water 2J 69
Beech Dri. Kgswd. 9L 81
Beech Dri. Reig 3B 122
Beech Dri. Rip 2J 95
Beechen Cliff Way. Iswth 5F 10
Beechen La. Tad. 3L 101
Beeches Av. Cars 4C 62
Beeches Clo. SE20. 1F 46
Beeches Clo. Kgswd 1M 101
Beeches Cres. Craw. 5C 182
Beeches La. Ash W 3F 186
Beeches Mead. E Grin 5H 167
Beeches Rd. SW17 4C 28
Beeches Rd. Sutt. 7K 43
Beeches, The. Ash V 4D 90
Beeches, The. Bans 3N 81
Beeches, The. Brmly 5B 134
Beeches, The. Fet. 2E 98
Beeches, The. Houn. 4B 10
Beeches, The. S Croy 8D 200
Beeches, The. Stai 6J 21
Beeches Wlk. Cars. 5B 62
Beeches Wood. Tad. 9M 81
Beechey Clo. Copt. 7M 163
Beechey Way. Copt. 7M 163
Beech Farm La. Camb 2D 70
Beech Farm Rd. Warl 7M 85
Beechfield. Bans 9N 61
Beechfield Ct. S Croy. 7B 200
Beech Fields. E Grin. 7B 166
Beech Gdns. Craw D 2D 184
Beech Gdns. Wok 2A 74
Beech Glen. Brack 3N 31
Beech Gro. Add 1K 55
Beech Gro. Bookh 5A 98
Beech Gro. Brkwd 7N 71
(in two parts)
Beech Gro. Cat. 4B 104
Beech Gro. Eps 4G 80
Beech Gro. Guild 3J 113
Beech Gro. Mayf 1N 93
Beech Gro. Mitc. 4H 45
(in two parts)
Beech Gro. N Mald 2C 42
Beech Hall. Ott. 4E 54
Beech Hanger End. Gray 6N 169
Beech Hanger Rd. Gray 6N 169
Beech Hill. 3F 168
Beech Hill. Brook. 9K 151
Beech Hill. Head D 5F 168
Beech Hill. Wok. 1N 93
Beech Hill Rd. Hdly 3E 168
Beech Hill Rd. Asc. 5C 34
Beech Holme. Craw D 1E 184
Beech Holt. Lea 9J 79
Beech Ho. Rd. Croy 9A 46 (5D 200)
Beeching Clo. As 1F 110
Beeching Way. E Grin 9N 165
Beech La. Gray 5N 169
Beech La. Guild 6M 113 (8A 202)
(in two parts)
Beech La. Norm. 4L 111
Beechlawn. Guild. 4B 114
Beechlee. Wall. 6G 62
Beech Lodge. Stai 6G 21
Beechmeads. Cob 9L 57
Beechmont Av. Vir W. 4N 35
Beechmore Gdns. Sutt. 8J 43
Beechnut Dri. B'water 9G 48
Beechnut Ind. Est. Alder 3N 109
Beechnut Rd. Alder 3N 109
Beecholme. Bans 1K 81
Beecholme Av. Mitc 9F 28
Beech Ride. Fleet. 6A 88
Beech Ride. Sand 7G 49
Beech Rd. Farnb. 7M 69
Beech Rd. SW16 1J 45
Beech Rd. Big H 6D 86
Beech Rd. Eps 2E 80
Beech Rd. Felt 1F 22
Beech Rd. Frim G 8D 70
Beech Rd. Hasl 1H 189
Beech Rd. H'ham. 3A 198
Beech Rd. Red. 4G 103
Beech Rd. Reig 1M 121
Beech Rd. Wey. 1E 56
Beechrow. Ham 5L 25
Beechside. Craw 4C 182
Beechtree Av. Eng G. 7L 19
Beech Tree Clo. Craw 2B 182
Beech Tree Dri. Bad L 7M 109
Beech Tree La. Stai 1K 37
Beech Tree Pl. Sutt 2N 61
Beechvale. Wok. 5B 74
(off Fairview Av.)
Beech Wlk. Eps 7F 60
Beech Wlk. W'sham. 3A 52
Beech Way. Eps 2E 80
Beech Way. G'ming 8G 133
Beechway. Guild 2D 114
Beech Way. S Croy 9G 65
Beech Way. Twic 4A 24
Beechwood Av. Coul 2F 82
Beechwood Av. Kgswd 8M 81
Beechwood Av. Orp 2N 67
Beechwood Av. Rich 4N 11
Beechwood Av. Stai 7K 21
Beechwood Av. Sun. 7H 23
Beechwood Av. T Hth 3M 45
Beechwood Av. Wey. 1F 56
Beechwood Clo. Asc 8J 17
Beechwood Clo. Knap 4H 73
Beechwood Clo. Surb. 6J 41
Beechwood Clo. Wey 1F 56
Beechwood Ct. W4 2C 12
Beechwood Ct. Cars 1D 62
Beechwood Ct. Sun. 7H 23
Beechwood Dri. Cob 7A 58
Beechwood Dri. Kes. 1F 66
Beechwood Gdns. Cat. 9D 84
Beechwood Gro. Surb 6J 41
Beechwood Hall. Kgswd 1A 102
Beechwood La. Warl 6G 85
Beechwood Mnr. Wey 1F 56
Beechwood Pk. Lea 9J 79
Beechwood Pk. Tad 9A 100
Beechwood Rd. Cat. 9D 84
Beechwood Rd. Knap 4H 73
Beechwood Rd. S Croy 6B 64
Beechwood Rd. Vir W 6K 35
Beechwood Vs. Red. 4E 142
Beecot La. W on T. 8K 39
Beeding Clo. H'ham. 3N 197
Beedingwood Dri. Colg 2D 198
Beedon Dri. Brack 5J 31
Beehive La. Binf. 1H 31
Beehive Ring Rd. Gat A 5F 162

Beehive Rd.—Birches Clo.

Beehive Rd. Binf 9J 15
Beehive Rd. Stai 6H 21
Beehive Way. Reig 7N 121
Beeken Dene. Orp 1L 67
Beeleigh Rd. Mord 3N 43
Beemans Row. SW18 3A 28
Beeston Way. Felt 9K 9
Beeton's Av. As 9E 90
Beggarhouse La. Newd & Charl 2F 160
(in two parts)
Beggar's Bush. 3C 34
Beggar's Hill. (Junct.) 3E 60
Beggar's Hill. Eps 4E 60
Beggars La. Ab H 8F 116
(in two parts)
Beggars La. Chob 7F 52
Beggars La. W'ham 3M 107
Beggars Roost La. Sutt 3M 61
Begonia Pl. Hamp 7A 24
Behenna Clo. Bew 4K 181
Beira St. SW12 1F 28
Beldam Bri. Rd. Chob 9D 52
Beldham Gdns. W Mol 1B 40
Beldham Rd. Farnh 4E 128
Belfast Rd. SE25 3E 46
Belfield Rd. Eps 5C 60
Belfry M. Sand 7E 48
Belfry, The. Red 2D 122
Belgrade Rd. Hamp 9B 24
Belgrave Clo. W on T 1J 57
Belgrave Ct. W4 1B 12
Belgrave Ct. B'water 3J 69
Belgrave Cres. Sun 9J 23
Belgrave Mnr. Wok 6A 74
Belgrave Rd. SE25 3C 46
Belgrave Rd. SW13 3E 12
Belgrave Rd. Houn 6N 9
Belgrave Rd. Mitc 2B 44
Belgrave Rd. Sun 9J 23
Belgrave Wlk. Mitc 2B 44
Belgravia Ct. Horl 8F 142
(off St Georges Clo.)
Belgravia M. King T 3K 41 (8H 203)
Bellamy Clo. W14 1L 13
Bellamy Ho. Houn 2A 10
Bellamy Rd. M'bowr 7G 182
Bellamy St. SW12 1F 28
Belland Dri. Alder 3K 109
Bellasis Av. SW2 3J 29
Bell Bri. Rd. Cher 7H 37
Bell Cen., The. Craw 8D 162
Bell Clo. Farnb 8A 70
Bell Corner. Cher 6H 37
Bell Cres. Coul 8F 82
Bell Dri. SW18 1K 27
Bellever Hill. Camb 1C 70
Belle Vue Clo. Alder 2B 110
Belle Vue Clo. Stai 9J 21
Belle Vue Enterprise Cen. Alder 2C 110
Bellevue Pk. T Hth 2N 45
Bellevue Rd. SW13 5F 12
Bellevue Rd. SW17 2C 28
Belle Vue Rd. Alder 2B 110
Bellevue Rd. King T 2L 41 (6K 203)
(in two parts)
Belle Vue Rd. Orp 6J 67
Bellew Rd. Deep 8F 70
Bellew St. SW17 4A 28
Bellfield. Croy 5H 65
Bellfields. 8M 93
Bellfields Ct. Guild 8M 93
Bellfields Rd. Guild 1N 113
Bell Foundry La. Wokgm 8A 14
Bell Hammer. E Grin 1A 186
Bell Hill. Croy 8N 45 (3B 200)
Bell Ho. Gdns. Wokgm 2A 30
(in two parts)
Bellingham Clo. Camb 2G 71
Bell Junct. Houn 6B 10
Bell La. B'water 1H 69
Bell La. Eton W 1C 4
Bell La. Fet 1D 98
Bell La. Rowl 8D 128
Bell La. Twic 2G 25
Bell La. Clo. Fet 1D 98
Bellmarsh Rd. Add 1K 55
Bell Mdw. God 1E 124
Belloc Clo. Craw 2F 182
Belloc Ct. H'ham 5N 197
Bello Clo. SE24 1M 29
Bell Pde. Wind 5C 4
Bell Pl. Bag 4K 51
Bell Rd. E Mol 4D 40
Bell Rd. Hasl 4E 188
Bell Rd. Houn 6B 10
Bell Rd. Warn 9F 178
Bells All. SW6 5M 13
Bells La. Hort 6D 6
Bell St. Reig 3M 121
Belltrees Gro. SW16 6K 29
Bell Va. La. Hasl 4E 188
Bell Vw. Wind 6C 4
Bell Vw. Clo. Wind 5C 4
Bellway Ho. Mers 6G 102
Bellweir Clo. Stai 3D 20
Bellwether La. Out 3M 143
Belmont. 6M 61
Belmont. Wey 3D 56
Belmont Av. Guild 9J 93
Belmont Av. N Mald 4F 42
Belmont Clo. Farnb 7L 69
Belmont Gro. W4 1C 12
Belmont M. Hdly 4D 168
Belmont M. SW19 3J 27
Belmont M. Camb 3A 70
Belmont Ri. Sutt 3L 61
Belmont Rd. SE25 4E 46
Belmont Rd. W4 1C 12
Belmont Rd. Beck 1H 47
Belmont Rd. Camb 2A 70
Belmont Rd. Crowt 1G 49
Belmont Rd. Lea 9G 79
Belmont Rd. Reig 4A 122
Belmont Rd. Sutt 6M 61
Belmont Rd. Twic 3D 24
Belmont Rd. Wall 2F 62
Belmont Ter. W4 1C 12
Belmore Av. Wok 3F 74
Beloe Clo. SW15 7F 12
Belsize Gdns. Sutt 1N 61
Belstone M. Farnb 7M 69
Beltane Dri. SW19 4J 27
Belthorn Cres. SW12 1G 29
Belton Rd. Camb 1C 70
Beltran Rd. SW6 5N 13
Belvedere Av. SW19 6K 27
Belvedere Clo. Esh 2B 58
Belvedere Clo. Guild 1L 113
Belvedere Clo. Tedd 6E 24
Belvedere Clo. Wey 2B 56
Belvedere Ct. SW15 7H 13
Belvedere Ct. B'water 3J 69
Belvedere Ct. Craw 2F 182
Belvedere Ct. Red 8E 102
Belvedere Dri. SW19 6K 27
Belvedere Gdns. W Mol 4N 39
Belvedere Gro. SW19 6K 27
Belvedere Rd. Farnb 3A 90
Belvedere Rd. Big H 5H 87
Belvedere Sq. SW19 6K 27
Belvoir Clo. Frim 5D 70
Bembridge Ct. Crowt 3D 48
Bemish Rd. SW15 6J 13
Benbow La. Loxh 5E 174
Benbricke Grn. Brack 8M 15
Benbrick Rd. Guild 4K 113
Bence, The. Egh 2D 36
Bench Fld. S Croy 3C 64
Benchfield Clo. E Grin 1D 186
Bench, The. Rich 4J 25
Bencombe Rd. Purl 1L 83
Bencroft Rd. SW16 8G 29
Bencurtis Pk. W Wick 9N 47
Bendemeer Rd. SW15 6J 13
Bendon Valley. SW18 1N 27
Benedict Clo. Orp 1N 67
Benedict Dri. Felt 1E 22
Benedict Grn. Warf 8C 16
Benedict Rd. Mitc 2B 44
Benedict Wharf. Mitc 2B 44
Benen-Stock Rd. Stai 8J 7
Benetfeld Rd. Binf 7G 15
Benett Gdns. SW16 1J 45
Benfleet Clo. Cob 8M 57
Benfleet Clo. Sutt 9A 44
Benham Clo. Chess 3J 59
Benham Clo. Coul 5M 83
Benham Gdns. Houn 8N 9
Benhams Clo. Horl 6E 142
Benhams Dri. Horl 6E 142
Benhill Av. Sutt 1N 61
Benhill Rd. Sutt 9A 44
Benhill Wood Rd. Sutt 9A 44
Benhilton. 9A 44
Benhilton Gdns. Sutt 9N 43
Benhurst Clo. S Croy 6G 64
Benhurst Ct. SW16 6L 29
Benhurst Gdns. S Croy 6F 64
Benhurst La. SW16 6L 29
Benjamin Rd. M'bowr 5H 183
Benland Cotts. Warn 7D 178
Benner La. W End 8C 52
Bennet Ct. Camb 1A 70
Bennett Clo. Cob 9H 57
Bennett Clo. Hamp W 9J 25
Bennett Clo. M'bowr 7F 182
Bennetts Av. Croy 8H 47
Bennetts Clo. Mitc 9F 28
Bennetts Farm Pl. Bookh 3N 97
Bennetts Rd. H'ham 7L 197
Bennett St. W4 2D 12
Bennetts Way. Croy 8H 47
Bennetts Wood. Capel 5J 159
Bennett Way. W Cla 7J 95
Benning Clo. Wind 6A 4
Bennings Clo. Brack 8M 15
Benn's All. Hamp 1B 40
Benns Wlk. Rich 7L 11
(off Michelsdale Dri.)
Bens Acre. H'ham 6N 197
Bensbury Clo. SW15 1G 27
Bensham Clo. T Hth 3N 45
Bensham Gro. T Hth 1N 45
Bensham La. T Hth & Croy 4M 45
Bensham Mnr. Rd. T Hth 3N 45
Benson Clo. Houn 7A 10
Benson Rd. Crowt 2E 48
Benson Rd. Croy 9L 45
Bensons La. Fay 8B 180
Bentalls Cen., The. King T 1K 41 (3H 203)
Benthall Gdns. Kenl 4N 83
Bentham Av. Wok 2E 74
Bentley Copse. Camb 2F 70
Bentley Dri. Wey 5B 56
Bentons La. SE27 5N 29
Benton's Ri. SE27 6N 29
Bentsbrook Clo. N Holm 9H 119
Bentsbrook Cotts. N Holm 9H 119
Bentsbrook Pk. N Holm 9H 119
Bentsbrook Rd. N Holm 9H 119
Benwell Ct. Sun 9H 23
Benwell Rd. Brkwd 6C 72
Benwood Ct. Sutt 9A 44
Beomonds Row. Cher 6J 37
Berberis Clo. Guild 1M 113
(in two parts)
Bere Rd. Brack 5C 32
Beresford Av. Surb 7A 42
Beresford Av. Twic 9J 11
Beresford Clo. Frim G 8D 70
Beresford Gdns. Houn 8N 9
Beresford Rd. Dork 5H 119 (3L 201)
Beresford Rd. King T 9M 25 (1L 203)
Beresford Rd. N Mald 3B 42
Beresford Rd. Sutt 4L 61
Berestede Rd. W6 1E 12
Bergenia Ct. W End 9B 52
Berisford M. SW18 9N 13
Berkeley Av. Houn 4H 9
Berkeley Clo. Bren 2G 11
Berkeley Clo. Craw 7J 181
Berkeley Clo. Fleet 4C 88
Berkeley Clo. King T 8L 25
Berkeley Clo. Stai 3F 20
Berkeley Clo. Twic 4E 24
(off Wellesley Rd.)
Berkeley Ct. Asht 5M 79
Berkeley Ct. Croy 6D 200
Berkeley Ct. Surb 6K 41
Berkeley Ct. Wall 9G 44
Berkeley Ct. Wey 8E 38
Berkeley Cres. Frim 6E 70
Berkeley Dri. W Mol 2N 39
Berkeley Dri. Wink 2M 17
Berkeley Gdns. Clay 3G 59
Berkeley Gdns. W on T 6G 39
Berkeley Gdns. W Byf 1H 75
Berkeley Ho. Bren 2K 11
(off Albany Rd.)
Berkeley Pl. SW19 7J 27
Berkeley Pl. Eps 3C 80
Berkeley Rd. SW13 4F 12
Berkeleys, The. Fet 2E 98
Berkeley Waye. Houn 2L 9
Berkely Clo. Sun 2K 39
Berkley Ct. Guild 3A 114 (2F 202)
Berkshire Clo. Cat 9A 84
Berkshire Ct. Brack 1L 31
Berkshire Golf Course, The. 7F 32
Berkshire Rd. Camb 7D 50
Berkshire Sq. Mitc 3J 45
Berkshire Way. Mitc 3J 45
Berkshire Way. Wokgm & Brack 2G 31
Berkshire Yeomanry Mus. 7G 4
Bermuda Ter. Deep 6H 71
(off Swordsmans Dri.)
Bernadine Clo. Warf 8C 16
Bernard Ct. Camb 2N 69
Bernard Gdns. SW19 6L 27
Bernard Rd. Wall 1F 62
Bernel Dri. Croy 9J 47
Berne Rd. T Hth 4N 45
Bernersh Clo. Sand 6H 49
Berney Ho. Beck 4H 47
Berney Rd. Croy 6A 46
Berrington Dri. E Hor 2G 97
Berrybank. Col T 9K 49
Berry Ct. Houn 8N 9
Berrycroft. Brack 9B 16
Berrylands. 5N 41
Berrylands. SW20 2H 43
Berrylands. Surb 5M 41
Berrylands Rd. Surb 5M 41
Berry La. Brack 1D 16
Berry La. W on T 2L 57
Berry La. Worp 3F 92
(in two parts)
Berry Meade. Asht 4M 79
Berrymeade Wlk. If'd 4K 181
Berryscroft Ct. Stai 8L 21
Berryscroft Rd. Stai 8L 21
Berry's Green. 3K 87
Berry's Grn. Rd. Berr G 3K 87
Berry's Hill. Berr G 3K 87
Berry's La. Byfl 7M 55
Berry Wlk. Asht 6M 79
Berstead Wlk. Craw 6L 181
Bertal Rd. SW17 5B 28
Bertram Cotts. SW19 8M 27
Bertram Rd. King T 8N 25
Bertrand Ho. SW16 4J 29
(off Leigham Av.)
Bert Rd. T Hth 4N 45
Berwyn Av. Houn 4B 10
Berwyn Rd. SE24 2M 29
Berwyn Rd. Rich 7A 12
Beryl Rd. W6 1J 13
Berystede. King T 8A 26
Besley St. SW16 7G 29
Bessant Dri. Rich 4N 11
Bessborough Rd. SW15 2F 26
Beswick Gdns. Brack 9D 16
Beta Rd. Farnb 9L 69
Beta Rd. Chob 6J 53
Beta Rd. Wok 3D 74
Beta Way. Egh 9E 20
Betchets Green. 5H 139
Betchetts Grn. Rd. Holmw 5J 139
Betchley Clo. E Grin 7A 166
Betchworth. 3D 120
Betchworth Clo. Sutt 2B 62
Betchworth Way. New Ad 5M 65
Betchworth Works. Charl 4J 161
Bethany Pl. Wok 5N 73
Bethany Waye. Felt 1F 22
Bethel Clo. Farnh 6J 109
Bethel La. Farnh 5H 109
Bethune Clo. Worth 4H 183
Bethune Rd. H'ham 7L 197
Betjeman Clo. Coul 4K 83
Betjeman Wlk. Yat 2A 68
Betley Ct. W on T 9J 39
Betony Clo. Croy 7G 47
Bettridge Rd. SW6 5L 13
Betts Clo. Beck 1H 47
Betts Way. SE20 1E 46
Betts Way. Craw 8B 162
Betts Way. Surb 7H 41
Betula Clo. Kenl 2A 84
Between Streets. Cob 1H 77
Beulah Av. T Hth 1N 45
Beulah Ct. Horl 8E 142
Beulah Cres. T Hth 1N 45
Beulah Gro. Croy 5N 45
Beulah Hill. SE19 7M 29 & 1B 46
Beulah Rd. SW19 8L 27
Beulah Rd. Sutt 1M 61
Beulah Rd. T Hth 2N 45
Beulah Wlk. Wold 7H 85
Bevan Ct. Craw 8N 181
Bevan Ct. Croy 2L 63
Bevan Ho. Twic 9K 11
Bevan Pk. Eps 6E 60
Beveren Clo. Fleet 1C 88
Beverley Av. SW20 9E 26
Beverley Av. Houn 7N 9
Beverley Clo. SW13 5F 12
Beverley Clo. Add 2M 55
Beverley Clo. As 3D 110
Beverley Clo. Camb 9H 51
Beverley Clo. Chess 1J 59
Beverley Clo. Eps 7H 61
Beverley Clo. Wey 8F 38
Beverley Cotts. SW15 4D 26
Beverley Ct. W4 1B 12
Beverley Ct. Houn 7N 9
Beverley Cres. Farnb 3L 89
Beverley Gdns. SW13 6E 12
Beverley Gdns. Wor Pk 7F 42
Beverley Heights. Reig 1N 121
Beverley La. SW15 4E 26
Beverley La. King T 8D 26
Beverley M. Craw 4E 182
Beverley Path. SW13 5E 12
Beverley Rd. SE20 1E 46
Beverley Rd. SW13 6E 12
Beverley Rd. W4 1E 12
Beverley Rd. King T 9J 25
Beverley Rd. Mitc 3H 45
Beverley Rd. N Mald 3F 42
Beverley Rd. Sun 9G 22
Beverley Rd. Whyt 3B 84
Beverley Rd. Wor Pk 8H 43
Beverley Trad. Est. Mord 6J 43
Beverley Way. SW20 & N Mald 9E 26
Beverstone Rd. T Hth 3L 45
Bevill Allen Clo. SW17 6D 28
Bevill Clo. SE25 2D 46
Bevington Rd. Beck 1L 47
Bevin Sq. SW17 4D 28
Bewbush. 6L 181
Bewbush Dri. Craw 6K 181
Bewbush Pl. Craw 6L 181
Bewlys Rd. SE27 6M 29
Bexhill Clo. Felt 3M 23
Bexhill Rd. SW14 6B 12
Bexley St. Wind 4F 4
Beynon Rd. Cars 2D 62
Bicester Rd. Rich 6N 11
Bickersteth Rd. SW17 7D 28
Bickley Ct. Craw 6M 181
Bickley St. SW17 6C 28
Bicknell Rd. Frim 4C 70
Bickney Way. Fet 9C 78
Bicknoller Clo. Sutt 6N 61
Biddulph Rd. S Croy 6N 63
Bideford Clo. Farnb 7M 69
Bideford Clo. Felt 4N 23
Bidhams Cres. Tad 8H 81
Bield, The. Reig 5M 121
Bietigheim Way. Camb 9A 50
Big All. M Grn 6K 147
Big Barn Gro. Warf 8B 16
Big Comn. La. Blet 2M 123
Biggin Av. Mitc 9D 28
Biggin Clo. Craw 5A 182
Biggin Hill. 4F 86
Biggin Hill. SE19 9M 29
Biggin Hill Airport. 8F 66
Biggin Hill Bus. Pk. Big H 2F 86
Biggin Hill Clo. King T 6J 25
Biggin Way. SE19 8M 29
Bigginwood Rd. SW16 8M 29
Biggs Row. SW15 6J 13
Bignor Clo. H'ham 2N 197
Bilberry Clo. Craw 6N 181
Bilbets. H'ham 5J 197
(off Rushams Rd.)
Billet Rd. Stai 4J 21
Bill Hill. 6A 14
Billingbear. 4G 15
Billingbear Cvn. Pk. Wokgm 5E 14
Billingbear La. Wokgm 4D 14
(in two parts)
Billing Pl. SW10 3N 13
Billing Rd. SW10 3N 13
Billingshurst Rd. Broad H 5C 196
Billing St. SW6 3N 13
Billinton Dri. M'bowr 3F 182
Billinton Hill. Croy 8A 46 (2E 200)
Billockby Clo. Chess 3M 59
Bilton Cen. Lea 6F 78
Bilton Clo. Coln 5G 7
Bilton Ind. Est. Brack 3K 31
Bina Gdns. SW5 1N 13
Bindon Grn. Mord 3N 43
Binfield. 7H 15
Binfield Rd. Binf & Brack 7L 15
Binfield Rd. Byfl 8N 55
Binfield Rd. Shur R 1F 14
Binfield Rd. S Croy 2C 64
Binfield Rd. Wokgm 2D 30
Bingham Dri. Stai 8M 21
Bingham Dri. Wok 5J 73
Bingham Rd. Croy 7D 46
Bingley Rd. Sun 8H 23
Binhams Lea. Duns 4B 174
Binhams Mdw. Duns 4B 174
Binley Ho. SW15 9E 12
Binney Ct. Craw 9J 163
Binns Rd. W4 1D 12
Binns Ter. W4 1D 12
Binscombe. 3G 133
Binscombe. G'ming 2G 132
Binscombe Cres. G'ming 4H 133
Binscombe La. G'ming 3G 133
Binstead Clo. Craw 1N 181
Binstead Copse. Fleet 6A 88
Binsted Dri. B'water 1J 69
Binton La. Seale 1C 130
Birchanger. G'ming 7H 133
Birchanger Rd. SE25 4D 46
Birch Av. Cat 2A 104
Birch Av. Fleet 4A 88
Birch Av. Lea 7F 78
Birch Circ. G'ming 3J 133
Birch Clo. Bren 3H 11
Birch Clo. Camb 7C 50
Birch Clo. Craw D 1F 184
Birch Clo. Houn 5D 10
Birch Clo. New H 5M 55
Birch Clo. Send 3H 95
Birch Clo. Shep 1F 38
Birch Clo. Tedd 6G 25
Birch Clo. Wok 6M 73
Birch Clo. Wrec 7F 128
Birch Ct. Crowt 2E 48
Birch Ct. Wall 1F 62
Birchcroft Clo. Cat 3N 103
Birchdale Clo. W Byf 7L 55
Birch Dri. B'water 3J 69
Birchend Clo. S Croy 3A 64
Birches Clo. Eps 2D 80
Birches Clo. Mitc 2D 44

Birches Ind. Est.—Bolingbroke Gro.

Birches Ind. Est. *E Grin* 7K **165**
Birches Rd. *H'ham* 3A **198**
Birches, The. *Farnb* 1J **89**
Birches, The. *B'water* 1G **69**
Birches, The. *Craw* 1E **182**
Birches, The. *E Hor* 4F **96**
Birches, The. *Houn* 1N **23**
Birches, The. *Man H* 9B **198**
Birches, The. *Orp* 1J **67**
Birches, The. *Wok* 5B **74**
Birchett Rd. *Farnb* 9K **69**
Birchett Rd. *Alder* 2M **109**
Birchetts Clo. *Brack* 9N **15**
Birchfield Clo. *Add* 1K **55**
Birchfield Clo. *Coul* 3K **83**
Birchfield Gro. *Eps* 6H **61**
Birchfield Pk. Ind. Units. *Charl* 6J **161**
Birchfields. *Camb* 2A **70**
Birch Green. **5J** 21
Birch Grn. *Stai* 5H **21**
Birch Gro. *Cob* 1K **77**
Birch Gro. *Brack* 3A **32**
Birch Gro. *Guild* 9M **93**
Birch Gro. *Shep* 1F **38**
Birch Gro. *Tad* 2K **101**
Birch Gro. *Wind* 4A **4**
Birch Gro. *Wok* 2F **74**
Birch Hill. **6A** 32
Birch Hill. *Croy* 2G **65**
Birch Hill Rd. *Brack* 6N **31**
Birch Ho. SW2 *1L* ***29***
(off Tulse Hill)
Birchington Rd. *Surb* 6M **41**
Birchington Rd. *Wind* 5D **4**
Birchlands Av. *SW12* 1D **28**
Birchlands Ct. *Sand* 5K **49**
Birch La. *Asc* 9E **16**
Birch La. *Purl* 7J **63**
Birch La. *W End* 8A **52**
Birch Lea. *Craw* 9E **162**
Birch Pde. *Fleet* 4A **88**
Birch Platt. *W End* 9A **52**
Birch Rd. *Hdly D* 3F **168**
Birch Rd. *Felt* 6L **23**
Birch Rd. *G'ming* 3J **133**
Birch Rd. *W'sham* 3B **52**
Birch Side. *Crowt* 1E **48**
Birch Tree Av. *W Wick* 2B **66**
Birch Tree Vw. *Light* 6L **51**
Birch Tree Way. *Croy* 8E **46**
Birch Va. *Cob* 8A **58**
Birchview Clo. *Yat* 2B **68**
Birch Wlk. *Mitc* 9F **28**
Birch Wlk. *W Byf* 8J **55**
Birch Way. *Ash V* 6E **90**
Birchway. *Red* 5F **122**
Birch Way. *Warl* 5H **85**
Birchwood Av. *Beck* 3J **47**
Birchwood Av. *Wall* 9E **44**
Birchwood Clo. *Horl* 7F **142**
Birchwood Clo. *M'bowr* 6G **183**
Birchwood Clo. *Mord* 3N **43**
Birchwood Dri. *Light* 6N **51**
Birchwood Dri. *W Byf* 8J **55**
Birchwood Gro. *Hamp* 7A **24**
Birchwood La. *Cat* 3M **103**
Birchwood La. *Esh & Oxs* 5D **58**
Birchwood Rd. *SW17* 6F **28**
Birchwood Rd. *W Byf* 8J **55**
Birdham Clo. *Craw* 1N **181**
Birdhaven. *Wrec* 5F **128**
Birdhouse La. *Orp* 2H **87**
Birdhurst Av. *S Croy* 1A **64** (7E **200**)
Birdhurst Gdns. *S Croy* 1A **64** (7E **200**)
Birdhurst Ri. *S Croy* 2B **64** (8F **200**)
Birdhurst Rd. *SW18* 8N **13**
Birdhurst Rd. *SW19* 7C **28**
Birdhurst Rd. *S Croy* 2B **64** (8F **200**)
Bird M. *Wokgm* 2A **30**
Birdsgrove. *Knap* 5E **72**
Birds Hill Dri. *Oxs* 9D **58**
Birds Hill Ri. *Oxs* 9D **58**
Birds Hill Rd. *Oxs* 8D **58**
Birdswood Dri. *Wok* 6H **73**
Bird Wlk. *Twic* 2N **23**
Birdwood Clo. *S Croy* 7F **64**
Birdwood Clo. *Tedd* 5E **24**
Birdwood Rd. *Col T* 8L **49**
Birdworld & Underwater World. **8A** 128
Birkbeck Hill. *SE21* 2M **29**
Birkbeck Pl. *SE21* 3N **29**
Birkbeck Pl. *Owl* 6K **49**
Birkbeck Rd. *SW19* 6N **27**
Birkbeck Rd. *Beck* 1F **46**
Birkdale. *Brack* 6K **31**
Birkdale Dri. *If'd* 4J **181**
Birkdale Gdns. *Croy* 1G **65**
Birkenhead Av. *King T* 1M **41** (3L **203**)
Birkenholme Clo. *Head D* 5H **169**
Birkheads Rd. *Reig* 2M **121**
Birkwood Clo. *SW12* 1H **29**
Birnam Clo. *Rip* 2J **95**
Birtley Green. **8D** 134
Birtley Ri. *Brmly* 6C **134**
Birtley Rd. *Brmly* 6C **134**
Biscay Rd. *W6* 1J **13**
Biscoe Clo. *Houn* 2A **10**
Bisenden Rd. *Croy* 8B **46** (2F **200**)
Bisham Clo. *Cars* 7D **44**
Bisham Clo. *M'bowr* 6H **183**
Bishop Ct. *Rich* 6L **11**
Bishopdale. *Brack* 3M **31**
Bishop Duppas Pk. *Shep* 6F **38**
Bishop Fox Way. *W Mol* 3N **39**
Bishopric. *H'ham* 6H **197**
Bishopric Ct. *H'ham* 6H **197**
Bishop's Av. *SW6* 5J **13**
Bishops Clo. *W4* 1B **12**
Bishop's Clo. *Coul* 5L **83**
Bishops Clo. *Fleet* 7B **88**
Bishops Clo. *Rich* 4K **25**
Bishop's Clo. *Sutt* 9M **43**
Bishop's Cotts. *Bet* 2A **120**
Bishops Ct. *Asc* 7K **17**
Bishops Ct. *Guild* 6B **202**
Bishops Ct. *H'ham* 7J **197**
Bishop's Dri. *Felt* 9E **8**
Bishop's Dri. *Wokgm* 1B **30**
Bishopsford Rd. *Mord* 6A **44**
Bishops Gate. **4J** 19
Bishopsgate Rd. *Eng G* 4K **19**
Bishop's Gro. *Hamp* 5N **23**
Bishops Gro. *W'sham* 3N **51**
Bishops Gro. Cvn. Site. *Hamp* 5A **24**
Bishop's Hall. *King T* 1K **41** (3H **203**)
Bishops Hill. *W on T* 6H **39**
Bishop's La. *Warf* 1E **16**
Bishop's Mans. *SW6* 5J **13**
(in two parts)
Bishops Mead. *Farnh* 1G **128**
Bishops Mead Clo. *E Hor* 6F **96**
Bishopsmead Clo. *Eps* 6C **60**
Bishopsmead Dri. *E Hor* 7G **96**
Bishopsmead Pde. *E Hor* 7F **96**
Bishop's Pk. Rd. *SW6* 5J **13**
Bishops Pk. Rd. *SW16* 9J **29**
Bishops Rd. *SW6* 4K **13**
Bishop's Rd. *Croy* 6M **45**
Bishops Rd. *Farnh* 6G **108**
Bishops Sq. *Cranl* 7A **156**
Bishopstone Wlk. *Craw* 8A **182**
Bishop Sumner Dri. *Farnh* 6H **109**
Bishops Wlk. *Croy* 2G **64**
Bishops Way. *Egh* 7F **20**
Bishops Wood. *Wok* 4J **73**
Bisley. **2C** 72
Bisley Camp. **6A** 72
Bisley Clo. *Wor Pk* 7H **43**
Bisley Grn. *Bisl* 3C **72**
Bison Ct. *Felt* 1J **23**
Bissingen Way. *Camb* 9B **50**
Bitmead Clo. *If'd* 4K **181**
Bittams La. *Cher* 1F **54**
Bittern Clo. *Col T* 7J **49**
Bitterne Clo. *If'd* 4J **181**
Bitterne Dri. *Wok* 4J **73**
Bittoms Ct. *King T* 2K **41** (5H **203**)
Bittoms, The. *King T* 2K **41** (5H **203**)
(in two parts)
Blackberry Clo. *Guild* 9L **93**
Blackberry Clo. *Shep* 3F **38**
Blackberry Farm Clo. *Houn* 3M **9**
Blackberry La. *Ling* 9N **145**
Blackberry Rd. *Felc & Ling* 2M **165**
Blackbird Clo. *Col T* 7J **49**
Blackbird Hill. *Turn H* 4F **184**
Blackborough Clo. *Reig* 3A **122**
Blackborough Rd. *Reig* 4A **122**
Blackbridge Ct. *H'ham* 6H **197**
Blackbridge La. *H'ham* 7G **196**
Blackbridge Rd. *Wok* 6N **73**
Blackbrook. **1L** 139
Blackbrook Rd. *Dork* 9K **119**
Blackburn, The. *Bookh* 2N **97**
Blackburn Way. *G'ming* 6J **133**
Blackbush Clo. *Sutt* 4N **61**
Blackbushe Airport. **3A** 68
Blackbushe Bus. Pk. *Yat* 2B **68**
Blackbushe Pk. *Yat* 1B **68**
Blackcap Clo. *Craw* 5A **182**
Blackcap Pl. *Col T* 7K **49**
Black Corner. **5H** 163
Black Dog Wlk. *Craw* 1C **182**
Black Down. **7K** 189
Blackdown Av. *Wok* 2G **74**
Blackdown Clo. *Wok* 3E **74**
Blackdown Rd. *Deep* 7G **70**
Blackdown Rural Industries. *Hasl* 4J **189**
Black Eagle Clo. *W'ham* 5L **107**
Black Eagle Sq. *W'ham* 5L **107**
Blackett Clo. *Stai* 1G **37**
Blackett Rd. *M'bowr* 4G **182**
Blackett St. *SW15* 6J **13**
Blackfold Rd. *Craw* 4E **182**
Blackford Clo. *S Croy* 5M **63**
Blackford's Path. *SW15* 1F **26**
Blackheath. **2G** 135
Blackheath. **2H** 135
Blackheath. *Craw* 1H **183**
Blackheath Gro. *Won* 3D **134**
Blackheath La. *Alb* 2K **135**
Blackheath La. *Won & B'hth* 3D **134**
Blackheath Rd. *Farnh* 5F **108**
Blackhills. *Esh* 5N **57**
Black Horse Clo. *Wind* 5A **4**
Black Horse La. *Croy* 6D **46**
Blackhorse La. *Tad* 7N **101**
Blackhorse Rd. *Wok* 7G **72**
Blackhorse Way. *H'ham* 6H **197**
Black Horse Yd. *Wind* 4G **5**
Blackhouse Rd. *Colg* 2H **199**
Black Lake Clo. *Egh* 9C **20**
Blacklands Cres. *F Row* 7H **187**
Blacklands Mdw. *Nutf* 2J **123**
Black Lion La. *W6* 1F **12**
Black Lion M. *W6* 1F **12**
Blackman Gdns. *Alder* 4N **109**
Blackman's La. *Warl* 1A **86**
Blackmeadows. *Brack* 5A **32**
Blackmoor Clo. *Asc* 1H **33**
Blackmoor Wood. *Asc* 1H **33**
Blackmore Cres. *Wok* 2E **74**
Blackmore's Gro. *Tedd* 7G **24**
Blackness La. *Kes* 5F **66**
Blackness La. *Wok* 6A **74**
Blacknest. **2E** 34
Blacknest Ga. Rd. *Asc* 2E **34**
Blacknest Rd. *B'nest* 4A **148**
Blacknest Rd. *Asc & Vir W* 2G **35**
Black Pond La. *Lwr Bo* 5H **129**
Black Prince Clo. *Byfl* 1A **76**
Blackshaw Rd. *SW17* 5A **28**
Blacksmith Clo. *Asht* 6M **79**
Blacksmith La. *Chil* 8E **114**
Blacksmith Row. *Slou* 1C **6**
Blacksmiths Hill. *S Croy* 9D **64**
Blacksmiths La. *Cher* 6J **37**
Blacksmiths La. *Stai* 2K **37**
Blacks Rd. *W6* 1H **13**
Blackstone Clo. *Farnb* 8J **69**
Blackstone Clo. *Red* 4C **122**
Blackstone Hill. *Red* 4B **122**
Blackstroud La. E. *Light* 7A **52**
Blackstroud La. W. *Light* 7A **52**
Black Swan Clo. *Peas P* 1N **199**
Blackthorn Clo. *Craw* 1A **182**
Blackthorn Clo. *H'ham* 6N **197**
Blackthorn Clo. *Reig* 5A **122**
Blackthorn Ct. *Houn* 3M **9**
Blackthorn Cres. *Farnb* 6L **69**
Blackthorn Dri. *Light* 8M **51**
Blackthorne Av. *Croy* 7F **46**
Blackthorne Cres. *Coln* 5G **7**
Blackthorne Ind. Est. *Coln* 6G **7**
Blackthorne Rd. *Bookh* 4C **98**
Blackthorne Rd. *Coln* 6G **6**
Blackthorn Pl. *Guild* 9M **93**
Blackthorn Rd. *Big H* 3F **86**
Blackthorn Rd. *Reig* 5A **122**
Blackwater. **2K** 69
Blackwater Clo. *As* 3E **110**
Blackwater Ind. Est. *B'water* 1K **69**
Blackwater La. *Craw* 4G **183**
Blackwater Pk. *Alder* 3C **110**
Blackwater Trad. Est. *Alder* 4C **110**
Blackwater Valley Rd. *Camb* 2L **69**
Blackwater Valley Route. *Farnb* 7B **70**
Blackwater Valley Route. *Alder* 6C **110**
Blackwater Vw. *Finch* 5A **48**
Blackwater Way. *Alder* 4B **110**
Blackwell. **8A** 166
Blackwell Av. *Guild* 3G **112**
Blackwell Farm Rd. *E Grin* 7B **166**
Blackwell Hollow. *E Grin* 8B **166**
Blackwell Ho. *SW4* 1H **29**
Blackwell Rd. *E Grin* 8B **166**
Blackwood Clo. *W Byf* 8L **55**
Blade M. *SW15* 7L **13**
Blades Clo. *Lea* 7K **79**
Blades Ct. *SW15* 7L **13**
Blades Ct. W6 *1G* ***13***
(off Lower Mall)
Bladon Clo. *Guild* 2C **114**
Bladon Clo. *Wey* 3E **56**
Bladon Ct. *SW16* 7J **29**
Blagdon Rd. *N Mald* 3E **42**
(in two parts)
Blagdon Wlk. *Tedd* 7J **25**
Blair Av. *Esh* 8C **40**
Blair Ct. *Beck* 1L **47**
Blairderry Rd. *SW2* 3J **29**
Blaire Pk. *Yat* 7A **48**
Blaise Clo. *Farnb* 2B **90**
Blake Clo. *Cars* 7C **44**
Blake Clo. *Craw* 7D **182**
Blake Clo. *Crowt* 3H **49**
Blake Clo. *Wokgm* 9D **14**
Blakeden Dri. *Clay* 3F **58**
Blake Gdns. *SW6* 4N **13**
Blakehall Rd. *Cars* 3D **62**
Blakemore Rd. *SW16* 4J **29**
Blakemore Rd. *T Hth* 4K **45**
Blakeney Clo. *Eps* 7C **60**
Blakenham Rd. *SW17* 5D **28**
Blake Rd. *Croy* 8B **46** (2F **200**)
Blake Rd. *Mitc* 2C **44**
Blakes Av. *N Mald* 4E **42**
Blakes Ct. *Cher* 7J **37**
Blake's Grn. *W Wick* 7M **47**
Blakes La. *E Clan & W Hor* 1N **115**
Blakes La. *N Mald* 4E **42**
Blakesley Wlk. *SW20* 1L **43**
Blakes Ride. *Yat* 9A **48**
Blakes Ter. *N Mald* 4F **42**
Blakewood Clo. *Felt* 5K **23**
Blamire Dri. *Binf* 7L **15**
Blanchard Ho. Twic *9K* ***11***
(off Clevedon Rd.)
Blanchards Hill. *Guild* 6A **94**
Blanchland Rd. *Mord* 4N **43**
Blanchman's Rd. *Warl* 5H **85**
Blandfield Rd. *SW12* 1E **28**
Blandford Av. *Beck* 1H **47**
Blandford Av. *Twic* 2B **24**
Blandford Clo. *Croy* 9J **45**
Blandford Clo. *Wok* 4D **74**
Blandford Rd. *Beck* 2F **46**
Blandford Rd. *Tedd* 6D **24**
Blane's La. *Brack & Asc* 7D **32**
Blanford Rd. *Reig* 4A **122**
Blanks La. *Newd* 8D **140**
Blatchford Clo. *H'ham* 5M **197**
Blatchford Rd. *H'ham* 5M **197**
Blays Clo. *Eng G* 7M **19**
Blay's La. *Eng G* 8L **19**
Blear Ho. *Eps* 7E **60**
Blegborough Rd. *SW16* 7G **29**
Blencarn Clo. *Wok* 3J **73**
Blenheim Clo. *SW20* 2H **43**
Blenheim Clo. *Craw* 9H **163**
Blenheim Clo. *E Grin* 7C **166**
Blenheim Clo. *Tong* 5C **110**
Blenheim Clo. *Wall* 4G **63**
Blenheim Clo. *W Byf* 9H **55**
Blenheim Ct. *Farnb* 3B **90**
Blenheim Ct. *Sutt* 3A **62**
Blenheim Cres. *Farnh* 7F **108**
Blenheim Cres. *S Croy* 4N **63**
Blenheim Fields. *F Row* 6G **187**
Blenheim Gdns. *King T* 8A **26**
Blenheim Gdns. *S Croy* 8D **64**
Blenheim Gdns. *Wall* 3G **62**
Blenheim Gdns. *Wok* 6L **73**
Blenheim Ho. *Houn* 6A **10**
Blenheim Pk. *Alder* 6A **90**
Blenheim Pk. Rd. *S Croy* 5N **63**
Blenheim Rd. *SW20* 2H **43**
Blenheim Rd. *Alder* 6N **89**
Blenheim Rd. *Eps* 7C **60**
Blenheim Rd. *H'ham* 3K **197**
Blenheim Rd. *Slou* 1N **5**
Blenheim Rd. *Sutt* 9M **43**
Blenheim Way. *Iswth* 4G **10**
Blenkarne Rd. *SW11* 1D **28**
Blenning Way. *Wokgm* 9B **14**
Bleriot Rd. *Houn* 3K **9**
Bletchingley. **2A** 124
Bletchingley Castle. **2N** 123
Bletchingley Clo. *Red* 7G **103**
Bletchingley Clo. *T Hth* 3M **45**
Bletchingley Rd. *God* 9D **104**
Bletchingley Rd. *Mers* 7G **102**
Bletchingley Rd. *Nutf* 2L **123**
Bletchmore Clo. *Hay* 1E **8**
Blewburton Wlk. *Brack* 3C **32**
Blewfield. *G'ming* 9J **133**
Bligh Clo. *Craw* 5D **182**
Blighton La. *Farnh* 8B **110**
Blincoe Clo. *SW19* 3J **27**
Blind La. *Bans* 2C **82**
Blind La. *Brock* 6B **120**
Blind La. *Oxt* 8A **106**
Blind La. *W End* 6C **52**
Blindley Heath. **3H** 145
Blindley Rd. *Craw* 9H **163**
Bloggs Way. *Cranl* 7M **155**
Blomfield Dale. *Brack* 1J **31**
Blondell Clo. *W Dray* 2M **7**
Bloomfield Clo. *Knap* 4H **73**
Bloomfield Dri. *Brack* 8B **16**
Bloomfield Rd. *King T* 3L **41** (7K **203**)
Bloomfield Ter. *W'ham* 3M **107**
Bloom Gro. *SE27* 4M **29**
Bloomhall Rd. *SE19* 6N **29**
Bloom Pk. Rd. *SW6* 3L **13**
Bloomsbury Clo. *Eps* 6C **60**
Bloomsbury Ct. Guild *5B* ***114***
(off St Lukes Sq.)
Bloomsbury Ct. *Houn* 4J **9**
Bloomsbury Pl. *SW18* 8N **13**
Bloomsbury Way. *B'water* 3H **69**
Bloor Clo. *H'ham* 1K **197**
Blossom Clo. *S Croy* 2C **64**
Blossom Way. *W Dray* 1B **8**
Blossom Waye. *Houn* 2M **9**
Blount Av. *E Grin* 9M **165**
Blount Cres. *Binf* 8K **15**
Bloxham Cres. *Hamp* 8N **23**
Bloxham Rd. *Cranl* 7B **156**
Bloxworth Clo. *Brack* 3D **32**
Bloxworth Clo. *Wall* 9G **45**
Blue Anchor All. *Rich* 7L **11**
Blue Ball La. *Egh* 6B **20**
Blue Barn La. *Wey* 7B **56**
Bluebell Clo. *Craw* 6N **181**
Bluebell Clo. *E Grin* 9L **165**
Bluebell Clo. *H'ham* 3L **197**
Bluebell Clo. *Wall* 7F **44**
Bluebell Cottage. *Comp* 2C **132**
Bluebell Ct. *Wok* 6N **73**
Bluebell Hill. *Brack* 9C **16**
Bluebell La. *E Hor* 7F **96**
Bluebell M. *Camb* 8B **50**
Bluebell Railway. **6J** 185
Bluebell Ri. *Light* 8M **51**
Bluebell Rd. *Lind* 4B **168**
Bluebell Wlk. *Fleet* 3A **88**
Blueberry Gdns. *Coul* 3K **83**
Blue Cedars. *Bans* 1J **81**
Blue Cedars Pl. *Cob* 8L **57**
Blue Coat Wlk. *Brack* 4B **32**
Bluefield Clo. *Hamp* 6A **24**
Bluegates. *Ewe* 4F **60**
Bluehouse Gdns. *Oxt* 6C **106**
Bluehouse La. *Oxt* 6A **106**
Blue Leaves Av. *Coul* 8H **83**
Blue Pryor Ct. *C Crook* 1A **108**
Blue Riband Ind. Est. *Croy* 8M **45** (2A **200**)
Bluethroat Clo. *Col T* 7K **49**
Blue Water. *SW18* 7N **13**
Bluff Cove. *Alder* 1A **110**
Blundel La. *Stoke D* 3N **77**
Blundell Av. *Horl* 7D **142**
Blunden Ct. *Brmly* 5C **134**
Blunden Dri. *Slou* 1E **6**
Blunden Rd. *Farnb* 1L **89**
Blunt Rd. *S Croy* 2A **64** (8D **200**)
Blunts Av. *W Dray* 3B **8**
Blunts Way. *H'ham* 5J **197**
Blyth Clo. *Twic* 9F **10**
Blythewood La. *Asc* 2J **33**
Blythwood Dri. *Frim* 4B **70**
Blytons, The. *E Grin* 9L **165**
Board School Rd. *Wok* 3B **74**
Boars Head Yd. *Bren* 3K **11**
Bocketts Farm Pk. **3F** 98
Bocketts La. *Fet* 2F **98**
Bockhampton Rd. *King T* 8M **25**
Boddicott Clo. *SW19* 3K **27**
Boddington Ho. SW13 *2G* ***13***
(off Wyatt Dri.)
Boden's Ride. *Asc* 8H **33**
(in two parts)
Bodiam Clo. *Craw* 3G **183**
Bodiam Rd. *SW16* 8H **29**
Bodicea M. *Houn* 9N **9**
Bodley Clo. *N Mald* 4D **42**
Bodley Mnr. Way. *SW2* 1L **29**
Bodley Rd. *N Mald* 5C **42**
Bodmin Gro. *Mord* 4N **43**
Bodmin Pl. *SE27* 5M **29**
Bodmin St. *SW18* 2M **27**
Bodnant Gdns. *SW20* 2F **42**
Bogey La. *Orp* 4J **67**
Bog La. *Brack* 4D **32**
Bognor Rd. *Broad H & Warn* 4C **178**
Boileau Rd. *SW13* 3F **12**
Bois Hall Rd. *Add* 2M **55**
Bolderwood Way. *W Wick* 8L **47**
Bolding Ho. La. *W End* 9C **52**
Boleyn Av. *Eps* 6G **60**
Boleyn Clo. *M'bowr* 6H **183**
Boleyn Clo. *Stai* 6G **20**
Boleyn Ct. Red *2E* ***122***
(off St Anne's Ri.)
Boleyn Dri. *W Mol* 2N **39**
Boleyn Gdns. *W Wick* 8L **47**
Boleyn Gro. *W Wick* 8M **47**
Boleyn Wlk. *Lea* 7F **78**
Bolingbroke Gro. *SW11* 1D **28**

Bollo La.—Branksome Clo.

Bollo La. W3 & W4 1B 12
Bolney Ct. Craw 6L 181
Bolney Way. Felt 4M 23
Bolsover Gro. Red 7J 103
Bolstead Rd. Mitc 9F 28
Bolters La. Bans 1L 81
Bolters Rd. Horl 6E 142
Bolters Rd. S. Horl 6D 142
Bolton Av. Wind 6G 4
Bolton Clo. SE20 1D 46
Bolton Clo. Chess 3K 59
Bolton Cres. Wind 6F 4
Bolton Gdns. SW5 1N 13
Bolton Gdns. Tedd 7G 24
Bolton Gdns. M. SW10 1N 13
Bolton Rd. W4 3B 12
Bolton Rd. Chess 3K 59
Bolton Rd. M'bowr 8F 182
Bolton Rd. Wind 6F 4
Boltons Clo. Wok 3J 75
Boltons Ct. SW5 1N 13
(off Old Brompton Rd.)
Boltons La. Binf 7K 15
Bolton's La. Hay 3C 8
Boltons La. Wok 3J 75
Boltons Pl. SW5 1N 13
Boltons, The. SW10 1N 13
Bombers La. W'ham 6M 87
Bomer Clo. W Dray 3B 8
Bonchurch Clo. Sutt 4N 61
Bond Gdns. Wall 1G 63
Bond Rd. Mitc 1C 44
Bond Rd. Surb 8M 41
Bond Rd. Warl 5G 85
Bond's La. Mid H 2H 139
Bond St. W4 1C 12
Bond St. Eng G 6L 19
Bond Way. Brack 9N 15
Bonehurst Rd. Salf & Horl 2E 142
Bone Mill La. God 3H 125
Bones La. Horne & Newc 7D 144
Bonner Hill Rd. King T 1M 41 (4M 203)
(in two parts)
Bonners Clo. Wok 9B 74
Bonnetts La. If'd 8M 161
Bonneville Gdns. SW4 1G 29
Bonnys Rd. Reig 4J 121
Bonser Rd. Twic 3F 24
Bonsey Clo. Wok 8A 74
Bonsey La. Wok 8A 74
Bonseys La. Chob 5B 54
Bonsor Dri. Tad 9K 81
Bonwicke Cotts. Copt 4N 163
Bookham Comn. Rd. Bookh 8M 77
Bookham Ct. SW19 2B 44
Bookham Ct. Bookh 1N 97
Bookham Gro. Bookh 4B 98
Bookham Ind. Est. Bookh 1N 97
Bookham Rd. D'side 6K 77
Bookhurst Rd. Cranl 6B 156
Boole Heights. Brack 5M 31
Booth Dri. Stai 7M 21
Booth Rd. Craw 6K 181
Booth Rd. Croy 8M 45 (3A 200)
Booth Way. H'ham 5L 197
Borage Clo. Craw 6M 181
Border Chase. Copt 8L 163
Border Ct. E Grin 6B 166
Border End. Hasl 2B 188
Border Gdns. Croy 1L 65
Bordergate. Mitc 9C 28
Border Rd. Hasl 2B 188
Borderside. Yat 9A 48
Bordesley Rd. Mord 4N 43
Bordeston Ct. Bren 3J 11
(off Augustus Clo.)
Bordon 7A 168
Bordon Wlk. SW15 1F 26
Boreen, The. Hdly 4G 169
Borelli M. Farnh 1H 129
Borelli Yd. Farnh 1H 129
Borers Arms Rd. Copt 6M 163
Borers Clo. Copt 6N 163
Borers Yd. Ind. Est. Copt 7N 163
Borkwood Pk. Orp 1N 67
Borkwood Way. Orp 1N 67
Borland Rd. Tedd 8H 25
Borneo St. SW15 6H 13
Borough Hill. Croy 9M 45
Borough Rd. G'ming 6G 133
Borough Rd. Iswth 4E 10
Borough Rd. King T 9N 25
Borough Rd. Mitc 1C 44
Borough Rd. Tats 8F 86
Borough, The. Brock 4N 119
Borough, The. Farnh 1G 129
Borrodaile Rd. SW18 9N 13
Borrowdale Clo. Craw 5N 181
Borrowdale Clo. Egh 8D 20
Borrowdale Clo. S Croy 9C 64
Borrowdale Dri. S Croy 8C 64
Borrowdale Gdns. Camb 1H 71
Bosco Clo. Orp 1N 67
Boscombe Clo. Egh 9E 20
Boscombe Gdns. SW16 7J 29
Boscombe Ho. Croy 1D 200
Boscombe Rd. SW17 7E 28
Boscombe Rd. SW19 9N 27
Boscombe Rd. Wor Pk 7H 43
Bosham Rd. M'bowr 6G 183
Bosher Gdns. Egh 7B 20
Bosman Dri. W'sham 9M 33
Bostock Av. H'ham 4N 197
Bostock Ho. Houn 2A 10
Boston Gdns. W4 2D 12
Boston Gdns. Bren 1G 11
Boston Manor 1G 11
Boston Manor House 1H 11
Boston Mnr. Rd. Bren 1H 11
Boston Pk. Rd. Bren 1J 11
Boston Rd. Croy 5K 45
Boswell Ct. King T 1M 203
Boswell Path. Hay 1G 8
Boswell Rd. Craw 6C 182
Boswell Rd. T Hth 3N 45
Boswell Row. Cat 9D 84
Botany Hill. Farnh 2B 130
Botery's Cross. Blet 2M 123
Bothwell Rd. New Ad 6M 65
Bothwell St. W6 2J 13
Bothy, The. Pep H 6A 132
Botsford Rd. SW20 1K 43
Bottle La. Binf & Warf 1K 15
Boucher Clo. Tedd 6F 24
Boughton Hall Av. Send 2H 95
Bouldish Farm Rd. Asc 4K 33
Boulevard, The. SW17 3E 28
Boulevard, The. SW18 7N 13
Boulevard, The. Craw 3B 182
(in two parts)
Boulogne Rd. Croy 5N 45
Boulters Ho. Brack 3C 32
Boulter's Rd. Alder 2N 109
Boulthurst Way. Oxt 1D 126
Boulton Ho. Bren 1L 11
Boundaries Rd. SW12 3D 28
Boundaries Rd. Felt 2K 23
Boundary Bus. Cen., The. Wok 2C 74
Boundary Bus. Ct. Mitc 2B 44
Boundary Clo. SE25 1D 46
Boundary Clo. Craw 2C 182
Boundary Clo. King T 2A 42
Boundary Clo. S'hall 1A 10
Boundary Cotts. Chil 8J 115
Boundary Rd. Ashf 6L 21
Boundary Rd. Farnb 3A 90
Boundary Rd. SW19 7B 28
Boundary Rd. Cars & Wall 3F 62
Boundary Rd. Craw 2C 182
Boundary Rd. Dock 4C 148
Boundary Rd. Gray 6B 170
Boundary Rd. Wok 3C 74
Boundary Vs. B'water 2K 69
Boundary Way. Croy 2K 65
Boundary Way. Wok 2C 74
Boundless Rd. Brook 1F 170
Boundstone 6F 128
Boundstone Clo. Wrec 6G 128
Boundstone Rd. Rowl 7E 128
Bourdon Rd. SE20 1F 46
Bourg-de-Peage Av. E Grin 9C 166
Bourke Clo. SW4 1J 29
Bourke Hill. Coul 5D 82
Bourley La. Ews 2E 108
Bourley Rd. Alder 2G 108
Bourley Rd. C Crook & Ews 9D 88
Bourne Av. Cher 2J 37
Bourne Av. Wind 6F 4
Bourne Bus. Pk. Add 1N 55
Bourne Clo. Chil 9D 114
Bourne Clo. Th Dit 8F 40
Bourne Clo. W Byf 9K 55
Bourne Ct. W4 2B 12
Bourne Ct. Alder 4M 109
Bourne Ct. Cat 1D 104
Bourne Ct. H'ham 5L 197
Bourne Dene. Wrec 6F 128
Bourne Dri. Mitc 1B 44
Bournefield Rd. Whyt 5D 84
Bourne Firs. Lwr Bo 6J 129
Bourne Gro. Asht 6K 79
Bourne Gro. Lwr Bo 4K 129
Bourne Gro. Clo. Lwr Bo 4K 129
Bourne Gro. Dri. Lwr Bo 4K 129
Bourne Hall Mus. 5E 60
Bourne Heights. Farnh 3H 129
Bourne La. Cat 8A 84
Bourne Mdw. Egh 3D 36
Bourne Mill Ind. Est. Farnh 9K 109
Bournemouth Rd. SW19 9M 27
Bourne Pk. Clo. Kenl 3B 84
Bourne Pl. W4 1C 12
Bourne Rd. G'ming 3J 133
Bourne Rd. Red 8G 103
Bourne Rd. Vir W 4N 35
Bourneside. Vir W 6K 35
Bourneside Rd. Add 1M 55
Bourne St. Croy 8M 45 (3A 200)
Bourne, The. 5J 129
Bourne, The. Fleet 7B 88
Bournevale Rd. SW16 5J 29
Bourne Vw. Kenl 2A 84
Bourne Way. Add 2L 55
Bourne Way. Eps 1B 60
Bourne Way. Sutt 2L 61
Bourne Way. Wok 9N 73
Bousley Ri. Ott 3F 54
Bouverie Gdns. Purl 1K 83
Bouverie Rd. Coul 5E 82
Bouverie Way. Slou 1A 6
Boveney 2A 4
Boveney New Rd. Eton W 1B 4
Boveney Rd. Dor 1A 4
Bovingdon Rd. SW6 4N 13
Bovingdon Sq. Mitc 3J 45
Bowater Gdns. Sun 1K 39
Bowater Ridge. St G 6E 56
Bowater Rd. M'bowr 6G 183
Bowcott Hill. Hdly 4E 168
Bowcroft La. Rud 1F 194
Bowden Clo. Felt 2F 22
Bowden Rd. Asc 4N 33
Bowenhurst Gdns. C Crook 9B 88
Bowenhurst Rd. C Crook 8B 88
Bowens Wood. Croy 5J 65
Bower Ct. Wok 3D 74
Bowerdean St. SW6 4N 13
Bower Hill Clo. S Nut 6J 123
Bower Hill La. S Nut 4H 123
Bowerland La. Ling 3N 145
Bower Rd. Wrec 6F 128
Bowers Clo. Guild 8C 94
Bowers Farm Dri. Guild 8C 94
Bowers La. Guild 7C 94
Bowers Pl. Craw D 1E 184
Bower, The. Craw 4G 182
Bowes Clo. H'ham 5L 197
Bowes-Lyon Clo. Wind 4F 4
(off Alma Rd.)
Bowes Rd. Stai 6G 20
Bowes Rd. W on T 8J 39
Bowfell Rd. W6 2H 13
Bowie Clo. SW4 1H 29
Bowland Dri. Brack 6C 32
Bow La. Mord 5K 43
Bowlhead Green 9K 151
Bowlhead Grn. Rd. Brook 9K 151
Bowling Grn. Clo. SW15 1G 27
Bowling Grn. Ct. Frim G 7C 70
Bowling Grn. La. H'ham 5K 197
Bowling Grn. Rd. Chob 5H 53
Bowlings, The. Camb 9A 50
Bowman Ct. Craw 2B 182
(off London Rd.)
Bowman Ct. Wel C 3E 48
Bowman M. SW18 2L 27
Bowmans Mdw. Wall 9F 44
Bowness Clo. If'd 4J 181
Bowness Cres. SW15 6D 26
Bowness Dri. Houn 7M 9
Bowry Dri. Wray 9B 6
Bowsley Ct. Felt 3H 23
Bowsprit, The. Cob 2K 77
Bowyer Cres. Wokgm 9B 14
Bowyers Clo. Asht 5M 79
Bowyer's La. Brack 3N 15
Bowyer Wlk. Asc 9J 17
Boxall's Gro. Alder 5M 109
Boxall's La. Alder 5M 109
Boxall Wlk. H'ham 7K 197
Box Clo. Craw 8A 182
Boxford Clo. S Croy 8G 65
Boxford Ridge. Brack 2N 31
Boxgrove Av. Guild 1C 114
Boxgrove La. Guild 2C 114
Boxgrove Rd. Guild 2C 114
Box Hill 9B 100
Box Hill Country Pk. & Info. Cen. 1K 119
Boxhill Rd. Dork 2L 119
Boxhill Rd. Tad 1M 119
Boxhill Way. Str G 7A 120
Box La. Ash W 3G 186
Boxley Rd. Mord 3A 44
Box Ridge Av. Purl 8K 63
Box Tree Wlk. Red 6A 122
Box Wlk. E Hor 1F 116
Boxwood Way. Warl 4G 85
Boyd Clo. King T 8N 25
Boyd Ct. Brack 9M 15
Boyd Rd. SW19 7B 28
Boyle Farm Rd. Th Dit 5G 40
Brabazon Av. Wall 4J 63
Brabazon Rd. Houn 3K 9
Brabon Rd. Farnb 9L 69
Brabourne Ri. Beck 4M 47
Brabrook Ct. Wall 1F 62
Bracebridge. Camb 1M 69
Bracewood Gdns. Croy 9C 46
Bracken Av. SW12 1E 28
Bracken Av. Croy 9K 47
Bracken Bank. Asc 9G 17
Bracken Clo. Bookh 2N 97
Bracken Clo. Copt 7M 163
Bracken Clo. Craw 1C 182
Bracken Clo. Sun 7G 22
Bracken Clo. Twic 1A 24
Bracken Clo. Wok 5B 74
Bracken Clo. Won 5C 134
Brackendale Clo. Camb 3C 70
Brackendale Clo. Houn 4B 10
Brackendale Rd. Camb 1B 70
Brackendene. As 1G 110
Brackendene Clo. Wok 2C 74
Bracken End. Iswth 8D 10
Bracken Gdns. SW13 5F 12
Bracken Gro. H'ham 3A 198
Brackenhill. Cobh 8B 58
Bracken Hollow. Camb 7F 50
Bracken La. Yat 9A 48
Brackenlea. G'ming 4G 132
Bracken Path. Eps 9A 60
Brackenside. Horl 7F 142
Brackens, The. Asc 2F 32
Brackens, The. Crowt 9F 30
Bracken Way. Chob 6J 53
Bracken Way. Guild 1H 113
Brackenwood. Camb 1H 71
Brackenwood. Sun 9H 23
Brackenwood Rd. Wok 6G 73
Bracklesham Clo. Farnb 7M 69
Brackley. Wey 2E 56
Brackley Clo. Wall 4J 63
Brackley Rd. W4 1D 12
Brackley Ter. W4 1D 12
Bracklyn Av. Dor P 5B 166
Bracklyn Av. Felb 5F 164
Bracknell 1A 32
Bracknell Beeches. Brack 2N 31
Bracknell Clo. Camb 6D 50
Bracknell Enterprise Cen. Brack 1M 31
Bracknell Rd. Bag 1H 51
Bracknell Rd. Camb 5D 50
Bracknell Rd. Crowt 7D 32
(Bagshot Rd.)
Bracknell Rd. Crowt 2H 49
(Duke's Ride)
Bracknell Rd. Warf 6C 16
Bracknell Wlk. Bew 7K 181
Bracondale. Esh 2C 58
Bradbourne St. SW6 5M 13
Bradbury Rd. M'bowr 6G 182
Braddock Clo. Iswth 5F 10
Braddon Rd. Rich 6M 11
Bradenhurst Clo. Cat 4C 104
Bradfield Clo. Guild 9C 94
Bradfield Clo. Wok 5A 74
Bradfields. Brack 4B 32
Bradford Dri. Eps 3E 60
Brading Rd. SW2 1K 29
Brading Rd. Croy 5K 45
Bradley Clo. Belm 6N 61
Bradley Dri. Wokgm 6A 30
Bradley La. Dork 1G 119
Bradley M. SW17 2D 28
Bradley Rd. SE19 7N 29
Bradmore Way. Coul 4J 83
Bradshaw Clo. SW19 7M 27
Bradshaw Clo. Wind 4B 4
Bradshaws Clo. SE25 2D 46
Bradstock Rd. Eps 2F 60
Braemar Av. SW19 3M 27
Braemar Av. S Croy 6N 63
Braemar Av. T Hth 2L 45
Braemar Clo. Frim 6D 70
Braemar Clo. G'ming 8G 132
Braemar Gdns. W Wick 7M 47
Braemar Rd. Bren 2K 11
Braemar Rd. Wor Pk 9G 42
Braeside. Brack 1H 31
Braeside. New H 7K 55
Braeside Av. SW19 9K 27
Braeside Clo. Hasl 9D 170
Braeside Rd. SW16 8G 29
Braes Mead. S Nut 4J 123
Brafferton Rd. Croy 1N 63 (6B 200)
Bragg Rd. Tedd 7E 24
Braid Clo. Felt 3N 23
Brailsford Clo. SW19 8C 28
Brainton Av. Felt 1J 23
Brakey Hill. Blet 3B 124
Bramber Clo. Craw 1C 182
Bramber Clo. H'ham 3A 198
Bramber Ct. W5 1L 11
Bramber Rd. W14 2L 13
Brambleacres Clo. Sutt 4M 61
Bramblebank. Frim G 8E 70
Bramble Banks. Cars 5E 62
Bramble Clo. Beck 4M 47
Bramble Clo. Copt 7M 163
Bramble Clo. Croy 1K 65
Bramble Clo. Guild 1H 113
Bramble Clo. Red 5E 122
Bramble Clo. Shep 2E 38
Bramble Ct. Ewh 4F 156
Brambledene Clo. Wok 5M 73
Bramble Down. Stai 9K 21
Brambledown Rd. Cars & Wall 4E 62
Brambledown Rd. S Croy 4B 64
Bramblegate. Crowt 1F 48
Bramble La. Hamp 7N 23
Bramble Ri. Cob 2K 77
Brambles Clo. As 3F 110
Brambles Clo. Cat 9B 84
Brambles Clo. Iswth 3H 11
Brambles Pk. Brmly 5B 134
Brambles, The. SW19 6L 27
(off Woodside)
Brambles, The. Crowt 1C 48
Brambles, The. G'ming 4G 133
Brambles, The. W Dray 1M 7
Brambleton Av. Farnh 3G 128
Bramble Twitten. E Grin 9C 166
Brambletye La. F Row 5F 186
Brambletye Pk. Rd. Red 5D 122
Brambletye Rd. Craw 4E 182
Bramble Wlk. Eps 1A 80
Bramble Wlk. Red 5E 122
Bramble Way. Rip 2H 95
Bramblewood. Red 7F 102
Bramblewood Clo. Cars 7C 44
Bramblewood Pl. Fleet 4A 88
Brambling Clo. H'ham 7N 197
Brambling Rd. H'ham 7N 197
Bramcote. Camb 1G 71
Bramcote Av. Mitc 3D 44
Bramcote Rd. SW15 7G 13
Bramerton Rd. Beck 2J 47
Bramford Rd. SW18 7N 13
Bramham Gdns. SW5 1N 13
Bramham Gdns. Chess 1K 59
Bramley 5B 134
Bramley Av. Coul 2G 82
Bramley Av. Shep 2F 38
Bramley Bus. Cen. Brmly 4B 134
(off Station Rd.)
Bramley Clo. Cher 7K 37
Bramley Clo. Craw 3D 182
Bramley Clo. Red 5C 122
Bramley Clo. S Croy 2N 63 (8A 200)
Bramley Clo. Stai 7L 21
Bramley Clo. Twic 9C 10
Bramley Ct. Crowt 3D 48
Bramley Ct. Mitc 1B 44
Bramley Gro. Crowt 2C 48
Bramley Hill. S Croy 2M 63 (8A 200)
Bramley Ho. SW15 9E 12
(off Tunworth Cres.)
Bramley Ho. Houn 7N 9
Bramley Ho. Red 4E 122
Bramleyhyrst. S Croy 7B 200
Bramley La. B'water 1G 69
Bramley Rd. Camb 4N 69
Bramley Rd. Cheam 5J 61
Bramley Rd. Sutt 2B 62
Bramley Wlk. Horl 8G 143
Bramley Way. Asht 4M 79
Bramley Way. Houn 8N 9
Bramley Way. W Wick 8L 47
Bramling Av. Yat 9A 48
Brampton Gdns. W on T 2K 57
Brampton Rd. Croy 6C 46
Bramshaw Ri. N Mald 5D 42
Bramshot Dri. Fleet 3B 88
Bramshot La. Farnb 8H 69
Bramshot La. Fleet 1F 88
Bramshot Rd. Farnb 3F 88
Bramshott 9H 169
Bramshott Chase 9N 169
Bramshott Rd. Pass 8E 168
Bramston Rd. SW17 4A 28
Bramswell Rd. G'ming 5J 133
Bramwell Clo. Sun 1L 39
Brancaster La. Purl 6N 63
Brancaster Rd. SW16 4J 29
Brancker Clo. Wall 4J 63
Brandlehow Rd. SW15 7L 13
Brandon Clo. Camb 2H 71
Brandon Clo. M'bowr 5H 183
Brandon Mans. W14 2K 13
(off Queen's Club Gdns.)
Brandon Rd. C Crook 9A 88
Brandon Rd. S'hall 1N 9
Brandon Rd. Sutt 1N 61
Brandreth Rd. SW17 3E 28
Brandries, The. Wall 9H 45
Brands Hill 2D 6
Brandsland. Reig 7N 121
Brands Rd. Slou 2D 6
Brandy Way. Sutt 4M 61
Brangwyn Cres. SW19 9A 28
Branksea St. SW6 3K 13
Branksome Clo. Camb 9C 50

Branksome Clo.—Brockbridge Ho.

Branksome Clo. Tedd. 5D 24
Branksome Clo. W on T. 8L 39
Branksome Ct. Fleet. 4A 88
Branksome Hill Rd. Col T. 8K 49
Branksome Pk. Rd. Camb 9C 50
Branksome Rd. SW19. 9M 27
Branksome Way. N Mald 9B 26
Branksomewood Rd. Fleet 3A 88
Bransby Rd. Chess. 3L 59
Branson Rd. Bord 6A 168
Branstone Rd. Rich. 4M 11
Brantridge Rd. Craw 5D 182
Brants Bri. Brack 1C 32
Brantwood Av. Iswth 7G 10
Brantwood Clo. W Byf 9J 55
Brantwood Ct. W Byf 9H 55 (off Brantwood Dri.)
Brantwood Dri. W Byf 9H 55
Brantwood Gdns. W Byf 9H 55
Brantwood Rd. S Croy. 5N 63
Brasenose Dri. SW13. 2H 13
Brassey Clo. Felt 2H 23
Brassey Clo. Oxt. 7C 106
Brassey Hill. Oxt. 7C 106
Brassey Rd. Oxt 8B 106
Brasted Clo. Sutt. 6M 61
Brasted Rd. W'ham & Bras 4M 107
Brathway Rd. SW18 1M 27
Bratten Ct. Croy 5A 46
Bravington Clo. Shep 4A 38
Braxted Pk. SW16 7K 29
Braybourne Dri. Iswth 3F 10
Braybrooke Rd. Brack 8N 15
Bray Clo. M'bowr. 6H 183
Bray Ct. SW16 6J 29
Braycourt Av. W on T. 6J 39
Braye Clo. Sand 6H 49
Bray Gdns. Wok. 3G 74
Bray Rd. Guild 4L 113
Bray Rd. Stoke D. 3M 77
Braywood Av. Egh 7B 20
Braziers La. Wink R. 6H 17
Brazil Clo. Bedd 6J 45
Breakfield. Coul 3J 83
Breamore Clo. SW15 2F 26
Breamwater Gdns. Rich. 4H 25
Breasley Clo. SW15. 7G 13
Brecon Clo. Farnb. 7J 69
Brecon Clo. Mitc. 2J 45
Brecon Clo. Wor Pk 8H 43
Brecon Rd. W6. 2K 13
Brecons, The. Wey. 1E 56
Bredon Rd. Croy 6C 46
Bredune. Kenl. 2A 84
Breech La. Tad 2F 100
Breech, The. Col T. 8K 49
Breer St. SW6 6N 13
Breezehurst Dri. Craw 6K 181
Bregsells La. Bear G. 7K 139
Bremer Rd. Stai 4J 21
Bremner Av. Horl. 7D 142
Brenda Rd. SW17 3D 28
Brende Gdns. W Mol 3B 40
Brendon Clo. Esh 3C 58
Brendon Clo. Hay. 3D 8
Brendon Ct. S'hall 1B 10
Brendon Dri. Esh 3C 58
Brendon Rd. Farnb 7J 69
Brenley Clo. Mitc 2E 44
Brentford. 2K 11
Brentford Bus. Cen. Bren 3J 11
Brentford End. 3H 11
Brentford F.C. (Griffin Pk.) 2K 11
Brentford Ho. Twic. 1H 25
Brentford Musical Mus. 2L 11
Brent Lea. Bren. 3J 11
Brentmoor Rd. W End 9N 51
Brent Rd. Bren 2J 11
Brent Rd. S Croy 5E 64
Brent Side. Bren. 2J 11
Brentside Executive Cen. Bren 2H 11
Brentwaters Bus. Pk. Bren 3J 11
Brent Way. Bren. 3K 11
Brentwick Gdns. Bren. 1L 11
Brentwood Ct. Add. 1K 55
Brethart Rd. Frim. 5C 70
Bretlands Rd. Cher. 8G 36
Brettgrave. Eps. 6B 60
Brett Ho. Clo. SW15 1J 27
Brettingham Clo. Craw. 6K 181
Brewer Rd. Craw 5C 182
Brewers Clo. Farnb 9M 69
Brewers La. Rich 8K 11
Brewer St. Blet. 9N 103
Brewery La. Byfl 9N 55
Drewery La. Twic 1F 24
Brewery M. Cen. Iswth 6G 10
Brewery Rd. Wok. 4N 73
Brew Ho. Rd. Str G & Brock 7B 120
Brewhouse St. SW15. 6K 13
Brewhurst La. Loxw 6J 193 (in two parts)
Breydon Wlk. Craw. 5F 182
Brian Av. S Croy. 8B 64
Briane Rd. Eps 6B 60
Briar Av. SW16. 8K 29
Briar Av. Light 8K 51
Briar Banks. Cars 5E 62
Briar Clo. Craw. 9A 162
Briar Clo. Eden 9M 127
Briar Clo. Hamp 6N 23
Briar Clo. Iswth. 8F 10
Briar Clo. W Byf. 7K 55
Briar Ct. SW15. 7G 13
Briar Ct. Sutt 1H 61
Briar Gro. S Croy 9D 64
Briar Hill. Purl. 7J 63
Briar La. Cars 5E 62
Briar La. Croy. 1L 65
Briarleas Ct. Farnb 5B 90
Briar Patch. G'ming 5G 133
Briar Rd. SW16 2J 45
Briar Rd. Send 2D 94
Briar Rd. Shep 4A 38
Briar Rd. Twic. 2E 24
Briars Clo. Farnb. 2J 89
Briars Ct. Oxs. 1D 78
Briars, The. As 3F 110
Briars, The. Slou 1B 6
Briars, The. Stai 8J 7
Briars Wood. Horl 7G 142
Briarswood Clo. Craw 1H 183
Briarswood Way. Orp. 2N 67
Briar Wlk. SW15 7G 13
Briar Wlk. W Byf. 8J 55
Briar Way. Guild. 8D 94
Briarwood Clo. Felt. 5F 22
Briarwood Ct. Wor Pk. 7F 42 (off Avenue, The)
Briarwood Rd. Eps 3F 60
Briarwood Rd. Wok 6G 73
Briavels Ct. Eps 2D 80
Brickbarn Clo. SW10 3N 13 (off King's Barn)
Brickbat All. Lea. 8H 79
Brick Farm Clo. Rich 4A 12
Brickfield Clo. Bren. 3J 11
Brickfield Cotts. Alder. 4J 109
Brickfield Cotts. Crowt 4E 48
Brickfield Cotts. Norm 3A 112
Brickfield Farm Gdns. Orp 1L 67
Brickfield La. Hay. 2E 8
Brickfield Rd. SW19. 5N 27
Brickfield Rd. Out. 2L 143
Brickfield Rd. T Hth. 9M 29
Brickfields Ind. Pk. Brack 1L 31
Brick Hill. 1F 52
Brickhouse La. S God & Newc 4F 144
Brick Kiln La. Oxt. 8E 106
Bricklands. Craw D. 2E 184
Brick La. Fleet 3A 88
Bricksbury Hill. Farnh 5H 109
Brickwood Rd. Croy 8B 46 (2F 200)
Brickyard Copse. Ockl 6C 158
Brickyard La. Craw D 1E 184
Brickyard La. Wott 1L 137
Brideake Clo. Craw 6M 181
Bridge Av. W6 1H 13
Bridge Av. Mans. W6 1H 13 (off Bridge Av.)
Bridge Barn La. Wok 5N 73
Bridge Clo. Byfl 8A 56
Bridge Clo. Stai 5G 20
Bridge Clo. Tedd. 5F 24
Bridge Clo. W on T 6G 38
Bridge Clo. Wok 4M 73
Bridge Ct. Wey. 1C 56
Bridge Ct. Wok. 4N 73
Bridge End. 7C 76
Bridge End. Camb 2N 69
Bridgefield. Farnh. 1J 129
Bridgefield Clo. Bans 2H 81
Bridgefield Rd. Sutt. 3M 61
Bridgefoot. Sun 9G 23
Bridge Gdns. Ashf 8D 22
Bridge Gdns. E Mol 3D 40
Bridgeham Clo. Wey 2B 56
Bridgeham Way. Small 9M 143
Bridgehill Clo. Guild. 1K 113
Bridge Ho. Sutt 3N 61 (off Bridge Rd.)
Bridge Ind. Est. Horl. 8F 142
Bridgelands. Copt. 7L 163
Bridge La. Vir W. 4A 36
Bridgeman Dri. Wind 5D 4
Bridgeman Rd. Tedd 7G 24
Bridgemead. Frim. 6A 70 (off Frimley High St.)
Bridge Mead. Pirb 4C 92
Bridge M. G'ming. 7H 133
Bridge M. St J 4N 73
Bridge M. Tong 5D 110
Bridgend Rd. SW18. 7N 13
Bridgepark. SW18. 8M 13
Bridge Pk. Guild. 9E 94
Bridge Pl. Croy. 7A 46
Bri. Retail Pk. Wokgm 3A 30
Bridge Rd. Farnb 1L 89
Bridge Rd. Alder 4M 109
Bridge Rd. Asc. 4A 34
Bridge Rd. Bag. 4J 51
Bridge Rd. Camb 3N 69
Bridge Rd. Cher 6K 37
Bridge Rd. Chess 2L 59
Bridge Rd. Cranl 8N 155
Bridge Rd. E Mol 3D 40
Bridge Rd. Eps. 8E 60
Bridge Rd. G'ming 6H 133
Bridge Rd. Hasl 1G 189
Bridge Rd. Houn & Iswth. 6D 10
Bridge Rd. Rud. 1E 194
Bridge Rd. Sutt 3N 61
Bridge Rd. Twic 9H 11
Bridge Rd. Wall 2F 62
Bridge Rd. Wey 1A 56
Bridge Row. Croy 7A 46 (1E 200)
Bridges Clo. Horl. 8H 143
Bridges Ct. H'ham. 3M 197
Bridges La. Croy. 1J 63
Bridges Pl. SW6. 4L 13
Bridges Sq. Farnh 1H 129
Bridges Rd. SW19. 7N 27
Bridges Rd. M. SW19 7N 27
Bridge St. W4. 1C 12
Bridge St. Coln. 3F 6
Bridge St. G'ming 7H 133
Bridge St. Guild 4M 113 (5B 202)
Bridge St. Lea 9G 79
Bridge St. Rich. 8K 11
Bridge St. Stai 5G 21
Bridge St. W on T. 7F 38
Bridge St. Pas. Guild 5B 202
Bridge Vw. W6. 1H 13
Bridge Vw. S'dale. 6E 34
Bridge Wlk. Yat 8C 48
Bridgewater Ct. Slou 1C 6
Bridgewater Rd. Wey 3E 56
Bridgewater Ter. Wind 4G 4
Bridgewater Way. Wind 4G 4
Bridge Way. Cob 9G 57
Bridge Way. Coul 6C 82
Bridge Way. Twic 1C 24
Bridge Wharf. Cher 6L 37
Bridge Wharf Rd. Iswth. 6H 11
Bridgewood Rd. SW16 8H 29
Bridgewood Rd. Wor Pk. 1F 60
Bridgford St. SW18 4A 28
Bridle Clo. Eps. 2C 60
Bridle Clo. Gray. 6M 169
Bridle Clo. King T 3K 41 (7H 203)
Bridle Clo. Sun. 2H 39
Bridle Ct. Alder. 2K 109
Bridle End. Eps. 9E 60
Bridle La. Stoke D & Oxs 2B 78
Bridle La. Twic. 9H 11
Bridle Path. Croy 9J 45 (in two parts)
Bridle Path, The. Eps 6H 61
Bridlepath Way. Felt 2F 22
Bridle Rd. Clay. 3H 59
Bridle Rd. Croy. 9K 47 (in two parts)
Bridle Rd. Eps 9E 60
Bridle Rd. S Croy 5D 64
Bridle Rd., The. Purl. 6J 63
Bridle Way. Craw 2H 183
Bridle Way. Croy 1K 65
Bridle Way. Orp 1L 67
Bridleway Clo. Eps. 6H 61
Bridle Way, The. Croy 6H 65
Bridleway, The. Wall. 2G 63
Bridlington Clo. Big H 6D 86
Bridport Rd. T Hth 2L 45
Brier Lea. Lwr K. 4L 101
Brierley. New Ad. 3L 65 (in two parts)
Brierley Clo. SE25 3D 46
Brierley Rd. SW12. 3G 28
Brierly Clo. Guild 1K 113
Brier Rd. Tad 6G 81
Brigade Pl. Cat. 9N 83
Briggs Clo. Mitc 9F 28
Bright Hill. Guild. 5A 114 (6D 202)
Brightlands Rd. Reig 1A 122
Brightman Rd. SW18. 2B 28
Brighton Clo. Add. 2L 55
Brighton Rd. Add 2L 55
Brighton Rd. Alder. 4A 110
Brighton Rd. Coul & Purl. 5G 83
Brighton Rd. G'ming 7H 133
Brighton Rd. Hand. 8N 199
Brighton Rd. Horl. 9D 142
Brighton Rd. H'ham. 7K 197
Brighton Rd. Kgswd & Lwr K 9K 81
Brighton Rd. Mers & Coul 1F 102
Brighton Rd. Peas P & Hand 5N 199
Brighton Rd. Purl & S Croy 7L 63
Brighton Rd. Red. 4D 122
Brighton Rd. Salf 1E 142
Brighton Rd. S Croy 2N 63 (8C 200)
Brighton Rd. Surb 5J 41
Brighton Rd. Sutt 7M 61
Brighton Rd. Tad & Bans 8K 81
Brighton Ter. Red. 4D 122
Brightside Av. Stai 8L 21
Brightwell Clo. Croy 7L 45
Brightwell Cres. SW17. 6D 28
Brightwells Rd. Farnh 1H 129
Brigstock Rd. Coul. 2F 82
Brigstock Rd. T Hth 4L 45
Brimshot La. Chob. 5H 53
Brimstone La. Holmw. 3M 139
Brind Cotts. Chob. 6J 53
Brindle Clo. Alder. 5N 109
Brindles, The. Bans 4L 81
Brinkley Rd. Wor Pk 8G 42
Brinksway. Fleet. 4B 88
Brinn's La. B'water. 1H 69
Brinsworth Clo. Twic 2D 24
Brinsworth Ho. Twic 3D 24
Brisbane Av. SW19 9N 27
Brisbane Clo. Craw 9B 162
Briscoe Rd. SW19 7B 28
Brisson Clo. Esh 2N 57
Bristol Clo. Craw 9H 163
Bristol Clo. Stanw 9N 7
Bristol Clo. Wall 4J 63
Bristol Ct. Stanw 9N 7
Bristol Gdns. SW15. 1H 27
Bristol Rd. Mord 4A 44
Bristow Rd. Camb 3N 69
Bristow Rd. Croy 1J 63
Bristow Rd. Houn 6C 10
Britannia Clo. Bord. 6A 168
Britannia Ind. Est. Coln 5G 6
Britannia La. Twic 1C 24
Britannia Rd. SW6. 3N 13 (in two parts)
Britannia Rd. Surb 6M 41
Britannia Way. SW6. 3N 13 (off Britannia Rd.)
Britannia Way. Stanw 1M 21
British Gro. W4 1E 12
British Gro. Pas. W4 1E 12
British Gro. S. W4 1E 12 (off British Gro. Pas.)
Briton Clo. S Croy 7B 64
Briton Cres. S Croy 7B 64
Briton Hill Rd. S Croy 6B 64
Brittain Ct. Sand 8H 49
Brittain Rd. W on T 2L 57
Britten Clo. As 2F 110
Britten Clo. Craw 6L 181
Britten Clo. H'ham. 4A 198
Brittenden Clo. Orp 3N 67
Brittenden Pde. G Str. 3N 67
Brittens Clo. Guild 7K 93
Brittleware Cotts. Charl 8L 141
Brixton Hill. SW2 1J 29
Brixton Hill Pl. SW2 1J 29
Broadacre. Stai. 6J 21
Broad Acres. G'ming 3H 133
Broadacres. Guild 1H 113
Broadbridge. 1L 163
Broadbridge Cotts. Small. 1L 163
Broadbridge Heath. 5D 196
Broadbridge Heath By-Pass. Broad H 5C 196
Broadbridge Heath Rd. Broad H & Warn 4D 196
Broadbridge La. Small 8L 143
Broadbridge Retail Pk. Broad H 5E 196
Broad Clo. W on T. 9L 39
Broadcommon Rd. Hurst. 2A 14
Broadcoombe. S Croy 4F 64
Broadeaves Clo. S Croy 2B 64
Broadfield. 7N 181
Broadfield Barton. Craw. 7N 181
Broadfield Clo. Croy. 8K 45
Broadfield Clo. Tad 7H 81
Broadfield Dri. Craw 6N 181
Broadfield Pk. Craw 7B 182
Broadfield Pl. Craw 7N 181
Broadfield Rd. Peasl. 2E 136
Broadfields. E Mol 5E 40
Broadford. 1N 133
Broadford La. Chob 8H 53
Broadford Pk. Shalf. 1N 133
Broadford Rd. P'mrsh & Shalf 2M 133
Broadgates Rd. SW18 2B 28
Broad Green. 6M 45
Broad Grn. Av. Croy 6M 45
Broadham Green. 1N 125
Broadham Grn. Rd. Oxt. 1N 125
Broadham Pl. Oxt 9N 105
Broad Ha'penny. Wrec 7F 128
Broad Highway. Cob. 1L 77
Broadhurst. Farnb 1H 89
Broadhurst. Asht 3L 79
Broadhurst Clo. Rich 8M 11
Broadhurst Gdns. Reig 6N 121
Broadlands. Farnb 3C 90
Broadlands. Frim. 6D 70
Broadlands. Hanw 4A 24
Broadlands. Horl. 7G 142
Broadlands Av. SW16. 3J 29
Broadlands Av. Shep 5D 38
Broadlands Clo. SW16 3J 29
Broadlands Ct. Brack. 9K 15
Broadlands Ct. Rich. 3N 11 (off Kew Gdns. Rd.)
Broadlands Dri. S Asc 6N 33
Broadlands Dri. Warl 6F 84
Broadlands Way. N Mald 5E 42
Broad La. Brack. 2A 32
Broad La. Hamp 8N 23
Broad La. Newd. 7C 140
Broadley Grn. W'sham. 4A 52
Broadmead. Farnb 2J 89
Broadmead. W14. 1K 13
Broad Mead. Asht. 4M 79
Broadmead. Horl. 7G 143
Broadmead. Mers 6G 102 (off Station Rd.)
Broadmead Av. Wor Pk 6F 42
Broadmead Clo. Hamp. 7A 24
Broadmead Rd. Send & Old Wok 9D 74
Broadmeads. Wok. 9D 74
Broadmoor. 3A 138
Broadmoor Est. Crowt 3J 49
Broadoak. Sun. 7G 23
Broadoaks. Surb 8A 42
Broadoaks Cres. W Byf 9K 55
Broadpool Cotts. Asc. 8L 17
Broadrick Heath. Warf 8B 16
Broad St. Guild. 1F 112
Broad St. Tedd 7F 24
Broad St. W End 9A 52
Broad St. Wokgm 2B 30
Broad Street Common. 9G 92
Broad St. Wlk. Wokgm 2B 30
Broadview Rd. SW16 8H 29
Broad Wlk. Cat. 9C 84
Broad Wlk. Coul. 1E 102
Broad Wlk. Cranl 9A 156
Broad Wlk. Craw 3B 182
Broad Wlk. Eps 6J 81
Broad Wlk. Frim. 4C 70
Broad Wlk. Houn 4L 9
Broad Wlk. Rich 3M 11
Broad Wlk., The. E Mol 3F 40
Broadwater Clo. W on T 2H 57
Broadwater Clo. Wok 8F 54
Broadwater Clo. Wray 1A 20
Broadwater Gdns. Orp. 1K 67
Broadwater La. G'ming 5J 133
Broadwater Pl. Wey 8F 38
Broadwater Ri. Guild 4C 114
Broadwater Rd. SW17. 5C 28
Broadwater Rd. N. W on T 2G 57
Broadwater Rd. S. W on T. 2G 57
Broadway. Brack 1N 31
Broadway. Knap 5E 72
Broadway. Stai. 6K 21
Broadway. Wink 2M 17
Broadway Arc. W6. 1H 13 (off Hammersmith B'way.)
Broadway Av. Croy 4A 46
Broadway Av. Twic. 9H 11
Broadway Cen., The. W6. 1H 13
Broadway Chambers. W6 1H 13 (off Hammersmith B'way)
Broadway Clo. S Croy 1E 84
Broadway Ct. SW19. 7M 27
Broadway Ct. Beck 2M 47
Broadway Ct. Knap. 4F 72
Broadway Gdns. Mitc 3C 44
Broadway Ho. Knap 5F 72
Broadway Mkt. SW17 5D 28
Broadway Pl. SW19. 7L 27
Broadway Rd. Light & W'sham 6N 51
Broadway, The. SW13 5D 12
Broadway, The. SW19 7L 27
Broadway, The. Cheam 3K 61
Broadway, The. Craw. 3B 182
Broadway, The. Croy 1J 63
Broadway, The. New H. 6J 55
Broadway, The. Sand. 8G 49
Broadway, The. Stai. 2L 37
Broadway, The. Sutt. 2A 62
Broadway, The. Th Dit 7E 40
Broadway, The. Wok 4B 74
Broadwell Ct. Houn 4L 9 (off Springwell Rd.)
Broadwell Rd. Wrec 5E 128
Broadwood Clo. H'ham 3N 197
Broadwood Cotts. Capel 4L 159
Broadwood Ri. Broadf 8M 181
Brocas St. Eton 3G 4
Brocas Ter. Eton 3G 4
Brockbridge Ho. SW15 9E 12

Brock Clo. *Deep* 6H **71**
Brockdene Dri. *Kes.* 1F **66**
Brockenhurst. *W Mol.* 4N **39**
Brockenhurst Av. *Wor Pk.* 7D **42**
Brockenhurst Clo. *Wok* 1B **74**
Brockenhurst Dri. *Yat.* 2C **68**
Brockenhurst Rd. *Alder* 4N **109**
Brockenhurst Rd. *Asc* 3L **33**
Brockenhurst Rd. *Brack.* 2D **32**
Brockenhurst Rd. *Croy.* 6E **46**
Brockenhurst Way. *SW16* 1H **45**
Brockham. **5A** 120
Brockham Clo. *SW19.* 6L **27**
Brockham Cres. *New Ad* 4N **65**
Brockham Dri. *SW2* 1K **29**
Brockham Grn. *Brock.* 4A **120**
Brockham Hill. Tad. *9B* ***100***
(off Boxhill Rd.)
Brockham Hill Pk. *Tad* 9B **100**
Brockham Ho. SW2 . . . . . *1K* ***29***
(off Brockham Dri.)
Brockhamhurst Rd. *Bet* 1N **139**
Brockham La. *Brock* 3N **119**
Brockham Pk.
(Research Laboratories).
Bet 8B **120**
Brock Hill. **5E** 16
Brockhill. *Wok* 4K **73**
Brockhurst Clo. *H'ham* 7F **196**
Brockhurst Cotts. *Alf* 5H **175**
Brocklands. *Yat* 2A **68**
Brocklebank Ct. *Whyt* 5D **84**
Brocklebank Rd. *SW18* 1A **28**
Brocklesby Rd. *SE25* 3E **46**
Brockley Combe. *Wey* 1E **56**
Brock Rd. *Craw* 9N **161**
Brocks Clo. *G'ming* 6K **133**
Brocks Dri. *Guild* 8F **92**
Brocks Dri. *Sutt* 9K **43**
Brockshot Clo. *Bren* 1K **11**
Brock Way. *Vir W* 4M **35**
Brockway Clo. *Guild.* 2D **114**
Brockway Ho. *Slou* 1D **6**
Brockwell Pk. Gdns. *SE24* 1L **29**
Brockwell Pk. Row. *SW2* 1L **29**
Broderick Gro. *Bookh.* 4A **98**
Brodie Rd. *Guild* . . . 4A **114** (5E **202**)
Brodrick Rd. *SW17* 3C **28**
Brograve Gdns. *Beck* 1L **47**
Broke Ct. *Guild.* 9E **94**
Broken Furlong. *Eton* 1E **4**
Brokes Cres. *Reig* 1M **121**
Brokes Rd. *Reig* 1M **121**
Bromford Clo. *Oxt* 2C **126**
Bromley Gro. *Brom* 1N **47**
Bromley Rd. *Beck & Short.* . . . 1L **47**
Brompton Clo. *SE20* 1D **46**
Brompton Clo. *Houn* 8N **9**
Brompton Pk. Cres. *SW6.* 2N **13**
Bronsart Rd. *SW6* 3K **13**
Bronson Rd. *SW20.* 1J **43**
Bronte Ct. Red *2E* ***122***
(off St Anne's Ri.)
Bronte Ho. *SW4.* 1G **29**
Brontes, The. *E Grin* 9N **165**
Brook. **9N** 151
(Godalming)
Brook. **2N** 135
(Guildford)
Brook Av. *Farnh* 5L **109**
Brook Clo. *SW17* 3E **28**
Brook Clo. *SW20.* 2G **43**
Brook Clo. *As* 1F **110**
Brook Clo. *Dork* 3J **119**
Brook Clo. *E Grin.* 9D **166**
Brook Clo. *Eps* 5D **60**
Brook Clo. *Fleet* 5B **88**
Brook Clo. *Owl* 6K **49**
Brook Clo. *Stanw.* 1A **22**
Brook Cotts. *Yat.* 9B **48**
Brook Ct. *Eden* 9L **127**
Brook Dri. *Brack.* 3C **32**
Brooke Ct. *Frim G* 8D **70**
Brooke Forest. *Guild.* 8F **92**
Brooke Pl. *Binf* 6J **15**
Brookers Clo. *Asht* 4J **79**
Brookers Corner. *Crowt* 2H **49**
Brookers Row. *Crowt.* 1H **49**
Brook Farm Rd. *Cob.* 2L **77**
Brookfield. *G'ming* 3K **133**
Brookfield. *Wok* 3L **73**
Brookfield Av. *Sutt* 1C **62**
Brookfield Clo. *Ott* 3F **54**
Brookfield Clo. *Red* 9E **122**
Brookfield Gdns. *Clay* 3F **58**
Brookfield Rd. *Alder.* 1C **110**
Brookfields Av. *Mitc* 4C **44**
Brook Gdns. *Farnb* 3L **89**
Brook Gdns. *SW13.* 6E **12**
Brook Gdns. *King T* 9B **26**
Brook Green. **1J** 13
Brook Grn. *Brack* 9L **15**
(in two parts)
Brook Grn. Chob. *6J* ***53***
(off Chertsey Rd.)

Brookham Keep. Horl. *7G* ***142***
(off Langshott La.)
Brook Hill. *Alb* 3M **135**
Brook Hill. *Oxt* 8M **105**
Brookhill Clo. *Copt* 7L **163**
Brookhill Rd. *Copt* 8L **163**
Brook Ho. W6 . . . . . *1H* ***13***
(off Shepherd's Bush Rd.)
Brook Ho. Cranl *6A* ***156***
(off Park Dri.)
Brook Ho. Farnh *6J* ***109***
(off Fairview Gdns.)
Brookhouse Rd. *Farnb* 2L **89**
Brookhurst Fld. *Rud* 9E **176**
Brookhurst Rd. *Add* 3K **55**
Brookland Ct. *Reig* 1N **121**
Brooklands. **6A** 56
Brooklands. *Alder* 3K **109**
Brooklands. *S God* 1E **144**
Brooklands Av. *SW19* 3N **27**
Brooklands Bus. Pk. *Wey* 7N **55**
Brooklands Clo. *Cob* 2M **77**
Brooklands Clo. *Farnh* 5J **109**
Brooklands Clo. *Sun* 9F **22**
Brooklands Ct. *King T* 7H **203**
Brooklands Ct. *Mitc* 1B **44**
Brooklands Ct. *New H* 6M **55**
Brooklands La. *Wey* 3A **56**
Brooklands Mus. **5B** 56
Brooklands Rd. *Craw* 8A **182**
Brooklands Rd. *Farnh* 5K **109**
Brooklands Rd. *Th Dit* 7F **40**
Brooklands Rd. *Wey* 7B **56**
Brooklands, The. *Iswth* 4D **10**
Brooklands Way. *E Grin* 1N **185**
Brooklands Way. *Farnh* 5K **109**
Brooklands Way. *Red* 1C **122**
Brook La. *Alb* 2N **135**
Brook La. *Chob* 7G **53**
Brook La. *Fay* 9B **180**
Brook La. *Send* 9G **74**
Brook La. Bus. Cen. *Bren* 1K **11**
Brook La. N. *Bren* 1K **11**
(in three parts)
Brookley Clo. *Farnh* 9A **110**
Brookleys. *Chob* 6J **53**
Brookly Gdns. *Fleet* 3C **88**
Brooklyn Av. *SE25* 3E **46**
Brooklyn Clo. *Cars* 8C **44**
Brooklyn Clo. *Wok* 6A **74**
Brooklyn Ct. *Wok* 6A **74**
Brooklyn Gro. *SE25* 3E **46**
Brooklyn Rd. *SE25* 3E **46**
Brooklyn Rd. *Wok* 5A **74**
Brook Mead. *Eps* 3D **60**
Brook Mead. *Milf* 2C **152**
Brookmead Ct. *Cranl* 8N **155**
Brookmead Ct. *Farnh* 2G **128**
Brookmead Ind. Est. *Croy* 5G **45**
Brook Mdw. *C'fold* 6F **172**
Brookmead Rd. *Croy* 5G **45**
Brook Rd. *Bag* 5J **51**
Brook Rd. *Camb* 2N **69**
Brook Rd. *Chil* 1E **134**
Brook Rd. *H'ham* 2L **197**
Brook Rd. *Mers* 7G **102**
Brook Rd. *Red* 4D **122**
Brook Rd. *Surb* 8L **41**
Brook Rd. *T Hth.* 3N **45**
Brook Rd. *Twic* 9G **11**
Brook Rd. *Wmly* 1N **171**
Brook Rd. S. *Bren* 2K **11**
Brooksby Clo. *B'water* 1G **68**
Brooks Clo. *Wey* 6B **56**
Brookscroft. *Croy* 6J **65**
Brookside. **7K** 17
Brookside. *Bear G.* 5M **139**
Brookside. *Cars* 2E **62**
Brookside. *Cher* 6G **37**
Brookside. *Coln* 3E **6**
Brookside. *Copt* 7L **163**
Brookside. *Cranl* 7N **155**
(Ewhurst Rd.)
Brookside. *Cranl* 9N **155**
(Northdowns)
Brookside. *Craw.* 2D **182**
Brookside. *Craw D* 1E **184**
Brookside. *Farnh* 6H **109**
Brookside. *Guild* 7N **93**
Brookside. *Sand.* 8H **49**
Brookside. *S God.* 7G **124**
Brookside Av. *Ashf.* 6L **21**
Brookside Av. *Wray* 6A **6**
Brookside Clo. *Felt.* 4H **23**
Brookside Cres. *Wor Pk* 7F **42**
Brookside Residential Pk. Homes.
Farnb. 5M **69**
Brookside Way. *Croy* 5G **46**
Brooks La. *W4.* 2N **11**
Brooks Rd. *W4* 1N **11**
Brook St. *King T* 1L **41** (4J **203**)
Brook St. *Wind* 5G **5**
Brook Trad. Est., The. *Alder*
. . . . . 2C **110**
Brook Valley. *Mid H.* 2H **139**

Brookview. *Copt* 7L **163**
Brookview Rd. *SW16.* 6G **28**
Brookville Rd. *SW6* 3L **13**
Brook Way. *Lea* 5G **78**
Brookwell La. *Brmly.* 1C **154**
Brookwood. **7D** 72
Brookwood. *Horl* 7F **142**
Brookwood Av. *SW13* 5E **12**
Brookwood Lye Rd. *Brkwd.* . . . 7E **72**
Brookwood Pk. *Horl.* 9G **142**
Brookwood Rd. *Farnb* 1B **90**
Brookwood Rd. *SW18* 2L **27**
Brookwood Rd. *Houn.* 5B **10**
Broom Acres. *Fleet.* 7A **88**
Broom Acres. *Sand* 7G **49**
Broom Clo. *Esh* 2B **58**
Broom Clo. *Tedd* 8K **25**
Broomcroft Clo. *Wok* 3F **74**
Broomcroft Dri. *Wok* 2F **74**
Broomdashers Rd. *Craw* 2D **182**
Broome Clo. *H'ley* 4B **100**
Broome Clo. *H'ham* 3K **197**
Broome Clo. *Yat.* 8B **48**
Broome Ct. *Brack.* 2N **31**
Broome Ct. *Tad* 6K **81**
Broomehall Rd. *Cold* 9D **138**
Broome Rd. *Hamp.* 8N **23**
Broomers La. *Ewh* 5F **156**
Broom Farm Est. *Wind.* 5A **4**
Broomfield. *Elst* 7J **131**
Broomfield. *Guild.* 2H **113**
Broom Fld. *Light* 8L **51**
Broomfield. *Stai* 7J **21**
Broomfield. *Sun.* 9H **23**
Broomfield Clo. *Asc* 6E **34**
Broomfield Clo. *Guild.* 1H **113**
Broomfield Ct. *Wey* 3C **56**
Broomfield Pk. *Asc.* 5E **34**
Broomfield Pk. *Westc* 6C **118**
Broomfield Ride. *Oxs.* 8D **58**
Broomfield Rd. *Beck* 2H **47**
Broomfield Rd. *New H.* 7K **55**
Broomfield Rd. *Rich* 4M **11**
Broomfield Rd. *Surb.* 7M **41**
Broomfield Rd. *Tedd.* 7J **25**
Broomfields. *Esh* 2C **58**
Broom Gdns. *Croy.* 9K **47**
Broomhall. **5D** 34
Broom Hall. *Oxs.* 1D **78**
Broomhall End. *Wok* 3A **74**
Broomhall La. *Asc* 5D **34**
Broomhall La. *Wok* 3A **74**
Broomhall Rd. *S Croy* 5A **64**
Broomhall Rd. *Wok* 3A **74**
Broomhill. *Ews.* 4C **108**
Broomhill Rd. *Farnb.* 9J **69**
Broomhill Rd. *SW18.* 8M **13**
Broomhouse La. *SW6.* 5M **13**
(in two parts)
Broomhouse Rd. *SW6* 5M **13**
Broomhurst Ct. *Dork* 7H **119**
Broomlands La. *Oxt* 4F **106**
Broom La. *Chob.* 5H **53**
Broomleaf Corner. *Farnh* 1J **129**
Broomleaf Rd. *Farnh* 1J **129**
Broomloan La. *Sutt.* 8M **43**
Broom Lock. *Tedd* 7J **25**
Broom Pk. *Tedd* 8K **25**
Broom Rd. *Croy.* 9K **47**
Broom Rd. *Tedd.* 6H **25**
Broom Squires. *Hind* 5E **170**
Broomsquires Rd. *Bag.* 5K **51**
Broom Water. *Tedd.* 7J **25**
Broom Water W. *Tedd* 6J **25**
Broom Way. *B'water.* 2J **69**
Broom Way. *Wey* 1F **56**
Broomwood Clo. *Croy* 4G **47**
Broomwood Way. *Lwr Bo* . . . 5H **129**
Broster Gdns. *SE25* 2C **46**
Brougham Pl. *Farnh.* 5G **108**
Brough Clo. *King T.* 6K **25**
Broughton Av. *Rich* 4H **25**
Broughton M. *Frim* 5D **70**
Broughton Rd. *SW6.* 5N **13**
Broughton Rd. *T Hth* 5L **45**
Browell Ho. Guild *2F* ***114***
(off Merrow St.)
Browells La. *Felt.* 3J **23**
(in two parts)
Brown Bear Ct. *Felt* 5L **23**
Brown Clo. *Wall* 4J **63**
Browngraves Rd. *Hay* 3D **8**
Browning Av. *Sutt* 1C **62**
Browning Av. *Wor Pk.* 7G **42**
Browning Clo. *Camb* 2G **70**
Browning Clo. *Craw.* 2G **182**
Browning Clo. *Hamp* 5N **23**
Browning Rd. *C Crook* 9A **88**
Browning Rd. *Fet.* 3D **98**
Brownings. *Eden* 8L **127**
Brownings, The. *E Grin.* . . . 9M **165**
Browning Way. *Houn* 4L **9**
Brownjohn Ct. *Craw* 2E **182**
Brownlow Dri. *Brack* 8A **16**
Brownlow Rd. *Croy* 1B **64**

Brownlow Rd. *Red.* 3C **122**
Brownrigg Cres. *Brack.* 9C **16**
Brownrigg Rd. *Ashf.* 5B **22**
Brown's Hill. *Out* 1A **144**
Browns La. *Eff* 5L **97**
Brownsover Rd. *Farnb.* 1H **89**
Brown's Rd. *Surb* 6M **41**
Browns Wlk. *Rowl* 7E **128**
Browns Wood. *E Grin* 6A **166**
Brow, The. *Red* 8E **122**
Brox. **4E** 54
Broxhead Farm Rd. *Lind* 1A **168**
Broxhead Trad. Est. *Lind* 3A **168**
Broxholme Ho. SW6 . . . . . *4N* ***13***
(off Harwood Rd.)
Broxholm Rd. *SE27.* 4L **29**
Brox La. *Ott* 4E **54**
Brox Rd. *Ott.* 3E **54**
Bruce Av. *Shep* 5D **38**
Bruce Clo. *Byfl* 9M **55**
Bruce Dri. *S Croy.* 5G **64**
Bruce Hall M. *SW17.* 5E **28**
Bruce Rd. *SE25* 3A **46**
Bruce Rd. *Mitc.* 8E **28**
Bruce Wlk. *Wind* 5A **4**
Brudenell. *Wind* 6C **4**
Brudenell Rd. *SW17* 4D **28**
Brumana Clo. *Wey.* 3C **56**
Brumfield Rd. *Eps* 2B **60**
Brunel Cen., The. *Craw* 8D **162**
Brunel Clo. *Houn* 3J **9**
Brunel Dri. *Crowt.* 8H **31**
Brunel Pl. *Craw* 4C **182**
Brunel University. **3E** 10
(Borough Rd., Isleworth)
Brunel University
(Runnymede Campus).
. . . . . **4M** 19
Brunel University. **7H** 11
(St Margaret's Rd.)
Brunel Wlk. *Twic* 1A **24**
Brunner Ct. *Ott.* 2E **54**
Brunswick. *Brack* 6M **31**
Brunswick Clo. *Craw* 5E **182**
Brunswick Clo. *Th Dit.* 7F **40**
Brunswick Clo. *Twic* 4D **24**
Brunswick Clo. *W on T* 8K **39**
Brunswick Ct. Craw *5E* ***182***
(off Brunswick Clo.)
Brunswick Ct. *Sutt.* 1N **61**
Brunswick Dri. *Brkwd* 7A **72**
Brunswick Gro. *Cob.* 9K **57**
Brunswick M. *SW16* 7H **29**
Brunswick Rd. *Brkwd.* 8L **71**
(in two parts)
Brunswick Rd. *Deep* 8G **71**
Brunswick Rd. *King T* 9N **25**
Brunswick Rd. *Sutt* 1N **61**
Bruntile Clo. *Farnb.* 4B **90**
Brushfield Way. *Knap.* 6F **72**
Brushwood Rd. *H'ham.* 2A **198**
Bruton Rd. *Mord* 3A **44**
Bruton Way. *Brack* 6C **32**
Bryan Clo. *Sun.* 8H **23**
Bryan's All. *SW6* 5N **13**
Bryanston Av. *Twic* 2B **24**
Bryanstone Av. *Guild* 8J **93**
Bryanstone Clo. *C Crook* 7B **88**
Bryanstone Clo. *Guild.* 9J **93**
Bryanstone Ct. *Sutt* 9A **44**
Bryanstone Gro. *Guild* 8J **93**
Bryce Clo. *H'ham.* 3N **197**
Bryce Gdns. *Alder* 5A **110**
Bryer Pl. *Wind* 6A **4**
Brympton Clo. *Dork.* 7G **119**
Brynford Clo. *Wok.* 2A **74**
Bryn Rd. *Wrec* 4E **128**
Bryony Ho. *Brack.* 9K **15**
Bryony Rd. *Guild.* 9D **94**
Bryony Way. *Sun.* 7H **23**
Buccleuch Rd. *Dat.* 3K **5**
Buchan Country Pk. & Info. Cen.
. . . . . **7K** 181
Buchan Hill. **9M** 181
Buchan Pk. *Craw* 7L **181**
Buchans Lawn. *Craw.* 7N **181**
Buchan, The. *Camb* 7E **50**
Bucharest Rd. *SW18* 1A **28**
Buckfast Rd. *Mord.* 3N **43**
Buckham Thorns Rd. *W'ham*
. . . . . 4L **107**
Buckhold Rd. *SW18* 9M **13**
Buckhurst Av. *Cars* 7C **44**
Buckhurst Clo. *E Grin.* 7M **165**
Buckhurst Clo. *Red* 1C **122**
Buckhurst Gro. *Wokgm* 3E **30**
Buckhurst Hill. **9C** 18
Buckhurst Hill. *Brack.* 3D **32**
Buckhurst La. *Asc* 2C **34**
Buckhurst Mead. *E Grin* 6M **165**
Buckhurst Rd. *Asc.* 9C **18**
Buckhurst Rd. *Frim G* 8D **70**
Buckhurst Rd. *W'ham* 8J **87**
Buckhurst Way. *E Grin* 7M **165**
Buckingham Av. *Felt.* 9J **9**

Buckingham Av. *T Hth* 9L **29**
Buckingham Av. *W Mol* 1B **40**
Buckingham Clo. *Guild* 2B **114**
Buckingham Clo. *Hamp.* 6N **23**
Buckingham Ct. *Craw* 7N **181**
Buckingham Ct. *Sutt.* 5M **61**
Buckingham Dri. *E Grin* 1C **186**
Buckingham Gdns. *T Hth.* 1L **45**
Buckingham Gdns. *W Mol.* 1B **40**
Buckingham Ga. *Gat A* 3G **162**
Buckingham Rd. *Hamp* 5N **23**
Buckingham Rd. *Holmw* 5J **139**
Buckingham Rd. *King T*
. . . . . 3M **41** (7L **203**)
Buckingham Rd. *Mitc* 3J **45**
Buckingham Rd. *Rich* 3K **25**
Buckingham Way. *Frim* 5D **70**
Buckingham Way. *Wall* 5G **63**
Buckland. **2F** 120
Buckland Clo. *Farnb* 7A **70**
Buckland Ct. Gdns. *Bet* 2F **120**
Buckland Cres. *Wind.* 4C **4**
Buckland La. *Tad & Buck.* 6F **100**
Buckland Rd. *Chess* 2M **59**
Buckland Rd. *Lwr K.* 7L **101**
Buckland Rd. *Orp* 1N **67**
Buckland Rd. *Reig.* 2J **121**
Buckland Rd. *Sutt.* 6H **61**
Bucklands Rd. *Tedd.* 7J **25**
Buckland's Wharf. *King T*
. . . . . 1K **41** (3G **203**)
Buckland Wlk. *Mord* 3A **44**
Buckland Way. *Wor Pk* 7H **43**
Bucklebury. *Brack.* 6M **31**
Buckleigh Av. *SW20* 2K **43**
Buckleigh Rd. *SW16* 7H **29**
Buckle La. *Warf* 3M **15**
(in two parts)
Bucklers All. *SW6* 2L **13**
(in two parts)
Buckler's Way. *Cars.* 9D **44**
Buckles Way. *Bans* 3K **81**
Buckley La. *H'ham* 9N **197**
Buckley Pl. *Craw D* 1D **184**
Buckmans Rd. *Craw* 2B **182**
Bucknall Way. *Beck* 3L **47**
Bucknills Clo. *Eps* 1B **80**
Bucks Clo. *W Byf.* 1K **75**
Bucks Green. **1C** 194
Buckshead Hill. *Colg* 9E **198**
Bucks Horn Oak. **2A** 148
Bucks Horn Oak Rd. *B'nest*
. . . . . 2A **148**
Buckswood Dri. *Craw.* 5M **181**
Buckthorn Clo. *Wokgm.* 1D **30**
Buckthorns. *Brack.* 8K **15**
Budd's All. *Twic* 8J **11**
Budebury Rd. *Stai* 6J **21**
Budge La. *Mitc* 6D **44**
Budgen Clo. *Craw* 9H **163**
Budgen Dri. *Red* 9E **102**
Budge's Cotts. *Wokgm* 9D **14**
Budge's Gdns. *Wokgm* 1C **30**
Budge's Rd. *Wokgm* 1C **30**
Budham Way. *Brack* 5N **31**
Buer Rd. *SW6* 5K **13**
Buff Av. *Bans.* 1N **81**
Buffbeards La. *Hasl.* 1C **188**
Buffers La. *Lea* 6G **79**
Bug Hill. *Wold & Warl.* 7G **84**
Bulbeggars La. *God.* 1F **124**
Bulganak Rd. *T Hth.* 3N **45**
Bulkeley Av. *Wind* 6E **4**
Bulkeley Clo. *Eng G* 6M **19**
Bullard Cotts. *W Cla* 1H **115**
Bullard Rd. *Tedd* 7E **24**
Bullbeggars La. *Wok* 3L **73**
Bullbrook. **1C** 32
Bullbrook Dri. *Brack* 9C **16**
Bullbrook Row. *Brack* 1C **32**
Buller Ct. *Farnb* 4A **90**
Buller Rd. *T Hth.* 1A **46**
Bullers Rd. *Farnh.* 6K **109**
Bullfinch Clo. *Col T* 7K **49**
Bullfinch Clo. *Horl* 7C **142**
Bullfinch Clo. *H'ham* 1J **197**
Bullfinch Rd. *S Croy* 6G **64**
Bull Hill. *Lea* 8G **79**
Bull La. *Brack* 9N **15**
Bullock La. *Hasl.* 9A **190**
Bullrush Clo. *Cars* 8C **44**
Bullrush Clo. *Croy* 5B **46**
Bull's All. *SW14.* 5C **12**
Bulls Head Row. *God.* 9E **104**
Bullswater Common. **3D** 92
Bullswater Comn. Rd. *Pirb* 4D **92**
Bulmer Cotts. *Holm M.* 6K **137**
Bulow Est. SW6 . . . . . *4N* ***13***
(off Pearscroft Rd.)
Bulstrode Av. *Houn* 5N **9**
Bulstrode Gdns. *Houn* 6A **10**
Bulstrode Rd. *Houn.* 6A **10**
Bunbury Way. *Eps.* 3G **80**
Bunce Common. **1C** 140
Bunce Comn. Rd. *Leigh.* 1C **140**

C

Calluna Ct.—Castle Rd.

Calluna Ct. Wok 5B 74
Calluna Dri. Copt 8L 163
Calonne Rd. SW19 5J 27
Calshot Rd. H'row A 5B 8 (in two parts)
Calshot Way. Frim 7E 70
Calshot Way. H'row A 5B 8 (in two parts)
Calthorpe Gdns. Sutt 9A 44
Calthorpe Rd. Fleet 3A 88
Calton Gdns. Alder 5A 110
Calverley Rd. Eps 3F 60
Calvert Clo. Alder 3B 110
Calvert Cres. Dork 3H 119
Calvert Rd. Dork 3H 119
Calvert Rd. Eff 6J 97
Calvin Clo. Camb 2F 70
Calvin Wlk. Craw 6K 181
Camac Rd. Twic 2D 24
Camargue Pl. G'ming 7J 133
Cambalt Rd. SW15 8J 13
Camber Clo. Craw 3G 183
Camberley. 9B 50
Camberley Av. SW20 1G 42
Camberley Clo. Sutt 9J 43
Camberley Rd. H'row A 6B 8
Camborne Clo. H'row A 6B 8
Camborne Rd. SW18 1M 27
Camborne Rd. Croy 6D 46
Camborne Rd. Mord 4J 43
Camborne Rd. Sutt 4M 61
Camborne Way. Houn 4A 10
Cambourne Rd. H'row A 6B 8
Cambourne Wlk. Rich 9K 11
Cambray Rd. SW12 2G 29
Cambria Clo. Houn 7A 10
Cambria Ct. Felt 1J 23
Cambria Ct. Stai 5G 20
Cambria Gdns. Stai 1N 21 (in two parts)
Cambrian Clo. SE27 4M 29
Cambrian Clo. Camb 1N 69
Cambrian Rd. Farnb 7J 69
Cambrian Rd. Rich 9M 11
Cambrian Way. Finch 8A 30
Cambria St. SW6 3N 13
Cambridge Av. N Mald 2D 42 (in two parts)
Cambridge Clo. SW20 9G 26
Cambridge Clo. Houn 7M 9
Cambridge Clo. W Dray 2M 7
Cambridge Clo. Wok 5J 73
Cambridge Cotts. Rich 2N 11
Cambridge Cres. Tedd 6G 24
Cambridge Gdns. King T 1N 41
Cambridge Gro. Rd. King T 2N 41 (in two parts)
Cambridge Ho. Wind 4F 4
Cambridge Lodge Cvn. Pk. Horl 5E 142
Cambridge Meadows. Farnh 2E 128
Cambridge Pk. Twic 9J 11
Cambridge Pk. Ct. Twic 1K 25
Cambridge Pl. Farnh 1H 129
Cambridge Rd. Ashf 8D 22
Cambridge Rd. SE20 2E 46
Cambridge Rd. SW13 5E 12
Cambridge Rd. SW20 9F 26
Cambridge Rd. Alder 2L 109
Cambridge Rd. Cars 3C 62
Cambridge Rd. Crowt 3H 49
Cambridge Rd. Hamp 8N 23
Cambridge Rd. H'ham 6K 197
Cambridge Rd. Houn 7M 9
Cambridge Rd. King T 1M 41 (3M 203)
Cambridge Rd. Mitc 2G 44
Cambridge Rd. N Mald 3C 42
Cambridge Rd. Owl 6K 49
Cambridge Rd. Rich 3N 11
Cambridge Rd. Tedd 5F 24
Cambridge Rd. Twic 9K 11
Cambridge Rd. W on T 5J 39
Cambridge Rd. W Mol 3N 39
Cambridge Rd. E. Farnb 4A 90 (in two parts)
Cambridge Rd. N. W4 1A 12
Cambridge Rd. S. W4 1A 12
Cambridge Rd. W. Farnb 4A 90 (in two parts)
Cambridgeshire Clo. Warf 8D 16
Cambridge Sq. Camb 9A 50 (off Cambridge Wlk.)
Cambridge Wlk. Camb 9A 50
Camden Av. Felt 2K 23
Camden Gdns. Sutt 2N 61
Camden Gdns. T Hth 2M 45
Camden Rd. Cars 1D 62
Camden Rd. Ling 8N 145
Camden Rd. Sutt 2N 61
Camden Wlk. Fleet 4D 88
Camden Way. T Hth 2M 45
Cameford Ct. SW12 1J 29
Camel Gro. King T 6K 25
Camellia Ct. W End 9C 52
Camellia Pl. Twic 1B 24
Camelot Clo. SW19 5L 27
Camelot Clo. Big H 3E 86
Camelot Ct. If'd 3K 181
Camelsdale. 3D 188
Camelsdale Rd. Hasl 3C 188
Cameron Clo. Cranl 9N 155
Cameron Rd. Alder 6B 90
Cameron Rd. Croy 5M 45
Cameron Sq. Mitc 9C 28
Camilla Clo. Bookh 3B 98
Camilla Clo. Sun 7G 22
Camilla Dri. Westh 8G 98
Camille Clo. SE25 2D 46
Camm Av. Wind 6B 4
Camm Gdns. King T 1M 41 (4M 203)
Camm Gdns. Th Dit 6F 40
Camomile Av. Mitc 9D 28
Campana Rd. SW6 4M 13
Campbell Av. Wok 8B 74
Campbell Clo. SW16 5H 29
Campbell Clo. Alder 5A 110
Campbell Clo. Fleet 4A 88
Campbell Clo. Twic 2D 24
Campbell Clo. Yat 9E 48
Campbell Cres. E Grin 9L 165
Campbell Pl. Frim 3D 70
Campbell Rd. Alder 1M 109
Campbell Rd. Cat 8A 84
Campbell Rd. Croy 6M 45
Campbell Rd. E Mol 2E 40
Campbell Rd. M'bowr 5G 182
Campbell Rd. Twic 3D 24
Campbell Rd. Wey 4B 56
Campden Rd. S Croy 2B 64
Campen Clo. SW19 3K 27
Camp End Rd. Wey 8D 56
Camperdown Ho. Wall 3F 62 (off Stanley Pk. Rd.)
Camp Farm Rd. Alder 8B 90
Camp Hill. Farnh 3A 130
Camphill Ct. W Byf 8J 55
Camphill Ind. Est. W Byf 7K 55
Camphill Rd. W Byf 8J 55
Campion Clo. B'water 3L 69
Campion Clo. Lind 5B 168
Campion Clo. S Croy 1B 64
Campion Dri. Tad 7G 81
Campion Ho. Brack 9K 15
Campion Ho. Red 1D 122
Campion Rd. SW15 7H 13
Campion Rd. H'ham 3L 197
Campion Rd. Iswth 4F 10
Campion Way. Wokgm 9D 14
Camp Rd. Farnb 5A 90
Camp Rd. SW19 6G 26 (in two parts)
Camp Rd. Wold 7H 85
Camp Vw. SW19 6G 27
Camrose Av. Felt 5K 23
Camrose Clo. Croy 6H 47
Camrose Clo. Mord 3M 43
Canada Av. Red 7E 122
Canada Dri. Red 7E 122
Canada Rd. Cob 9K 57
Canada Rd. Byfl 7M 55
Canada Rd. Deep 6H 71
Canadian Memorial Av. Asc 1J 35
Canal Bank. Ash V 9E 90
Canal Clo. Alder 8B 90
Canal Cotts. Ash V 9E 90
Canal Wlk. SE25 5B 46
Canberra Clo. Craw 9B 162
Canberra Clo. Yat 7A 48
Canberra Pl. H'ham 3M 197
Canberra Rd. H'row A 6B 8
Canbury Av. King T 9M 25 (1L 203)
Canbury Bus. Cen. King T 9L 25 (2K 203)
Canbury Bus. Pk. King T 2K 203
Canbury Pk. Rd. King T 9L 25 (2K 203)
Canbury Pas. King T 9K 25 (2H 203)
Candleford Clo. Brack 8A 16
Candler M. Twic 1G 25
Candlerush Clo. Wok 4D 74
Candover Clo. W Dray 3M 7
Candy Cft. Bookh 4B 98
Canes La. Lind 4A 168
Canewden Clo. Wok 6A 74
Canford Dri. Add 8K 37
Canford Gdns. N Mald 5D 42
Canford Pl. Tedd 7J 25
Canham Rd. SE25 2B 46
Can Hatch. Tad 5K 81
Canmore Gdns. SW16 8G 29
Canning Rd. Alder 2B 110
Canning Rd. Croy 8C 46
Cannizaro Rd. SW19 7H 27
Cannon Clo. Col T 7L 49
Cannon Clo. SW20 2H 43
Cannon Clo. Hamp 7B 24
Cannon Cres. Chob 7H 53
Cannon Gro. Fet 9E 78
Cannon Hill. Brack 5A 32
Cannon Hill La. SW20 4J 43
Cannonside. Fet 9E 78
Cannon Way. Fet 8E 78
Cannon Way. W Mol 3A 40
Canonbury Cotts. Rusp 3E 180
Canons Clo. Reig 2L 121
Canons Hill. Coul 5L 83 (in two parts)
Canons La. Tad 5K 81
Canon's Wlk. Croy 9G 46
Canopus Way. Stai 1N 21
Cansiron La. Ash W 3H 187 (in five parts)
Cansiron La. Cowd 7N 167 (in three parts)
Cantelupe M. E Grin 9B 166 (off Cantelupe Rd.)
Cantelupe Rd. E Grin 9B 166
Canterbury Ct. Dork 1H 201
Canterbury Gro. SE27 5L 29
Canterbury Ho. Croy 1D 200
Canterbury M. Oxs 9C 58
Canterbury Rd. Farnb 3B 90
Canterbury Rd. As 1E 110
Canterbury Rd. Craw 7C 182
Canterbury Rd. Croy 6K 45
Canterbury Rd. Felt 3M 23
Canterbury Rd. Guild 1J 113
Canterbury Rd. Mord 6N 43
Canter, The. Craw 2J 183
Cantley. 9A 14
Cantley Cres. Wokgm 9A 14
Cantley Gdns. SE19 1C 46
Canvey Clo. Craw 6A 182
Cape Copse. Rud 1E 194
Capel. 4K 159
Capel Av. Wall 2K 63
Capel By-Pass. Capel 3H 159
Capel La. Craw 4L 181
Capel Rd. Rusp 2M 179
Capern Rd. SW18 2A 28
Capital Ind. Est. Mitc 4D 44
Capital Interchange Way. Bren 1N 11
Capital Pk. Wok 8D 74
Capital Pl. Croy 2K 63
Caple Ho. SW10 3N 13 (off King's Rd.)
Capricorn Clo. Craw 5K 181
Capri Rd. Croy 7C 46
Capsey Rd. If'd 3K 181
Capstans Wharf. St J 5J 73
Caradon Clo. Wok 5L 73
Caraway Clo. Craw 7N 181
Caraway Pl. Guild 7K 93
Caraway Pl. Wall 9F 44
Carbery La. Asc 2M 33
Cardamom Clo. Guild 8K 93
Card Hill. F Row 8H 187
Cardigan Clo. Wok 5H 73
Cardigan Rd. SW13 5F 12
Cardigan Rd. SW19 7A 28
Cardigan Rd. Rich 9L 11
Cardinal Av. King T 6L 25
Cardinal Av. Mord 5K 43
Cardinal Clo. Mord 5K 43
Cardinal Clo. S Croy 9D 64
Cardinal Clo. Wor Pk 1F 60
Cardinal Cres. N Mald 1B 42
Cardinal Dri. W on T 7L 39
Cardinal Pl. SW15 7J 13
Cardinal Rd. Felt 2J 23
Cardinals, The. 5E 110
Cardinals, The. Brack 3N 31
Cardinals Wlk. Hamp 8C 24
Cardinals Wlk. Sun 7F 22
Cardingham. Wok 4K 73
Cardington Rd. H'row A 6C 8
Cardington Sq. Houn 7L 9
Cardwell Cres. Asc 4N 33
Cardwells Keep. Guild 9K 93
Carew Clo. Coul 6M 83
Carew Ct. Sutt 5N 61
Carew Manor & Dovecote. 9G 45
Carew Mnr. Cotts. Wall 9H 45
Carew Rd. Ashf 7D 22
Carew Rd. Mitc 1E 44
Carew Rd. T Hth 3M 45
Carew Rd. Wall 3G 63
Carey Clo. Wind 6E 4
Carey Ho. Craw 3A 182
Carey Rd. Wokgm 3B 30
Careys Copse. Small 8M 143
Carey's Wood. Small 8M 143
Carfax. H'ham 6J 197
Carfax Av. Tong 4D 110
Carfax Rd. Hay 1G 9
Cargate Av. Alder 3M 109
Cargate Gro. Alder 3M 109
Cargate Hill. Alder 3L 109
Cargate Ter. Alder 3L 109
Cargill Rd. SW18 2N 27
Cargo Forecourt Rd. Gat A 3B 162
Cargo Rd. Gat A 2B 162
Cargreen Pl. SE25 3C 46
Cargreen Rd. SE25 3C 46
Carina M. SE27 5N 29
Carisbrooke. Frim 6D 70
Carisbrooke Ct. Cheam 4L 61
Carisbrooke Rd. Mitc 3H 45
Carleton Av. Wall 5H 63
Carleton Clo. Esh 7D 40
Carlingford Gdns. Mitc 8D 28
Carlingford Rd. Mord 5J 43
Carlin Pl. Camb 2A 70
Carlinwark Dri. Camb 8D 50
Carlisle Clo. King T 9N 25
Carlisle M. King T 9N 25
Carlisle Rd. Rush 3N 149
Carlisle Rd. Hamp 8B 24
Carlisle Rd. Sutt 3L 61
Carlisle Way. SW17 6E 28
Carlos St. G'ming 7H 133
Carlson Ct. SW15 7L 13
Carlton Av. Felt 9K 9
Carlton Av. Hay 1F 8
Carlton Av. S Croy 4B 64
Carlton Clo. Camb 3F 70
Carlton Clo. Chess 3K 59
Carlton Clo. Craw 4C 182
Carlton Clo. Wok 1B 74
Carlton Ct. SE20 1E 46
Carlton Ct. Horl 6E 142
Carlton Ct. Stai 6J 21
Carlton Cres. C Crook 7C 88
Carlton Cres. Sutt 1K 61
Carlton Dri. SW15 8J 13
Carlton Grn. Red 9C 102
Carlton Ho. Felt 9G 8
Carlton Ho. Houn 9A 10
Carlton Pk. Av. SW20 1J 43
Carlton Rd. SW14 6B 12
Carlton Rd. Head D 5H 169
Carlton Rd. N Mald 1D 42
Carlton Rd. Reig & Red 1B 122
Carlton Rd. S Croy 3A 64
Carlton Rd. S God 1F 144
Carlton Rd. Sun 8G 22
Carlton Rd. W on T 6J 39
Carlton Rd. Wok 1C 74
Carlton Tye. Horl 8G 142
Carlwell St. SW17 6C 28
Carlyle Clo. W Mol 1B 40
Carlyle Ct. SW6 4N 13 (off Imperial Rd.)
Carlyle Ct. Crowt 3H 49
Carlyle Pl. SW15 7J 13
Carlyle Rd. W5 1J 11
Carlyle Rd. Croy 8D 46
Carlyle Rd. Stai 8J 21
Carlyon Clo. Farnb 1A 90
Carlyon Clo. Myt 1D 90
Carlys Clo. Beck 1G 47
Carmalt Gdns. SW15 7H 13
Carmalt Gdns. W on T 2K 57
Carman Wlk. Craw 8N 181
Carmarthen Clo. Farnb 7L 69
Carmel Clo. Wok 5A 74
Carmichael Ct. SW13 5E 12 (off Grove Rd.)
Carmichael M. SW18 1B 28
Carmichael Rd. SE25 4C 46
Carminia Rd. SW17 3F 28
Carnac St. SE27 5N 29
Carnation Clo. Crowt 8G 30
Carnation Dri. Wink R 7E 16
Carnegie Clo. Surb 8M 41
Carnegie Pl. SW19 4J 27
Carnforth Clo. Eps 3A 60
Carnforth Rd. SW16 8H 29
Carnie Hall. SW17 4F 28
Carnival Sq. Fleet 4A 88
Carnoustie. Brack 6K 31
Carnwath Rd. SW6 6M 13
Carolina Rd. T Hth 1M 45
Caroline Clo. SW16 4K 29
Caroline Clo. Croy 1B 64
Caroline Clo. Iswth 3D 10
Caroline Ct. Ashf 7C 22
Caroline Ct. Craw 4B 182
Caroline Ho. W6 1H 13 (off Queen Caroline St.)
Caroline Pl. Hay 3F 8
Caroline Rd. SW19 8L 27
Caroline Wlk. W6 2K 13 (off Lillie Rd.)
Caroline Way. Frim 5D 70
Carolyn Clo. Wok 6J 73
Carpenter Clo. Eps 5E 60
Carpenters Ct. Twic 3E 24
Carrara Wharf. SW6 6K 13
Carriage Pl. SW16 6G 29
Carrick Clo. Iswth 6G 10
Carrick Ga. Esh 9C 40
Carrick La. Yat 9D 48
Carrington Av. Houn 8B 10
Carrington Clo. Croy 6H 47
Carrington Clo. King T 6B 26
Carrington Clo. Red 2D 122
Carrington La. Ash V 5E 90
Carrington Pl. Esh 2C 58
Carrington Rd. Rich 7N 11
Carroll Av. Guild 3D 114
Carroll Cres. Asc 4K 33
Carrow Rd. W on T 9L 39
Carshalton. 1E 62
Carshalton Athletic F.C. 9C 44
Carshalton Beeches. 5C 62
Carshalton Gro. Sutt 1B 62
Carshalton on the Hill. 4E 62
Carshalton Pk. Rd. Cars 2D 62
Carshalton Pl. Cars 2E 62
Carshalton Rd. Bans 1D 82
Carshalton Rd. Camb 6E 50
Carshalton Rd. Mitc 3E 44
Carshalton Rd. Sutt & Cars 2A 62
Carslake Rd. SW15 9H 13
Carson Rd. SE21 3N 29
Cartbridge. 9D 74
Cartbridge Clo. Send 1D 94
Carter Clo. Wall 4H 63
Carter Clo. Wind 5D 4
Carterdale Cotts. Capel 5J 159
Carter Rd. SW19 7B 28
Carter Rd. M'bowr 6H 183
Carters Clo. Guild 8A 94
Carters Clo. Wor Pk 8J 43
Carter's Cotts. Red 5C 122
Carter's Hill. Wokgm & Binf 5F 14
Carters Hill Pk. Wokgm 5E 14
Carters La. Wok 7E 74
Carterslodge La. Hand 9J 199
Cartersmeade Clo. Horl 7F 142
Carters Rd. Eps 2E 80
Carters Wlk. Farnh 4J 109
Carter's Yd. SW18 8M 13
Carthona Dri. Fleet 6A 88
Carthouse Cotts. Guild 9E 94
Carthouse La. Wok 1H 73
Cartmel Clo. Reig 1C 122
Cartmel Gdns. Mord 4A 44
Cartwright Way. SW13 3G 13
Carville Cres. Bren 1L 11
Cascades. Croy 6J 65
Caselden Clo. Add 2L 55
Casewick Rd. SE27 6L 29
Casher Rd. M'bowr 6G 183
Cassidy Rd. SW6 3M 13 (in two parts)
Cassilis Rd. Twic 8H 11
Cassino Clo. Alder 2N 109
Cassiobury Av. Felt 1G 22
Cassland Rd. T Hth 3A 46
Cassocks Sq. Shep 6E 38
Castello Av. SW15 8H 13
Castelnau. 2G 12
Castelnau. SW13 4F 12
Castelnau Gdns. SW13 2G 13
Castelnau Mans. SW13 2G 13 (off Castelnau, in two parts)
Castelnau Row. SW13 2G 12
Castle Av. Dat 2K 5
Castle Av. Eps 5F 60
Castle Clo. SW19 4J 27
Castle Clo. Blet 2N 123
Castle Clo. Brom 2N 47
Castle Clo. Camb 2D 70
Castle Clo. Reig 7N 121
Castle Clo. Sun 8F 22
Castlecombe Dri. SW19 1J 27
Castle Ct. Farnh 9G 108
Castlecraig Ct. Col T 8J 49
Castle Dri. Horl 1G 162
Castle Dri. Reig 7M 121
Castle Fld. Farnh 9G 108
Castlefield Ct. Reig 3N 121
Castlefield Rd. Reig 3M 121
Castle Gdns. Dork 3M 119
Castlegate. Rich 6M 11
Castle Green. 9G 53
Castle Grn. Wey 9F 38
Castle Gro. Rd. Chob 9G 53
Castle Hill. Farnh 9G 108
Castle Hill. Guild 5N 113 (7C 202)
Castle Hill. Wind 4G 5
Castle Hill Av. New Ad 5L 65
Castle Hill Rd. Egh 5L 19
Castlemaine Av. Eps 5G 61
Castlemaine Av. S Croy 2C 64
Castle Pde. Eps 4F 60
Castle Pl. W4 1D 12
Castle Rd. Alder 9K 89
Castle Rd. Broad H 5D 196
Castle Rd. Camb 2C 70
Castle Rd. Coul 7C 82
Castle Rd. Eps 2A 80
Castle Rd. Iswth 5F 10
Castle Rd. Wey 9E 38
Castle Rd. Wok 1B 74

Chargate Clo.—Chestnut Clo.

Chargate Clo. W on T. 3G 57
Charing Clo. Orp 1N 67
Charing Ct. Brom. 1N 47
Chariotts Pl. Wind 4G 4
Charlbury Clo. Brack 3D 32
Charlecote Clo. Farnb. 2B 90
Charles Cobb Gdns. Croy. 2L 63
Charlesfield Rd. Horl 7D 142
Charles Haller St. SW2 1L 29
Charles Harrod Ct. SW13 2H 13 (off Somerville Av.)
Charleshill. 6E 130
Charles Hill. Tilf 5B 130
Charles Ho. Wind 4F 4
Charles Rd. SW19 9M 27
Charles Rd. Stai 7M 21
Charles Sq. Brack. 1A 32
Charles St. SW13 5D 12
Charles St. Cher. 7H 37
Charles St. Croy 9N 45 (4B 200)
Charles St. Houn 5N 9
Charles St. Wind. 4F 4
Charleston Clo. Felt 4H 23
Charleston Ct. Craw 6F 182
Charleville Mans. W14 1K 13 (off Charleville Rd.)
Charleville Rd. W14 1K 13
Charlmont Rd. SW17 7C 28
Charlock Clo. Craw 7M 181
Charlock Way. Guild. 9D 94
Charlotte Clo. Farnh 4J 109
Charlotte Ct. Craw 3A 182 (off Leopold Rd.)
Charlotte Ct. Guild 5B 114
Charlotte Gro. Small. 7L 143
Charlotte Ho. W6 1H 13 (off Queen Caroline St.)
Charlotte M. Esh 1B 58 (off Heather Pl.)
Charlotte Rd. SW13 4E 12
Charlotte Rd. Wall 3G 63
Charlotte Sq. Rich. 9M 11
Charlotteville. 5B 114
Charlow Clo. SW6 5N 13
Charlton. 2D 38
Charlton. Wind. 5A 4
Charlton Av. W on T. 1J 57
Charlton Ct. Owl 6J 49
Charlton Dri. Big H 4F 86
Charlton Gdns. Coul. 5G 83
Charlton Ho. Bren. 2L 11
Charlton Kings. Wey. 9F 38
Charlton La. Shep 2D 38 (in two parts)
Charlton Pl. Wind. 5A 4 (off Charlton Way)
Charlton Rd. Shep 2D 38
Charlton Row. Wind. 5A 4
Charlton Sq. Wind 5A 4 (off Guards Rd.)
Charlton Wlk. Wind 5A 4
Charlton Way. Wind 5A 4
Charlwood. 8A 186 (East Grinstead)
Charlwood. 3K 161 (Horley)
Charlwood. Croy. 5J 65
Charlwood Clo. Bookh 2B 98
Charlwood Clo. Copt 6L 163
Charlwood Dri. Oxs 2D 78
Charlwood La. Newd & Charl 5F 160
Charlwood M. Charl. 3K 161
Charlwood Rd. SW15 7J 13
Charlwood Rd. Horl 2A 162
Charlwood Rd. If'd. 7K 161
Charlwood Rd. Low H 6N 161
Charlwoods Bus. Pk. E Grin 7N 165
Charlwoods Pl. E Grin 7A 166
Charlwood Sq. Mitc 2B 44
Charlwoods Rd. E Grin 8N 165
Charlwood Ter. SW15 7J 13
Charlwood Wlk. Craw 9N 161
Charman Rd. Red. 3C 122
Charmans Clo. H'ham 3A 198
Charm Clo. Horl 7C 142
Charminster Av. SW19 1M 43
Charminster Ct. Surb 6K 41
Charminster Rd. Wor Pk 7J 43
Charmouth Ct. Rich. 8M 11
Charnwood. Asc. 5C 34
Charnwood Av. SW19 1M 43
Charnwood Clo. N Mald. 3D 42
Charnwood Rd. SE25. 4A 46
Charrington Rd. Croy 8N 45 (2B 200)
Charrington Way. Broad H 5C 196
Charta Rd. Egh 6E 20
Chart Clo. Croy. 5F 46
Chart Clo. Dork 7K 119
Chart Clo. Mitc. 3D 44
Chart Downs. Dork. 7J 119
Charter Ct. N Mald. 2D 42
Charter Cres. Houn 7M 9
Charterhouse. 4F 132
Charterhouse. G'ming 5E 132
Charter Ho. Sutt. 3N 61 (off Mulgrave Rd.)
Charterhouse Clo. Brack 4C 32
Charterhouse Rd. G'ming 4G 132
Charter Quay. King T 4H 203
Charter Rd. King T. 2A 42
Charters Clo. Asc 4A 34
Charters La. Asc. 4A 34
Charter Sq. King T. 1A 42
Charters Rd. Asc 6A 34
Charters Way. Asc 6C 34
Chartfield Av. SW15. 8G 13
Chartfield Pl. Wey 2C 56
Chartfield Rd. Reig. 4A 122
Chartfield Sq. SW15 8J 13
Chart Gdns. Dork 8J 119
Chartham Gro. SE27 4M 29
Chartham Rd. SE25 2E 46
Chart Ho. Rd. Ash V. 6E 90
Chart La. Dork. 5H 119 (2L 201)
Chart La. Reig 3N 121
Chart La. S. Dork 7J 119
Charts Clo. Cranl 8N 155
Chart Way. H'ham. 6J 197
Chartway. Reig. 2N 121
Chartwell. 9N 107
Chartwell. Farnh 5E 128
Chartwell. Frim G 9C 70
Chartwell Clo. Croy 7A 46
Chartwell Dri. Orp 2M 67
Chartwell Gdns. Alder 6A 90
Chartwell Gdns. Sutt 9K 43
Chartwell Lodge. Dork 9H 119
Chartwell Pl. Eps 1D 80 (8M 201)
Chartwell Pl. Sutt 9L 43
Chartwell Way. SE20 1E 46
Chartwood Pl. Dork 3J 201
Char Wood. SW16 5L 29
Charwood Rd. Wokgm. 2D 30
Chase Cotts. Gray 8A 170
Chase Ct. Iswth 5G 10
Chase End. Eps. 8C 60 (5K 201)
Chasefield Clo. Guild 9C 94
Chasefield Rd. SW17 5D 28
Chase Gdns. Binf 6H 15
Chase Gdns. Twic 1D 24
Chase La. Hasl 4H 189
Chaseley Dri. W4 1A 12
Chaseley Dri. S Croy 6A 64
Chasemore Clo. Mitc 6D 44
Chasemore Gdns. Croy 2L 63
Chasemore Ho. SW6 3K 13 (off Williams Clo.)
Chase Rd. Eps. 8C 60 (5K 201)
Chase Rd. Lind. 5A 168
Chaseside Av. SW20 9K 27
Chaseside Gdns. Cher 6K 37
Chase, The. Farnb 8B 70
Chase, The. SW16 8K 29
Chase, The. SW20 9K 27
Chase, The. Asht 5J 79
Chase, The. Coul 1G 83
Chase, The. Craw 4E 182
Chase, The. Crowt 1F 48
Chase, The. E Hor 4G 96
Chase, The. Guild. 4K 113
Chase, The. Kgswd 9M 81
Chase, The. Oxs. 2C 78
Chase, The. Reig 4B 122
Chase, The. Sun. 9J 23
Chase, The. Wall. 2J 63
Chasewater Ct. Alder. 3M 109
Chatelet Clo. Horl 7F 142
Chatfield Clo. Farnb 3A 90
Chatfield Ct. Cat. 9A 84
Chatfield Dri. Guild. 1E 114
Chatfield Rd. Croy 7M 45 (1A 200)
Chatfields. Craw. 5N 181
Chatham Clo. Sutt 6L 43
Chatham Rd. King T 1N 41 (3M 203)
Chathill. 6L 125
Chatley Heath Semaphore Tower. 4E 76
Chatsfield. Eps 6F 60
Chatsworth Av. SW20 9K 27
Chatsworth Av. Hasl. 9G 170
Chatsworth Clo. W4. 2B 12
Chatsworth Cres. Houn 7D 10
Chatsworth Gdns. N Mald 4E 42
Chatsworth Gro. Farnh. 6G 108
Chatsworth Heights. Camb. 8E 50
Chatsworth Lodge. W4 1C 12 (off Bourne Pl.)
Chatsworth Pl. Mitc 2D 44
Chatsworth Pl. Oxs 9D 58
Chatsworth Pl. Tedd. 5G 24
Chatsworth Rd. Farnb 2C 90
Chatsworth Rd. W4. 2B 12
Chatsworth Rd. Croy 1A 64 (6E 200)
Chatsworth Rd. Sutt. 2J 61
Chatsworth Way. SE27 4M 29
Chattern Hill. 5C 22
Chattern Hill. Ashf 5C 22
Chattern Rd. Ashf 5D 22
Chatterton Ct. Rich 5M 11
Chatton Row. Bisl 4D 72
Chaucer Av. E Grin 1M 185
Chaucer Av. Houn. 5J 9
Chaucer Av. Rich 6N 11
Chaucer Av. Wey 4B 56
Chaucer Clo. Bans 1K 81
Chaucer Clo. Wind. 6G 4
Chaucer Clo. Wokgm 2E 30
Chaucer Ct. Guild 5M 113 (7B 202)
Chaucer Ct. Red. 9E 102
Chaucer Gdns. Sutt. 9M 43 (in two parts)
Chaucer Grn. Croy 6E 46
Chaucer Gro. Camb 1B 70
Chaucer Ho. Sutt. 9M 43 (off Chaucer Gdns.)
Chaucer Mans. W14. 2K 13 (off Queen's Club Gdns.)
Chaucer Rd. Ashf. 5N 21
Chaucer Rd. Farnb 8L 69
Chaucer Rd. Craw. 1F 182
Chaucer Rd. Crowt. 4G 48
Chaucer Rd. Sutt. 1M 61
Chaucer Way. SW19 7A 28
Chaucer Way. Add 3J 55
Chavasse Way. Farnb 9J 69
Chave Cft. Eps 6H 81
Chave Cft. Ter. Eps. 6H 81
Chavey Down. 9F 16
Chavey Down Rd. Wink R 6F 16
Chaworth Clo. Ott. 3E 54
Chaworth Rd. Ott 3E 54
Chawridge La. Wink. 2G 16
Cheam. 3K 61
Cheam Clo. Brack. 4B 32
Cheam Clo. Tad 8G 81
Cheam Comn. Rd. Wor Pk. 8G 43
Cheam Mans. Sutt 4K 61
Cheam Pk. Way. Sutt 3K 61
Cheam Rd. Eps & Ewe 6F 60
Cheam Rd. Sutt 3L 61
Cheam Village. (Junct.) 3K 61
Cheapside. 9B 18
Cheapside. Wok 1N 73
Cheapside Rd. Asc. 2N 33
Cheeseman Clo. Hamp 7M 23
Cheeseman Clo. Wokgm 1C 30
Cheesemans Ter. W14 1L 13 (in two parts)
Chellows La. Crow 1B 146
Chelmsford Clo. W6 2J 13
Chelmsford Clo. Sutt 5M 61
Chelsea Clo. Hamp H 6C 24
Chelsea Clo. Wor Pk 6F 42
Chelsea F.C. (Stamford Bridge). 3N 13
Chelsea Gdns. Sutt 1K 61
Chelsea Studios. SW6 3N 13 (off Fulham Rd.)
Chelsea Village. SW6 3N 13 (off Fulham Rd.)
Chelsham. 4K 85
Chelsham Clo. Warl 5H 85
Chelsham Common 3K 85
Chelsham Comn. Rd. Warl 4K 85
Chelsham Ct. Rd. Warl 5N 85
Chelsham Rd. S Croy 4A 64
Chelsham Rd. Warl 5J 85
Cheltenham Av. Twic 1G 25
Cheltenham Clo. N Mald 2B 42
Cheltenham Vs. Stai 9H 7
Chelverton Rd. SW15 7J 13
Chelwood Clo. Coul 6G 82
Chelwood Clo. Craw 5D 182
Chelwood Clo. Eps 8E 60
Chelwood Dri. Sand 6E 48
Chelwood Gdns. Rich 5N 11
Chelwood Gdns. Pas. Rich 5N 11
Cheney Clo. Binf 7J 15
Chenies Cotts. Oke H 2A 178
Chenies Ho. W4 3E 12 (off Corney Reach Way)
Cheniston Clo. W Byf 9J 55
Cheniston Ct. S'dale 6D 34
Chennells Brook Cotts. H'ham 1M 197 (off Giblets La.)
Chennells Way. H'ham 3K 197
Chepstow Clo. SW15 9K 13
Chepstow Clo. Craw 3J 183
Chepstow Ri. Croy 9B 46
Chepstow Rd. Croy 9B 46
Chequer Grange. F Row 8G 187
Chequer Rd. E Grin 9B 166
Chequers Clo. Horl 7E 142
Chequers Clo. Tad 3F 100
Chequers Ct. H'ham 5L 197
Chequers Dri. Horl 7E 142
Chequers La. Tad 3F 100
Chequers Pl. Dork 5H 119 (3K 201)
Chequers Yd. Dork 5H 119 (2K 201)
Chequer Tree Clo. Knap 3H 73
Cherberry Clo. Fleet 1C 88
Cherbury Clo. Brack 2C 32
Cherimoya Gdns. W Mol 2B 40
Cherington Way. Asc 1J 33
Cheriton Ct. W on T 7K 39
Cheriton Sq. SW17 3E 28
Cheriton Way. B'water 1J 69
Cherkley Hill. Lea 4J 99
Cherrimans Orchard. Hasl 2D 188
Cherry Bank Cotts. Holm M 6K 137
Cherry Clo. SW2 1L 29
Cherry Clo. Bans 1J 81
Cherry Clo. Cars 8D 44
Cherry Clo. Mord 3K 43
Cherrycot Hill. Orp 1L 67
Cherrycot Ri. Orp 1L 67
Cherry Cotts. Tad 2G 100
Cherry Ct. H'ham 7K 197
Cherry Cres. Bren 3H 11
Cherrydale Rd. Camb 1H 71
Cherry Gth. Bren 1K 11
Cherry Grn. Clo. Red 5F 122
Cherry Hill Gdns. Croy 1K 63
Cherryhill Gro. Alder 3L 109
Cherryhurst. Hamb 9E 152
Cherry La. Craw 9A 162
Cherry Laurel Wlk. SW2 1K 29
Cherry Lodge. Alder 3N 109
Cherry Orchard. Asht 5A 80
Cherry Orchard. Stai 6J 21
Cherry Orchard Gdns. Croy 7A 46 (2E 200)
Cherry Orchard Gdns. W Mol 2N 39
Cherry Orchard Rd. Croy 8A 46 (1E 200)
Cherry Orchard Rd. W Mol 2A 40
Cherry St. Wok 5A 74
Cherry Tree Av. Guild 3J 113
Cherry Tree Av. Hasl 1D 188
Cherry Tree Av. Stai 7K 21
Cherry Tree Clo. Farnb 9H 69
Cherry Tree Clo. Farnh 9H 109
Cherry Tree Clo. Owl 6J 49
Cherry Tree Clo. Worth 1H 183
Cherry Tree Ct. Coul 5K 83
Cherrytree Dri. SW16 4J 29
Cherry Tree Dri. Brack 2B 32
Cherry Tree Farm Equine Rest. 1G 165
Cherry Tree Grn. S Croy 1E 84
Cherry Tree La. G'ming 3G 133
Cherry Tree Rd. Milf 1B 152
Cherry Tree Rd. Rowl 8D 128
Cherry Tree Wlk. Beck 3J 47
Cherry Tree Wlk. Big H 4E 86
Cherry Tree Wlk. H'ham 2A 198
Cherry Tree Wlk. Rowl 8D 128 (in two parts)
Cherry Tree Wlk. W Wick 1B 66
Cherry Way. Eps 3C 60
Cherry Way. Hort 6E 6
Cherry Way. Shep 3E 38
Cherrywood Av. Eng G 8L 19
Cherry Wood Clo. King T 8N 25
Cherrywood Ct. Tedd 6G 24
Cherrywood Dri. SW15 8J 13
Cherrywood La. Mord 3K 43
Cherrywood Rd. Farnb 7M 69
Chertsey. 6J 37
Chertsey Abbey (Remains of). 5J 37
Chertsey Bri. Rd. Cher 6M 37
Chertsey Clo. Kenl 2M 83
Chertsey Ct. SW14 6A 12
Chertsey Cres. New Ad 6M 65
Chertsey Dri. Sutt 8K 43
Chertsey La. Eps 8N 59
Chertsey La. Stai 6G 20
Chertsey Lock. 6L 37
Chertsey Meads. 7N 37
Chertsey Mus. 5J 37 (off Windsor St.)
Chertsey Rd. Ashf & Sun 8E 22
Chertsey Rd. Add 8K 37 (in two parts)
Chertsey Rd. Byfl 7M 55
Chertsey Rd. Chob 6J 53
Chertsey Rd. Felt 6F 22
Chertsey Rd. Shep 6N 37
Chertsey Rd. Twic 3B 24
Chertsey Rd. W'sham 3A 52
Chertsey Rd. Wok 4B 74
Chertsey South. 9G 36
Chertsey St. SW17 6E 28
Chertsey St. Guild 4N 113 (5D 202)
Chertsey Wlk. Cher 6J 37
Chervil Clo. Felt 4H 23
Cherwell Clo. Slou 2D 6
Cherwell Ct. Eps 1B 60
Cherwell Wlk. Craw 4L 181
Cheryls Clo. SW6 4N 13
Cheselden Rd. Guild 4A 114 (5E 202)
Chesfield Rd. King T 8L 25
Chesham Clo. Sutt 6K 61
Chesham Cres. SE20 1F 46
Chesham M. Guild 4A 114
Chesham Rd. SE20 1F 46
Chesham Rd. SW19 6B 28
Chesham Rd. Guild 4B 114
Chesham Rd. King T 1N 41
Cheshire Clo. Mitc 2J 45
Cheshire Clo. Ott 3E 54
Cheshire Gdns. Chess 3K 59
Cheshire Ho. Mord 6N 43
Cheshire Ho. Ott 3F 54 (off Cheshire Clo.)
Cheshire Pk. Warf 7C 16
Chesholt Clo. Fern 9F 188
Chesilton Cres. C Crook 8B 88
Chesilton Rd. SW6 4L 13
Chesney Cres. New Ad 4M 65
Chessell Clo. T Hth 3M 45
Chessholme Rd. Ashf 7D 22
Chessington. 2M 59
Chessington Clo. Eps 3B 60
Chessington Hall Gdns. Chess 4K 59
Chessington Hill Pk. Chess 2N 59
Chessington Ho. Eps 5E 60 (off Spring St.)
Chessington Pde. Chess 3K 59
Chessington Rd. Eps & Ewe 3N 59
Chessington Way. W Wick 8L 47
Chessington World of Adventures. 6J 59
Chesson Rd. W14 2L 13
Chester Av. Rich 9M 11
Chester Av. Twic 2N 23
Chesterblade La. Brack 6B 32
Chester Clo. Ashf 6E 22
Chester Clo. SW13 6G 13
Chester Clo. As 2F 110
Chester Clo. Dork 3J 119
Chester Clo. Guild 1J 113
Chester Clo. Rich 9M 11
Chester Clo. Sutt 8M 43
Chesterfield Clo. Felb 6F 164
Chesterfield Ct. Surb 8K 203
Chesterfield Dri. Esh 8G 40
Chesterfield M. Ashf 5N 21
Chesterfield Rd. Ashf 5N 21
Chesterfield Rd. W4 2B 12
Chesterfield Rd. Eps 4C 60
Chester Gdns. Mord 5A 44
Chesterman Ct. W4 3D 12 (off Corney Reach Way)
Chester Rd. SW19 7H 27
Chester Rd. As 1F 110
Chester Rd. Eff 6J 97
Chester Rd. Houn 6J 9
Chester Rd. H'row A 6B 8
Chesters. Horl 6C 142
Chesters Rd. Camb 1F 70
Chesters, The. N Mald 9D 26
Chesterton Clo. SW18 8M 13
Chesterton Clo. E Grin 2B 186
Chesterton Ct. H'ham 4N 197
Chesterton Dri. Red 6J 103
Chesterton Dri. Stai 2A 22
Chesterton Ho. Croy 7D 200
Chesterton Sq. W8 1M 13
Chesterton Ter. King T 1N 41 (4M 203)
Chester Way. Tong 6D 110
Chestnut All. SW6 2L 13
Chestnut Av. SW14 6C 12
Chestnut Av. Alder 5C 110
Chestnut Av. Bren 1K 11
Chestnut Av. Camb 9E 50
Chestnut Av. E Mol & Tedd 2F 40
Chestnut Av. Eps 1D 60
Chestnut Av. Esh 6D 40
Chestnut Av. Farnh 3F 128
Chestnut Av. Guild 6M 113
Chestnut Av. Hamp 8A 24
Chestnut Av. Hasl 1G 189
Chestnut Av. Vir W 3J 35
Chestnut Av. W'ham 9F 86
Chestnut Av. W Wick 2A 66
Chestnut Av. Wey 4D 56
Chestnut Av. W Vill 5F 56
Chestnut Clo. Ashf 5C 22
Chestnut Clo. SW16 5L 29
Chestnut Clo. Add 2M 55
Chestnut Clo. B'water 2K 69
Chestnut Clo. Cars 7D 44
Chestnut Clo. E Grin 9C 166
Chestnut Clo. Eden 1K 147
Chestnut Clo. Eng G 7L 19
Chestnut Clo. Fleet 1D 88
Chestnut Clo. Gray 6A 170

Commonwealth Rd.—Cotterill Rd.

Commonwealth Rd. Cat. 1D 104
Community Clo. Houn 4J 9
Community Way. Esh 1C 58
Compasses Mobile Home Pk. Alf 4H 175
Compass Hill. Rich 9K 11
Compass Ho. SW18 7N 13
Compassion Clo. Bew 4K 181
Comper Clo. Craw 5K 181
Comport Grn. New Ad 8A 66
Compton. 1K 129 **(Farnham)**
Compton. 9D 112 **(Guildford)**
Compton Clo. Brack 5K 31
Compton Clo. C Crook 8C 88
Compton Clo. Esh 3D 58
Compton Clo. Sand 6H 49
Compton Ct. Guild 4B 114
Compton Ct. Sutt 1A 62
Compton Cres. W4 2B 12
Compton Cres. Chess 2L 59
Compton Gdns. Add 2K 55 (off Monks Cres.)
Compton Heights. Guild 6G 112
Compton Pl. Bus. Cen. Camb 2M 69 (off Surrey Av.)
Compton Rd. SW19 7L 27
Compton Rd. C Crook 8C 88
Compton Rd. Croy 7E 46
Compton St Nicholas Church 1D 132
Comptons Brow La. H'ham 5N 197
Comptons Ct. H'ham 5M 197
Comptons La. H'ham 4M 197
Compton Way. Farnh 1M 129
Comsaye Wlk. Brack 4A 32
Conaways Clo. Eps 6F 60
Concord Ct. King T 5L 203
Concorde Bus. Pk. Big H 2F 86
Concorde Clo. Houn 5B 10
Conde Way. Bord 7A 168
Condor Ct. Guild 5M 113 (7B 202)
Condor Rd. Stai 2K 37
Conduit La. Dat 2A 6
Conduit La. S Croy 2D 64 (in two parts)
Conduit, The. Blet 7A 104
Coney Acre. SE21 2N 29
Coneyberry. Reig 7A 122
Coneybury. Blet 3B 124
Coneybury Clo. Warl 6E 84
Coney Clo. Craw 1N 181
Coney Cft. H'ham 3A 198
Coney Grange. Warf 7N 15
Coney Hall. 1A 66
Coneyhurst La. Ewh 3D 156
Conford. 9D 168
Conford Dri. Shalf 1A 134
Coniers Way. Guild 9D 94
Conifer Clo. C Crook 8A 88
Conifer Clo. Orp 1M 67
Conifer Clo. Reig 1M 121
Conifer Dri. Camb 9E 50
Conifer Gdns. SW16 4J 29
Conifer Gdns. Sutt 8N 43
Conifer La. Egh 6E 20
Conifer Pk. Eps 7D 60
Conifers. Wey 1F 56
Conifers Clo. H'ham 2A 198
Conifers Clo. Tedd 8H 25
Conifers, The. Crowt 9F 30
Coniger Rd. SW6 5M 13
Coningsby. Brack 3A 32
Coningsby Rd. S Croy 5N 63
Conista Ct. Wok 3J 73
Coniston Clo. Farnb 2K 89
Coniston Clo. SW13 3E 12
Coniston Clo. SW20 5J 43
Coniston Clo. W4 3B 12
Coniston Clo. Camb 3G 71
Coniston Clo. H'ham 3A 198
Coniston Clo. If'd 5J 181
Coniston Ct. Ash V 9D 90 (off Lakeside Clo.)
Coniston Ct. Light 6M 51
Coniston Ct. Wey 3C 56
Coniston Dri. Farnh 6F 108
Coniston Gdns. Sutt 3B 62
Coniston Rd. Coul 3G 82
Coniston Rd. Croy 6D 46
Coniston Rd. Twic 9B 10
Coniston Rd. Wok 7D 74
Coniston Way. Chess 9L 41
Coniston Way. C Crook 8A 88
Coniston Way. Egh 8D 20
Coniston Way. Reig 2C 122
Connaught Av. Ashf 5N 21
Connaught Av. SW14 6B 12
Connaught Av. Houn 7M 9
Connaught Barracks. Alder 7B 90
Connaught Bus. Cen. Mitc 4D 44
Connaught Clo. Crowt 4E 48
Connaught Clo. Sutt 8B 44
Connaught Clo. Yat 9A 48
Connaught Cres. Brkwd 7C 72
Connaught Dri. Wey 7B 56
Connaught Gdns. Craw 1B 182
Connaught Gdns. Mord 3A 44
Connaught M. SW6 4K 13
Connaught Rd. Alder 2A 110
Connaught Rd. Bag 4G 51
Connaught Rd. Brkwd 8B 72
Connaught Rd. Camb 1D 70
Connaught Rd. Fleet 5A 88
Connaught Rd. N Mald 3D 42
Connaught Rd. Rich 8M 11
Connaught Rd. Sutt 8B 44
Connaught Rd. Tedd 6D 24
Connicut La. Bookh 6B 98
Connolly Ct. Vir W 3A 36
Connolly Pl. SW19 7A 28
Connop Way. Frim 3D 70
Conquest Rd. Add 2J 55
Conrad Dri. Wor Pk 7H 43
Consfield Av. N Mald 3F 42
Consort Ct. Wok 5A 74 (off York Rd.)
Consort Dri. Camb 8G 50
Consort Ho. Horl 8E 142
Consort M. Iswth 8D 10
Consort Way. Horl 8E 142
Consort Way E. Horl 9F 142
Constable Ct. W4 1A 12 (off Chaseley Dri.)
Constable Gdns. Iswth 8D 10
Constable Rd. Craw 7D 182
Constable Way. Col T 9K 49
Constance Rd. Croy 6M 45
Constance Rd. Sutt 1A 62
Constance Rd. Twic 1B 24
Constantius Ct. C Crook 9A 88 (off Brandon Rd.)
Constant Rd. Farnb 3F 88
Constitution Hill. Wok 6A 74
Contessa Clo. Orp 2N 67
Control Tower Rd. Gat A 4B 162
Control Tower Rd. H'row A 6B 8
Convent Gdns. W5 1J 11
Convent Hill. SE19 7N 29
Convent La. Cob 7F 56
Convent Lodge. Ashf 6C 22
Convent Rd. Ashf 6B 22
Convent Rd. Wind 5C 4
Convent Way. S'hall 1K 9
Conway Clo. Frim 5D 70
Conway Dri. Ashf 7D 22
Conway Dri. Farnb 1J 89
Conway Dri. Sutt 3N 61
Conway Gdns. Mitc 3J 45
Conway Rd. SW20 9H 27
Conway Rd. Felt 6L 23
Conway Rd. Houn 1N 23
Conway Rd. H'row A 6C 8
Conway Wlk. Hamp 7N 23
Conyers Clo. W on T 2L 57
Conyer's Rd. SW16 6H 29
Cook Cres. H'ham 6M 197
Cooke Ri. Warf 7A 16
Cookes La. Sutt 3K 61
Cookham Clo. Sand 6H 49
Cookham Rd. Brack 1K 31
Cook Rd. Craw 5C 182
Cook Rd. H'ham 2K 197
Cooks Hill. Rud 8A 176
Cook's La. Broad H 3A 196
Cooks Mead. Rusp 2C 180
Cooks Mdw. Rusp 2C 180
Coolarne Ri. Camb 9E 50
Coolgardie Rd. Ashf 6D 22
Coolham Ct. Craw 3L 181
Coolhurst. 8A 198
Coolhurst La. H'ham 7N 197
Coombe. 8C 26
Coombe Av. Croy 1B 64
Coombe Bank. King T 9D 26
Coombe Bottom. 6A 116
Coombe Clo. Craw 9B 162
Coombe Clo. Frim 6B 70
Coombe Clo. Houn 7A 10
Coombe Ct. Croy 6D 200
Coombe Cres. Hamp 8N 23
Coombe Dri. Add 3H 55
Coombe Dri. Fleet 4D 88
Coombe End. King T 8C 26
Coombefield Clo. N Mald 4D 42
Coombe Gdns. SW20 1F 42
Coombe Gdns. N Mald 3E 42
Coombe Hill Ct. Wind 6A 4
Coombe Hill Glade. King T 8D 26
Coombe Hill Rd. E Grin 3M 185
Coombe Hill Rd. King T 8D 26
Coombe Ho. Chase. N Mald 9C 26
Coombelands La. Add 3J 55
Coombe Lane. (Junct.) 8E 26
Coombe La. SW20 9E 26
Coombe La. Asc 3N 33
Coombe La. Croy 2E 64
Coombe La. W Vill 5G 56
Coombe La. Worp 7F 92 (in two parts)
Coombe La. Flyover. SW20 9E 26
Coombe La. W. King T 9A 26
Coombe Neville. King T 8C 26
Coombe Pk. King T 6B 26
Coombe Pine. Brack 5B 32
Coomber Ho. SW6 6N 13 (off Wandsworth Bri. Rd.)
Coombe Ridings. King T 6B 26
Coombe Ri. King T 9B 26
Coombe Rd. W4 1D 12
Coombe Rd. Croy 1A 64 (6C 200)
Coombe Rd. Hamp 7N 23
Coombe Rd. King T 9N 25 (2M 203)
Coombe Rd. N Mald 1D 42
Coombe Rd. Yat 8A 48
Coomber Way. Croy 6H 45 (in two parts)
Coombes, The. Brmly 6C 134
Coombe, The. Bet 9C 100
Coombe Vw. C'fold 4D 172
Coombe Wlk. Sutt 9N 43
Coombe Way. Byfl 8A 56
Coombe Wood Hill. Purl 9N 63
Coombewood Rd. King T 6B 26
Coombfield. Eden 3L 147
Coomer M. SW6 2L 13
Coomer Pl. SW6 2L 13
Coomer Rd. SW6 2L 13
Cooper Clo. Small 8L 143
Cooper Cres. Cars 9D 44
Cooper Ho. Houn 6N 9
Cooper Rd. Croy 1M 63
Cooper Rd. Guild 5B 114
Cooper Rd. W'sham 3A 52
Cooper Row. Craw 6B 182
Coopers Clo. Stai 6G 21
Coopers Ct. Iswth 5F 10 (off Woodlands Rd.)
Coopers Hill Dri. Brkwd 7N 71
Coopers Hill La. Eng G 4M 19 (in three parts)
Cooper's Hill Rd. Nutf & S Nut 3L 123
Coopers Pl. Wmly 1C 172
Coopers Ri. G'ming 8E 132
Coopers Ter. Farnh 9H 109
Coopers Wood. Hand 5N 199
Coos La. Hand 9M 199
Cootes Av. H'ham 5G 196
Copelands Clo. Camb 2H 71
Copenhagen Wlk. Crowt 3G 49
Copenhagen Way. W on T 9J 39
Copgate Path. SW16 7K 29
Copleigh Dri. Tad 7K 81
Copley Clo. Red 1C 122
Copley Clo. Wok 6H 73
Copley Pk. SW16 7K 29
Copley Way. Tad 7J 81
Copnall Way. H'ham 6J 197
Coppard Gdns. Chess 3J 59
Copped Hall Dri. Camb 9G 50
Copped Hall Way. Camb 9G 50
Copper Beech Clo. Wind 4A 4
Copper Beech Clo. Wok 8L 73
Copper Beeches Ct. Iswth 4D 10
Copperfield Av. Owl 5K 49
Copperfield Clo. S Croy 7N 63
Copperfield Ct. Lea 8G 79
Copperfield Pl. H'ham 4H 197
Copperfield Ri. Add 2H 55
Copperfields. Fet 9C 78
Copperfields. H'ham 8A 198
Copper Mill Dri. Iswth 5F 10
Copper Mill La. SW17 5A 28
Coppermill Rd. Wray 9C 6
Coppice Clo. SW20 2H 43
Coppice Clo. Beck 3L 47
Coppice Clo. Farnh 6K 109
Coppice Clo. Guild 2G 113
Coppice Dri. SW15 9G 12
Coppice Dri. Wray 1N 19
Coppice End. Wok 3G 74
Coppice Gdns. Crowt 2E 48
Coppice Gdns. Yat 1B 68
Coppice Grn. Brack 8L 15 (in two parts)
Coppice La. Reig 1L 121
Coppice Pl. Wmly 1C 172
Coppice Rd. H'ham 3N 197
Coppice, The. Ashf 7C 22
Coppice, The. Craw D 1E 184
Coppice Wlk. Craw 2E 182
Coppid Beech La. Wokgm 2F 30
Copping Clo. Croy 1B 64
Coppins, The. New Ad 3L 65
Coppsfield. W Mol 2A 40
Copse Av. Farnh 5K 109
Copse Av. W Wick 9L 47
Copse Clo. Camb 9E 50
Copse Clo. Chil 1E 134
Copse Clo. Craw D 1E 184
Copse Clo. E Grin 7C 166
Copse Clo. H'ham 2M 197
Copse Cres. Craw 2A 182
Copse Dri. Wokgm 1A 30
Copse Edge. Cranl 6A 156
Copse Edge. Elst 8G 131
Copse Edge Av. Eps 9E 60
Copse End. Camb 9D 50
Copse Glade. Surb 6K 41
Copse Hill. 8G 26
Copse Hill. SW20 9F 26
Copse Hill. Purl 9J 63
Copse Hill. Sutt 4N 61
Copse La. C Crook 8A 88
Copse La. Eve 7A 48
Copse La. Horl 7G 143
Copsem Dri. Esh 3B 58
Copsem La. Esh & Oxs 3B 58
Copsem Way. Esh 4C 58
Copsem Wood. Oxs 7C 58
Copse Rd. Cob 9J 57
Copse Rd. Hasl 3B 188
Copse Rd. Red 5A 122
Copse Rd. Wok 5J 73
Copse Side. G'ming 3G 133
Copse, The. Farnb 2J 89
Copse, The. Row 7E 128
Copse, The. Brack 2B 32
Copse, The. Cat 4D 104
Copse, The. Fet 1B 98
Copse, The. S Nut 5J 123
Copse, The. Wink 2L 17
Copse Vw. S Croy 5G 65
Copse Way. Wrec 5E 128
Copsleigh Av. Red 1E 142
Copsleigh Clo. Salf 9E 122
Copsleigh Way. Red 9E 122
Copthall Gdns. Twic 2F 24
Copthall Way. New H 6H 55
Copt Hill La. Tad 7K 81
Copthorne. 7L 163
Copthorne Av. SW12 1H 29
Copthorne Bank. Copt 4N 163
Copthorne Chase. Ashf 5A 22
Copthorne Clo. Shep 5D 38
Copthorne Common. 7A 164
Copthorne Comn. Rd. Copt 8L 163
Copthorne Ct. Lea 9G 79
Copthorne Dri. Light 6M 51
Copthorne Ri. S Croy 9A 64
Copthorne Rd. Copt & Felb 6E 164
Copthorne Rd. Craw 1H 183
Copthorne Rd. Lea 7H 79
Copthorne Way. Craw 8J 163
Copyhold Rd. E Grin 1N 185
Coram Ho. W4 1D 12 (off Wood St.)
Corban Rd. Houn 6A 10
Corbet Clo. Wall 7E 44
Corbet Rd. Eps 6D 60
Corbett Clo. Croy 8N 65
Corbett Dri. Light 8K 51
Corbett Ho. SW10 2N 13 (off Cathcart Rd.)
Corbiere Ct. SW19 7J 27
Corby Clo. Bew 6K 181
Corby Clo. Eng G 7M 19
Corby Dri. Eng G 7L 19
Cordelia Cft. Warf 9C 16
Cordelia Gdns. Ash V 4D 90
Cordelia Gdns. Stai 1N 21
Cordelia Rd. Stai 1N 21
Corderoy Pl. Cher 5G 37
Cordrey Gdns. Coul 2J 83 (in two parts)
Cordrey Ho. Add 8J 37
Cordwalles Rd. Camb 7D 50
Corelli Ct. SW5 1M 13 (off W. Cromwell Rd.)
Coresbrook Way. Knap 5D 72
Corfe Clo. Asht 5J 79
Corfe Gdns. Frim 5D 70
Corfe Way. Farnb 4C 90
Coriander Clo. Farnb 9H 69
Coriander Cres. Guild 7K 93
Corinthian Way. Stanw 1M 21
Corkran Rd. Surb 6K 41
Corkscrew Hill. W Wick 8M 47
Cork Tree Ho. SE27 6M 29 (off Lakeview Rd.)
Cormongers La. Nutf 9H 103
Cormorant Pl. Col T 8J 49
Cormorant Pl. Sutt 2L 61
Cornbunting Clo. Col T 7J 49
Corn Cft. Warf 8B 16
Cornelia Clo. Farnb 2J 89
Cornelia Ho. Twic 9K 11 (off Denton Rd.)
Corner Bungalows. G'ming 3E 132
Cornercroft. Sutt 2J 61 (off Wickham Av.)
Corner Farm Clo. Tad 9H 81
Corner Fielde. SW2 2K 29
Cornerside. Ashf 8D 22
Cornerstone Ho. Croy 6N 45
Corner, The. W Byf 9J 55
Corney Reach Way. W4 3D 12
Corney Rd. W4 2D 12
Cornfield Rd. Reig 4A 122
Cornfields. G'ming 3J 133
Cornfields. Yat 2A 68
Cornflower La. Croy 7G 47
Cornford Gro. SW12 3F 28
Cornhill Clo. Add 8K 37
Cornish Ho. Bren 1M 11
Cornwall Av. Byfl 1A 76
Cornwall Av. Clay 4F 58
Cornwall Clo. Camb 8D 50
Cornwall Clo. Eton W 1B 4
Cornwall Clo. Warf 7D 16
Cornwall Gdns. SE25 3C 46
Cornwall Gdns. E Grin 1B 186
Cornwall Gro. W4 1D 12
Cornwallis Clo. Cat 9N 83
Cornwall Rd. Croy 8M 45 (2A 200)
Cornwall Rd. Sutt 4L 61
Cornwall Rd. Twic 1G 25
Cornwall Way. Stai 7G 20
Cornwell Rd. Old Win 9K 5
Coronation Av. Wind 5K 5
Coronation Rd. Alder 5N 109
Coronation Rd. Asc 6L 33
Coronation Rd. E Grin 2A 186
Coronation Rd. Hay 1G 9
Coronation Rd. Yat 8D 48
Coronation Sq. Wokgm 1C 30
Coronation Wlk. Twic 2A 24
Coronet Clo. Craw 2J 183
Coronet, The. Horl 1G 162
Corporate Dri. Felt 4J 23
Corporation Av. Houn 7M 9
Corrib Dri. Sutt 2C 62
Corrie Gdns. Vir W 6M 35
Corrie Rd. Add 1M 55
Corrie Rd. Wok 7D 74
Corrigan Av. Coul 2E 82
Corringway. C Crook 7C 88
Corry Rd. Hind 3A 170
Corsair Clo. Stai 1M 21
Corsair Rd. Stai 1N 21
Corscombe Clo. King T 6B 26
Corsehill St. SW16 7G 28
Corsham Way. Crowt 2G 48
Corsletts Av. Broad H 5D 196
Corston Hollow. Red 4D 122 (off Woodlands Rd.)
Cortayne Ct. Twic 3E 24
Cortayne Rd. SW6 5L 13
Cortis Rd. SW15 9G 13
Cortis Ter. SW15 9G 13
Corunna Dri. H'ham 6M 197
Cosdach Av. Wall 4H 63
Cosedge Cres. Croy 2L 63 (8A 200)
Cosford Rd. Thur 6J 151
Costells Mdw. W'ham 4M 107
Coteford St. SW17 5D 28
Cotelands. Croy 9B 46 (4F 200)
Cotford Rd. T Hth 3N 45
Cotherstone. Eps 6C 60
Cotherstone Rd. SW2 2K 29
Cotland Acres. Red 5B 122
Cotman Clo. SW15 9J 13
Cotmandene. 5H 119 (2L 201)
Cotsford. Peas P 2N 199
Cotsford Av. N Mald 4B 42
Cotswold Clo. Farnb 7K 69
Cotswold Clo. Craw 3N 181
Cotswold Clo. Hin W 8F 40
Cotswold Clo. King T 7B 26
Cotswold Clo. Stai 6J 21
Cotswold Ct. Fleet 4A 88
Cotswold Ct. H'ham 6L 197
Cotswold Rd. Hamp 6A 24
Cotswold Rd. Sand 6E 48
Cotswold Rd. Sutt 6N 61
Cotswold St. SE27 5M 29
Cotswold Way. Wor Pk 8H 43
Cottage Clo. H'ham 2A 198
Cottage Clo. Ott 3E 54
Cottage Farm Way. Egh 2E 36
Cottage Gdns. Farnb 1L 89
Cottage Gro. Surb 5K 41
Cottage Pl. Copt 7B 164
Cottage Rd. Eps 4C 60
Cottenham Dri. SW20 8G 27
Cottenham Pde. SW20 1G 43
Cottenham Park. 9G 27
Cottenham Pk. Rd. SW20 9F 26 (in two parts)
Cottenham Pl. SW20 8G 27
Cottenhams. Blind H 3H 145
Cotterell Clo. Brack 8N 15
Cotterell Ct. C Crook 9A 88
Cotterill Rd. Surb 8L 41

A-Z Surrey 223

Dagmar Rd.—Denmead Ho.

Dagmar Rd. King T . . . 9M 25 (1M 203)
Dagmar Rd. Wind . . . 5G 4
Dagnall Pk. SE25 . . . 5B 46
Dagnall Rd. SE25 . . . 4B 46
Dagnan Rd. SW12 . . . 1F 28
Dahlia Gdns. Mitc . . . 3H 45
Dahomey Rd. SW16 . . . 7G 28
Daimler Way. Wall . . . 4J 63
Dairy Clo. T Hth . . . 1N 45
Dairyfields. Craw . . . 4M 181
Dairy La. Crock H . . . 3J 127
Dairyman's Wlk. Guild . . . 7D 94
Dairy Wlk. SW19 . . . 5K 27
Daisy Clo. Croy . . . 7G 47
Daisy La. SW6 . . . 6M 13
Dakin Clo. M'bowr . . . 7G 183
Dakins, The. E Grin . . . 1A 186
Dakota Clo. Wall . . . 4K 63
Dalby Rd. SW18 . . . 7N 13
Dalcross. Brack . . . 5C 32
Dalcross Rd. Houn . . . 5M 9
Dale Av. Houn . . . 6M 9
Dalebury Rd. SW17 . . . 3D 28
Dale Clo. Add . . . 2K 55
Dale Clo. Asc . . . 4D 34
Dale Clo. H'ham . . . 3M 197
Dale Clo. Wrec . . . 4E 128
Dale Ct. King T . . . 1M 203
Dale Gdns. Sand . . . 7F 48
Dalegarth Gdns. Purl . . . 9A 64
Daleham Av. Egh . . . 7C 20
Dale Lodge Rd. Asc . . . 4D 34
Dale Pk. Av. Cars . . . 8D 44
Dale Pk. Rd. SE19 . . . 9N 29 & 1A 46
Dale Rd. F Row . . . 8H 187
Dale Rd. Purl . . . 8L 63
Dale Rd. Sun . . . 8G 22
Dale Rd. Sutt . . . 1L 61
Dale Rd. W on T . . . 6G 39
Daleside Rd. SW16 . . . 6F 28
Daleside Rd. Eps . . . 3C 60
Dale St. W4 . . . 1D 12
Dale, The. Kes . . . 1F 66
Dale Vw. Hasl . . . 3E 188
Dale Vw. H'ley . . . 1A 100
Dale Vw. Wok . . . 5L 73
Dalewood Gdns. Craw . . . 1D 182
Dalewood Gdns. Wor Pk . . . 8G 43
Dalkeith Rd. SE21 . . . 2N 29
Dallas Rd. Sutt . . . 3K 61
Dallaway Gdns. E Grin . . . 9A 166
Dalley Ct. Sand . . . 8J 49
Dalling Rd. W6 . . . 1G 12
Dallington Clo. W on T . . . 3K 57
Dalmally Rd. Croy . . . 6C 46
Dalmeny Av. SW16 . . . 1L 45
Dalmeny Cres. Houn . . . 7D 10
Dalmeny Rd. Cars . . . 4E 62
Dalmeny Rd. Wor Pk . . . 9G 42
Dalmore Av. Clay . . . 3F 58
Dalmore Rd. SE21 . . . 3N 29
Dalston Clo. Camb . . . 3H 71
Dalton Av. Mitc . . . 1C 44
Dalton Clo. Craw . . . 8N 181
Dalton Clo. Purl . . . 8N 63
Dalton St. SE27 . . . 3M 29
Damascene Wlk. SE21 . . . 2N 29
Damask Clo. W End . . . 9B 52
Damphurst La. Ab C . . . 1A 138
Dampier Wlk. Craw . . . 8N 181
Danbrook Rd. SW16 . . . 9J 29
Danbury M. Wall . . . 1F 62
Danby Ct. Horl . . . 6E 142
Dancer Rd. SW6 . . . 4L 13
Dancer Rd. Rich . . . 6N 11
Danebury. New Ad . . . 3M 65
Danebury Av. SW15 . . . 9D 12 (in two parts)
Danebury Wlk. Frim . . . 6D 70
Dane Clo. Orp . . . 2M 67
Dane Ct. Wok . . . 2H 75
Danecourt Gdns. Croy . . . 9C 46
Danehurst Clo. Egh . . . 7A 20
Danehurst Ct. Eps . . . 9E 60
Danehurst Cres. H'ham . . . 6M 197
Danehurst St. SW6 . . . 4K 13
Danemere St. SW15 . . . 6H 13
Danemore La. S God . . . 1G 145
Dane Rd. Ashf . . . 7D 22
Dane Rd. SW19 . . . 9A 28
Dane Rd. Warl . . . 4G 84
Danesbury Rd. Felt . . . 2J 23
Danes Clo. Oxs . . . 1C 78
Danescourt Cres. Sutt . . . 8A 44
Danesfield. Rip . . . 1H 95
Danesfield Clo. W on T . . . 9J 39
Daneshill. Red . . . 2C 122
Danes Hill. Wok . . . 5C 74
Daneshill Clo. Red . . . 2C 122
Daneshill Dri. Oxs . . . 1D 70
Danesrood. Guild . . . 4B 114
Danes Way. Oxs . . . 1D 78
Daneswood Clo. Wey . . . 2C 56
Danetree Clo. Eps . . . 4B 60
Danetree Rd. Eps . . . 4B 60
Daniel Clo. SW17 . . . 7C 28
Daniel Clo. Houn . . . 1N 23
Daniell Way. Croy . . . 7J 45
Daniels La. Warl . . . 3J 85
Daniel Way. Bans . . . 1N 81
Dan Leno Wlk. SW6 . . . 3N 13
Danone Ct. Guild . . . 3N 113 (3C 202)
Danses Clo. Guild . . . 1F 114
Danvers Dri. C Crook . . . 9A 88
Danvers Way. Cat . . . 1N 103
Da Palma Ct. SW6 . . . 2M 13 (off Anselm Rd.)
Dapdune Ct. Guild . . . 3M 113 (3B 202)
Dapdune Rd. Guild . . . 3N 113 (3C 202)
Dapdune Wharf. . . . 3M 113 (3A 202)
Daphne Ct. Wor Pk . . . 8D 42
Daphne Dri. C Crook . . . 1A 108
Daphne St. SW18 . . . 9N 13 & 1A 28
Darby Clo. Cat . . . 9N 83
Darby Cres. Sun . . . 1K 39
Darby Gdns. Sun . . . 1K 39
Darby Green. . . . 1F 68
Darby Grn. La. B'water . . . 1F 68
Darby Grn. Rd. B'water . . . 1F 68
Darby Va. Warf . . . 7N 15
Darcy Av. Wall . . . 1G 63
Darcy Clo. Coul . . . 6M 83
D'Arcy Pl. Asht . . . 4M 79
Darcy Rd. SW16 . . . 1J 45
D'Arcy Rd. Asht . . . 4M 79
Darcy Rd. Iswth . . . 4G 11
D'Arcy Rd. Sutt . . . 1J 61
Darell Rd. Rich . . . 6N 11
Darenth Gdns. W'ham . . . 4M 107
Darenth Way. Horl . . . 6D 142
Dare's La. Ews . . . 3A 108
Darfield Rd. Guild . . . 9C 94
Darfur St. SW15 . . . 6J 13
Dark Dale. Asc . . . 4E 32
Dark La. P'ham . . . 8M 111
Dark La. Shere . . . 8A 116
Dark La. W'sham . . . 3M 51
Darlan Rd. SW6 . . . 3L 13
Darlaston Rd. SW19 . . . 8J 27
Darley Clo. Add . . . 2L 55
Darley Clo. Croy . . . 5H 47
Darleydale. Craw . . . 6A 182
Darleydale Clo. Owl . . . 5J 49
Darley Dene Ct. Add . . . 1L 55
Darley Dri. N Mald . . . 1C 42
Darley Gdns. Mord . . . 5A 44
Darling Ho. Twic . . . 9K 11
Darlington Rd. SE27 . . . 6M 29
Darmaine Clo. S Croy . . . 4N 63
Darnley Pk. Wey . . . 9C 38
Darracott Clo. Camb . . . 7F 50
Darset Av. Fleet . . . 3B 88
Dart Clo. Slou . . . 1D 6
Dart Ct. E Grin . . . 7C 166
Dartmouth Av. Wok . . . 1E 74
Dartmouth Clo. Brack . . . 2C 32
Dartmouth Grn. Wok . . . 1F 74
Dartmouth Path. Wok . . . 1F 74
Dartmouth Pl. W4 . . . 2D 12
Dartnell Av. W Byf . . . 8K 55
Dartnell Clo. W Byf . . . 8K 55
Dartnell Ct. W Byf . . . 8L 55
Dartnell Cres. W Byf . . . 8K 55
Dartnell Park. . . . 8L 55
Dartnell Pk. Rd. W Byf . . . 8K 55
Dartnell Pl. W Byf . . . 8K 55
Dartnell Rd. Croy . . . 6C 46
Dart Rd. Farnb . . . 8J 69
Darvel Clo. Wok . . . 3K 73
Darvills La. Farnh . . . 1H 129
Darvills La. Read . . . 1E 14
Darwall Dri. Asc . . . 1H 33
Darwin Clo. H'ham . . . 4M 197
Darwin Clo. Orp . . . 2M 67
Darwin Gro. Alder . . . 1A 110
Darwin Rd. W5 . . . 1J 11
Daryngton Dri. Guild . . . 3D 114
Dashwood Clo. Brack . . . 9B 16
Dashwood Clo. W Byf . . . 8L 55
Dashwood Lang Rd. Add . . . 1M 55
Dassett Rd. SE27 . . . 6M 29
Datchet. . . . 3L 5
Datchet Common. . . . 4N 5
Datchet Pl. Dat . . . 4L 5
Datchet Rd. Dat . . . 1J 5
Datchet Rd. Hort . . . 6B 6
Datchet Rd. Old Win . . . 7K 5
Datchet Rd. Wind . . . 3G 5
Dault Rd. SW18 . . . 9N 13
Daux Hill. Warn . . . 1H 197
Davenant Rd. Croy . . . 1M 63 (6A 200)
Davenport Clo. Tedd . . . 7G 24
Davenport Lodge. Houn . . . 3M 9
Davenport Rd. Brack . . . 9C 16
Daventry Clo. Coln . . . 4H 7
Daventry Ct. Brack . . . 9N 15
David Clo. Hay . . . 3F 8
David Clo. Horl . . . 7F 142
David Rd. Coln . . . 5H 7
Davidson Rd. Croy . . . 7B 46
David Twigg Clo. King T . . . 9L 25 (1K 203)
Davies Clo. Croy . . . 5C 46
Davies Clo. G'ming . . . 4G 133
Davies Wlk. Iswth . . . 4D 10
Davis Clo. Craw . . . 8M 181
Davis Gdns. Col T . . . 8K 49
Davis Rd. Chess . . . 1N 59
Davis Rd. Wey . . . 6A 56
Davmor Ct. Bren . . . 1J 11
Davos Clo. Wok . . . 6A 74
Davy Clo. Wokgm . . . 3B 30
Dawell Dri. Big H . . . 4E 86
Dawes Av. Iswth . . . 8G 10
Dawes Ct. Esh . . . 1B 58
Dawesgreen. . . . 9E 120
Dawes Rd. SW6 . . . 3K 13
Dawley Ride. Coln . . . 4G 6
Dawlish Av. SW18 . . . 3N 27
Dawnay Clo. Asc . . . 9K 17
Dawnay Gdns. SW18 . . . 3B 28
Dawnay Rd. SW18 . . . 3A 28
Dawnay Rd. Bookh . . . 4B 98
Dawnay Rd. Camb . . . 7N 49 (in two parts)
Dawn Clo. Houn . . . 6M 9
Dawney Hill. Pirb . . . 8B 72
Dawneys Rd. Pirb . . . 9B 72
Dawn Redwood Clo. Hort . . . 6C 6
Dawn Ri. Copt . . . 7L 163
Dawsmere Clo. Camb . . . 1G 71
Dawson Clo. Wind . . . 5D 4
Dawson Rd. Byfl . . . 7M 55
Dawson Rd. King T . . . 2M 41 (5M 203)
Daybrook Rd. SW19 . . . 1N 43
Day Ct. Cranl . . . 8H 155
Daylesford Av. SW15 . . . 7F 12
Daymerslea Ridge. Lea . . . 8J 79
Days Acre. S Croy . . . 6C 64
Daysbrook Rd. SW2 . . . 2K 29
Dayseys Hill. Out . . . 3L 143
Dayspring. Guild . . . 8L 93
Deacon Clo. D'side . . . 6J 77
Deacon Clo. Purl . . . 5J 63
Deacon Clo. Wokgm . . . 9B 14
Deacon Fld. Guild . . . 2K 113
Deacon Pl. Cat . . . 1N 103
Deacon Rd. King T . . . 9M 25 (2L 203)
Deacons Ct. Twic . . . 3F 24
Deacons Leas. Orp . . . 1M 67
Deacons Wlk. Hamp . . . 5A 24
Deadbrook La. Alder . . . 1B 110
Deadwater. . . . 5A 168
Deal M. W5 . . . 1K 11
Deal Rd. SW17 . . . 7E 28
Dealtry Rd. SW15 . . . 7H 13
Dean Clo. As . . . 2G 110
Dean Clo. Wind . . . 6A 4
Dean Clo. Wok . . . 3G 74
Deanery Pl. G'ming . . . 7G 133 (off Church St.)
Deanery Rd. Crock H . . . 3L 127
Deanery Rd. G'ming . . . 6G 133
Deanfield Gdns. Croy . . . 1A 64 (7D 200)
Dean Gro. Wokgm . . . 1B 30
Deanhill Ct. SW14 . . . 7A 12
Deanhill Rd. SW14 . . . 7A 12
Dean La. Red . . . 1F 102
Deanoak La. Leigh . . . 4H 141
Dean Pde. Camb . . . 7D 50
Dean Rd. Croy . . . 1A 64 (7D 200)
Dean Rd. G'ming . . . 5G 132
Dean Rd. Hamp . . . 6A 24
Dean Rd. Houn . . . 8B 10
Deans Clo. W4 . . . 2A 12
Deans Clo. Croy . . . 9C 46
Deans Clo. Tad . . . 2G 100
Deans Ct. W'sham . . . 4A 52
Deansfield. Cat . . . 3C 104
Deansgate. Brack . . . 6N 31
Deans La. W4 . . . 2A 12 (off Deans Clo.)
Deans La. Nutf . . . 2L 123
Deans La. Tad . . . 2G 101
Deans Rd. Red . . . 8G 102
Deans Rd. Sutt . . . 9N 43
Dean's Wlk. Coul . . . 5L 83
Dean Wlk. Bookh . . . 4B 98
Dearn Gdns. Mitc . . . 2C 44
Deauville Ct. SW4 . . . 1G 29
Debden Clo. King T . . . 6K 25
Deborah Clo. Iswth . . . 4E 10
De Brome Rd. Felt . . . 2K 23
De Burgh Gdns. Tad . . . 6J 81
De Burgh Pk. Bans . . . 2N 81
De Burgh Rd. SW19 . . . 8A 28
Decimus Clo. T Hth . . . 3A 46
Dedisham Clo. Craw . . . 4E 182
Dedswell Dri. W Cla . . . 7J 95
Dedworth. . . . 5B 4
Dedworth Dri. Wind . . . 4C 4
Dedworth Rd. Wind . . . 5A 4
Deedman Clo. As . . . 2E 110
Deepcut. . . . 7G 71
Deepcut Bri. Rd. Deep . . . 8G 70
Deepdale. SW19 . . . 5J 27
Deepdale. Brack . . . 3M 31
Deepdale Ct. S Croy . . . 6E 200
Deepdene. Hasl . . . 2C 188
Deepdene. Lwr Bo . . . 5J 129
Deepdene Av. Croy . . . 9C 46
Deepdene Av. Dork . . . 3J 119 (2M 201)
Deepdene Av. Rd. Dork . . . 3J 119
Deepdene Dri. Dork . . . 4J 119 (1M 201)
Deepdene Gdns. SW2 . . . 1K 29
Deepdene Gdns. Dork . . . 4H 119 (1L 201)
Deepdene Pk. Rd. Dork . . . 4J 119 (1M 201)
Deepdene Roundabout. Dork . . . 4J 119 (1M 201)
Deepdene Va. Dork . . . 4J 119
Deepdene Wood. Dork . . . 5J 119
Deepfield. Dat . . . 3L 5
Deepfield Rd. Brack . . . 1B 32
Deepfields. Horl . . . 6D 142
Deepfield Way. Coul . . . 3J 83
Deep Pool La. Hors . . . 1L 73
Deeprose Clo. Guild . . . 8L 93
Deepwell Clo. Iswth . . . 4G 10
Deep Well Dri. Camb . . . 1C 70
Deerbarn Rd. Guild . . . 2L 113
Deerbrook Rd. SE24 . . . 2M 29
Deerhurst Clo. Felt . . . 5J 23
Deerhurst Cres. Hamp H . . . 6C 24
Deerhurst Rd. SW16 . . . 6K 29
Deerings Rd. Reig . . . 3N 121
Deer Leap. Light . . . 7L 51
Deerleap Rd. Westc . . . 6B 118
Dee Rd. Rich . . . 7M 11
Dee Rd. Wind . . . 3A 4
Deer Pk. Clo. King T . . . 8A 26
Deer Pk. Gdns. Mitc . . . 3B 44
Deer Pk. Rd. SW19 . . . 1N 43
Deer Rock Hill. Brack . . . 5A 32
Deer Rock Rd. Camb . . . 8D 50
Deers Farm Clo. Wis . . . 3N 75
Deers Leap Pk. . . . 5M 185
Deerswood Clo. Cat . . . 2D 104
Deerswood Clo. Craw . . . 2N 181
Deerswood Ct. Craw . . . 2M 181
Deerswood Rd. Craw . . . 3N 181
Deeside Rd. SW17 . . . 4B 28
Dee Way. Eps . . . 6D 60
Defiant Way. Wall . . . 4J 63
Defoe Av. Rich . . . 3N 11
Defoe Clo. SW17 . . . 7C 28
Defoe Pl. SW17 . . . 5D 28
De Havilland Dri. Wey . . . 7N 55
De Havilland Rd. Houn . . . 3K 9
De Havilland Way. Stanw . . . 9M 7
Delabole Rd. Red . . . 7J 103
Delaford St. SW6 . . . 3K 13
Delagarde Rd. W'ham . . . 4L 107
Delamare Cres. Croy . . . 5F 46
Delamere Rd. SW20 . . . 9J 27
Delamere Rd. Reig . . . 7N 121
Delancey Ct. H'ham . . . 4J 197 (off Wimblehurst Rd.)
Delaporte Clo. Eps . . . 8D 60 (5M 201)
De Lara Way. Wok . . . 5N 73
De La Warr Rd. E Grin . . . 9B 166
Delawyk Cres. SE24 . . . 1N 29
Delcombe Av. Wor Pk . . . 7H 43
Delderfield. Lea . . . 7K 79
Delfont Clo. M'bowr . . . 5H 183
Delft Ho. King T . . . 1L 203
Delia St. SW18 . . . 1N 27
Delius Gdns. H'ham . . . 4A 198
Dellbow Rd. Felt . . . 8J 9
Dell Clo. Fet . . . 1D 98
Dell Clo. Hasl . . . 1E 188
Dell Clo. Mick . . . 5J 99
Dell Clo. Wall . . . 1G 63
Dell Corner. Brack . . . 1J 31
Deller St. Binf . . . 8L 15
Dell Gro. Frim . . . 4D 70
Dell La. Eps . . . 2F 60
Dell Rd. Eps . . . 3F 60
Dell Rd. Finch . . . 4A 48
Dells Clo. Tedd . . . 7F 24
Dell, The. Bren . . . 2J 11
Dell, The. E Grin . . . 9D 166
Dell, The. Farnh . . . 5J 109
Dell, The. Felt . . . 1J 23
Dell, The. Horl . . . 7F 142
Dell, The. Reig . . . 2M 121
Dell, The. Tad . . . 8H 81
Dell, The. Wok . . . 6M 73
Dell, The. Yat . . . 1B 68
Dell Wlk. N Mald . . . 1D 42
Delmey Clo. Croy . . . 9C 46
Delorme St. W6 . . . 2J 13
Delta Bungalows. Horl . . . 1E 162
Delta Clo. Chob . . . 6J 53
Delta Clo. Wor Pk . . . 9E 42
Delta Dri. Horl . . . 1E 162
Delta Ho. Horl . . . 1E 162 (off Delta Dri.)
Delta Pk. SW18 . . . 7N 13
Delta Point. Croy . . . 1C 200
Delta Rd. Chob . . . 6J 53
Delta Rd. Wok . . . 3C 74
Delta Rd. Wor Pk . . . 9D 42
Delta Way. Egh . . . 9E 20
Delves. Tad . . . 8J 81
Delville Clo. Farnb . . . 2J 89
Delvino Rd. SW6 . . . 4M 13
De Mel Clo. Eps . . . 8A 60
Demesne Rd. Wall . . . 1H 63
De Montfort Pde. SW16 . . . 4J 29
De Montfort Rd. SW16 . . . 4J 29
De Morgan Rd. SW6 . . . 6N 13
Dempster Clo. Surb . . . 7J 41
Dempster Rd. SW18 . . . 8N 13
Denbies Dri. Dork . . . 1H 119
Denbies Hillside. . . . 3C 118
Denbies Wine Estate, Winery & Vis. Cen. . . . 1G 119
Denbigh Clo. Sutt . . . 2L 61
Denbigh Gdns. Rich . . . 8M 11
Denbigh Rd. Hasl . . . 3H 189
Denbigh Rd. Houn . . . 5B 10
Denby Dene. As . . . 2F 110
Denby Rd. Cob . . . 8K 57
Denchers Plat. Craw . . . 9B 162
Dencliffe. Ashf . . . 6B 22
Den Clo. Beck . . . 2N 47
Dene Av. Houn . . . 6N 9
Dene Clo. Brack . . . 8A 16
Dene Clo. Coul . . . 6C 82
Dene Clo. Hasl . . . 3G 188
Dene Clo. Horl . . . 6C 142
Dene Clo. Lwr Bo . . . 5K 129
Dene Clo. Wor Pk . . . 8E 42
Dene Ct. S Croy . . . 8C 200
Denefield Dri. Kenl . . . 2A 84
Dene Gdns. Th Dit . . . 8G 40
Denehurst Gdns. Rich . . . 7N 11
Denehurst Gdns. Twic . . . 1D 24
Denehyrst Ct. Guild . . . 4F 202
Dene La. Lwr Bo . . . 5J 129
Dene La. W. Lwr Bo . . . 6K 129
Dene Pl. Wok . . . 5M 73
Dene Rd. Farnb . . . 2L 89
Dene Rd. Asht . . . 6M 79
Dene Rd. Guild . . . 4A 114 (4E 202)
Dene St. Dork . . . 5H 119 (2K 201)
Dene St. Gdns. Dork . . . 5H 119 (2L 201)
Dene, The. Ab H . . . 9J 117
Dene, The. Croy . . . 1G 64
Dene, The. Sutt . . . 7L 61
Dene, The. W Mol . . . 4N 39
Dene Tye. Craw . . . 2H 183
Dene Wlk. Lwr Bo . . . 5J 129
Denewood. Eps . . . 9D 60 (7M 201)
Denfield. Dork . . . 7H 119
Denham Cres. Mitc . . . 3D 44
Denham Dri. Yat . . . 1C 68
Denham Gro. Brack . . . 5A 32
Denham Pl. Bear G . . . 7K 139 (off Old Horsham Rd.)
Denham Rd. Egh . . . 5C 20
Denham Rd. Eps . . . 8E 60
Denham Rd. Felt . . . 1K 23
Denholm Gdns. Guild . . . 9C 94
Denison Rd. SW19 . . . 7B 28
Denison Rd. Felt . . . 5G 23
Denleigh Gdns. Th Dit . . . 5E 40
Denly Way. Light . . . 6N 51
Denman Clo. Fleet . . . 4D 88
Denman Dri. Ashf . . . 7C 22
Denman Dri. Clay . . . 2G 58
Denmans. Craw . . . 2H 183
Denmark Av. SW19 . . . 8K 27
Denmark Ct. Mord . . . 5M 43
Denmark Gdns. Cars . . . 9D 44
Denmark Path. SE25 . . . 4E 46
Denmark Rd. SE25 . . . 4D 46
Denmark Rd. SW19 . . . 7J 27
Denmark Rd. Cars . . . 9D 44
Denmark Rd. Guild . . . 4A 114 (4E 202)
Denmark Rd. King T . . . 2L 41 (5J 203)
Denmark Rd. Twic . . . 4D 24
Denmark Sq. Alder . . . 2B 110
Denmark St. Alder . . . 2B 110
Denmark St. Wokgm . . . 3B 30
Denmark Wlk. SE27 . . . 5N 29
Denmead Ct. Brack . . . 5C 32
Denmead Ho. SW15 . . . 9E 12 (off Highcliffe Dri.)

Denmead Rd.—Dowding Rd.

Denmead Rd. *Croy* . . . 7M **45** (1A **200**)
Denmore Ct. *Wall* . . . 2F **62**
Dennan Rd. *Surb* . . . 7M **41**
Dennard Way. *F'boro* . . . 1J **67**
Denne Pde. *H'ham* . . . 7J **197**
Denne Park . . . **8H** 197
Denne Rd. *Craw* . . . 4B **182**
Denne Rd. *H'ham* . . . 7J **197**
Dennett Rd. *Croy* . . . 7L **45**
Dennettsland Rd. *Crock H* . . . 3L **127**
Denning Av. *Croy* . . . 1L **63** (8A **200**)
Denning Clo. *Fleet* . . . 6A **88**
Denning Clo. *Hamp* . . . 6N **23**
Denningtons, The. *Wor Pk* . . . 8D **42**
Dennis Clo. *Ashf* . . . 8E **22**
Dennis Clo. *Red* . . . 1C **122**
Dennis Ho. *Sutt* . . . 1M **61**
Dennis Pk. Cres. *SW20* . . . 9K **27**
Dennis Reeve Clo. *Mitc* . . . 9D **28**
Dennis Rd. *E Mol* . . . 3C **40**
Dennistoun Clo. *Camb* . . . 1B **70**
Dennisville . . . **4K** 113
Dennis Way. *Guild & Sly I* . . . 7A **94**
Denny Rd. *Slou* . . . 1B **6**
Den Rd. *Brom* . . . 2N **47**
Densham Dri. *Purl* . . . 1L **83**
Denton Clo. *Red* . . . 8E **122**
Denton Gro. *W on T* . . . 8M **39**
Denton Rd. *Twic* . . . 9K **11**
Denton Rd. *Wokgm* . . . 2B **30**
Denton St. *SW18* . . . 9N **13**
Denton Way. *Frim* . . . 4B **70**
Denton Way. *Wok* . . . 4J **73**
Dents Gro. *Tad* . . . 6L **101**
Dents Rd. *SW11* . . . 1D **28**
Denvale Trad. Pk. *Craw* . . . 4C **182**
Denvale Wlk. *Wok* . . . 5K **73**
Denzil Rd. *Guild* . . . 4L **113** (5A **202**)
Deodar Rd. *SW15* . . . 7K **13**
Departures Rd. Gat A . . . *2D* ***162*** *(off Gatwick Way)*
Depot Rd. *Craw* . . . 9B **162**
Depot Rd. *Eps* . . . 9D **60** (6L **201**)
Depot Rd. *H'ham* . . . 6L **197**
Depot Rd. *Houn* . . . 6D **10**
Derby Arms Rd. *Eps* . . . 4E **80**
Derby Clo. *Eps* . . . 6G **81**
Derby Day Experience, The. . . . **4E** 80
Derby Rd. *SW14* . . . 7A **12**
Derby Rd. *SW19* . . . 8M **27**
Derby Rd. *Croy* . . . 7M **45** (1A **200**)
Derby Rd. *Guild* . . . 3J **113**
Derby Rd. *Hasl* . . . 1F **188**
Derby Rd. *Houn* . . . 7B **10**
Derby Rd. *Surb* . . . 7N **41**
Derby Rd. *Sutt* . . . 3L **61**
Derbyshire Grn. *Warf* . . . 8D **16**
Derby Sq., The. *Eps* . . . 6K **201**
Derby Stables Rd. *Eps* . . . 4E **80**
Derek Av. *Eps* . . . 3N **59**
Derek Av. *Wall* . . . 1F **62**
Derek Clo. *Ewe* . . . 2A **60**
Derek Horn Ct. *Camb* . . . 9N **49**
Deridene Clo. *Stanw* . . . 9N **7**
Dering Pl. *S Croy* . . . 1N **63** (7C **200**)
Dering Rd. *Croy* . . . 1N **63** (7C **200**)
Derinton Rd. *SW17* . . . 5D **28**
Deronda Est. *SW2* . . . 2M **29**
Deronda Rd. *SE24* . . . 2M **29**
De Ros Pl. *Egh* . . . 7C **20**
Deroy Clo. *Cars* . . . 3D **62**
Derrick Av. *S Croy* . . . 6N **63**
Derrick Rd. *Beck* . . . 2J **47**
Derry Clo. *Ash V* . . . 8D **90**
Derrydown. *Wok* . . . 8M **73**
Derry Rd. *Farnb* . . . 6L **69**
Derry Rd. *Croy* . . . 9J **45**
Derwent Av. *SW15* . . . 5D **26**
Derwent Av. *Ash V* . . . 9D **90**
Derwent Clo. *Farnb* . . . 1K **89**
Derwent Clo. *Add* . . . 2M **55**
Derwent Clo. *Clay* . . . 3E **58**
Derwent Clo. *Craw* . . . 4L **181**
Derwent Clo. *Farnh* . . . 6F **108**
Derwent Clo. *Felt* . . . 2G **22**
Derwent Clo. *H'ham* . . . 2A **198**
Derwent Dri. *Purl* . . . 9A **64**
Derwent Ho. SE20 . . . *1E* ***46*** *(off Derwent Rd.)*
Derwent Lodge. *Iswth* . . . 5D **10**
Derwent Lodge. *Wor Pk* . . . 8G **42**
Derwent Rd. *SE20* . . . 1D **46**
Derwent Rd. *SW20* . . . 4J **43**
Derwent Rd. *Egh* . . . 8D **20**
Derwent Rd. *Light* . . . 7M **51**
Derwent Rd. *Twic* . . . 9B **10**
Derwent Wlk. *Wall* . . . 4F **62**
Desborough Clo. *Shep* . . . 7B **38**
Desborough Ho. W14 . . . *2L* ***13*** *(off N. End Rd.)*
Desford Ct. *Ashf* . . . 3B **22**
Desford Way. *Ashf* . . . 3A **22**
Detillens La. *Oxt* . . . 7C **106**
Detling Rd. *Craw* . . . 8A **182**
Dettingen Barracks. *Deep* . . . 5H **71**
Dettingen Cres. *Deep* . . . 6H **71**
Dettingen Rd. *Deep* . . . 6J **71**
Devana End. *Cars* . . . 9D **44**
Devas Rd. *SW20* . . . 9H **27**
Devenish Clo. *S'hill* . . . 5A **34**
Devenish La. *Asc* . . . 7A **34**
Devenish Rd. *Asc* . . . 5N **33**
Devereux La. *SW13* . . . 3G **12**
Devereux Rd. *SW11* . . . 1D **28**
Devereux Rd. *Wind* . . . 5G **4**
Devey Clo. *King T* . . . 8E **26**
Devil's Highway, The. *Crowt* . . . 2D **48**
Devil's Jumps, The. . . . **6N** 149
Devil's La. *Egh & Stai* . . . 7E **20** (in three parts)
Devil's Punchbowl . . . **4E** 170
De Vitre Grn. *Wokgm* . . . 1E **30**
Devitt Clo. *Asht* . . . 3N **79**
Devoil Clo. *Guild* . . . 8D **94**
Devoke Way. *W on T* . . . 8L **39**
Devon Av. *Twic* . . . 2C **24**
Devon Bank. *Guild* . . . 6M **113** (8B **202**)
Devon Chase. *Warf* . . . 7C **16**
Devon Clo. *Col T* . . . 8J **49**
Devon Clo. *Fleet* . . . 1C **88**
Devon Clo. *Kenl* . . . 3C **84**
Devon Ct. *Hamp* . . . 8A **24**
Devon Cres. *Red* . . . 3B **122**
Devoncroft Gdns. *Twic* . . . 1G **25**
Devon Ho. *Cat* . . . 2C **104**
Devonhurst Pl. *W4* . . . 1C **12**
Devon Rd. *Red* . . . 8G **102**
Devon Rd. *Sutt* . . . 5K **61**
Devon Rd. *W on T* . . . 1K **57**
Devonshire Av. *Sutt* . . . 4A **62**
Devonshire Av. *Wok* . . . 1E **74**
Devonshire Dri. *Camb* . . . 8D **50**
Devonshire Dri. *Surb* . . . 7K **41**
Devonshire Gdns. *W4* . . . 3B **12**
Devonshire Ho. *Sutt* . . . 4A **62**
Devonshire M. *W4* . . . 1D **12**
Devonshire Pas. *W4* . . . 1D **12**
Devonshire Pl. *Alder* . . . 3L **109**
Devonshire Rd. *SW19* . . . 8C **28**
Devonshire Rd. *W4* . . . 1D **12**
Devonshire Rd. *Cars* . . . 1E **62**
Devonshire Rd. *Croy* . . . 6A **46**
Devonshire Rd. *Felt* . . . 4M **23**
Devonshire Rd. *H'ham* . . . 6K **197**
Devonshire Rd. *Sutt* . . . 4A **62**
Devonshire Rd. *Wey* . . . 1B **56**
Devonshire St. *W4* . . . 1D **12**
Devonshire Way. *Croy* . . . 8H **47**
Devon Way. *Chess* . . . 2J **59**
Devon Way. *Eps* . . . 2A **60**
Devon Waye. *Houn* . . . 3N **9**
Dewar Clo. *If'd* . . . 4K **181**
Dewey St. *SW17* . . . 6D **28**
Dewlands. *God* . . . 9F **104** (in two parts)
Dewlands Clo. *Cranl* . . . 7N **155**
Dewlands La. *Cranl* . . . 7N **155**
Dewlands Rd. *God* . . . 9F **104**
Dewsbury Ct. *W4* . . . 1B **12**
Dewsbury Gdns. *Wor Pk* . . . 9F **42**
Dexter Dri. *E Grin* . . . 1A **186**
Dexter Way. *Fleet* . . . 1C **88**
Diamedes Av. *Stanw* . . . 1M **21**
Diamond Ct. Red . . . *2E* ***122*** *(off St Anne's Mt.)*
Diamond Est. *SW17* . . . 4C **28**
Diamond Hill. *Camb* . . . 8C **50**
Diamond Ridge. *Camb* . . . 8B **50**
Diana Cotts. *Seale* . . . 8J **111**
Diana Gdns. *Surb* . . . 8M **41**
Diana Ho. *SW13* . . . 4E **12**
Diana Wlk. Horl . . . *8F* ***142*** *(off High St.)*
Dianthus Clo. *Cher* . . . 6G **37**
Dianthus Ct. *Wok* . . . 5N **73**
Dianthus Pl. *Wink R* . . . 7F **16**
Dibdene La. *Sham G* . . . 7H **135**
Dibdin Clo. *Sutt* . . . 9M **43**
Dibdin Rd. *Sutt* . . . 9M **43**
Diceland Rd. *Bans* . . . 3L **81**
Dickens Clo. *E Grin* . . . 9M **165**
Dickens Clo. *Hay* . . . 1F **8**
Dickens Clo. *Rich* . . . 3L **25**
Dickens Ct. *Wokgm* . . . 2A **30**
Dickens Dri. *Add* . . . 3H **55**
Dickenson Rd. *Felt* . . . 6K **23**
Dickensons La. *SE25* . . . 4D **46** (in two parts)
Dickensons Pl. *SE25* . . . 5D **46**
Dickens Rd. *Craw* . . . 6B **182**
Dickens Way. *Yat* . . . 1B **68**
Dickenswood Clo. *SE19* . . . 8M **29**
Dickerage La. *N Mald* . . . 2B **42**
Dickerage Rd. *King T* . . . 9B **26**
Dickins Way. *H'ham* . . . 8M **197**
Dick Turpin Way. *Felt* . . . 7G **9**
Digby Mans. W6 . . . *1G* ***13*** *(off Hammersmith Bri. Rd.)*
Digby Pl. *Croy* . . . 9C **46**
Digby Way. *Byfl* . . . 8A **56**
Digdens Ri. *Eps* . . . 2B **80**
Dighton Rd. *SW18* . . . 8N **13**
Dillon Cotts. *Guild* . . . 7E **94**
Dilston Rd. *Lea* . . . 6G **79**
Dilton Gdns. *SW15* . . . 2F **26**
Dimes Pl. *W6* . . . 1G **13**
Dingle Clo. *Craw* . . . 2N **181**
Dingle Rd. *Ashf* . . . 6C **22**
Dingle, The. *Craw* . . . 3N **181**
Dingley La. *SW16* . . . 3H **29**
Dingwall Av. *Croy & New Ad* . . . 8N **45** (3C **200**)
Dingwall Rd. *SW18* . . . 1A **28**
Dingwall Rd. *Cars* . . . 5D **62**
Dingwall Rd. *Croy* . . . 7A **46** (1D **200**)
Dinorben Av. *Fleet* . . . 6A **88**
Dinorben Beeches. *Fleet* . . . 6A **88**
Dinorben Clo. *Fleet* . . . 6A **88**
Dinsdale Clo. *Wok* . . . 5C **74**
Dinsdale Gdns. *SE25* . . . 4B **46**
Dinsmore Rd. *SW12* . . . 1F **28**
Dinton Rd. *SW19* . . . 7B **28**
Dinton Rd. *King T* . . . 8M **25**
Dione Wlk. *Bew* . . . 6K **181**
Dippenhall . . . **1B** 128
Dippenhall Rd. *Dipp* . . . 1B **128**
Dirdene Clo. *Eps* . . . 8E **60**
Dirdene Gdns. *Eps* . . . 8E **60** (5M **201**)
Dirdene Gro. *Eps* . . . 8D **60**
Dirtham La. *Eff* . . . 6J **97** (in two parts)
Dirty La. *Ash W* . . . 3G **187**
Disbrowe Rd. *W6* . . . 2K **13**
Discovery Pk. *Craw* . . . 7E **162**
Disraeli Ct. *Coln* . . . 2D **6**
Disraeli Gdns. *SW15* . . . 7L **13**
Disraeli Rd. *SW15* . . . 7K **13**
Distillery La. *W6* . . . 1H **13**
Distillery Rd. *W6* . . . 1H **13**
Distillery Wlk. *Bren* . . . 2L **11**
Ditches Grn. Cotts. *Ockl* . . . 8M **157**
Ditches La. *Coul & Cat* . . . 7J **83**
Ditchling. *Brack* . . . 6M **31**
Ditchling Hill. *Craw* . . . 6A **182**
Ditton Clo. *Th Dit* . . . 6G **40**
Dittoncroft Clo. *Croy* . . . 1B **64**
Ditton Grange Clo. *Surb* . . . 7K **41**
Ditton Grange Dri. *Surb* . . . 7K **41**
Ditton Hill. *Surb* . . . 7J **41**
Ditton Hill Rd. *Surb* . . . 7J **41**
Ditton Lawn. *Th Dit* . . . 7G **40**
Ditton Pk. Rd. *Slou* . . . 2A **6**
Ditton Reach. *Th Dit* . . . 5H **41**
Ditton Rd. *Dat* . . . 4N **5**
Ditton Rd. *Slou* . . . 1B **6**
Ditton Rd. *S'hall* . . . 1N **9**
Ditton Rd. *Surb* . . . 8K **41**
Divis Way. SW15 . . . *9G* ***13*** *(off Dover Pk. Dri.)*
Dixon Dri. *Wey* . . . 6A **56**
Dixon Pl. *W Wick* . . . 7L **47**
Dixon Rd. *SE25* . . . 2B **46**
Dobbins Pl. *If'd* . . . 4J **181**
Doble Ct. *S Croy* . . . 8D **64**
Dobson Rd. *Craw* . . . 9B **162**
Dockenfield . . . **4D** 148
Dockenfield St. *Dock* . . . 2A **148**
Dockett Eddy. *Cher* . . . 7N **37**
Dockett Eddy La. *Shep* . . . 7A **38**
Dock Rd. *Bren* . . . 3K **11**
Dockwell Clo. *Felt* . . . 7H **9**
Doctor Johnson Av. *SW17* . . . 4F **28**
Doctors La. *Cat* . . . 1L **103**
Dodbrooke Rd. *SE27* . . . 4L **29**
Dodds Cres. *W Byf* . . . 1K **75**
Dodd's La. *Wok* . . . 1J **75** (in two parts)
Dodds Pk. *Brock* . . . 5A **120**
Doel Clo. *SW19* . . . 8A **28**
Dogflud Way. *Farnh* . . . 9H **109**
Doggetts Clo. *Eden* . . . 3L **147**
Doghurst Av. *Hay* . . . 3C **8**
Doghurst Dri. *W Dray* . . . 3C **8**
Doghurst La. *Coul* . . . 7D **82**
Dogkennel Green . . . **3L** 117
Dogkennel Grn. *Ran C* . . . 3L **117**
Dolby Rd. *SW6* . . . 5L **13**
Dolby Ter. *Charl* . . . 4K **161**
Dollary Pde. King T . . . *2A* ***42*** *(off Kingston Rd.)*
Dolleyshill Cvn. Pk. *Norm* . . . 8K **91**
Dollis Clo. *M'bowr* . . . 4G **182**
Dollis Dri. *Farnh* . . . 9J **109**
Dolly's Hill . . . **2L** 109
Dolman Rd. *W4* . . . 1C **12**
Dolphin Clo. *Hasl* . . . 2C **188**
Dolphin Clo. *Surb* . . . 4K **41**
Dolphin Ct. *Brack* . . . 3A **32**
Dolphin Ct. *Stai* . . . 4J **21**
Dolphin Ct. N. *Stai* . . . 4J **21**
Dolphin Est. *Sun* . . . 9F **22**
Dolphin Ho. *SW18* . . . 7N **13**
Dolphin Rd. *Sun* . . . 9F **22**
Dolphin Rd. N. *Sun* . . . 9F **22**
Dolphin Rd. S. *Sun* . . . 9F **22**
Dolphin Rd. W. *Sun* . . . 9F **22**
Dolphin Sq. *W4* . . . 3D **12**
Dolphin St. *King T* . . . 1L **41** (3J **203**)
Doman Rd. *Camb* . . . 2L **69**
Dome Hill. *Cat* . . . 5B **104**
Dome Hill Peak. *Cat* . . . 4B **104**
Dome, The. *Red* . . . 2D **122**
Dome Way. *Red* . . . 2D **122**
Domewood . . . **5D** 164
Dominica Ter. Deep . . . *6H* ***71*** *(off Cyprus Rd.)*
Dominion Rd. *Croy* . . . 6C **46**
Donald Rd. *Croy* . . . 6K **45**
Donald Woods Gdns. *Surb* . . . 8A **42**
Doncaster Wlk. *Craw* . . . 5E **182**
Doncastle Rd. *Brack* . . . 2K **31**
Doneraile St. *SW6* . . . 5J **13**
Donkey La. *Ab C* . . . 3L **137**
Donkey La. *Horl* . . . 3H **163**
Donkey La. *W Dray* . . . 1L **7**
Donkey Town . . . **9A** 52
Donlan Dri. *Farnb* . . . 4H **89**
Donnafields. *Bisl* . . . 3D **72**
Donne Clo. *Craw* . . . 1F **182**
Donne Ct. *SE24* . . . 1N **29**
Donne Gdns. *Wok* . . . 2G **74**
Donnelly Ct. SW6 . . . *3K* ***13*** *(off Dawes Rd.)*
Donne Pl. *Mitc* . . . 3F **44**
Donnington Clo. *Camb* . . . 2N **69**
Donnington Ct. *Craw* . . . 6L **181**
Donnington Rd. *Wor Pk* . . . 8F **42**
Donnybrook. *Brack* . . . 6M **31**
Donnybrook Rd. *SW16* . . . 8G **29**
Donovan Clo. *Eps* . . . 6C **60**
Doods Pk. Rd. *Reig* . . . 2A **122**
Doods Pl. *Reig* . . . 2B **122**
Doods Rd. *Reig* . . . 2A **122**
Doods Way. *Reig* . . . 2B **122**
Doomsday Garden. *H'ham* . . . 7N **197**
Doomsday Green . . . **8N** 197
Doone Clo. *Tedd* . . . 7G **24**
Doral Way. *Cars* . . . 2D **62**
Doran Ct. *Red* . . . 3B **122**
Doran Dri. *Red* . . . 3B **122**
Doran Gdns. *Red* . . . 3B **122**
Dora Rd. *SW19* . . . 6M **27**
Dora's Green . . . **7B** 108
Dora's Grn. La. *Ews & Dipp* . . . 5C **108**
Dora's Grn. Rd. *Dipp* . . . 1A **128**
Dorcas Ct. *Camb* . . . 3N **69**
Dorchester Ct. *Reig* . . . 2B **122**
Dorchester Ct. *Stai* . . . 5J **21**
Dorchester Ct. *Wok* . . . 3C **74**
Dorchester Dri. *Felt* . . . 9F **8**
Dorchester Gro. *W4* . . . 1D **12**
Dorchester M. *N Mald* . . . 3C **42**
Dorchester M. *Twic* . . . 9J **11**
Dorchester Rd. *Mord* . . . 6N **43**
Dorchester Rd. *Wey* . . . 9C **38**
Dorchester Rd. *Wor Pk* . . . 7H **43**
Doreen Clo. *Farnb* . . . 7K **69**
Dore Gdns. *Mord* . . . 6N **43**
Dorian Dri. *Asc* . . . 9B **18**
Doria Rd. *SW6* . . . 5L **13**
Doric Dri. *Tad* . . . 7L **81**
Dorien Rd. *SW20* . . . 1J **43**
Dorin Ct. *Warl* . . . 7E **84**
Dorincourt. *Wok* . . . 2G **74**
Doris Rd. *Ashf* . . . 7E **22**
Dorking . . . **4H 119 (2J 201)**
Dorking Bus. Pk. *Dork* . . . 4F **118** (1H **201**)
Dorking Clo. *Wor Pk* . . . 8J **43**
Dorking Football Club . . . **4G 119 (1J 201)**
Dorking Halls . . . **4H 119 (1L 201)**
Dorking Mus. . . . **5G 119 (2J 201)**
Dorking Rd. *Bookh* . . . 4B **98**
Dorking Rd. *Chil* . . . 9G **114**
Dorking Rd. *Eps* . . . 3N **79** (8H **201**)
Dorking Rd. *Gom & Ab H* . . . 8E **116**
Dorking Rd. *Lea* . . . 9H **79**
Dorking Rd. *Tad* . . . 7D **100**
Dorking Rd. *Warn & K'fold* . . . 8G **178**
Dorking Vs. *Knap* . . . 4G **72**
Dorlcote. *Witl* . . . 5B **152**
Dorlcote Rd. *SW18* . . . 1C **28**
Dorling Dri. *Eps* . . . 8E **60**
Dorly Clo. *Shep* . . . 4F **38**
Dormans. *Craw* . . . 4M **181**
Dormans Av. *D'land* . . . 9C **146**
Dormans Clo. *D'land* . . . 2C **166**
Dormans Gdns. *Dor P* . . . 4A **166**
Dormans High St. *D'land* . . . 2C **166**
Dormansland . . . **1C** 166
Dormans Park . . . **4A** 166
Dormans Pk. Rd. *Dor P* . . . 3A **166**
Dormans Pk. Rd. *E Grin* . . . 7N **165**
Dormans Rd. *D'land* . . . 9C **146**
Dormans Sta. Rd. *D'land* . . . 3B **166**
Dormay St. *SW18* . . . 8N **13**
Dormer Clo. *Crowt* . . . 2F **48**
Dormers Clo. *G'ming* . . . 4G **133**
Dorncliffe Rd. *SW6* . . . 5K **13**
Dorney Gro. *Wey* . . . 8C **38**
Dorney Way. *Houn* . . . 8M **9**
Dornford Gdns. *Coul* . . . 6N **83**
Dornton Rd. *SW12* . . . 3F **28**
Dornton Rd. *S Croy* . . . 3A **64** (8F **200**)
Dorothy Pettingell Ho. Sutt . . . *9N* ***43*** *(off Angel Hill)*
Dorrien Wlk. *SW16* . . . 3H **29**
Dorrington Ct. *SE25* . . . 1B **46**
Dorrit Cres. *Guild* . . . 1H **113**
Dorset Av. *E Grin* . . . 7M **165**
Dorset Ct. *Camb* . . . 7D **50**
Dorset Ct. *Eps* . . . 8E **60**
Dorset Dri. *Wok* . . . 4D **74**
Dorset Gdns. *E Grin* . . . 7M **165**
Dorset Gdns. *Mitc* . . . 3K **45**
Dorset Rd. *Ashf* . . . 4M **21**
Dorset Rd. *SW19* . . . 9M **27**
Dorset Rd. *Ash V* . . . 8F **90**
Dorset Rd. *Beck* . . . 2G **46**
Dorset Rd. *Mitc* . . . 1C **44**
Dorset Rd. *Sutt* . . . 6M **61**
Dorset Rd. *Wind* . . . 5F **4**
Dorset Sq. *Eps* . . . 6C **60**
Dorset Va. *Warf* . . . 7C **16**
Dorset Way. *Byfl* . . . 6M **55**
Dorset Way. *Twic* . . . 2D **24**
Dorset Waye. *Houn* . . . 3N **9**
Dorsten Pl. *Craw* . . . 6K **181**
Dorsten Sq. *Craw* . . . 6L **181**
Dorton Vs. *W Dray* . . . 3B **8**
Dorton Way. *Rip* . . . 8K **75**
Douai Clo. *Farnb* . . . 1A **90**
Douai Gro. *Hamp* . . . 9C **24**
Doughty Ho. SW10 . . . *2N* ***13*** *(off Netherton Gro.)*
Douglas Av. *N Mald* . . . 3G **42**
Douglas Clo. *Guild* . . . 6N **93**
Douglas Clo. *Wall* . . . 3J **63**
Douglas Ct. *Big H* . . . 4G **86**
Douglas Ct. *Cat* . . . 9N **83**
Douglas Ct. *King T* . . . 7K **203**
Douglas Dri. *Croy* . . . 9K **47**
Douglas Dri. *G'ming* . . . 6J **133**
Douglas Gro. *Lwr Bo* . . . 6H **129**
Douglas Ho. *Reig* . . . 2M **121**
Douglas Ho. *Surb* . . . 7M **41**
Douglas Houses. *Bookh* . . . 2A **98**
Douglas Johnstone Ho. SW6 . . . *2L* ***13*** *(off Clem Attlee Ct.)*
Douglas La. *Wray* . . . 8B **6**
Douglas Mans. *Houn* . . . 6B **10**
Douglas Pl. *Farnb* . . . 9M **69**
Douglas Rd. *Add* . . . 9K **37**
Douglas Rd. *Esh* . . . 8B **40**
Douglas Rd. *Houn* . . . 6B **10**
Douglas Rd. *King T* . . . 1A **42**
Douglas Rd. *Reig* . . . 2M **121**
Douglas Rd. *Stanw* . . . 9M **7**
Douglas Rd. *Surb* . . . 8M **41**
Douglas Robinson Ct. SW16 . . . *8J* ***29*** *(off Streatham High Rd.)*
Douglas Sq. *Mord* . . . 5M **43**
Doultons, The. *Stai* . . . 8J **21**
Dounesforth Gdns. *SW18* . . . 2N **27**
Dove Clo. *Craw* . . . 1B **182**
Dove Clo. *S Croy* . . . 7G **64**
Dove Clo. *Wall* . . . 4K **63**
Dove Cote Clo. *Wey* . . . 9C **38**
Dovecote Gdns. *SW14* . . . 6C **12**
Dovedale Clo. *Guild* . . . 9C **94**
Dovedale Clo. *Owl* . . . 5J **49**
Dovedale Cres. *Craw* . . . 5N **181**
Dovedale Ri. *Mitc* . . . 8D **28**
Dovehouse Grn. *Wey* . . . 9E **38**
Dove M. *SW5* . . . 1N **13**
Dover Ct. *Cranl* . . . 7B **156**
Dovercourt Av. *T Hth* . . . 4L **45**
Dovercourt La. *Sutt* . . . 9A **44**
Doverfield Rd. *SW2* . . . 1J **29**
Doverfield Rd. *Guild* . . . 9C **94**
Dover Gdns. *Cars* . . . 9D **44**
Dover Ho. Rd. *SW15* . . . 7F **12**
Dover Pk. Dri. *SW15* . . . 9G **12**
Doversgreen . . . **7N** 121
Dovers Grn. Rd. *Reig* . . . 6N **121**
Doversmead. *Knap* . . . 3H **73**
Dover Ter. Rich . . . *5M* ***11*** *(off Sandycombe Rd.)*
Doveton Rd. *S Croy* . . . 2A **64**
Dowdeswell Clo. *SW15* . . . 7D **12**
Dowding Ct. *Crowt* . . . 1H **49**
Dowding Rd. *Big H* . . . 2F **86**

Dower Av.—Eardley Cres.

Dower Av. Wall 5F 62
Dower Pk. Wind 7B 4
Dower Wlk. Craw 4M 181
Dowes Ho. SW16 4J 29
Dowlands La. Small & Copt 8A 144
Dowlans Clo. Bookh 5A 98
Dowlans Rd. Bookh 5B 98
Dowler Ct. King T 1K 203
Dowlesgreen. 1D 30
Dowman Clo. SW19 9N 27
Downbury M. SW18 8M 13
Downe. 7J 67
Downe Av. Cud 8M 67
Downe Clo. Horl 6C 142
Downer Mdw. G'ming 3H 133
Downe Rd. Cud 9L 67
Downe Rd. Kes 5G 66
Downe Rd. Mitc 1D 44
Downes Clo. Twic 9H 11
Downes Ho. Croy 7A 200
Downe Ter. Rich 9L 11
Downfield. Wor Pk 7E 42
Down Hall Rd. King T 9K 25 (2H 203)
Down House Mus. 8J 67
Downhurst Rd. Ewh 4F 156
Downing Av. Guild 4J 113
Downing St. Farnh 1G 129
Downland Clo. Eps 5G 81
Downland Ct. Craw 5A 182
Downland Dri. Craw 5A 182
Downland Gdns. Eps 5G 81
Downland Pl. Craw 5A 182
Downlands Clo. Coul 1F 82
Downlands Rd. Purl 9J 63
Downland Way. Eps 5E 81
Down La. Comp 9E 112
Downmill Rd. Brack 1L 31
Down Park. 9D 164
Down Pl. W6 1G 13
Down Rd. Guild 3D 114
Down Rd. Tedd 7H 25
Downs Av. Eps 1D 80
Downsbridge Rd. Beck 1N 47
Downs Ct. Red 9E 102
Downscourt Rd. Purl 8M 63
Downs Hill Rd. Eps 1D 80
Downshire Way. Brack 1M 31
(in two parts)
Downs Ho. Rd. Eps 5D 80
Downside. 5J 77
Downside. Brack 2N 31
Downside. Cher 7H 37
Downside. Eps 1D 80 (8L 201)
Downside. Hind 2B 170
Downside. Sun 9H 23
Downside. Twic 4F 24
Downside Bri. Rd. Cob 1J 77
Downside Clo. SW19 7A 28
Downside Comn. Rd. D'side 5J 77
Downside Ct. Mers 7G 102
Downside Ind. Est. Cher 7H 37
Downside Orchard. Wok 4C 74
Downside Rd. D'side 3J 77
Downside Rd. Guild 4D 114
Downside Rd. Sutt 3B 62
Downside Wlk. Bren 2K 11
(off Windmill Rd.)
Downs La. Lea 1H 99
Downs Link. Brmly 3B 134
Downs Link. Brmly & Sham G 6C 134
Downs Link. Chil 8F 114
Downs Link. Cranl 4H 155
Downs Link. Rud 6B 176
Downs Link. Shalf 2A 134
Downs Link. Slin 8D 176
Downs Link. Won & Chil 2D 134
Downs Lodge Ct. Eps 1D 80 (8M 201)
Downsman Ct. Craw 6B 182
Downs Residential Site, The. Cat 5E 104
Downs Rd. Beck 1L 47
(in two parts)
Downs Rd. Coul 5G 83
Downs Rd. Eps 1D 80 (8M 201)
(Epsom)
Downs Rd. Eps 7A 80
(Langley Bottom)
Downs Rd. Mick 6J 99
Downs Rd. Purl 7M 63
Downs Rd. Sutt 6N 61
Downs Rd. T Hth 9N 29
Downs Side. Sutt 7L 61
Downs, The. SW20 8J 27
Downs, The. Lea 3H 99
Down St. W Mol 4A 40
Downs Vw. Dork 3K 119
Downs Vw. Iswth 4F 10
Downs Vw. Tad 8G 80
Downsview Av. Wok 8B 74
Downsview Clo. D'side 6J 77
Downsview Ct. Guild 8M 93
Downsview Gdns. SE19 8M 29
Downsview Gdns. Dork 6H 119
Downsview Rd. Hdly D 4H 169
Downsview Rd. SE19 8N 29
Downs Vw. Rd. Bookh 5C 98
Downsview Rd. H'ham 2A 198
Downs Way. Bookh 4C 98
Downs Way. Eps 3E 80
Downsway. Guild 3G 114
Downsway. Orp 2N 67
Downs Way. Oxt 5A 106
Downsway. S Croy 7B 64
Downs Way. Tad 8G 80
Downsway. Whyt 3C 84
Downs Way Clo. Tad 8F 80
Downsway, The. Sutt 5A 62
Downs Wood. Eps 4G 80
Downswood. Reig 9B 102
Downton Av. SW2 3J 29
Downview Clo. Hind 3B 170
Down Yhonda. Elst 8G 131
Doyle Gdns. Yat 2B 68
Doyle Ho. SW13 3H 13
(off Trinity Chu. Rd.)
Doyle Rd. SE25 3D 46
D'Oyly Carte Island. Wey 7C 38
Draco Ga. SW15 6H 13
Dragon La. Wey 7B 56
Dragoon Ct. Alder 2K 109
Drake Av. Cat 9N 83
Drake Av. Myt 4E 90
Drake Av. Slou 1N 5
Drake Av. Stai 6H 21
Drake Clo. Brack 4N 31
Drake Clo. H'ham 2L 197
Drake Ct. Surb 8K 203
Drakefield Rd. SW17 4E 28
Drake Rd. Chess 2N 59
Drake Rd. Craw 6C 182
Drake Rd. Croy 6K 45
Drake Rd. Horl 8C 142
Drake Rd. Mitc 5E 44
Drakes Clo. Cranl 7N 155
Drake's Clo. Esh 1A 58
Drakes Way. Wok 9N 73
Drakewood Rd. SW16 8H 29
Draper Clo. Iswth 5D 10
Drax Av. SW20 8F 26
Draxmont. SW19 7K 27
Draxmont. SW19 7K 27
Draycot Rd. Surb 7N 41
Draycott. Brack 4C 32
Dray Ct. Guild 4L 113
Dray Ct. Wor Pk 7E 42
Drayhorse Dri. Bag 5J 51
Draymans Way. Iswth 6F 10
Drayton Clo. Brack 1B 32
Drayton Clo. Fet 2E 98
Drayton Clo. Houn 8N 9
Drayton Gdns. SW10 1N 13
Drayton Rd. Croy 8M 45 (2A 200)
Dresden Way. Wey 2D 56
Drew Ho. SW16 4J 29
Drewitts Ct. W on T 7G 39
Drew Pl. Cat 1A 104
Drewstead Rd. SW16 3H 29
Drift Bridge. (Junct.) 1H 81
Drifters Dri. Deep 5H 71
Drift La. Stoke D 3N 77
Drift Rd. E Hor 2E 96
Drift Rd. M'head & Wink 1L 17
Drift Rd. Wink 1L 17
Drift, The. Brom 1F 66
Drift Way. Coln 4E 6
Driftway, The. Bans 2H 81
Driftway, The. Craw 2B 182
Driftway, The. Lea 1H 99
(in two parts)
Driftway, The. Mitc 9E 28
Driftwood Dri. Kenl 4M 83
Drill Hall Rd. Cher 6J 37
Drive Mans. SW6 5K 13
(off Fulham Rd.)
Drive Mead. Coul 1J 83
Drive Rd. Coul 7H 83
Drivers Mead. Ling 8M 145
Drive Spur. Tad 8N 81
Drive, The. Ashf 8E 22
Drive, The. Cob 1M 77
Drive, The. SW6 5K 13
Drive, The. SW16 2K 45
Drive, The. SW20 8H 27
Drive, The. Bans 4K 81
Drive, The. Beck 1K 47
Drive, The. Copt 7N 163
Drive, The. Coul 1J 83
Drive, The. Cranl 8N 155
Drive, The. Dat 4L 5
Drive, The. Eps 3E 60
Drive, The. Esh 7C 40
Drive, The. Felt 1K 23
Drive, The. Fet 9E 78
Drive, The. G'ming 9H 133
Drive, The. Guild 3J 113
(Beech Gro.)
Drive, The. Guild 5J 113
(Farnham Rd.)
Drive, The. Guild 7L 113
(Sandy La.)
Drive, The. Horl 9F 142
Drive, The. Houn & Iswth 5D 10
Drive, The. King T 8B 26
Drive, The. Lea 1L 99
Drive, The. Loxw 5F 192
Drive, The. Mord 4A 44
Drive, The. Pep H 7B 132
(in two parts)
Drive, The. Rusp 2D 180
Drive, The. Surb 6L 41
Drive, The. Sutt 8L 61
Drive, The. T Hth 3A 46
Drive, The. Vir W 4B 36
Drive, The. Wall 6G 62
Drive, The. W Wick 6N 47
Drive, The. Wok 7L 73
Drive, The. Won 5D 134
Drive, The. Wray 8N 5
Drodges Clo. Brmly 3B 134
Droitwich Clo. Brack 2B 32
Dromore Rd. SW15 9K 13
Drove Rd. Alb 5N 115
Drove Rd. Guild 5H 115
(in two parts)
Drove Rd. W Hor & Ran C 4C 116
Drovers Ct. King T 3K 203
Drovers End. Fleet 1D 88
Drovers Rd. S Croy 2A 64 (8D 200)
Drovers Way. Ash G 3G 111
(in two parts)
Drovers Way. Brack 2D 32
Drovers Way. Farnh 6F 108
Druce Wood. Asc 9J 17
Druids Clo. Asht 7M 79
Druids Way. Brom 3N 47
Drumaline Ridge. Wor Pk 8D 42
Drummond Cen., The. Croy 8N 45 (3B 200)
Drummond Clo. Brack 9D 16
Drummond Gdns. Eps 7B 60
Drummond Pl. Twic 1H 25
Drummond Rd. Croy 8N 45 (3B 200)
(in two parts)
Drummond Rd. Guild 3N 113 (3C 202)
Drummond Rd. If'd 4K 181
Drungewick La. Loxw 9L 193
Drury Clo. M'bowr 5H 183
Drury Cres. Croy 8L 45
Dryad St. SW15 6J 13
Dry Arch Rd. Asc 5C 34
Dryburgh Rd. SW15 6G 13
Dryden. Brack 6M 31
Dryden Mans. W14 2K 13
(off Queen's Club Gdns.)
Dryden Rd. Farnb 8L 69
Dryden Rd. SW19 7A 28
Drynham Pk. Wey 9F 38
Du Cane Ct. SW17 2E 28
Ducavel Ho. SW2 2K 29
Duchess Clo. Crowt 9G 30
Duchess Clo. Sutt 1A 62
Ducklands. Bord 7A 168
Ducks Wlk. Twic 8J 11
Dudley. Brack 6B 32
Dudley Clo. Add 9L 37
Dudley Ct. C Crook 7B 88
Dudley Dri. Mord 7K 43
Dudley Gro. Eps 1B 80 (8G 201)
Dudley Rd. Ashf 6A 22
Dudley Rd. SW19 7M 27
Dudley Rd. Felt 2D 22
Dudley Rd. King T 2M 41 (5L 203)
Dudley Rd. Rich 5M 11
Dudley Rd. W on T 5H 39
Dudset La. Houn 4H 9
Duffield Rd. Tad 2G 100
Duffins Orchard. Ott 4E 54
Dugdale Ho. Egh 6E 20
(off Pooley Grn. Rd.)
Duke Clo. M'bowr 7G 182
Duke of Cambridge Clo. Twic 9D 10
Duke of Cornwall Av. Camb 6B 50
Duke of Edinburgh Rd. Sutt 8B 44
Duke Rd. W4 1C 12
Duke's Av. W4 1C 12
Dukes Av. Houn 7M 9
Dukes Av. N Mald 2D 42
Dukes Av. Rich 5J 25
Dukes Clo. Ashf 5D 22
Dukes Clo. Cranl 8B 156
Dukes Clo. Farnh 6F 108
Dukes Clo. Hamp 6N 23
Dukes Ct. Wok 4B 74
Dukes Covert. Bag 1J 51
Duke's Dri. G'ming 4E 132
Dukes Ga. W4 1B 12
Dukes Grn. Av. Felt 8H 9
Dukes Head Pas. Hamp 8C 24
Dukes Hill. Wold 7H 85
(in two parts)
Dukeshill Rd. Brack 9N 15
Dukes La. Asc & Wind 8D 18
Dukes Pk. Alder 7B 90
Duke's Ride. Crowt 3D 48
Dukes Ride. N Holm 8K 119
Duke's Rd. Newd 4A 160
(in two parts)
Dukes Rd. W on T 2L 57
Dukes Ter. Alder 1N 109
Duke St. Rich 7K 11
Duke St. Sutt 1B 62
Duke St. Wind 3F 4
Duke St. Wok 4B 74
Dukes Wlk. Farnh 6F 108
Duke's Warren, The. 6C 138
Dukes Way. W Wick 9N 47
Dukes Wood. Crowt 2G 49
(in two parts)
Dulverton Rd. S Croy 6F 64
Dumas Clo. Yat 1B 68
Du Maurier Clo. C Crook 1A 108
Dumbarton Ct. SW2 1J 29
Dumbarton Rd. SW2 1J 29
Dumbleton Clo. King T 9A 26
Dumsey Eyot. Cher 6N 37
Dumville Dri. God 9E 104
Dunally Pk. Shep 6E 38
Dunbar Av. SW16 1L 45
Dunbar Av. Beck 3H 47
Dunbar Ct. Sutt 2B 62
Dunbar Ct. W on T 7K 39
Dunbar Rd. Frim 7D 70
Dunbar Rd. N Mald 3B 42
Dunbar St. SE27 4N 29
Dunboe Pl. Shep 6D 38
Dunbridge Ho. SW15 9E 12
(off Highcliffe Dri.)
Duncan Dri. Guild 2C 114
Duncan Dri. Wokgm 3C 30
Duncan Gdns. Stai 7J 21
Duncannon Cres. Wind 6A 4
Duncan Rd. Rich 7L 11
Duncan Rd. Tad 6K 81
Duncans Yd. W'ham 4M 107
Duncombe Rd. G'ming 9G 133
Duncroft. Stai 5G 20
Duncroft. Wind 6C 4
Duncroft Clo. Reig 3L 121
Duncton Clo. Craw 1N 181
Dundaff Clo. Camb 1E 70
Dundas Clo. Brack 3N 31
Dundas Gdns. W Mol 2B 40
Dundee Rd. SE25 4E 46
Dundela Gdns. Wor Pk 1G 61
Dundonald Rd. SW19 8K 27
(in two parts)
Dundrey Cres. Red 7J 103
Dunedin Dri. Cat 3B 104
Dunelm Gro. SE27 4N 29
Dunfee Way. W Byf 8N 55
Dunford Pl. Binf 8K 15
Dungarvan Av. SW15 7F 12
Dungates La. Buck 2F 120
Dungells Farm Clo. Yat 2C 68
Dungells La. Yat 2B 68
Dunheved Clo. T Hth 5L 45
Dunheved Rd. N. T Hth 5L 45
Dunheved Rd. S. T Hth 5L 45
Dunheved Rd. W. T Hth 5L 45
Dunkeld Rd. SE25 3A 46
Dunkirk St. SE27 5N 29
Dunleary Clo. Houn 1N 23
Dunley Dri. New Ad 4L 65
Dunlin Clo. Red 8C 122
Dunlin Ri. Guild 1F 114
Dunmall Dri. Purl 1B 84
Dunmore. Guild 2G 113
Dunmore Rd. SW20 9H 27
Dunmow Clo. Felt 4M 23
Dunmow Hill. Fleet 3B 88
Dunmow Ho. Byfl 9N 55
Dunnets. Knap 4H 73
Dunning's Rd. E Grin 3A 186
Dunnymans Rd. Bans 2L 81
Dunottar Clo. Red 5B 122
Dunraven Av. Red 1F 142
Dunsborough Park. 7L 75
Dunsbury Clo. Sutt 5N 61
Dunsdon Av. Guild 4L 113
Dunsfold. 4B 174
Dunsfold Aerodrome. 4F 174
Dunsfold Clo. Craw 4M 181
Dunsfold Comn. Duns 5B 174
Dunsfold Ri. Coul 9H 63
Dunsfold Rd. Alf 5E 174
Dunsfold Rd. Loxh & Cranl 1C 174
Dunsfold Rd. Plais 2N 191
Dunsfold Way. New Ad 5L 65
Dunsford Way. SW15 9G 13
Dunsmore Gdns. Yat 1A 68
Dunsmore Rd. W on T 5J 39
Dunstable Rd. Rich 7L 11
Dunstable Rd. W Mol 3N 39
Dunstall Pk. Farnb 7M 69
Dunstall Rd. SW20 7G 27
Dunstall Way. W Mol 2B 40
Dunstan Rd. Coul 4H 83
Dunster Av. Mord 7J 43
Dunton Clo. Surb 7L 41
Duntshill Rd. SW18 2N 27
Dunvegan Clo. W Mol 3B 40
Dunvegan Ho. Red 3D 122
Dupont Rd. SW20 1J 43
Duppas Av. Croy 1M 63 (7A 200)
Duppas Clo. Shep 4E 38
Duppas Ct. Croy 5A 200
Duppas Hill La. Croy 1M 63 (6A 200)
Duppas Hill Rd. Croy 1L 63 (6A 200)
Duppas Hill Ter. Croy 9M 45 (5A 200)
Duppas Rd. Croy 9L 45
Durand Clo. Cars 7D 44
Durban Rd. SE27 5N 29
Durban Rd. Beck 1J 47
Durbin Rd. Chess 1L 59
Durfold Dri. Reig 3A 122
Durfold Hill. Warn 6H 179
Durfold Rd. H'ham 1K 197
Durfold Wood. Plais 2M 191
Durford Cres. SW15 2G 26
Durham Av. Houn 1N 9
Durham Clo. SW20 1G 43
Durham Clo. Craw 7C 182
(in two parts)
Durham Clo. Guild 1J 113
Durham Ct. Tedd 5E 24
Durham Dri. Deep 5H 71
Durham Rd. SW20 9G 27
Durham Rd. Felt 1K 23
Durham Rd. Owl 5K 49
Durham Wharf. Bren 3J 11
Durkins Rd. E Grin 7N 165
(in two parts)
Durleston Pk. Dri. Bookh 3C 98
Durley Mead. Brack 4D 32
Durlston Rd. King T 7L 25
Durning Pl. Asc 2M 33
Durning Rd. SE19 6N 29
Durnsford Av. SW19 3M 27
Durnsford Av. Fleet 6B 88
Durnsford Rd. SW19 3M 27
Durnsford Way. Cranl 8A 156
Durrant Way. Orp 2M 67
Durrell Rd. SW6 4L 13
Durrell Way. Shep 5E 38
Durrington Av. SW20 8H 27
Durrington Pk. Rd. SW20 9H 27
Dutch Barn Clo. Stanw 9M 7
Dutchells Copse. H'ham 2L 197
Dutch Elm Av. Wind 3J 5
Dutch Gdns. King T 7A 26
Dutch Yd. SW18 8M 13
Duval Pl. Bag 4J 51
Duxberry Av. Felt 4K 23
Duxhurst La. Reig 5N 141
Dwelly La. Eden 6D 126
Dye Ho. Rd. Thur 6F 150
Dyer Ho. Hamp 9B 24
Dyer Rd. Wokgm 1D 30
Dyers Almhouses. Craw 2B 182
Dyers Fld. Small 8M 143
Dyers La. SW15 7G 13
Dykes Path. Wok 2E 74
Dymchurch Clo. Orp 1N 67
Dymes Path. SW19 3J 27
Dymock St. SW6 6N 13
Dynevor Pl. Guild 8F 92
Dynevor Rd. Rich 8L 11
Dysart Av. King T 6J 25
Dyson Clo. Wind 6E 4
Dyson Ct. Dork 5G 119 (3J 201)
Dyson Wlk. Craw 8N 181

E

Eady Clo. H'ham 6M 197
Eagle Clo. Crowt 9F 30
Eagle Clo. Wall 3J 63
Eagle Hill. SE19 7N 29
Eaglehurst Cotts. Binf 6H 15
Eagle Rd. Guild 3N 113 (3D 202)
Eagles Dri. Tats 5F 86
(in two parts)
Eagles Nest. Sand 6F 48
Eagle Trad. Est. Mitc 5D 44
Ealing Pk. Gdns. W5 1J 11
Ealing Rd. Bren 1K 11
Ealing Rd. Trad. Est. Bren 1K 11
Eardley Cres. SW5 1M 13

Eternit Wlk.—Farm Fields

Eternit Wlk. SW6 . . . 4H 13
Ethel Bailey Clo. Eps . . . 8N 59
Ethelbert Rd. SW20 . . . 9J 27
Ethelbert St. SW12 . . . 2F 28
Ethel Rd. Ashf . . . 6N 21
Etherley Hill. Ockl. . . . 3A 158
Etherstone Grn. SW16 . . . 5L 29
Etherstone Rd. SW16 . . . 5L 29
Eton . . . 2G 4
Eton Av. Houn . . . 2N 9
Eton Av. N Mald . . . 4C 42
Eton Clo. SW18 . . . 1N 27
Eton Clo. Dat . . . 2K 5
Eton Ct. Eton . . . 3G 4
Eton Ct. Stai . . . 6H 21
Eton Pl. Farnh . . . 5G 108
Eton Rd. Dat . . . 1J 5
Eton Rd. Hay . . . 3G 8
Eton Sq. Eton . . . 3G 4
Eton St. Rich . . . 8L 11
Eton Wick . . . 1C 4
Eton Wick Rd. Eton W & Eton . . . 1B 4
Etwell Pl. Surb . . . 5M 41
Eureka Rd. King T . . . 1N 41 (4M 203)
Europa Pk. Rd. Guild . . . 2M 113 (1A 202)
Eustace Cres. Wokgm . . . 9C 14
Eustace Rd. SW6 . . . 3M 13
Eustace Rd. Guild . . . 1F 114
Euston Rd. Croy . . . 7L 45
Evans Clo. M'bowr . . . 4H 183
Evans Gro. Felt . . . 3A 24
Evans Ho. Felt . . . 3A 24
Evedon. Brack . . . 6N 31
Eveline Rd. Mitc . . . 9D 28
Evelyn Av. Alder . . . 4N 109
Evelyn Av. T'sey . . . 2E 106
Evelyn Clo. Felb . . . 6H 165
Evelyn Clo. Twic . . . 1B 24
Evelyn Clo. Wok . . . 7N 73
Evelyn Cotts. Ab C . . . 3L 137
Evelyn Cotts. God . . . 6H 125
Evelyn Cres. Sun . . . 9G 22
Evelyn Gdns. God . . . 8F 104
Evelyn Gdns. Rich . . . 7L 11
Evelyn Mans. W14 . . . 2K 13 (off Queen's Club Gdns.)
Evelyn Rd. SW19 . . . 6N 27
Evelyn Rd. Ham . . . 4J 25
Evelyn Rd. Rich . . . 6L 11
Evelyn Ter. Rich . . . 6L 11
Evelyn Wlk. Craw . . . 6C 182
Evelyn Way. Eps . . . 7N 59
Evelyn Way. Stoke D . . . 3N 77
Evelyn Way. Sun . . . 9G 22
Evelyn Way. Wall . . . 1H 63
Evelyn Woods Rd. Alder . . . 6A 90
Evendon's Clo. Wokgm . . . 5A 30
Evenlode Way. Sand . . . 7H 49
Evenwood Clo. SW15 . . . 8K 13
Everard La. Cat . . . 9E 84
Everatt Clo. SW18 . . . 9L 13
Everdon Rd. SW13 . . . 2F 12
Everest Ct. Wok . . . 3H 73
Everest Rd. Camb . . . 7B 50
Everest Rd. Crowt . . . 1G 49
Everest Rd. Stanw . . . 1M 21
Everglade. Big H . . . 5F 86
Evergreen Ct. Stai . . . 1M 21
Evergreen Oak Av. Wind . . . 6K 5
Evergreen Rd. Frim . . . 4D 70
Evergreen Way. Stanw . . . 1M 21
Everington St. W6 . . . 2J 13 (in two parts)
Everlands Clo. Wok . . . 5A 74
Eve Rd. Iswth . . . 7G 11
Eve Rd. Wok . . . 2D 74
Eversfield Rd. H'ham . . . 7L 197
Eversfield Rd. Reig . . . 3N 121
Eversfield Rd. Rich . . . 5M 11
Eversley Cres. Iswth . . . 4D 10
Eversley Pk. SW19 . . . 7G 26
Eversley Rd. SE19 . . . 8N 29
Eversley Rd. Surb . . . 3M 41 (8L 203)
Eversley Rd. Yat . . . 8A 48
Eversley Way. Croy . . . 1K 65
Eversley Way. Egh . . . 1E 36
Everton Rd. Croy . . . 7D 46
Evesham Clo. Reig . . . 2L 121
Evesham Clo. Sutt . . . 4M 61
Evesham Ct. Rich . . . 9M 11
Evesham Grn. Mord . . . 5N 43
Evesham Rd. Mord . . . 5N 43
Evesham Rd. Reig . . . 2L 121
Evesham Rd. N. Reig . . . 2L 121
Evesham Ter. Surb . . . 5K 41
Evesham Wlk. Owl . . . 6J 49
Ewald Rd. SW6 . . . 5L 13
Ewelands. Horl . . . 7G 142
Ewell . . . 5E 60
Ewell By-Pass. Eps . . . 4F 60
Ewell Ct. Av. Eps & Ewe . . . 2D 60
Ewell Downs Rd. Eps . . . 7F 60
Ewell Ho. Gro. Eps & Ewe . . . 6E 60
Ewell Pk. Gdns. Eps . . . 4F 60
Ewell Pk. Way. Ewe . . . 3F 60
Ewell Rd. Surb . . . 6H 41 (Effingham Rd.)
Ewell Rd. Surb . . . 5L 41 (Surbiton Hill Rd.)
Ewell Rd. Sutt . . . 4J 61
Ewen Cres. SW2 . . . 1L 29
Ewhurst . . . 5F 156
Ewhurst Av. S Croy . . . 5C 64
Ewhurst Clo. Craw . . . 3A 182
Ewhurst Clo. Sutt . . . 5H 61
Ewhurst Ct. Mitc . . . 2B 44
Ewhurst Green . . . 6F 156
Ewhurst Rd. Cranl . . . 7N 155
Ewhurst Rd. Craw . . . 3N 181
Ewhurst Rd. Peasl & Ewh . . . 5E 136
Ewhurst Towermill . . . 9C 136
Ewins Clo. As . . . 2E 110
Ewood La. Newd . . . 5M 139 (in three parts)
Ewshot . . . 4C 108
Ewshot Hill Cross. Ews . . . 5B 108
Ewshot La. C Crook & Ews . . . 1A 108
Excalibur Clo. If'd . . . 4K 181
Excelsior Clo. King T . . . 1N 41 (4M 203)
Exchange Rd. Asc . . . 4N 33
Exchange Rd. Craw . . . 3C 182
Exeforde Av. Ashf . . . 5B 22
Exeter Clo. Craw . . . 7C 182
Exeter Ct. Surb . . . 8J 203
Exeter Gdns. Yat . . . 8A 48
Exeter Ho. Felt . . . 3N 23 (off Watermill Way)
Exeter M. SW6 . . . 3M 13
Exeter Pl. Guild . . . 1J 113
Exeter Rd. As . . . 1E 110
Exeter Rd. Croy . . . 6B 46
Exeter Rd. Felt . . . 4N 23
Exeter Rd. H'row A . . . 6F 8
Exeter Way. H'row A . . . 5F 8
Explorer Av. Stai . . . 2N 21
Eyebright Clo. Croy . . . 7G 47
Eyhurst Clo. Kgswd . . . 1L 101
Eyhurst Pk. Tad . . . 1A 102
Eyhurst Spur. Tad . . . 2L 101
Eyles Clo. H'ham . . . 4H 197
Eylewood Rd. SE27 . . . 6N 29
Eyot Gdns. W6 . . . 1E 12
Eyot Grn. W4 . . . 1E 12
Eyston Dri. Wey . . . 6B 56

F

Fabian Rd. SW6 . . . 3L 13
Facade, The. Reig . . . 2M 121
Factory La. Croy . . . 7L 45 (2A 200)
Factory Sq. SW16 . . . 7J 29 (off Streatham High Rd.)
Fagg's Rd. Felt . . . 7G 8
Fairacre. N Mald . . . 2D 42
Fairacres. Cob . . . 8L 57
Fairacres. Row . . . 7E 128
Fairacres. SW15 . . . 7E 12
Fair Acres. Croy . . . 5J 65
Fairacres. Tad . . . 8H 81
Fairacres Ind. Est. Wind . . . 5A 4
Fairbairn Clo. Purl . . . 9L 63
Fairborne Way. Guild . . . 9K 93
Fairbourne. Cob . . . 9L 57
Fairbourne Clo. Wok . . . 5K 73
Fairbourne La. Cat . . . 9N 83
Fairbriar Ct. Eps . . . 7L 201
Fairburn Ct. SW15 . . . 8K 13
Fairburn Ho. W14 . . . 1L 13 (off Ivatt Pl.)
Fairchildes Av. New Ad . . . 8N 65
Fairchildes Rd. Warl . . . 1N 85
Faircroft Ct. Tedd . . . 7G 25
Faircross. Brack . . . 2N 31
Fairdale Gdns. SW15 . . . 7G 13
Fairdene Rd. Coul . . . 5H 83
Fairfax. Brack . . . 9M 15
Fairfax Av. Eps & Ewe . . . 5G 60
Fairfax Av. Red . . . 2C 122
Fairfax Clo. W on T . . . 7J 39
Fairfax Ho. King T . . . 5L 203
Fairfax Ind. Est. Alder . . . 2C 110
Fairfax M. Farnb . . . 3B 90
Fairfax M. SW15 . . . 7H 13
Fairfax Rd. Farnb . . . 7N 69
Fairfax Rd. Tedd . . . 7G 25
Fairfax Rd. Wok . . . 7D 74
Fairfield . . . 8H 79
Fairfield App. Wray . . . 9N 5
Fairfield Av. Dat . . . 3M 5
Fairfield Av. Horl . . . 9E 142
Fairfield Av. Stai . . . 5H 21
Fairfield Av. Twic . . . 2B 24
Fairfield Clo. Dat . . . 3N 5
Fairfield Clo. Dork . . . 3H 119
Fairfield Clo. Ewe . . . 2D 60
Fairfield Clo. Guild . . . 2K 113
Fairfield Clo. Mitc . . . 8C 28
Fairfield Cotts. Bookh . . . 3B 98
Fairfield Ct. Lea . . . 8H 79 (off Linden Rd.)
Fairfield Dri. SW18 . . . 8N 13
Fairfield Dri. Dork . . . 3H 119
Fairfield Dri. Frim . . . 3C 70
Fairfield E. King T . . . 1L 41 (3K 203)
Fairfield Halls . . . 9A 46 (4D 200)
Fairfield Ind. Est. King T . . . 2M 41 (6M 203)
Fairfield La. W End . . . 8D 52
Fairfield Lodge. Guild . . . 2K 113
Fairfield N. King T . . . 1L 41 (3K 203)
Fairfield Pk. Cob . . . 1L 77
Fairfield Path. Croy . . . 9A 46 (4E 200)
Fairfield Pl. King T . . . 2L 41 (5K 203)
Fairfield Ri. Guild . . . 2J 113
Fairfield Rd. Beck . . . 1K 47
Fairfield Rd. Croy . . . 9A 46 (4E 200)
Fairfield Rd. E Grin . . . 1B 186
Fairfield Rd. King T . . . 1L 41 (4K 203)
Fairfield Rd. Lea . . . 8H 79
Fairfield Rd. Wray . . . 9N 5
Fairfields. Cher . . . 7J 37
Fairfield S. King T . . . 1L 41 (4K 203)
Fairfields Rd. Houn . . . 6C 10
Fairfield St. SW18 . . . 8N 13
Fairfield, The. Farnh . . . 1H 129 (in two parts)
Fairfield Wlk. Lea . . . 8H 79 (off Fairfield Rd.)
Fairfield Way. Coul . . . 1H 83
Fairfield Way. Eps . . . 2D 60
Fairfield W. King T . . . 1L 41 (4K 203)
Fairford Av. Croy . . . 4G 47
Fairford Clo. Croy . . . 4H 47
Fairford Clo. Reig . . . 1A 122
Fairford Clo. W Byf . . . 1H 75
Fairford Ct. Sutt . . . 4N 61
Fairford Gdns. Wor Pk . . . 8E 42
Fairgreen Rd. T Hth . . . 4M 45
Fairhaven. Egh . . . 6B 20
Fairhaven Av. Croy . . . 5G 46
Fairhaven Ct. Egh . . . 6B 20
Fairhaven Ct. S Croy . . . 8C 200
Fairhaven Rd. Red . . . 8E 102
Fairholme. Felt . . . 1E 22
Fairholme Cres. Asht . . . 4J 79
Fairholme Gdns. Farnh . . . 2H 129
Fairholme Rd. Ashf . . . 6N 21
Fairholme Rd. W14 . . . 1K 13
Fairholme Rd. Croy . . . 6L 45
Fairholme Rd. Sutt . . . 3L 61
Fairland Clo. Fleet . . . 5C 88
Fairlands . . . 8F 92
Fairlands Av. Guild . . . 8F 92
Fairlands Av. Sutt . . . 8M 43
Fairlands Av. T Hth . . . 3K 45
Fairlands Ct. Guild . . . 8F 92
Fairlands Rd. Guild . . . 7F 92
Fair La. Coul . . . 3A 102
Fairlawn. Bookh . . . 2N 97
Fairlawn. Wey . . . 2F 56
Fair Lawn Clo. Clay . . . 3F 58
Fairlawn Clo. Felt . . . 5N 23
Fairlawn Clo. King T . . . 7B 26
Fairlawn Cres. E Grin . . . 8L 165
Fairlawn Dri. E Grin . . . 8L 165
Fairlawn Dri. Red . . . 5C 122
Fairlawn Gro. Bans . . . 9B 62
Fairlawn Pk. Wind . . . 7B 4
Fairlawn Pk. Wok . . . 1A 74
Fairlawn Rd. SW19 . . . 8L 27
Fairlawn Rd. Sutt . . . 7A 62 (in three parts)
Fairlawns. Add . . . 2K 55
Fairlawns. Guild . . . 3E 114
Fairlawns. Horl . . . 9F 142
Fairlawns. Sun . . . 2G 39
Fairlawns. Twic . . . 9J 11
Fairlawns. Wall . . . 2F 62
Fairlawns. Wdhm . . . 7H 55
Fairlawns Clo. Stai . . . 7K 21
Fairlight Av. Wind . . . 5G 4
Fairlight Clo. Wor Pk . . . 1H 61
Fairlight Rd. SW17 . . . 5B 28
Fairline Ct. Beck . . . 1M 47
Fairlop Wlk. Cranl . . . 8H 155
Fairmead. Surb . . . 7A 42
Fairmead. Wok . . . 5M 73
Fairmead Clo. Col T . . . 8K 49
Fairmead Clo. Houn . . . 3L 9
Fairmead Clo. N Mald . . . 2C 42
Fairmead Ct. Rich . . . 5A 12
Fairmead Rd. Croy . . . 6K 45
Fairmead Rd. Eden . . . 7L 127
Fairmeads. Cob . . . 9N 57
Fairmile . . . 8M 57
Fairmile. Fleet . . . 7A 88
Fairmile Av. Cob . . . 9M 57
Fairmile Av. SW16 . . . 6H 29
Fairmile Ct. Cob . . . 8M 57
Fairmile Ho. Tedd . . . 5G 25
Fairmile La. Cob . . . 8L 57
Fairmile Pk. Copse. Cob . . . 9N 57
Fairmile Pk. Rd. Cob . . . 9N 57
Fairoak Clo. Kenl . . . 2M 83
Fairoak Clo. Oxs . . . 8D 58
Fairoak La. Oxs & Chess . . . 8C 58
Fairoaks Airport . . . 6A 54
Fairoaks Cvn. Pk. Guild . . . 7D 92
Fairoaks Ct. Add . . . 2K 55 (off Lane Clo.)
Fairs Rd. Lea . . . 6G 79
Fairstone Ct. Horl . . . 7F 142
Fair St. Houn . . . 6C 10
Fairview. Eps . . . 7H 61
Fair Vw. H'ham . . . 5G 197
Fairview Av. Wok . . . 5A 74
Fairview Clo. Wok . . . 5B 74
Fairview Ct. Ashf . . . 6B 22
Fairview Ct. Stai . . . 7J 21
Fairview Dri. Orp . . . 1M 67
Fairview Dri. Shep . . . 4A 38
Fair Vw. Gdns. Farnh . . . 6J 109
Fairview Ho. SW2 . . . 1K 29
Fairview Ind. Est. Oxt . . . 2C 126
Fairview Pl. SW2 . . . 1K 29
Fairview Rd. Hdly D . . . 4G 169
Fairview Rd. SW16 . . . 9K 29
Fairview Rd. As . . . 1F 110
Fairview Rd. Eps . . . 7E 60
Fairview Rd. Sutt . . . 2B 62
Fairview Rd. Wokgm . . . 3B 30
Fairview Ter. Hdly . . . 3F 168
Fairwater Dri. New H . . . 5M 55
Fairwater Ho. Tedd . . . 5G 25
Fairway. SW20 . . . 2H 43
Fairway. Cars . . . 7A 62
Fairway. Cher . . . 7K 37
Fairway. Copt . . . 8M 163
Fairway. Guild . . . 2F 114
Fairway. If'd . . . 4J 181
Fairway. Vir W . . . 5M 35
Fairway Clo. Copt . . . 8L 163
Fairway Clo. Croy . . . 4H 47
Fairway Clo. Eps . . . 1B 60
Fairway Clo. Houn . . . 8K 9
Fairway Clo. Wok . . . 6L 73
Fairway Gdns. Beck . . . 5N 47
Fairway Heights. Camb . . . 9F 50
Fairways. Ashf . . . 7C 22
Fairways. Hind . . . 3N 169
Fairways. Iswth . . . 4D 10
Fairways. Kenl . . . 4N 83
Fairways. Tedd . . . 8K 25
Fairways, The. Red . . . 6B 122
Fairway, The. Farnb . . . 4F 88
Fairway, The. Camb . . . 3E 70
Fairway, The. Farnh . . . 5J 109
Fairway, The. G'ming . . . 9J 133
Fairway, The. Lea . . . 5G 79
Fairway, The. N Mald . . . 9C 26
Fairway, The. W Mol . . . 2B 40
Fairway, The. Wey . . . 7B 56
Fairway, The. Worp . . . 2F 92
Fairwell La. W Hor . . . 6C 96
Faithfull Clo. Warf . . . 7N 15
Fakenham Way. Owl . . . 6J 49
Falaise. Egh . . . 6A 20
Falaise Clo. Alder . . . 2N 109
Falcon Clo. W4 . . . 2B 12
Falcon Clo. Craw . . . 1B 182
Falcon Clo. Light . . . 7K 51
Falcon Ct. Frim . . . 5B 70
Falcon Ct. Wok . . . 9E 54
Falcon Dri. Stanw . . . 9M 7
Falconhurst. Oxs . . . 2D 78
Falcon Rd. Guild . . . 4N 113 (4D 202) (in two parts)
Falcon Rd. Hamp . . . 8N 23
Falconry Ct. King T . . . 5K 203
Falcons Clo. Big H . . . 4F 86
Falcon Way. Felt . . . 8J 9
Falcon Way. Sun . . . 1F 38
Falcon Way. Yat . . . 9A 48
Falconwood. E Hor . . . 2G 96
Falconwood. Egh . . . 6A 20
Falcon Wood. Lea . . . 7F 78
Falconwood Rd. Croy . . . 5J 65
Falcourt Clo. Sutt . . . 2N 61
Falkland Ct. Farnb . . . 5C 90
Falkland Gdns. Dork . . . 6G 119
Falkland Gro. Dork . . . 6G 118
Falkland Ho. W14 . . . 1L 13 (off Edith Vs.)
Falkland Pk. Av. SE25 . . . 2B 46
Falkland Rd. Dork . . . 6G 119 (4J 201)
Falklands Dri. H'ham . . . 4A 198
Falkner Ct. Farnh . . . 1H 129
Falkner Rd. Farnh . . . 1G 128
Falkners Clo. Fleet . . . 1D 88
Fallow Deer Clo. H'ham . . . 5A 198
Fallowfield. Fleet . . . 1D 88
Fallowfield. Yat . . . 8A 48
Fallowfield Way. Horl . . . 7F 142
Fallsbrook Rd. SW16 . . . 7F 28
Falmer Clo. Craw . . . 5B 182
Falmouth Clo. Camb . . . 2E 70
Falmouth Rd. W on T . . . 1K 57
Falstaff M. Hamp H . . . 6D 24 (off Parkside)
Falstone. Wok . . . 5L 73
Famet Av. Purl . . . 9N 63
Famet Clo. Purl . . . 9N 63
Famet Gdns. Kenl . . . 9N 63
Famet Wlk. Purl . . . 9N 63
Fanes Clo. Brack . . . 9L 15
Fane St. W14 . . . 2L 13
Fangrove Pk. Lyne . . . 7C 36
Fanshawe Rd. Rich . . . 5J 25
Fantail, The. (Junct.) . . . 1H 67
Fanthorpe St. SW15 . . . 6H 13
Faraday Av. E Grin . . . 3B 186
Faraday Cen., The. Craw . . . 9D 162
Faraday Ct. Craw . . . 8C 162
Faraday Mans. W14 . . . 2K 13 (off Queen's Club Gdns.)
Faraday Rd. Farnb . . . 8A 70
Faraday Rd. SW19 . . . 7M 27
Faraday Rd. Craw . . . 8D 162
Faraday Rd. W Mol . . . 3A 40
Faraday Way. Croy . . . 7K 45
Farcrosse Clo. Sand . . . 7H 49
Farebrothers. Warn . . . 9F 178
Fareham Dri. Yat . . . 8A 48
Fareham Rd. Felt . . . 1K 23
Farewell Pl. Mitc . . . 9C 28
Farhalls Cres. H'ham . . . 3M 197
Faringdon Clo. Sand . . . 6H 49
Faringdon Dri. Brack . . . 4B 32
Farington Acres. Wey . . . 9E 38
Faris Barn Dri. Wdhm . . . 8H 55
Faris La. Wdhm . . . 7H 55
Farleigh . . . 1J 85
Farleigh Common . . . 1H 85
Farleigh Ct. Guild . . . 3H 113
Farleigh Ct. S Croy . . . 2N 63 (8B 200)
Farleigh Ct. Rd. Warl . . . 1J 85
Farleigh Dean Cres. Croy . . . 7L 65
Farleigh Rd. New H . . . 7J 55
Farleigh Rd. Warl . . . 5G 85
Farleton Clo. Wey . . . 3E 56
Farley Copse. Brack . . . 9K 15
Farley Ct. Farnb . . . 3B 90
Farleycroft. W'ham . . . 4L 107
Farley Green . . . 3M 135
Farley Heath . . . 4L 135
Farley Heath Rd. Alb . . . 7J 135
Farley La. W'ham . . . 4K 107
Farley Nursery. W'ham . . . 5L 107
Farley Pk. Oxt . . . 8N 105
Farley Pl. SE25 . . . 3D 46
Farley Rd. S Croy . . . 4E 64
Farleys Clo. W Hor . . . 4D 96
Farley Wood . . . 1J 31
Farlington Pl. SW15 . . . 1G 26
Farlow Rd. SW15 . . . 6J 13
Farlton Rd. SW18 . . . 2N 27
Farm Av. SW16 . . . 5J 29
Farm Av. H'ham . . . 5H 197
Farm Clo. SW6 . . . 3M 13
Farm Clo. Asc . . . 4N 33
Farm Clo. Brack . . . 9L 15
Farm Clo. Byfl . . . 8A 56
Farm Clo. Coul . . . 7D 82
Farm Clo. Craw . . . 2E 182
Farm Clo. Crowt . . . 9H 31
Farm Clo. E Grin . . . 1D 186
Farm Clo. E Hor . . . 6G 96
Farm Clo. Fet . . . 2D 98
Farm Clo. Guild . . . 9N 93
Farm Clo. Loxw . . . 5J 193
Farm Clo. Lyne . . . 5C 36
Farm Clo. Shep . . . 6B 38
Farm Clo. Stai . . . 6G 20
Farm Clo. Sutt . . . 4B 62
Farm Clo. Wall . . . 6G 63
Farm Clo. Warn . . . 1F 196
Farm Clo. W Wick . . . 1B 66
Farm Clo. Worp . . . 7F 92
Farm Clo. Yat . . . 1C 68
Farm Cotts. Wokgm . . . 9A 14
Farm Ct. Frim . . . 4D 70
Farmdale Rd. Cars . . . 4C 62
Farm Dri. Croy . . . 8J 47
Farm Dri. Fleet . . . 1C 88
Farm Dri. Old Win . . . 9L 5
Farm Dri. Purl . . . 8H 63
Farmers Rd. Stai . . . 6G 20
Farmet Ct. E Grin . . . 7M 165 (off Halsford La.)
Farmfield Cotts. Horl . . . 3N 161
Farmfield Dri. Charl . . . 2N 161
Farm Fields. S Croy . . . 7B 64

Farm Ho. Clo.—Fir Gro.

Farm Ho. Clo. Wok. 2F 74
Farmhouse Rd. SW16 . . . . . . 8G 29
Farmington Av. Sutt. 9B 44
Farm La. SW6. . . . . 2M 13
Farm La. Add 4J 55
Farm La. Asht 3N 79
Farm La. Croy. 8J 47
Farm La. E Hor. 6G 96
Farm La. Purl. 6G 63
Farm La. Send 2E 94
Farm La. Trad. Est. SW6 . . . . 2M 13
Farmleigh Clo. Craw. 1G 182
Farmleigh Gro. W on T 2G 56
Farm M. Mitc 1F 44
Farm Rd. Alder. 1C 110
Farm Rd. Esh. 7B 40
Farm Rd. Frim 4C 70
Farm Rd. Houn 2M 23
Farm Rd. Mord 4N 43
Farm Rd. Stai. 7K 21
Farm Rd. Sutt. 4B 62
Farm Rd. Warl 6H 85
Farm Rd. Wok 7D 74
Farmstead. Eps 5N 59
Farmstead Dri. Eden. 9L 127
Farmview. Cob 3L 77
Farm Vw. Lwr K. 5L 101
Farm Vw. Yat 1C 68
Farm Wlk. Ash G 4G 111
Farm Wlk. Guild 5J 113
Farm Wlk. Horl. 8D 142
Farm Way. Stai. 9H 7
Farm Way. Wor Pk. 9H 43
Farm Yd. Wind. 3G 5
Farnan Rd. SW16. . . . . 6J 29
Farnborough. 2N 89
(Aldershot)
Farnborough. 2L 67
(Orpington)
Farnborough Aerospace Pk. Farnb
. . . . 5L 89
Farnborough Airfield. 5K 89
Farnborough Av. S Croy. 5G 65
Farnborough Bus. Cen. Farnb . 3L 89
Farnborough Comn. Orp 1H 67
Farnborough Cres. S Croy. . . . 5H 65
Farnborough Ga. Retail Pk. Farnb
. . . . 7A 70
Farnborough Green. 8A 70
Farnborough Hill. Orp 2M 67
Farnborough Park. 2A 90
Farnborough Rd. Farnb 5N 89
Farnborough Rd. Alder. 2K 109
Farnborough Rd. Farnh & Alder
. . . . 4J 109
Farnborough Street. 1B 90
Farnborough St. Farnb 8B 70
Farnborough Way. Orp. 2L 67
Farncombe. 4H 133
Farncombe Hill. G'ming 4G 132
(in two parts)
Farncombe St. G'ming 4H 133
Farnell M. SW5 . . . . 1N 13
Farnell M. Wey. 9C 38
Farnell Rd. Iswth 6D 10
Farnell Rd. Stai. 4J 21
Farney Fld. Peasl 2E 136
Farnham. 1H 129
Farnham Bus. Cen. Farnh . . . 1H 129
Farnham Bus. Pk. Farnh 2G 128
Farnham By-Pass. Farnh 3E 128
Farnham Castle. 9G 108
Farnham Clo. Brack 1B 32
Farnham Clo. Craw. 9A 182
Farnham Ct. Sutt 3K 61
Farnham Gdns. SW20 . . . . . . 1G 42
Farnham La. Hasl 9E 170
Farnham Maltings. 1H 129
Farnham Mus. 1G 128
Farnham Pk. Clo. Farnh 6G 108
Farnham Pk. Dri. Farnh 6G 109
Farnham Retail Pk. Farnh. . . . 9K 109
Farnham Rd. Elst 6E 130
Farnham Rd. Ews. 3A 108
Farnham Rd. Fleet 4E 88
Farnham Rd. Guild
. . . . 6G 112 (6A 202)
Farnham Rd. Holt P. 1A 148
Farnham Trad. Est. Farnh. . . . 8L 109
Farnhurst La. Alf 4H 175
Farningham. Brack. 5C 32
Farningham Ct. SW16 . . . . . . 8H 29
Farningham Cres. Cat 1D 104
Farningham Rd. Cat. 1D 104
Farnley. Wok. 4J 73
Farnley Rd. SE25. . . . . 3A 46
Farquhar Rd. SW19. . . . . 4M 27
Farquharson Rd. Croy 7N 45
Farrell Clo. Camb 3A 70
Farrer Ct. Twic 1K 25
Farrer's Pl. Croy. 1G 64
Farrier Clo. Sun 2H 39
Farriers Clo. Eps 8D 60
Farriers Rd. Eps. 8D 60
Farriers, The. Brmly 6C 134
Farrier Wlk. SW10. . . . . 2N 13
Farthing Barn La. Orp. 5J 67
Farthing Fields. Hdly 4D 168
Farthingham La. Ewh 4F 156
Farthings. Knap 3H 73
Farthings Hill. H'ham 5F 196
(off Guildford Rd.)
Farthings, The. King T. 9N 25
Farthing Street. 5H 67
Farthing St. Orp. 4H 67
Farthings Wlk. H'ham. 5F 196
Farthing Way. Coul. 4H 83
Fassett Rd. King T. . . 3L 41 (7J 203)
Fauconberg Ct. W4 . . . . 2B 12
(off Fauconberg Rd.)
Fauconberg Rd. W4. . . . . 2B 12
Faulkner Clo. Craw. 9N 181
Faulkner Pl. Bag 3J 51
Faulkners Rd. W on T 2K 57
Favart Rd. SW6. . . . . 4M 13
Faversham Rd. Beck. 1J 47
Faversham Rd. Mord 5N 43
Faversham Rd. Owl 6J 49
Fawcett Clo. SW16. . . . . 6L 29
Fawcett Rd. Croy . . . 9N 45 (5A 200)
Fawcett Rd. Wind. 4E 4
Fawcett St. SW10 . . . . 2N 13
Fawcus Clo. Clay 3E 58
Fawe Pk. M. SW15. . . . . 7L 13
Fawe Pk. Rd. SW15 . . . . 7L 13
Fawler Mead. Brack 3D 32
Fawley Clo. Cranl 8A 156
Fawns Mnr. Clo. Felt 2D 22
Fawns Mnr. Rd. Felt 2E 22
Fawsley Clo. Coln. 3G 6
Fay Cotts. Fay 5D 180
Faygate. 8E 180
Faygate Bus. Cen. Fay 8E 180
Faygate La. Rusp & Fay. 2D 180
Faygate La. S God 9H 125
Faygate Rd. SW2 . . . . 3K 29
Fayland Av. SW16 . . . . 6G 28
Fay Rd. H'ham 3J 197
Fearn Clo. E Hor. 7F 96
Fearnley Cres. Hamp. 6M 23
Featherbed La. Croy & Warl . . . 4J 65
Feathers La. Wray 3C 20
Featherstone. Blind H. 2G 145
Fee Farm Rd. Clay 4F 58
Felbridge. 6K 165
Felbridge Av. Craw. 2H 183
Felbridge Cen., The. E Grin. . . 7K 165
Felbridge Clo. SW16. . . . . 5L 29
Felbridge Clo. E Grin 7M 165
Felbridge Clo. Frim. 4D 70
Felbridge Clo. Sutt. 5N 61
Felbridge Ct. Felb 6K 165
Felbridge Ct. Felt. 2J 23
(off High St.)
Felbridge Ct. Hay 2E 8
Felbridge Rd. Felb 7G 164
Felcot Rd. Felb 7F 164
Felcott Clo. W on T 9K 39
Felcott Rd. W on T. 9K 39
Felcourt. 2M 165
Felcourt La. Felc. 2L 165
Felcourt Rd. Felc & Ling 3M 165
Felday. 6J 137
Felday Glade. Holm M 6J 137
Felday Houses. Holm M 4J 137
Felday Rd. Ab H. 9G 116
Feldemore. 5K 137
Feldemore Cotts. Holm M . . . 5K 137
Felden St. SW6. . . . . 4L 13
Feld, The. Felb 7K 165
Felgate M. W6 . . . . 1G 12
Felix Dri. W Cla. 6J 95
Felix La. Shep 5F 38
Felix Rd. W on T 5H 39
Felland Way. Reig. 7B 122
Fellbrook. Rich. 4H 25
Fellcott Way. H'ham 7F 196
Fellmongers Yd. Croy. 4B 200
Fellowes Rd. Cars 9C 44
Fellow Grn. W End. 9C 52
Fellow Grn. Rd. W End. 9C 52
Fellows Rd. Farnb 4B 90
Fell Rd. Croy. 9N 45 (4C 200)
(in two parts)
Felmingham Rd. SE20 . . . . . . 1F 46
Felsberg Rd. SW2. . . . . 1J 29
Felsham M. SW15 . . . . 6J 13
(off Felsham Rd.)
Felsham Rd. SW15 . . . . 6H 13
Felstead Rd. Eps 7C 60
Feltham. 3H 23
Feltham Av. E Mol 3E 40
Felthambrook Ind. Est. Felt. . . 4J 23
Felthambrook Way. Felt 4J 23
Feltham Bus. Complex. Felt . . . 3J 23
Felthamhill. 6G 23
Feltham Hill Rd. Ashf. 6B 22
Felthamhill Rd. Felt 5H 23
Feltham Rd. Ashf 5B 22
Feltham Rd. Mitc 1D 44
Feltham Rd. Red 8D 122
Feltham Wlk. Red. 8D 122
Felwater Ct. E Grin 7K 165
Fenby Clo. H'ham. 4A 198
Fenchurch Rd. M'bowr 5F 182
Fencote. Brack 5B 32
Fendall Rd. Eps 2B 60
Fender Ho. H'ham 6H 197
Fenelon Pl. W14. . . . . 1L 13
Fengates Rd. Red. 3C 122
Fenhurst Clo. H'ham. 7F 196
Fennel Clo. Farnb. 1G 89
Fennel Clo. Croy. 7G 47
Fennel Clo. Guild 9D 94
Fennel Cres. Craw 7N 181
Fennells Mead. Eps 5E 60
Fenn Ho. Iswth. 4H 11
Fennscombe Ct. W End 9B 52
Fenns La. W End 9B 52
Fenns Way. Wok 2A 74
Fenn's Yd. Farnh 1G 128
Fenton Av. Stai 7L 21
Fenton Clo. Red 3E 122
Fenton Ho. Houn 2A 10
Fenton Rd. Red 3E 122
Fentum Rd. Guild. 1K 113
Fenwick Clo. Wok. 5L 73
Fenwick Pl. S Croy 4M 63
Ferbies. Fleet 7B 88
Ferguson Av. Surb
. . . . 4M 41 (8M 203)
Ferguson Clo. Brom. 2N 47
Fermandy La. Craw D 9D 164
Fermor Dri. Alder 1L 109
Fern Av. Mitc 3H 45
Fernbank Av. W on T. 6M 39
Fernbank Cres. Asc 9H 17
Fernbank M. SW12. . . . . 1F 28
Fernbank Pl. Asc 9G 17
Fernbank Rd. Add. 2J 55
Fernbank Rd. Asc. 2G 33
Fernbrae Clo. Rowl 8G 128
Fern Clo. Crowt 9G 30
Fern Clo. Frim. 3F 70
Fern Clo. Warl 5H 85
Fern Cotts. Ab H. 8F 116
Fern Ct. As. 3D 110
Ferndale. Guild. 1H 113
Ferndale Av. Cher. 9G 36
Ferndale Av. Houn. 6M 9
Ferndale Rd. Ashf 6M 21
Ferndale Rd. SE25 . . . . 4E 46
Ferndale Rd. Bans 3L 81
Ferndale Rd. C Crook. 9A 88
Ferndale Rd. Wok. 3B 74
Ferndale Way. Orp. 2M 67
Fernden Heights. Hasl 6F 188
Fernden La. Hasl. 5F 188
Fernden Ri. G'ming 4H 133
Ferndown. Craw. 8H 163
Ferndown. Horl. 6E 142
Ferndown Clo. Guild. 4C 114
Ferndown Clo. Sutt 3B 62
Ferndown Ct. Guild
. . . . 2M 113 (1B 202)
Ferndown Gdns. Cob 9K 57
Ferndown Gdns. Farnb. 1K 89
Fern Dri. C Crook 7A 88
Fernery, The. Stai. 6G 21
Ferney Ct. Byfl. 8M 55
Ferney Meade Way. Iswth 5G 11
Ferney Rd. Byfl 8M 55
Fern Gro. Felt 1J 23
Fernham Rd. T Hth 2N 45
Fernhill. 3J 163
Fern Hill. Oxs. 1D 78
Fernhill Clo. B'water. 5L 69
Fernhill Clo. Brack 8L 15
Fernhill Clo. Craw D 9E 164
Fernhill Clo. Farnh 6G 109
Fernhill Clo. Wok. 7M 73
Fernhill Dri. Farnh 6G 109
Fernhill Gdns. King T. 6K 25
Fernhill La. B'water 5K 69
Fernhill La. Farnh. 6G 109
Fernhill La. Wok 7M 73
(in two parts)
Fernhill Pk. Wok 7M 73
Fern Hill Pl. Orp 2L 67
Fernhill Rd. B'water & Farnb
. . . . 4K 69
Fernhill Rd. Horl. 3H 163
Fernhill Wlk. B'water 5L 69
Fernhurst. 9F 188
Fernhurst Clo. Craw. 1N 181
Fernhurst Rd. Ashf. 5D 22
Fernhurst Rd. SW6 . . . . 4K 13
Fernhurst Rd. Croy. 6E 46
Ferniehurst. Camb 2D 70
Fernihough Clo. Wey 6B 56
Fernlands Clo. Cher 9G 37
Fern La. Houn 1N 9
Fernlea. Bookh. 2B 98
Fernlea Rd. SW12. . . . . 2F 28
Fernlea Rd. Mitc. 1E 44
Fernleigh Clo. Croy. 1L 63
Fernleigh Clo. W on T. 9J 39
Fernleigh Ri. Deep 7G 71
Fernley Ho. G'ming 3H 133
Fern Rd. G'ming. 5J 133
Ferns Clo. S Croy. 6E 64
Fernshaw Clo. SW10. . . . . 2N 13
Fernshaw Rd. SW10 . . . . 2N 13
Fernside Av. Felt. 5J 23
Fernside Rd. SW12 . . . . 2D 28
Ferns Mead. Farnh 2F 128
Ferns, The. Farnh. 5H 109
Fernthorpe Rd. SW16 . . . . 7G 28
Fern Towers. Cat 3D 104
Fern Wlk. Ashf 6M 21
Fern Way. H'ham 3K 197
Fernwood. Croy 5H 65
Fernwood Av. SW16 . . . . 5H 29
Feroners Clo. Craw. 5E 182
Feroners Ct. Craw 5E 182
(off Feroners Clo.)
Ferrard Clo. Asc. 9H 17
Ferraro Clo. Houn 2A 10
Ferrers Av. Wall 1H 63
Ferrers Rd. SW16 . . . . 6H 29
Ferrier Ind. Est. SW18. . . . . . . 7N 13
(off Ferrier St.)
Ferrier St. SW18 . . . . 7N 13
Ferriers Way. Eps. 5H 81
Ferring Clo. Craw. 2N 181
Ferris Av. Croy 9J 47
Ferry Av. Stai 8G 21
Ferry La. SW13 . . . . 2E 12
Ferry La. Bren 2L 11
Ferry La. Cher. 4J 37
(in two parts)
Ferry La. Guild 7M 113
Ferry La. Rich 2M 11
Ferry La. Shep 7B 38
Ferry La. Wray. 3D 20
Ferrymoor. Rich. 4H 25
Ferry Quays. Bren 3K 11
(in two parts)
Ferry Rd. SW13 . . . . 3F 12
Ferry Rd. Tedd. 6H 25
Ferry Rd. Th Dit. 5H 41
Ferry Rd. Twic 2H 25
Ferry Rd. W Mol 2A 40
Ferry Sq. Bren 3L 11
Ferry Sq. Shep. 6C 38
Festing Rd. SW15 . . . . 6J 13
Festival Ct. M'bowr 5G 183
Festival Wlk. Cars 2D 62
Fetcham. 1D 98
Fetcham Comn. La. Fet 8B 78
Fetcham Downs. 4D 98
Fetcham Pk. Dri. Fet. 1E 98
Fettes Rd. Cranl 7B 156
Fickleshole. 1N 85
Fiddicroft Av. Bans. 1N 81
Fiddlers Copse. Fern 9E 188
Field Clo. Chess 2J 59
Field Clo. Guild. 1F 114
Field Clo. Hay. 3D 8
Field Clo. Houn. 4J 9
Field Clo. S Croy 1E 84
Field Clo. W Mol 4B 40
Fieldcommon. 6N 39
Fieldcommon La. W on T 7M 39
Field Ct. SW19 . . . . 4M 27
Field Ct. Oxt. 5A 106
Field End. Eden. 9M 127
Field End. Coul. 1H 83
Field End. Farnh 8L 109
Fieldend. H'ham. 3A 198
Field End. Twic. 5F 24
Field End. W End 9C 52
Fieldend Rd. SW16 . . . . 9G 29
Fielden Pl. Brack 1B 32
Fielders Grn. Guild. 3C 114
Fieldfare Av. Yat 9A 48
Fieldgate La. Mitc. 1C 44
Field Ho. Clo. Asc. 7L 33
Fieldhouse Rd. SW12 . . . . 2G 29
Fieldhouse Vs. Bans. 2C 82
Fieldhurst. Slou 1B 6
Fieldhurst Clo. Add 2K 55
Fielding Av. Twic 4C 24
Fielding Gdns. Crowt. 3G 48
Fielding Ho. W4. . . . . 2D 12
(off Devonshire Rd.)
Fielding M. SW13 . . . . 2G 12
(off Jenner Pl.)
Fielding Rd. Col T 9K 49
Fieldings, The. Bans. 4L 81
Fieldings, The. Horl 7F 142
Fieldings, The. Wok 3J 73
Field La. Bren 3J 11
Field La. Frim. 5B 70
(in five parts)
Field La. G'ming 4J 133
Field La. Tedd 6G 24
Field Pk. Brack 9B 16
Field Path. Farnb 5L 69
Field Place. 3D 196
Field Pl. G'ming. 4H 133
Field Pl. N Mald 5E 42
Field Pl. Cotts. Broad H. 3D 196
Field Rd. Farnb. 5L 69
Field Rd. W6 . . . . 1K 13
Field Rd. Felt 9J 9
Fieldsend Rd. Sutt. 2K 61
Fieldside Clo. Orp. 1L 67
Field Stores App. Alder 1A 110
Fieldview. SW18 . . . . 2B 28
Field Vw. Egh. 6E 20
Field Vw. Felt 5E 22
Fieldview. Horl 7F 142
Fld. View Cotts. G'ming 7E 132
Fieldview Ct. Stai 7J 21
Field Wlk. Horl. 8D 142
(off Ct. Lodge Rd.)
Field Wlk. Small. 7N 143
Field Way. Alder. 1C 110
Fieldway. Hasl 1G 189
Fieldway. New Ad. 4L 65
Field Way. Rip 3H 95
Field Way. Tong. 5D 110
Fifehead Clo. Ashf. 7N 21
Fife Rd. SW14 . . . . 8B 12
Fife Rd. King T 1L 41 (3J 203)
(in two parts)
Fife Way. Bookh. 3A 98
Fifield La. Fren. 9H 129
Fifth Cross Rd. Twic 3D 24
Figges Rd. Mitc 8E 28
Figgswood. Coul 8H 83
Filbert Cres. Craw. 3M 181
Filby Rd. Chess. 3M 59
Filey Clo. Big H 6D 86
Filey Clo. Craw. 5L 181
Filey Clo. Sutt 4A 62
Filmer Gro. G'ming 6H 133
Filmer Rd. SW6. . . . . 4K 13
Filmer Rd. Wind. 5A 4
Finborough Ho. SW10. . . . . . . 2N 13
(off Finborough Rd.)
Finborough Rd. SW10. . . . . . . 1N 13
Finborough Rd. SW17. . . . . . . 7D 28
Finborough Theatre, The. 2N 13
(off Finborough Rd.)
Fincham End Dri. Crowt. 3E 48
Finchampstead Ridges. 4A 48
Finchampstead Rd.
Finch & Wokgm 8A 30
Finch Av. SE27 . . . . 5N 29
Finch Clo. Knap 4F 72
Finch Cres. Turn H 4F 184
Finchdean Ho. SW15. . . . . 1E 26
Finch Dri. Felt. 1L 23
Finches Ri. Guild 1D 114
Finch Rd. Guild . . . 3N 113 (3D 202)
Findhorn Clo. Col T 8J 49
Findings, The. Farnb 6K 69
Findlay Dri. Guild 8J 93
Findon Clo. SW18. . . . . 9M 13
Findon Ct. Add. 2H 55
Findon Rd. Craw 1N 181
Findon Way. Broad H. 5D 196
Finlay Gdns. Add 1L 55
Finlays Clo. Chess 2N 59
Finlay St. SW6 . . . . 4J 13
Finmere. Brack. 6A 32
Finnart Clo. Wey 1D 56
Finnart Ho. Dri. Wey 1D 56
Finney Dri. W'sham 3A 52
Finney La. Iswth 4G 11
Finsbury Clo. Craw 7A 182
Finstock Grn. Brack 3D 32
Fintry Pl. Farnb 7K 69
Fintry Wlk. Farnb 7K 69
Fiona Clo. Bookh 2A 98
Fir Acre Rd. Ash V. 7D 90
Firbank Dri. Wok 6L 73
Firbank La. Wok. 6L 73
Firbank Pl. Eng G. 7L 19
Firbank Way. E Grin. 9N 165
Fir Clo. Fleet. 5A 88
Fir Clo. W on T 6H 39
Fircroft. Fleet 4A 88
Fircroft Clo. Wok 5B 74
Fircroft Ct. Wok 5B 74
Fircroft Rd. SW17 . . . . 3D 28
Fircroft Rd. Chess. 1M 59
Fircroft Way. Eden 9L 127
Fir Dene. Orp. 1H 67
Firdene. Surb. 7B 42
Fir Dri. B'water. 3J 69
Fireball Hill. Asc. 6A 34
Fire Bell La. Surb 5L 41
Firefly Clo. Wall 4J 63
Fire Sta. M. Beck 1K 47
Fire Sta. Rd. Alder. 1N 109
Fire Thorn Clo. Fleet 6B 88
Firfield Rd. Add 1J 55
Firfield Rd. Farnh 4F 128
Firfields. Wey. 3C 56
Firglen Dri. Yat 8C 48
Fir Grange Av. Wey 2C 56
Fir Gro. N Mald 2E 42

Firgrove—Foxon Clo.

Firgrove. Wok 6L 73
Firgrove Ct. Farnb 1N 89
Firgrove Ct. Farnh 2G 129
Firgrove Hill. Farnh 2H 129
Firgrove Pde. Farnb 1N 89
Firgrove Rd. Farnb 1N 89
Firgrove Rd. Yate 9A 48
Firlands. Brack 4A 32
Firlands. Horl 7F 142
Firlands. Wey 3F 56
Firlands Av. Camb 1B 70
Firle Clo. Craw 1C 182
Firle Ct. Eps 8E 60
Fir Rd. Felt 6L 23
Fir Rd. Sutt 7L 43
Firs Av. SW14 7B 12
Firs Av. Brmly 5C 134
Firs Av. Wind 6C 4
Firsby Av. Croy 7G 47
Firs Clo. Farnb 3A 90
Firs Clo. Clay 3E 58
Firs Clo. Dork 7G 119
Firs Clo. Mitc 9F 28
Firs Dene Clo. Ott 3F 54
Firs Dri. Houn 3J 9
Firs La. Sham G 7F 134
Firs Rd. Kenl 2M 83
First Av. SW14 6D 12
First Av. Eps 5D 60
First Av. Tad 3K 101
(off Holly Lodge Mobile Home Pk.)
First Av. W on T 5J 39
First Av. W Mol 3N 39
First Clo. W Mol 2C 40
First Cross Rd. Twic 3E 24
Firs, The. Bisl 3D 72
Firs, The. Bookh 2C 98
Firs, The. Brack 4D 32
Firs, The. Byfl 8M 55
Firs, The. Cat 9A 84
Firs, The. Guild 7L 113
First Quarter Ind. Pk. Eps 7D 60
First Slip. Lea 5G 79
Firstway. SW20 1H 43
Firsway. Guild 2J 113
Firswood Av. Eps 2D 60
Firth Gdns. SW6 4K 13
Fir Tree Av. Hasl 2B 188
Firtree Av. Mitc 1E 44
Firtree Clo. SW16 6G 29
Fir Tree Clo. Asc 6L 33
Fir Tree Clo. Craw 9N 161
Fir Tree Clo. Eps 2H 81
Fir Tree Clo. Esh 2C 58
Firtree Clo. Ewe 1E 60
Fir Tree Clo. Lea 1J 99
Firtree Clo. Sand 6E 48
Firtree Gdns. Croy 1K 65
Fir Tree Gro. Cars 4D 62
Fir Tree Pl. Ashf 6B 22
Fir Tree Rd. Bans 1H 81
Fir Tree Rd. Eps 3G 80
Fir Tree Rd. Guild 9M 93
Fir Tree Rd. Houn 7M 9
Fir Tree Rd. Lea 1J 99
Fir Tree Wlk. Reig 3B 122
Fir Tree Way. Fleet 5C 88
Fir Wlk. Sutt 3J 61
Firway. Gray 4K 169
Firwood Clo. Wok 6H 73
Firwood Dri. Camb 1A 70
Firwood Rd. Vir W 5H 35
Fisher Clo. Craw 5C 182
Fisher Clo. Croy 7C 46
Fisher Clo. W on T 1J 57
Fisher Grn. Binf 7G 15
Fisher La. C'fold & Duns 1G 191
Fisherman Clo. Rich 5H 25
Fisherman's Pl. W4 2E 12
Fishermen's Clo. Alder 8C 90
Fisher Rowe Clo. Brmly 5C 134
Fishers. Horl 7G 142
Fisher's Clo. SW16 4H 29
Fishers Ct. H'ham 4J 197
Fishers Dene. Clay 4G 58
Fisher's La. W4 1C 12
Fisherstreet. 5C 190
Fisher St. C'fold 4C 190
Fishers Wood. Asc 7F 34
Fishponds Clo. Wokgm 4A 30
Fishponds Rd. SW17 5C 28
Fishponds Rd. Kes 2F 66
Fishponds Rd. Wokgm 4A 30
Fiske Ct. Yat 9D 48
Fitchet Clo. Craw 1N 181
Fitzalan Ho. Ewe 6E 60
Fitzalan Rd. Clay 4E 58
Fitzalan Rd. H'ham 4N 197
Fitzgeorge Av. W14 1K 13
Fitzgeorge Av. N Mald 9C 26
Fitzgerald Av. SW14 6D 12
Fitzgerald Rd. SW14 6C 12
Fitzgerald Rd. Th Dit 5G 40
Fitzhugh Gro. SW18 1B 28
Fitzjames Av. W14 1K 13
Fitzjames Av. Croy 8D 46
Fitzjohn Clo. Guild 9E 94
Fitzrobert Pl. Egh 7C 20
Fitzroy Clo. Brack 5M 31
Fitzroy Ct. Croy 6A 46
Fitzroy Cres. W4 3C 12
Fitzwilliam Av. Rich 5M 11
Fitzwilliam Ho. Rich 7K 11
Fitzwygram Clo. Hamp H 6C 24
Fiveacre Clo. T Hth 5L 45
Five Acres. Craw 1C 182
Five Acres Clo. Lind 4A 168
Five Elms Rd. Brom 1E 66
Five Oaks. Add 3H 55
Five Oaks Clo. Wok 6G 73
Five Oaks Rd. Slin 9J 195
Five Ways Bus. Cen. Felt 4J 23
Fiveways Corner. (Junct.) 1K 63
Flag Clo. Croy 7G 47
Flambard Way. G'ming 7G 133
Flamborough Clo. Big H 6D 86
Flamsteed Heights. Craw 8N 181
Flanchford Rd. Leigh 9E 120
Flanchford Rd. Reig 5H 121
Flanders Ct. Egh 6E 20
Flanders Cres. SW17 8D 28
Flats, The. B'water 2G 69
Flaxley Rd. Mord 6N 43
Flaxman Ho. W4 1D 12
(off Devonshire St.)
Fleece Rd. Surb 7J 41
Fleet. 4A 88
Fleet Bus. Pk. C Crook 9C 88
Fleet Clo. W Mol 4N 39
Fleet La. W Mol 5N 39
Fleet Rd. Alder 6F 88
Fleet Rd. Fleet & Farnb 2E 88
(Cove Rd.)
Fleet Rd. Fleet 5A 88
(Reading Rd. N.)
Fleetside. W Mol 4N 39
Fleetway. Egh 2E 36
Fleetwood Clo. Chess 4K 59
Fleetwood Clo. Croy 9C 46
Fleetwood Clo. Tad 7J 81
Fleetwood Ct. Stanw 9M 7
Fleetwood Ct. W Byf 9J 55
Fleetwood Rd. King T 2A 42
Fleetwood Sq. King T 2A 42
Fleming Cen., The. Craw 8C 162
Fleming Clo. Farnb 8B 70
Fleming Ct. Croy 2L 63
Fleming Mead. Mitc 8C 28
Fleming Wlk. E Grin 3B 186
Fleming Way. Craw 8C 162
Fleming Way. Iswth 7F 10
Fleming Way Ind. Cen. Craw 7D 162
Flemish Fields. Cher 6J 37
Flemish Pl. Brack 8B 16
Fletcher Clo. Craw 5C 182
Fletcher Clo. Ott 3G 54
Fletcher Gdns. Brack 9J 15
Fletcher Rd. Ott 3F 54
Fletchers Clo. H'ham 7L 197
Fleur Gates. SW19 1J 27
Flexford. 3M 111
Flexford Grn. Brack 5K 31
Flexford Rd. Norm 4M 111
(in two parts)
Flexlands La. W End 6E 52
Flint Clo. Bans 1N 81
Flint Clo. Bookh 4C 98
Flint Clo. G Str 3N 67
Flint Clo. M'bowr 6F 182
Flint Clo. Red 2D 122
Flint Cotts. Lea 8H 79
(off Gravel Hill)
Flintgrove. Brack 9B 16
Flint Hill. Dork 7H 119
Flint Hill Clo. Dork 8H 119
Flintlock Clo. Stai 7J 7
Flitwick Grange. Milf 1C 152
Flock Mill Pl. SW18 2N 27
Flood La. Twic 2G 25
Flora Gdns. Croy 7M 65
Floral Ct. Asht 5J 79
Floral Ho. Cher 7H 37
(off Fox La. S.)
Florence Av. Mord 4A 44
Florence Av. New H 7J 55
Florence Clo. W on T 6J 39
Florence Clo. Yat 9B 48
Florence Ct. SW19 7K 27
Florence Ct. Knap 5F 72
Florence Gdns. W4 2B 12
Florence Gdns. Stai 8K 21
Florence Ho. King T 1M 203
Florence Rd. Col T 8J 49
Florence Rd. SW19 7N 27
Florence Rd. Beck 1H 47
Florence Rd. Felt 2J 23
Florence Rd. Fleet 7B 88
Florence Rd. King T 8M 25 (1M 203)
Florence Rd. S Croy 5A 64
Florence Rd. W on T 6J 39
Florence Ter. SW15 4D 26
Florence Way. SW12 2D 28
Florence Way. Knap 5F 72
Florian Av. Sutt 1B 62
Florian Rd. SW15 7K 13
Florida Ct. Stai 5J 21
Florida Rd. Shalf 9A 114
Florida Rd. T Hth 9M 29
Floss St. SW15 5H 13
Flower Cres. Ott 3D 54
Flower La. God 8G 105
Flowersmead. SW17 3E 28
Flower Wlk. Guild 6M 113 (8B 202)
Floyd's La. Wok 3J 75
Flyers Way, The. W'ham 4M 107
Foden Rd. Alder 3M 109
Folder's La. Brack 8A 16
Foley M. Clay 3E 58
Foley Rd. Big H 5F 86
Foley Rd. Clay 4E 58
Folkestone Ct. Slou 1C 6
Follett Clo. Old Win 9L 5
Folly Clo. Fleet 6B 88
Follyfield Rd. Bans 1M 81
Follyhatch La. As 1J 111
Folly Hill. Farnh 6F 108
Folly La. Holmw 4H 139
Folly La. N. Farnh 5G 108
Folly La. S. Farnh 6F 108
Folly, The. Light 8M 51
Fontaine Rd. SW16 8K 29
Fontana Clo. Worth 4H 183
Fontenoy Rd. SW12 3F 28
Fonthill Clo. SE20 1D 46
Fontley Way. SW15 1F 26
Fontmell Clo. Ashf 6B 22
Fontmell Pk. Ashf 6A 22
Fontwell Clo. Alder 2B 110
Fontwell Rd. Craw 6E 182
Footpath, The. SW15 9F 12
Forbench Clo. Rip 9K 75
Forbes Chase. Col T 8J 49
Forbes Clo. M'bowr 7F 182
Forbe's Ride. Wind 1L 17
Force Green. 2M 107
Force Grn. La. W'ham 2M 107
Fordbridge Cvn. Pk. Sun 5G 38
Fordbridge Clo. Cher 7K 37
Fordbridge Ct. Ashf 7N 21
Fordbridge Rd. Ashf 7N 21
Fordbridge Rd. Sun 5F 38
Fordbridge Roundabout. (Junct.) 7N 21
Ford Clo. Ashf 7N 21
Ford Clo. Shep 3B 38
Ford Clo. T Hth 4M 45
Fordham. King T 4M 203
Fordingbridge Clo. H'ham 7J 197
Ford La. Wrec 5G 128
Ford Mnr. Cotts. D'land 1D 166
Ford Mnr. Rd. D'land 9D 146
Ford Rd. Ashf 5A 22
Ford Rd. Bisl 1B 72
Ford Rd. Cher 7K 37
Ford Rd. Chob 6F 52
Ford Rd. Wok 7D 74
Fordwater Rd. Cher 7K 37
Fordwater Trad. Est. Cher 7L 37
Fordwells Dri. Brack 3D 32
Foreman Ct. Twic 2F 24
Foreman Pk. As 2F 110
Foreman Rd. Ash G 3F 110
Forest Clo. Asc 2G 33
Forest Clo. Craw D 1E 184
Forest Clo. E Hor 3G 96
Forest Clo. H'ham 4A 198
Forest Clo. Wok 2F 74
Forest Cres. Asht 3N 79
Forestdale. 5J 65
Forestdale. Hind 6B 170
Forestdale Cen., The. Croy 4J 65
Forest Dean. Fleet 1D 88
Forest Dene Ct. Sutt 3A 62
Forest Dri. Kes 1G 66
Forest Dri. Kgswd 8L 81
Forest Dri. Lwr Bo 7H 129
Forest Dri. Sun 8G 22
Forest End. Fleet 7A 88
Forest End. Sand 6E 48
Forest End Rd. Sand 6E 48
Forester Rd. Craw 5C 182
Foresters Clo. Wall 4H 63
Foresters Clo. Wok 5J 73
Foresters Dri. Wall 4H 63
Foresters Sq. Brack 2C 32
Foresters Way. Crowt 9K 31
Forestfield. Craw 6E 182
Forestfield. H'ham 5N 197
Forest Glade. Rowl 8C 128
Forest Grange. H'ham 3C 198
Forest Green. 3M 157
Forest Grn. Brack 9B 16
Forest Grn. Rd. Ockl 3C 158
Forest Hills. Camb 2N 69
Forest La. E Hor 2G 97
Forest La. Lind 3B 168
Forest Lodge. E Grin 1B 186
Forest Oaks. H'ham 4A 198
Forest Park. 5D 32
Forest Ridge. Beck 2K 47
Forest Ridge. Kes 1G 67
Forest Rd. Colg 2K 199
Forest Rd. Crowt 2H 49
Forest Rd. E Hor 4G 96
Forest Rd. Eff J 2G 97
Forest Rd. Felt 3K 23
Forest Rd. F Row 8K 187
Forest Rd. H'ham & Craw 4A 198
Forest Rd. Rich 3N 11
Forest Rd. Sutt 7M 43
Forest Rd. Warf & Asc 6C 16
Forest Rd. Wind 2A 18
(Cranbourne)
Forest Rd. Wind 5A 4
(Windsor)
Forest Rd. Wok 2F 74
Forest Rd. Wokgm & Binf 7A 14
Forest Rd., The. Loxw 5D 192
Forest Row. 6H 187
Forest Row Bus. Pk. F Row 6H 187
Forest Side. Wor Pk 7E 42
Forest Vw. Craw 6E 182
Forest Vw. Rd. E Grin 3A 186
Forest Wlk. Cranl 8H 155
Forest Way. Asht 4M 79
Forest Way. Warf P 8D 16
Forge Av. Coul 7L 83
Forgebridge La. Coul 9F 82
Forge Clo. Broad H 4D 196
Forge Clo. Farnh 9J 109
Forge Clo. Hay 2E 8
Forge Cotts. Broad H 4E 196
(off Forge La.)
Forge Cft. Eden 2L 147
Forge Dri. Clay 4G 58
Forge End. Wok 4A 74
Forge Fld. Big H 3F 86
Forge La. Alder 7L 89
Forge La. Broad H 4D 196
Forge La. Craw 2E 182
Forge La. Felt 6M 23
Forge La. Sun 2H 39
Forge La. Sutt 4K 61
Forge M. Croy 2K 65
Forge Rd. Craw 2E 182
Forge Steading. Bans 2N 81
Forge, The. Hand 7N 199
Forge, The. Warn 9E 178
Forge Wood. Craw 7H 163
Forge Wood Ind. Est. Craw 8F 162
Forrest Gdns. SW16 2K 45
Forster Rd. SW12 1J 29
Forster Rd. Beck 2H 47
Forsyte Cres. SE19 1B 46
Forsythia Pl. Guild 1M 113
Forsyth Path. Wok 9F 54
Forsyth Rd. Wok 1E 74
Fortescue Av. Twic 4C 24
Fortescue Rd. SW19 8B 28
Fortescue Rd. Wey 1A 56
Forth Clo. Farnb 8J 69
Fort La. Reig 8N 101
Fort Narrien. Col T 8K 49
Fort Rd. Guild 6A 114 (8E 202)
Fort Rd. Tad 9A 100
Fortrose Clo. Col T 8J 49
Fortrose Gdns. SW2 2J 29
Fortune Dri. Cranl 9N 155
Forty Footpath. SW14 6B 12
Forty Foot Rd. Lea 8J 79
(in two parts)
Forum, The. W Mol 3B 40
Forval Clo. Mitc 4D 44
Foskett Rd. SW6 5L 13
Foss Av. Croy 2L 63
Fosseway. Crowt 2E 48
Fosse Way. W Byf 9H 55
Fossewood Dri. Camb 7B 50
Foss Rd. SW17 5B 28
Foster Av. Wind 6B 4
Fosterdown. God 7E 104
Foster Rd. W4 1C 12
Fosters Gro. W'sham 1M 51
Fosters La. Knap 4F 72
Foster's Way. SW18 2N 27
Foulser Rd. SW17 4D 28
Foulsham Rd. T Hth 2N 45
Founders Gdns. SE19 8N 29
Foundry Clo. H'ham 4L 197
Foundry Ct. Cher 6J 37
Foundry La. Hasl 2E 188
Foundry La. H'ham 5L 197
Foundry La. Hort 6D 6
Foundry M. Cher 6J 37
(off Gogmore La.)
Foundry Pl. SW18 1N 27
Fountain Dri. Cars 4D 62
Fountain Gdns. Wind 6G 4
Fountain Rd. SW17 6B 28
Fountain Rd. Red 5C 122
Fountain Rd. T Hth 2N 45
Fountain Roundabout. N Mald 3D 42
Fountains Av. Felt 4N 23
Fountains Clo. Craw 5M 181
Fountains Clo. Felt 3N 23
(in two parts)
Fountains Gth. Brack 2M 31
Four Acres. Cob 9M 57
Four Acres. Guild 1E 114
Four Elms Rd. Eden & Four E 1L 147
Fourfield Clo. Eps 9B 80
Four Seasons Cres. Sutt 8L 43
Four Sq. Ct. Houn 9A 10
Fourth Cross Rd. Twic 3D 24
Fourth Dri. Coul 3G 83
Four Wents. Cob 1K 77
Fowler Clo. M'bowr 5G 182
Fowler Rd. Farnb 2L 89
Fowler Rd. Mitc 1E 44
Fowlerscroft. Comp 1E 132
Fowlers La. Brack 9N 15
Fowlers Mead. Chob 5H 53
Fowler's Rd. Alder 7A 90
Foxacre. Cat 9B 84
Foxborough Clo. Slou 1C 6
Foxborough Hill. Brmly 4N 133
Foxborough Hill Rd. Brmly 4N 133
Foxbourne Rd. SW17 3E 28
Foxbridge La. Kird 8D 192
Foxburrows Av. Guild 3J 113
Foxburrows Ct. Guild 2J 113
Fox Clo. Craw 9N 161
Fox Clo. Wey 2E 56
Fox Clo. Wok 2F 74
Foxcombe. New Ad 3L 65
(in two parts)
Foxcombe Rd. SW15 2F 26
Fox Corner. 3F 92
Foxcote. Finch 9A 30
Fox Covert. Fet 2D 98
Fox Covert. Light 7L 51
Fox Covert Clo. Asc 4N 33
Foxcroft. C Crook 8B 88
Fox Dene. G'ming 9F 132
Foxdown Clo. Camb 1A 70
Fox Dri. Yat 8C 48
Foxearth Clo. Big H 5G 87
Foxearth Rd. S Croy 6F 64
Foxearth Spur. S Croy 5F 64
Foxenden Rd. Guild 4A 114 (4E 202)
Foxes Dale. Brom 2N 47
Foxes Path. Sut G 4B 94
Foxglove Av. H'ham 2L 197
Foxglove Clo. Eden 9M 127
Foxglove Clo. Stanw 2M 21
Foxglove Clo. Wink R 7E 16
Foxglove Gdns. Guild 1E 114
Foxglove Gdns. Purl 7J 63
Foxglove La. Chess 1N 59
Foxglove Wlk. Craw 6N 181
Foxglove Way. Wall 7F 44
Fox Gro. W on T 6J 39
Foxgrove Dri. Wok 2C 74
Foxhanger Gdns. Wok 3C 74
Fox Heath. Farnb 2H 89
Foxheath. Brack 4C 32
Fox Hill. Kes 2E 66
Foxhill Cres. Camb 7F 50
Fox Hills. Wok 4M 73
Foxhills Clo. Ott 3D 54
Fox Hills La. As 1G 110
Foxhills Rd. Ott 1C 54
Foxholes. Rud 9E 176
Foxholes. Wey 2E 56
Foxhurst Rd. Ash V 8E 90
Foxlake Rd. Byfl 8A 56
Fox Lane. 6K 69
Fox La. Bookh 2M 97
Fox La. Cat 8M 83
Fox La. Kes 2D 66
Fox La. Ran C 3B 118
Fox La. Reig 9N 101
Fox La. N. Cher 7H 37
Fox La. S. Cher 7H 37
Foxleigh Chase. H'ham 4M 197
Foxley Clo. B'water 1H 69
Foxley Clo. Red 8E 122
Foxley Ct. Sutt 4A 62
Foxley Gdns. Purl 9M 63
Foxley Hall. Purl 9L 63
Foxley Hill Rd. Purl 8L 63
Foxley La. Binf 7G 14
Foxley La. Purl 7G 63
Foxley Rd. Kenl 1M 83
Foxley Rd. T Hth 3M 45
Foxon Clo. Cat 8B 84

Foxon La.—Gardener Gro.

Foxon La. *Cat.* 8A **84**
Foxon La. Gdns. *Cat.* 8B **84**
Fox Rd. *Brack.* 3A **32**
Fox Rd. *Hasl.* 2C **188**
Fox Rd. *Lwr Bo* 4H **129**
Fox's Path. *Mitc* 1C **44**
Foxton Gro. *Mitc* 1B **44**
Foxwarren. *Clay* 5F **58**
Fox Way. *Ews.* 5C **108**
Foxwood. *Fleet* 2D **88**
Foxwood Clo. *Felt.* 4J **23**
Foxwood Clo. *Wmly.* 1C **172**
Fox Yd. *Farnh.* 1G **128**
Foye La. *C Crook* 8C **88**
Frailey Clo. *Wok.* 3D **74**
Frailey Hill. *Wok.* 3D **74**
Framfield Clo. *Craw.* 1M **181**
Framfield Rd. *Mitc* 8E **28**
Frampton Clo. *Sutt* 4M **61**
Frampton Rd. *Houn.* 8M **9**
France Hill Dri. *Camb.* 1A **70**
Frances Rd. *Wind.* 6F **4**
Franche Ct. Rd. *SW17* 4A **28**
Francis Av. *Felt.* 4H **23**
Francis Barber Clo. *SW16* 6K **29**
Franciscan Rd. *SW17* 6D **28**
Francis Chichester Clo. *Asc* 4M **33**
Francis Clo. *Eps* 1C **60**
Francis Clo. *Shep.* 3B **38**
Francis Ct. *Guild.* 1L **113**
Francis Ct. *Surb* 8K **203**
Francis Edwards Way. *Craw* 7K **181**
Francis Gdns. *Warf* 8B **16**
Francis Gro. *SW19* 7L **27** (in two parts)
Francis Rd. *Cat.* 9A **84**
Francis Rd. *Croy* 6M **45**
Francis Rd. *Houn* 5L **9**
Francis Rd. *Wall.* 3G **63**
Francis Way. *Camb* 2G **70**
Frank Beswick Ho. SW6 2L **13** *(off Clem Attlee Ct.)*
Franklands Dri. *Add* 4H **55**
Franklin Clo. *SE27* 4M **29**
Franklin Clo. *King T* 2N **41**
Franklin Ct. Guild 3J **113** *(off Derby Rd.)*
Franklin Cres. *Mitc.* 3G **45**
Franklin Rd. *M'bowr* 4G **183**
Franklin Sq. *W14* 1L **13**
Franklin Way. *Croy* 6J **45**
Franklyn Cres. *Wind.* 6A **4**
Franklyn Rd. *G'ming.* 8E **132**
Franklyn Rd. *W on T* 5H **39**
Franks Av. *N Mald* 3B **42**
Franksfield. *Peasl* 4F **136** (in two parts)
Frank Soskice Ho. SW6 2L **13** *(off Clem Attlee Ct.)*
Franks Rd. *Guild* 9K **93**
Frank Towell Ct. *Felt.* 1H **23**
Frant Field. *Eden* 2M **147**
Frant Rd. *T Hth* 4M **45**
Fraser Gdns. *Dork* 4G **118**
Fraser Ho. *Bren* 1M **11**
Fraser Mead. *Col T.* 9K **49**
Fraser Rd. *Brack* 9N **15**
Fraser St. *W4.* 1D **12**
Frederick Clo. *Sutt* 1L **61**
Frederick Gdns. *Croy.* 5M **45**
Frederick Gdns. *Sutt.* 1L **61**
Frederick Pl. *Wokgm* 2A **30**
Frederick Rd. *Sutt* 2L **61**
Frederick Sanger Rd. *Sur R* 4G **113**
Frederick St. *Alder.* 2M **109**
Freeborn Way. *Brack* 9C **16**
Freedown La. *Sutt* 9N **61**
Freehold Ind. Est. *Houn* 8K **9**
Freelands Av. *S Croy* 5G **64**
Freelands Dri. *C Crook* 8A **88**
Freelands Rd. *Cob* 1J **77**
Freeman Clo. *Shep* 3F **38**
Freeman Dri. *W Mol.* 3N **39**
Freeman Rd. *Mord* 4B **44**
Freeman Rd. *Warn* 9F **178**
Freemantle Clo. *Bag* 3J **51**
Freemantle Rd. *Bag* 4K **51**
Freemasons Rd. *Croy.* 7B **46**
Free Prae Rd. *Cher.* 7J **37**
Freesia Clo. *Orp* 2N **67**
Freesia Dri. *Bisl* 3D **72**
Freestone Yd. Coln 3F **6** *(off Park St.)*
French Apartments, The. *Purl* 8L **63**
Frenchaye. *Add.* 1L **55**
Frenches Ct. *Red* 1E **122**
Frenches Rd. *Red.* 1E **122**
Frenches, The. *Red* 1E **122**
French Gdns. *Cob* 1K **77**
French Gdns. *B'water* 2J **69**
Frenchlands Hatch. *E Hor* 5F **96**
French La. *Thur* 6K **151**
Frenchmans Creek. *C Crook* 9A **88**
French Street. 7N 107
French St. *Sun* 1K **39**
French St. *W'ham* 6N **107**
French's Wells. *Wok.* 4L **73**
Frensham. 3H 149
Frensham. *Brack* 5B **32**
Frensham Av. *Fleet.* 4D **88**
Frensham Clo. *Yat* 9A **48**
Frensham Common. 4J 149
Frensham Common Country Pk. 5K 149
Frensham Country Pk. Interpretative Cen. 4J 149
Frensham Dri. *SW15* 4E **26** (in two parts)
Frensham Dri. *New Ad* 4M **65**
Frensham Heights 9F 128
Frensham Heights Rd. *Rowl* 9F **128**
Frensham La. *Hdly & Churt* 1D **168**
Frensham La. *Lind* 3B **168**
Frensham Little Pond. 2L 149
Frensham Rd. *Crowt* 1G **49**
Frensham Rd. *Farnh & Fren* 3H **129**
Frensham Rd. *Kenl* 1M **83**
Frensham Va. *Lwr Bo* 7G **129**
Frensham Way. *Eps* 3H **81**
Frere Av. *Fleet* 6A **88**
Freshborough Ct. *Guild* 4B **114**
Freshfield Bank. *F Row* 7G **186**
Freshfield Clo. *Craw.* 4E **182**
Freshfield Flats. *Lwr K* 5L **101**
Freshfields. *Croy.* 7J **47**
Freshford St. *SW17* 4A **28**
Freshmount Gdns. *Eps.* 7A **60**
Freshwater Clo. *SW17* 7E **28**
Freshwater Pde. H'ham 6H **197** *(off Bishopric)*
Freshwater Rd. *SW17* 7E **28**
Freshwood Clo. *Beck* 1L **47**
Freshwood Dri. *Yat.* 2C **68**
Freshwood Way. *Wall.* 5F **62**
Frewin Rd. *SW18* 2B **28**
Friar M. *SE27* 4M **29**
Friars Av. *SW15* 4E **26**
Friars Fld. *Farnh.* 9G **108**
Friar's Ga. *Guild* 5K **113**
Friars Keep. *Brack* 3N **31**
Friars La. *Rich* 8K **11**
Friars Orchard. *Fet.* 8D **78**
Friars Ri. *Wok* 5C **74**
Friars Rd. *Vir W.* 3N **35**
Friars Rookery. *Craw* 3D **182**
Friars Stile Pl. *Rich.* 9L **11**
Friars Stile Rd. *Rich* 9L **11**
Friars Way. *Cher.* 5J **37**
Friarswood. *Croy.* 5H **65**
Friary Bri. *Guild* 5M **113** (6B **202**)
Friary Ct. *Wok.* 5J **73**
Friary Island. 9M 5
Friary Island. *Wray* 9M **5**
Friary Pas. *Guild* 5M **113** (6B **202**)
Friary Rd. *Asc.* 5L **33**
Friary Rd. *Wray.* 1M **19** (in two parts)
Friary St. *Guild* 5N **113** (6B **202**)
Friary, The. *Guild* 4M **113** (5B **202**)
Friary, The. *Old Win* 9M **5**
Friary Way. *Craw* 4B **182**
Friday Rd. *Mitc* 8D **28**
Friday Street. 3M 137
Friday St. *Ockl* 6D **158**
Friday St. *Rusp.* 4L **179**
Friday St. *Warn* 1E **196**
Friday St. Rd. *Ab C* 3M **137**
Friend Av. *Alder* 3B **110**
Friends Clo. *Craw.* 9B **162**
Friendship Way. *Brack* 2N **31**
Friends Rd. *Croy.* 9A **46** (4D **200**)
Friends Rd. *Purl* 8M **63**
Friends Wlk. *Stai* 6H **21**
Friesian Clo. *Fleet.* 1C **88**
Frimley. 6A 70
Frimley Aqueduct. 9E 70
Frimley Av. *Wall* 2J **63**
Frimley Bus. Pk. *Frim.* 6A **70**
Frimley By-Pass. *Frim* 6A **70**
Frimley Clo. *SW19* 3K **27**
Frimley Clo. *New Ad* 4M **65**
Frimley Cres. *New Ad* 4M **65**
Frimley Gdns. *Mitc.* 2C **44**
Frimley Green. 8D 70
Frimley Grn. Rd. *Frim & Frim G* 5D **70**
Frimley Gro. Gdns. *Frim.* 5B **70**
Frimley Hall Dri. *Camb.* 9D **50**
Frimley High St. *Frim.* 6A **70**
Frimley Ridge. 3F 70
Frimley Rd. *Ash V* 4E **90**
Frimley Rd. *Camb & Frim* 1A **70**
Frimley Rd. *Chess* 2K **59**
Frinton Rd. *SW17* 7E **28**
Friston St. *SW6* 5N **13**
Friston Wlk. *Craw* 1M **181**
Fritham Clo. *N Mald* 5D **42**
Frithend. 6A 148
Frith End Rd. *Bord* 5A **148**
Frith Hill. 5G 132
Frith Hill Rd. *Frim.* 5E **70**
Frith Hill Rd. *G'ming* 4G **133**
Frith Knowle. *W on T* 3J **57**
Frith Pk. *E Grin.* 7A **166**
Frith Rd. *Croy* 8N **45** (3B **200**)
Friths Dri. *Reig.* 9N **101**
Frithwald Rd. *Cher.* 6H **37**
Frobisher. *Brack* 6A **32**
Frobisher Clo. *Kenl* 4N **83**
Frobisher Ct. *Sutt.* 4K **61**
Frobisher Cres. *Stai* 1N **21**
Frobisher Gdns. *Guild* 2C **114**
Frobisher Gdns. *Stai* 1N **21**
Frodsham Way. *Owl.* 5K **49**
Froggetts La. *Wal W* 9K **157**
Frog Gro. La. *Wood S* 1C **112**
Frog Hall Dri. *Wokgm* 2D **30**
Froghole. 1M 127
Froghole La. *Eden* 1M **127**
Frog La. *Brack.* 2M **31**
Frog La. *Sut G* 3A **94**
Frogmore. 1H 69 **(Camberley)**
Frogmore. 6J 5 **(Windsor)**
Frogmore. *SW18.* 8M **13**
Frogmore Border. *Wind.* 6H **5**
Frogmore Clo. *Sutt.* 9J **43**
Frogmore Ct. *B'water.* 2H **69**
Frogmore Ct. *S'hall* 1N **9**
Frogmore Dri. *Wind.* 4H **5**
Frogmore Gdns. *Sutt* 1K **61**
Frogmore Gro. *B'water* 2H **69**
Frogmore Ho. 6J 5
Frogmore Pk. Dri. *B'water* 2H **69**
Frogmore Rd. *B'water* 1G **69**
Frome Clo. *Farnb* 8J **69**
Fromondes Rd. *Sutt.* 2K **61**
Fromow Gdns. *W'sham* 3A **52**
Froxfield Down. *Brack* 4D **32**
Fruen Rd. *Felt* 1G **23**
Fry Clo. *Craw.* 8N **181**
Fryern Wood. *Cat.* 2N **103**
Frylands Ct. *New Ad* 7M **65**
Frymley Vw. *Wind* 4A **4**
Fry Rd. *Ashf* 5M **21**
Fry's Acre. *As.* 1E **110**
Fry's La. *Yat.* 8D **48**
Fryston Av. *Coul* 1F **82**
Fryston Av. *Croy* 8D **46**
Fuchsia Pl. *Brack* 1B **32**
Fuchsia Way. *W End* 9B **52**
Fugelmere Rd. *Fleet* 3D **88**
Fugelmere Wlk. *Fleet* 3D **88**
Fulbourn. *King T* 4M **203**
Fulbourne Clo. *Red* 1C **122**
Fulbrook Av. *New H* 7J **55**
Fulford Ho. *Eps* 4C **60**
Fulford Rd. *Cat.* 8A **84**
Fulford Rd. *Eps* 4C **60**
Fulfords Hill. *Itch* 9A **196**
Fulfords Rd. *Itch* 9B **196**
Fulham. 5K 13
Fulham Broadway. (Junct.) 3M 13
Fulham B'way. *SW6* 3M **13**
Fulham Clo. *Craw.* 7N **181**
Fulham Ct. *SW6* 4M **13**
Fulham F.C. (Craven Cottage). 4J 13
Fulham High St. *SW6.* 5K **13**
Fulham Pal. Rd. *W6 & SW6* 1H **13**
Fulham Pk. Gdns. *SW6* 5L **13**
Fulham Pk. Rd. *SW6* 5L **13**
Fulham Rd. *SW6,SW10 & SW3* 5K **13** (in two parts)
Fullbrook La. *Elst.* 6G **130**
Fullbrooks Av. *Wor Pk* 7E **42**
Fullers Av. *Surb.* 8M **41**
Fullers Farm Rd. *W Hor* 2B **116**
Fuller's Griffin Brewery & Vis. Cen. 2E 12
Fullers Hill. *W'ham* 4M **107**
Fullers Rd. *Rowl.* 7B **128**
Fullers Va. *Hdly D.* 4E **168**
Fullers Way N. *Surb* 9M **41**
Fullers Way S. *Chess* 1L **59**
Fuller's Wood. *Croy* 2K **65**
Fullers Wood La. *S Nut* 4G **123**
Fullerton Clo. *Byfl.* 1A **76**
Fullerton Ct. *Tedd.* 7G **25**
Fullerton Dri. *Byfl.* 1N **75**
Fullerton Rd. *SW18* 8N **13**
Fullerton Rd. *Byfl* 1N **75**
Fullerton Rd. *Cars* 5C **62**
Fullerton Rd. *Croy* 6C **46**
Fullerton Way. *Byfl.* 1N **75**
Fuller Way. *Hay* 1G **8**
Fullmer Way. *Wdhm* 6H **55**
Fulmar Clo. *If'd.* 4J **181**
Fulmar Ct. *Surb.* 5M **41**
Fulmar Dri. *E Grin* 7C **166**
Fulmead St. *SW6.* 4N **13**
Fulmer Clo. *Hamp* 6M **23**
Fulstone Clo. *Houn* 7N **9**
Fulvens. *Peasl* 2F **136**
Fulwell. 5D 24
Fulwell Pk. Av. *Twic* 3B **24**
Fulwell Rd. *Tedd* 5D **24**
Fulwood Gdns. *Twic.* 9F **10**
Fulwood Wlk. *SW19* 2K **27**
Furlong Clo. *Wall* 7F **44**
Furlong Rd. *Westc.* 6C **118**
Furlong Way. Gat A 2D **162** *(off Gatwick Way)*
Furlough, The. *Wok* 3C **74**
Furmage St. *SW18* 1N **27**
Furnace Dri. *Craw* 5D **182**
Furnace Farm Rd. *Craw* 5E **182**
Furnace Green. 5E 182
Furnace Pde. *Craw.* 5E **182**
Furnace Pl. *Craw* 5E **182**
Furnace Rd. *Felb* 7E **164**
Furnace Wood. 6F 164
Furneaux Av. *SE27* 6M **29**
Furness. *Wind* 5A **4**
Furness Pl. *Wind* 5A **4**
Furness Rd. *SW6.* 5N **13**
Furness Rd. *Mord* 5N **43**
Furness Row. *Wind* 5A **4**
Furness Sq. *Wind* 5A **4**
Furness Wlk. Wind. 5A **4** *(off Furnace Sq.)*
Furness Way. *Wind* 5A **4**
Furniss Ct. *Cranl* 8H **155**
Furnival Clo. *Vir W.* 5N **35**
Furrows Pl. *Cat* 1C **104**
Furrows, The. *W on T* 8K **39**
Furse Clo. *Camb* 2G **70**
Furtherfield. *Cranl* 6N **155**
Furtherfield Clo. *Croy.* 5L **45**
Further Vell-Mead. *C Crook* 9A **88**
Furzebank. *Asc* 3A **34**
Furze Clo. *Ash V.* 5E **90**
Furze Clo. *Horl.* 8H **143**
Furze Clo. *Red.* 2D **122**
Furzedown. 6F 28
Furzedown Clo. *Egh.* 7A **20**
Furzedown Dri. *SW17* 6F **28**
Furzedown Rd. *SW17* 6F **28**
Furzedown Rd. *Sutt.* 7A **62**
Furzefield. *Craw.* 2N **181**
Furze Fld. *Oxs* 9D **58**
Furzefield Chase. *Dor P* 4A **166**
Furzefield Cres. *Reig* 5A **122**
Furzefield Rd. *E Grin* 6N **165**
Furzefield Rd. *H'ham* 3A **198**
Furzefield Rd. *Reig* 5A **122**
Furze Gro. *Tad* 8L **81**
Furze Hill. 8L 81
Furze Hill. *Farnh.* 9B **110**
Furze Hill. *Kgswd* 7L **81**
Furze Hill. *Purl* 7J **63**
Furze Hill. *Red* 2C **122**
Furzehill Cotts. *Pirb* 9N **71**
Furze Hill Cres. *Crowt* 3H **49**
Furze Hill Rd. *Head D* 5G **168** (in two parts)
Furze La. *E Grin* 6L **165**
Furze La. *G'ming* 3J **133**
Furze La. *Purl.* 7J **63**
Furzemoors. *Brack* 4N **31**
Furzen La. *Rud & Oke H* 6H **177**
Furze Rd. *Add* 3H **55**
Furze Rd. *Rud* 9E **176**
Furze Rd. *T Hth* 2N **45**
Furze Va. Rd. *Head D* 5G **169**
Furzewood. *Sun.* 9H **23**
Fuzzens Wlk. *Wind.* 5B **4**
Fydler's Clo. *Wink* 7M **17**
Fyfield Clo. *B'water.* 1J **69**
Fyfield Clo. *Brom.* 3N **47**

G

Gable Ct. Red. 2E **122** *(off St Anne's Mt.)*
Gable End. *Farnb* 1N **89**
Gables. *Gray* 6B **170**
Gables Av. *Ashf* 6A **22**
Gables Clo. *Farnb* 1M **89**
Gables Clo. *Ash V* 8E **90**
Gables Clo. *Dat* 2K **5**
Gables Clo. *Kingf.* 7B **74** (in two parts)
Gables Ct. *Kingf.* 7B **74**
Gables Rd. *C Crook* 9A **88**
Gables, The. *Bans* 4L **81**
Gables, The. *Copt* 7M **163**
Gables, The. *Horl* 9E **142**
Gables, The. *H'ham* 4K **197**
Gables, The. *Oxs* 8C **58**
Gables Way. *Bans* 4L **81**
Gabriel Clo. *Felt* 5M **23**
Gabriel Dri. *Camb.* 2F **70**
Gabriel Rd. *M'bowr* 7G **183**
Gadbridge La. *Ewh.* 6F **156**
Gadbrook Rd. *Bet* 9B **120**
Gadd Clo. *Wokgm* 1E **30**
Gadesden Rd. *Eps* 3B **60** (in two parts)
Gaffney Clo. *Alder* 6B **90**
Gage Clo. *Craw D.* 9F **164**
Gage Ridge. *F Row* 7G **187**
Gaggle Wood. *Man H.* 9B **198**
Gainsborough. *Brack* 5A **32**
Gainsborough Clo. *Farnb.* 3B **90**
Gainsborough Clo. *Camb* 8D **50**
Gainsborough Clo. *Esh* 7E **40**
Gainsborough Ct. W4 1A **12** *(off Chaseley Dri.)*
Gainsborough Ct. *Fleet* 4B **88**
Gainsborough Ct. *W on T* 1H **57**
Gainsborough Dri. *Asc* 2H **33**
Gainsborough Dri. *S Croy* 9D **64**
Gainsborough Gdns. *Isw th* 8D **10**
Gainsborough Mans. W14 2K **13** *(off Queen's Club Gdns.)*
Gainsborough Rd. *Craw* 7D **182**
Gainsborough Rd. *Eps.* 6B **60**
Gainsborough Rd. *N Mald* 5C **42**
Gainsborough Rd. *Rich* 5M **11**
Gainsborough Ter. Sutt 4L **61** *(off Belmont Ri.)*
Gaist Av. *Cat* 9E **84**
Galahad Rd. *If'd.* 3K **181**
Galata Rd. *SW13* 3F **12**
Galba Ct. *Bren* 3K **11**
Gale Clo. *Hamp.* 7M **23**
Gale Clo. *Mitc* 2B **44**
Gale Cres. *Bans* 4M **81**
Gale Dri. *Light* 6L **51**
Galena Ho. W6 1G **12** *(off Galena Rd.)*
Galena Rd. *W6* 1G **13**
Galen Clo. *Eps.* 7N **59**
Galesbury Rd. *SW18* 9N **13** & 1A **28**
Gales Clo. *Guild* 9F **94**
Gales Dri. *Craw* 3D **182**
Gales Pl. *Craw* 3E **182**
Galgate Clo. *SW19* 2J **27**
Galleries, The. Alder 2M **109** *(off High St.)*
Gallery Ct. SW10. 2N **13** *(off Gunter Gro.)*
Gallery Rd. *Brkwd* 6A **72**
Galleymead Rd. *Coln* 4H **7**
Gallop, The. *S Croy* 4E **64**
Gallop, The. *Sutt* 5B **62**
Gallop, The. *Wind.* 1F **18**
Gallop, The. *Yat.* 8C **48**
Galloway Clo. *Fleet* 1D **88**
Galloway Path. *Croy* 1A **64** (7D **200**)
Gallwey Rd. *Alder* 1N **109**
Gally Hill Rd. *C Crook* 8A **88**
Gallys Rd. *Wind.* 5A **4**
Galpin's Rd. *T Hth* 4J **45**
Galsworthy Rd. *Cher* 6J **37**
Galsworthy Rd. *King T.* 8A **26**
Galton Rd. *Asc.* 5C **34**
Galvani Way. *Croy* 7K **45**
Galveston Rd. *SW15* 8L **13**
Galvins Clo. *Guild* 9K **93**
Galway Rd. *Yat* 2B **68**
Gambles La. *Rip* 2L **95**
Gambole Rd. *SW17* 5C **28**
Gamlen Rd. *SW15* 7J **13**
Gander Grn. Cres. *Hamp* 9A **24**
Gander Grn. La. *Sutt* 8K **43**
Gangers Hill. *God & Wold* 6H **105**
Ganghill. *Guild* 1C **114**
Ganymede Ct. *Craw* 6K **181**
Gapemouth Rd. *Pirb* 9H **71**
Gap Rd. *SW19* 6M **27**
Garbetts Way. *Tong* 6D **110**
Garbrand Wlk. *Eps.* 5E **60**
Garden Av. *Mitc* 8F **28**
Garden Clo. *Ashf* 7D **22**
Garden Clo. *Farnb* 2K **89**
Garden Clo. *SW15.* 1H **27**
Garden Clo. *Add* 1M **55**
Garden Clo. *Bans* 2M **81**
Garden Clo. *E Grin* 2B **186**
Garden Clo. *Hamp.* 6N **23**
Garden Clo. *Lea* 2J **99**
Garden Clo. *Sham G* 7F **134**
Garden Clo. *Wall* 2J **63**
Garden Ct. *Croy* 8C **46**
Garden Ct. *Hamp* 6N **23**
Garden Ct. *Rich* 4M **11**
Gardener Gro. *Felt.* 3N **23**

Gardeners Clo.—Glenmill

Gardeners Clo. *Warn* 9E **178**
Gardeners Ct. *H'ham* 7K **197**
Gardeners Green 6E **30**
Gardeners Grn. *Rusp* 3B **180**
Gardener's Hill Rd. *Wrec & Lwr Bo* 6G **128**
Gardeners Rd. *Croy* 7M **45** (1A **200**)
Gardeners Rd. *Wink R* 7E **16**
Gardener's Wlk. *Bookh* 4B **98**
Gardenfields. *Tad* 6K **81**
Garden Ho. La. *E Grin* 2B **186**
Gardenia Dri. *W End* 9C **52**
Garden La. *SW2* 2K **29**
Garden Pl. *H'ham* 4J **197**
Garden Rd. *SE20* 1F **46**
Garden Rd. *Rich* 6N **11**
Garden Rd. *W on T* 5J **39**
Gardens, The. *Cob* 6D **76**
Gardens, The. *Beck* 1M **47**
Gardens, The. *Esh* 1A **58**
Gardens, The. *Felt* 8E **8**
Gardens, The. *Pirb* 9C **72**
Gardens, The. *Tong* 5D **110**
Garden Wlk. *Beck* 1J **47**
Garden Wlk. *Coul* 1E **102**
Garden Wlk. *Craw* 3A **182**
Garden Wlk. *H'ham* 4J **197**
Garden Wood Rd. *E Grin* 9L **165**
Gardiner Ct. *S Croy* 3N **63**
Gardner Ho. *Felt* 3N **23**
Gardner La. *Craw D* 1D **184**
Gardner Rd. *Guild* 3N **113** (2C **202**)
Garendon Gdns. *Mord* 6N **43**
Garendon Rd. *Mord* 6N **43**
Gareth Clo. *Wor Pk* 8J **43**
Gareth Ct. *SW16* 4H **29**
Garfield Pl. *Wind* 5G **4**
Garfield Rd. *SW19* 6A **28**
Garfield Rd. *Add* 2L **55**
Garfield Rd. *Camb* 1A **70**
Garfield Rd. *Twic* 2G **25**
Garibaldi Rd. *Red* 4D **122**
Garland Rd. *E Grin* 8N **165**
Garlands Ct. *Croy* 6E **200**
Garlands Rd. *Lea* 8H **79**
Garlands Rd. *Red* 4D **122**
Garland Way. *Cat* 9A **84**
Garlichill Rd. *Eps* 4G **81**
Garnet Fld. *Yat* 1A **68**
Garnet Rd. *T Hth* 3N **45**
Garrad's Rd. *SW16* 4H **29**
Garrard Rd. *Bans* 3M **81**
Garratt Clo. *Croy* 1J **63**
Garratt Ct. *SW18* 1N **27**
Garratt La. *SW18 & SW17* 9N **13**
Garratts La. *Bans* 3L **81**
Garratt Ter. *SW17* 5C **28**
Garraway Ct. SW13 3H 13 (off Wyatt Dri.)
Garrett Clo. *M'bowr* 5G **183**
Garrick Clo. *Rich* 8K **11**
Garrick Clo. *Stai* 8J **21**
Garrick Clo. *W on T* 1J **57**
Garrick Cres. *Croy* 8B **46** (3F **200**)
Garrick Gdns. *W Mol* 2A **40**
Garrick Ho. *W4* 2D **12**
Garrick Ho. *King T* 8J **203**
Garrick Rd. *Rich* 5N **11**
Garricks Ho. *King T* 4H **203**
Garrick Wlk. *Craw* 6C **182**
Garrick Way. *Frim G* 7C **70**
Garrison Clo. *Houn* 8N **9**
Garrison La. *Chess* 4K **59**
Garrones, The. *Craw* 2H **183**
Garsdale Ter. W14 1L 13 (off Aisgill Av.)
Garside Clo. *Dork* 7K **119**
Garside Clo. *Hamp* 7B **24**
Garson Clo. *Esh* 3N **57**
Garson La. *Wray* 1N **19**
Garson's La. *Warf* 2E **16**
Garston Gdns. *Kenl* 2A **84**
Garston La. *Kenl* 1A **84**
Garstons, The. *Bookh* 3A **98**
Garswood. *Brack* 5B **32**
Garth Clo. *W4* 1C **12**
Garth Clo. *Farnh* 4F **128**
Garth Clo. *King T* 6M **25**
Garth Clo. *Mord* 6J **43**
Garth Ct. *W4* 1C **12**
Garth Ct. *Dork* 7H **119**
Garth Hunt Cotts. *Brack* 7N **15**
Garth Rd. *W4* 1C **12**
Garth Rd. *King T* 6M **25**
Garth Rd. *Mord* 5H **43**
Garth Rd. Ind. Est. *Mord* 7J **43**
Garthside. *Ham* 6L **25**
Garth Sq. *Brack* 8N **15**
Garth, The. *Cob* 9M **57**
Garth, The. *Farnb* 1B **90**
Garth, The. *As* 3D **110**
Garth, The. *Hamp* 7B **24**
Gartmoor Gdns. *SW19* 2L **27**
Garton Clo. *If'd* 4K **181**
Garton Pl. *SW18* 9N **13** & 1A **28**
Gascoigne Rd. *New Ad* 6M **65**
Gascoigne Rd. *Wey* 9C **38**
Gasden Copse. *Witl* 5A **152**
Gasden Dri. *Witl* 4A **152**
Gasden La. *Witl* 4A **152**
Gaskarth Rd. *SW12* 1F **28**
Gaskyns Clo. *Rud* 1E **194**
Gassiot Rd. *SW17* 5D **28**
Gassiot Way. *Sutt* 9B **44**
Gasson Wood Rd. *Craw* 5K **181**
Gastein Rd. *W6* 2J **13**
Gaston Bell Clo. *Rich* 6M **11**
Gaston Bri. Rd. *Shep* 5E **38**
Gaston Rd. *Mitc* 2E **44**
Gaston Way. *Shep* 4E **38**
Gate Cen., The. *Bren* 3G **11**
Gateford Dri. *H'ham* 2M **197**
Gatehouse Clo. *King T* 8B **26**
Gatehouse Clo. *Wind* 7E **4**
Gates Clo. *M'bowr* 7G **182**
Gatesden Clo. *Fet* 1C **98**
Gatesden Rd. *Fet* 9C **78**
Gates Grn. Rd. *W Wick & Kes* 1B **66**
Gateside Rd. *SW17* 4D **28**
Gate St. *Brmly* 1C **154** (in two parts)
Gateway. *Wey* 9C **38**
Gateways. *Guild* 3C **114**
Gateways. *Surb* 8K **203**
Gateways Ct. *Wall* 2F **62**
Gateways, The. Rich 7K 11 (off Park La.)
Gateway, The. *Wok* 1D **74**
Gatfield Gro. *Felt* 3A **24**
Gatfield Ho. *Felt* 3N **23**
Gatley Av. *Eps* 2A **60**
Gatley Dri. *Guild* 9B **94**
Gatton 6D **102**
Gatton Bottom 4F **102**
Gatton Bottom. *Reig & Red* 8A **102**
Gatton Clo. *Reig* 9A **102**
Gatton Clo. *Sutt* 5N **61**
Gatton Pk. Bus. Cen. *Red* 7F **102**
Gatton Pk. Ct. *Red* 8D **102**
Gatton Pk. Rd. *Reig & Red* 1B **122**
Gatton Rd. *SW17* 5C **28**
Gatton Rd. *Reig* 1A **122**
Gatwick 5K **131**
Gatwick Airport 3E **162**
Gatwick Airport Spectator Gallery 3E **162**
Gatwick Bus. Pk. *Gat A* 6F **162**
Gatwick Ga. *Low H* 5C **162**
Gatwick Ga. Ind. Est. *Low H* 5C **162**
Gatwick International Distribution Cen. *Craw* 6F **162**
Gatwick Metro Cen. *Horl* 8F **142**
Gatwick Rd. *SW18* 1L **27**
Gatwick Rd. *Craw* 9E **162**
Gatwick Way. *Gat A* 2D **162**
Gatwick Zoo & Aviaries 4H **161**
Gauntlet Cres. *Kenl* 7A **84**
Gauntlett Rd. *Sutt* 2B **62**
Gavell Rd. *Cob* 9H **57**
Gaveston Clo. *Byfl* 9A **56**
Gaveston Rd. *Lea* 7G **78**
Gavina Clo. *Mord* 4C **44**
Gayfere Rd. *Eps* 2F **60**
Gayhouse La. *Out* 3A **144**
Gayler Clo. *Blet* 2C **124**
Gaynesford Rd. *Cars* 4D **62**
Gay St. *SW15* 6J **13**
Gayton Clo. *Asht* 5L **79**
Gayton Ct. *Reig* 2M **121**
Gayville Rd. *SW11* 1D **28**
Gaywood Clo. *SW2* 2K **29**
Gaywood Rd. *Asht* 5M **79**
Geary Clo. *Small* 1M **163**
Geffers Ride. *Asc* 1J **33**
Gemini Clo. *Craw* 5K **181**
Genesis Bus. Cen. *H'ham* 5M **197**
Genesis Bus. Pk. *Wok* 2E **74**
Genesis Clo. *Stanw* 2A **22**
Geneva Clo. *Shep* 1F **38**
Geneva Rd. *King T* 3L **41** (8K **203**)
Geneva Rd. *T Hth* 4N **45**
Genoa Av. *SW15* 8H **13**
Genoa Rd. *SE20* 1F **46**
Gentles La. *Pass & Head* 8F **168**
Genyn Rd. *Guild* 4L **113** (5A **202**)
George Denyer Clo. *Hasl* 1G **189**
George Eliot Clo. *Witl* 5C **152**
George Gdns. *Alder* 5A **110**
George Gro. Rd. *SE20* 1D **46**
Georgeham Rd. *Owl* 5J **49**
George Horley Pl. *Newd* 1A **160**
Georgelands. *Rip* 8K **75**
George Lindgren Ho. SW6 3L 13 (off Clem Attlee Ct.)
George Pinion Ct. *H'ham* 5H **197**
George Rd. *Fleet* 4C **88**
George Rd. *G'ming* 4H **133**
George Rd. *Guild* 3N **113** (3C **202**)
George Rd. *King T* 8A **26** (in two parts)
George Rd. *Milf* 9C **132**
George Rd. *N Mald* 3E **42**
George Sq. *SW19* 2M **43**
George's Rd. *Tats* 7F **86**
George's Sq. SW6 2L 13 (off N. End Rd.)
Georges Ter. *Cat* 9A **84**
George St. *Brkwd* 8L **71**
George St. *Croy* 8N **45** (3C **200**)
George St. *Houn* 5N **9**
George St. *Rich* 8K **11**
George St. *Stai* 5H **21**
George Wyver Clo. *SW19* 1K **27**
Georgian Clo. *Camb* 8C **50**
Georgian Clo. *Craw* 4H **183**
Georgian Clo. *Stai* 5K **21**
Georgian Ct. *SW16* 5J **29**
Georgian Ct. *Croy* 1E **200**
Georgia Rd. *N Mald* 3B **42**
Georgia Rd. *T Hth* 9M **29**
Georgina Ct. *Fleet* 4B **88**
Gerald Ct. *H'ham* 6L **197**
Geraldine Rd. *SW18* 8N **13**
Geraldine Rd. *W4* 2N **11**
Gerald's Gro. *Bans* 1J **81**
Geranium Clo. *Crowt* 8G **30**
Gerard Av. *Houn* 1A **24**
Gerard Rd. *SW13* 4E **12**
Germander Dri. *Bisl* 2D **72**
Gerrards Mead. *Bans* 3L **81**
Gervis Ct. *Houn* 3C **10**
Ghyll Cres. *H'ham* 8M **197**
Giant Arches Rd. *SE24* 1N **29**
Gibbet La. *Camb* 7E **50**
Gibbins La. *Warf* 6B **16** (in two parts)
Gibbon Rd. *King T* 9L **25** (1K **203**)
Gibbons Clo. *M'bowr* 6G **183**
Gibbons Clo. *Sand* 8H **49**
Gibbon Wlk. *SW15* 7F **12**
Gibb's Acre. *Pirb* 1C **92**
Gibbs Av. *SE19* 6N **29**
Gibbs Brook La. *Oxt* 5N **125**
Gibbs Clo. *SE19* 6N **29**
Gibbs Grn. *W14* 1L **13** (in two parts)
Gibbs Grn. Clo. *W14* 1L **13**
Gibbs Sq. *SE19* 6N **29**
Gibbs Way. *Yat* 2A **68**
Giblets La. *H'ham* 1M **197**
Giblets Way. *H'ham* 1L **197**
Gibraltar Cres. *Eps* 6D **60**
Gibson Clo. *Chess* 2J **59**
Gibson Clo. *Iswth* 6E **10**
Gibson Ct. *Dat* 1B **6**
Gibson Ct. *Esh* 8F **40**
Gibson Ho. *Sutt* 1M **61**
Gibson M. *Twic* 9J **11**
Gibson Pl. *Stanw* 9L **7**
Gibson Rd. *Sutt* 2N **61**
Gibsons Hill. *SW16* 8L **29**
Gidd Hill. *Coul* 3E **82**
Giffard Dri. *Farnb* 9L **69**
Giffards Clo. *E Grin* 9B **166**
Giffards Mdw. *Farnh* 2K **129**
Giffard Way. *Guild* 9K **93**
Giggshill 6G **40**
Giggshill Gdns. *Th Dit* 7G **40**
Giggshill Rd. *Th Dit* 6G **40**
Gilbert Clo. SW19 8N 27 (off High Path)
Gilbert Ho. SW13 3G 13 (off Trinity Chu. Rd.)
Gilbert Rd. *SW19* 8A **28**
Gilbert Rd. *Camb* 5A **70**
Gilbert St. *Houn* 6C **10**
Gilbert Way. *Croy* 8K **45**
Gilbey Rd. *SW17* 5C **28**
Gilders Rd. *Chess* 4M **59**
Gilesmead. *Eps* 8L **201**
Giles Travers Clo. *Egh* 2E **36**
Gilham La. *F Row* 7G **187**
Gilhams Av. *Bans* 8J **61**
Gill Av. *Guild* 4H **113**
Gillespie Ho. Vir W 3A 36 (off Holloway Dri.)
Gillett Ct. *H'ham* 4A **198**
Gillette Corner. (Junct.) 3G **10**
Gillett Rd. *T Hth* 3A **46**
Gillham's La. *Hasl* 3A **188**
Gilliam Gro. *Purl* 6L **63**
Gillian Av. *Alder* 4A **110**
Gillian Clo. *Alder* 4B **110**
Gillian Pk. Rd. *Sutt* 7L **43**
Gilliat Dri. *Guild* 1F **114**
Gilligan Clo. *H'ham* 6H **197**
Gill Ri. *Warf* 7A **16**
Gilmais. *Bookh* 3C **98**
Gilman Cres. *Wind* 6A **4**
Gilmore Cres. *Ashf* 6B **22**
Gilpin Av. *SW14* 7C **12**
Gilpin Clo. *Mitc* 1C **44**
Gilpin Cres. *Twic* 1B **24**
Gilpin Way. *Hay* 3E **8**
Gilsland Rd. *T Hth* 3A **46**
Gilstead Rd. *SW6* 5N **13**
Gilston Rd. *SW10* 1N **13**
Gingers Clo. *Cranl* 8A **156**
Ginhams Rd. *Craw* 3N **181**
Gipsy La. *SW15* 6G **12**
Gipsy La. *Brack* 1B **32** (in two parts)
Gipsy La. *Wey* 8C **38**
Gipsy La. *Wokgm* 3B **30**
Gipsy Rd. *SE27* 5N **29**
Gipsy Rd. Gdns. *SE27* 5N **29**
Girdwood Rd. *SW18* 1K **27**
Girling Way. *Felt* 6H **9**
Gironde Rd. *SW6* 3L **13**
Girton Clo. *Owl* 6K **49**
Girton Gdns. *Croy* 9K **47**
Gisbourne Clo. *Wall* 9H **45**
Givons Grove 4J **99**
Givons Gro. Roundabout. *Lea* 2H **99**
Glade Clo. *Surb* 8K **41**
Glade Gdns. *Croy* 6H **47**
Gladeside. *Croy* 5G **46**
Gladeside Clo. *Chess* 4K **59**
Gladeside Ct. *Warl* 7E **84**
Glade Spur. *Tad* 8N **81**
Glades, The. *E Grin* 9D **166**
Glade, The. *Asc* 4N **33**
Glade, The. *Bucks H* 1A **148**
Glade, The. *Coul* 6L **83**
Glade, The. *Craw* 5E **182**
Glade, The. *Croy* 5H **47**
Glade, The. *Eps* 3F **60**
Glade, The. *Farnh* 5J **109**
Glade, The. *Fet* 9A **78**
Glade, The. *H'ham* 5N **197**
Glade, The. *Myt* 3E **90**
Glade, The. *Stai* 7K **21**
Glade, The. *Sutt* 5K **61**
Glade, The. *Tad* 8M **81**
Glade, The. *W Byf* 9G **54**
Glade, The. *W Wick* 9L **47**
Gladiator Way. *Farnb* 5M **89**
Gladioli Clo. *Hamp* 7A **24**
Gladsmuir Clo. *W on T* 3K **39**
Gladstone Av. *Felt* 9H **9**
Gladstone Av. *Twic* 2D **24**
Gladstone Gdns. *Houn* 4C **10**
Gladstone Pl. *E Mol* 4E **40**
Gladstone Rd. *SW19* 8M **27**
Gladstone Rd. *Asht* 5K **79**
Gladstone Rd. *Croy* 6A **46**
Gladstone Rd. *H'ham* 5K **197**
Gladstone Rd. *King T* 2N **41**
Gladstone Rd. *Orp* 2L **67**
Gladstone Rd. *Surb* 8K **41**
Gladstone Ter. SE27 6N 29 (off Bentons La.)
Gladwyn Rd. *SW15* 6J **13**
Glamis Clo. *Frim* 7D **70**
Glamorgan Clo. *Mitc* 2J **45**
Glamorgan Rd. *King T* 8J **25**
Glanfield Rd. *Beck* 3J **47**
Glanty 5E **20**
Glanty, The. *Egh* 5D **20**
Glanville Wlk. *Craw* 6M **181**
Glasbrook Av. *Twic* 2N **23**
Glasford St. *SW17* 7D **28**
Glassonby Wlk. *Camb* 1G **70** (in two parts)
Glastonbury Rd. *Mord* 6M **43**
Glayshers Hill. *Hdly D* 3F **168**
Glazbury Rd. *W14* 1K **13**
Glazebrook Clo. *SE21* 3N **29**
Glazebrook Rd. *Tedd* 8F **24**
Glaziers La. *Norm* 1M **111**
Gleave Clo. *E Grin* 8C **166**
Glebe Av. *Mitc* 1C **44**
Glebe Clo. *W4* 1D **12**
Glebe Clo. *Bookh* 4A **98**
Glebe Clo. *Craw* 2C **182**
Glebe Clo. *Light* 6N **51**
Glebe Clo. *S Croy* 7C **64**
Glebe Cotts. *Felt* 4A **24**
Glebe Cotts. *W Cla* 1K **115**
Glebe Ct. *Fleet* 4A **88**
Glebe Ct. *Guild* 3B **114**
Glebe Ct. *Mitc* 2D **44**
Glebe Gdns. *Byfl* 1M **75**
Glebe Gdns. *N Mald* 6D **42**
Glebe Hyrst. *S Croy* 8C **64**
Glebeland Gdns. *Shep* 5D **38**
Glebeland Rd. *Camb* 2L **69**
Glebelands. *Clay* 5F **58**
Glebelands. *Craw D* 2D **184**
Glebelands. *Loxw* 4H **193**
Glebelands. *W Mol* 4B **40**
Glebelands Mdw. *Alf* 8H **175**
Glebelands Rd. *Felt* 2H **23**
Glebelands Rd. *Wokgm* 1B **30**
Glebe La. *Rush* 5A **150**
Glebe La. *Ab C* 3L **137**
Glebe Path. *Mitc* 2D **44**
Glebe Rd. *Farnb* 9L **69**
Glebe Rd. *Hdly* 4D **168**
Glebe Rd. *SW13* 5F **12**
Glebe Rd. *Asht* 5K **79**
Glebe Rd. *Cars* 3D **62**
Glebe Rd. *Cranl* 7M **155**
Glebe Rd. *Dork* 5F **118** (3G **201**)
Glebe Rd. *Egh* 6E **20**
Glebe Rd. *Old Win* 8L **5**
Glebe Rd. *Red* 2F **102**
Glebe Rd. *Stai* 6K **21**
Glebe Rd. *Sutt* 5K **61**
Glebe Rd. *Warl* 4G **84**
Glebe Side. *Twic* 9F **10**
Glebe Sq. *Mitc* 2D **44**
Glebe St. *W4* 1D **12**
Glebe Ter. *W4* 1D **12**
Glebe, The. *SW16* 5H **29**
Glebe, The. *B'water* 2K **69**
Glebe, The. *Copt* 7M **163**
Glebe, The. *Ewh* 4F **156**
Glebe, The. *Felb* 6K **165**
Glebe, The. *Horl* 8D **142**
Glebe, The. *Leigh* 1F **140**
Glebe, The. *Wor Pk* 7E **42**
Glebe Way. *Hanw* 4A **24**
Glebe Way. *S Croy* 8C **64**
Glebe Way. *W Wick* 8M **47**
Glebewood. *Brack* 4A **32**
Gledhow Gdns. *SW5* 1N **13**
Gledhow Wood. *Tad* 8N **81**
Gledstanes Rd. *W14* 1K **13**
Gleeson Dri. *Orp* 2N **67**
Gleeson M. *Add* 1L **55**
Glegg Pl. *SW15* 7J **13**
Glen Albyn Rd. *SW19* 3J **27**
Glenallan Ho. W14 1L 13 (off N. End Cres.)
Glena Mt. *Sutt* 1A **62**
Glen Av. *Ashf* 5B **22**
Glenavon Clo. *Clay* 3G **58**
Glenavon Ct. *Wor Pk* 8G **43**
Glenavon Gdns. *Yat* 2C **68**
Glenbuck Rd. *Surb* 5K **41**
Glenburnie Rd. *SW17* 4D **28**
Glencairn Rd. *SW16* 9J **29**
Glen Clo. *Hind* 3A **170**
Glen Clo. *Kgswd* 1K **101**
Glen Clo. *Shep* 3B **38**
Glencoe Clo. *Frim* 6E **70**
Glencoe Rd. *Wey* 9B **38**
Glen Ct. *Add* 2H **55**
Glen Ct. *Hind* 3A **170**
Glen Ct. *St J* 6K **73**
Glendale Clo. *H'ham* 2N **197**
Glendale Clo. *Wok* 5M **73**
Glendale Clo. *Wokgm* 5A **30**
Glendale Dri. *SW19* 6L **27**
Glendale Dri. *Guild* 9E **94**
Glendale M. *Beck* 1L **47**
Glendale Ri. *Kenl* 2M **83**
Glendarvon St. *SW15* 6J **13**
Glendene Av. *E Hor* 4F **96**
Glendon Ho. *Craw* 4B **182**
Glendower Gdns. *SW14* 6C **12**
Glendower Rd. *SW14* 6C **12**
Glendyne Clo. *E Grin* 1C **186**
Glendyne Way. *E Grin* 1C **186**
Gleneagle M. *SW16* 6H **29**
Gleneagle Rd. *SW16* 6H **29**
Gleneagles Clo. *Stanw* 9L **7**
Gleneagles Ct. *Craw* 4B **182**
Gleneagles Dri. *Farnb* 2H **89**
Gleneagles Ho. Brack 5K 31 (off St Andrews)
Gleneldon M. *SW16* 5J **29**
Gleneldon Rd. *SW16* 5J **29**
Glenfield Clo. *Brock* 7A **120**
Glenfield Cotts. *Charl* 3J **161**
Glenfield Ho. *Brack* 3A **32**
Glenfield Rd. *Ashf* 7C **22**
Glenfield Rd. *SW12* 2G **29**
Glenfield Rd. *Bans* 2N **81**
Glenfield Rd. *Brock* 6A **120**
Glen Gdns. *Croy* 9L **45**
Glenheadon Clo. *Lea* 1K **99**
Glenheadon Ri. *Lea* 1K **99**
Glenhurst. *W'sham* 1L **51**
Glenhurst Clo. *B'water* 2K **69**
Glenhurst Ri. *SE19* 8N **29**
Glenhurst Rd. *Bren* 2J **11**
Gleninnes. *Col T* 6L **49**
Glenister Pk. Rd. *SW16* 8H **29**
Glenlea. *Gray* 8C **170**
Glenlea Hollow. *Gray* 9C **170** (in two parts)
Glenmill. *Hamp* 6N **23**

Gresham Rd.—Hall Rd.

Gresham Rd. *Stai.* 6H **21**
Greshams Way. *Eden* 1J **147**
Gresham Wlk. *Craw* 6C **182**
(in two parts)
Gresham Way. *SW19* 4N **27**
Gresham Way. *Frim G* 8C **70**
Gressenhall Rd. *SW18* 9L **13**
Greswell St. *SW6* 4J **13**
Greta Bank. *W Hor.* 4D **96**
Greville Av. *S Croy* 6G **64**
Greville Clo. *Alder* 1M **109**
Greville Clo. *Asht* 6L **79**
Greville Clo. *Guild* 3H **113**
Greville Clo. *Twic* 1H **25**
Greville Ct. *Asht* 5L **79**
Greville Ct. *Bookh* 3B **98**
Greville Pk. Av. *Asht* 5L **79**
Greville Pk. Rd. *Asht* 5L **79**
Greville Rd. *Rich* 9M **11**
Grey Alders. *Bans* 1H **81**
Greybury La. *M Grn* 9K **147**
Greyfields Clo. *Purl* 9M **63**
Greyfriars Dri. *Asc.* 4M **33**
Greyfriars Dri. *Bisl* 2D **72**
Greyfriars Rd. *Rip.* 2J **95**
Greyhound Clo. *As.* 3D **110**
Greyhound La. *SW16* 7H **29**
Greyhound Mans. W6 2K **13**
(off Greyhound Rd.)
Greyhound Rd. *W6 & W14* 2J **13**
Greyhound Rd. *Sutt* 2A **62**
Greyhound Slip. *Worth* 2H **183**
Greyhound Ter. *SW16* 9G **29**
Greys Ct. *Alder.* 2K **109**
Greys Pk. Clo. *Kes* 2F **66**
Greystead Pk. *Wrec* 6D **128**
Greystock Rd. *Warf* 7B **16**
Greystoke Ct. *Crowt* 3F **48**
Greystone Clo. *S Croy* 7F **64**
Greystones Clo. *Red* 5B **122**
Greystones Dri. *Reig* 1A **122**
Greyswood St. *SW16* 7F **28**
Greythorne Rd. *Wok* 5K **73**
Greywaters. *Brmly* 5C **134**
Grice Av. *Big H.* 9D **66**
Grier Clo. *If'd* 4K **181**
Grieve Clo. *Tong.* 5C **110**
Griffin Cen. *Felt.* 8J **9**
Griffin Cen., The. *King T* 4H **203**
Griffin Ct. *W4* 1E **12**
Griffin Ct. *Asht* 6M **79**
Griffin Ct. *Bookh* 4B **98**
Griffin Ct. *Bren* 2L **11**
Griffin Ho. W6 1J **13**
(off Hammersmith Rd.)
Griffin Way. *Bookh.* 4A **98**
Griffin Way. *Sun.* 1H **39**
Griffiths Clo. *Wor Pk* 8G **43**
Griffiths Rd. *SW19* 8M **27**
Griffon Clo. *Farnb* 2J **89**
Griggs Mdw. *Duns* 2B **174**
Grimston Rd. *SW6* 5L **13**
Grimwade Av. *Croy* 9D **46**
Grimwood Rd. *Twic* 1F **24**
Grindall Clo. *Croy.* 1M **63** (7A **200**)
Grindley Gdns. *Croy.* 5C **46**
Grindstone Cres. *Knap* 5E **72**
Grindstone Handle Corner. 5E 72
Grinstead La. *E Grin* 8L **185**
Grisedale Clo. *Craw* 5A **182**
Grisedale Clo. *Purl* 1B **84**
Grisedale Gdns. *Purl* 1B **84**
Grobars Av. *Wok* 2M **73**
Grogan Clo. *Hamp* 7N **23**
Groombridge Clo. *W on T* 2J **57**
Groombridge Way. *H'ham* 7F **196**
Groom Cres. *SW18* 1B **28**
Groomfield Clo. *SW17* 5E **28**
Grooms, The. *Worth* 1H **183**
Groom Wlk. *Guild* 9A **94**
Grosse Way. *SW15* 9G **13**
Grosvenor Av. *SW14* 6D **12**
Grosvenor Av. *Cars* 3D **62**
Grosvenor Av. *Rich* 8L **11**
Grosvenor Ct. *B'water* 3J **69**
Grosvenor Ct. *Guild.* 9D **94**
Grosvenor Gdns. *SW14* 6D **12**
Grosvenor Gdns. *King T.* 7K **25**
Grosvenor Gdns. *Wall* 4G **62**
Grosvenor Hill. *SW19* 7K **27**
Grosvenor Ho. *Guild* 4B **114**
Grosvenor M. *Reig.* 6N **121**
Grosvenor Pl. *Wey* 9E **38**
Grosvenor Pl. Wok. 4B **74**
(off Burleigh Gdns.)
Grosvenor Rd. *SE25* 3C **46**
Grosvenor Rd. *W4* 1A **12**
Grosvenor Rd. *Alder* 2M **109**
Grosvenor Rd. *Bren* 2K **11**
Grosvenor Rd. *Chob* 9G **52**
Grosvenor Rd. *E Grin.* 9N **165**
Grosvenor Rd. *Eps.* 6C **80**
Grosvenor Rd. *G'ming.* 8H **133**
Grosvenor Rd. *Houn* 6N **9**
Grosvenor Rd. *Rich* 8L **11**
Grosvenor Rd. *Stai* 8J **21**
Grosvenor Rd. *Twic* 2G **24**
Grosvenor Rd. *Wall* 3F **62**
Grosvenor Rd. *W Wick.* 7L **47**
Groton Rd. *SW18* 3N **27**
Grotto Rd. *Twic* 3F **24**
Grotto Rd. *Wey* 9C **38**
Grouse Rd. *Colg & Craw* 9E **198**
Grove Av. *Eps* 9D **60** (6M **201**)
Grove Av. *Sutt* 3M **61**
Grove Av. *Twic* 2F **24**
Gro. Bell Ind. Est. *Wrec* 4E **128**
Grove Clo. *Cranl.* 9A **156**
Grove Clo. *Eps* 6N **59**
Grove Clo. *Felt.* 5M **23**
Grove Clo. *King T.* 3M **41** (7L **203**)
Grove Clo. *Old Win.* 1L **19**
Grove Clo. *Wokgm.* 9D **30**
Grove Corner. *Bookh* 4B **98**
Grove Cotts. *W4* 2D **12**
Grove Ct. *E Mol* 3D **40**
Grove Ct. *Egh.* 6C **20**
Grove Ct. *Houn* 7A **10**
Grove Ct. *King T.* 6J **203**
Grove Cres. *Felt.* 5M **23**
Grove Cres. *King T* 2L **41** (6J **203**)
Grove Cres. *W on T* 6J **39**
Gro. Cross Rd. *Frim.* 5B **70**
Grove End. *Bag* 3K **51**
Gro. End La. *Esh* 7D **40**
Gro. End Rd. *Farnh* 4G **128**
Gro. Farm Pk. *Myt* 4D **90**
Grovefields Av. *Frim.* 5B **70**
Grove Footpath. *Surb* 3L **41** (8K **203**)
Grove Gdns. *Rich* 9M **11**
Grove Gdns. *Tedd* 5G **24**
Grove Heath. 1K 95
Gro. Heath Ct. *Rip* 2L **95**
Gro. Heath N. *Rip.* 9K **75**
Gro. Heath Rd. *Rip.* 1K **95**
Grovehill Rd. *Red.* 3D **122**
Grove Ho. Red 3D **122**
(off Huntingdon Rd.)
Groveland Av. *SW16* 8K **29**
Groveland Rd. *Beck* 2J **47**
Grovelands. *Horl.* 9F **142**
Grovelands. *King T* 8H **203**
Grovelands. *Lwr Bo* 4K **129**
Grovelands. *W Mol* 3A **40**
Grovelands Rd. *Purl* 8J **63**
Groveland Way. *N Mald* 4B **42**
Grove La. *Coul.* 8D **62**
(in two parts)
Grove La. *King T* 3L **41** (7K **203**)
Grove La. *Wink R* 6F **16**
Groveley Rd. *Sun.* 6G **22**
Gro. Mill Pl. *Cars* 9E **44**
Grove Park. 4B 12
Gro. Park Bri. *W4.* 3B **12**
Gro. Park Gdns. *W4.* 3A **12**
Gro. Park M. *W4* 3B **12**
Gro. Park Rd. *W4* 3A **12**
Gro. Park Ter. *W4.* 3A **12**
(in two parts)
Grove Pl. *SW12* 1F **28**
Grove Pl. *Wey* 2D **56**
Grove Rd. *SW13* 5E **12**
Grove Rd. *SW19* 8A **28**
Grove Rd. *Asht* 5M **79**
Grove Rd. *Ash V.* 9E **90**
Grove Rd. *Bren.* 1J **11**
Grove Rd. *Camb* 1D **70**
Grove Rd. *Cher* 5H **37**
Grove Rd. *C Crook* 8C **88**
Grove Rd. *Cranl* 9A **156**
Grove Rd. *E Mol* 3D **40**
Grove Rd. *Eps* 9D **60** (7M **201**)
Grove Rd. *G'ming.* 8F **132**
Grove Rd. *Guild* 3E **114**
Grove Rd. *Hind* 3N **169**
Grove Rd. *Horl* 7C **142**
Grove Rd. *Houn* 7A **10**
Grove Rd. *Iswth* 4E **10**
Grove Rd. *Ling.* 6A **146**
Grove Rd. *Mitc* 2E **44**
(in two parts)
Grove Rd. *Oxt* 2M **125**
Grove Rd. *Rich* 9M **11**
Grove Rd. *Shep* 5D **38**
Grove Rd. *Surb* 4K **41**
Grove Rd. *Sutt* 3M **61**
Grove Rd. *Tats* 7E **86**
Grove Rd. *T Hth* 3L **45**
Grove Rd. *Twic* 4D **24**
Grove Rd. *Wind* 5F **4**
Grove Rd. *Wok.* 3B **74**
Grovers Farm Cotts. *Wdhm* 7G **55**
Grovers Gdns. *Hind* 3B **170**
Grove Shaw. *Kgswd* 2K **101**
Groveside. *Bookh.* 4A **98**
Groveside Clo. *Bookh.* 5A **98**
Groveside Clo. *Cars* 8C **44**
Grovestile Waye. *Felt* 1E **22**
Grove Ter. *Tedd* 5G **24**
Grove, The. *Farnb* 4B **90**
Grove, The. *Add* 2K **55**
Grove, The. *Alder* 3M **109**
Grove, The. *Asc.* 9G **17**
Grove, The. *Big H* 5F **86**
Grove, The. *Cat* 8N **83**
Grove, The. *Coul* 2H **83**
Grove, The. *Craw* 3A **182**
Grove, The. *Egh* 6C **20**
Grove, The. *Eps* 9D **60** (7M **201**)
(Epsom)
Grove, The. *Eps* 6E **60**
(Ewell)
Grove, The. *Frim* 5B **70**
Grove, The. *Horl* 9F **142**
Grove, The. *Iswth* 4E **10**
Grove, The. *Tedd* 5G **24**
Grove, The. *Twic* 9H **11**
Grove, The. *W on T* 6J **39**
Grove, The. *W Wick* 9L **47**
Grove, The. *Wok* 3B **74**
Grove Way. *Esh* 6C **40**
Grovewood. *Rich* 4N **11**
Gro. Wood Hill. *Coul* 1G **83**
Grub St. *Oxt* 6E **106**
Guardian Ct. *Elst* 8G **131**
Guards Av. *Cat* 9N **83**
Guards Ct. *Asc* 6E **34**
Guards Rd. *Wind* 5A **4**
Guards Wlk. *Wind* 5A **4**
Guerdon Pl. *Brack* 6B **32**
Guernsey Clo. *Craw.* 7M **181**
Guernsey Clo. *Guild* 7C **94**
Guernsey Clo. *Houn* 3A **10**
Guernsey Dri. *Fleet.* 1C **88**
Guernsey Farm Dri. *Wok* 2N **73**
Guernsey Gro. *SE24* 1N **29**
Guildables La. *Eden* 4G **127**
Guildcroft. *Guild.* 3C **114**
Guildersfield Rd. *SW16* 8J **29**
Guildford. 3K 113 (6C 202)
Guildford & Godalming By-Pass Rd. *Guild.* 9D **112**
Guildford & Godalming By-Pass Rd. *Milf & Comp* 1B **152**
Guildford & Godalming By-Pass Rd. *Shack & Comp* 7B **132**
Guildford Av. *Felt.* 3G **23**
Guildford Bus. Pk. *Guild.* 2L **113**
Guildford Bus. Pk. Rd. *Guild* 2L **113**
Guildford Castle 5N 113 (6D 202)
Guildford Cathedral. 3L 113
Guildford Ct. *Guild.* 3K **113**
Guildford Crematorium. *G'ming* 3L **133**
Guildford Discovery Cen. 5C 202
Guildford Guildhall. 5D 202
Guildford House Gallery. 4N 113 (5D 202)
Guildford Ind. Est. *Guild* 3K **113**
Guildford La. *Alb* 6G **115**
Guildford La. *Wok* 6N **73**
Guildford Lodge Dri. *E Hor* 7G **96**
Guildford Mus. & Art Gallery. 5N 113 (6C 202)
Guildford Park. 4L 113
Guildford Pk. Av. *Guild* 4L **113** (4A **202**)
Guildford Pk. Rd. *Guild* 4L **113** (5A **202**)
Guildford Rd. *Ab H & Wott* 9G **116**
Guildford Rd. *Alder* 5B **110**
Guildford Rd. *Alf & Rud.* 7K **175**
Guildford Rd. *As & Norm* 1G **110**
Guildford Rd. *Bag.* 4J **51**
(in three parts)
Guildford Rd. *Broad H.* 1M **195**
Guildford Rd. *Cher* 9F **36**
Guildford Rd. *Cher & Ott* 7D **54**
Guildford Rd. *Chob* 1G **73**
Guildford Rd. *Cranl.* 3J **175**
Guildford Rd. *Croy* 5A **46**
Guildford Rd. *E Hor & Eff* 7G **96**
Guildford Rd. *Eff & Bookh* 6L **97**
Guildford Rd. *Farnh* 9J **109**
(GU9)
Guildford Rd. *Farnh & Runf* (GU10) 8M **109**
Guildford Rd. *Fet.* 3D **98**
Guildford Rd. *Fleet.* 5D **88**
Guildford Rd. *Frim G* 8D **70**
Guildford Rd. *G'ming.* 4K **133**
Guildford Rd. *H'ham.* 5F **196**
Guildford Rd. *Light & W End* 6L **51**
Guildford Rd. *Loxw* 3H **193**
Guildford Rd. *Norm* 1K **111**
Guildford Rd. *Pirb* 1C **92**
Guildford Rd. *Rud & Slin.* 1H **195**
Guildford Rd. *Sham G* 6F **134**
(Cranleigh Rd.)
Guildford Rd. *Sham G & Cranl* 1J **155**
(Stroud Comn.)
Guildford Rd. *Westc* 7A **118**
Guildford Rd. *Wok.* 9N **73**
(Smart's Heath Rd.)
Guildford Rd. *Wok.* 6A **74**
(Wych Hill La.)
Guildford Rd. E. *Farnb.* 4A **90**
Guildford Rd. W. *Farnb* 4A **90**
Guildford St. *Cher* 7H **37**
(in two parts)
Guildford St. *Stai* 7J **21**
Guildford Way. *Wall* 2J **63**
Guildown Av. *Guild* 6L **113** (8A **202**)
Guildown Rd. *Guild* 6L **113** (8B **202**)
Guileshill La. *Ock.* 1N **95**
Guilford Av. *Surb* 4M **41** (8L **203**)
Guillemont Fields. *Farnb.* 9J **69**
Guillemot Path. *If'd* 4J **181**
Guinevere Rd. *If'd* 3K **181**
Guinness Ct. *Craw.* 7A **182**
Guinness Ct. *Croy* 8C **46**
Guinness Ct. *Wok.* 5J **73**
Guinness Trust Bldgs. W6 1J **13**
(off Fulham Pal. Rd.)
Guion Rd. *SW6* 5L **13**
Gull Clo. *Wall* 4J **63**
Gumbrells Clo. *Guild* 8F **92**
Gumleigh Rd. *W5* 1J **11**
Gumley Gdns. *Iswth* 6G **10**
Gun Hill. *Alder* 1N **109**
Gunnell Clo. *Croy.* 5C **46**
Gunnersbury. 1A 12
Gunnersbury Av. *W5 & W3,W4* 1N **11**
Gunnersbury Clo. *W4* 1A **12**
Gunnersbury M. *W4* 1A **12**
Gunners Rd. *SW18* 3B **28**
Gunning Clo. *Craw* 6M **181**
Gun Pit Rd. *Ling* 7N **145**
Gunter Gro. *SW10* 2N **13**
Gunters Mead. *Oxs* 7C **58**
Gunterstone Rd. *W14* 1K **13**
Gunton Rd. *SW17* 7E **28**
Gurdon's La. *Wmly* 9B **152**
(in two parts)
Gurney Cres. *Croy* 7K **45**
Gurney Ho. *Hay* 1F **8**
Gurney Rd. *SW6* 6N **13**
Gurney Rd. *Cars.* 1E **62**
Gurney's Clo. *Red* 4D **122**
Guyatt Gdns. *Mitc* 1E **44**
Guy Rd. *Wall* 9H **45**
Gwalior Rd. *SW15* 7J **13**
Gwendolen Av. *SW15.* 7J **13**
Gwendolen Clo. *SW15* 8J **13**
Gwendwr Rd. *W14.* 1K **13**
Gwydor Rd. *Beck.* 2G **47**
Gwyn Clo. *SW6* 3N **13**
Gwynne Av. *Croy* 6G **46**
Gwynne Clo. *W4* 2E **12**
Gwynne Clo. *Wind.* 4B **4**
Gwynne Gdns. *E Grin* 8M **165**
Gwynne Rd. *Cat.* 1A **104**
Gwynne Vaughan Av. *Guild* 8L **93**

H

Habershon Dri. *Frim* 4H **71**
Haccombe Rd. *SW19.* 7A **28**
Hackbridge. 8E 44
Hackbridge Grn. *Wall.* 8E **44**
Hackbridge Pk. Gdns. *Cars* 8D **44**
Hackbridge Rd. *Wall* 8E **44**
Hackenden Clo. *E Grin* 7A **166**
Hackenden Cotts. *E Grin* 7A **166**
Hackenden La. *E Grin* 8A **166**
(in two parts)
Hacketts La. *Wok.* 1H **75**
Hackhurst Downs. 6G 116
Hackhurst La. *Ab H.* 8G **116**
Haddenhurst Ct. *Binf.* 7H **15**
Haddon Clo. *N Mald.* 4E **42**
Haddon Clo. *Wey* 9F **38**
Haddon Rd. *Sutt* 1N **61**
Hadfield Rd. *Stanw.* 9M **7**
Hadleigh Clo. *SW20.* 1L **43**
Hadleigh Dri. *Sutt.* 5M **61**
Hadleigh Gdns. *Frim G.* 8C **70**
Hadley Gdns. *W4.* 1C **12**
Hadley Gdns. *S'hall* 1N **9**
Hadley Pl. *Wey.* 4B **56**
Hadley Rd. *Mitc.* 3H **45**
Hadleys. *Rowl* 8D **128**
Hadley Wood Ri. *Kenl* 2M **83**
Hadmans Clo. *H'ham* 7J **197**
Hadrian Clo. *Stai* 1N **21**
Hadrian Ct. *Sutt.* 4N **61**
Hadrians. *Farnh* 8K **109**
Hadrian Way. *Stanw* 1M **21**
(in two parts)
Haggard Rd. *Twic* 1H **25**
Hagley Rd. *Fleet.* 4A **88**
Haigh Cres. *Red.* 5F **122**
Haig La. *C Crook* 8C **88**
Haig Pl. *Mord* 5M **43**
Haig Rd. *Alder.* 3A **110**
Haig Rd. *Big H.* 4G **86**
Haig Rd. *Camb.* 9L **49**
Hailes Clo. *SW19.* 7A **28**
Hailey Pl. *Cranl* 6A **156**
Hailsham Av. *SW2.* 3K **29**
Hailsham Clo. *Owl* 6J **49**
Hailsham Clo. *Surb* 6K **41**
Hailsham Rd. *SW17.* 7E **28**
Haines Ct. *Wey.* 2E **56**
Haines Wlk. *Mord* 6N **43**
Haining Clo. *W4* 1N **11**
Haining Gdns. *Myt.* 2E **90**
Hainthorpe Rd. *SE27* 4M **29**
Haldane Pl. *SW18* 2N **27**
Haldane Rd. *SW6.* 3L **13**
Haldon Rd. *SW18* 9L **13**
Hale. 7J 109
Halebourne La. *Chob & W End* 4D **52**
Hale Clo. *Orp* 1L **67**
Hale End. *Brack.* 3D **32**
Hale Ends. *Wok* 8L **73**
Hale Ho. Clo. *Churt* 9L **149**
Hale Ho. La. *Churt* 9L **149**
Hale Path. *SE27* 5M **29**
Hale Pit Rd. *Bookh* 4C **98**
Hale Pl. *Farnh* 7K **109**
Hale Reeds. *Farnh* 6J **109**
Hale Rd. *Farnh.* 7J **109**
Hales Fld. *Hasl.* 2G **189**
Hales Oak. *Bookh* 4C **98**
Halesowen Rd. *Mord.* 6N **43**
Hale St. *Stai.* 5G **21**
Hales Wood. *Cob* 1J **77**
Hale Way. *Frim.* 6B **70**
Halewood. *Brack* 5L **31**
Half Acre. *Bren* 2K **11**
Halfacres. *Craw* 2C **182**
Half Moon Cotts. *Rip.* 8L **75**
Half Moon Hill. *Hasl* 2G **189**
Half Moon St. *Bag* 4J **51**
Halford Rd. *SW6.* 2M **13**
Halford Rd. *Rich* 8L **11**
Halfpenny Clo. *Chil.* 9F **114**
Halfpenny La. *Asc* 6D **34**
Halfpenny La. *Guild.* 6E **114**
Halfway Grn. *W on T.* 9J **39**
Halfway La. *G'ming* 7D **132**
Haliburton Rd. *Twic.* 8G **11**
Halifax Clo. *Farnb.* 2L **89**
Halifax Clo. *Craw* 9J **163**
Halifax Clo. *Tedd* 7E **24**
Halimote Rd. *Alder.* 3M **109**
Haling Down Pas. *Purl* 6M **63**
(in two parts)
Haling Gro. *S Croy* 4N **63**
Haling Pk. Gdns. *Croy.* 3M **63**
Haling Pk. Rd. *S Croy* 2M **63** (8A **200**)
Haling Rd. *S Croy* 3A **64**
Hallam Rd. *SW13* 6G **13**
Hallam Rd. *G'ming.* 5J **133**
Halland Clo. *Craw* 2E **182**
Halland Ct. *Eden* 2L **147**
Hallane Ho. *SE27.* 6N **29**
Hallbrooke Gdns. *Binf* 8K **15**
Hall Clo. *Camb.* 9C **50**
Hall Clo. *G'ming* 4H **133**
Hall Ct. *Dat.* 3L **5**
Hall Ct. *Tedd.* 6F **24**
Hall Dene Clo. *Guild.* 2E **114**
Halley Clo. *Craw* 8N **181**
Halley Dri. *Asc.* 1H **33**
Halley's App. *Wok* 4K **73**
Halley's Ct. *Wok.* 5K **73**
Halley's Wlk. *Add* 4L **55**
Hall Farm Cres. *Yat* 1C **68**
Hall Farm Dri. *Twic* 1D **24**
Hallgrove Bottom. *Bag.* 2K **51**
Hall Gro. Farm Ind. Est. *Bag* 2K **51**
Hall Hill. *Oxt* 9N **105**
Halliards, The. *W on T.* 5H **39**
Halliford Clo. *Shep.* 3E **38**
Halliford Rd. *Shep & Sun.* 4F **38**
Halliloo Valley Rd. *Wold* 7G **85**
Hallington Clo. *Wok.* 4L **73**
Hall La. *Hay* 3E **8**
Hall La. *Yat* 1B **68**
Hallmark Clo. *Col T* 7K **49**
Hallmead Rd. *Sutt* 9N **43**
Hallowell Av. *Croy* 1J **63**
Hallowell Clo. *Mitc* 2E **44**
Hallowfield Way. *Mitc* 2C **44**
Hall Place. 1G 175
Hall Pl. *Wok.* 3C **74**
Hall Pl. Dri. *Wey.* 2F **56**
Hall Rd. *Brmly* 5B **134**

Hall Rd.—Harvard La.

Hall Rd. Iswth 8D 10
Hall Rd. Wall. 5F 62
Halls Farm Clo. Knap 4G 73
Hallsland. Craw D 1F 184
Hallsland Way. Oxt 2B 126
Hall Way. Purl 9M 63
Halnaker Wlk. Craw 6L 181
Halsford Cft. E Grin 7L 165
Halsford Grn. E Grin 7L 165
Halsford La. E Grin 8L 165
Halsford Pk. Rd. E Grin 8M 165
Halstead Clo. Croy 9N 45 (4B 200)
Halters End. Gray 6M 169
Ham. 4J 25
Hamble Av. B'water 1J 69
Hamble Clo. Wok 4K 73
Hambleden Ct. Brack 3C 32
Hambledon. 9F 152
Hambledon Gdns. SE25 2C 46
Hambledon Hill. Eps 3B 80
Hambledon Pk. Hamb 9E 152
Hambledon Pl. Bookh 1A 98
Hambledon Rd. SW18 1L 27
Hambledon Rd. Busb & G'ming 9J 133 (in two parts)
Hambledon Rd. Cat 1A 104
Hambledon Rd. Hamb & Hyde 7G 153
Hambledon Va. Eps 3B 80
Hamblehyrst. Beck 1L 47
Hamble St. SW6 6N 13
Hambleton Clo. Frim 3F 70
Hambleton Clo. Wor Pk 8H 43
Hambleton Ct. Craw 5A 182
Hambleton Hill. Craw 5A 182
Hamble Wlk. Wok 5K 73
Hambridge Way. SW2 1L 29
Hambrook Rd. SE25 2E 46
Hambro Rd. SW16 7H 29
Ham Clo. Rich 4J 25 (in two parts)
Ham Comn. Rich 4K 25
Hamesmoor Rd. Myt 1C 90
Hamesmoor Way. Myt 1D 90
Ham Farm Rd. Rich 5K 25
Hamfield Clo. Oxt 5M 105
Ham Ga. Av. Rich 4K 25
Hamhaugh Island. Shep 8B 38
Ham House. 2J 25
Hamilton Av. Cob 9H 57
Hamilton Av. Surb 8N 41
Hamilton Av. Sutt 8K 43
Hamilton Av. Wok 2G 75
Hamilton Clo. Bag 4J 51
Hamilton Clo. Bord 5A 168
Hamilton Clo. Cher 7H 37
Hamilton Clo. Eps 8B 60
Hamilton Clo. Felt 6G 22
Hamilton Clo. Guild 7K 93
Hamilton Clo. Purl 8M 63
Hamilton Ct. SW15 6K 13
Hamilton Ct. Bookh 3B 98
Hamilton Ct. Croy 7D 46
Hamilton Cres. Houn 8B 10
Hamilton Dri. Asc 6B 34
Hamilton Dri. Guild 7K 93
Hamilton Gordon Ct. Guild 2M 113 (1B 202)
Hamilton Ho. W4 2D 12
Hamilton M. SW18 2M 27
Hamilton M. SW19 8M 27
Hamilton Pde. Felt 5G 23
Hamilton Pl. Alder 3L 109
Hamilton Pl. Guild 7K 93
Hamilton Pl. Kgswd 9L 81
Hamilton Pl. Sun 8J 23
Hamilton Rd. SE27 5N 29
Hamilton Rd. SW19 8N 27
Hamilton Rd. Bren 2K 11
Hamilton Rd. C Crook 7C 88
Hamilton Rd. Felt 5G 22
Hamilton Rd. H'ham 5H 197
Hamilton Rd. T Hth 2A 46
Hamilton Rd. Twic 2E 24
Hamilton Rd. M. SW19 8N 27
Hamilton Way. Wall 5H 63
Ham Island. 7N 5
Ham La. Elst 7H 131
Ham La. Eng G 5L 19
Ham La. Old Win 8M 5 (in two parts)
Hamlash La. Fren 1H 149
Hamlet Gdns. W6 1F 12
Hamlet St. Warf 9C 16
Hamm Ct. Wey 8N 37
Hammer. 3B 188
Hammer Bottom. 2A 188
Hammerfield Dri. Ab H 1G 136
Hammer Hill. Hasl 4A 188
Hammer La. Bram C 9A 170
Hammer La. Churt 1K 169
Hammer La. Cranl 3M 175
Hammer La. Hasl 2A 188
Hammer Pond Cotts. Thur 4K 151
Hammerpond Rd. Colg 9E 198
Hammerpond Rd. H'ham & Man H 7M 197
Hammersley Rd. Alder 6N 89
Hammersmith. 1H 13
Hammersmith Bri. SW13 & W6 2G 13
Hammersmith Bri. Rd. W6 1H 13
Hammersmith B'way. W6 1H 13
Hammersmith Flyover. (Junct.) 1H 13
Hammersmith Ind. Est. W6 2H 13
Hammersmith Rd. W6 & W14 1J 13
Hammersmith Ter. W6 1F 12
Hammer Va. Hasl 2A 188
Hammerwood. 7K 167
Hammerwood Copse. Hasl 3B 188
Hammerwood Pk. 8L 167
Hammerwood Rd. Ash W 3F 186
Hammer Yd. Craw 4B 182
Hamm Moor La. Add 2N 55
Hammond Av. Mitc 1F 44
Hammond Clo. Hamp 9A 24
Hammond Clo. Wok 2M 73
Hammond Ct. Brack 9M 15 (off Crescent Rd.)
Hammond Rd. Craw 9N 181
Hammond Rd. Wok 2M 73
Hammond Way. Light 6M 51
Ham Moor. 1N 55
Hamond Clo. S Croy 5M 63
Hampden Av. Beck 1H 47
Hampden Clo. Craw 9J 163
Hampden Rd. Beck 1H 47
Hampden Rd. King T 2N 41
Hampers Ct. H'ham 6K 197
Hamper's La. H'ham 6N 197
Hampshire Clo. Alder 5B 110
Hampshire Ct. Add 2L 55
Hampshire Hog La. W6 1G 12
Hampshire Ri. Warf 7D 16
Hampshire Rd. Camb 7D 50
Hampstead La. Dork 6F 118
Hampstead Rd. Dork 6G 118
Hampstead Wlk. Craw 7A 182
Hampton. 9B 24
Hampton & Richmond Borough F.C. 9B 24
Hampton Clo. SW20 8H 27
Hampton Clo. C Crook 9B 88
Hampton Court. 3E 40
Hampton Court. (Junct.) 2E 40
Hampton Ct. Av. E Mol 5D 40
Hampton Ct. Bri. E Mol 3E 40
Hampton Ct. Cres. E Mol 2D 40
Hampton Court Palace. 3F 40
Hampton Ct. Pde. E Mol 3E 40
Hampton Ct. Rd. E Mol & King T 2F 40
Hampton Ct. Rd. Hamp & E Mol 1C 40
Hampton Ct. Way. Th Dit & E Mol 8E 40
Hampton Farm Ind. Est. Felt 4M 23
Hampton Gro. Eps 7E 60
Hampton Hill. 6C 24
Hampton La. Felt 5M 23
Hampton Rd. Croy 5N 45
Hampton Rd. Farnh 6F 108
Hampton Rd. Red 8D 122
Hampton Rd. Tedd 6D 24
Hampton Rd. Twic 4D 24
Hampton Rd. Wor Pk 8F 42
Hampton Rd. E. Felt 5N 23
Hampton Rd. W. Felt 4M 23
Hampton Way. E Grin 2B 186
Hampton Wick 9J 25 (1G 203)
Ham Ridings. Rich 6M 25
Hamsey Green. 3E 84
Hamsey Grn. Gdns. Warl 3E 84
Hamsey Way. S Croy 2E 84
Ham St. Rich 2H 25
Ham, The. Bren 3J 11
Ham Vw. Croy 5H 47
Hanah Ct. SW19 8J 27
Hanbury Dri. Big H 9D 66
Hanbury Path. Wok 1F 74
Hanbury Rd. If'd 4K 181
Hanbury Way. Camb 3A 70
Hancock Rd. SE19 7N 29
Hancocks Mt. Asc 5A 34
Hancombe Rd. Sand 6F 48
Handcroft Rd. Croy 6M 45 (1A 200)
Handcross. 8N 199
Handcross Rd. Hand 8N 199
Handel Mans. SW13 3H 13
Handford La. Yat 1C 68
Handinhand La. Tad 8B 100
Handley Page Rd. Wall 4K 63
Handside Clo. Wor Pk 7J 43
Hanford Clo. SW18 2M 27
Hanford Row. SW19 7H 27
Hangerfield Clo. Yat 1B 68
Hanger Hill. Wey 3C 56
Hanger, The. Hdly 2D 168
Hangrove Hill. Orp 9K 67
Hanley Clo. Wind 4A 4
Hannah Clo. Beck 2M 47
Hannah M. Wall 4G 63
Hannah Peschar Gallery Garden. 8A 158
Hannay Wlk. SW16 3H 29
Hannell Rd. SW6 3K 13
Hannen Rd. SE27 4M 29
Hannibal Rd. Stanw 1M 21
Hannibal Way. Croy 2K 63
Hanover Av. Felt 2H 23
Hanover Clo. Craw 5D 182 (in two parts)
Hanover Clo. Eng G 7L 19
Hanover Clo. Frim 5C 70
Hanover Clo. Red 6G 102
Hanover Clo. Rich 3N 11
Hanover Clo. Sutt 1K 61
Hanover Clo. Wind 4C 4
Hanover Clo. Yat 8C 48
Hanover Ct. SW15 7E 12
Hanover Ct. Dork 5F 118 (2G 201)
Hanover Ct. Guild 1N 113
Hanover Ct. H'ham 5M 197
Hanover Ct. Wok 6A 74
Hanover Dri. Fleet 1D 88
Hanover Gdns. Farnb 8K 69
Hanover Gdns. Brack 6L 31
Hanover Rd. SW19 8A 28
Hanover St. Croy 9M 45 (4A 200)
Hanover Ter. Iswth 4G 11
Hanover Wlk. Wey 9E 38
Hanover Way. Wind 5C 4
Hansler Gro. E Mol 3D 40
Hanson Clo. SW12 1F 28
Hanson Clo. SW14 6B 12
Hanson Clo. Camb 8F 50
Hanson Clo. Guild 9B 94
Hanworth. 6M 31 **(Bracknell)**
Hanworth. 6M 23 **(Feltham)**
Hanworth Clo. Brack 5A 32
Hanworth La. Cher 7H 37
Hanworth Rd. Brack 7M 31
Hanworth Rd. Felt 2J 23
Hanworth Rd. Hamp 5N 23
Hanworth Rd. Houn 2M 23
Hanworth Rd. Red 8D 122
Hanworth Rd. Sun 8H 23 (in two parts)
Hanworth Ter. Houn 7B 10
Hanworth Trad. Est. Cher 7H 37
Hanworth Trad. Est. Felt 4M 23
Harberson Rd. SW12 2F 28
Harbledown Rd. SW6 4M 13
Harbledown Rd. S Croy 7D 64
Harbord St. SW6 4J 13
Harborough Rd. SW16 5K 29
Harbour Av. SW10 4N 13
Harbour Clo. Farnb 6M 69
Harbourfield Rd. Bans 2N 81
Harbridge Av. SW15 1E 26
Harbury Rd. Cars 5C 62
Harcourt Av. Wall 1F 62
Harcourt Clo. Egh 7E 20
Harcourt Clo. Iswth 6G 11
Harcourt Cotts. P'ham 8N 111
Harcourt Fld. Wall 1F 62
Harcourt Lodge. Wall 1F 62
Harcourt M. Wray 9A 6
Harcourt Rd. SW19 8M 27
Harcourt Rd. Brack 5N 31
Harcourt Rd. Camb 1M 69
Harcourt Rd. T Hth 5K 45
Harcourt Rd. Wall 1F 62
Harcourt Rd. Wind 4B 4
Harcourt Ter. SW10 1N 13
Harcourt Way. S God 6H 125
Hardcastle Clo. Croy 5D 46
Hardcourts Clo. W Wick 9L 47
Hardell Clo. Egh 6C 20
Hardel Ri. SW2 2M 29
Hardel Wlk. SW2 1L 29
Harden Farm Clo. Coul 8G 83
Hardham Clo. Craw 1M 181
Harding Clo. Croy 9C 46
Harding Ho. SW13 2G 13 (off Wyatt Dri.)
Harding Rd. Eps 6D 80
Harding's Clo. King T 9M 25 (1L 203)
Hardings Rd. Dock 2A 148
Hardman Rd. King T 1L 41 (3K 203)
Hardwell Way. Brack 3C 32
Hardwick Clo. Oxs 2C 78
Hardwicke Av. Houn 4A 10
Hardwicke Rd. Reig 2M 121
Hardwicke Rd. Rich 5J 25
Hardwick La. Lyne 6E 36
Hardwick Rd. Red 5B 122
Hardwicks Way. SW18 8M 13
Hardy Av. Yat 2B 68
Hardy Clo. Craw 2G 182
Hardy Clo. Horl 8C 142
Hardy Clo. H'ham 4H 197
Hardy Clo. N Holm 9H 119
Hardy Grn. Crowt 3G 49
Hardy Ho. SW4 1G 29
Hardy Rd. SW19 8N 27
Hardys Clo. E Mol 3E 40
Harebell Hill. Cob 1L 77
Harecroft. Dork 8J 119
Harecroft. Fet 2B 98
Harefield. Esh 9E 40
Harefield Av. Sutt 5K 61
Harefield Rd. SW16 8K 29
Hare Hill. Add 3G 55
Harehill Clo. Pyr 2J 75
Harelands Clo. Wok 4M 73
Harelands La. Wok 5M 73 (in two parts)
Hare La. Clay 2D 58
Hare La. Craw 9N 161
Hare La. G'ming 5J 133
Hare La. Ling 7F 144
Harendon. Tad 8H 81
Hares Bank. New Ad 6N 65
Harestone Dri. Cat 2C 104
Harestone Hill. Cat 4C 104
Harestone La. Cat 3B 104 (in two parts)
Harestone Valley Rd. Cat 4B 104
Hareward Rd. Guild 1E 114
Harewood Clo. Craw 9E 162
Harewood Clo. Reig 9A 102
Harewood Gdns. S Croy 2E 84
Harewood Rd. SW19 7C 28
Harewood Rd. Iswth 3F 10
Harewood Rd. S Croy 3B 64
Harfield Rd. Sun 1L 39
Harkness Clo. Eps 3H 81
Harland Av. Croy 9C 46
Harland Clo. SW19 2N 43
Harlands Gro. Orp 1K 67
Harlech Gdns. Houn 2K 9
Harlech Rd. B'water 2J 69
Harlequin Av. Bren 2G 11
Harlequin Cen. S'hall 1K 9
Harlequin Clo. Iswth 8E 10
Harlequin Rd. Tedd 8H 25
Harlequins R.U.F.C. (Stoop Memorial Ground). 1E 24
Harlequin Theatre. 2D 122
Harley Gdns. Orp 1N 67
Harlington. 2E 8
Harlington Cen., The. Fleet 4A 88 (off Fleet Rd.)
Harlington Clo. Hay 3D 8
Harlington Corner. (Junct.) 4E 8
Harlington Rd. E. Felt 1J 23
Harlington Rd. W. Felt 9J 9
Harlington Way. Fleet 4A 88
Harlow Ct. Reig 3B 122 (off Wray Comn. Rd.)
Harman Pl. Purl 7M 63
Harmans Dri. E Grin 9D 166
Harmans Mead. E Grin 9D 166
Harmanswater. 3B 32
Harman's Water Rd. Brack 4A 32
Harmar Clo. Wokgm 2D 30
Harmondsworth. 2M 7
Harmondsworth La. W Dray 2N 7
Harmondsworth Rd. W Dray 1N 7
Harmony Clo. Bew 5K 181
Harmony Clo. Wall 5H 63
Harms Gro. Guild 9E 94
Harold Rd. SE19 8N 29
Harold Rd. Sutt 1B 62
Harold Rd. Worth 3J 183
Haroldslea. Horl 1H 163 (in two parts)
Haroldslea Clo. Horl 1G 163
Haroldslea Dri. Horl 1G 162
Harold Wilson Ho. SW6 2L 13 (off Clem Attlee Ct.)
Harpenden Rd. SE27 4M 29
Harper Dri. M'bowr 7G 182
Harper M. SW17 4A 28
Harper's Rd. As 1G 111
Harpesford Av. Vir W 4L 35
Harps Oak La. Red 3D 102
Harpton Clo. Yat 8C 48
Harpton Pde. Yat 8C 48
Harpurs. Tad 9J 81
Harrier Clo. Cranl 6N 155
Harrier Ct. Craw 9H 163 (off Bristol Clo.)
Harrier Ct. Houn 6M 9
Harriet Gdns. Croy 8D 46
Harriet Ho. SW6 3N 13 (off Wandon Rd.)
Harriet Tubman Clo. SW2 1K 29
Harrington Clo. Croy 8J 45
Harrington Clo. Leigh 1F 140
Harrington Clo. Wind 7C 4
Harrington Ct. Croy 8A 46 (3E 200)
Harrington Gdns. SW7 1N 13
Harrington Rd. SE25 3D 46
Harriott's Clo. Asht 7J 79
Harriott's La. Asht 6J 79
Harris Clo. Craw 6N 181
Harris Clo. Houn 4A 10
Harrison Clo. Reig 4N 121
Harrison Ct. Shep 4C 38
Harrison's Ri. Croy 9M 45 (4A 200)
Harris Path. Craw 6N 181
Harris Way. Sun 9F 22
Harrogate Ct. Slou 1C 6
Harrow Bottom Rd. Vir W 5B 36
Harrow Clo. Add 8K 37
Harrow Clo. Chess 4K 59
Harrow Clo. Dork 6G 119
Harrow Clo. Eden 9L 127
Harrowdene. Cranl 6N 155
Harrowdene Gdns. Tedd 7G 25
Harrow Gdns. Warl 3J 85
Harrowgate Gdns. Dork 7H 119
Harrowlands Pk. Dork 6H 119
Harrow La. G'ming 4H 133
Harrow Rd. Cars 3C 62
Harrow Rd. Felt 3B 22
Harrow Rd. Warl 2J 85
Harrow Rd. E. Dork 7H 119
Harrow Rd. W. Dork 7G 118
Harrowsley Ct. Horl 7F 142
Harrowsley Grn. La. Horl 9G 143
Harrow Way. Shep 1D 38
Hart Cen., The. Fleet 4A 88
Hart Clo. Farnb 6K 69
Hart Clo. Blet 2B 124
Hart Clo. Brack 8M 15
Hart Dene Ct. Bag 4J 51
Hart Dyke Clo. Wokgm 6A 30
Harte Rd. Houn 5N 9
Hartfield Cres. SW19 8L 27
Hartfield Cres. W Wick 1C 66
Hartfield Rd. SW19 8L 27
Hartfield Rd. Chess 2K 59
Hartfield Rd. F Row 6H 187
Hartfield Rd. M Grn 5M 147
Hartfield Rd. W Wick 1C 66
Hartford Ri. Camb 9B 50
Hartford Rd. Eps 3A 60
Hart Gdns. Dork 4H 119 (1K 201)
Hartham Clo. Iswth 4G 10
Hartham Rd. Iswth 4F 10
Harting Ct. Craw 6L 181
Hartington Clo. F'boro 2L 67
Hartington Ct. W4 3A 12
Hartington Pl. Reig 1M 121
Hartington Rd. W4 3A 12
Hartington Rd. Twic 1H 25
Hartismere Rd. SW6 3L 13
Hartland Clo. New H 6L 55
Hartland Pl. Farnb 8M 69
Hartland Rd. Add 4J 55
Hartland Rd. Hamp H 5B 24
Hartland Rd. Iswth 6G 11
Hartland Rd. Mord 6M 43
Hartlands, The. Houn 2J 9
Hartland Way. Croy 9H 47
Hartland Way. Mord 6L 43
Hartley Clo. B'water 1G 69
Hartley Copse. Old Win 9K 5
Hartley Down. Purl 2K 83
Hartley Farm. Purl 2K 83
Hartley Hill. Purl 2K 83
Hartley Old Rd. Purl 2K 83
Hartley Rd. Croy 6N 45
Hartley Rd. W'ham 3M 107
Hartley Way. Purl 2K 83
Hartop Point. SW6 3K 13 (off Pellant Rd.)
Hart Rd. Byfl 9N 55
Hart Rd. Dork 4H 119 (1K 201)
Harts Cft. Croy 5H 65
Harts Gdns. Guild 9L 93
Hartsgrove. C'fold 4E 172
Harts Hill. Guild 2G 113
Hartshill Wlk. Wok 3L 73
Harts La. S God 5G 124
Hartsleaf Clo. Fleet 5A 88
Harts Leap Clo. Sand 6G 48
Harts Leap Rd. Sand 7F 48
Hartspiece Rd. Red 5E 122
Hartswood. N Holm 8J 119
Hartswood Av. Reig 7M 121
Harts Yd. Farnh 1G 129
Harts Yd. G'ming 7H 133
Hart, The. Farnh 1G 128
Harvard Hill. W4 2A 12
Harvard La. W4 1B 12

High Dri.—H. Jones Cres.

High Dri. *Wold* 9J **85**
High Elms Rd. *Dow & Orp* 7J **67**
Higher Alham. *Brack* 6C **32**
Highercombe Rd. *Hasl* 9J **171**
Higher Dri. *Bans* 8J **61**
Higher Dri. *E Hor* 5F **96**
Higher Dri. *Purl* 9L **63**
Higher Grn. *Eps* 9F **60**
Highfield. *Bans* 4C **82**
Highfield. *Brack* 5L **31**
Highfield. *Shalf* 2B **134**
Highfield Av. *Alder* 5M **109**
Highfield Clo. *Farnb* 1L **89**
Highfield Clo. *Alder* 4N **109**
Highfield Clo. *Farnh* 4G **128**
Highfield Clo. *Oxs* 7D **58**
Highfield Clo. *Surb* 7J **41**
Highfield Clo. *W Byf* 9J **55**
Highfield Clo. *Wokgm* 2A **30**
Highfield Cres. *Hind* 5C **170**
Highfield Dri. *Eps* 3E **60**
Highfield Dri. *W Wick* 8L **47**
Highfield Gdns. *Alder* 4M **109**
Highfield Ho. Craw *2B* ***182***
(off Town Mead)
Highfield La. *P'ham* 9L **111**
Highfield La. *Thur* 8F **150**
Highfield Path. *Farnb* 1L **89**
Highfield Rd. *Farnb* 1L **89**
Highfield Rd. *Big H* 4E **86**
Highfield Rd. *Cat* 9D **84**
Highfield Rd. *Cher* 7J **37**
Highfield Rd. *E Grin* 7N **165**
Highfield Rd. *Eng G* 7M **19**
Highfield Rd. *Felt* 3H **23**
(in two parts)
Highfield Rd. *Iswth* 4F **10**
Highfield Rd. *Purl* 6K **63**
Highfield Rd. *Sun* 4G **38**
Highfield Rd. *Surb* 6B **42**
Highfield Rd. *Sutt* 2C **62**
Highfield Rd. *W on T* 7H **39**
Highfield Rd. *W Byf* 9J **55**
Highfield Rd. *Wind* 6C **4**
High Fields. *Asc* 4C **34**
Highfields. *Asht* 6K **79**
Highfields. *E Hor* 6G **96**
Highfields. *Fet* 2D **98**
Highfields. *F Row* 7H **187**
Highfields. *Sutt* 8M **43**
Highfields Rd. *Eden* 7L **127**
High Foleys. *Clay* 4H **59**
High Gables. *Brom* 1N **47**
High Gdns. *Wok* 6L **73**
High Garth. *Esh* 3C **58**
Highgate. 8G 187
Highgate Ct. *Craw* 7A **182**
Highgate La. *Farnb* 9A **70**
Highgate Rd. *F Row* 8G **187**
Highgate Works. *F Row* 8G **187**
High Grove. 2L 185
Highgrove. *Farnb* 7N **69**
Highgrove Ct. *Sutt* 3M **61**
Highgrove Ho. *Guild* 1E **114**
Highgrove M. *Cars* 9D **44**
High Hill Rd. *Warl* 2M **85**
(in two parts)
Highland Cotts. *Wall* 1G **62**
Highland Dri. *Fleet* 1C **88**
Highland Pk. *Felt* 5G **23**
Highland Rd. *Alder* 2B **110**
Highland Rd. *Bear G* 8J **139**
Highland Rd. *Camb* 7C **50**
Highland Rd. *Purl* 1L **83**
Highlands. *Asht* 6J **79**
Highlands Av. *H'ham* 6L **197**
Highlands Av. *Lea* 9J **79**
Highlands Clo. *Farnh* 4G **128**
Highlands Clo. *Houn* 4B **10**
Highlands Clo. *Lea* 9H **79**
Highlands Cres. *H'ham* 6L **197**
Highlands Heath. *SW15* 1H **27**
Highlands La. *Wok* 8A **74**
Highlands Pk. *Lea* 1K **99**
Highlands Rd. *Farnh* 5H **109**
Highlands Rd. *H'ham* 6L **197**
Highlands Rd. *Lea* 9H **79**
Highlands Rd. *Reig* 2B **122**
Highlands, The. *E Hor* 3F **96**
Highland Vw. *Cranl* 3L **155**
High La. *Hasl* 9G **170**
High La. *Warl & Wold* 5J **85**
(in two parts)
High Loxley Rd. *Loxh* 1C **174**
High Mead. Cars *7B* ***62***
(off Pine Cres.)
High Mead. *W Wick* 8N **47**
High Mdw. Clo. *Dork*
6H **119** (4K **201**)
High Mdw. Pl. *Cher* 5H **37**
High Oaks. *Craw* 5N **181**
High Pde., The. *SW16* 4J **29**
High Pk. Av. *E Hor* 4G **96**
(in two parts)
High Pk. Av. *Rich* 4N **11**
High Pk. Rd. *Farnh* 9G **109**
High Pk. Rd. *Rich* 4N **11**
High Path. *SW19* 9N **27**
High Path Rd. *Guild* 3E **114**
High Pewley. *Guild*
5A **114** (7E **202**)
High Pine Clo. *Wey* 2D **56**
High Pines. *Warl* 6F **84**
High Pines Cvn. Site. *Brack* 4F **16**
High Pitfold. *Gray* 7B **170**
Highpoint. *Wey* 2B **56**
High Ridge. *G'ming* 9F **132**
Highridge Clo. *Eps* 1D **80**
Highridge La. *Bet* 9A **120**
High Rd. *Byfl* 8M **55**
High Rd. *Reig & Coul* 5A **102**
High Standing. *Cat* 3N **103**
High St. *Cob* 1J **77**
High St. *Farnb* 5B **90**
High St. *Hdly* 4D **168**
High St. *SE25* 3C **46**
High St. *SW19* 6J **27**
High St. *Add* 1K **55**
High St. *Alder* 2M **109**
High St. *Asc* 2J **33**
High St. *Bag* 4J **51**
High St. *Bans* 2M **81**
High St. *Beck* 1K **47**
High St. *Blet* 2N **123**
High St. *Bookh* 3B **98**
High St. *Brack* 1N **31**
(in two parts)
High St. *Brmly* 5B **134**
High St. *Bren* 3J **11**
High St. *Camb* 9B **50**
High St. *Cars* 2E **62**
High St. *Cat* 1B **104**
High St. *Cheam* 3K **61**
High St. *C'fold* 8H **173**
High St. *Chob* 7H **53**
High St. *Clay* 3F **58**
High St. *Coln* 3E **6**
High St. *Cran* 4H **9**
High St. *Cranl* 7L **155**
High St. *Craw* 3B **182**
(in three parts)
High St. *Crowt* 3H **49**
High St. *Croy* 8N **45** (3C **200**)
(in two parts)
High St. *Dat* 4L **5**
High St. *Dork* 5H **119** (2K **201**)
High St. *Dow* 7J **67**
High St. *E Grin* 1B **186**
High St. *Eden* 2L **147**
High St. *Egh* 6B **20**
High St. *Eps* 9C **60** (7J **201**)
High St. *Esh* 1B **58**
High St. *Eton* 2G **4**
High St. *Ewe* 5E **60**
High St. *F'boro* 2K **67**
High St. *Felt* 4G **23**
High St. *G'ming* 7G **133**
High St. *God* 8E **104**
High St. *G Str* 4N **67**
High St. *Guild* 5M **113** (6B **202**)
(in four parts)
High St. *Hamp* 9C **24**
High St. *Hamp H* 7C **24**
High St. *Hamp W* 9J **25**
High St. *Hand* 8N **199**
High St. *Harm* 2M **7**
High St. *Hasl* 2H **189**
High St. *Hay* 2E **8**
High St. *Horl* 8F **142**
High St. *Hors* 2L **73**
High St. *Houn* 6B **10**
(in three parts)
High St. *King T* 2K **41** (5H **203**)
High St. *Knap* 4F **72**
High St. *Langl* 1B **6**
High St. *Lea* 9H **79**
(in two parts)
High St. *Limp* 6C **106**
High St. *Ling* 7N **145**
High St. *L Sand* 6E **48**
High St. *Loxw* 5H **193**
High St. *N Mald* 3D **42**
High St. *Nutf* 2K **123**
High St. *Old Wok* 8C **74**
High St. *Oxs* 9D **58**
High St. *Oxt* 8N **105**
High St. *Purl* 7L **63**
High St. *Red* 3D **122**
High St. *Reig* 3M **121**
High St. *Rip* 8L **75**
High St. *Rowl* 8D **128**
High St. *Rusp* 2B **180**
High St. *Sand* 6E **48**
High St. *Shep* 5C **38**
High St. *Stai* 5G **21**
High St. *Stanw* 9M **7**
High St. *S'dale* 4D **34**
High St. *S'hill* 4A **34**
High St. *Sutt* 1N **61**
High St. *Tad* 1H **101**
High St. *Tedd* 6F **24**
High St. *Th Dit* 5G **40**
High St. *T Hth* 3N **45**
High St. *W on T* 7H **39**
High St. *W End* 8C **52**
High St. *W'ham* 5L **107**
High St. *W Mol* 3A **40**
High St. *W Wick* 7L **47**
High St. *Wey* 1B **56**
High St. *Whit* 1C **24**
High St. *Wind* 4G **4**
High St. *Wok* 4B **74**
High St. *Wray* 9B **6**
High St. Colliers Wood. *SW19*
8B **28**
Highstreet Green. 7K 173
High St. M. *SW19* 6K **27**
High Thicket Rd. *Dock* 6C **148**
High Tree Clo. *Add* 2J **55**
High Trees. *SW2* 2L **29**
High Trees. *Croy* 7H **47**
High Trees Clo. *Cat* 9C **84**
High Trees Rd. *Reig* 4A **122**
Highview. *Cat* 2B **104**
High Vw. G'ming *7H* ***133***
(off Flambard Way)
High Vw. *Gom* 8D **116**
Highview. *Knap* 4H **73**
High Vw. *Sutt* 7L **61**
Highview Av. *Wall* 2K **63**
High Vw. Clo. *Farnb* 1M **89**
High Vw. Clo. *SE19* 1C **46**
Highview Ct. Reig *3B* ***122***
(off Wray Comn. Rd.)
Highview Cres. *Camb* 6D **50**
High Vw. Lodge. *Alder* 2M **109**
Highview Path. *Bans* 2M **81**
High Vw. Rd. *Farnb* 1M **89**
High Vw. Rd. *Dow* 6J **67**
High Vw. Rd. *Guild* 6G **113**
High Vw. Rd. *Light* 7J **51**
Highway. *Crowt* 2F **48**
Highwayman's Ridge. *W'sham*
1M **51**
Highway, The. *Sutt* 5A **62**
Highwold. *Coul* 5E **82**
Highwood. *Brom* 2N **47**
Highwood Clo. *Kenl* 4N **83**
Highwood Clo. *Yat* 2B **68**
Highwoods. *Cat* 3B **104**
Highwoods. *Lea* 8J **79**
Highworth. *H'ham* 7M **197**
Hilary Av. *Mitc* 2E **44**
Hilary Clo. *SW6* 3N **13**
Hilbert Rd. *Sutt* 9J **43**
Hilborough Way. *Orp* 2M **67**
Hilda Ct. *Surb* 6K **41**
Hilda Va. Clo. *Orp* 1K **67**
Hilda Va. Rd. *Orp* 1J **67**
Hildenlea Pl. *Brom* 1N **47**
Hildenley Clo. *Red* 6H **103**
Hildens, The. *Dork* 7B **118**
Hilder Gdns. *Farnb* 2B **90**
Hilderley Ho. *King T* 5L **203**
Hilders Clo. *Eden* 8K **127**
Hilders La. *Eden* 8H **127**
Hilders, The. *Asht* 4A **80**
Hildreth St. *SW12* 2F **28**
Hildyard Rd. *SW6* 2M **13**
Hilfield. *Yat* 1E **68**
Hilgay. *Guild* 3B **114**
Hilgay Clo. *Guild* 3B **114**
Hilland Ri. *Head* 5E **168**
Hillars Heath Rd. *Coul* 2J **83**
Hillary Clo. *E Grin* 7C **166**
Hillary Clo. *Farnh* 3G **129**
Hillary Cres. *W on T* 7K **39**
Hillary Dri. *Crowt* 1G **49**
Hillary Dri. *Iswth* 8F **10**
Hillary Rd. *Farnh* 4G **128**
Hill Barn. *S Croy* 7B **64**
Hillberry. *Brack* 6A **32**
Hillborne Clo. *Hay* 1H **9**
Hillborough Clo. *SW19* 8A **28**
Hillbrook Gdns. *Wey* 4B **56**
Hillbrook Ri. *Farnh* 6G **108**
Hillbrook Rd. *SW17* 4D **28**
Hillbrow. *N Mald* 2E **42**
Hillbrow. *Reig* 3A **122**
Hillbrow Clo. *Wood S* 2E **112**
Hillbrow Ct. *God* 1F **124**
Hillbrow Rd. *Esh* 1C **58**
Hillbury Clo. *Warl* 5F **84**
Hillbury Gdns. *Warl* 5F **84**
Hillbury Rd. *SW17* 4F **28**
Hillbury Rd. *Whyt & Warl* 4C **84**
Hill Clo. *Purl* 9N **63**
Hill Clo. *Wok* 3N **73**
Hill Clo. *Won* 5D **134**
Hill Copse Vw. *Brack* 9C **16**
Hill Corner Farm Cvn. Pk. *Farnb*
7J **69**
Hillcote Av. *SW16* 8L **29**
Hill Ct. *G'ming* 4H **133**
Hill Ct. *Hasl* 2F **188**
Hill Cres. *Surb* 4M **41** (8M **203**)
Hill Cres. *Wor Pk* 8H **43**
Hill Crest. *Dor P* 4A **166**
Hill Crest. *Elst* 8H **131**
(in two parts)
Hillcrest. *Farnh* 4J **109**
Hillcrest. *Fleet* 2B **88**
Hill Crest. *Surb* 6L **41**
Hillcrest. *Wey* 1C **56**
Hillcrest Av. *Cher* 9G **36**
Hillcrest Clo. *Beck* 5J **47**
Hillcrest Clo. *Craw* 3H **183**
Hillcrest Clo. *Eps* 2E **80**
Hillcrest Ct. *Sutt* 3B **62**
Hill Crest Dri. *Farnh* 5E **128**
Hillcrest Gdns. *Esh* 9F **40**
Hillcrest Ho. *Guild* 1E **114**
Hillcrest Mobile Home Pk.
Tad 9A **100**
Hillcrest Pde. *Coul* 1F **82**
Hillcrest Rd. *Big H* 3F **86**
Hillcrest Rd. *Camb* 8F **50**
Hillcrest Rd. *Eden* 8L **127**
Hillcrest Rd. *Guild* 2J **113**
Hillcrest Rd. *Purl* 6K **63**
Hillcrest Rd. *Whyt* 4C **84**
Hillcrest Vw. *Beck* 5J **47**
Hillcroft Av. *Purl* 9G **63**
Hillcroome Rd. *Sutt* 3B **62**
Hillcross Av. *Mord* 5J **43**
Hilldale Rd. *Sutt* 1L **61**
Hilldeane Rd. *Purl* 5L **63**
Hilldown Ct. *SW16* 8J **29**
Hilldown Rd. *SW16* 8J **29**
Hill Dri. *SW16* 2K **45**
Hillersdon Av. *SW13* 5F **12**
Hilley Fld. La. *Fet* 9C **78**
Hill Farm Clo. *Hasl* 3D **188**
Hill Farm La. *Binf* 4K **15**
Hillfield Av. *Mord* 5C **44**
Hillfield Clo. *Guild* 1E **114**
Hillfield Clo. *Red* 3E **122**
Hillfield Cotts. *Itch* 8B **196**
Hillfield Ct. *Esh* 2B **58**
Hill Fld. Rd. *Hamp* 8N **23**
Hillfield Rd. *Red* 3E **122**
Hillford Pl. *Red* 9E **122**
Hillgarth. *Hind* 4B **170**
Hillgate Pl. *SW12* 1F **28**
Hillgrove. 9B 190
Hill Gro. *Felt* 3N **23**
Hill Ho. Clo. *Turn H* 5D **184**
Hill Ho. Dri. *Hamp* 9A **24**
Hill Ho. Dri. *Reig* 5N **121**
Hill Ho. Dri. *Wey* 7B **56**
Hillhouse La. *Rud* 8N **175**
Hill Ho. Rd. *SW16* 6K **29**
Hillhurst Gdns. *Cat* 7B **84**
Hillier Gdns. *Croy* 2L **63**
Hillier Ho. *Guild* 5L **113**
Hillier Lodge. *Tedd* 6D **24**
Hillier Pl. *Chess* 3K **59**
Hillier Rd. *SW11* 1D **28**
Hillier Rd. *Guild* 3C **114**
Hilliers La. *Croy* 9J **45**
Hillingdale. *Big H* 5D **86**
Hillingdale. *Craw* 8A **182**
Hillingdon Av. *Stai* 2N **21**
Hill La. *Kgswd* 8K **81**
Hillmead. *Craw* 4L **181**
Hill Mead. *H'ham* 5G **197**
Hillmont Rd. *Esh* 9E **40**
Hillmount. Wok *5A* ***74***
(off Constitution Hill)
Hill Park. 1K 107
Hill Pk. *Lea* 6F **78**
Hill Pk. Dri. *Lea* 6F **78**
Hill Path. *SW16* 6K **29**
Hill Pl. *Craw* 5A **182**
Hill Ri. *Dork* 3G **118**
Hill Ri. *Esh* 8H **41**
Hill Ri. *Rich* 8K **11**
Hill Ri. *Slou* 2C **6**
Hill Ri. *W on T* 6G **39**
Hill Rd. *Cars* 3C **62**
Hill Rd. *Farnh* 5J **109**
Hill Rd. *Fet* 9B **78**
Hill Rd. *Gray* 6A **170**
Hill Rd. *Hasl* 2G **188**
Hill Rd. *Hind* 3A **170**
Hill Rd. *Mitc* 9F **28**
Hill Rd. *Purl* 8K **63**
Hill Rd. *Sutt* 2N **61**
Hillsborough Ct. *Farnb* 6K **69**
Hillsborough Pk. *Camb* 1G **70**
Hills Farm La. *H'ham* 7F **196**
Hillside. *Ryl M* 8L **49**
Hillside. *SW19* 7J **27**
Hillside. *Asc* 4N **33**
Hillside. *Bans* 2K **81**
Hillside. *Craw D* 1E **184**
Hillside. *Esh* 2B **58**
Hillside. *F Row* 6H **187**
Hillside. *H'ham* 6G **196**
Hillside. *Vir W* 5M **35**
Hillside. *Wok* 7N **73**
Hillside Av. *Purl* 9M **63**
Hillside Clo. *Hdly D* 3F **168**
Hillside Clo. *Bans* 3K **81**
Hillside Clo. *Brock* 4N **119**
Hillside Clo. *Craw* 5N **181**
Hillside Clo. *E Grin* 7A **166**
Hillside Clo. *Knap* 4G **72**
Hillside Clo. *Mord* 3K **43**
Hillside Ct. *Guild* 4A **114** (5F **202**)
Hillside Cres. *Frim* 7D **70**
Hillside Dri. *Binf* 7H **15**
Hillside Gdns. *SW2* 3L **29**
Hillside Gdns. *Add* 2H **55**
Hillside Gdns. *Brock* 3N **119**
Hillside Gdns. *Wall* 4G **63**
Hillside Ho. *Croy* 6A **200**
Hillside La. *Farnh* 4J **109**
Hillside Pk. *S'dale* 7C **34**
Hillside Pas. *SW16* 3K **29**
Hillside Rd. *SW2* 3K **29**
Hillside Rd. *Alder* 4L **109**
Hillside Rd. *Asht* 4M **79**
Hillside Rd. *Ash V* 1F **110**
Hillside Rd. *Coul* 5J **83**
Hillside Rd. *Croy* 2M **63** (8A **200**)
Hillside Rd. *Eps* 6H **61**
Hillside Rd. *Farnh* 5K **109**
Hillside Rd. *Fren* 8H **129**
Hillside Rd. *Hasl* 3D **188**
Hillside Rd. *Surb*
3M **41** (8M **203**)
Hillside Rd. *Sutt* 4L **61**
Hillside Rd. *Tats* 6G **87**
Hillside Rd. *Whyt* 5D **84**
Hillside Way. *G'ming* 4G **133**
Hillsmead Way. *S Croy* 9D **64**
Hills Pl. *H'ham* 6G **197**
Hillspur Clo. *Guild* 2J **113**
Hillspur Rd. *Guild* 2J **113**
Hill St. *Rich* 8K **11**
Hillswood Dri. *Cher* 1E **54**
Hill, The. *Cat* 2C **104**
Hill Top. *Mord* 5M **43**
Hill Top. *Sutt* 6L **43**
Hilltop Clo. *Asc* 1B **34**
Hilltop Clo. *Guild* 8J **93**
Hilltop Clo. *Lea* 1J **99**
Hilltop La. *Cat & Blet* 4L **103**
Hilltop Ri. *Bookh* 4C **98**
Hilltop Rd. *Reig* 5N **121**
Hilltop Rd. *Whyt* 4B **84**
Hilltop Vw. *Yat* 1A **68**
Hilltop Wlk. *Wold* 7H **85**
Hillview. *SW20* 8G **26**
Hill Vw. *F Row* 8H **187**
Hillview. Whyt *5D* ***84***
(off Hillside Rd.)
Hillview Clo. *Purl* 7M **63**
Hill Vw. Clo. *Tad* 8H **81**
Hillview Ct. *Wok* 5B **74**
Hill Vw. Cres. *Guild* 1J **113**
Hillview Dri. *Red* 4E **122**
Hillview Gdns. *Craw* 9A **182**
Hill Vw. Rd. *Clay* 4G **59**
Hill Vw. Rd. *Farnh* 1E **128**
Hillview Rd. *Sutt* 9A **44**
Hill Vw. Rd. *Twic* 9G **10**
Hill Vw. Rd. *Wok* 5B **74**
Hillview Rd. *Wray* 9N **5**
Hillworth. *Beck* 1L **47**
Hillworth Rd. *SW2* 1L **29**
Hillybarn Rd. *If'd* 9H **161**
Hilton Ct. *Horl* 7G **143**
Hilton Way. *S Croy* 2E **84**
Himley Rd. *SW17* 6C **28**
Hinchley Clo. *Esh* 1F **58**
Hinchley Dri. *Esh* 9F **40**
Hinchley Way. *Esh* 9G **40**
Hinchley Wood. 9F 40
Hindell Clo. *Farnb* 6M **69**
Hindhead. 5D 170
Hindhead Clo. *Craw* 5A **182**
Hindhead Common. 4E 170
Hindhead Rd. *Hasl & Hind*
1C **188**
Hindhead Way. *Wall* 2J **63**
Hine Clo. *Coul* 9G **83**
Hinstock Clo. *Farnb* 2M **89**
Hinton Av. *Houn* 7L **9**
Hinton Clo. *Crowt* 9G **31**
Hinton Dri. *Crowt* 9G **31**
Hinton Rd. *Wall* 3G **63**
Hipley Ct. *Guild* 4C **114**
Hipley St. *Wok* 7D **74**
Hitchcock Clo. *Shep* 2A **38**
Hitchings Way. *Reig* 7M **121**
Hitherbury Clo. *Guild*
6M **113** (8B **202**)
Hitherfield Rd. *SW16* 3K **29**
Hitherhooks Hill. *Binf* 9K **15**
Hithermoor Rd. *Stai* 9H **7**
Hitherwood. *Cranl* 8N **155**
Hitherwood Clo. *Reig* 1B **122**
H. Jones Cres. *Alder* 1A **110**

Hophurst Clo.—Ilex Clo.

Hophurst Clo. Craw D 1E 184
Hophurst Dri. Craw D 1E 184
Hophurst Hill. Craw D 8G 164
Hophurst La. Craw D 1E 184
Hopkins Ct. Craw 8N 181
Hopper Va. Brack 5M 31
Hoppety, The. Tad 9J 81
Hoppingwood Av. N Mald 2D 42
Hopton Ct. Guild 3H 113 (off Pk. Barn Dri.)
Hopton Gdns. N Mald 5F 42
Hopton Rd. SW16 6J 29
Hopwood Clo. SW17 4A 28
Horace Rd. King T 2M 41 (6L 203)
Horatio Av. Warf 9C 16
Horatio Ho. W6 1J 13 (off Fulham Pal. Rd.)
Horatio Pl. SW19 9M 27
Horatius Way. Croy 2K 63
Hordern Ho. H'ham 7G 196
Horder Rd. SW6 4K 13
Horewood Rd. Brack 5N 31
Horizon Ho. Eps 9D 60 (6L 201)
Horley 8F 142
Horley Lodge La. Red 3C 142
Horley Rd. Charl 4L 161
Horley Rd. Red 5D 122
Horley Row. Horl 7D 142
Hormer Clo. Owl 6J 49
Hornbeam Clo. Farnb 9H 69
Hornbeam Clo. H'ham 7M 197
Hornbeam Clo. Owl 6J 49
Hornbeam Cres. Bren 3H 11
Hornbeam Rd. Guild 9M 93
Hornbeam Rd. Reig 6N 121
Hornbeam Ter. Cars 7C 44
Hornbeam Wlk. Rich 3M 25
Hornbeam Wlk. W Vill 6F 56
Hornbrook Copse. H'ham 8M 197
Hornbrook Hill. H'ham 8M 197
Hornby Av. Brack 6B 32
Hornchurch Clo. King T 5K 25
Hornchurch Hill. Whyt 5C 84
Horndean Clo. SW15 2F 26
Horndean Clo. Craw 8H 163
Horndean Rd. Brack 5D 32
Horne 6C 144
Horne Ct. Hill. Horne 4C 144
Horner La. Mitc 1B 44
Horne Rd. Shep 3B 38
Horne Way. SW15 5H 13
Hornhatch. Chil 9D 114
Hornhatch Clo. Chil 9D 114 (in two parts)
Hornhatch La. Guild 9C 114
Horn Rd. Farnb 9K 69
Horns Green 4N 87
Hornshill La. Rud 2A 194
Horse & Groom Cvn. Site. Brack 3A 32
Horseblock Hollow. Cranl 3B 156
Horsebrass Dri. Bag 5J 51
Horsecroft. Bans 4L 81
Horse Fair. King T 1K 41 (3G 203)
Horsegate Ride. Asc 5L 33 (Coronation Rd.)
Horsegate Ride. Asc 4F 32 (Swinley Rd.)
Horse Hill. Horl 6M 141
Horsell 3M 73
Horsell Birch. Hors & Wok 2K 73 (in three parts)
Horsell Comn. Rd. Wok 1M 73
Horsell Ct. Cher 6K 37
Horsell Moor. Wok 4N 73
Horsell Pk. Wok 3N 73
Horsell Pk. Clo. Wok 3N 73
Horsell Ri. Wok 2N 73
Horsell Ri. Clo. Wok 2N 73
Horsell Va. Wok 3A 74
Horsell Way. Wok 3M 73
Horse Ride. Cars 6C 62
Horseshoe Bend. Gray 6M 169
Horseshoe Clo. Camb 7D 50
Horseshoe Clo. Craw 2H 183
Horseshoe Cres. Bord 6A 168
Horseshoe Cres. Camb 7D 50
Horse Shoe Grn. Sutt 8N 43
Horseshoe La. Ash V 6E 90
Horseshoe La. Cranl 6L 155
Horseshoe La. E. Guild 2D 114
Horseshoe La. W. Guild 2D 114
Horseshoe, The. Bans 2L 81
Horseshoe, The. Coul 9H 63
Horseshoe, The. G'ming 8F 132
Horsham 6J 197
Horsham Arts Cen. 6K 197
Horsham Bus. Pk. K'fold 5J 179
Horsham Gates. H'ham 5L 197
Horsham Mus. 7J 197
Horsham Northern By-Pass. Warn 2H 197
Horsham Rd. Ab H & Holm M 2G 136
Horsham Rd. Alf 6J 175
Horsham Rd. Bear G 2K 159
Horsham Rd. Brmly & Cranl 1E 154 (Brooks Hill)
Horsham Rd. Brmly & Shalf 2N 133 (Trunley Heath Rd.)
Horsham Rd. Capel 2J 179
Horsham Rd. Cowf & Slin 9J 195
Horsham Rd. Cranl & Rud 8N 155
Horsham Rd. Craw 7K 181
Horsham Rd. Dork 6G 119 (4J 201)
Horsham Rd. Ewh & Wal W 6F 156
Horsham Rd. Felt 9D 8
Horsham Rd. F Grn 5M 157
Horsham Rd. Hand 9K 199
Horsham Rd. Holmw & Bear G 4J 139
Horsham Rd. N Holm & Mid H 9H 119
Horsham Rd. Owl 6J 49
Horsham Rd. Peas P 2M 199
Horsham Rd. Rusp 6N 179
Horsley Clo. Eps 9C 60 (6J 201)
Horsley Dri. King T 6K 25
Horsley Dri. New Ad 4M 65
Horsley Rd. Eff J & D'side 9H 77
Horsnape Gdns. Binf 7G 15
Horsneile La. Brack 8N 15
Hortensia Ho. SW10 3N 13 (off Hortensia Rd.)
Hortensia Rd. SW10 3N 13
Horticultural Pl. W4 1C 12
Horton 6C 6 (Colnbrook)
Horton 7B 60 (Ewell)
Horton Country Pk. 6M 59
Horton Footpath. Eps 7B 60
Horton Gdns. Eps 7B 60
Horton Gdns. Hort 6B 6
Horton Hill. Eps 7B 60
Horton Ho. W6 1K 13 (off Field Rd.)
Horton La. Eps 7N 59
Horton Pk. Children's Farm 6N 59
Horton Pl. W'ham 4M 107
Horton Rd. Coln 6G 6
Horton Rd. Dat 3L 5
Horton Rd. Hort & Coln 5C 6
Horton Rd. Stai 7H 7
Hortons Way. W'ham 4M 107 (in two parts)
Horton Trad. Est. Hort 6E 6
Horton Way. Croy 4G 46
Horvath Clo. Wey 1E 56
Hosack Rd. SW17 3E 28
Hosey Comn. La. W'ham 7N 107
Hosey Comn. Rd. Eden & W'ham 2L 127
Hosey Hill 6N 107
Hosey Hill. W'ham 5M 107
Hoskins Clo. Hay 1G 8
Hoskins Pl. E Grin 6C 166
Hoskins Rd. Oxt 7A 106 (in two parts)
Hoskins Wlk. Oxt 7A 106 (off Station Rd. W.)
Hospital Bri. Rd. Twic 1B 24
Hospital Bridge Roundabout. (Junct.) 3B 24
Hospital Hill. Alder 1M 109
Hospital Rd. Alder 1M 109
Hospital Rd. Houn 6A 10
Hostel Rd. Farnb 5N 89
Hotham Clo. W Mol 2A 40
Hotham Rd. SW15 6H 13
Hotham Rd. SW19 8A 28
Hotham Rd. M. SW19 8A 28
Houblon Rd. Rich 8L 11
Houghton Clo. Hamp 7M 23
Houghton Rd. M'bowr 6G 182
Houlder Cres. Croy 3M 63
Houlton Ct. Bag 5J 51
Hound Ho. Rd. Shere 1B 136
Houndown La. Thur 6E 150
Hounslow 6B 10
Hounslow Av. Houn 8B 10
Hounslow Bus. Pk. Houn 7A 10
Hounslow Cen. Houn 6B 10
Hounslow Gdns. Houn 8B 10
Hounslow Rd. Felt 2J 23
Hounslow Rd. Hanw 5L 23
Hounslow Rd. Twic 9B 10
Hounslow Urban Farm 8H 9
Hounslow West 5M 9
Household Cavalry Mus. 6F 4
Houseman Rd. Farnb 8L 69
Houston Pl. Esh 7D 40
Houston Rd. Surb 5H 41
Houston Way. Crowt 2C 48
Houstoun Ct. Houn 3N 9
Hove Gdns. Sutt 7N 43
Howard Av. Eps 6F 60
Howard Clo. Asht 5M 79
Howard Clo. Fleet 4D 88
Howard Clo. Hamp 8C 24
Howard Clo. Lea 1J 99
Howard Clo. Sun 7G 22
Howard Clo. Tad 3E 100
Howard Clo. W Hor 3E 96
Howard Cole Way. Alder 2K 109
Howard Ct. Reig 2A 122
Howard Dri. Farnb 1G 89
Howard Gdns. Guild 2C 114
Howard M. Reig 1M 121
Howard Ridge. Burp 8C 94
Howard Rd. Ashf 5M 21
Howard Rd. SE25 4D 46
Howard Rd. Bookh 5B 98
Howard Rd. Coul 2G 83
Howard Rd. Craw 7K 181
Howard Rd. Dork 5G 118 (2H 201)
Howard Rd. Eff J 1H 97
Howard Rd. H'ham 4N 197
Howard Rd. Iswth 6F 10
Howard Rd. N Mald 2D 42
Howard Rd. N Holm 9J 119
Howard Rd. Reig 4N 121
Howard Rd. Surb 5M 41
Howard Rd. Wokgm 3B 30
Howards Clo. Wok 7C 74
Howards Crest Clo. Beck 1M 47
Howards Ho. Reig 2N 121
Howard's La. SW15 7G 13
Howards La. Add 3H 55
Howards Rd. Wok 7B 74
Howard St. Th Dit 6H 41
Howberry Rd. T Hth 9N 29 & 1A 46
Howden Ho. Houn 1M 23
Howden Rd. SE25 1C 46
Howe Dri. Cat 9A 84
Howe La. Binf 1K 15
Howell Clo. Warf 7A 16
Howell Hill Clo. Eps 7H 61
Howell Hill Gro. Eps 6H 61
Howes Gdns. C Crook 7A 88
Howe, The. Farnb 4F 88
Howgate Rd. SW14 6C 12
Howitts Clo. Esh 3A 58
Howland Ho. SW16 4J 29
How La. Coul 4E 82
Howley Rd. Croy 9M 45 (4A 200)
Howorth Ct. Brack 3C 32
Howsman Rd. SW13 2F 12
Howson Ter. Rich 9L 11
Hoylake Clo. If'd 4J 181
Hoylake Gdns. Mitc 2G 44
Hoyland Ho. Craw 3L 181
Hoyle Cotts. Bear G 1K 159
Hoyle Rd. SW17 6C 28
Hubbard Dri. Chess 3K 59
Hubbard Rd. SE27 5N 29
Hubberholme. Brack 2M 31
Hubert Clo. SW19 9A 28 (off Nelson Gro. Rd.)
Huddington Glade. Yat 1A 68
Huddlestone Cres. Red 6H 103
Hudson Ct. Guild 3J 113
Hudson Rd. Craw 5C 182
Hudson Rd. Hay 2E 8
Hudsons. Tad 8J 81
Huggins Pl. SW2 2K 29
Hugh Dalton Av. SW6 2L 13
Hughenden Rd. Wor Pk 6F 42
Hughes Rd. Ashf 7D 22
Hughes Rd. Wokgm 1C 30
Hughes Wlk. Croy 6N 45
Hugh Gaitskell Clo. SW6 2L 13
Hugh Herland Ho. King T 2L 41 (6K 203)
Hugon Rd. SW6 6N 13
Huguenot Pl. SW18 8N 13
Hullbrook La. Sham G 7F 134
Hullmead. Sham G 7G 134
Hulton Clo. Lea 1J 99
Hulverston Clo. Sutt 6N 61
Humber Clo. Sand 7J 49
Humber Way. Sand 7J 49
Humber Way. Slou 1C 6
Humbolt Clo. Guild 3J 113
Humbolt Rd. W6 2K 13
Hummer Rd. Egh 5C 20
Humphrey Clo. Fet 9C 78
Humphrey Pk. C Crook 1A 108 (in two parts)
Humphries Yd. Brack 3A 32
Hungerford Clo. Sand 7H 49
Hungerford Sq. Wey 1E 56
Hungry Hill La. Send 4L 95
Hunnels Clo. C Crook 1A 108
Hunstanton Clo. Coln 3E 6
Hunstanton Clo. If'd 4J 181
Hunston Rd. Mord 7N 43
Hunter Clo. Wall 4J 63
Hunter Ct. Eps 6N 59
Hunter Ho. SW5 1M 13 (off Old Brompton Rd.)
Hunter Ho. Craw 6B 182
Hunter Rd. Farnb 2L 89
Hunter Rd. SW20 9H 27
Hunter Rd. Craw 6B 182
Hunter Rd. Guild 4A 114 (5F 202)
Hunter Rd. T Hth 2A 46
Hunters Chase. S God 6J 125
Hunters Clo. SW12 2E 28
Hunters Clo. Eps 9B 60 (6H 201)
Hunters Ct. Rich 8K 11
Huntersfield Clo. Reig 9N 101
Hunters Gro. Orp 1K 67
Hunters M. Wind 4F 4
Hunter's Rd. Chess 9L 41
Hunter's Way. Croy 1B 64
Hunting Clo. Esh 1A 58
Huntingdon Clo. Mitc 2J 45
Huntingdon Gdns. W4 3B 12
Huntingdon Gdns. Wor Pk 9H 43
Huntingdon Rd. Red 3D 122
Huntingdon Rd. Wok 4J 73
Huntingfield. Croy 4J 65
Huntingfield Rd. SW15 7F 12
Huntingfield Way. Egh 8F 20
Huntingford Clo. Hind 2A 170
Hunting Ga. Dri. Chess 4L 59
Hunting Ga. M. Sutt 9N 43
Hunting Ga. M. Twic 2E 24
Huntley Way. SW20 1F 42
Huntly Rd. SE25 3B 46
Hunts Clo. Guild 2G 112
Huntsgreen Ct. Brack 1A 32
Hunts Hill 9M 91
Hunts Hill Rd. Norm 8L 91
Hunts La. Camb 3N 69
Huntsmans Clo. Felt 5J 23
Huntsmans Clo. Fet 2D 98
Huntsmans Clo. Warl 6F 84
Huntsmans Ct. Cat 8N 83 (off Coulsdon Rd.)
Huntsmans Mdw. Asc 9K 17
Huntsman's M. Myt 2D 90
Huntsmoor Rd. Eps 2C 60
Huntspill St. SW17 4A 28
Hurland La. Head 5E 168
Hurlands Bus. Cen. Farnh 8L 109
Hurlands Clo. Farnh 8L 109
Hurlands La. Duns 7B 174
Hurlands Pl. Farnh 8M 109
Hurley Clo. W on T 8J 39
Hurley Ct. Brack 3C 32
Hurley Gdns. Guild 9C 94
Hurlford. Wok 4K 73
Hurlingham 6N 13
Hurlingham Bus. Pk. SW6 6M 13
Hurlingham Club, The 6M 13
Hurlingham Ct. SW6 6L 13
Hurlingham Gdns. SW6 6L 13
Hurlingham Retail Pk. SW6 6N 13
Hurlingham Rd. SW6 5L 13
Hurlingham Sq. SW6 6M 13
Hurlstone Rd. SE25 4B 46
Hurn Ct. Houn 5L 9
Hurn Ct. Rd. Houn 5L 9
Hurnford Clo. S Croy 6B 64
Huron Clo. G Str 3N 67
Huron Rd. SW17 3E 28
Hurricane Rd. Wall 4J 63
Hurricane Way. Slou 1D 6
Hurst-an-Clays. E Grin 1A 186
Hurst Av. H'ham 5K 197
Hurstbourne. Clay 3F 58
Hurstbourne Ho. SW15 9E 12 (off Tangley Gro.)
Hurst Clo. Brack 4M 31
Hurst Clo. Chess 2N 59
Hurst Clo. Craw 5L 181
Hurst Clo. H'ley 2B 100
Hurst Clo. Wok 7M 73
Hurst Ct. H'ham 5K 197
Hurstcourt Rd. Sutt 8N 43
Hurst Cft. Guild 6A 114 (8F 202)
Hurstdene Av. Stai 7K 21
Hurst Dri. Tad 4F 100
Hurst Farm Clo. Milf 9C 132
Hurst Farm Rd. E Grin 1N 185
Hurstfield Rd. W Mol 2A 40
Hurst Green 1B 126
Hurst Grn. Clo. Oxt 1C 126
Hurst Grn. Rd. Oxt 1B 126
Hurst Gro. W on T 7G 38
Hurst Hill. Rusp 7N 179
Hurst Hill Cotts. Brmly 6C 134
Hurstlands. Oxt 1C 126
Hurst La. E Mol 3C 40
Hurst La. Egh 1C 36
Hurst La. H'ley 2B 100
Hurstleigh Clo. Red 1D 122
Hurstleigh Dri. Red 1D 122
Hurst Lodge. Wey 3C 56
Hurstmere Clo. Gray 6B 170
Hurst Park 1C 40
Hurst Rd. Farnb 6N 69
Hurst Rd. Alder 9A 90
Hurst Rd. Croy 2A 64 (8D 200)
Hurst Rd. Eps 7C 60
Hurst Rd. H'ley & Tad 1C 100
Hurst Rd. Horl 7C 142
Hurst Rd. H'ham 4J 197
Hurst Rd. W on T & W Mol 4K 39
Hurstview Grange. S Croy 4M 63
Hurst Vw. Rd. S Croy 4B 64
Hurstway. Pyr 1G 75
Hurst Way. S Croy 3B 64
Hurstwood. Asc 5L 33
Hurtbank Cotts. Holm M 5K 137
Hurtmore 4C 132
Hurtmore Bottom 5C 132
Hurtmore Chase. Hurt 4E 132
Hurtmore Rd. Hurt 4C 132
Hurtwood La. Alb 5N 135
Hurtwood Rd. W on T 6N 39
Huson Rd. Warf 7A 16
Hussar Ct. Alder 2K 109
Hussars Clo. Houn 6M 9
Hutchingsons Rd. New Ad 7M 65
Hutchins Way. Horl 6D 142
Hutsons Clo. Wokgm 9C 14
Hutton Clo. W'sham 4A 52
Hutton Rd. Ash V 7E 90
Huxley Clo. G'ming 4G 132
Huxley Rd. Sur R 3G 113
Huxleys Experience 9M 197
Hyacinth Clo. Hamp 7A 24
Hyacinth Rd. SW15 2F 26
Hyde Clo. Ashf 7F 22
Hyde Dri. Craw 4K 181
Hyde Farm M. SW12 2H 29
Hyde Heath Ct. Craw 1H 183
Hyde La. Churt & Thur 9B 150
Hyde La. Ock 7C 76
Hyde Rd. Rich 8M 11
Hyde Rd. S Croy 9B 64
Hydestile 4G 153
Hydestile Cotts. Hamb 5G 152
Hyde Ter. Ashf 7F 22
Hydethorpe Rd. SW12 2G 28
Hyde Wlk. Mord 6M 43
Hydon Heath 5J 153
Hydon Heath 6J 153
Hydons, The. Hyde 5H 153
Hylands Clo. Craw 4E 182
Hylands Clo. Eps 2B 80
Hylands M. Eps 2B 80
Hylands Rd. Eps 2B 80
Hylle Clo. Wind 4B 4
Hyndman Clo. Craw 9N 181
Hyperion Ct. Bew 5K 181
Hyperion Ho. SW2 1K 29
Hyperion Pl. Eps 5C 60
Hyperion Wlk. Horl 1F 162
Hyrstdene. S Croy 1M 63 (7A 200)
Hythe Clo. Brack 4C 32
Hythe End 3D 20
Hythe End Rd. Wray 3B 20
Hythe Fld. Av. Egh 7F 20
Hythe Pk. Rd. Egh 6E 20
Hythe Rd. Stai 6F 20
Hythe Rd. T Hth 1A 46
Hythe, The. Stai 6G 20

I

Iberian Av. Wall 1H 63
Iberian Way. Camb 9E 50
Ibis La. W4 4B 12
Ibsley Gdns. SW15 2F 26
Icehouse Wood. Oxt 9A 106
Icklesham Ho. Craw 6L 181 (off Salvington Rd.)
Icklingham Ga. Cob 8K 57
Icklingham Rd. Cob 8K 57
Idlecombe Rd. SW17 7E 28
Idmiston Rd. SE27 4N 29
Idmiston Rd. Wor Pk 6E 42
Idmiston Sq. Wor Pk 6E 42
Ifield 2M 181
Ifield Av. Craw 9M 161
Ifield Clo. Red 5C 122
Ifield Dri. Craw 2L 181
Ifield Green 1M 181
Ifield Grn. If'd 9M 161
Ifield Pk. Craw 3L 181
Ifield Rd. SW10 2N 13
Ifield Rd. Charl 6K 161
Ifield Rd. Craw 2N 181
Ifield St. If'd 1L 181
Ifield Watermill 4K 181
Ifieldwood 9J 161
Ifield Wood. If'd 2H 181
Ifold 6E 192
Ifold Bri. La. Loxw 4E 192
Ifoldhurst. Loxw 6E 192
Ifold Rd. Red 5E 122
Ikona Ct. Wey 2D 56
Ilex Clo. Eng G 8L 19

Ilex Clo.—Keble Clo.

Ilex Clo. *Sun.* 1K 39
Ilex Clo. *Yat* 9A 48
Ilex Ho. *Wdhm* 6J 55
Ilex Way. *SW16* 6L 29
Ilford Ct. *Cranl* 8H 155
Illingworth. *Wind* 6B 4
Illingworth Clo. *Mitc* 2B 44
Illingworth Gro. *Brack* 9D 16
Imadene Clo. *Lind* 5A 168
Imadene Cres. *Lind* 5A 168
Imber Clo. *Esh* 7D 40
Imber Ct. Trad. Est. *E Mol* 5D 40
Imber Cross. *Th Dit* 5F 40
Imber Gro. *Esh* 6D 40
Imberhorne Bus. Cen. *E Grin* 8L 165
Imberhorne La. *E Grin* 7L 165
Imberhorne Way. *E Grin* 7L 165
Imber Pk. Rd. *Esh* 7D 40
Imjin Clo. *Alder* 1N 109
Impact Ct. *SE20* 1E 46
Imperial Ct. *Wind* 6D 4
Imperial Gdns. *Mitc* 2F 44
Imperial Rd. *SW6* 4N 13
Imperial Rd. *Felt* 1F 22
Imperial Rd. *Wind* 6D 4
Imperial Sq. *SW6* 4N 13
Imperial Way. *Croy* 3K 63
Imran Ct. *Alder* 3A 110
Ince Rd. *W on T* 3F 56
Inchwood. *Brack* 7A 32
Inchwood. *Croy* 1L 65
Independent Bus. Pk., The. *E Grin* 7K 165
Ingatestone Rd. *SE25* 3E 46
Ingham Clo. *S Croy* 5G 64
Ingham Rd. *S Croy* 5F 64
Ingleboro Dri. *Purl* 9A 64
Ingleby Way. *Wall* 5H 63
Ingle Dell. *Camb* 2B 70
Inglehurst. *New H* 6K 55
Inglemere Rd. *Mitc* 8D 28
Ingleside. *Coln* 4G 7
Inglethorpe St. *SW6* 4J 13
Ingleton. *Brack* 2M 31
Ingleton Rd. *Cars* 5C 62
Inglewood. *Cher* 9H 37
Inglewood. *Croy* 5H 65
Inglewood. *Wok* 5L 73
Inglewood Av. *Camb* 2G 71
Inglis Rd. *Croy* 7C 46
Ingram Clo. *H'ham* 6G 197
Ingram Rd. *T Hth* 9N 29
Ingrams Clo. *W on T* 2K 57
Ingress St. *W4* 1D 12
Inholmes. *Craw* 3E 182
Inholms La. *N Holm* 9H 119
Inkerman Rd. *Eton W* 1C 4
Inkerman Rd. *Knap* 5H 73
Inkerman Way. *Wok* 5H 73
Inkpen La. *F Row* 8H 187
Ink, The. *Yat* 8B 48
Inman Rd. *SW18* 1A 28
Inner Pk. Rd. *SW19* 2J 27
Inner Ring E. *H'row A* 6C 8
Inner Ring W. *H'row A* 6B 8
Innes Clo. *SW20* 1K 43
Innes Gdns. *SW15* 9G 13
Innes Rd. *H'ham* 4M 197
Innes Yd. *Croy* 9N 45 (5C 200)
Innings La. *Warf* 9B 16
Innisfail Gdns. *Alder* 4L 109
Institute Rd. *Alder* (GU11) 6A 90
Institute Rd. *Alder* (GU12) 3B 110
Institute Rd. *Westc* 6C 118
Institute Wlk. *E Grin* 9A 166
Instow Gdns. *Farnb* 7M 69
Interface Ho. Houn 6A 10
(off Staines Rd.)
International Av. *Houn* 1K 9
Inval 8G 170
Inval Hill. *Hasl* 9G 170
Inveresk Gdns. *Wor Pk* 9F 42
Inverness Rd. *Houn* 7N 9
Inverness Rd. *Wor Pk* 7J 43
Inverness Way. *Col T* 8J 49
Invicta Clo. *Felt* 2G 22
Invincible Rd. *Farnb* 3M 89
Inwood Av. *Coul* 7L 83
Inwood Av. *Houn* 6C 10
Inwood Clo. *Croy* 8H 47
Inwood Ct. *W on T* 8K 39
Inwood Rd. *Houn* 7B 10
Iona Clo. *Craw* 6N 181
Iona Clo. *Mord* 6N 43
Ipswich Rd. *SW17* 7E 28
Irene Rd. *SW6* 4M 13
Irene Rd. *Stoke D* 1B 78
Ireton Av. *W on T* 8F 38
Iris Clo. *Croy* 7G 46
Iris Clo. *Surb* 6M 41
Iris Dri. *Bisl* 2D 72
Iris Rd. *Bisl* 2D 72
Iris Rd. *W Ewe* 2A 60
Iron La. *Brmly* 6N 133
Iron Mill Pl. *SW18* 9N 13
Iron Mill Rd. *SW18* 9N 13
Irons Bottom 3L 141
Irons Bottom Rd. *Leigh* 3L 141
Irvine Dri. *Farnb* 6K 69
Irvine Pl. *Vir W* 4A 36
Irving Mans. W14 2K 13
(off Queen's Club Gdns.)
Irving Wlk. *Craw* 6C 182
Irwin Dri. *H'ham* 5G 196
Irwin Rd. *Guild* 4K 113
Isabel Hill Clo. *Hamp* 1B 40
Isabella Ct. Rich 9M 11
(off Kings Mead)
Isabella Dri. *Orp* 1L 67
Isabella Ho. W6 1H 13
(off Queen Caroline St.)
Isabella Plantation 5A 26
Isbells Dri. *Reig* 4N 121
Isham Rd. *SW16* 1J 45
Isis Clo. *SW15* 7H 13
Isis Ct. *W4* 3A 12
Isis St. *SW18* 3A 28
Isis Way. *Sand* 7J 49
Island Clo. *Stai* 5G 20
Island Farm Av. *W Mol* 4N 39
Island Farm Rd. *W Mol* 4N 39
Island Rd. *Mitc* 8D 28
Islandstone La. *Hurst* 3A 14
Island, The. *Th Dit* 5G 40
Island, The. *W Dray* 3L 7
Island, The. *Wey* 3N 55
Island, The. *Wray* 4C 20
Islay Gdns. *Houn* 8L 9
Isleworth 6G 11
Isleworth Bus. Complex. *Iswth* 5F 10
Isleworth Promenade. *Twic* 7H 11
Itchingfield 9A 196
Itchingfield Rd. *Slin & Itch* 8A 196
Itchingwood Comn. Rd. *Oxt* 2E 126
Ivanhoe Clo. *Craw* 9B 162
Ivanhoe Rd. *Houn* 6L 9
Ivatt Pl. *W14* 1L 13
Iveagh Clo. *Craw* 8A 182
Iveagh Ct. *Beck* 2M 47
Iveagh Ct. *Brack* 4B 32
Iveagh Ho. SW10 3N 13
(off King's Rd.)
Iveagh Rd. *Guild* 4L 113
Iveagh Rd. *Wok* 5J 73
Ively Rd. *Farnb* 2K 89
(in two parts)
Iverna Gdns. *Felt* 8E 8
Ivers Way. *New Ad* 4L 65
Ives Clo. *Yat* 8A 48
Ivor Clo. *Guild* 4B 114
Ivory Ct. *Felt* 3H 23
Ivory Wlk. *Craw* 5K 181
Ivybank. *G'ming* 5H 133
Ivybridge Clo. *Twic* 1G 24
Ivy Bri. Retail Pk. *Iswth* 8F 10
Ivy Clo. *Sun* 1K 39
Ivydale Rd. *Cars* 8D 44
Ivyday Gro. *SW16* 4K 29
Ivydene. *Knap* 5E 72
Ivydene. *W Mol* 4N 39
Ivydene Clo. *Red* 8F 122
Ivydene Clo. *Sutt* 1A 62
Ivy Dene La. *Ash W* 3F 186
Ivy Dri. *Light* 8L 51
Ivy Gdns. *Mitc* 2H 45
Ivyhouse Cotts. *Newd* 6F 160
Ivy La. *Farnh* 1G 129
Ivy La. *Houn* 7N 9
Ivy La. *Wok* 4D 74
Ivy Mill Clo. *God* 1E 124
Ivy Mill La. *God* 1D 124
Ivymount Rd. *SE27* 4L 29
Ivy Rd. *SW17* 6C 28
Ivy Rd. *Alder* 2B 110
Ivy Rd. *Houn* 7B 10
Ivy Rd. *Surb* 7N 41

J

Jacaranda Clo. *N Mald* 2D 42
Jackass La. *Kes* 2D 66
Jackass La. *Tand* 9J 105
Jackdaw Clo. *Craw* 1A 182
Jackdaw La. *H'ham* 3L 197
Jack Goodchild Way. *King T* 2A 42
Jackmans La. *Wok* 6K 73
(in two parts)
Jackson Clo. *Brack* 4N 31
Jackson Clo. *Cranl* 8H 155
Jackson Clo. *Eps* 1C 80
Jackson Rd. *Craw* 9N 181
Jacksons Pl. *Croy* 7A 46 (1E 200)
Jackson's Way. *Croy* 9L 47
Jackson Way. *Eps* 5N 59
Jacob Clo. *Brack* 1J 31
Jacob Clo. *Wind* 4B 4
Jacobean Clo. *Craw* 4G 183
Jacob Rd. *Col T* 8M 49
Jacob's Ladder. *Warl* 6D 84
Jacob's Wlk. *Ab C* 6A 138
Jacobs Well 6N 93
Jacob's Well Rd. *Guild* 7N 93
Jaffray Pl. *SE27* 5M 29
Jaggard Way. *SW12* 1D 28
Jail La. *Big H* 3F 86
Jamaica Rd. *T Hth* 5M 45
James Boswell Clo. *SW16* 5K 29
James Est. *Mitc* 1D 44
James Hockey Gallery 1G 128
James Rd. *Alder* 6B 90
James Rd. *Camb* 4N 69
James Rd. *P'mrsh* 2M 133
James's Cotts. *Rich* 3N 11
James Searle Ind. Est. *H'ham* 4L 197
James St. *Houn* 6D 10
James St. *Wind* 4G 4
James Ter. SW14 6C 12
(off Church Path)
James Terry Ct. *S Croy* 8B 200
Jameston. *Brack* 7A 32
James Watt Way. *Craw* 7E 162
James Way. *Camb* 4N 69
Jamieson Ho. *Houn* 9N 9
Jamnagar Clo. *Stai* 7H 21
Janoway Hill La. *Wok* 6M 73
Japonica Clo. *Wok* 5M 73
Japonica Ct. *As* 3D 110
Jarrett Clo. *SW2* 2M 29
Jarrow Clo. *Mord* 4N 43
Jarvis Clo. *Craw* 9N 181
Jarvis Rd. *S Croy* 3A 64
Jasmine Clo. *Red* 8E 122
Jasmine Clo. *Wok* 3J 73
Jasmine Ct. *SW19* 6M 27
Jasmine Ct. *H'ham* 6J 197
Jasmine Gdns. *Croy* 9L 47
Jasmine Way. *E Mol* 3E 40
Jasmin Rd. *Eps* 2A 60
Jason Clo. *Red* 8C 122
Jason Clo. *Wey* 2D 56
Jasons Dri. *Guild* 9E 94
Javelin Ct. *Craw* 9H 163
Jay Av. *Add* 9N 37
Jay Clo. *Ews* 5C 108
Jay's La. *Hasl* 6M 189
Jays Nest Clo. *B'water* 2J 69
Jay Wlk. *Turn H* 4F 184
Jeal Oakwood Ct. *Eps* 1D 80 (8L 201)
Jealott's Hill 2N 15
Jean Batten Clo. *Wall* 4K 63
Jean Orr Ct. *C Crook* 8B 88
Jeans Ct. *Craw* 8N 181
Jebb Av. *SW2* 1J 29
(in two parts)
Jeddere Cotts. *D'land* 9C 146
Jefferson Clo. *Slou* 1C 6
Jefferson Rd. *Brkwd* 7N 71
Jeffries Pas. *Guild* 4N 113 (5D 202)
Jeffries Rd. *W Hor* 9C 96
Jeffs Clo. *Hamp* 7B 24
Jeffs Rd. *Sutt* 1L 61
Jemmett Clo. *King T* 9A 26
Jengar Clo. *Sutt* 1N 61
Jenkins Hill. *Bag* 5H 51
Jenkins Pl. *Farnb* 5B 90
Jenner Dri. *W End* 9D 52
Jenner Pl. *SW13* 2G 12
Jenner Rd. *Craw* 7D 162
Jenner Rd. *Guild* 4A 114 (5E 202)
Jenners Clo. *Ling* 7N 145
Jenner Way. *Eps* 5N 59
Jennett Rd. *Croy* 9L 45
Jennings Clo. *Surb* 6J 41
Jennings Clo. *Wdhm* 5L 55
Jennings Way. *Horl* 8H 143
Jenny La. *Ling* 7M 145
Jennys Wlk. *Yat* 9D 48
Jennys Way. *Coul* 9G 83
Jephtha Rd. *SW18* 9M 13
Jeppos La. *Mitc* 3D 44
Jepson Ho. SW6 4N 13
(off Pearscroft Rd.)
Jerdan Pl. *SW6* 3M 13
Jerome Corner. *Crowt* 4H 49
Jerome Ho. *Hamp W* 3G 203
Jersey Clo. *Cher* 9H 37
Jersey Clo. *Fleet* 1C 88
Jersey Clo. *Guild* 7D 94
Jersey Rd. *SW17* 7F 28
Jersey Rd. *Craw* 7M 181
Jersey Rd. *Houn & Iswth* 4B 10
Jerviston Gdns. *SW16* 7L 29
Jesmond Clo. *Mitc* 2F 44
Jesmond Rd. *Croy* 6C 46
Jessamy Rd. *Wey* 8C 38
Jesse Clo. *Yat* 1E 68
Jessel Mans. W14 2K 13
(off Queen's Club Gdns.)
Jesses La. *Peasl* 4D 136
Jessett Dri. *C Crook* 9A 88
Jessiman Ter. *Shep* 4B 38
Jessop Av. *S'hall* 1N 9
Jessops Way. *Croy* 5G 45
Jevington. *Brack* 7A 32
Jewels Hill. *Big H* 8C 66
Jewel Wlk. *Craw* 6M 181
Jew's Row. *SW18* 7N 13
Jeypore Pas. *SW18* 9N 13 & 1A 28
Jeypore Rd. *SW18* 1A 28
Jig's La. N. *Warf* 7C 16
Jig's La. S. *Warf* 9C 16
Jillian Clo. *Hamp* 8A 24
Jim Griffiths Ho. SW6 2L 13
(off Clem Attlee Ct.)
Joanna Ho. W6 1H 13
(off Queen Caroline St.)
Jobson's La. *Hasl & C'fold* 9M 189
Jocelyn Rd. *Rich* 6L 11
Jockey Mead. *H'ham* 7G 197
Jock's La. *Brack* 9K 15
Jodrell Clo. *Iswth* 4G 10
Joe Hunte Ct. *SE27* 6M 29
John Austin Clo. *King T* 9M 25 (2L 203)
John Clo. *Alder* 4K 109
John Cobb Rd. *Wey* 4B 56
John F. Kennedy Memorial 3M 19
John Gale Ct. Eps 5E 60
(off West St.)
John Goddard Way. *Felt* 3J 23
John Knight Lodge. *SW6* 3M 13
John Nike Way. *Brack* 1H 31
John Pound Ho. *SW18* 1N 27
John Pound's Ho. *Craw* 5A 182
John Russell Clo. *Guild* 9K 93
John's Clo. *Ashf* 5D 22
John's Ct. *Sutt* 3N 61
Johnsdale. *Oxt* 7B 106
John's La. *Mord* 4A 44
John Smith Av. *SW6* 3L 13
Johnson Dri. *Finch* 9A 30
Johnson Mans. W14 2K 13
(off Queen's Club Gdns.)
Johnson Rd. *Croy* 6A 46
Johnson Rd. *Houn* 3K 9
Johnsons Clo. *Cars* 8D 44
Johnson's Common 1K 161
Johnsons Dri. *Hamp* 9C 24
Johnson Wlk. *Craw* 6C 182
Johnson Way. *C Crook* 8B 88
John's Rd. *Tats* 7F 86
John's Ter. *Croy* 7B 46 (1F 200)
Johnston Grn. *Guild* 8K 93
Johnston Wlk. *Guild* 8K 93
John Strachey Ho. SW6 2L 13
(off Clem Attlee Ct.)
John St. *SE25* 3D 46
John St. *Houn* 5M 9
Johns Wlk. *Whyt* 6D 84
John Watkin Clo. *Eps* 5A 60
John Wesley Ct. *Twic* 2G 24
John Wheatley Ho. SW6 2L 13
(off Clem Attlee Ct.)
John Williams Clo. *King T* 9K 25 (1H 203)
John Wiskar Dri. *Cranl* 7M 155
Joinville Pl. *Add* 1M 55
Jolesfield Ct. *Craw* 6L 181
Jolive Ct. *Guild* 4C 114
Jolliffe Rd. *Mers* 4G 102
Jones Corner. *Asc* 9J 17
Jones M. *SW15* 7K 13
Jones Wlk. *Rich* 9M 11
Jonquil Gdns. *Hamp* 7A 24
Jonson Clo. *Mitc* 3F 44
Jordan Clo. *S Croy* 7C 64
Jordans Clo. *Craw* 1B 182
Jordans Clo. *Guild* 2C 114
Jordans Clo. *Iswth* 4E 10
Jordans Clo. *Red* 8E 122
Jordans Clo. *Stanw* 1L 21
Jordans Cres. *Craw* 9B 162
Jordans M. *Twic* 3E 24
Jordans, The 7C 160
Jordans, The. *E Grin* 1A 186
Joseph Ct. *Warf* 7C 16
Josephine Av. *Tad* 4L 101
Josephine Clo. *Tad* 5L 101
Joseph Locke Way. *Esh* 8A 40
Joseph Powell Clo. *SW12* 1F 28
Joseph's Rd. *Guild* 2N 113 (1C 202)
Joshua Clo. *S Croy* 4M 63
Jourdelays Pas. *Wind* 2G 4
Jubilee Arch. *Wind* 4G 4
Jubilee Av. *Asc* 9J 17
Jubilee Av. *Twic* 2C 24
Jubilee Av. *Wokgm* 1A 30
Jubilee Clo. *Farnb* 1J 89
Jubilee Clo. *Asc* 9J 17
Jubilee Clo. *King T* 9J 25
Jubilee Clo. *Stanw* 1L 21
Jubilee Ct. *Brack* 2A 32
Jubilee Ct. Houn 6C 10
(off Bristow Rd.)
Jubilee Ct. *Stai* 6J 21
Jubilee Cres. *Add* 2M 55
Jubilee Dri. *Ash V* 7E 90
Jubilee Est. *H'ham* 4L 197
Jubilee Hall Rd. *Farnb* 1A 90
Jubilee La. *Gray* 6A 170
Jubilee La. *Wrec* 7F 128
Jubilee Rd. *Alder* 5N 109
Jubilee Rd. *Myt* 3E 90
Jubilee Rd. *Rud* 9E 176
Jubilee Rd. *Sutt* 4J 61
Jubilee Ter. *Dork* 4H 119 (1L 201)
Jubilee Ter. *Str G* 7B 120
Jubilee Vs. *Esh* 7D 40
Jubilee Wlk. *Craw* 3E 182
Jubilee Way. *SW19* 9N 27
Jubilee Way. *Chess* 1N 59
Jubilee Way. *Felt* 2H 23
Judge's Ter. *E Grin* 1A 186
Judge Wlk. *Clay* 3E 58
Jug Hill. *Big H* 3F 86
Jugshill La. *Oke H* 2B 178
Julian Clo. *Wok* 5M 73
Julian Hill. *Wey* 4B 56
Julien Rd. *Coul* 2H 83
Juliet Gdns. *Warf* 9D 16
Julius Hill. *Warf* 9D 16
Jumps Rd. *Churt* 7K 149
Junction Pl. *Hasl* 2D 188
Junction Rd. *Ashf* 6D 22
Junction Rd. *W5* 1J 11
Junction Rd. *Dork* 5G 119 (2J 201)
Junction Rd. *Light* 6M 51
Junction Rd. *S Croy* 2A 64
June Clo. *Coul* 1F 82
June La. *Red* 1F 142
Junewood Clo. *Wdhm* 7H 55
Juniper. *Brack* 7A 32
Juniper Clo. *Big H* 4G 87
Juniper Clo. *Chess* 2M 59
Juniper Clo. *Guild* 7L 93
Juniper Clo. *Reig* 5A 122
Juniper Ct. Houn 7B 10
(off Grove Rd.)
Juniper Dri. *Bisl* 2D 72
Juniper Gdns. *SW16* 9G 28
Juniper Gdns. *Sun* 7G 23
Juniper Pl. *Shalf* 1N 133
Juniper Rd. *Farnb* 9H 69
Juniper Rd. *Craw* 9A 162
Juniper Rd. *Reig* 5A 122
Juniper Wlk. *Brock* 5B 120
Jura Clo. *Craw* 6N 181
Justin Clo. *Bren* 3K 11
Jutland Gdns. *Coul* 7K 83
Jutland Pl. *Egh* 6E 20
Juxon Clo. *Craw* 5L 181

K

Kalima Cvn. Site. *Chob* 6L 53
Karenza Ct. *H'ham* 5L 197
Kashmir Clo. *New H* 5M 55
Kashmir Ct. *Farnb* 4A 90
Katharine Ho. *Croy* 4C 200
Katharine St. *Croy* 9N 45 (4C 200)
Katherine Clo. *Add* 3J 55
Katherine Rd. *Eden* 3L 147
Katherine Rd. *Twic* 2G 24
Kathleen Godfree Ct. *SW19* 7M 27
Kay Av. *Add* 9N 37
Kay Cres. *Hdly D* 3F 168
Kaye Ct. *Guild* 9M 93
Kaye Don Way. *Wey* 6B 56
Kayemoor Rd. *Sutt* 3B 62
Kaynes Pk. *Asc* 9J 17
Keable Rd. *Wrec* 4E 128
Kean Ho. Twic 9K 11
(off Arosa Rd.)
Kearton Clo. *Kenl* 4N 83
Kearton Pl. *Cat* 9D 84
Keates Grn. *Brack* 9N 15
Keates La. *Eton C* 2F 4
Keats Av. *Red* 1E 122
Keats Clo. *SW19* 7B 28
Keats Clo. *H'ham* 1M 197
Keats Gdns. *Fleet* 4C 88
Keats Pl. *E Grin* 9N 165
Keats Way. *Crowt* 9G 30
Keats Way. *Croy* 5F 46
Keats Way. *W Dray* 1A 8
Keats Way. *Yat* 2A 68
Keble Clo. *Craw* 9H 163
Keble Clo. *Wor Pk* 7E 42

Keble Pl.—Kingscroft La.

Keble Pl. SW13 2G 13
Keble St. SW17 5A 28
Keble Way. Owl 5K 49
Kedeston Ct. Sutt 7N 43
Keeler Clo. Wind 6B 4
Keeley Rd. Croy 8N 45 (2B 200)
Keens Clo. SW16 6H 29
Keens La. Guild 8J 93
Keens Pk. Rd. Guild 8J 93
Keens Rd. Croy 1N 63 (6C 200)
Keepers Clo. Guild 9F 94
Keepers Coombe. Brack 5B 32
Keeper's Corner. 4N 163
Keepers Ct. S Croy 8B 200
Keepers Farm Clo. Wind 5B 4
(in two parts)
Keepers M. Tedd 7J 25
Keepers Wlk. Vir W 4N 35
Keephatch Rd. Wokgm 9D 14
Keep, The. King T 7M 25
Keevil Dri. SW19 1J 27
Keir Hardie Ho. W6 2J 13
(off Fulham Pal. Rd.)
Keir Hardie Ho. Craw 8N 181
Keir, The. SW19 6H 27
Keith Lucas Rd. Farnb 3L 89
Keith Pk. Cres. Big H 8D 66
Keldholme. Brack 2M 31
Kelling Gdns. Croy 6M 45
Kellino St. SW17 5D 28
Kelly Clo. Shep 1F 38
Kelmscott Ri. Craw 9N 181
Kelsall Pl. Asc 6M 33
Kelsey Clo. Horl 8D 142
Kelsey Ga. Beck 1L 47
Kelsey Gro. Yat 1D 68
Kelsey La. Beck 1K 47
(in two parts)
Kelsey Pk. Av. Beck 1L 47
Kelsey Pk. Rd. Beck 1K 47
Kelsey Sq. Beck 1K 47
Kelsey Way. Beck 2K 47
Kelso Clo. Worth 2J 183
Kelso Rd. Cars 6A 44
Kelvedon Av. W on T 4F 56
Kelvedon Clo. King T 7N 25
Kelvedon Rd. SW6 3L 13
Kelvin Av. Lea 6F 78
Kelvin Av. Tedd 7E 24
Kelvinbrook. W Mol 2B 40
Kelvin Bus. Cen. Craw 9D 162
Kelvin Clo. Eps 3N 59
Kelvin Ct. Iswth 5E 10
Kelvin Dri. Twic 9H 11
Kelvin Gdns. Croy 6J 45
Kelvin Gro. Chess 9K 41
Kelvington Clo. Croy 6H 47
Kelvin La. Craw 8D 162
Kelvin Way. Craw 8D 162
Kemble Clo. Wey 1E 56
Kemble Cotts. Add 1J 55
Kemble Rd. Croy 9M 45
Kembleside Rd. Big H 5E 86
Kemerton Rd. Beck 1L 47
Kemerton Rd. Croy 6C 46
Kemishford. Wok 1K 93
Kemnal Pk. Hasl 1H 189
Kemp Ct. Bag 5K 51
Kempe Clo. Slou 1E 6
Kemp Gdns. Croy 5N 45
Kempsford Gdns. SW5 1M 13
Kempshott Rd. SW16 8H 29
Kempshott Rd. H'ham 4H 197
Kempson Rd. SW6 4M 13
Kempton Av. Sun 9J 23
Kempton Ct. Farnb 3L 89
Kempton Ct. Sun 9J 23
Kempton Pk. Racecourse. 8K 23
Kempton Rd. Hamp 1N 39
(in three parts)
Kempton Wlk. Croy 5H 47
Kemsing Clo. T Hth 3N 45
Kemsley Rd. Tats 6F 86
Kendal Clo. Farnb 1K 89
Kendal Clo. Felt 2G 22
Kendal Clo. Reig 2B 122
Kendale Clo. M'bowr 7G 183
Kendal Gdns. Sutt 8A 44
Kendal Gro. Camb 2H 71
Kendal Ho. SE20 1D 46
(off Derwent Rd.)
Kendall Av. Beck 1H 47
Kendall Av. S Croy 5A 64
Kendall Av. S. S Croy 6N 63
Kendall Ct. SW19 7B 28
Kendall Rd. Beck 1H 47
Kendall Rd. Iswth 5G 10
Kendal Pl. SW15 8L 13
Kendor Av. Eps 7B 60
Kendra Hall Rd. S Croy 4M 63
Kendrey Gdns. Twic 1E 24
Kendrick Clo. Wokgm 3B 30
Kenilford Rd. SW12 1F 28
Kenilworth Av. SW19 6M 27
Kenilworth Av. Brack 9A 16
Kenilworth Av. Stoke D 1B 78
Kenilworth Clo. Bans 3N 81
Kenilworth Clo. Craw 7N 181
Kenilworth Cres. Fleet 3D 88
Kenilworth Dri. W on T 9L 39
Kenilworth Gdns. Stai 6L 21
Kenilworth Rd. Ashf 4M 21
Kenilworth Rd. Farnb 9H 69
Kenilworth Rd. Eps 2F 60
Kenilworth Rd. Fleet 4C 88
(in two parts)
Kenley. 1N 83
Kenley Clo. Cat 7A 84
(in two parts)
Kenley Ct. Kenl 2M 83
Kenley Gdns. T Hth 3M 45
Kenley La. Kenl 1N 83
Kenley Rd. Hdly D 4G 169
Kenley Rd. SW19 1M 43
Kenley Rd. King T 1A 42
Kenley Rd. Twic 9H 11
Kenley Wlk. Sutt 1J 61
Kenlor Rd. SW17 6B 28
Kenmara Clo. Craw 9E 162
Kenmara Ct. Craw 8E 162
Kenmare Dri. Mitc 8D 28
Kenmare Rd. T Hth 5L 45
Kenmore Clo. C Crook 8C 88
Kenmore Clo. Frim 6B 70
Kenmore Clo. Rich 3N 11
Kenmore Rd. Kenl 1M 83
Kennard Ct. F Row 6G 187
Kenneally. Wind 5A 4
Kenneally Clo. Wind 5A 4
Kenneally Pl. Wind 5A 4
Kenneally Row. Wind 5A 4
(off Liddell Sq.)
Kenneally Wlk. Wind 5A 4
(off Guards Rd.)
Kennedy Av. E Grin 7N 165
Kennedy Clo. Mitc 9E 28
Kennedy Ct. Beck 5J 47
Kennedy Rd. H'ham 7K 197
Kennel Av. Asc 9K 17
Kennel Clo. Asc 7K 17
Kennel Clo. Fet 2C 98
Kennel Grn. Asc 9J 17
Kennel La. Brack 8N 15
Kennel La. Fet 9B 78
(in two parts)
Kennel La. Fren 9H 129
Kennel La. Hkwd 9B 142
Kennel La. W'sham 2N 51
Kennel Ride. Asc 9K 17
Kennels La. Farnb 2G 88
Kennel Wood. Asc 9K 17
Kennel Wood Cres. New Ad 7N 65
Kennet Clo. Farnb 8K 69
Kennet Clo. As 3E 110
Kennet Clo. Craw 4L 181
Kenneth Rd. Bans 2B 82
Kenneth Younger Ho. SW6 2L 13
(off Clem Attlee Ct.)
Kennet Rd. Iswth 6F 10
Kennet Sq. SW19 9B 28
Kennett Ct. W4 3A 12
Kenny Dri. Cars 5E 62
Kenrick Sq. Blet 2B 124
Kensington Av. T Hth 9L 29
Kensington Gdns. King T
2K 41 (6H 203)
Kensington Hall Gdns. W14 1L 13
Kensington Mans. SW5 1M 13
(off Trebovir Rd., in two parts)
Kensington Rd. Craw 7N 181
Kensington Ter. S Croy 4A 64
Kensington Village. W14 1L 13
Kent Clo. Mitc 3J 45
Kent Clo. Orp 3N 67
Kent Clo. Stai 7M 21
Kent Dri. Tedd 6E 24
Kent Folly. Warf 7D 16
Kent Ga. Way. Croy 3J 65
Kent Hatch. 9K 107
Kent Hatch Rd. Oxt 7E 106
Kent Ho. W4 1D 12
(off Devonshire St.)
Kentigern Dri. Crowt 2J 49
Kenton Av. Sun 1L 39
Kenton Clo. Brack 1B 32
Kenton Clo. Frim 4D 70
Kenton Ct. Twic 9K 11
Kentone Ct. SE25 3E 46
Kentons La. Wind 5B 4
Kenton Way. Wok 4J 73
Kent Rd. E Mol 3C 40
Kent Rd. Fleet 4C 88
Kent Rd. King T 2K 41 (5H 203)
Kent Rd. Rich 3N 11
Kent Rd. W Wick 7L 47
Kent Rd. W'sham 2A 52
Kent Rd. Wok 3D 74
Kent's Pas. Hamp 9N 23
Kent Way. Surb 9L 41
Kentwode Grn. SW13 3F 12
Kentwyns Dri. H'ham 8L 197
Kentwyns Ri. S Nut 4K 123
Kenward Ct. Str G 7B 120
Kenway Rd. SW5 1N 13
Kenwith Av. Fleet 4D 88
Kenwood Clo. W Dray 2B 8
Kenwood Dri. Beck 2M 47
Kenwood Dri. W on T 3J 57
Kenwood Pk. Wey 3E 56
Kenwood Ridge. Kenl 4M 83
Kenworth Gro. Light 6L 51
Kenwyn Rd. SW20 9H 27
Kenya Ct. Horl 7D 142
Kenyngton Ct. Sun 6H 23
Kenyngton Dri. Sun 6H 23
Kenyon Mans. W14 2K 13
(off Queen's Club Gdns.)
Kenyons. W Hor 6C 96
Kenyon St. SW6 4J 13
Keogh Clo. Ash V 3F 90
Keppel Rd. Dork 3H 119
Keppel Spur. Old Win 1L 19
Kepple Pl. Bag 4J 51
Kepple St. Wind 5G 5
Kerria Way. W End 9B 52
Kerrill Av. Coul 6L 83
Kerry Clo. Fleet 1C 88
Kerry Ter. Wok 3D 74
Kersey Dri. S Croy 8F 64
Kersfield Rd. SW15 9J 13
Kershaw Clo. SW18 1B 28
Kersland Cotts. G'ming 4C 132
Kerves La. H'ham 9K 197
Keston. 2E 66
Keston Av. Coul 6L 83
Keston Av. Kes 2E 66
Keston Av. New H 7J 55
Keston Ct. Surb 8L 203
Keston Gdns. Kes 1E 66
Keston Mark. 1G 67
Keston Mark. (Junct.) 1F 66
Keston Pk. Clo. Kes 1H 67
Keston Rd. T Hth 5L 45
Kestrel Av. Stai 4H 21
Kestrel Clo. Craw 1A 182
Kestrel Clo. Eden 9L 127
Kestrel Clo. Eps 7A 60
Kestrel Clo. Ews 5C 108
Kestrel Clo. Guild 1F 114
Kestrel Clo. H'ham 3L 197
Kestrel Clo. King T 5K 25
Kestrel Ct. S Croy 3N 63
Kestrel Wlk. Turn H 4F 184
Kestrel Way. New Ad 5N 65
Kestrel Way. Wok 2L 73
Keswick Av. SW15 6D 26
Keswick Av. SW19 1M 43
Keswick Av. Shep 2F 38
Keswick Clo. Camb 2H 71
Keswick Clo. If'd 5J 181
Keswick Clo. Sutt 1A 62
Keswick Dri. Light 7M 51
Keswick Rd. SW15 8K 13
Keswick Rd. Bookh 3B 98
Keswick Rd. Egh 8D 20
Keswick Rd. Fet 2C 98
Keswick Rd. Twic 9C 10
Keswick Rd. W Wick 8N 47
Keswick Rd. Witl 4A 152
Ketcher Grn. Binf 5H 15
Kettering St. SW16 7G 28
Kettlewell Clo. Wok 1N 73
Kettlewell Dri. Wok 1A 74
Kettlewell Hill. Wok 1A 74
Ketton Grn. Red 6H 103
Kevan Dri. Send 3G 95
Kevin Clo. Houn 5L 9
Kevins Dri. Yat 8D 48
Kevins Gro. Fleet 4C 88
Kew. 3N 11
Kew Bridge. (Junct.) 2N 11
Kew Bri. Bren 2M 11
Kew Bri. Arches. Rich 2N 11
Kew Bri. Ct. W4 1N 11
Kew Bri. Distribution Cen. Bren
1M 11
Kew Bri. Rd. Bren 2M 11
Kew Bridge Steam Mus. 1M 11
Kew Cres. Sutt 9K 43
Kew Foot Rd. Rich 7L 11
Kew Gardens Plants & People
Exhibition. 3M 11
Kew Gdns. Rd. Rich 3M 11
Kew Green. (Junct.) 3M 11
Kew Grn. Rich 2M 11
Kew Mdw. Path. Rich 5B 12
(Thames Bank)
Kew Mdw. Path. Rich 4A 12
(W. Park Av.)
Kew Palace. 3L 11
Kew Retail Pk. Rich 4A 12
Kew Rd. Rich 2N 11
Keymer Clo. Big H 3E 86
Keymer Rd. SW2 3K 29
Keymer Rd. Craw 5A 182
Keynes Clo. C Crook 9C 88
Keynsham Rd. Mord 7N 43
Keynsham Wlk. Mord 7N 43
Keynsham Way. Owl 5J 49
Keys Ct. Croy 5D 200
Keysham Av. Houn 4H 9
Keywood Dri. Sun 7H 23
Khama Rd. SW17 5C 28
Khartoum Rd. SW17 5B 28
Khartoum Rd. Witl 4B 152
Kibble Grn. Brack 5A 32
Kidborough Down. Bookh 5A 98
Kidborough Rd. Craw 4L 181
Kidbrooke Park. 8F 186
Kidbrooke Pk. & Repton Grounds.
8F 186
Kidbrooke Ri. F Row 7G 187
Kidderminster Pl. Croy 7M 45
Kidderminster Rd. Croy 7M 45
Kidmans Clo. H'ham 3M 197
Kidworth Clo. Horl 6D 142
Kielder Wlk. Camb 2G 71
Kier Pk. Asc 2N 33
Kilberry Clo. Iswth 4D 10
Kilburns Mill Clo. Wall 8F 44
Kilcorral Clo. Eps 1F 80
Kilkie St. SW6 5N 13
Killarney Rd. SW18
9N 13 & 1A 28
Killasser Ct. Tad 1H 101
Killester Gdns. Wor Pk 1G 61
Killick Ho. Sutt 1N 61
Killicks. Cranl 6A 156
Killieser Av. SW2 3J 29
Killinghurst La. Hasl & C'fold
2N 189
Killinghurst Park. 1A 190
Killy Hill. Chob 4H 53
Kilmaine Rd. SW6 3K 13
Kilmarnock Pk. Reig 2N 121
Kilmartin Av. SW16 2L 45
Kilmartin Gdns. Frim 5D 70
Kilmington Clo. Brack 6C 32
Kilmington Rd. SW13 2F 12
Kilmiston Av. Shep 5D 38
Kilmore Dri. Camb 2F 70
Kilmorey Gdns. Twic 8H 11
Kilmorey Rd. Twic 7H 11
Kilmuir Clo. Col T 8J 49
Kiln Clo. Craw D 2E 184
Kiln Clo. Hay 2E 8
Kiln Copse. Cranl 6N 155
Kiln Cotts. Newd 7C 140
Kilnfield Rd. Rud 9E 176
Kiln Fields. Hasl 9G 171
Kiln La. Asc 4D 34
Kiln La. Bisl 4E 72
Kiln La. Brack 1M 31
Kiln La. Brock 4A 120
Kiln La. Eps 7D 60
Kiln La. Horl 6E 142
Kiln La. Lwr Bo 5G 129
Kiln La. Rip 2J 95
Kiln La. Wink 7M 17
Kilnmead. Craw 2C 182
Kilnmead Clo. Craw 2C 182
Kiln Meadows. Guild 8F 92
Kiln M. SW17 6B 28
Kiln Ride. Finch 8A 30
Kiln Ride Extension. Finch 1A 48
Kiln Rd. Craw D 2E 184
Kilnside. Clay 4G 58
Kiln Wlk. Red 8E 122
Kiln Way. Alder 5N 109
Kiln Way. Gray 4K 169
Kilnwood La. Fay 6E 180
Kilross Rd. Felt 2E 22
Kilrue La. W on T 1G 57
Kilrush Ter. Wok 3C 74
Kilsha Rd. W on T 5K 39
Kimbell Gdns. SW6 4K 13
Kimber Clo. Wind 6D 4
Kimber Ct. Guild 1F 114
Kimberley. Brack 7A 32
Kimberley. C Crook 9C 88
Kimberley Clo. Horl 8C 142
Kimberley Clo. Slou 1B 6
Kimberley Pl. Purl 7L 63
Kimberley Ride. Cobh 9B 58
Kimberley Rd. Beck 1G 47
Kimberley Rd. Craw 2F 182
Kimberley Rd. Croy 5M 45
Kimberley Wlk. W on T 6J 39
Kimber Rd. SW18 1M 27
Kimbers La. Farnh 9J 109
Kimble Rd. SW19 7B 28
Kimmeridge. Brack 5C 32
Kimpton Ind. Est. Sutt 8L 43
Kimpton Rd. Sutt 8L 43
Kinburn Dri. Egh 6A 20
Kincha Lodge. King T 1L 203
Kindersley Clo. E Grin 7D 166
Kinfauns Rd. SW2 3L 29
King Acre Ct. Stai 4G 20
King Charles Cres. Surb 6M 41
King Charles Ho. SW6 3N 13
(off Wandon Rd.)
King Charles Rd. Surb 4M 41
King Charles Wlk. SW19 2K 27
Kingcup Clo. Croy 6G 46
Kingcup Dri. Bisl 2D 72
King Edward Clo. C Hosp 9D 196
King Edward Ct. Wind 4G 4
King Edward Dri. Chess 9L 41
King Edward M. SW13 4F 12
King Edward Rd. C Hosp 9D 196
King Edward's Clo. Asc 9J 17
King Edward VII Av. Wind 3H 5
King Edwards Gro. Tedd 7H 25
King Edwards Mans. SW6 3M 13
(off Fulham Rd.)
King Edward's Ri. Asc 8J 17
King Edward's Rd. Asc 9J 17
Kingfield. 7C 74
Kingfield Clo. Wok 7B 74
Kingfield Dri. Wok 7B 74
Kingfield Gdns. Wok 7B 74
Kingfield Green. 7B 74
Kingfield Rd. Wok 7A 74
Kingfisher Clo. Farnb 8H 69
Kingfisher Clo. Bord 7A 168
Kingfisher Clo. C Crook 8B 88
Kingfisher Clo. Craw 8E 162
Kingfisher Clo. W on T 2M 57
Kingfisher Ct. SW19 3J 27
Kingfisher Ct. Dork 1J 201
Kingfisher Ct. Houn 8B 10
Kingfisher Ct. Wok 1E 74
Kingfisher Dri. Guild 1E 114
Kingfisher Dri. Red 9E 102
Kingfisher Dri. Rich 5H 25
Kingfisher Dri. Stai 5H 21
Kingfisher Dri. Yat 9A 48
Kingfisher Gdns. S Croy 7G 65
Kingfisher La. Turn H 4F 184
Kingfisher Ri. E Grin 1B 186
Kingfisher Wlk. As 1D 110
Kingfisher Way. Beck 4G 46
Kingfisher Way. H'ham 3J 197
King Gdns. Croy 2M 63 (8A 200)
King George Av. E Grin 7M 165
King George Av. W on T 7L 39
King George Clo. Sun 6F 22
King George's Dri. New H 6J 55
King George's Hill. 5N 137
King George VI Av. Big H 3F 86
King George VI Av. Mitc 3D 44
King George Sq. Rich 9M 11
King George's Trad. Est. Chess
1N 59
Kingham Clo. SW18 1A 28
King Henry M. Orp 2N 67
King Henry's Dri. New Ad 5L 65
King Henry's Reach. W6 2H 13
King Henry's Rd. King T 2A 42
King John's Clo. Wray 8N 5
Kinglake Ct. Wok 5H 73
Kingpost Pde. Guild 9D 94
Kings Acre. S Nut 6K 123
Kings Arbour. S'hall 1M 9
King's Arms All. Bren 2K 11
Kings Arms Way. Cher 7H 37
Kings Av. SW12 & SW4 2H 29
King's Av. Brkwd 6A 72
Kings Av. Byfl 8M 55
King's Av. Cars 4C 62
Kings Av. Houn 4B 10
Kings Av. N Mald 3D 42
Kings Av. Red 5C 122
King's Av. Sun 6G 23
Kings Av. Tong 4C 110
Kingsbridge Cotts. Wokgm 9C 30
Kingsbridge Rd. Mord 5J 43
Kingsbridge Rd. S'hall 1N 9
Kingsbridge Rd. W on T 6J 39
Kingsbrook. Lea 5G 79
Kingsbury Cres. Stai 5F 20
Kingsbury Dri. Old Win 1K 19
Kings Chase. E Mol 2C 40
Kingsclear Pk. Camb 2B 70
Kingsclere Clo. SW15 1F 26
Kingscliffe Gdns. SW19 2L 27
Kings Clo. Stai 8M 21
Kings Clo. Th Dit 5G 41
Kings Clo. W on T 7J 39
Kings Copse. E Grin 1B 186
Kingscote. 5J 185
Kingscote Hill. Craw 5N 181
Kingscote Rd. Croy 6E 46
Kingscote Rd. N Mald 2C 42
Kings Ct. W6 1F 12
Kings Ct. Byfl 7M 55
Kings Ct. H'ham 5L 197
King's Ct. Tad 9G 81
Kings Ct. Tong 4C 110
Kingscourt Rd. SW16 4H 29
King's Cres. Camb 7A 50
Kingscroft. Fleet 5B 88
Kingscroft La. Warf 3D 16

Lagham Rd.—Lavender Wlk.

Lagham Rd. S God 7H 125
Laglands Clo. Reig. 1A 122
Laings Av. Mitc 1D 44
Lainlock Pl. Houn. 4B 10
Lainson St. SW18 1M 27
Lairdale Clo. SE21 2N 29
Laird Ct. Bag. 6J 51
Laitwood Rd. SW12 2F 28
Lake Clo. SW19 6L 27
Lake Clo. Byfl 8M 55
Lake Dri. Bord 6A 168
Lake End Way. Crowt 3F 48
Lake Gdns. Rich. 3H 25
Lake Gdns. Wall 9F 44
Lakehall Gdns. T Hth. 4M 45
Lakehall Rd. T Hth. 4M 45
Lakehurst Rd. Eps 2D 60
Lakeland Dri. Frim 5C 70
Lake La. Dock 4D 148
Lake La. Horl 6G 142
Laker Ct. Craw 3E 182
Lake Rd. SW19 6L 27
Lake Rd. Croy. 8J 47
Lake Rd. Deep 8E 70
Lake Rd. Vir W. 4L 35
Laker Pl. SW15 9K 13
Laker's Green. 5H 175
Lakers Lea. Loxw. 7H 193
Lakers Ri. Bans 3C 82
Lakes Clo. Chil. 9D 114
Lakeside. Beck 2L 47
Lakeside. Brack 8A 16
Lakeside. Eps. 3D 60
Lakeside. H'ham. 3J 197
Lakeside. Red. 1E 122
Lakeside. Wall 1F 62
Lakeside. Wey 8F 38
Lakeside. Wok. 6H 73
Lakeside Bus. Pk. Sand 8F 48
Lakeside Clo. SE25 1D 46
Lakeside Clo. Ash V. 9D 90
Lakeside Clo. Wok 6H 73
Lakeside Ct. Fleet 2C 88
Lakeside Dri. Brom 1G 67
Lakeside Dri. Esh 3C 58
Lakeside Gdns. Farnb 7J 69
Lakeside Grange. Wey 9D 38
Lakeside Ind. Est. Coln 3H 7
Lakeside Rd. Farnb 6M 89
Lakeside Rd. Ash V 9C 90
Lakeside Rd. Coln 3H 7
Lakeside, The. B'water 2J 69
Lakes Rd. Kes 2E 66
Lakestreet Grn. Oxt. 7F 106
Lake Vw. Dor P 5B 166
Lake Vw. N Holm 8J 119
Lake Vw. Cvn. Site. Wink 2J 17
Lakeview Rd. SE27 6L 29
Lake Vw. Rd. Felb. 7E 164
Laleham. 2L 37
Laleham Clo. Stai. 9K 21
Laleham Ct. Wok 3A 74
Laleham Reach. 2J 37
Laleham Reach. Cher 2J 37
Laleham Rd. Shep 3A 38
Laleham Rd. Stai 6H 21
Lalor St. SW6 5K 13
Lamberhurst Rd. SE27 5L 29
Lamberhurst Wlk. Craw 4E 182
Lambert Av. Rich 6N 11
Lambert Clo. Big H. 3F 86
Lambert Cotts. Blet 2B 124
Lambert Cres. B'water 2H 69
Lambert Lodge. Bren 1K 11
(off Layton Rd.)
Lambert Rd. Bans 1M 81
Lambert's Pl. Croy 7A 46
Lamberts Rd. Surb. 4L 41
Lambeth Clo. Craw 7N 181
Lambeth Crematorium. SW17 5A 28
Lambeth Rd. Croy 6L 45
Lambeth Wlk. Craw 7N 181
Lambly Hill. Vir W 2A 36
Lamborne Clo. Sand. 6F 48
Lambourn Clo. E Grin 7A 166
Lambourn Clo. S Croy. 5M 63
Lambourne Av. SW19 5L 27
Lambourne Clo. Craw 5D 182
Lambourne Cres. Wok 9F 54
Lambourne Dri. Cob. 2L 77
Lambourne Dri. Bag. 5H 51
Lambourne Gro. Brack. 1C 32
Lambourne Way. Tong 5C 110
Lambourn Gro. King T. 1A 42
Lambrook Ter. SW6 4K 13
Lambs Bus. Pk. S God 7E 124
Lambs Cres. H'ham. 3M 197
Lambs Farm Clo. H'ham 3N 197
Lambs Farm Rd. H'ham 3M 197
Lambs Green. 3E 180
Lambs Grn. Rusp. 4E 180
Lambton Rd. SW20. 9H 27
Lambyn Cft. Horl 7G 143
Lammas Av. Mitc 1E 44
Lammas Clo. G'ming 5K 133
Lammas Clo. Stai. 5G 20
Lammas Ct. Stai. 3F 20
Lammas Ct. Wind. 5F 4
Lammas Dri. Stai 5F 20
Lammas Hill. Esh 1B 58
Lammas La. Esh 2A 58
Lammas Mead. Binf. 8K 15
Lammas Rd. G'ming 6K 133
Lammas Rd. Rich. 5J 25
Lammermoor Rd. SW12 1F 28
Lampard La. Churt 8J 149
Lampeter Clo. Wok 5A 74
Lampeter Sq. W6. 2K 13
Lampton. 4B 10
Lampton Av. Houn. 4B 10
Lampton Ct. Houn 4B 10
Lampton Ho. Clo. SW19. 5J 27
Lampton Pk. Rd. Houn 5B 10
Lampton Rd. Houn. 5B 10
Lanark Clo. Frim. 4C 70
Lanark Clo. H'ham 6L 197
Lancashire Hill. Warf 7D 16
Lancaster Av. SE27 3M 29
Lancaster Av. SW19 6J 27
Lancaster Av. Farnh 3H 129
Lancaster Av. Guild 5B 114
Lancaster Av. Mitc 4J 45
Lancaster Clo. Ashf 5N 21
Lancaster Clo. SE27 3M 29
Lancaster Clo. Ash V 8D 90
Lancaster Clo. Craw 9H 163
Lancaster Clo. Egh. 6N 19
Lancaster Clo. King T. 6K 25
Lancaster Clo. Stanw 9N 7
Lancaster Clo. Wok 3C 74
Lancaster Cotts. Rich 9L 11
Lancaster Ct. SE27 3M 29
Lancaster Ct. SW6 3L 13
Lancaster Ct. Bans 1L 81
Lancaster Ct. Eps 6C 60
Lancaster Ct. Sutt 4M 61
(off Mulgrave Rd.)
Lancaster Ct. W on T. 6H 39
Lancaster Dri. Camb 9B 50
Lancaster Dri. E Grin 7C 166
Lancaster Gdns. SW19 6K 27
Lancaster Gdns. Blind H 3H 145
Lancaster Gdns. King T 6K 25
Lancaster Ho. Brack. 4N 31
Lancaster Ho. Red 6C 122
Lancaster M. SW18 8N 13
Lancaster M. Rich 9L 11
Lancaster Pk. Rich 8L 11
Lancaster Pl. SW19 6J 27
Lancaster Pl. Houn. 5K 9
Lancaster Pl. Twic 9G 11
Lancaster Rd. SE25 1C 46
Lancaster Rd. SW19. 6J 27
Lancaster Way. Farnb. 7A 70
Lancastrian Rd. Wall 4J 63
Lancelot Clo. If'd 3K 181
Lancer Ct. Alder 2K 109
Lanchester Dri. Crowt 9H 31
Lancing Clo. Craw 1M 181
Lancing Ct. H'ham 4N 197
Lancing Ho. Croy. 6D 200
Lancing Rd. Croy 6K 45
Lancing Rd. Felt. 3G 22
Landau Ct. S Croy 8B 200
Land Clo. Asht 4L 79
Landen Ct. Wokgm 4A 30
Landen Pk. Horl 6C 142
Landford Rd. SW15 6H 13
Landgrove Rd. SW19 6M 27
Landmark Ho. W6 1H 13
(off Hammersmith Bri. Rd.)
Landon Way. Ashf 7C 22
Landridge Rd. SW6 5L 13
Landscape Rd. Warl 6E 84
Landseer Clo. Col T 9K 49
Landseer Clo. SW19 9A 28
Landseer Rd. N Mald 6C 42
Landseer Rd. Sutt 3M 61
Lane Clo. Add. 2K 55
Lane End. SW15 9J 13
Lane End. Eps 1A 80
Lane End. Hamb 1E 172
Lane End Dri. Knap. 4F 72
Lanehurst Gdns. Craw 1G 182
La. Jane Ct. King T 3M 203
Lanercost Clo. SW2 3L 29
Lanercost Rd. SW2 3L 29
Lanercost Rd. Craw 4A 182
Lane, The. Cher 2J 37
Lane, The. Loxw. 4E 192
Lane, The. Thur 6G 150
Lane, The. Vir W 2A 36
Laneway. SW15 8G 13
Lanfrey Pl. W14 1L 13
Langaller La. Fet. 9B 78
Langborough Rd. Wokgm 3B 30
Langbourne Way. Clay 3G 58
Lang Clo. Fet 1B 98
Langcroft Clo. Cars 9D 44
Langdale Av. Mitc 2D 44
Langdale Clo. Farnb. 1K 89
Langdale Clo. SW14. 7A 12
Langdale Clo. Wok 3M 73
Langdale Ct. Ash V 8D 90
(off Lakeside Clo.)
Langdale Dri. Asc 1J 33
Langdale Pde. Mitc 2D 44
Langdale Rd. If'd 5J 181
Langdale Rd. T Hth 3L 45
Langdon Clo. Camb 2G 70
Langdon Pl. SW14. 6B 12
Langdon Rd. Mord. 4A 44
Langdon Wlk. Mord 4A 44
Langford Rd. SW6. 5N 13
Langham Clo. G'ming 6J 133
Langham Ct. Farnh 4H 129
Langham Dene. Kenl 2M 83
Langham Gdns. Rich 5J 25
Langham Ho. Clo. Rich 5K 25
Langham Mans. SW5 1N 13
(off Earl's Ct. Sq.)
Langham Pk. G'ming 6J 133
Langham Pl. W4 2D 12
Langham Pl. Egh 6B 20
Langham Rd. SW20. 9H 27
Langham Rd. Tedd. 6H 25
Langholm Clo. SW12. 1H 29
Langhorn Dri. Twic. 1E 24
Langhurst. 5H 127 (Edenbridge)
Langhurst. 5L 179 (Kingsfold)
Langhurst. 9F 160 (Lambs Green)
Langhurst Clo. H'ham 5K 179
Langhurst La. Rusp 1F 180
Langhurstwood Rd. H'ham 8J 179
Langland Gdns. Croy 8J 47
Langlands Ri. Eps. 9B 60 (6H 201)
Langley. 1C 6
Langley Av. Surb 7K 41
Langley Av. Wor Pk 7J 43
Langley Bottom. 6C 80
Langley Broom. Slou 1B 6
Langley Clo. C Crook 9A 88
Langley Clo. Eps 6C 80
Langley Clo. Guild 2M 113 (1B 202)
Langley Cres. Hay 3G 9
Langley Dri. Alder 4M 109
Langley Dri. Camb 9C 50
Langley Dri. Craw. 1A 182
Langley Green. 9A 162
Langley Gro. N Mald 1D 42
Langley La. Dork & H'ley 3A 100
Langley La. If'd 1M 181
Langley Oaks Av. S Croy 6D 64
Langley Pde. Craw 9A 162
Langley Pk. Rd. Sutt 2A 62
Langley Pl. Craw 9A 162
Langley Rd. SW19 9L 27
Langley Rd. Beck 3H 47
Langley Rd. Iswth. 5F 10
Langley Rd. S Croy 5G 64
Langley Rd. Stai. 7H 21
Langley Rd. Surb 6L 41
Langley Roundabout. (Junct.) 1C 6
Langley Vale. 6D 80
Langley Va. Rd. Eps 7B 80
Langley Wlk. Craw. 9N 161
(in two parts)
Langley Wlk. Wok 6A 74
Langley Way. W Wick 7N 47
Langmans La. Wok 5L 73
Langmans Way. Wok 3H 73
Langmead St. SE27 5M 29
Langport Ct. W on T 7K 39
Langridge Dri. E Grin 1A 186
Langridge Ho. H'ham 6G 197
Langridge M. Hamp 7N 23
Langroyd Rd. SW17 3D 28
Langshott. 7G 143
Langshott. Horl 6F 142
(in two parts)
Langshott Clo. Wdhm 7G 55
Langshott La. Horl 8G 142
(in two parts)
Langside Av. SW15 7F 12
Langsmead. Blind H. 3H 145
Langstone Clo. M'bowr 6G 183
Langthorne Ho. Hay 1F 8
Langthorne St. SW6 3J 13
Langton Av. Eps 7E 60
Langton Clo. Add 9K 37
Langton Clo. Wok 4J 73
Langton Dri. Hdly 2F 168
Langton Pl. SW18 2M 27
Langton Rd. W Mol 3C 40
Langton Way. Croy 9B 46
Langton Way. Egh 7E 20
Langtry Pl. SW6 2M 13
Langwood Chase. Tedd 7J 25
Langwood Clo. Asht 4N 79
Lanigan Dri. Houn 8B 10
Lankton Clo. Beck 1M 47
Lannoy Point. SW6 3K 13
(off Pellant Rd.)
Lansbury Av. Felt 9J 9
Lansbury Est. Knap 5G 73
Lansbury Rd. Craw 7N 181
Lansdell Ho. SW2 1L 29
(off Tulse Hill)
Lansdell Rd. Mitc 1E 44
Lansdown. Guild 3C 114
Lansdown Clo. H'ham 2A 198
Lansdown Clo. W on T 7K 39
Lansdown Clo. Wok 6J 73
Lansdowne Clo. SW20 8J 27
Lansdowne Clo. Surb. 8A 42
Lansdowne Clo. Twic 2F 24
Lansdowne Ct. Purl. 6M 63
Lansdowne Ct. Wor Pk. 8F 42
Lansdowne Hill. SE27 4M 29
Lansdowne Rd. SW20 8H 27
Lansdowne Rd. Alder 3M 109
Lansdowne Rd. Croy 8A 46 (2C 200)
Lansdowne Rd. Eps 4B 60
Lansdowne Rd. Frim 6E 70
Lansdowne Rd. Houn 6B 10
Lansdowne Rd. Purl. 8L 63
Lansdowne Rd. Stai. 8K 21
Lansdowne Wood Clo. SE27 4M 29
Lantern Clo. SW15 7F 12
Lanyon Clo. H'ham 2N 197
Lanyon M. H'ham 2N 197
Lapwing Clo. H'ham 5M 197
Lapwing Clo. S Croy 6H 65
Lapwing Ct. Surb 9N 41
Lapwing Gro. Guild 1F 114
Lara Clo. Chess 4L 59
Larbert Rd. SW16 8G 28
Larby Pl. Eps 6D 60
Larch Av. Asc 4B 34
Larch Av. Guild 1M 113
Larch Av. Wokgm 1A 30
Larch Clo. SW12 3F 28
Larch Clo. Camb 6C 50
Larch Clo. Red 5A 122
Larch Clo. Tad 8A 82
Larch Clo. Warl 6H 85
Larch Cres. Eps 3A 60
Larch Dri. W4 1N 11
Larch End. H'ham 5H 197
Larches Av. SW14 7C 12
Larches Ho. E Grin 6D 166
Larches, The. E Grin 6D 166
Larches, The. H'ham 2B 198
Larches, The. Warf P 8E 16
Larches, The. Wok 3A 74
Larches Way. B'water 1G 68
Larches Way. Craw D 1E 184
Larchfield Rd. Fleet 6B 88
Larch Ho. Short 1N 47
Larch Rd. Hdly D 3G 168
Larch Tree Way. Croy 9K 47
Larchvale Ct. Sutt 4N 61
Larch Way. Farnb 2H 89
Larchwood. Brack 4D 32
Larchwood Clo. Bans 2K 81
Larchwood Dri. Eng G 7L 19
Larchwood Glade. Camb 8E 50
Larchwood Rd. Wok 7G 73
Larcombe Clo. Croy 1C 64
Larcombe Ct. Sutt 4N 61
(off Worcester Rd.)
Larges Bri. Dri. Brack 2A 32
Larges La. Brack 1A 32
Largewood Av. Surb 8N 41
Lark Av. Stai 4H 21
Larkfield. Cob 9H 57
Larkfield. Ewh 6F 156
Larkfield Clo. Farnh 9E 108
Larkfield Ct. Small 8L 143
Larkfield Rd. Farnh 1E 128
Larkfield Rd. Rich 7L 11
Larkhall Clo. W on T 3K 57
Larkham Clo. Felt 4F 22
Larkin Clo. Coul 4K 83
Larkins Rd. Gat A 3B 162
Lark Ri. Craw 1A 182
Lark Ri. E Hor 9F 96
Lark Ri. Turn H 3F 184
Larksfield. Eng G 8L 19
Larksfield. Horl 7F 142
Larkspur Clo. Alder 5M 109
Larkspur Way. Eps 2B 60
Larkspur Way. N Holm 8K 119
Larks Way. Knap 3F 72
Larkswood Clo. Sand 6F 48
Larkswood Dri. Crowt 2G 49
Lark Way. Cars 6C 44
Larnach Rd. W6 2J 13
Larpent Av. SW15 8H 13
Lascombe La. P'ham 8L 111
Lashmere. Copt 7A 164
Lashmere. Cranl 7J 155
Laski Ct. Craw 8N 181
Lasswade Ct. Cher 6G 37
Lasswade Rd. Cher 6H 37
Latchmere Clo. Rich 6L 25
Latchmere La. King T 7M 25
Latchmere Rd. King T 8L 25
Latchwood La. Lwr Bo 6J 129
Lateward Rd. Bren 2K 11
Latham Av. Frim 4C 70
Latham Clo. Big H 3E 86
Latham Clo. Twic 1G 24
Latham Ct. SW5 1M 13
(off W. Cromwell Rd.)
Latham Rd. Twic 1F 24
Latham's Way. Croy 7K 45
Lathkill Ct. Beck 1J 47
Latimer. Brack 7N 31
Latimer Clo. Craw 9B 162
Latimer Clo. Wok 3D 74
Latimer Clo. Wor Pk 1G 61
Latimer Rd. SW19 7N 27
Latimer Rd. Croy 9M 45 (4A 200)
Latimer Rd. G'ming 7H 133
Latimer Rd. Tedd 6F 24
Latimer Rd. Wokgm 3A 30
Lattimer Pl. W4 3D 12
Latton Clo. Esh 1B 58
Latton Clo. W on T 6M 39
Latymer Clo. Wey 1D 56
Latymer Ct. W6 1J 13
Laud Dri. M'bowr 4H 183
Lauder Clo. Frim 4C 70
Lauderdale. Farnb 3J 89
Lauderdale Dri. Rich 4K 25
Laud St. Croy 9N 45 (5B 200)
Laud Way. Wokgm 2D 30
Laughton Rd. H'ham 3M 197
Laundry Cotts. Craw 7L 181
Laundry La. Sand 9K 49
Laundry Rd. W6 2K 13
Laundry Rd. Guild 4M 113 (4B 202)
Laundry Way. Capel 5J 159
Lauradale. Brack 3M 31
Laurel Av. Eng G 6L 19
Laurel Av. Twic 2F 24
Laurel Bank. Chob 7H 53
(off Bagshot Rd.)
Laurel Bank Gdns. SW6 5L 13
Laurel Clo. Farnb 2H 89
Laurel Clo. SW17 6C 28
Laurel Clo. Camb 2B 70
Laurel Clo. Coln 3G 6
Laurel Clo. Craw 6E 182
Laurel Ct. Brack 3D 32
(off Wayland Clo.)
Laurel Ct. S Croy 7F 200
Laurel Cres. Croy 9K 47
Laurel Cres. Wok 9E 54
Laurel Dene. E Grin 9B 166
Laureldene. Norm 3M 111
Laurel Dri. Oxt 9B 106
Laurel Gdns. Alder 5M 109
Laurel Gdns. Houn 7M 9
Laurel Gdns. New H 6K 55
Laurel Gro. Wrec 6E 128
Laurel Ho. Short 1N 47
Laurel Mnr. Sutt 4A 62
Laurel Rd. SW13 5F 12
Laurel Rd. SW20 9G 26
Laurel Rd. Hamp H 6D 24
Laurels, The. Cob 2M 77
Laurels, The. Bans 4L 81
Laurels, The. Craw 9E 162
Laurels, The. Farnh 5L 109
Laurels, The. Fleet 4B 88
Laurels, The. Wey 9E 38
Laurel Wlk. H'ham 7M 197
Laurier Rd. Croy 6C 46
Lauriston Clo. Knap 4G 72
Lauriston Rd. SW19 7J 27
Lauser Rd. Stanw 1L 21
Laustan Clo. Guild 3E 114
Lavant Clo. Craw 4L 181
Lavender Av. Mitc 9C 28
Lavender Av. Wor Pk 9H 43
Lavender Clo. Cars 1F 62
Lavender Clo. Cat 3N 103
Lavender Clo. Coul 6G 82
Lavender Clo. Lea 1J 99
Lavender Clo. Red 8F 122
Lavender Ct. Felt 9J 9
Lavender Ct. Lea 1J 99
Lavender Ct. W Mol 2B 40
Lavender Gro. Mitc 9C 28
Lavender La. Rowl 7E 128
Lavender Pk. Rd. W Byf 8J 55
Lavender Rd. Cars 1E 62
Lavender Rd. Croy 5K 45
Lavender Rd. Eps 2A 60
Lavender Rd. Sutt 1D 62
Lavender Rd. Wok 3D 74
Lavender Va. Wall 3H 63
Lavender Wlk. Mitc 2E 44

Merling Clo.—Mitcham La.

Merling Clo. Chess . . . 2J 59
Merlin Gro. Beck. . . . 3J 47
Merlins Clo. Farnh . . . 2H 129
Merlin Way. Farnb . . . 2J 89
Merlin Way. E Grin. . . . 7C 166
Merredene St. SW2 . . . 1K 29
Merrilands Rd. Wor Pk . . . 7H 43
Merrilyn Clo. Clay . . . 3G 58
Merrington Rd. SW6. . . . 2M 13
Merritt Gdns. Chess . . . 3J 59
Merrivale Gdns. Wok. . . . 4M 73
Merron Clo. Yat . . . 1B 68
Merrow. . . . 2D 114
Merrow Bus. Cen. Guild . . . 9F 94
Merrow Chase. Guild . . . 3E 114
Merrow Comn. Rd. Guild. . . . 9E 94
Merrow Copse. Guild. . . . 2D 114
Merrow Ct. Guild . . . 3F 114
Merrow Ct. Mitc . . . 1B 44
Merrow Cft. Guild. . . . 2E 114
Merrow Downs. . . . 4F 114
Merrow La. Guild . . . 7E 94
Merrow Pl. Guild . . . 1F 114
Merrow Rd. Sutt. . . . 5J 61
Merrow St. Guild . . . 1F 114
Merrow Way. Guild. . . . 2F 114
Merrow Way. New Ad . . . 3M 65
Merrow Woods. Guild . . . 1D 114
Merryacres. Witl . . . 4B 152
Merryfield Dri. H'ham . . . 5G 197
Merryhill Rd. Brack . . . 8M 15
Merryhills Clo. Big H . . . 3F 86
Merryhills La. Loxw . . . 3J 193
Merrylands. Cher. . . . 9G 37
Merrylands Rd. Bookh. . . . 1N 97
Merryman Dri. Crowt . . . 1E 48
Merrymeet. Bans . . . 1D 82
Merryweather Ct. N Mald. . . . 4D 42
Merrywood Gro. Tad . . . 8K 101
Merrywood Pk. Camb . . . 2D 70
Merrywood Pk. Reig . . . 1N 121
Merrywood Pk. Cvn. Site. Tad . . . 8A 100
Merryworth Clo. As . . . 3D 110
Mersey Ct. King T. . . 9K 25 (1H 203)
Mersham Rd. T Hth . . . 2A 46
Merstham. . . . 6G 102
Merstham Rd. Mers . . . 7L 103
Merthyr Ter. SW13. . . . 2G 13
Merton. . . . 8A 28
Merton Av. W4 . . . 1E 12
Merton Clo. Owl . . . 5L 49
Merton Gdns. Tad. . . . 6J 81
Merton Hall Gdns. SW20. . . . 9K 27
Merton Hall Rd. SW19. . . . 8K 27
Merton High St. SW19. . . . 8N 27
Merton Ind. Pk. SW19. . . . 9N 27
Merton Mans. SW20 . . . 1J 43
Merton Park. . . . 1M 43
Merton Pk. Pde. SW19. . . . 9L 27
Merton Pl. SW19 . . . 9A 28 (off Nelson Gro. Rd.)
Merton Rd. SE25. . . . 4D 46
Merton Rd. SW18. . . . 9M 13
Merton Rd. SW19 . . . 8N 27
Merton Rd. Craw . . . 9N 181
Merton Wlk. Lea . . . 5G 79
Merton Way. Lea . . . 6G 79
Merton Way. W Mol. . . . 3B 40
Mervyn Rd. Shep. . . . 6D 38
Merwin Way. Wind. . . . 5A 4
Metana Ho. Craw . . . 7E 162
Metcalf Rd. Ashf . . . 6C 22
Metcalf Wlk. Felt . . . 5M 23
Metcalf Way. Craw . . . 8B 162
Meteor Way. Wall . . . 4J 63
Metro Ind. Cen. Iswth . . . 5E 10
Meudon Av. Farnb . . . 2N 89
Mews Ct. E Grin. . . . 3B 186
Mews End. Big H . . . 5F 86
Mews, The. Broad H . . . 4D 196 (off Old Guildford Rd.)
Mews, The. Charl. . . . 3K 161
Mews, The. Duns. . . . 4B 174
Mews, The. Guild . . . 4M 113 (4A 202)
Mews, The. Reig . . . 2N 121
Mews, The. Twic . . . 9H 11
Mexfield Rd. SW15 . . . 8L 13
Meyrick Clo. Knap . . . 3H 73
Michael Cres. Horl . . . 1E 162
Michael Fields. F Row . . . 7G 186
Michaelmas Clo. SW20 . . . 2H 43
Michaelmas Clo. Yat. . . . 2C 68
Michael Rd. SE25. . . . 2B 46
Michael Rd. SW6. . . . 4N 13
Michael Stewart Ho. SW6 . . . 2L 13 (off Clem Attlee Ct.)
Micheldever Way. Brack. . . . 5D 32
Michelet Clo. Light . . . 6M 51
Michelham Gdns. Tad . . . 7H 81
Michelham Gdns. Twic. . . . 4F 24
Michell Clo. H'ham. . . . 6G 197
Michelsdale Dri. Rich . . . 7L 11
Michel's Row. Rich. . . . 7L 11 (off Michelsdale Dri.)
Mickleham. . . . 5J 99
Mickleham By-Pass. Mick . . . 6H 99
Mickleham Downs. . . . 4K 99
Mickleham Downs. . . . 5K 99
Mickleham Dri. Mick. . . . 4J 99
Mickleham Gdns. Sutt . . . 3K 61
Mickleham Way. New Ad . . . 4N 65
Mickle Hill. Sand. . . . 6F 48
Micklethwaite Rd. SW6. . . . 2M 13
Mick Mill's Race. H'ham. . . . 7E 198
Midas Metropolitan Ind. Est. Mord . . . 6H 43
Middle Av. Farnh. . . . 3J 129
Middle Bourne. . . . 4H 129
Middle Bourne La. Lwr Bo. . . 5G 129
Middle Church La. Farnh . . . 1G 129
Middle Clo. Camb. . . . 9F 50
Middle Clo. Coul. . . . 7L 83
Middle Clo. Eps . . . 8D 60
Middle Farm Clo. Eff. . . . 5L 97
Middle Farm Pl. Eff . . . 5K 97
Middlefield. Farnh. . . . 4F 128 (in two parts)
Middlefield. Horl . . . 7G 143
Middlefield Clo. Farnh. . . . 3F 128
Middlefields. Croy . . . 5H 65
Middle Gordon Rd. Camb . . . 1A 70
Middle Grn. Brock . . . 5A 120
Middle Grn. Stai . . . 8M 21
Middle Grn. Clo. Surb . . . 5M 41
Middle Hill. Alder. . . . 1M 109
Middle Hill. Egh. . . . 5M 19
Middle La. Eps. . . . 8D 60
Middle La. Tedd . . . 7F 24
Middlemarch. Witl . . . 5B 152
Middlemead Clo. Bookh. . . . 3A 98
Middlemead Rd. Bookh . . . 3N 97
Middle Mill Hall. King T . . . 2M 41 (6K 203)
Middlemoor Rd. Frim. . . . 5C 70
Middle Old Pk. Farnh . . . 8E 108
Middle Rd. SW16. . . . 1H 45
Middle Rd. Lea. . . . 8H 79
Middle Row. E Grin . . . 1B 186
Middlesex Ct. W4. . . . 1E 12
Middlesex Ct. Add . . . 2L 55 (off Marnham Pl.)
Middlesex Rd. Mitc. . . . 4J 45
Middle St. Brock & Str G. . . 4A 120
Middle St. Croy. . . . 8N 45 (3C 200) (in two parts)
Middle St. H'ham . . . 6J 197
Middle St. Shere . . . 8B 116
Middleton Gdns. Farnb. . . . 8K 69
Middleton Rd. Camb . . . 9C 50
Middleton Rd. D'side . . . 6J 77
Middleton Rd. Eps . . . 6C 60
Middleton Rd. H'ham. . . . 6G 197
Middleton Rd. Mord. . . . 5N 43
Middleton Rd. N Mald . . . 2B 42
Middleton Way. If'd . . . 4K 181
Middle Wlk. Wok . . . 4A 74
Middle Way. SW16 . . . 1H 45
Midgarth Clo. Oxs . . . 1C 78
Midgeley Rd. Craw. . . . 1D 182
Midholm Rd. Croy . . . 9H 47
Mid Holmwood. . . . 2H 139
Mid Holmwood La. Mid H . . . 2H 139
Midhope Clo. Wok . . . 6A 74
Midhope Gdns. Wok . . . 6A 74
Midhope Rd. Wok . . . 6A 74
Midhurst Av. Croy . . . 6L 45
Midhurst Clo. Craw . . . 2M 181
Midhurst Rd. Hasl . . . 4E 188
Midleton Clo. Milf. . . . 9C 132
Midleton Ind. Est. Guild . . . 3L 113
Midleton Ind. Est. Rd. Guild. . . 2L 113
Midleton Rd. Guild. . . . 2L 113
Midmoor Rd. SW12. . . . 2G 29
Midmoor Rd. SW19 . . . 9J 27
Mid St. S Nut. . . . 6K 123
Midsummer Av. Houn . . . 7N 9
Midsummer Wlk. Wok. . . . 3N 73
Midway. Sutt . . . 6L 43
Midway. W on T. . . . 8J 39
Midway Av. Cher. . . . 2J 37
Midway Av. Egh. . . . 2D 36
Midway Clo. Stai . . . 4K 21
Miena Way. Asht . . . 4K 79
Mike Hawthorn Dri. Farnh . . . 9H 109
Milbanke Ct. Brack. . . . 1L 31
Milbanke Way. Brack . . . 1L 31
Milborne Rd. M'bowr. . . . 7G 182
Milbourne La. Esh . . . 3C 58
Milbrook. Esh. . . . 3C 58
Milburn Wlk. Eps. . . . 2D 80
Milbury Grn. Warl . . . 5N 85
Milcombe Clo. Wok. . . . 5M 73
Milden Clo. Frim G . . . 8E 70
Milden Gdns. Frim G . . . 8D 70
Mile Path. Wok. . . . 8J 73 (in two parts)
Mile Rd. Wall . . . 7F 44
Miles Ct. Croy . . . 3A 200
Miles La. Cob . . . 9M 57
Miles La. Tand . . . 5J 125
Miles Pl. Light . . . 8K 51
Miles Pl. Surb. . . . 3M 41 (8L 203)
Miles Rd. As. . . . 1F 110
Miles Rd. Eps. . . . 8C 60
Miles Rd. Mitc . . . 2C 44
Miles's Hill. Holm M. . . . 8K 137
Milestone Clo. Rip . . . 9J 75
Milestone Clo. Sutt. . . . 4B 62
Milestone Green. (Junct.) . . . 7C 12
Milestone Ho. King T. . . . 6H 203
Milford. . . . 1C 152
Milford By-Pass Rd. Milf . . . 2A 152
Milford Gdns. Croy. . . . 4F 46
Milford Gro. Sutt . . . 1A 62
Milford Heath Rd. Milf . . . 2B 152
Milford Lodge. Milf . . . 2C 152
Milford M. SW16 . . . 4K 29
Milford Rd. Elst . . . 7H 131
Milkhouse Ga. Guild . . . 5N 113 (6D 202)
Milking La. Kes. . . . 7F 66 (in two parts)
Millais. H'ham . . . 5N 197
Millais Clo. Craw . . . 7L 181
Millais Ct. H'ham . . . 4N 197
Millais Rd. N Mald . . . 6D 42
Millais Way. Eps. . . . 1B 60
Millan Clo. New H . . . 6K 55
Millbank, The. Craw . . . 3L 181
Millbay La. H'ham . . . 7H 197
Mill Bottom. . . . 4K 139
Millbourne Rd. Felt . . . 5M 23
Millbridge. . . . 9J 129
Mill Bri. Rd. Yat . . . 7A 48
Millbrook. Guild . . . 5N 113 (6B 202)
Millbrook. Wey. . . . 1F 56
Millbrook Way. Coln. . . . 5G 7
Mill Chase Rd. Bord. . . . 5A 168
Mill Clo. Bag . . . 4H 51
Mill Clo. Bookh. . . . 2A 98
Mill Clo. Cars . . . 8E 44
Mill Clo. E Grin. . . . 2A 186
Mill Clo. Hasl . . . 2C 188
Mill Clo. Horl . . . 7C 142
Mill Copse Rd. Hasl . . . 4F 188
Mill Corner. Fleet . . . 1D 88
Mill Cotts. E Grin . . . 2A 186
Mill Cotts. Rud. . . . 3E 194
Mill Ct. Red . . . 9G 103
Millennium Cotts. Alb. . . . 8L 115
Millennium Ho. Bew. . . . 6L 181 (off Meridian Clo.)
Millennium Ho. Farnh. . . . 2F 128
Miller Clo. Mitc . . . 6D 44
Miller Rd. SW19. . . . 7B 28
Miller Rd. Croy. . . . 7K 45
Miller Rd. Guild . . . 9E 94
Millers Clo. Stai . . . 6K 21
Millers Copse. Eps. . . . 6C 80
Millers Copse. Out. . . . 4M 143
Miller's Ct. W4 . . . 1E 12
Millers Ct. Egh . . . 7F 20
Millers Ga. H'ham . . . 3K 197
Miller's La. Old Win . . . 9J 5
Miller's La. Out . . . 4M 143
Mill Farm Av. Sun. . . . 8F 22
Mill Farm Bus. Pk. Houn. . . . 1M 23
Mill Farm Cres. Houn . . . 2M 23
Mill Farm Rd. H'ham . . . 4N 197
Millfield. . . . 7M 177
Mill Fld. Bag. . . . 4H 51
Millfield. King T . . . 2M 41 (5L 203)
Millfield. Sun . . . 9E 22
Millfield La. Tad . . . 3L 101
Millfield Rd. Houn . . . 2M 23
Millford. Wok. . . . 4L 73
Millgate Ct. Farnh . . . 9J 109
Mill Grn. Binf . . . 8K 15
Mill Grn. Mitc. . . . 6E 44
Mill Grn. Bus. Pk. Mitc. . . . 6E 44
Mill Grn. Rd. Mitc. . . . 6E 44
Millhedge Clo. Cob . . . 3M 77
Mill Hill. SW13. . . . 5F 12
Mill Hill. Brock . . . 4B 120
Mill Hill. Eden. . . . 3L 147
Mill Hill La. Brock. . . . 3A 120
Mill Hill Rd. SW13 . . . 5F 12
Millholme Wlk. Camb. . . . 2G 71
Mill Ho. La. Egh & Cher. . . . 3D 36
Millhouse Pl. SE27 . . . 5M 29
Millins Clo. Owl . . . 6K 49
Mill La. Asc . . . 1C 34
Mill La. Brack . . . 3L 31
Mill La. Brmly. . . . 5B 134
Mill La. Byfl . . . 9A 56
Mill La. Cars. . . . 1D 62
Mill La. C'fold. . . . 7D 172
Mill La. Chil . . . 8H 115
Mill La. Copt. . . . 7B 164
Mill La. Cron . . . 3G 148
Mill La. Croy. . . . 9K 45
Mill La. Dork. . . . 4H 119 (1K 201)
Mill La. Duns . . . 4A 174
Mill La. Egh . . . 3E 36
Mill La. Eps . . . 5E 60
Mill La. Felb. . . . 5H 165
Mill La. Fet. . . . 9G 78
Mill La. F Grn. . . . 3L 157
Mill La. G'ming . . . 7G 132
Mill La. Guild . . . 5N 113 (6C 202)
Mill La. Hasl. . . . 4G 188
Mill La. Hkwd. . . . 8B 142
Mill La. Hort. . . . 6D 6
Mill La. If'd . . . 1M 181
Mill La. Itch . . . 8B 196
Mill La. Limp C . . . 9H 107
Mill La. Lind. . . . 5B 168
Mill La. Ling. . . . 1B 166
Mill La. Newd. . . . 7C 140 (in two parts)
Mill La. Orp . . . 6J 67
Mill La. Oxt . . . 1B 126
Mill La. P'mrsh . . . 2M 133
Mill La. Pirb . . . 2A 92
Mill La. Red. . . . 9G 103
Mill La. Rip . . . 6M 75
Mill La. W'ham. . . . 5L 107
Mill La. Wind. . . . 3D 4
Mill La. Witl . . . 5C 152
Mill La. Yat & Sand . . . 7C 48
Millmead. Byfl . . . 8A 56
Millmead. Esh . . . 8A 40
Millmead. Guild . . . 5M 113 (6B 202)
Mill Mead. Stai. . . . 5H 21
Millmead Ct. Guild . . . 5M 113 (7B 202)
Millmead Ter. Guild . . . 5M 113 (7B 202)
Millmere. Yat. . . . 8C 48
Mill Pl. Dat. . . . 5N 5
Mill Pl. King T . . . 2M 41 (5K 203)
Mill Pl. Cvn. Pk. Dat. . . . 5N 5
Mill Plat. Iswth. . . . 5G 11 (in two parts)
Mill Plat Av. Iswth . . . 5G 10
Millpond Ct. Add . . . 2N 55
Mill Pond Rd. W'sham . . . 1M 51
Mill Ride. Asc . . . 9G 17
Mill Rd. Cob. . . . 2K 77
Mill Rd. SW19 . . . 8A 28
Mill Rd. Craw. . . . 2F 182
Mill Rd. Eps . . . 8E 60 (5M 201)
Mill Rd. Esh. . . . 8A 40
Mill Rd. Holmw . . . 4J 139
Mill Rd. P'mrsh. . . . 2M 133
Mill Rd. Tad . . . 1J 101
Mill Rd. Twic . . . 3C 24
Mill Shaw. Oxt . . . 1B 126
Millshot Clo. SW6 . . . 4H 13
Millside. Cars. . . . 8D 44
Millside Ct. Bookh . . . 3A 98
Millside Pl. Iswth. . . . 5H 11
Mills Rd. W on T . . . 2K 57
Mills Row. W4 . . . 1C 12
Mills Spur. Old Win . . . 1L 19
Millstead Clo. Tad . . . 9G 81
Mill Stream. Farnh. . . . 6K 109
Millstream, The. Hasl. . . . 3C 188
Mill St. Coln . . . 3F 6
Mill St. King T. . . . 2L 41 (5K 203)
Mill St. Red . . . 4C 122
Mill St. W'ham . . . 5M 107
Millthorpe Rd. H'ham . . . 4M 197
Mill Vw. Clo. Ewe. . . . 4E 60
Mill Vw. Clo. Reig . . . 1B 122
Mill Vw. Gdns. Croy. . . . 9G 46
Mill Way. Dork . . . 2M 99
Mill Way. E Grin. . . . 2A 186
Mill Way. Felt . . . 8J 9
Mill Way. Reig . . . 3B 122
Millwood. Turn H. . . . 4H 185
Millwood Rd. Houn . . . 8C 10
Milman Clo. Brack . . . 1E 32
Milne Clo. Craw . . . 6K 181
Milne Pk. E. New Ad . . . 7N 65
Milne Pk. W. New Ad. . . . 7N 65
Milner App. Cat . . . 8D 84
Milner Clo. Cat. . . . 9C 84
Milner Dri. Cob . . . 8N 57
Milner Dri. Twic. . . . 1D 24
Milner Pl. Cars . . . 1E 62
Milner Rd. SW19. . . . 9N 27
Milner Rd. Cat . . . 9D 84
Milner Rd. King T. . . 2K 41 (6H 203)
Milner Rd. Mord . . . 4B 44
Milner Rd. T Hth . . . 2A 46
Milnthorpe Rd. W4 . . . 2C 12
Milnwood Rd. H'ham . . . 5J 197
Milton Av. Croy . . . 6A 46
Milton Av. Sutt. . . . 9B 44
Milton Av. Westc . . . 6D 118
Milton Clo. Brack. . . . 5N 31
Milton Clo. Hort. . . . 6C 6
Milton Clo. Sutt . . . 9B 44
Milton Ct. SW18 . . . 8M 13
Milton Ct. Dork. . . . 5E 118
Milton Ct. Twic. . . . 4E 24
Milton Ct. Wokgm . . . 1A 30
Miltoncourt La. Dork . . . 5E 118 (2G 201)
Milton Cres. E Grin. . . . 1M 185
Milton Dri. Shep . . . 3N 37
Milton Dri. Wokgm . . . 1A 30
Milton Gdns. Eps . . . 1D 80 (8L 201)
Milton Gdns. Stai. . . . 2A 22
Milton Gdns. Wokgm . . . 2A 30
Milton Grange. Ash V . . . 8E 90
Milton Ho. Sutt. . . . 9M 43
Milton Lodge. Twic. . . . 1F 24
Milton Mans. W14. . . . 2K 13 (off Queen's Club Gdns.)
Milton Mt. Craw . . . 9H 163
Milton Mt. Av. Craw. . . . 1G 183
Milton Rd. SW14. . . . 6C 12
Milton Rd. SW19. . . . 7A 28
Milton Rd. Add. . . . 3J 55
Milton Rd. Cat. . . . 8A 84
Milton Rd. Craw . . . 2G 182
Milton Rd. Croy . . . 7A 46
Milton Rd. Egh . . . 6B 20
Milton Rd. Hamp. . . . 8A 24
Milton Rd. H'ham. . . . 5J 197
Milton Rd. Mitc . . . 8E 28
Milton Rd. Sutt. . . . 9M 43
Milton Rd. Wall . . . 3G 63
Milton Rd. W on T. . . . 9L 39
Milton Rd. Wokgm . . . 9A 14
Miltons Cres. G'ming. . . . 9E 132
Milton St. Westc . . . 6D 118
Miltons Yd. Witl. . . . 6C 152 (off Petworth Rd.)
Milton Way. Fet . . . 3C 98
Milton Way. W Dray. . . . 1A 8
Milward Gdns. Binf . . . 1H 31
Mimbridge. . . . 9K 53
Mimosa Clo. Lind . . . 4B 168
Mimosa St. SW6 . . . 4L 13
Mina Rd. SW19 . . . 9M 27
Minchin Clo. Lea. . . . 9G 79
Minchin Grn. Binf . . . 6H 15
Mincing La. Chob. . . . 4J 53
Mindelheim Av. E Grin. . . . 8D 166
Minden Rd. Sutt . . . 8L 43
Minehead Rd. SW16 . . . 6K 29
Minehurst Rd. Myt . . . 1D 90
Minerva Clo. Stai . . . 8J 7
Minerva Rd. King T . . . 1M 41 (3L 203)
Minimax Clo. Felt . . . 9H 9
Mink Ct. Houn . . . 5K 9
Minley. . . . 5D 68
Minley Clo. Farnb . . . 1K 89
Minley Ct. Reig. . . . 2M 121
Minley Gro. Fleet . . . 2C 88
Minley La. Yat . . . 4C 68
Minley Link Rd. Farnb. . . . 1G 88
Minley Rd. B'water & Farnb. . . 6E 68 (Farnborough, in two parts)
Minley Rd. B'water & Fleet . . . 7B 68 (Fleet)
Minniedale. Surb . . . 4M 41 (8M 203)
Minorca Av. Deep. . . . 4J 71
Minorca Rd. Deep . . . 5J 71
Minorca Rd. Wey. . . . 1B 56
Minoru Pl. Binf. . . . 6J 15
Minstead Clo. Brack . . . 2D 32
Minstead Dri. Yat. . . . 1B 68
Minstead Gdns. SW15. . . . 1E 26
Minstead Way. N Mald . . . 5D 42
Minster Av. Sutt . . . 8M 43
Minster Ct. Camb. . . . 2L 69
Minster Dri. Croy. . . . 1B 64
Minster Gdns. W Mol . . . 3N 39
Minsterley Av. Shep . . . 3F 38
Minster Rd. G'ming. . . . 9H 133
Minstrel Gdns. Surb . . . 3M 41 (8M 203)
Mint Gdns. Dork. . . 4G 119 (1J 201)
Mint La. Lwr K . . . 7M 101
Mint Rd. Bans . . . 3A 82
Mint Rd. Wall. . . . 1F 62
Mint St. G'ming. . . . 7G 133
Mint, The. G'ming . . . 7G 132
Mint Wlk. Croy . . . 9N 45 (4C 200)
Mint Wlk. Knap . . . 4H 73
Mint Wlk. Warl . . . 4G 85
Mirabel Rd. SW6 . . . 3L 13
Miranda Wlk. Bew . . . 5K 181
Misbrooks Grn. Rd. Bear G & Capel. . . . 1L 159
Missenden Clo. Felt. . . . 2G 23
Missenden Gdns. Mord. . . . 5A 44
Mission Sq. Bren . . . 2L 11
Mistletoe Clo. Croy . . . 7G 46
Mistletoe Rd. Yat. . . . 2C 68
Misty's Fld. W on T. . . . 7K 39
Mitcham. . . . 2D 44
Mitcham Garden Village. Mitc . . . 4E 44
Mitcham Ind. Est. Mitc. . . . 9F 28
Mitcham La. SW16 . . . 7G 28

Mount Wood—New Rd.

Mount Wood. *W Mol* 2B **40**
Mountwood Clo. *S Croy* 6E **64**
Moushill La. *Milf* 2B **152**
Mowat Ct. Wor Pk *8E 42*
(off Avenue, The)
Mowatt Rd. *Gray* 7B **170**
Mowbray Av. *Byfl* 9N **55**
Mowbray Cres. *Egh* 6C **20**
Mowbray Dri. *Craw* 5L **181**
Mowbray Gdns. *Dork* 3H **119**
Mowbray Rd. *Rich* 4J **25**
Mower Clo. *Wokgm* 1E **30**
Mower Pl. *Cranl* 6N **155**
Mowshurst 8M 127
Moylan Rd. *W6* 2K **13**
Moyne Ct. *Wok* 5J **73**
Moyne Rd. *Craw* 7A **182**
Moys Clo. *Croy* 5J **45**
Moyser Rd. *SW16* 6F **28**
Muchelney Rd. *Mord* 5A **44**
Muckhatch La. *Egh* 2D **36**
Muggeridge Clo. *S Croy* 2A **64** (8E **200**)
Muggeridges Hill. *Rusp* 1L **179**
Mugswell 3N 101
Muirdown Av. *SW14* 7C **12**
Muirfield Clo. *If'd* 4J **181**
Muirfield Ho. Brack *5K 31*
(off St Andrews)
Muirfield Rd. *Wok* 5K **73**
Mulberries, The. *Farnh* 8L **109**
Mulberry Av. *Stai* 2N **21**
Mulberry Av. *Wind* 6J **5**
Mulberry Bus. Pk. *Wokgm* 4A **30**
Mulberry Clo. *SW16* 5G **28**
Mulberry Clo. *Ash V* 9E **90**
Mulberry Clo. *Crowt* 3H **49**
Mulberry Clo. *H'ham* 3J **197**
Mulberry Clo. *Owl* 7J **49**
Mulberry Clo. *Wey* 9C **38**
Mulberry Clo. *Wok* 1A **74**
Mulberry Ct. *Brack* 4C **32**
Mulberry Ct. *Guild* 1F **114**
Mulberry Ct. *Surb* 6K **41**
Mulberry Ct. *Twic* 4F **24**
Mulberry Ct. *Wokgm* 2B **30**
Mulberry Cres. *Bren* 3H **11**
Mulberry Dri. *Slou* 1A **6**
Mulberry Ho. *Brack* 8N **15**
Mulberry Ho. *Short* 1N **47**
Mulberry La. *Croy* 7C **46**
Mulberry M. *Wall* 3G **62**
Mulberry Pl. *W6* 1F **12**
Mulberry Pl. *Newd* 9B **140**
Mulberry Rd. *Craw* 9N **161**
Mulberry Trees. *Shep* 6E **38**
Mulgrave Ct. Sutt *3N 61*
(off Mulgrave Rd.)
Mulgrave Rd. *SW6* 2L **13**
Mulgrave Rd. *Croy* 9A **46** (5D **200**)
Mulgrave Rd. *Frim* 4D **70**
Mulgrave Rd. *Sutt* 4L **61**
Mulgrave Way. *Knap* 5H **73**
Mulholland Clo. *Mitc* 1F **44**
Mullards Clo. *Mitc* 7D **44**
Mullein Wlk. *Craw* 7M **181**
Mullens Rd. *Egh* 6D **20**
Muller Rd. *SW4* 1H **29**
Mullins Path. *SW14* 6C **12**
Mulroy Dri. *Camb* 9E **50**
Multon Rd. *SW18* 1B **28**
Muncaster Clo. *Ashf* 5B **22**
Muncaster Rd. *Ashf* 6C **22**
Munday Ct. *Binf* 8K **15**
Munday's Boro. *P'ham* 8L **111**
Munday's Boro Rd. *P'ham* 8L **111**
Munden St. *W14* 1K **13**
Mund St. *W14* 1L **13**
Mundy Ct. *Eton* 2G **4**
Munnings Dri. *Col T* 9J **49**
Munnings Gdns. *Iswth* 8D **10**
Munslow Gdns. *Sutt* 1B **62**
Munstead Heath Rd. *G'ming & Brmly* 1K **153**
Munstead Pk. *G'ming* 8M **133**
Munstead Vw. *Guild* 7L **113**
Munstead Vw. Rd. *Brmly* 6N **133**
Munster Av. *Houn* 8M **9**
Munster Ct. *SW6* 5L **13**
Munster Ct. *Tedd* 7J **25**
Munster M. *SW6* 3K **13**
Munster Rd. *SW6* 3K **13**
Munster Rd. *Tedd* 7H **25**
Murdoch Clo. *Stai* 6J **21**
Murdoch Rd. *Wokgm* 3B **30**
Murfett Clo. *SW19* 3K **27**
Murray Av. *Houn* 8B **10**
Murray Ct. *Asc* 5N **33**
Murray Ct. *Craw* 8M **181**
Murray Ct. *H'ham* 4A **198**
Murray Ct. *Twic* 3D **24**
Murray Grn. *Wok* 1E **74**
Murray Ho. *Ott* 3E **54**
Murray Rd. *Farnb* 2L **89**
Murray Rd. *SW19* 7J **27**
Murray Rd. *W5* 1J **11**
Murray Rd. *Ott* 3E **54**
Murray Rd. *Rich* 3H **25**
Murray Rd. *Wokgm* 2A **30**
Murray's La. *W Byf* 1M **75**
Murrellhill La. *Binf* 8H **15**
Murrell Rd. *As* 1E **110**
Murrells La. *Camb* 3N **69**
Murrell's Wlk. *Bookh* 1A **98**
Murreys Ct. *Asht* 5K **79**
Murreys, The. *Asht* 5J **79**
Murtmead La. *P'ham* 9L **111**
Musard Rd. *W6* 2K **13**
Muscal. W6 *2K 13*
(off Field Rd.)
Muschamp Rd. *Cars* 8C **44**
Museum Hill. *Hasl* 2H **189**
Mus. of Eton Life 2G 4
Mus. of Fulham Palace 5K 13
Mus. of Richmond *8K 11*
(off Whittaker Av.)
Mus. of Rugby, The 9E 10
Musgrave Av. *E Grin* 2A **186**
Musgrave Cres. *SW6* 3M **13**
Musgrave Rd. *Iswth* 4F **10**
Mushroom Castle. *Wink R* 7F **16**
Musquash Way. *Houn* 5K **9**
Mustard Mill Rd. *Stai* 5H **21**
Mustow Pl. *SW6* 5L **13**
Mutton Hill. *Brack* 9H **15**
Mutton Hill. *D'land* 3C **166**
Mutton Oaks. *Binf* 1J **31**
Muybridge Rd. *N Mald* 1B **42**
Myers Way. *Frim* 4H **71**
Mylne Clo. *W6* 1F **12**
Mylne Sq. *Wokgm* 2C **30**
Mylor Clo. *Wok* 1A **74**
Mynn's Clo. *Eps* 1A **80**
Mynthurst 4G 141
Mynthurst. *Leigh* 4G **141**
Myrke 1J 5
Myrke, The. *Dat* 1J **5**
Myrna Clo. *SW19* 8C **28**
Myrtle Av. *Felt* 8F **8**
Myrtle Clo. *Coln* 4G **6**
Myrtle Clo. *Light* 7M **51**
Myrtle Dri. *B'water* 1J **69**
Myrtle Gro. *N Mald* 1B **42**
Myrtle Rd. *Croy* 9K **47**
Myrtle Rd. *Dork* 4G **119** (1J **201**)
Myrtle Rd. *Hamp H* 7C **24**
Myrtle Rd. *Houn* 5C **10**
Myrtle Rd. *Sutt* 2A **62**
Mytchett 1D 90
Mytchett Farm Cvn. Pk. *Myt* 3D **90**
Mytchett Heath. *Myt* 3E **90**
Mytchett Lake Rd. *Myt* 4E **90**
Mytchett Pl. Rd. *Myt & Ash V* 2E **90**
Mytchett Rd. *Myt* 1D **90**
Myton Rd. *SE21* 4N **29**

N

Naafi Roundabout. *Alder* 2N **109**
Nadine Ct. *Wall* 5G **62**
Nailsworth Cres. *Red* 7H **103**
Nairn Clo. *Frim* 4C **70**
Nalderswood 4H 141
Naldrett Clo. *H'ham* 4M **197**
Naldretts La. *Rud* 3E **194**
Nallhead Rd. *Felt* 6K **23**
Namba Roy Clo. *SW16* 5K **29**
Namton Dri. *T Hth* 3K **45**
Napier Av. *SW6* 6L **13**
Napier Clo. *Alder* 6C **90**
Napier Clo. *Crowt* 2H **49**
Napier Ct. SW6 *6L 13*
(off Ranelagh Gdns.)
Napier Ct. *Cat* 9B **84**
Napier Dri. *Camb* 8E **50**
Napier Gdns. *Guild* 2D **114**
Napier La. *Ash V* 9E **90**
Napier Rd. *Ashf* 8E **22**
Napier Rd. *SE25* 3E **46**
Napier Rd. *Crowt* 3H **49**
Napier Rd. *Iswth* 7G **10**
Napier Rd. *H'row A* 4M **7**
Napier Rd. *S Croy* 4A **64**
Napier Wlk. *Ashf* 8E **22**
Napier Way. *Craw* 9E **162**
Napoleon Av. *Farnb* 8N **69**
Napoleon Rd. *Twic* 1H **25**
Napper Clo. *Asc* 1G **33**
Napper Pl. *Cranl* 9N **155**
Nappers Wood. *Fern* 9E **188**
Narborough St. *SW6* 5N **13**
Narrow La. *Warl* 6E **84**
Naseby. *Brack* 7N **31**
Naseby Clo. *Iswth* 4E **10**
Naseby Ct. *W on T* 8K **39**
Nash 3C 66
Nash Clo. *Farnb* 1L **89**
Nash Clo. *Sutt* 9B **44**
Nash Dri. *Red* 1D **122**
Nash Gdns. *Asc* 1J **33**
Nash Gdns. *Red* 1D **122**
Nashlands Cotts. *Hand* 6N **199**
Nash La. *Kes* 4C **66**
Nash Pk. *Binf* 7G **15**
Nash Rd. *Craw* 6C **182**
Nash Rd. *Slou* 1B **6**
Nassau Rd. *SW13* 4E **12**
Nasturtium Dri. *Bisl* 2D **72**
Natalie Clo. *Felt* 1E **22**
Natalie M. *Twic* 4D **24**
Natal Rd. *SW16* 7H **29**
Natal Rd. *T Hth* 2A **46**
Neale Clo. *E Grin* 7L **165**
Neale Ho. *E Grin* 8A **166**
Neath Gdns. *Mord* 5A **44**
Neb La. *Oxt* 9M **105**
Needham Clo. *Wind* 4B **4**
Needles Bank. *God* 9E **104**
(in two parts)
Needles Clo. *H'ham* 7H **197**
Neil Clo. *Ashf* 6D **22**
Neil Wates Cres. *SW2* 2L **29**
Nella Rd. *W6* 2J **13**
Nell Ball. *Plais* 6A **192**
Nell Gwynne Av. *Asc* 3A **34**
Nell Gwynne Av. *Shep* 5E **38**
Nell Gwynne Clo. *Asc* 3A **34**
Nell Gwynne Clo. *Eps* 7N **59**
Nello James Gdns. *SE27* 5N **29**
Nelson Clo. *Alder* 3A **110**
Nelson Clo. *Big H* 4G **86**
Nelson Clo. *Brack* 9C **16**
Nelson Clo. *Croy* 7M **45** (1A **200**)
Nelson Clo. *Farnh* 4J **109**
Nelson Clo. *Felt* 2G **23**
Nelson Clo. *M'bowr* 4G **183**
Nelson Clo. *W on T* 7J **39**
Nelson Ct. *Cher* 7J **37**
Nelson Gdns. *Guild* 2C **114**
Nelson Gdns. *Houn* 9A **10**
Nelson Gro. Rd. *SW19* 9A **28**
Nelson Ind. Est. *SW19* 9N **27**
Nelson Rd. *Ashf* 6N **21**
Nelson Rd. *SW19* 8N **27**
Nelson Rd. *Cat* 1A **104**
Nelson Rd. *Farnh* 4J **109**
Nelson Rd. *H'ham* 5H **197**
Nelson Rd. *Houn & Twic* 9A **10**
Nelson Rd. *H'row A* 4A **8**
Nelson Rd. *N Mald* 4C **42**
Nelson Rd. *Wind* 6C **4**
Nelson Rd. M. *SW19* 8N **27**
Nelson's La. *Hurst* 4A **14**
Nelson St. *Alder* 2M **109**
Nelson Wlk. *Eps* 5N **59**
Nelson Way. *Camb* 2L **69**
Nene Gdns. *Felt* 3N **23**
Nene Rd. *H'row A* 4C **8**
Nene Rd. Roundabout. (Junct.) **4C 8**
Nepean St. *SW15* 9F **12**
Neptune Clo. *Bew* 5K **181**
Neptune Rd. *Bord* 7A **168**
Neptune Rd. *H'row A* 4D **8**
Nero Ct. *Bren* 3K **11**
Nesbit Ct. *Craw* 6K **181**
Netheravon Rd. *W4* 1E **12**
Netheravon Rd. S. *W4* 1E **12**
Netherby Pk. *Wey* 2F **56**
Nethercote Av. *Wok* 4J **73**
Netherfield Rd. *SW17* 4E **28**
Netherlands, The. *Coul* 6G **83**
Netherleigh Pk. *S Nut* 6J **123**
Nether Mt. *Guild* 5L **113**
Nethern Ct. Rd. *Wold* 1K **105**
Netherne Dri. *Coul* 8F **82**
Netherne La. *Coul* 1G **102**
(in two parts)
Netherne-on-the-Hill 9G 83
Netherton. *Brack* 3M **31**
Netherton Gro. *SW10* 2N **13**
Netherton Rd. *Twic* 8G **11**
Nether Vell-Mead. *C Crook* 9A **88**
Netherwood. *Craw* 5N **181**
Netley Clo. *Cheam* 2J **61**
Netley Clo. *Craw* 9A **182**
Netley Clo. *Gom* 7D **116**
Netley Clo. *New Ad* 4M **65**
Netley Dri. *W on T* 6N **39**
Netley Gdns. *Mord* 6A **44**
Netley Pk. 6D 116
Netley Rd. *Bren* 2L **11**
Netley Rd. *Mord* 6A **44**
Netley St. *Farnb* 5N **89**
Nettlecombe. *Brack* 5B **32**
Nettlecombe Clo. *Sutt* 5N **61**
Nettlefold Pl. *SE27* 4M **29**
Nettles Ter. *Guild* 3N **113** (3C **202**)
Nettleton Rd. *H'row A* 4C **8**
Nettlewood Rd. *SW16* 8H **29**
Neuman Cres. *Brack* 5M **31**
Nevada Clo. *Farnb* 2J **89**
Nevada Clo. *N Mald* 3B **42**
Nevelle Clo. *Binf* 9J **15**
Nevern Mans. SW5 *1M 13*
(off Warwick Rd.)
Nevern Pl. *SW5* 1M **13**
Nevern Rd. *SW5* 1M **13**
Nevern Sq. *SW5* 1M **13**
Nevile Clo. *Craw* 6M **181**
Neville Av. *N Mald* 9C **26**
Neville Clo. *Bans* 1N **81**
Neville Clo. *Esh* 3N **57**
Neville Clo. *Houn* 5B **10**
Neville Duke Rd. *Farnb* 6L **69**
Neville Gill Clo. *SW18* 9M **13**
Neville Ho. Yd. *King T* 1L **41** (3J **203**)
Neville Rd. *Croy* 6A **46**
Neville Rd. *King T* 1N **41**
Neville Rd. *Rich* 4J **25**
Neville Wlk. *Cars* 6C **44**
Nevis Rd. *SW17* 3E **28**
New Addington 6M 65
Newall Rd. *H'row A* 4D **8**
Newark Clo. *Guild* 7D **94**
Newark Clo. *Rip* 8J **75**
Newark Cotts. *Rip* 8J **75**
Newark Ct. *W on T* 7K **39**
Newark La. *Wok & Rip* 6H **75**
Newark Rd. *Craw* 1D **182**
Newark Rd. *S Croy* 3A **64**
Newark Rd. *W'sham* 1M **51**
New Ashgate Gallery 1G 129
New Barn Clo. *Wall* 3K **63**
New Barn La. *Newd* 9B **140**
New Barn La. *Ockl* 7A **158**
Newbarn La. *W'ham & Cud* 5L **87**
New Barn La. *Whyt* 5C **84**
New Barns Av. *Mitc* 3H **45**
(in two parts)
New Battlebridge La. *Red* 8F **102**
Newberry Cres. *Wind* 5A **4**
New Berry La. *W on T* 2L **57**
Newbolt Av. *Sutt* 2H **61**
Newborough Grn. *N Mald* 3C **42**
Newbridge Clo. *Broad H* 5C **196**
New Bridge Cotts. Cranl *7K 155*
(off Elmbridge Rd.)
Newbridge Ct. *Cranl* 7K **155**
New B'way. *Hamp H* 6D **24**
Newbury Gdns. *Eps* 1E **60**
Newbury Rd. *Craw* 3H **183**
Newbury Rd. *H'row A* 4A **8**
New Causeway. *Reig* 6N **121**
Newchapel 1H 165
Newchapel Rd. *Ling* 1J **165**
New Chapel Sq. *Felt* 2J **23**
New Clo. *SW19* 2A **44**
New Clo. *Felt* 6M **23**
New Colebrooke Ct. Cars *4E 62*
(off Stanley Rd.)
Newcombe Gdns. *SW16* 5J **29**
Newcombe Gdns. *Houn* 7N **9**
Newcome Pl. *Alder* 5B **110**
Newcome Rd. *Farnh* 6K **109**
New Coppice. *Wok* 6H **73**
New Cotts. *Pirb* 9A **72**
New Cotts. *Turn H* 5D **184**
New Ct. *Add* 9L **37**
New Cross Rd. *Guild* 1K **113**
New Dawn Clo. *Farnb* 2J **89**
Newdigate 1A 160
Newdigate Rd. *Bear G* 9K **139**
Newdigate Rd. *Leigh* 1D **140**
Newdigate Rd. *Rusp* 1B **180**
Newell Green 6B 16
Newell Grn. *Warf* 6A **16**
New England Hill. *W End* 8A **52**
Newenham Rd. *Bookh* 4A **98**
New Farthingdale. *D'land* 2C **166**
Newfield Av. *Farnb* 8K **69**
Newfield Clo. *Hamp* 9A **24**
Newfield Rd. *Ash V* 7E **90**
New Forest Ride. *Brack* 3D **32**
Newfoundland Rd. *Deep* 6H **71**
Newgate. *Croy* 7N **45**
Newgate Clo. *Felt* 3M **23**
Newhache. *D'land* 1C **166**
Newhall Gdns. *W on T* 8K **39**
Newhaven Cres. *Ashf* 6E **22**
Newhaven Rd. *SE25* 4A **46**
New Haw 4L 55
New Haw Rd. *Add* 2L **55**
New Heston Rd. *Houn* 3N **9**
New Horizons Ct. *Bren* 2J **11**
Newhouse Bus. Cen. *Fay* 1B **198**
Newhouse Clo. *N Mald* 6D **42**
Newhouse Cotts. *Newd* 6B **160**
New Ho. Farm La. *Wood S* 2F **112**
New Ho. La. *Red* 2H **143**
Newhouse Wlk. *Mord* 6A **44**
Newhurst Gdns. *Warf* 6B **16**
New Inn La. *Guild* 8D **94**
New Kelvin Av. *Tedd* 7E **24**
New Kings Rd. *SW6* 5L **13**
Newlands. *Fleet* 7B **88**
Newlands Av. *Th Dit* 7E **40**
Newlands Av. *Wok* 8B **74**
Newlands Clo. *Horl* 6D **142**
Newlands Clo. *S'hall* 1M **9**
Newlands Clo. *W on T* 1M **57**
Newlands Clo. *Yat* 1C **68**
Newlands Corner 5J 115
Newlands Corner Countryside Cen. 5J 115
Newlands Ct. Add *2K 55*
(off Addlestone Pk.)
Newlands Ct. Cat *8N 83*
(off Coulsdon Rd.)
Newlands Cres. *E Grin* 8N **165**
Newlands Cres. *Guild* 5B **114**
Newlands Dri. *Ash V* 9F **90**
Newlands Dri. *Coln* 6G **7**
Newlands Est. *Witl* 5C **152**
Newlands Pk. *Copt* 7B **164**
Newlands Pl. *F Row* 6H **187**
Newlands Rd. *SW16* 1J **45**
Newlands Rd. *Camb* 5N **69**
Newlands Rd. *Craw* 4A **182**
Newlands Rd. *H'ham* 4J **197**
Newlands, The. *Wall* 4G **63**
Newlands Way. *Chess* 2J **59**
Newlands Wood. *Croy* 5J **65**
New La. *Wok & Sut G* 9A **74**
New Lodge Dri. *Oxt* 6B **106**
New Malden 3D 42
Newman Clo. *M'bowr* 5G **182**
Newman Rd. *Croy* 7K **45**
Newman Rd. Ind. Est. *Croy* 6K **45**
Newmans Ct. *Farnh* 5F **108**
Newmans La. *Surb* 5K **41**
Newmans Pl. *S'dale* 6E **34**
Newmarket Rd. *Craw* 6E **182**
New Mdw. *Asc* 9H **17**
New Mile Rd. *Asc* 1M **33**
New Mill Cotts. *Hasl* 2B **188**
Newminster Rd. *Mord* 5A **44**
New Moorhead Dri. *H'ham* 2B **198**
Newnes Path. *SW15* 7G **12**
Newnet Clo. *Cars* 7D **44**
Newnham Clo. *T Hth* 1N **45**
New N. Rd. *Reig* 6L **121**
New Pde. *Ashf* 5A **22**
New Pk. Pde. SW2 *1J 29*
(off New Pk. Rd.)
New Pk. Rd. *Ashf* 6D **22**
New Pk. Rd. *SW2* 2H **29**
New Pk. Rd. *Cranl* 7N **155**
New Pl. *Croy* 3K **65**
New Pl. Gdns. *Ling* 7A **146**
New Pond Rd. *Comp & G'ming* 1G **132**
New Poplars Ct. *As* 3E **110**
Newport Dri. *Warf* 7N **15**
Newport Rd. *SW13* 4F **12**
Newport Rd. *Alder* 3A **110**
Newport Rd. *H'row A* 4B **8**
New Rd. *Alb* 8M **115**
New Rd. *Asc* 8J **17**
New Rd. *Bag & W'sham* 4K **51**
New Rd. *Bedf* 2J **23**
New Rd. *B'water* 2K **69**
New Rd. *Brack* 1B **32**
New Rd. *Bren* 2K **11**
New Rd. *Chil* 1D **134**
New Rd. *C Crook* 7C **88**
New Rd. *Crowt* 2H **49**
New Rd. *Dat* 4N **5**
New Rd. *Dork* 6K **119**
New Rd. *E Clan* 9N **95**
New Rd. *Esh* 9C **40**
New Rd. *Felt* 9E **8**
New Rd. *F Grn* 4M **157**
New Rd. *Gom* 8D **116**
New Rd. *Hanw* 6M **23**
New Rd. *Hasl* 3D **188**
New Rd. *Hay* 3D **8**
New Rd. *Houn* 7B **10**
New Rd. *Hyde* 4H **153**
New Rd. *King T* 8N **25**
New Rd. *Limp* 8D **106**
New Rd. *Milf* 1B **152**
New Rd. *Mitc* 7D **44**
New Rd. *Oxs* 7F **58**
New Rd. *Rich* 5J **25**
New Rd. *Sand* 7F **48**
New Rd. *Shep* 2B **38**
New Rd. *Small* 8M **143**
New Rd. *Stai* 6E **20**
New Rd. *Tad* 1H **101**
New Rd. *Tand* 5K **125**
New Rd. *Tong* 6D **110**
New Rd. *W Mol* 3A **40**
New Rd. *Wey* 2D **56**
New Rd. *Won* 3D **134**
New Rd. *Wmly* 1C **172**

A-Z Surrey 257

New Rd. Hill—Nova M.

New Rd. Hill. Kes & Orp 5G 67
Newry Rd. Twic 8G 11
Newsham Rd. Wok 4J 73
New Sq. Felt 2D 22
Newstead Clo. G'ming 5G 132
Newstead Ri. Cat 4E 104
Newstead Wlk. Cars 6A 44
Newstead Way. SW19 5J 27
New St. Craw 2E 182
New St. H'ham 7K 197
New St. Stai 5J 21
New St. W'ham 5L 107
Newton Av. E Grin 3B 186
Newton Ct. Old Win 9K 5
Newton La. Old Win 9L 5
Newton Mans. W14 2K 13
(off Queen's Club Gdns.)
Newton Rd. Farnb 8B 70
Newton Rd. SW19 8K 27
Newton Rd. Craw 8D 162
Newton Rd. Iswth 5F 10
Newton Rd. H'row A 4N 7
Newton Rd. Purl 8G 63
Newtonside Orchard. Old Win 9K 5
Newton's Yd. SW18 8M 13
Newton Way. Tong 5C 110
Newton Wood Rd. Asht 3M 79
New Town. 7K 197
New Town. Copt 7M 163
Newtown Rd. Sand 7G 48
New Way. G'ming 7E 132
New Wickham La. Egh 8C 20
New Windsor. 6G 4
New Wokingham Rd. Wokgm & Crowt 9F 30
New Zealand Av. W on T 7G 38
Nexus Pk. Ash V 5D 90
Nicholas Ct. W4 2D 12
(off Corney Reach Way)
Nicholas Gdns. Wok 3H 75
Nicholas M. W4 2D 12
Nicholas Rd. Croy 1J 63
Nicholes Rd. Houn 7A 10
Nicholls. Wind 6A 4
Nicholls Wlk. Wind 6A 4
Nichols Clo. Chess 3J 59
Nicholsfield. Loxw 4H 193
Nicholson M. Egh 6C 20
(off Nicholson Wlk.)
Nicholson M. King T 3L 41 (7K 203)
Nicholson Rd. Croy 7C 46
Nicholson Wlk. Egh 6C 20
Nicola Clo. S Croy 3N 63
Nicol Clo. Twic 9H 11
Nicosia Rd. SW18 1C 28
Nigel Fisher Way. Chess 4J 59
Nigel Playfair Av. W6 1G 12
Nightingale Av. W Hor 2E 96
Nightingale Clo. Cob 7L 57
Nightingale Clo. Farnb 8H 69
Nightingale Clo. W4 2B 12
Nightingale Clo. Big H 2E 86
Nightingale Clo. Cars 8E 44
Nightingale Clo. Craw 1A 182
Nightingale Clo. E Grin 2N 185
Nightingale Clo. Eps 8N 59
Nightingale Ct. SW6 4N 13
(off Maltings Pl.)
Nightingale Ct. Red 2E 122
(off St Anne's Mt.)
Nightingale Ct. Short 1N 47
Nightingale Ct. Wok 5H 73
Nightingale Cres. Brack 4A 32
Nightingale Cres. W Hor 3D 96
Nightingale Dri. Eps 3A 60
Nightingale Dri. Myt 2E 90
Nightingale Gdns. Sand 7G 48
Nightingale Ho. Eps 8D 60 (5L 201)
(off East St.)
Nightingale Ho. Ott 3F 54
Nightingale Ind. Est. H'ham 5K 197
Nightingale La. SW12 & SW4 1D 28
Nightingale La. Rich 1L 25
Nightingale La. Turn H 4F 184
Nightingale M. King T 5H 203
Nightingale Rd. As 1G 111
Nightingale Rd. Bord 7A 168
Nightingale Rd. Cars 9D 44
Nightingale Rd. E Hor 3G 96
Nightingale Rd. Esh 2N 57
Nightingale Rd. G'ming 6H 133
Nightingale Rd. Guild 3N 113 (2D 202)
Nightingale Rd. Hamp 6A 24
Nightingale Rd. H'ham 5K 197
Nightingale Rd. S Croy 7G 64
Nightingale Rd. W on T 6K 39
Nightingale Rd. W Mol 4B 40
Nightingales. Cranl 9N 155
Nightingales Clo. H'ham 6M 197
Nightingale Shott. Egh 7B 20
Nightingale Sq. SW12 1E 28
Nightingales, The. Stai 1A 22
Nightingale Wlk. Wind 6F 4
Nightingale Way. Blet 3B 124
Nightjar Clo. Ews 4C 108
Nikols Wlk. SW18 7N 13
Nimbus Rd. Eps 6C 60
Nimrod Ct. Craw 9H 163
(off Wakehams Grn. Dri.)
Nimrod Rd. SW16 7F 28
Nineacres Way. Coul 3J 83
Nine Elms Clo. Felt 2G 23
Ninehams Clo. Cat 7A 84
Ninehams Gdns. Cat 7A 84
Ninehams Rd. Cat 8A 84
Ninehams Rd. Tats 8E 86
Nine Mile Ride. Asc 6J 33
Nine Mile Ride. Crowt & Brack 7L 31
Nine Mile Ride. Finch & Wokgm 1A 48
Nineteenth Rd. Mitc 3J 45
Ninfield Ct. Craw 7L 181
Ninhams Wood. Orp 1J 67
Niton Rd. Rich 6N 11
Niton St. SW6 3J 13
Niven Clo. M'bowr 4H 183
Niven Ct. S'hill 3A 34
Noah's Ct. Turn H 5D 184
Nobel Dri. Hay 4E 8
Noble Corner. Houn 4A 10
Noble Ct. Mitc 1B 44
Nobles Way. Egh 7A 20
Noel Ct. Houn 6N 9
Noke Dri. Red 2E 122
Nonsuch Ct. Av. Eps 6G 60
Nonsuch Pl. Sutt 4J 61
Nonsuch Trad. Est. Eps 7D 60
Nonsuch Wlk. Sutt 6H 61
(in two parts)
Nook, The. Sand 7F 48
Noons Corner Rd. Ab C 3N 137
Norbiton. 1N 41
Norbiton Av. King T 9N 25
Norbiton Comn. Rd. King T 2A 42
Norbiton Hall. King T 1M 41 (3M 203)
Norbury. 1K 45
Norbury Av. SW16 9K 29
Norbury Av. Houn 7D 10
Norbury Clo. SW16 9L 29
Norbury Ct. Rd. SW16 2J 45
Norbury Cres. SW16 9K 29
Norbury Cross. SW16 2J 45
Norbury Hill. SW16 8L 29
Norbury Park. 4H 99
Norbury Pk. 5F 98
Norbury Ri. SW16 2J 45
Norbury Rd. Reig 3L 121
Norbury Rd. T Hth 1N 45
Norbury Trad. Est. SW16 1K 45
Norbury Way. Bookh 3C 98
Norcutt Rd. Twic 2E 24
Norfolk Av. S Croy 6C 64
Norfolk Chase. Warf 8D 16
Norfolk Clo. Craw 7K 181
Norfolk Clo. Horl 9E 142
Norfolk Clo. Twic 9H 11
Norfolk Ct. H'ham 3A 198
Norfolk Ct. N Holm 9K 119
Norfolk Farm Clo. Wok 3F 74
Norfolk Farm Rd. Wok 2F 74
Norfolk Gdns. Houn 8N 9
Norfolk Ho. Rd. SW16 4H 29
Norfolk La. Mid H 2H 139
Norfolk Rd. SW19 8C 28
Norfolk Rd. Clay 2E 58
Norfolk Rd. Dork 5G 119 (3J 201)
Norfolk Rd. Felt 2K 23
Norfolk Rd. Holmw 5J 139
Norfolk Rd. H'ham 6K 197
Norfolk Rd. T Hth 2N 45
Norfolk Ter. W6 1K 13
Norfolk Ter. H'ham 6K 197
Norgrove St. SW12 1E 28
Norheads La. Warl & Big H 6C 86
(in two parts)
Norhyrst Av. SE25 2C 46
Nork. 2J 81
Nork Gdns. Bans 1K 81
Nork Ri. Bans 3J 81
Nork Way. Bans 3H 81
Norlands La. Egh 2G 36
Norley La. Sham G 6D 134
Norley Va. SW15 2F 26
Norman Av. Eps 8E 60
Norman Av. Felt 3M 23
Norman Av. S Croy 6N 63
Norman Av. Twic 1J 25
Normanby Clo. SW15 8L 13
Norman Clo. Bord 6A 168
Norman Clo. Orp 1L 67
Norman Clo. Tad 6G 81
Norman Colyer Ct. Eps 6C 60
Norman Ct. Eden 1K 147
Norman Ct. Farnb 2H 129
Norman Cres. Houn 3L 9
Normand Gdns. W14 2K 13
(off Greyhound Rd.)
Normand M. W14 2K 13
Normand Rd. W14 2L 13
Normandy. 9M 91
Normandy. H'ham 7J 197
Normandy Clo. Deep 6J 71
Normandy Clo. E Grin 1B 186
Normandy Clo. M'bowr 5F 182
Normandy Common. 9L 91
Normandy Gdns. H'ham 7J 197
Normandy Wlk. Egh 6E 20
Norman Hay Ind. Est. W Dray 3A 8
Norman Ho. Felt 3N 23
(off Watermill Way)
Normanhurst. Ashf 6B 22
Normanhurst Clo. Craw 3D 182
Normanhurst Dri. Twic 8G 11
Normanhurst Rd. SW2 3K 29
Normanhurst Rd. W on T 8L 39
Norman Keep. Warf 9D 16
Norman Rd. Ashf 7E 22
Norman Rd. SW19 8A 28
Norman Rd. Sutt 2M 61
Norman Rd. T Hth 4M 45
Normansfield Av. Tedd 8J 25
Normans Gdns. E Grin 9A 166
Normans La. Eden 4G 147
Norman's Rd. Small 6N 143
Normanton Av. SW19 3M 27
Normanton Rd. S Croy 2B 64 (8F 200)
Normington Clo. SW16 6L 29
Norney. 5B 132
Norney. Shack 5B 132
Norrels Dri. E Hor 4G 96
(in two parts)
Norrels Ride. E Hor 3G 97
Norreys Av. Wokgm 2C 30
Norris Hill Rd. Fleet 5D 88
Norris Rd. Stai 5H 21
Norroy Rd. SW15 7J 13
Norstead Pl. SW15 3F 26
North Acre. Bans 3L 81
Northampton Clo. Brack 2B 32
Northampton Rd. Croy 8D 46
Northanger Rd. SW16 7J 29
North Ascot. 9H 17
North Ash. H'ham 4J 197
North Av. Cars 4E 62
North Av. Farnb 5J 109
North Av. Rich 4N 11
North Av. W Vill 5F 56
Northborough Rd. SW16 2H 45
Northbourne. G'ming 3J 133
N. Breache Rd. Ewh 4H 157
North Bridge. 3F 172
Northbrook Copse. Brack 5D 32
Northbrook Rd. Alder 4N 109
Northbrook Rd. Croy 4A 46
North Camp. 6A 90
N. Camp Sta. Roundabout. Farnb 5C 90
Northchapel. 9D 190
North Cheam. 9J 43
Northcliffe Clo. Wor Pk 9D 42
North Clo. Farnb 6M 69
North Clo. Alder 3C 110
North Clo. Craw 2D 182
North Clo. Felt 9E 8
North Clo. Mord 3K 43
North Clo. N Holm 9J 119
North Clo. Wind 4C 4
North Comn. Wey 1D 56
Northcote. Add 1M 55
Northcote. Oxs 1C 78
Northcote Av. Iswth 8G 10
Northcote Av. Surb 6A 42
Northcote Clo. W Hor 3D 96
Northcote Cres. W Hor 3D 96
Northcote La. Sham G 5F 134
Northcote Rd. Farnb 8L 69
Northcote Rd. Ash V 6D 90
Northcote Rd. Croy 5A 46
Northcote Rd. N Mald 2B 42
Northcote Rd. Twic 8G 11
Northcote Rd. W Hor 3D 96
Northcott. Brack 7M 31
North Ct. G'ming 4E 132
Northcroft Clo. Eng G 6L 19
Northcroft Gdns. Eng G 6L 19
Northcroft Rd. Eng G 6L 19
Northcroft Rd. Eps 4D 60
Northcroft Vs. Eng G 6L 19
Northdale Ct. SE25 2C 46
North Dene. Houn 4B 10
North Down. S Croy 7B 64
Northdown Clo. H'ham 4M 197
Northdown La. Guild 6A 114 (8F 202)
Northdown Rd. Sutt 6M 61
Northdown Rd. Wold 2K 105
Northdowns. Cranl 9N 155
N. Downs Cres. New Ad 5L 65
(in two parts)
N. Downs Rd. New Ad 6L 65
Northdown Ter. E Grin 7N 165
North Dri. SW16 5G 28
North Dri. Beck 3L 47
North Dri. Brkwd 8N 71
North Dri. Houn 5C 10
North Dri. Orp 1N 67
North Dri. Vir W 5H 35
North East Surrey Crematorium. Mord 5H 43
North End. 7L 165
North End. Croy 8N 45 (2B 200)
North End. E Grin 7L 165
N. End Cres. W14 1L 13
N. End Ho. W14 1K 13
N. End La. Asc 6E 34
N. End La. Orp 7J 67
N. End Pde. W14 1K 13
(off N. End Rd.)
N. End Rd. W14 & SW6 1K 13
Northerams Woods Nature Reserve. 3L 31
Northernhay Wlk. Mord 3K 43
Northern Perimeter Rd. H'row A 4C 8
Northern Perimeter Rd. W. H'row A 4N 7
Northey Av. Sutt 6J 61
N. Eyot Gdns. W6 1E 12
N. Farm Rd. Farnb 6L 69
North Farnborough. 1N 89
North Feltham. 9J 9
N. Feltham Trad. Est. Felt 8J 9
Northfield. Light 7M 51
Northfield. Shalf 2A 134
Northfield. Witl 6C 152
Northfield Clo. Alder 3B 110
Northfield Clo. C Crook 7D 88
Northfield Ct. Stai 9K 21
Northfield Cres. Sutt 1K 61
Northfield Pl. Wey 4C 56
Northfield Rd. Cob 9H 57
Northfield Rd. C Crook 7C 88
Northfield Rd. Houn 2L 9
Northfield Rd. Stai 9K 21
Northfields. SW18 7M 13
Northfields. Asht 5L 79
(in two parts)
Northfields. Eps 7D 60
Northfields Prospect Bus. Cen. SW18 7M 13
North Fryerne. Yat 7C 48
North Gdns. SW19 8B 28
Northgate. 2C 182
Northgate Av. Craw 3C 182
Northgate Dri. Camb 8E 50
Northgate Pl. Craw 2C 182
N. Gate Rd. Farnb 3A 90
Northgate Rd. Craw 3B 182
North Grn. Brack 9B 16
North Gro. Cher 5H 37
N. Hatton Rd. H'row A 4E 8
N. Heath Clo. H'ham 3K 197
N. Heath Est. H'ham 2K 197
N. Heath La. H'ham 4K 197
N. Holmes Clo. H'ham 3A 198
North Holmwood. 9H 119
N. Hyde La. S'hall 1L 9
Northington Clo. Brack 5D 32
Northlands Av. Orp 1N 67
Northlands Bungalows. Newd 2A 160
Northlands Cotts. Warn 5D 178
Northlands Rd. H'ham 1L 197
Northlands Rd. Warn 6D 178
North La. Alder 1B 110
North La. Tedd 7F 24
N. Lodge Clo. SW15 8J 13
N. Lodge Dri. Asc 1G 33
North Looe. 9H 61
North Mall. Fleet 4A 88
North Mall. Stai 5H 21
(off Elmsleigh Shop. Cen.)
Northmead. Farnb 1N 89
North Mead. Craw 1C 182
North Mead. Red 9D 102
North Moors. Sly I 8A 94
North Munstead. 2L 153
N. Munstead La. G'ming 1K 153
Northolt Rd. H'row A 4M 7
North Pde. Chess 2M 59
North Pde. H'ham 4J 197
N. Park La. God 9D 104
North Pl. SW18 8M 13
North Pl. Mitc 8D 28
North Pl. Tedd 7F 24
N. Pole La. Kes 3B 66
North Rd. SW19 7A 28
North Rd. Alder 6B 90
(in two parts)
North Rd. Asc 9F 16
North Rd. Ash V 9D 90
North Rd. Bren 2L 11
North Rd. Craw 1E 182
North Rd. Felt 9E 8
North Rd. Guild 9L 93
North Rd. Reig 6L 121
North Rd. Rich 6N 11
North Rd. Surb 5K 41
North Rd. W on T 2K 57
North Rd. W Wick 7L 47
North Rd. Wok 3C 74
Northrop Rd. H'row A 4F 8
North Sheen. 6N 11
North Side. Tong 5D 110
Northspur Rd. Sutt 9M 43
N. Station App. S Nut 5K 123
Northstead Rd. SW2 3L 29
North St. Cars 1D 62
North St. Dork 5G 119 (2J 201)
North St. Egh 6B 20
North St. G'ming 4H 133
North St. Guild 4N 113 (5C 202)
North St. H'ham 6K 197
North St. Iswth 6G 11
North St. Lea 8G 79
North St. Red 2D 122
North St. Turn H 5D 184
North St. Wink 5K 17
North Ter. Wind 3G 5
North Town. 2B 110
Northtown Trad. Est. Alder 2C 110
Northumberland Av. Iswth 4F 10
Northumberland Clo. Stanw 9N 7
Northumberland Clo. Warf 8D 16
Northumberland Cres. Felt 9F 8
Northumberland Gdns. Iswth 3G 11
Northumberland Gdns. Mitc 4H 45
Northumberland Pl. Rich 8K 11
Northumberland Row. Twic 2E 24
N. Verbena Gdns. W6 1F 12
North Vw. SW19 6H 27
North Vw. Binf 2H 31
N. View Cres. Eps 4G 81
North Wlk. New Ad 3L 65
(in two parts)
Northway. G'ming 4E 132
Northway. Guild 1K 113
Northway. Gat A 2D 162
(off Gatwick Way)
Northway. Mord 2K 43
Northway. Wall 1G 63
Northway Rd. Croy 5C 46
Northweald La. King T 6K 25
N. Weylands Ind. Est. W on T 8M 39
Northwood Av. Knap 5G 72
Northwood Av. Purl 8L 63
N. Wood Ct. SE25 2D 46
Northwood Pk. Craw 8E 162
Northwood Rd. Cars 3E 62
Northwood Rd. H'row A 4M 7
Northwood Rd. T Hth 1M 45
N. Worple Way. SW14 6C 12
Norton Av. Surb 6A 42
Norton Clo. Worp 5G 93
Norton Gdns. SW16 1J 45
Norton La. D'side 6G 77
Norton Pk. Asc 4N 33
Norton Rd. Camb 2G 71
Norton Rd. Wokgm 3B 30
Norwich Av. Camb 3C 70
Norwich Rd. Craw 5E 182
Norwich Rd. T Hth 2N 45
Norwood Clo. Eff 6M 97
Norwood Clo. S'hall 1A 10
Norwood Clo. Twic 3D 24
Norwood Farm La. Cob 7H 57
Norwood Grn. Rd. S'hall 1A 10
Norwood High St. SE27 4M 29
Norwood Hill. 7J 141
Norwood Hill. Horl 9H 141
Norwood Hill Rd. Charl 8K 141
Norwood New Town. 7N 29
Norwood Pk. Rd. SE27 6N 29
Norwood Rd. SE24 2M 29
Norwood Rd. SE27 3M 29
Norwood Rd. Eff 6M 97
Norwood Rd. S'hall 1N 9
Norwood Ter. S'hall 1B 10
Notley End. Eng G 8M 19
Notson Rd. SE25 3E 46
Nottingham Clo. Wok 5J 73
Nottingham Ct. Wok 5J 73
(off Nottingham Clo.)
Nottingham Rd. SW17 2D 28
Nottingham Rd. Iswth 5F 10
Nottingham Rd. S Croy 1N 63 (7B 200)
Nova M. Sutt 7K 43

258 A-Z Surrey

Nova Rd.—Oil Mill La.

Nova Rd. Croy. . . . 7M 45
Novello St. SW6 . . . 4M 13
Nowell Rd. SW13. . . . 2F 12
Nower Rd. Dork . . . 5G 118 (3H 201)
Nower, The. Knock. . . . 6N 87
Nowhurst Bus. Pk. Broad H . . . 2A 196
Nowhurst La. Broad H. . . . 3N 195
Noyna Rd. SW17. . . . 4D 28
Nuffield Ct. Houn . . . 3N 9
Nuffield Dri. Owl. . . . 6L 49
Nugee Ct. Crowt. . . . 2G 49
Nugent Clo. Duns. . . . 3B 174
Nugent Rd. SE25 . . . 2C 46
Nugent Rd. Sur R . . . 3G 112
Numa Ct. Bren . . . 3K 11
Nunappleton Way. Oxt . . . 1C 126
Nuneaton. Brack. . . . 5C 32
Nunns Fld. Capel . . . 5J 159
Nuns Wlk. Dork . . . 8B 98
Nuns Wlk. Vir W . . . 4N 35
Nuptown. . . . 2D 16
Nuptown La. Warf . . . 2D 16
Nursery Av. Croy . . . 8G 46
Nursery Clo. SW15. . . . 7J 13
Nursery Clo. Capel . . . 4J 159
Nursery Clo. Croy . . . 8G 46
Nursery Clo. Eps . . . 6D 60
Nursery Clo. Felt. . . . 1J 23 (in two parts)
Nursery Clo. Fleet. . . . 5E 88
Nursery Clo. Frim G. . . . 7D 70
Nursery Clo. Tad . . . 3G 100
Nursery Clo. Wok . . . 3M 73
Nursery Clo. Wdhm. . . . 6H 55
Nursery Gdns. Chil. . . . 9D 114
Nursery Gdns. Hamp. . . . 5N 23
Nursery Gdns. Houn . . . 8N 9
Nursery Gdns. Stai. . . . 7K 21
Nursery Gdns. Sun . . . 1G 39
Nursery Hill. Sham G . . . 6F 134
Nurserylands. Craw. . . . 3M 181
Nursery La. Asc . . . 9J 17
Nursery La. Hkwd . . . 9B 142
Nursery Pl. Old Win . . . 9L 5
Nursery Rd. SW19. . . . 1N 43 (Merton)
Nursery Rd. SW19. . . . 8K 27 (Wimbledon)
Nursery Rd. G'ming . . . 4J 133
Nursery Rd. Knap . . . 4G 73
Nursery Rd. Sun. . . . 1F 38
Nursery Rd. Sutt . . . 1A 62
Nursery Rd. Tad . . . 3F 100
Nursery Rd. T Hth . . . 3A 46
Nursery Way. Oxt. . . . 7A 106
Nursery Way. Wray . . . 9N 5
Nutbourne. Farnh. . . . 5K 109
Nutbourne Cotts. Hamb . . . 2H 173
Nutcombe. . . . 7C 170
Nutcombe Down. . . . 6C 170
Nutcombe La. Dork . . . 5F 118 (2G 201)
Nutcombe La. Hind . . . 9C 170
Nutcroft Gro. Fet . . . 8E 78
Nutfield. . . . 2K 123
Nutfield Clo. Cars. . . . 9C 44
Nutfield Ct. Nutf. . . . 1K 123
Nutfield Marsh Rd. Nutf . . . 9H 103
Nutfield Park. . . . 6L 123
Nutfield Rd. Coul . . . 3E 82
Nutfield Rd. Mers. . . . 7G 102
Nutfield Rd. Red & Nutf. . . . 3F 122
Nutfield Rd. T Hth. . . . 3M 45
Nuthatch Clo. Ews . . . 5C 108
Nuthatch Clo. Stai . . . 2A 22
Nuthatch Gdns. Reig . . . 7A 122
Nuthatch Way. H'ham . . . 1K 197
Nuthatch Way. Turn H. . . . 4F 184
Nuthurst. Brack . . . 4C 32
Nuthurst Av. SW2 . . . 3K 29
Nuthurst Av. Cranl . . . 7N 155
Nuthurst Clo. Craw . . . 2M 181
Nutley. Brack. . . . 7M 31
Nutley Clo. Yat . . . 1C 68
Nutley Ct. Reig . . . 3L 121 (off Nutley La.)
Nutley Gro. Reig . . . 3M 121
Nutley La. Reig. . . . 2L 121
Nutmeg Ct. Farnb. . . . 9H 69
Nutshell La. Farnh . . . 6H 109
Nutty La. Shep. . . . 2D 38
Nutwell St. SW17. . . . 6C 28
Nutwood. G'ming. . . . 5G 133 (off Frith Hill Rd.)
Nutwood Av. Brock . . . 4B 120
Nutwood Clo. Brock. . . . 4B 120
Nye Bevan Ho. SW6. . . . 3L 13 (off St Thomas's Way)
Nyefield Pk. Tad . . . 4F 100
Nylands Av. Rich . . . 4N 11
Nymans Clo. H'ham . . . 1N 197
Nymans Ct. Craw . . . 6F 182
Nymans Gdns. SW20. . . . 2G 42

O

Oakapple Clo. Craw . . . 8N 181
Oakapple Clo. S Croy . . . 1E 84
Oak Av. Croy . . . 7K 47
Oak Av. Egh . . . 8E 20
Oak Av. Hamp . . . 6M 23
Oak Av. Houn . . . 3L 9
Oak Av. Owl . . . 6J 49
Oakbank. Fet . . . 1C 98
Oak Bank. New Ad. . . . 3M 65
Oakbank. Wok . . . 6A 74
Oakbank Av. W on T . . . 6N 39
Oakbury Rd. SW6 . . . 5N 13
Oak Clo. C'fold. . . . 5D 172
Oak Clo. Copt. . . . 7L 163
Oak Clo. G'ming. . . . 3H 133
Oak Clo. Sutt . . . 8A 44
Oak Clo. Tad. . . . 8A 100
Oakcombe Clo. N Mald . . . 9D 26
Oak Corner. Bear G. . . . 7J 139
Oak Cottage Clo. Wood S. . . . 2F 112
Oak Cotts. Hand. . . . 5N 199
Oak Cotts. Hasl . . . 2C 188 (in two parts)
Oak Ct. Farnb. . . . 4C 90
Oak Ct. Craw . . . 8B 162
Oak Ct. Farnh. . . . 2G 129
Oak Cft. E Grin. . . . 1C 186
Oakcroft Bus. Cen. Chess . . . 1M 59
Oakcroft Clo. W Byf. . . . 1H 75
Oakcroft Rd. Chess . . . 1M 59
Oakcroft Rd. W Byf . . . 1H 75
Oakcroft Vs. Chess . . . 1M 59
Oakdale. Brack. . . . 5B 32
Oakdale La. Crock H. . . . 2L 127
Oakdale Rd. SW16 . . . 6J 29
Oakdale Rd. Eps. . . . 5C 60
Oakdale Rd. Wey . . . 9B 38
Oakdale Way. Mitc . . . 6E 44
Oak Dell. Craw. . . . 2G 183
Oakdene. Asc. . . . 5C 34
Oakdene. Chob . . . 6J 53
Oakdene. Tad . . . 7K 81
Oakdene Av. Th Dit . . . 7G 40
Oakdene Clo. Bookh. . . . 5C 98
Oakdene Clo. Brock . . . 5B 120
Oakdene Ct. W on T. . . . 9J 39
Oakdene Dri. Surb . . . 6B 42
Oakdene M. Sutt. . . . 7L 43
Oakdene Pde. Cob . . . 1J 77
Oakdene Rd. Cob . . . 1J 77
Oakdene Rd. Bookh. . . . 2N 97
Oakdene Rd. Brock . . . 5A 120
Oakdene Rd. G'ming . . . 8G 133
Oakdene Rd. P'mrsh. . . . 2M 133
Oakdene Rd. Red. . . . 3D 122
Oak Dri. Tad. . . . 8A 100
Oake Ct. SW15. . . . 8K 13
Oaken Coppice. Asht . . . 6N 79
Oaken Copse. C Crook . . . 9C 88
Oaken Copse Cres. Farnb. . . . 7N 69
Oak End. Bear G . . . 8J 139
Oaken Dri. Clay. . . . 3F 58
Oak End Way. Wdhm. . . . 8G 55
Oakengates. Brack. . . . 7M 31
Oaken La. Clay . . . 1E 58
Oakenshaw Clo. Surb. . . . 6L 41
Oakey Dri. Wokgm. . . . 3A 30
Oak Farm Clo. B'water . . . 1H 69
Oakfield. Plais . . . 6A 192
Oakfield. Wok. . . . 4H 73
Oakfield Clo. N Mald. . . . 4E 42
Oakfield Clo. Wey. . . . 1D 56
Oakfield Cotts. Hasl. . . . 7M 189
Oakfield Ct. Horl . . . 8E 142 (off Consort Way)
Oakfield Dri. Reig . . . 1M 121
Oakfield Gdns. Beck. . . . 4L 47
Oakfield Gdns. Cars . . . 7C 44
Oakfield Glade. Wey. . . . 1D 56
Oakfield La. Kes . . . 1E 66
Oakfield Rd. Ashf. . . . 6C 22
Oakfield Rd. Cob. . . . 1J 77
Oakfield Rd. SW19. . . . 4J 27
Oakfield Rd. Asht. . . . 4K 79
Oakfield Rd. B'water. . . . 2K 69
Oakfield Rd. Croy . . . 7N 45 (1B 200)
Oakfield Rd. Eden. . . . 7K 127
Oakfields. Camb. . . . 1N 69
Oakfields. Guild . . . 1H 113
Oakfields. Wal W . . . 1L 177
Oakfields. W on T . . . 7H 39
Oakfields. W Byf. . . . 1K 75
Oakfields. Worth . . . 1H 183
Oakfield St. SW10 . . . 2N 13
Oakfield Way. E Grin . . . 7B 166
Oak Gdns. Croy . . . 8K 47
Oak Glade. Eps. . . . 8N 59
Oak Grange Rd. W Cla . . . 7K 95
Oak Grove. . . . 9K 49
Oak Gro. Cranl . . . 9A 156
Oak Gro. Loxw . . . 4J 193
Oak Gro. Sun . . . 8J 23
Oak Gro. W Wick. . . . 7M 47
Oak Gro. Cres. Col T . . . 9K 49
Oak Gro. Rd. SE20. . . . 1F 46
Oakhall Dri. Sun. . . . 6G 22
Oakhaven. Craw. . . . 5B 182
Oakhill. . . . 7M 197
Oak Hill. Burp. . . . 7E 94
Oakhill. Clay. . . . 3G 58
Oak Hill. Eps. . . . 3C 80
Oakhill. Surb. . . . 6L 41
Oak Hill. Wood S . . . 1E 112
Oakhill Clo. Asht. . . . 5J 79
Oakhill Cotts. Oke H. . . . 1N 177
Oakhill Ct. SW19 . . . 8J 27
Oakhill Cres. Surb . . . 6L 41
Oakhill Dri. Surb. . . . 6L 41
Oakhill Gdns. Wey . . . 8F 38
Oakhill Gro. Surb . . . 5L 41
Oakhill Path. Surb . . . 5L 41
Oakhill Pl. SW15. . . . 8M 13
Oakhill Rd. Hdly D . . . 4G 169
Oakhill Rd. SW15. . . . 8L 13
Oakhill Rd. SW16. . . . 9J 29
Oakhill Rd. Add . . . 3H 55
Oakhill Rd. Asht . . . 5J 79
Oakhill Rd. Beck . . . 1M 47
Oakhill Rd. H'ham . . . 6L 197
Oakhill Rd. Reig. . . . 4N 121
Oakhill Rd. Surb. . . . 5L 41
Oakhill Rd. Sutt . . . 9N 43
Oakhurst. Chob . . . 5H 53
Oakhurst. Gray. . . . 6B 170
Oakhurst Clo. Tedd. . . . 6E 24
Oakhurst Gdns. E Grin . . . 8M 165
Oakhurst La. Loxw. . . . 2G 193
Oakhurst Ri. Cars. . . . 6C 62
Oakhurst Rd. Eps. . . . 3B 60
Oakington Av. Hay . . . 1E 8
Oakington Dri. Sun. . . . 1K 39
Oakland Av. Farnh . . . 5K 109
Oakland Ct. Add. . . . 9K 37
Oaklands. Cranl. . . . 9M 155
Oaklands. Fet. . . . 2D 98
Oaklands. Hasl. . . . 1G 188
Oaklands. Horl. . . . 8G 143
Oaklands. H'ham . . . 6L 197
Oaklands. Kenl. . . . 1N 83
Oaklands. S God . . . 6H 125
Oaklands. Yat. . . . 9C 48
Oaklands Av. Esh . . . 7D 40
Oaklands Av. Iswth. . . . 2F 10
Oaklands Av. T Hth. . . . 3L 45
Oaklands Av. W Wick. . . . 9L 47
Oaklands Bus. Cen. Wokgm . . . 5A 30
Oaklands Clo. Asc . . . 8K 17
Oaklands Clo. Chess. . . . 1J 59
Oaklands Clo. H'ham . . . 8L 197
Oaklands Clo. Shalf . . . 2A 134
Oaklands Dri. Asc. . . . 8K 17
Oaklands Dri. Red. . . . 5F 122
Oaklands Dri. Twic. . . . 1C 24
Oaklands Dri. Wokgm . . . 3A 30
Oaklands Est. SW4 . . . 1G 29
Oaklands Gdns. Kenl . . . 1N 83
Oaklands La. Big H . . . 9D 66
Oaklands La. Crowt . . . 1F 48 (in two parts)
Oaklands Pk. Wokgm. . . . 4A 30
Oaklands Rd. SW14. . . . 6C 12
Oaklands Way. Tad. . . . 9H 81
Oaklands Way. Wall . . . 4H 63
Oakland Way. Eps . . . 3D 60
Oak La. Broad H. . . . 5E 196
Oak La. Eng G . . . 4M 19
Oak La. Iswth . . . 7E 10
Oak La. Twic . . . 1G 25
Oak La. Wind. . . . 4D 4
Oak La. Wok . . . 3D 74
Oaklawn Rd. Lea . . . 5E 78
Oaklea. Ash V. . . . 8E 90
Oak Leaf Clo. Eps . . . 8B 60 (5G 201)
Oak Leaf Clo. Guild . . . 2G 113
Oak Leaf Ct. Asc . . . 9H 17
Oaklea Pas. King T . . . 2K 41 (5H 203)
Oakleigh. God. . . . 8F 104
Oakleigh Av. Surb . . . 7N 41
Oakleigh Flats. Eps . . . 1D 80 (8L 201)
Oakleigh Gdns. Orp . . . 1N 67
Oakleigh Rd. H'ham . . . 4M 197
Oakleigh Way. Mitc. . . . 9F 28
Oakleigh Way. Surb . . . 7N 41
Oakley Av. Croy . . . 1K 63
Oakley Clo. Add. . . . 1M 55
Oakley Clo. E Grin . . . 2D 186
Oakley Clo. Iswth. . . . 4D 10
Oakley Ct. Red . . . 2E 122 (off St Anne's Ri.)
Oakley Dell. Guild. . . . 1E 114
Oakley Dri. Brom . . . 1G 66
Oakley Dri. Fleet. . . . 5B 88
Oakley Gdns. Bans. . . . 2N 81
Oakley Ho. G'ming. . . . 3H 133
Oakley M. Wind . . . 5B 4
Oakley Rd. SE25 . . . 4E 46
Oakley Rd. Brom . . . 1G 66
Oakley Rd. Camb. . . . 2N 69
Oakley Rd. Warl. . . . 5D 84
Oakley Wlk. W6 . . . 2J 13
Oak Lodge. Crowt . . . 2H 49
Oak Lodge. Hasl. . . . 4J 189
Oak Lodge Clo. W on T . . . 2K 57
Oaklodge Dri. Red . . . 2E 142
Oak Lodge Dri. W Wick . . . 6L 47
Oak Lodge La. W'ham. . . . 3M 107
Oak Mead. G'ming. . . . 3G 133
Oakmead Grn. Eps . . . 2B 80
Oakmead Pl. Mitc. . . . 9C 28
Oakmead Rd. SW12. . . . 2E 28
Oakmead Rd. Croy. . . . 5H 45
Oakmede Pl. Binf. . . . 7H 15
Oak Pk. W Byf . . . 9G 55
Oak Pk. Gdns. SW19 . . . 2J 27
Oak Pl. SW18 . . . 8N 13
Oak Ridge. Dork . . . 8H 119
Oakridge. W End . . . 9C 52
Oak Rd. Cob. . . . 2L 77
Oak Rd. Farnb . . . 2A 90
Oak Rd. Cat . . . 9B 84
Oak Rd. Craw. . . . 4A 182
Oak Rd. Lea . . . 5G 79
Oak Rd. N Mald . . . 1C 42
Oak Rd. Reig . . . 2N 121
Oak Rd. W'ham. . . . 3M 107
Oak Row. SW16. . . . 1G 45
Oaks Av. Felt . . . 3M 23
Oaks Av. Wor Pk . . . 9G 43
Oaks Cvn. Pk., The. Chess . . . 9J 41
Oaks Clo. H'ham . . . 2A 198
Oaks Clo. Lea. . . . 8G 79
Oakshade Rd. Oxs . . . 1C 78
Oakshaw. Oxt. . . . 5N 105
Oakshaw Rd. SW18. . . . 1N 27
Oaks Ho. Cvn. Pk., The. Bear G . . . 1K 159
Oakside Ct. Horl. . . . 7G 143
Oakside La. Horl . . . 7G 143
Oaks La. Croy. . . . 9F 46 (in two parts)
Oaks La. Mid H . . . 3H 139
Oaks Rd. Croy . . . 2E 64
Oaks Rd. Kenl . . . 1M 83
Oaks Rd. Reig . . . 2B 122
Oaks Rd. Stanw . . . 9M 7
Oaks Rd. Wok . . . 4A 74
Oaks Sq., The. Eps. . . . 6K 201
Oaks, The. Farnb . . . 2J 89
Oaks, The. Brack . . . 1B 32
Oaks, The. C'fold. . . . 5E 172
Oaks, The. Dork. . . . 8H 119
Oaks, The. E Grin. . . . 1C 186
Oaks, The. Eps. . . . 1D 80
Oaks, The. Mord . . . 3K 43
Oaks, The. Stai . . . 5H 21
Oaks, The. Tad. . . . 1H 101
Oaks, The. W Byf . . . 1J 75
Oaks, The. Yat . . . 1C 68
Oaks Track. Cars . . . 7D 62
Oaks Way. Cars . . . 4D 62
Oaks Way. Eps. . . . 6G 80
Oaks Way. Kenl . . . 1N 83
Oaksway. Surb. . . . 7K 41
Oak Tree Clo. Alder . . . 4C 110
Oak Tree Clo. Ash V. . . . 4D 90
Oak Tree Clo. Burp. . . . 7E 94
Oak Tree Clo. Guild . . . 6N 93
Oak Tree Clo. Head. . . . 5E 168
Oak Tree Clo. Knap. . . . 5E 72
Oak Tree Clo. Vir W. . . . 5N 35
Oak Tree Dri. Eng G . . . 6M 19
Oak Tree Dri. Guild . . . 8M 93
Oak Tree La. Hasl. . . . 2B 188
Oak Tree M. Brack . . . 2B 32
Oak Tree Rd. Knap . . . 5E 72
Oak Tree Rd. Milf. . . . 1B 152
Oaktrees. As . . . 3D 110
Oaktrees. Farnh . . . 6G 109
Oaktrees Ct. As . . . 3D 110 (off Oaktrees)
Oak Tree Vw. Farnh . . . 6K 109
Oaktree Way. H'ham . . . 4M 197
Oaktree Way. Sand. . . . 6F 48
Oak Vw. Eden. . . . 1K 147
Oak Vw. Wokgm . . . 4A 30
Oakview Gro. Croy. . . . 7H 47
Oak Wlk. Fay . . . 8E 180
Oak Way. SW20. . . . 3H 43
Oakway. Alder . . . 4C 110
Oak Way. Asht . . . 3N 79
Oakway. Brom . . . 1N 47
Oak Way. Craw. . . . 2C 182
Oak Way. Croy. . . . 5G 47
Oak Way. Felt. . . . 2F 22
Oak Way. Man H . . . 9B 198
Oak Way. Reig . . . 4B 122
Oakway. Wok. . . . 6H 73
Oakway Dri. Frim. . . . 5C 70
Oakwood. C Crook. . . . 9B 88
Oakwood. Guild. . . . 7K 93
Oakwood. Wall. . . . 5F 62
Oakwood Av. Beck . . . 1M 47
Oakwood Av. Eps . . . 5N 59
Oakwood Av. Mitc . . . 1B 44
Oakwood Av. Purl. . . . 8M 63
Oakwood Clo. E Hor. . . . 5F 96
Oakwood Clo. Red. . . . 3E 122
Oakwood Clo. S Nut . . . 5K 123
Oakwood Ct. Bisl. . . . 3D 72
Oakwood Dri. E Hor . . . 5F 96
Oakwood Gdns. Knap . . . 5D 72
Oakwood Gdns. Sutt. . . . 8M 43
Oakwood Hall. Kgswd . . . 1A 102
Oakwoodhill. . . . 1N 177
Oakwood Ind. Pk. Craw . . . 8E 162
Oakwood Pk. F Row . . . 7H 187
Oakwood Pl. Croy . . . 5L 45
Oakwood Ri. Cat . . . 3B 104
Oakwood Rd. SW20. . . . 9F 26
Oakwood Rd. Brack. . . . 1C 32
Oakwood Rd. Croy. . . . 5L 45
Oakwood Rd. Horl . . . 7E 142
Oakwood Rd. Mers . . . 7L 103
Oakwood Rd. Vir W . . . 4M 35
Oakwood Rd. W'sham . . . 3B 52
Oakwood Rd. Wok. . . . 6H 73
Oareborough. Brack . . . 3C 32
Oarsman Pl. E Mol. . . . 3E 40
Oast Ho. Clo. Wray . . . 1A 20
Oast Ho. Cres. Farnh. . . . 6H 109
Oast Ho. Dri. Fleet. . . . 1D 88
Oast Ho. La. Farnh . . . 7J 109
Oast La. Alder. . . . 5N 109
Oast Lodge. W4 . . . 3D 12 (off Corney Reach Way)
Oast Rd. Oxt . . . 9B 106
Oates Clo. Brom . . . 2N 47
Oates Wlk. Craw . . . 6D 182
Oatfield Rd. Tad. . . . 7G 80
Oatlands. Craw. . . . 4M 181
Oatlands. Horl. . . . 7G 142
Oatlands Av. Wey. . . . 2E 56
Oatlands Chase. Wey . . . 9F 38
Oatlands Clo. Wey. . . . 1D 56
Oatlands Dri. Wey . . . 1D 56
Oatlands Grn. Wey. . . . 9E 38
Oatlands Mere. Wey. . . . 9E 38
Oatlands Park. . . . 9F 38
Oatlands Rd. Tad. . . . 6K 81
Oatsheaf Pde. Fleet . . . 5A 88
Oban Rd. SE25 . . . 3A 46
Obelisk Way. Camb . . . 9A 50 (in two parts)
Oberon Way. Craw. . . . 6K 181
Oberon Way. Shep. . . . 2N 37
Oberursel Way. Alder. . . . 2L 109
Observatory Rd. SW14 . . . 7B 12
Observatory Wlk. Red. . . . 3D 122
Occam Rd. Sur R . . . 3G 112
Occupation Rd. Eps. . . . 4C 60
Ocean Ho. Brack . . . 1N 31
Ockenden Clo. Wok. . . . 5B 74
Ockenden Gdns. Wok . . . 5B 74
Ockenden Rd. Wok . . . 5B 74
Ockfields. Milf . . . 1C 152
Ockford Ct. G'ming . . . 7G 132
Ockford Dri. G'ming. . . . 8F 132
Ockford Ridge. . . . 8E 132
Ockford Ridge. G'ming . . . 8E 132
Ockford Rd. G'ming. . . . 8F 132
Ockham. . . . 8C 76
Ockham Dri. W Hor. . . . 2E 96
Ockham La. Ock & D'side . . . 8B 76
Ockham Rd. N. Ock & E Hor . . . 7N 75
Ockham Rd. S. E Hor. . . . 4F 96
Ockley. . . . 5D 158
Ockley Ct. Guild. . . . 7D 94
Ockley Ct. Sutt. . . . 1A 62
Ockley Rd. SW16. . . . 5J 29
Ockley Rd. Bear G . . . 1H 159
Ockley Rd. Croy. . . . 6K 45
Ockley Rd. Ewh & Bear G . . . 4F 156
Ockleys Mead. God . . . 7F 104
O'Connor Rd. Alder. . . . 6C 90
Octagon Rd. W Vill . . . 5F 56
Octavia. Brack. . . . 7M 31
Octavia Clo. Mitc . . . 4C 44
Octavia Rd. Iswth . . . 6E 10
Octavia Way. Stai . . . 7J 21
Odard Rd. W Mol . . . 3A 40
Odiham Rd. Farnh . . . 5E 108
Offers Ct. King T . . . 2M 41 (5L 203)
Offley Pl. Iswth . . . 5D 10
Off Up. Manor Rd. G'ming . . . 4H 133 (off Up. Manor Rd.)
Ogden Ho. Felt . . . 4M 23
Ogden Pk. Brack . . . 2C 32
Oglethorpe Ct. G'ming. . . . 7G 133 (off High St.)
Oil Mill La. W6. . . . 1F 12

Okeburn Rd.—Ormonde Rd.

Okeburn Rd. SW17 . . . . 6E 28
Okehurst La. Bil 9B 194
Okingham Clo. Owl 5J 49
Oldacre. W End 8C 52
Old Acre. Wok 1J 75
Oldacre M. SW12 . . . . 1E 28
Old Av. W Byf 9G 55
Old Av. Wey 4D 56
Old Av. Clo. W Byf 9G 54
Old Bakery M. Alb 8K 115
Old Barn Clo. Sutt 4K 61
Old Barn Cotts. K'fold 2J 179
Old Barn Dri. Capel 4K 159
Old Barn La. Churt 8N 149
Old Barn La. Kenl 3C 84
Old Barn Rd. Eps 4B 80
Old Barn Vw. G'ming 9F 132
Old Bath Rd. Coln & W Dray . . . 4G 6
Old Bisley Rd. Frim 4E 70
Old Bracknell Clo. Brack 2N 31
Old Bracknell La. E. Brack 2N 31
Old Bracknell La. W. Brack . . . 2M 31
Old Brentford. 3K 11
Old Brickfield Rd. Alder 5N 109
Old Bri. St. Hamp W 1K 41 (3G 203)
Old Brighton Rd. Peas P . . . . . 3N 199 & 9A 182
Old Brighton Rd. S. Low H 6C 162
Old Brompton Rd. SW5 & SW7 . . . 1M 13
Oldbury. Brack 2L 31
Oldbury Clo. Frim 6D 70
Oldbury Clo. H'ham 1N 197
Old Bury Hill. 7E 118
Old Bury Hill Ho. Westc 7E 118
Oldbury Rd. Cher 6G 36
Old Chapel La. As 2E 110
Old Charlton Rd. Shep 4D 38
Old Char Wharf. Dork 4F 118 (1G 201)
Old Chertsey Rd. Chob 6L 53
Old Chestnut Av. Clar P 3A 58
Old Chiswick Yd. W4 . . . . 2D 12 (off Pumping Sta. Rd.)
Old Church La. Farnh 4J 129
Old Church Path. Esh 1C 58
Old Claygate La. Clay 3G 58
Old Coach Rd. Cher 4F 36
Old Common. 9J 57
Old Comn. Rd. Cob 9J 57
Old Compton La. Farnh 1K 129
Old Convent. E Grin 8A 166
Oldcorne Hollow. Yat 1A 68
Old Corn M. G'ming 5J 133
Old Cote Dri. Houn 2A 10
Old Coulsdon. 7L 83
Old Ct. Asht 6L 79
Old Ct. Rd. Guild 4K 113
Old Cove Rd. Fleet 2C 88
Old Crawley Rd. Fay 2B 198
Old Cross Tree Way. Ash G 4G 111
Old Dairy M. SW12 . . . . 2E 28
Old Dean Rd. Camb 8B 50
Old Deer Pk. Gdns. Rich 6L 11
Old Denne Gdns. H'ham 7J 197
Old Devonshire Rd. SW12 . . . . 1F 28
Old Dock Clo. Rich 2N 11
Old Dorking Rd. Warn 2H 197
Old Dri. Gom 7D 116
Olde Farm Dri. B'water 9G 48
Old Elstead Rd. Milf 9B 132
Olden La. Purl 8L 63
Old Epsom Rd. E Clan 9M 95
Old Esher Clo. W on T 2L 57
Old Esher Rd. W on T 2L 57
Old Farleigh Rd. S Croy & Warl . . . 6F 64
Old Farm Clo. SW17 . . . . 3C 28
Old Farm Clo. Houn 7N 9
Old Farm Dri. Brack 8A 16
Old Farm Ho. Dri. Oxs 2D 78
Old Farm Pas. Hamp 9C 24
Old Farm Pl. Ash V 9D 90
Old Farm Rd. Guild 9N 93
Old Farm Rd. Hamp . . . . 7N 23 (in two parts)
Old Farnham La. Farnh (GU10) . . . 2A 128
Old Farnham La. Farnh (GU9) . . . 3H 129
Old Ferry Dri. Wray 9M 5
Oldfield Clo. Horl 1D 162
Oldfield Ct. Surb 8L 203
Oldfield Gdns. Asht 6K 79
Oldfield Ho. W4 . . . . 1D 12 (off Devonshire Rd.)
Oldfield Rd. SW19 . . . . 7K 27
Oldfield Rd. Hamp 9N 23
Oldfield Rd. Horl 1D 162
Oldfields Rd. Sutt 9L 43
Oldfields Trad. Est. Sutt 9M 43
Oldfieldwood. Wok 4D 74
Old Forge Ct. Shalf 9B 114
Old Forge Cres. Shep 5C 38
Old Forge End. Sand 8G 49
Old Forge, The. Slin 5L 195
Old Fox Clo. Cat 8M 83
Old Frensham Rd. Lwr Bo 5J 129
Old Glebe. Fern 9F 188
Old Grn. La. Camb 8A 50
Old Guildford Rd. Broad H 4D 196
Old Guildford Rd. Frim G 9F 70
Old Harrow La. W'ham 5L 87
Old Haslemere Rd. Hasl 3G 189
Old Heath Way. Farnh 5H 109
Old Hill. Orp 3M 67
Old Hill. Wok 7N 73
Old Hill Est. Wok 7N 73
Old Holbrook. H'ham 9L 179
Old Hollow. Worth 3K 183
Old Horsham Rd. Bear G 6J 139
Old Horsham Rd. Craw 5N 181
Old Hospital Clo. SW17 . . . . . . 2D 28
Old Ho. Clo. SW19 . . . . 6K 27
Old Ho. Clo. Eps 6E 60
Old Ho. Gdns. Twic 9J 11
Oldhouse La. Bisl 1D 72
Oldhouse La. W'sham 4M 51
Old Ho. M. H'ham 6J 197
Old Isleworth. 6H 11
Old Kiln Clo. Churt 8L 149
Old Kiln La. Brock 3B 120
Old Kiln La. Churt 7L 149
Old Kiln Mus. & Rural Life Cen. . . . 8L 129
Old Kingston Rd. Wor Pk 8B 42
Old Lands Hill. Brack 9B 16
Old La. Alder (GU11) 5M 109
Old La. Alder (GU12) 1C 110
Old La. Dock 5F 148
Old La. Ock & Cobh 4C 76
Old La. Oxt . . . . 7B 106 (in two parts)
Old La. Tats 7F 86
Old La. Gdns. Cob 9H 77
Old Lodge Clo. G'ming 8E 132
Old Lodge La. Purl 9K 63
Old Lodge Pl. Twic 9H 11
Old London Rd. E Hor 4H 97
Old London Rd. Eps . . . . 6F 80 (in two parts)
Old London Rd. King T 1L 41 (3K 203)
Old London Rd. Mick 5J 99
Old Malden. 7D 42
Old Malden La. Wor Pk 8C 42
Old Malt Way. Wok 4N 73
Old Mnr. Clo. Craw 1M 181
Old Mnr. Ct. Craw 1M 181
Old Mnr. Dri. Iswth 9C 10
Old Manor Gdns. Chil 9E 114
Old Mnr. Ho. M. Shep 2B 38
Old Mnr. La. Chil 9E 114
Old Mnr. Yd. SW5 . . . . 1N 13
Old Martyrs. Craw 9B 162
Old Merrow St. Guild 9F 94
Old Mill La. Red 6F 102
Old Millmeads. H'ham 3J 197
Old Mill Pl. Hasl 1D 188
Old Mill Pl. Wray 9D 6
Old Monteagle La. Yat 9A 48
Old Museum Ct. Hasl 2H 189
Old Nursery Pl. Ashf 6C 22
Old Oak Av. Coul 6C 82
Old Oak Clo. Chess 1M 59
Old Orchard. Byfl 8A 56
Old Orchard. Sun 1K 39
Old Orchards. M'bowr 3J 183
Old Orchard, The. Farnh 4E 128
Old Overthorpe. Small 1M 163
Old Oxted. 8N 105
Old Pal. La. Rich 8J 11
Old Pal. Rd. Croy . . . 9M 45 (4A 200)
Old Pal. Rd. Guild 4K 113
Old Pal. Rd. Wey 9C 38
Old Pal. Ter. Rich 8K 11
Old Pal. Yd. Rich 8J 11
Old Pk. Av. SW12 . . . . 1E 28
Old Pk. Clo. Farnh 6F 108
Old Pk. La. Farnh . . . . 5E 108 (in two parts)
Old Pk. M. Houn 3N 9
Old Parvis Rd. W Byf 8L 55
Old Pasture Rd. Frim 4D 70
Old Pharmacy Ct. Crowt 3G 49
Old Pond Clo. Camb 5A 70
Old Portsmouth Rd. Camb 1E 70
Old Portsmouth Rd. G'ming & P'mrsh 3L 133
Old Portsmouth Rd. Thur 6H 151
Old Post Cotts. Broad H 5D 196
Old Pottery Clo. Reig 5N 121
Old Pound Clo. Iswth 5G 10
Old Pound Cotts. If'd 2J 181
Old Priory La. Warf 7B 16
Old Pump Ho. Clo. Fleet 3D 88
Old Quarry, The. Hasl 4D 188
Old Rectory Clo. Brmly 5B 134
Old Rectory Clo. Tad 2F 100
Old Rectory Dri. As 2F 110
Old Rectory Gdns. Farnb 1B 90
Old Rectory Gdns. G'ming 9J 133
Old Rectory La. E Hor 4F 96
Old Redstone Dri. Red 4E 122
Old Reigate Rd. Bet 3A 120
Old Reigate Rd. Dork 3L 119
Oldridge Rd. SW12 . . . . 1E 28
Old Rd. Add 4H 55
Old Rd. Buck 3D 120
Old Rd. E Grin 9B 166
Old Row Ct. Wokgm 2B 30
Old St Mary's. W Hor 7C 96
Old Sawmill La. Crowt 1H 49
Old School Clo. SW19 . . . . 1M 43
Old School Clo. As . . . . 1E 110 (in two parts)
Old School Clo. Beck 1G 47
Old School Clo. Fleet 4B 88
Old School Ct. Wray 1A 20
Old School Ho. Eden 2L 147
Old School La. Brock 6A 120
Old School La. Yat 9B 48
Old School M. Stai 6F 20
Old School M. Wey 1E 56
Old School Pl. Ling 7N 145
Old School Pl. Wok 8A 74
Old Schools La. Eps 5E 60
Old School Sq. Th Dit 5F 40
Old School Ter. Fleet . . . . 4B 88 (off Old School Clo.)
Old Slade La. Iver 1H 7
Old Sta. App. Lea 8G 78
Old Sta. Clo. Craw D 2E 184
Old Sta. Gdns. Tedd . . . . 7G 24 (off Victoria Rd.)
Old Sta. Way. G'ming 6H 133
Oldstead. Brack 4B 32
Old Surrey Hall. 6G 166
Old Swan Yd. Cars 1D 62
Old Thorn. 6F 172
Old Tilburstow Rd. God 3F 124
Old Town. Croy 9M 45 (4A 200)
Old Tye Av. Big H 3G 87
Old Welmore. Yat 1D 68
Old Westhall Clo. Warl 6F 84
Old Wharf Way. Wey 1A 56
Old Wickhurst La. Broad H 7D 196
Old Windsor. 9K 5
Old Windsor Lock. Old Win 8M 5
Old Woking. 8D 74
Old Wokingham Rd. Wokgm & Crowt 6G 31
Old Woking Rd. W Byf 9H 55
Old Woking Rd. Wok 6D 74
Oldwood Chase. Farnb 2G 89
Old York Rd. SW18 . . . . 8N 13
Oleander Clo. Crowt 9E 30
Oleander Clo. Orp 2M 67
Oliver Av. SE25 . . . . 2C 46
Oliver Clo. W4 . . . . 2A 12
Oliver Clo. Add 1K 55
Oliver Gro. SE25 . . . . 3C 46
Olive Rd. SW19 . . . . 8A 28
Oliver Rd. Asc 3L 33
Oliver Rd. H'ham 7G 197
Oliver Rd. N Mald 1B 42
Oliver Rd. Sutt 1B 62
Olivette St. SW15 . . . . 6J 13
Olivia Ct. Wokgm 2A 30
Olivier Rd. M'bowr 4H 183
Ollerton. Brack 7M 31
Olley Clo. Wall 4J 63
Olveston Wlk. Cars 5B 44
O'Mahoney Ct. SW17 . . . . 4A 28
Omega Rd. Wok 3C 74
Omega Way. Egh 9E 20
Omnibus Building. Reig 4N 121
One Tree Hill Rd. Guild 4D 114
Ongar Clo. Add 3H 55
Ongar Hill. Add 3J 55
Ongar Pde. Add 3J 55
Ongar Pl. Add 3J 55
Ongar Rd. SW6 . . . . 2M 13
Ongar Rd. Add 2J 55
Onslow Av. Rich 8L 11
Onslow Av. Sutt 6L 61
Onslow Clo. Th Dit 7E 40
Onslow Clo. Wok 4C 74
Onslow Cres. Wok 4C 74
Onslow Dri. Asc 8L 17
Onslow Gdns. S Croy 8D 64
Onslow Gdns. Th Dit 7E 40
Onslow Gdns. Wall 3G 62
Onslow Ho. King T 1L 203
Onslow M. Cher 5H 37
Onslow Rd. Asc 6E 34
Onslow Rd. Croy 6K 45
Onslow Rd. Guild 3N 113 (3D 202)
Onslow Rd. N Mald 3F 42
Onslow Rd. Rich 8L 11
Onslow Rd. W on T 1G 57
Onslow St. Guild 4M 113 (5B 202)
Onslow Village. 5J 113
Onslow Way. Th Dit 7E 40
Onslow Way. Wok 2H 75
Ontario Clo. Small 9L 143
Openfields. Hdly 4D 168
Openview. SW18 . . . . 2A 28
Ophelia Ho. W6 . . . . 1J 13 (off Fulham Pal. Rd.)
Opladen Way. Brack 4A 32
Opossum Way. Houn 6K 9
Opus Pk. Sly I 8N 93
Oracle Cen. Brack 1A 32
Orange Ct. La. Orp 5J 67
Orangery, The. Rich 3J 25
Orbain Rd. SW6 . . . . 3K 13
Orchard Av. Ashf 7D 22
Orchard Av. Croy 8H 47
Orchard Av. Felt 8E 8
Orchard Av. Houn 3M 9
Orchard Av. Mitc 7E 44
Orchard Av. N Mald 1D 42
Orchard Av. Th Dit 7G 41
Orchard Av. Wind 4D 4
Orchard Av. Wdhm 7H 55
Orchard Bus. Cen. Red 3E 142
Orchard Clo. Ashf 7D 22
Orchard Clo. SW20 . . . . 3H 43
Orchard Clo. Ash V 8E 90
Orchard Clo. Bad L 6N 109
Orchard Clo. Bans 1N 81
Orchard Clo. B'water 5L 69
Orchard Clo. E Hor 2G 97
Orchard Clo. Eden 1K 147
Orchard Clo. Egh 6D 20
Orchard Clo. Elst 7H 131
Orchard Clo. Fet 9D 78
Orchard Clo. Guild 3D 114
Orchard Clo. Hasl 3D 188
Orchard Clo. Horl 7D 142
Orchard Clo. Lea 6F 78
Orchard Clo. Norm 3M 111
Orchard Clo. Surb 7H 41
Orchard Clo. W on T 6J 39
Orchard Clo. W End 9A 52
Orchard Clo. W Ewe 3A 60
Orchard Clo. Wok 3D 74
Orchard Clo. Wokgm 2C 30
Orchard Cotts. Charl 3L 161
Orchard Cotts. Chil 9G 114
Orchard Cotts. King T 9M 25 (2M 203)
Orchard Ct. Brack 1A 32
Orchard Ct. Iswth 3D 10
Orchard Ct. Ling 8N 145
Orchard Ct. Twic 3D 24
Orchard Ct. Wall 2F 62
Orchard Ct. W Dray 3L 7
Orchard Ct. Wor Pk 7F 42
Orchard Dene. W Byf . . . . 9J 55 (off Madeira Rd.)
Orchard Dri. Asht 7K 79
Orchard Dri. Eden 1K 147
Orchard Dri. Shep 2F 38
Orchard Dri. Wok 2A 74
Orchard End. Cat 9B 84
Orchard End. Fet 2C 98
Orchard End. Rowl 8E 128
Orchard End. Wey 8F 38
Orchard Fld. Rd. G'ming 4J 133
Orchard Fields. Fleet 4A 88
Orchard Gdns. Alder 4A 110
Orchard Gdns. Chess 1L 59
Orchard Gdns. Cranl 8A 156
Orchard Gdns. Eff 6M 97
Orchard Gdns. Eps 1B 80
Orchard Gdns. Sutt 2M 61
Orchard Ga. Esh 7D 40
Orchard Ga. Sand 7G 49
Orchard Gro. Croy 6H 47
Orchard Hill. Cars 2D 62
Orchard Hill. Rud 1D 194
Orchard Hill. W'sham 4A 52
Orchard Ho. SW6 . . . . 3L 13 (off Varna Rd.)
Orchard Ho. Guild . . . . 2F 114 (off Merrow St.)
Orchard Ho. Tong 5D 110
Orchard La. SW20 . . . . 9G 27
Orchard La. E Mol 5D 40
Orchard Lea Clo. Wok 2G 75
Orchard Leigh. Lea 9H 79
Orchard Mains. Wok 6M 73
Orchard Mobile Home Pk. Tad . . . 8A 100
Orchard Pk. Cvn. Site. Out 3K 143
Orchard Pl. Kes 5E 66
Orchard Pl. Wokgm 2B 30
Orchard Ri. Croy 7H 47
Orchard Ri. King T 9B 26
Orchard Ri. Rich 7A 12
Orchard Rd. Farnb 1M 89
Orchard Rd. Bad L 6M 109
Orchard Rd. Bren 2J 11
Orchard Rd. Chess 1L 59
Orchard Rd. Dork 6H 119
Orchard Rd. F'boro 2K 67
Orchard Rd. Felt 2H 23
Orchard Rd. Guild 8D 94
Orchard Rd. Hamp 8N 23
Orchard Rd. H'ham 7L 197
Orchard Rd. Houn 8N 9
Orchard Rd. King T 1L 41 (4J 203)
Orchard Rd. Mitc 7E 44
Orchard Rd. Old Win 9L 5
Orchard Rd. Onsl 5J 113
Orchard Rd. Reig 3N 121
Orchard Rd. Rich 6N 11
Orchard Rd. Shalf 9A 114
Orchard Rd. Shere 8B 116
Orchard Rd. Small 8N 143
Orchard Rd. S Croy 1E 84
Orchard Rd. Sun 8J 23
Orchard Rd. Sutt 2M 61
Orchard Rd. Twic 8G 11
Orchards Clo. W Byf 1J 75
Orchard Sq. W14 . . . . 1L 13
Orchards, The. H'ham 3M 197
Orchards, The. If'd 4J 181
Orchard St. Craw 3B 182
Orchard, The. Bans 2M 81
Orchard, The. Broad H 5D 196
Orchard, The. Eps . . . . 4E 60 (Meadow Wlk.)
Orchard, The. Eps . . . . 6E 60 (Tayles Hill)
Orchard, The. Horl 8E 142
Orchard, The. H'ham 4A 198
Orchard, The. Houn 5C 10
Orchard, The. Light 7L 51
Orchard, The. N Holm 9J 119
Orchard, The. Vir W 4A 36
Orchard, The. Wey 1C 56
Orchard, The. Wok 9A 74
Orchard Way. Ashf 3A 22
Orchard Way. Add 2K 55
Orchard Way. Alder 4A 110
Orchard Way. Camb 4N 69
Orchard Way. Croy 7H 47
Orchard Way. Dork 6H 119
Orchard Way. E Grin 1N 185
Orchard Way. Esh 3C 58
Orchard Way. Norm 3M 111
Orchard Way. Oxt 2C 126
Orchard Way. Reig 6N 121
Orchard Way. Send 3E 94
Orchard Way. Sutt 1B 62
Orchard Way. Tad 4L 101
Orchid Clo. Chess 4J 59
Orchid Ct. Egh 5D 20
Orchid Dri. Bisl 2D 72
Orchid Mead. Bans 1N 81
Orde Clo. Craw 9H 163
Ordnance Clo. Felt 3H 23
Ordnance Rd. Alder 2N 109
Ordnance Roundabout. Alder . . . 2N 109
Oregano Way. Guild 7K 93
Oregon Clo. N Mald 3B 42
Orestan La. Eff 5J 97
Orewell Gdns. Reig 5N 121
Orford Ct. SE27 . . . . 3M 29
Orford Gdns. Twic 3F 24
Organ Crossroads. (Junct.) 4F 60
Oriel Clo. Craw 9G 162
Oriel Clo. Mitc 3H 45
Oriel Ct. Croy 7A 46 (1D 200)
Oriel Dri. SW13 . . . . 2H 13
Oriel Hill. Camb 2B 70
Oriental Clo. Wok 4B 74
Oriental Rd. Asc 3A 34
Oriental Rd. Wok 4B 74
Orion. Brack 7M 31
Orion Cen., The. Croy 8J 45
Orion Ct. Bew 5J 181
Orlando Gdns. Eps 6C 60
Orleans Clo. Esh 8D 40
Orleans Ct. Twic 1H 25
Orleans House Gallery. 2H 25
Orleans Rd. Twic 1H 25
Orltons La. Rusp 8E 160
Ormathwaites Corner. Warf . . . 8C 16
Ormeley Rd. SW12 . . . . 2F 28
Orme Rd. King T 1A 42
Ormerod Gdns. Mitc 1E 44
Ormesby Wlk. Craw 5F 182
Ormond Av. Hamp 9B 24
Ormond Av. Rich 8K 11
Ormond Cres. Hamp 9B 24
Ormond Dri. Hamp 8B 24
Ormonde Av. Eps 6C 60
Ormonde Ct. SW15 . . . . 7H 13
Ormonde Rd. SW14 . . . . 6B 12
Ormonde Rd. G'ming 5H 133
Ormonde Rd. Wok 3M 73
Ormonde Rd. Wokgm 3A 30

260 A-Z Surrey

Pk. Gate Cotts.—Pembroke Pde.

Pk. Gate Cotts. Cranl 7K 155
Pk. Gate Ct. Hamp H 7C 24
Pk. Gate Ct. Wok 5A 74
Parkgate Gdns. SW14 8C 12
Parkgate Rd. Newd 9A 140
Parkgate Rd. Reig 4N 121
Parkgate Rd. Wall 2E 62
Park Grn. Bookh 2A 98
Pk. Hall Rd. SE21 4N 29
Pk. Hall Rd. Reig 1M 121
Pk. Hall Trad. Est. SE21 4N 29
Parkham Ct. Brom 1N 47
Park Hill. Cars 3C 62
Park Hill. C Crook 8A 88
Park Hill. Rich 9M 11
Parkhill Clo. B'water 2J 69
Pk. Hill Clo. Cars 2C 62
Pk. Hill Ct. SW17 4D 28
Pk. Hill M. S Croy 2A 64 (8E 200)
Pk. Hill Ri. Croy 8B 46
Parkhill Rd. B'water 2J 69
Pk. Hill Rd. Brom 1N 47
Pk. Hill Rd. Croy 8B 46 (3F 200)
Parkhill Rd. Eps 7E 60
Pk. Hill Rd. Wall 4F 62
Park Horsley. E Hor 7H 97
Park Ho. Dri. Reig 5L 121
Park House Gardens. 6K 197
(off North St.)
Park Ho. Gdns. Twic 8J 11
Parkhurst. Eps 6B 60
Parkhurst Fields. Churt 9L 149
Parkhurst Gro. Horl 7D 142
Parkhurst Rd. Guild 2K 113
Parkhurst Rd. Horl 7C 142
Parkhurst Rd. Sutt 1B 62
Parkland Av. Slou 1N 5
Parkland Dri. Brack 9C 16
Parkland Gdns. SW19 2J 27
Parkland Gro. Ashf 5B 22
Parkland Gro. Farnh 4L 109
Parkland Rd. Ashf 5B 22
Parklands. Add 2L 55
Parklands. Bookh 1A 98
Parklands. N Holm 9H 119
Parklands. Oxt 9A 106
Parklands. Red 1E 122
Parklands. Surb 4M 41
Parklands Clo. SW14 8B 12
Parklands Clo. Cher 9E 36
Parklands Cotts. Shere 1A 136
Parklands Ct. Houn 5L 9
Parklands Gro. Iswth 4F 10
Parklands Pde. Houn 5L 9
Parklands Pl. Guild 3D 114
Parklands Rd. SW16 6F 28
Parklands Way. Wor Pk 8D 42
Park La. Asht 5M 79
Park La. Ash W 3F 186
Park La. Binf 9K 15
Park La. Brook 2J 171
Park La. Camb 1A 70
Park La. Cars 1E 62
Park La. Churt 9G 149
Park La. Coul 8H 83
Park La. Cran 3H 9
Park La. Croy 9A 46 (3D 200)
Park La. Guild 9F 94
Park La. Hort 6C 6
Park La. Ockl 4F 158
Park La. Reig 5K 121
Park La. Rich 7K 11
Park La. Sutt 3K 61
Park La. Tedd 7F 24
Park La. Wink 2M 17
Park La. E. Reig 6L 121
Park La. Mans. Croy 5D 200
Park Langley 3M 47
Parklawn Av. Eps 9A 60
Pk. Lawn Av. Horl 6D 142
Pk. Lawn Rd. Wey 1D 56
Parkleigh Rd. SW19 1N 43
Park Ley Rd. Wold 7G 85
Parkleys. Rich 5K 25
Parkleys Pde. Rich 5K 25
Park Mnr. Sutt 4A 62
(off Christchurch Pk.)
Parkmead. SW15 9G 12
Parkmead. Cranl 6A 156
Park M. SE24 1N 29
Park M. Stanw 1A 22
Parkpale La. Bet 8N 119
Park Pl. C Crook 8A 88
Park Pl. Hamp H 7C 24
Park Pl. H'ham 7J 197
Park Pl. Wok 5B 74
(off Hill Vw. Rd.)
Park Ride. Wind 1A 18
Park Ri. H'ham 4H 197
Park Ri. Lea 8H 79
Park Ri. Clo. Lea 8H 79
Park Rd. Ashf 6C 22
Park Rd. Farnb 4C 90
Park Rd. SE25 3B 46
Park Rd. SW19 7B 28
Park Rd. W4 3B 12
Park Rd. Alb 9N 115
Park Rd. Alder 4N 109
Park Rd. Asht 5L 79
Park Rd. Bans 2N 81
Park Rd. Brack 1B 32
Park Rd. Camb 3A 70
Park Rd. Cat 1B 104
Park Rd. Cheam 3K 61
Park Rd. Crow 9A 126
Park Rd. Dor P 4A 166
Park Rd. E Grin 9N 165
Park Rd. E Mol 3C 40
Park Rd. Egh 5C 20
Park Rd. Esh 1B 58
Park Rd. Farnh 8J 109
Park Rd. Fay 8E 180
Park Rd. Felt 5L 23
Park Rd. F Row 7H 187
Park Rd. G'ming 9H 133
Park Rd. Guild 3N 113 (3C 202)
Park Rd. Hack 8F 44
Park Rd. Hamp H 5B 24
Park Rd. Hamp W 9J 25
Park Rd. Hand 9N 199
Park Rd. Hasl 2G 188
Park Rd. Houn 8B 10
Park Rd. Iswth 4H 11
Park Rd. Kenl 2N 83
Park Rd. King T 6M 25 (1M 203)
Park Rd. N Mald 3C 42
Park Rd. Oxt 6B 106
Park Rd. Red 1D 122
Park Rd. Rich 9M 11
Park Rd. Sand 8H 49
Park Rd. Shep 7B 38
Park Rd. Slin 5L 195
Park Rd. Small 1N 163
Park Rd. Stanw 9K 7
Park Rd. Sun 8J 23
Park Rd. Surb 5M 41
Park Rd. Tedd 7F 24
Park Rd. Twic 9J 11
Park Rd. Wall 2F 62
Park Rd. Warl 1A 86
Park Rd. Wok 4B 74
(in two parts)
Park Rd. Wokgm 2A 30
Park Rd. Ho. King T 8N 25 (1M 203)
Park Rd. N. W4 1C 12
Park Rd. Roundabout. Farnb 5C 90
Park Row. Farnh 9G 109
Parkshot. Rich 7K 11
Parkside. SW19 4J 27
Parkside. Craw 3C 182
Parkside. E Grin 9M 165
Parkside. Farnh 6H 109
Parkside. Hamp H 6D 24
Park Side. New H 7K 55
Parkside. Sutt 3K 61
Parkside Av. SW19 6J 27
Parkside Clo. E Hor 3G 96
Parkside Cotts. W Cla 1J 115
Parkside Ct. Wey 1B 56
Parkside Cres. Surb 5B 42
Parkside Gdns. SW19 5J 27
Parkside Gdns. Coul 4F 82
Parkside M. H'ham 6K 197
Parkside Pl. E Hor 3G 96
Parkside Rd. Asc 5D 34
Parkside Rd. Houn 8B 10
Parkside Ter. Orp 1K 67
(off Willow Wlk.)
Park Sq. Esh 1B 58
Park Sq. Wink 2M 17
Parkstead Rd. SW15 8F 12
Parkstone Dri. Camb 2A 70
Park Street. 5K 195
Park St. Bag 4J 51
Park St. Camb 9A 50
Park St. Coln 4F 6
Park St. Croy 9N 45 (3C 200)
Park St. Guild 5M 113 (6B 202)
Park St. H'ham 6K 197
Park St. Slin 5K 195
Park St. Tedd 7E 24
Park St. Wind 4G 5
Parkstreet La. Slin 5J 195
Park Ter. Cars 9C 44
Park Ter. Wor Pk 7F 42
Park Ter. Courtyard. H'ham 7K 197
(off Park Ter. W.)
Park Ter. E. H'ham 7K 197
Pk. Terrace W. H'ham 7K 197
Park, The. Bookh 1A 98
Park, The. Cars 2D 62
Park, The. Dork 7G 118
Parkthorne Rd. SW12 1H 29
Park Vw. Add 2L 55
Park Vw. Bag 4H 51
Park Vw. Bookh 3A 98
Park Vw. Craw 4A 182
Park Vw. Horl 8E 142
Park Vw. N Mald 2E 42
Pk. View Clo. Eden 1K 147
Parkview Ct. SW6 5K 13
Parkview Ct. SW18 8M 13
Pk. View Ct. Wok 6B 74
Pk. View Rd. Croy 7D 46
Pk. View Rd. Red 1E 142
Pk. View Rd. Wold 9H 85
Parkview Va. Guild 9E 94
Park Vs. B'water 4L 69
Parkville Rd. SW6 3L 13
Park Wlk. Asht 6M 79
Parkway. SW20 3J 43
Park Way. Bookh 1A 98
Parkway. Camb 3A 70
Park Way. Craw 2F 182
Parkway. Crowt 2F 48
Parkway. Dork 4G 119 (1J 201)
Park Way. Felt 1J 23
Parkway. Guild 2A 114 (1D 202)
Park Way. Horl 8E 142
Park Way. H'ham 6J 197
Parkway. New Ad 5L 65
Park Way. W Mol 2B 40
Park Way. Wey 9E 38
Parkway, The. Houn 2H 9
Parkway, The. Houn & S'hall 1H 9
Parkway Trad. Est. Houn 2K 9
Parkwood Av. Esh 7C 40
Pk. Wood Clo. Bans 2J 81
Parkwood Gro. Sun 2H 39
Parkwood Rd. SW19 6L 27
Pk. Wood Rd. Bans 2J 81
Parkwood Rd. Iswth 4F 10
Parkwood Rd. Nutf 2J 123
Parkwood Rd. Tats 8G 87
Pk. Wood Vw. Bans 3H 81
Park Works Rd. Nutf 2K 123
Parley Dri. St J 4M 73
Parliamentary Rd. Brkwd 8L 71
Parliament M. SW14 5B 12
Parnell Clo. M'bowr 5H 183
Parnell Gdns. Wey 7B 56
Parnham Av. Light 7A 52
Parr Av. Eps 5G 61
Parr Clo. Lea 7F 78
Parr Ct. Felt 5K 23
Parrington Ho. SW4 1H 29
Parris Cft. Dork 8J 119
Parrock La. Cole H 8M 187
Parrs Clo. S Croy 5A 64
Parrs Pl. Hamp 8A 24
Parry Clo. Eps 4G 60
Parry Clo. H'ham 4B 198
Parry Dri. Wey 6B 56
Parry Rd. SE25 2B 46
Parsley Gdns. Croy 7G 46
Parsonage Bus. Pk. H'ham 4L 197
Parsonage Clo. Warl 3J 85
Parsonage Clo. Westc 7C 118
Parsonage La. Westc 6C 118
Parsonage La. Wind 4D 4
Parsonage Rd. Cranl 7M 155
Parsonage Rd. Eng G 6N 19
Parsonage Rd. H'ham 4K 197
Parsonage Sq. Dork 2J 201
Parsonage Way. Frim 5C 70
Parsonage Way. H'ham 4L 197
Parsons Clo. C Crook 8A 88
Parsons Clo. Hasl 9G 171
Parsons Clo. Horl 7C 142
Parsons Cotts. As 1G 111
Parsons Fld. Sand 7G 49
Parsonsfield Clo. Bans 2J 81
Parsonsfield Rd. Bans 3J 81
Parsons Green 4M 13
Parson's Grn. SW6 4M 13
Parsons Grn. Guild 1N 113
Parsons Grn. Hasl 9G 171
Parsons Grn. Ct. Guild 9N 93
Parson's Grn. La. SW6 4M 13
Parsons La. Hind 3A 170
Parson's Mead. Croy 7M 45 (1A 200)
Parsons Mead. E Mol 2C 40
Parson's Ride. Brack 6D 32
Parsons Wlk. H'ham 8F 196
Parthenia Rd. SW6 4M 13
Parthia Clo. Tad 6G 81
Parthings La. H'ham 9E 196
Partridge Av. Yat 9A 48
Partridge Clo. Ews 4C 108
Partridge Clo. Frim 5C 70
Partridge Knoll. Purl 8M 63
Partridge La. Newd 7C 140
Partridge La. Rusp 8C 160
Partridge Mead. Bans 2H 81
Partridge Pl. Turn H 3F 184
Partridge Rd. Hamp 7N 23
Partridge Way. Guild 1F 114
Parvis Rd. W Byf & Byfl 9K 55
Paschal Rd. Camb 7D 50
Passage, The. Rich 8L 11
Passfield 8D 168
Passfield Common & Comford Moor 9B 168
Passfield Enterprise Cen. Pass 9C 168
Passfield Mill Bus. Pk. Pass 8C 168
Passfield Rd. Pass 9D 168
Passfields. W14 1L 13
(off Star St.)
Passingham Ho. Houn 2A 10
Pastens Rd. Oxt 9E 106
Paston Clo. Wall 9G 44
Pasture, The. Craw 3G 182
Pasture Wood Rd. Holm M 6K 137
Patching Clo. Craw 2L 181
Patchings. H'ham 5M 197
Paterson Rd. Ashf 6M 21
Pates Mnr. Dri. Felt 1E 22
Pathfield. C'fold 5E 172
Pathfield Clo. C'fold 5E 172
Pathfield Clo. Rud 1E 194
Pathfield Rd. SW16 7H 29
Pathfield Rd. Rud 1E 194
Pathfields. Shere 9B 116
Pathfields Clo. Hasl 1G 189
Pathfinders, The. Farnb 2H 89
Path Link. Craw 2C 182
Path, The. SW19 9N 27
Pathway, The. Binf 6H 15
Pathway, The. Send 3H 95
Patmore La. W on T 3G 56
Patricia Gdns. Sutt 7M 61
Patrick Gdns. Warf 8C 16
Patrington Clo. Craw 6M 181
Patten All. Rich 8K 11
Patten Ash Dri. Wokgm 1D 30
Patten Av. Yat 1B 68
Patten Rd. SW18 1C 28
Patterdale Clo. Craw 5N 181
Patterson Clo. Frim 3G 71
Paul Clo. Alder 4K 109
Paul Ct. Egh 6F 20
Paul Gdns. Croy 8C 46
Paul Gdns. Hay 2E 8
Pauline Cres. Twic 2C 24
Pauls Mead. Ling 6A 146
Paul's Pl. Asht 6A 80
Paved Ct. Rich 8K 11
Pavement Sq. Croy 7D 46
Pavement, The. Craw 3C 182
Pavement, The. Iswth 6G 11
(off South St.)
Pavilion Gdns. Stai 8K 21
(in two parts)
Pavilion La. Alder 1K 109
Pavilion Rd. Alder 3K 109
Pavilions End, The. Camb 3B 70
Pavilion, The. Reig 1C 122
Pavilion Way. E Grin 1A 186
Pavillion, The. Kgswd 1A 102
Paviours. Farnh 9G 109
Pawley Clo. Tong 5D 110
Pawsons Rd. Croy 5N 45
Pax Clo. Bew 5K 181
Paxton Clo. Rich 5M 11
Paxton Clo. W on T 6K 39
Paxton Gdns. Wok 8G 54
(in two parts)
Paxton Rd. W4 2D 12
Payley Dri. Wokgm 9D 14
Payne Clo. Craw 1H 183
Paynesfield Av. SW14 6C 12
Paynesfield Rd. Tats 8E 86
(in two parts)
Paynes Green 1D 178
Paynes Wlk. W6 2K 13
Peabody Clo. Croy 7F 46
Peabody Est. SE24 1M 29
Peabody Est. SW6 2M 13
(off Lillie Rd.)
Peabody Est. W6 1H 13
Peabody Hill. SE21 2M 29
Peabody Rd. Farnb 4B 90
Peace Clo. SE25 3B 46
Peacemaker Clo. Bew 5K 181
Peaches Clo. Sutt 4K 61
Peach Rd. Felt 2H 23
Peach St. Wokgm 2B 30
Peach Tree Clo. Farnb 7M 69
Peacock Av. Felt 2E 22
Peacock Cotts. Brack 3H 31
Peacock Gdns. S Croy 6H 65
Peacock La. Wokgm & Brack 4G 31
Peacocks Shop. Cen., The. Wok 4A 74
Peacock Wlk. Craw 6M 181
Peacock Wlk. Dork 6G 119 (4J 201)
Peaked Hill 1A 110
Peakfield. Fren 3H 149
Peak Rd. Guild 9K 93
Peaks Hill. Purl 6H 63
Peaks Hill Ri. Purl 6J 63
Peall Rd. Croy 5K 45
Peall Rd. Ind. Est. Croy 5K 45
Pearce Clo. Mitc 1E 44
Pearce Rd. W Mol 2B 40
Pearl Ct. Wok 3H 73
Pearmain Clo. Shep 4C 38
Pears Av. Shep 2F 38
Pearscroft Ct. SW6 4N 13
Pearscroft Rd. SW6 4N 13
Pearson Clo. Purl 7M 63
Pearson Rd. Craw 3F 182
Pears Rd. Houn 6C 10
Peartree Av. SW17 4A 28
Pear Tree Av. Fleet 3A 88
Pear Tree Clo. Add 2J 55
Pear Tree Clo. Chess 2N 59
Pear Tree Clo. Lind 5A 168
Peartree Clo. Mitc 1C 44
Peartree Clo. S Croy 1E 84
Pear Tree Ct. Camb 7F 50
Peartree Grn. Duns 2N 173
Pear Tree Hill. Salf 3E 142
Pear Tree La. Rowl 8E 128
Pear Tree Rd. Ashf 6D 22
Pear Tree Rd. Add 2J 55
Peartree Rd. Lind 5A 168
Peary Clo. H'ham 2K 197
Peascod St. Wind 4F 4
Pease Pottage 1M 199
Pease Pottage Hill. Craw 8A 182
Peaslake 5E 136
Peaslake La. Peasl 5E 136
Peasmarsh 2M 133
Peat Comn. Elst 9G 131
Peat Cotts. Elst 9G 131
Peatmoor Clo. Fleet 3A 88
Peatmore Av. Wok 3J 75
Peatmore Clo. Wok 3J 75
Peatmore Dri. Brkwd 8N 71
Pebble Clo. Tad 6D 100
Pebble Hill. Bet 7D 100
Pebble La. Lea 2M 99
(in three parts)
Pebworth Ct. Red 1E 122
Peddlars Gro. Yat 9D 48
Peeble Hill. W Hor 2D 116
Peek Cres. SW19 6J 27
Peeks Brook La. Horl 4J 163
(in two parts)
Peel Av. Frim 7E 70
Peel Cen. Ind. Est. Eps 7D 60
Peel Cen., The. Brack 1M 31
Peel Clo. Wind 6E 4
Peel Ct. Farnb 5A 90
Peel Rd. Orp 2L 67
Pegasus Av. Alder 1C 110
Pegasus Clo. Hasl 3B 188
Pegasus Ct. Bew 5K 181
Pegasus Ct. Bren 1M 11
Pegasus Ct. Fleet 3A 88
Pegasus Ct. King T 2K 41 (6H 203)
Pegasus Pl. SW6 4M 13
Pegasus Rd. Farnb 7L 69
Pegasus Way. E Grin 7D 166
Peggotty Pl. Owl 5K 49
Pegg Rd. Houn 3L 9
Pegler Way. Craw 3B 182
Pegwell Clo. Craw 5L 181
Peket Clo. Stai 9G 21
Pelabon Ho. Twic 9K 11
(off Clevedon Rd.)
Peldon Ct. Rich 7M 11
Peldon Pas. Rich 7M 11
Pelham Ct. Craw 7N 181
Pelham Ct. H'ham 6H 197
Pelham Dri. Craw 7M 181
Pelham Ho. W14 1L 13
(off Mornington Av.)
Pelham Pl. Craw 7N 181
Pelham Rd. SW19 8M 27
Pelham Rd. Beck 1F 46
Pelham's Clo. Esh 1A 58
Pelham's Wlk. Esh 1A 58
Pelham Way. Bookh 4B 98
Pellant Rd. SW6 3K 13
Pelling Hill. Old Win 1L 19
Pelton Av. Sutt 6N 61
Pemberley Chase. W Ewe 2A 60
Pemberley Clo. W Ewe 2A 60
Pemberton Pl. Esh 9C 40
Pemberton Rd. E Mol 3C 40
Pembley Grn. Copt 7A 164
Pembridge Av. Twic 2N 23
Pembridge Pl. SW15 8M 13
Pembroke. Brack 6L 31
Pembroke Av. Surb 4A 42
Pembroke Av. W on T 1L 57
Pembroke B'way. Camb 1A 70
Pembroke Clo. Asc 4A 34
Pembroke Clo. Bans 4N 81
Pembroke Gdns. Wok 5C 74
Pembroke M. Asc 4A 34
Pembroke Pde. Yat 8D 48

Redcote Pl.—Ringley Oak

Redcote Pl. Dork 3K 119
Red Cotts. G'wood 7J 171
Redcourt. Croy 9B 46 (5F 200)
Redcourt. Wok 2F 74
Redcrest Gdns. Camb 1D 70
Redcroft Wlk. Cranl 8N 155
Red Deer Clo. H'ham 5A 198
Reddington Clo. S Croy 5A 64
Reddington Dri. Slou 1B 6
Redding Way. Knap 6E 72
Redditch. Brack 6B 32
Redditch Clo. Craw 7K 181
Reddown Rd. Coul 5H 83
Rede Ct. Farnb 4A 90
Rede Ct. Wey 9C 38 (off Old Pal. Rd.)
Redehall Rd. Small 8M 143
Redenham Ho. SW15 1F 26 (off Ellisfield Dri.)
Redesdale Gdns. Iswth 3G 10
Redfern Av. Houn 1A 24
Redfields La. C Crook 2A 108
Redfields Pk. C Crook 1A 108
Redford Av. Coul 1F 82
Redford Av. H'ham 4H 197
Redford Av. T Hth 3K 45
Redford Av. Wall 3J 63
Redford Clo. Felt 3G 22
Redford Rd. Wind 4A 4
Redgarth Ct. E Grin 7L 165
Redgate Ter. SW15 9J 13
Redgrave Clo. Croy 5C 46
Redgrave Ct. As 2D 110
Redgrave Dri. Craw 4H 183
Redgrave Rd. SW15 6J 13
Redhall Ct. Cat 1A 104
Redhearn Fields. Churt 8K 149
Redhearn Grn. Churt 8K 149
Red Hill. 1L 109
Redhill. 2D 122
Redhill Aerodrome & Heliport. 8H 123
Redhill Ct. SW2 3L 29
Redhill Distribution Cen. Red 2E 142
Redhill Ho. Red 1D 122
Redhill Rd. Cob 9C 56
Red Ho. La. Elst 8G 131
Red Ho. La. W on T 8H 39
Redhouse Rd. Croy 5H 45
Redhouse Rd. Tats 7E 86
Redkiln Clo. H'ham 5M 197
Redkiln Way. H'ham 4M 197
Redlake La. Wokgm 6E 30
Redland Gdns. W Mol 3N 39
Redlands. 5G 139 (Dorking)
Redlands. 5A 108 (Farnham)
Redlands. Coul 3J 83
Redlands. Tedd 7G 25
Redlands Cotts. Mid H 2H 139
Redlands La. Cron & Ews 5A 108
Redlands La. Mid H 2G 139
Redlands, The. Beck 1L 47
Redlands Way. SW2 1K 29
Red La. Hdly 2G 168
Red La. Clay 3G 58
Red La. Dork 1L 139
Red La. Oxt 3D 126
Redleaf. Fet 2D 98
Redleaves Av. Ashf 7C 22
Redlees Clo. Iswth 7G 10
Redlin Ct. Red 1D 122
Red Lion Bus. Pk. Surb 9M 41
Red Lion La. Chob 5H 53
Red Lion La. Farnh 2G 129
Red Lion Rd. Chob 5H 53
Red Lion Rd. Surb 8M 41
Red Lion Sq. SW18 8M 13
Red Lion St. Rich 8K 11
Red Lodge. W Wick 7M 47
Red Lodge Rd. W Wick 7M 47
Redmayne Clo. Camb 2G 71
Red River Ct. H'ham 3H 197
Red Rd. Light 9H 51
Red Rd. Tad 1A 120
Red Rose. Binf 6H 15
Red Rover. (Junct.) 7E 12
Redruth Ho. Sutt 4N 61
Redshank Ct. If'd 4J 181 (off Stoneycroft Wlk.)
Redstart Clo. New Ad 6N 65
Redstone Hill. Red 2E 122
Redstone Hollow. Red 4E 122
Redstone Mnr. Red 3E 122
Redstone Pk. Red 3E 122
Redstone Rd. Red 4E 122
Redvers Buller Rd. Alder 6A 90
Redvers Rd. Brack 4N 31
Redvers Rd. Warl 5G 84
Redway Dri. Twic 1C 24
Redwing Av. G'ming 2G 133
Redwing Clo. H'ham 5M 197
Redwing Clo. S Croy 7G 64
Redwing Gdns. W Byf 8K 55
Redwing Ri. Guild 1F 114
Redwing Rd. Wall 3J 63
Redwood. Egh 1G 37
Redwood Clo. Craw 1C 182
Redwood Clo. Kenl 1N 83
Redwood Ct. Surb 6K 41
Redwood Dri. Asc 5E 34
Redwood Dri. Camb 2H 71
Redwood Est. Houn 2J 9
Redwood Gro. Chil 9E 114
Redwood Mnr. Hasl 1G 188
Redwood Mt. Reig 9M 101
Redwoods. SW15 2F 26
Redwoods. Add 3J 55
Redwoods, The. Wind 6G 4
Redwoods Way. C Crook 8C 88
Redwood Wlk. Surb 7K 41
Reed Av. Orp 1N 67
Reed Clo. Alder 7B 90
Reed Dri. Red 6E 122
Reedham Dri. Purl 9K 63
Reedham Pk. Av. Purl 3L 83
Reedings. If'd 5J 181
Reed Pl. W Byf 9G 54
Reedsfield Clo. Ashf 5C 22
Reedsfield Rd. Ashf 5C 22
Reed's Hill. Brack 4M 31
Reeds Rd., The. Fren & Tilf 1J 149
Reeds, The. 8L 129
Reeds, The. Tilf 8M 129
Rees Gdns. Croy 5C 46
Reeve Ct. Guild 8K 93
Reeve Rd. Reig 7A 122
Reeves Corner. Croy 8M 45 (3A 200)
Reeves Path. Hay 1G 8
Reeves Rd. Alder 3A 110
Reeves Way. Wokgm 4A 30
Regal Cres. Wall 9F 44
Regal Dri. E Grin 1B 186
Regalfield Clo. Guild 8J 93
Regal Pl. SW6 3N 13
Regan Clo. Guild 7L 93
Regatta Ho. Tedd 5G 25
Regatta Point. Bren 2M 11
Regency Clo. Hamp 6N 23
Regency Ct. Add 1M 55 (off Albert Rd.)
Regency Ct. Sutt 1N 61
Regency Ct. Tedd 7H 25
Regency Dri. W Byf 9H 55
Regency Gdns. W on T 7K 39
Regency M. Iswth 8E 10
Regency Wlk. Croy 5J 47
Regency Wlk. Rich 8L 11 (off Grosvenor Av.)
Regent Clo. Fleet 5B 88
Regent Clo. Houn 4J 9
Regent Clo. New H 5M 55
Regent Clo. Red 7G 102
Regent Ct. Bag 5K 51
Regent Ct. Guild 1L 113
Regent Cres. Red 1D 122
Regent Ho. Eps 7D 60
Regent Ho. Red 2D 122
Regent Pk. Lea 5G 78
Regent Pl. SW19 6A 28
Regent Pl. Croy 7C 46
Regent Rd. Surb 4M 41
Regents Clo. Craw 7A 182
Regents Clo. S Croy 3B 64
Regents Clo. Whyt 5B 84
Regents Ct. King T 2J 203
Regents Dri. Kes 2F 66
Regents M. Horl 8E 142
Regents Pl. Sand 7H 49
Regent St. W4 1N 11
Regent St. Fleet 5B 88
Regents Wlk. Asc 5N 33
Regent Way. Frim 5D 70
Regimental Mus. of The Royal Logistic Corps. 8H 71 (in Princess Royal Barracks)
Regiment Clo. Farnb 2H 89
Regina Rd. SE25 2D 46
Regina Rd. S'hall 1M 9
Reid Av. Cat 8A 84
Reid Clo. Coul 3F 82
Reidonhill Cotts. Knap 5E 72
Reigate. 3M 121
Reigate Av. Sutt 7M 43
Reigate Bus. M. Reig 2L 121
Reigate Clo. Craw 9H 163
Reigate Heath. 3J 121
Reigate Heath Postmill. 3H 121
Reigate Hill. Reig 8A 102
Reigate Hill Clo. Reig 9M 101
Reigate Hill Interchange. (Junct.) 7N 101
Reigate Mus., The. 3N 121
Reigate Priory Mus. 3M 121
Reigate Rd. Brock & Reig 2N 119
Reigate Rd. Dork 4J 119 (1L 201)
Reigate Rd. Eps (KT17) 6E 60
Reigate Rd. Eps & Tad (KT8, KT20) 4J 81
Reigate Rd. Lea 9J 79
Reigate Rd. Reig & Horl 1N 141 (Dover Grn. Rd.)
Reigate Rd. Reig & Red 3N 121 (Croydon Rd.)
Reigate Towermill (Disused). 1B 122
Reigate Way. Wall 2J 63
Reindorp Clo. Guild 4K 113
Relko Ct. Eps 7C 60
Relko Gdns. Sutt 2B 62
Rembrandt Ct. Eps 3E 60
Rembrandt Way. W on T 8J 39
Renaissance Ho. Eps 6M 201
Rendle Clo. Croy 4C 46
Renfree Way. Shep 6B 38
Renfrew Ct. Houn 5M 9
Renfrew Rd. Houn 5L 9
Renfrew Rd. King T 8A 26
Renmans, The. Asht 3M 79
Renmuir St. SW17 7D 28
Rennels Way. Iswth 5E 10
Rennie Clo. Ashf 4M 21
Rennie Ter. Red 4E 122
Renown Clo. Croy 7M 45 (1A 200)
Renton Clo. SW2 1K 29
Replingham Rd. SW18 2L 27
Reporton Rd. SW6 3K 13
Repton Av. Hay 1E 8
Repton Clo. Cars 2C 62
Reservoir Clo. T Hth 3A 46
Restavon Cvn. Site. Berr G 3K 87
Restmor Way. Wall 8E 44
Restormel Clo. Houn 8A 10
Restwell Av. Cranl 4K 155
Retreat Rd. Rich 8K 11
Retreat, The. SW14 6D 12
Retreat, The. Cranl 6L 155
Retreat, The. Egh 6N 19
Retreat, The. Fleet 7A 88
Retreat, The. Surb 5M 41
Retreat, The. T Hth 3A 46
Retreat, The. Wor Pk 8G 43
Reubens Ct. W4 1A 12 (off Chaseley Dri.)
Revell Clo. Fet 9B 78
Revell Dri. Fet 9B 78
Revell Rd. King T 1A 42
Revell Rd. Sutt 3L 61
Revelstoke Av. Farnb 9N 69
Revelstoke Rd. SW18 3L 27
Revesby Clo. W End 9A 52
Revesby Rd. Cars 5B 44
Rewell St. SW6 3N 13
Rewley Rd. Cars 5B 44
Rex Av. Ashf 7B 22
Rex Ct. Hasl 2D 188
Reynard Clo. H'ham 3A 198
Reynard Mills Trad. Est. Bren 1J 11
Reynolds Av. Chess 4L 59
Reynolds Clo. SW19 9B 28
Reynolds Clo. Cars 7D 44
Reynolds Grn. Col T 9J 49
Reynolds Pl. Craw 2A 182
Reynolds Pl. Rich 9M 11
Reynolds Rd. Craw 2A 182
Reynolds Rd. N Mald 6C 42
Reynolds Way. Croy 1B 64
Rheingold Way. Wall 5J 63
Rhine Banks. Farnb 9J 69
Rhodes Clo. Egh 6D 20
Rhodes Ct. Egh 6E 20 (off Pooley Grn. Clo.)
Rhodesmoor Ho. Ct. Mord 5M 43
Rhodes Way. Craw 6D 182
Rhododendron Clo. Asc 8J 17
Rhododendron Ride. Egh 7J 19
Rhododendron Rd. Frim 5E 70
Rhododendron Wlk. Asc 8J 17
Rhodrons Av. Chess 2L 59
Rialto Rd. Mitc 1E 44
Ribble Pl. Farnb 8K 69
Ribblesdale. Dork 7H 119
Ribblesdale Rd. SW16 7F 28
Ricardo Ct. Brmly 6B 134
Ricardo Rd. Old Win 9L 5
Ricards Rd. SW19 6L 27
Ricebridge La. Reig 6G 120
Rices Corner. Won 2C 134
Rices Hill. E Grin 9B 166
Richard Burbidge Mans. SW13 2H 13 (off Brasenose Dri.)
Richard Clo. Fleet 6A 88
Richards Clo. Ash V 8E 90
Richards Clo. Hay 2E 8
Richards Fld. Eps 5C 60
Richard Sharples Ct. Sutt 4A 62
Richardson Ct. Craw 8N 181
Richards Rd. Stoke D 1B 78
Richbell Clo. Asht 5K 79
Richborough Ct. Craw 3A 182
Richens Clo. Houn 5D 10
Richland Av. Coul 1E 82
Richlands Av. Eps 1F 60
Rich La. SW5 1N 13
Richmond. 8K 11
Richmond Av. SW20 9K 27
Richmond Av. Felt 9F 8
Richmond Bri. Twic & Rich 9K 11
Richmond Circus. (Junct.) 7L 11
Richmond Clo. Farnb 2J 89
Richmond Clo. Big H 6D 86
Richmond Clo. Eps 1D 80 (8L 201)
Richmond Clo. Fet 2C 98
Richmond Clo. Fleet 7A 88
Richmond Clo. Frim 5D 70
Richmond Ct. Craw 4C 182
Richmond Ct. Mitc 2B 44
Richmond Cres. Stai 6H 21
Richmond Dri. Shep 5E 38
Richmond Grn. Croy 9J 45
Richmond Gro. Surb 5M 41
Richmond Hill. Rich 9L 11
Richmond Hill Ct. Rich 9L 11
Richmond Ho. Sand 8K 49
Richmond Mans. Twic 9K 11
Richmond M. Tedd 6F 24
Richmond Pde. Twic 9J 11 (off Richmond Rd.)
Richmond Pk. 2N 25
Richmond Pk. Rd. SW14 8B 12
Richmond Pk. Rd. King T 9L 25 (1J 203)
Richmond Rd. Col T 7K 49
Richmond Rd. SW20 9G 26
Richmond Rd. Coul 2F 82
Richmond Rd. Croy 9J 45
Richmond Rd. G'ming 5G 133
Richmond Rd. H'ham 4J 197
Richmond Rd. Iswth 6G 11
Richmond Rd. King T 5K 25 (1J 203)
Richmond Rd. Stai 6H 21
Richmond Rd. T Hth 2M 45
Richmond Rd. Twic 1H 25
Richmond R.U.F.C. 6K 11
Richmond Way. E Grin 1B 186
Richmond Way. Fet 1B 98 (in two parts)
Richmondwood. Asc 7E 34
Rickard Clo. SW2 2L 29
Rickards Clo. Surb 8L 41
Ricketts Hill Rd. Tats 5F 86
Rickett St. SW6 2M 13
Rickfield. Craw 4M 181
Rickford. Worp 4G 92
Rickford Hill. Worp 4G 93
Rickman Clo. Brack 5A 32
Rickman Ct. Add 9K 37
Rickman Cres. Add 9K 37
Rickman Hill. Coul 5F 82
Rickman Hill Rd. Coul 5F 82 (in two parts)
Rickmans Green. 7H 163
Rickman's La. Plais 6B 192
Ricksons La. W Hor 5C 96
Rickwood. Horl 7F 142
Rickyard. Guild 3G 113
Riddings, The. Cat 3C 104
Riddlesdown. 9N 63
Riddlesdown Av. Purl 7N 63
Riddlesdown Rd. Purl 6N 63 (in two parts)
Ride La. Alb 4M 135 (in two parts)
Riders Way. God 9F 104
Ride, The. Bren 1H 11
Ride, The. Loxw 5D 192
Ride Way. Ews 9C 136
Rideway Clo. Camb 2N 69
Ridgebridge Hill. 1H 155
Ridge Clo. Str G 7A 120
Ridge Clo. Wok 8L 73
Ridge Ct. Warl 5D 84
Ridge Ct. Wind 6F 4
Ridgegate Clo. Reig 1B 122
Ridge Green. 6J 123
Ridge Grn. S Nut 6J 123
Ridge Grn. Clo. S Nut 6J 123
Ridgehurst Dri. H'ham 7F 196
Ridgelands. Fet 2D 98
Ridge Langley. S Croy 6D 64
Ridgemead Rd. Eng G 4K 19
Ridgemoor Clo. Hind 4C 170
Ridgemount. Guild 4L 113
Ridgemount. Wey 8F 38
Ridgemount Av. Coul 4F 82
Ridgemount Av. Croy 7G 47
Ridgemount Est. Deep 7G 70
Ridge Mt. Rd. Asc 7D 34
Ridgemount Way. Red 5B 122
Ridge Pk. Purl 6H 63
Ridge Rd. Mitc 8F 28
Ridge Rd. Sutt 7K 43
Ridgeside. Craw 3D 182 (in two parts)
Ridges, The. 3A 48
Ridges, The. Guild 8M 113
Ridges Yd. Croy 9M 45 (4A 200)
Ridge, The. Coul 1J 83
Ridge, The. Eps 5B 80
Ridge, The. Fet 2D 98
Ridge, The. Purl 6G 63
Ridge, The. Rud 9E 176
Ridge, The. S'dale 6D 34
Ridge, The. Surb 4N 41
Ridge, The. Twic 1D 24
Ridge, The. Wok 4D 74
Ridge, The. Wold & Warl 4K 105
Ridgeway. E Grin 2A 186
Ridge Way. Eden 8L 127
Ridgeway. Eps 8B 60
Ridge Way. Felt 4M 23
Ridgeway. Hors 2N 73
Ridgeway. Rich 9L 11
Ridgeway. Vir W 4A 36
Ridgeway Clo. Cranl 7B 156
Ridgeway Clo. Dork 7G 118
Ridgeway Clo. Light 7L 51
Ridgeway Clo. Oxs 1C 78
Ridgeway Clo. Wok 2N 73
Ridgeway Ct. Red 4D 122
Ridgeway Cres. Orp 1N 67
Ridgeway Dri. Dork 8G 119
Ridgeway Gdns. Wok 2N 73
Ridgeway Ho. Horl 1E 162 (off Crescent, The)
Ridgeway Pde. C Crook 8B 88
Ridgeway Rd. Dork 7G 118
Ridgeway Rd. Iswth 3E 10
Ridgeway Rd. Red 3D 122
Ridgeway Rd. N. Iswth 3E 10
Ridgeway, The. Brack 2A 32
Ridgeway, The. Brkwd 7C 72
Ridgeway, The. Cranl 7A 156
Ridgeway, The. Croy 9K 45
Ridgeway, The. Fet 1D 98
Ridgeway, The. Guild 4C 114
Ridgeway, The. Horl 1E 162
Ridgeway, The. H'ham 4H 197
Ridgeway, The. Light 6M 51
Ridgeway, The. Oxs 1C 78
Ridge Way, The. S Croy 5B 64
Ridgeway, The. W on T 7G 38
Ridgewood Dri. Frim 3H 71
Ridgley Rd. C'fold 5D 172
Ridgmount Rd. SW18 8N 13
Ridgway. 2J 75
Ridgway. SW19 8H 27
Ridgway. Pyr 2J 75
Ridgway Ct. SW19 7J 27
Ridgway Gdns. SW19 8J 27
Ridgway Hill Rd. Farnh 3H 129
Ridgway Pl. SW19 7K 27
Ridgway Rd. Farnh 4H 129
Ridgway Rd. Pyr 2H 75
Ridgway, The. Sutt 4B 62
Riding Ct. Rd. Dat 3M 5
Riding Hill. S Croy 9D 64
Ridings La. Ock 1C 96
Ridings, The. Cob 8A 58
Ridings, The. Add 3G 55
Ridings, The. Asht 4K 79
Ridings, The. Big H 4G 86
Ridings, The. E Hor 3F 96
Ridings, The. Eps 2D 80
Ridings, The. Ewe 5E 60
Ridings, The. Frim 3F 70
Ridings, The. Reig 1B 122
Ridings, The. Rip 1J 95
Ridings, The. Sun 9H 23
Ridings, The. Surb 4N 41
Ridings, The. Tad 7L 81
Ridings, The. Worth 2H 183
Riding, The. Cranl 6N 155
Riding, The. Wok 1D 74
Ridlands Gro. Oxt 8G 106
Ridlands La. Oxt 8F 106
Ridlands Ri. Oxt 8G 106
Ridley Clo. Fleet 6A 88
Ridley Ct. SW16 7J 29
Ridley Ct. Craw 9H 163
Ridley Rd. SW19 8N 27
Ridley Rd. Warl 5F 84
Ridsdale Rd. Wok 4L 73
Riesco Dri. Croy 3F 64
Rifle Butts All. Eps 1E 80
Rifle Way. Farnb 2H 89
Rigault Rd. SW6 5K 13
Rigby Clo. Croy 9L 45
Riggindale Rd. SW16 6H 29
Rillside. Craw 6E 182
Rill Wlk. E Grin 9D 166
Rimbault Clo. Alder 6B 90
Rimmer Clo. Craw 9N 181
Rinaldo Rd. SW12 1F 28
Ringford Rd. SW18 8L 13
Ringley Av. Horl 8E 142
Ringley Oak. H'ham 4M 197

Ringley Pk. Av.—Rosedale

Ringley Pk. Av. Reig. 4B 122
Ringley Pk. Rd. Reig. 3A 122
Ringley Rd. H'ham. 4L 197
Ringmead. Brack. 4K 31
(in two parts)
Ringmer Av. SW6. 4K 13
Ringmore Dri. Guild. 9E 94
Ringmore Rd. W on T. 9K 39
Ring Rd. N. Gat A. 2F 162
Ring Rd. S. Gat A. 3G 162
Ringstead Rd. Sutt. 1B 62
Ring, The. Brack. 1N 31
Ringway. S'hall. 1L 9
Ringwood. Brack. 6L 31
Ringwood Av. Croy. 6J 45
Ringwood Av. Red. 9D 102
Ringwood Clo. Asc. 3M 33
Ringwood Clo. Craw. 5C 182
Ringwood Gdns. SW15. 2F 26
Ringwood Lodge. Red. 9E 102
Ringwood Rd. Farnb. 7A 70
Ringwood Rd. B'water. 9H 49
Ringwood Way. Hamp H. 5A 24
Ripley. 8L 75
Ripley Av. Egh. 7A 20
Ripley By-Pass. Rip. 1L 95
Ripley Clo. New Ad. 3M 65
Ripley Ct. Mitc. 1B 44
Ripley Gdns. SW14. 6C 12
Ripley Gdns. Sutt. 1A 62
Ripley La. Ock & W Hor. 1N 95
Ripley Rd. Hamp. 8A 24
Ripley Rd. Send. 4L 95
Ripley Springs. 7A 20
Ripley Way. Eps. 7N 59
Ripon Clo. Camb. 3H 71
Ripon Clo. Guild. 1J 113
Ripon Gdns. Chess. 2K 59
Ripplesmere. Brack. 3B 32
Ripplesmere Clo. Sand. 7G 48
Ripston Rd. Ashf. 6E 22
Risborough Dri. Wor Pk. 6F 42
Rise Rd. Asc. 4B 34
Rise, The. Craw. 3G 183
Rise, The. Crowt. 2E 48
Rise, The. E Grin. 1B 186
Rise, The. E Hor. 4F 96
Rise, The. Eps. 6E 60
Rise, The. S Croy. 5F 64
Rise, The. S'dale. 5B 34
Rise, The. Tad. 7H 81
Rise, The. Wokgm. 1A 30
Ritchie Clo. M'bowr. 7G 182
Ritchie Rd. Croy. 5E 46
Ritherdon Rd. SW17. 3E 28
River Ash Estate. 6G 39
River Av. Th Dit. 6G 41
River Bank. E Mol. 2E 40
Riverbank. Stai. 7H 21
River Bank. Th Dit. 4F 40
Riverbank. Westc. 5B 118
River Bank. W Mol. 2A 40
Riverbank, The. Wind. 3E 4
Riverbank Way. Bren. 2J 11
River Ct. Surb. 8G 203
River Ct. Wok. 1E 74
Rivercourt Rd. W6. 1G 12
River Crane Way. Felt. 3N 23
(off Watermill Way)
Riverdale. Wrec. 4D 128
Riverdale Dri. SW18. 2N 27
Riverdale Dri. Wok. 8B 74
Riverdale Gdns. Twic. 9J 11
Riverdale Rd. Felt. 5M 23
Riverdale Rd. Twic. 9J 11
Riverdene Ind. Est. W on T. 2L 57
Riverfield Rd. Stai. 7H 21
River Gdns. Cars. 8E 44
River Gdns. Felt. 8J 9
River Gdns. Bus. Cen. Felt. 8J 9
River Gro. Pk. Beck. 1J 47
Riverhead Dri. Sutt. 6N 61
River Hill. Cob. 2J 77
Riverhill. Wor Pk. 8C 42
Riverholme Dri. Eps. 5C 60
River Island Clo. Fet. 8D 78
River La. Farnh. 4D 128
River La. Fet. 8D 78
(in two parts)
River La. Rich. 1K 25
River La. Stoke D. 3M 77
Rivermead. Byfl. 9A 56
Rivermead. E Mol. 2C 40
River Mead. H'ham. 7H 197
River Mead. If'd. 9M 161
Rivermead. King T. 4K 41 (8H 203)
Rivermead Clo. Add. 4L 55
Rivermead Clo. Tedd. 6H 25
Rivermead Ct. SW6. 6L 13
Rivermead Rd. Camb. 4N 69
River Meads Av. Twic. 4A 24
Rivermede. Bord. 5A 168
River Mole Bus. Pk. Esh. 8A 40
River Mt. W on T. 6G 38
Rivermount Gdns. Guild. 6M 113
Rivernook Clo. W on T. 4K 39
River Pk. Av. Stai. 5F 20
River Reach. Tedd. 6J 25
River Rd. Stai. 9H 21
River Rd. Wind. 3A 4
River Rd. Yat. 7A 48
River Row. Farnh. 4E 128
River Row Cotts. Farnh. 3E 128
Rivers Clo. Farnb. 4C 90
Riversdale Rd. Th Dit. 4G 40
Riversdell Clo. Cher. 6H 37
Rivers Ho. W4. 1N 11
(off Chiswick High Rd.)
Riverside. Cher. 1J 37
Riverside. Dork. 3K 119
Riverside. Eden. 2L 147
Riverside. Egh. 4C 20
Riverside. F Row. 6G 187
Riverside. Guild. 1N 113
Riverside. Horl. 1E 162
Riverside. H'ham. 6G 196
Riverside. Rich. 8K 11
Riverside. Shep. 6F 38
Riverside. Stai. 9H 21
(Laleham Rd.)
Riverside. Stai. 6H 21
(Temple Gdns.)
Riverside. Sun. 1L 39
Riverside. Twic. 2H 25
Riverside. Wray. 1M 19
Riverside Av. E Mol. 4D 40
Riverside Av. Light. 7N 51
Riverside Bus. Cen. SW18. 2N 27
Riverside Bus. Cen. Guild. 3M 113 (3A 202)
Riverside Bus. Pk. Farnh. 9J 109
Riverside Clo. Farnb. 9L 69
Riverside Clo. Brkwd. 7C 72
Riverside Clo. King T. 3K 41 (7H 203)
Riverside Clo. Stai. 9H 21
Riverside Clo. Wall. 9F 44
Riverside Ct. Dork. 3K 119
Riverside Ct. Eden. 2M 147
Riverside Ct. Farnh. 9H 109
Riverside Ct. Felt. 1F 22
Riverside Ct. Fet. 9G 78
Riverside Ct. Iswth. 5F 10
(off Woodlands Rd.)
Riverside Dri. W4. 3C 12
Riverside Dri. Brmly. 4C 134
Riverside Dri. Esh. 1A 58
Riverside Dri. Mitc. 4C 44
Riverside Dri. Rich. 4H 25
Riverside Dri. Stai. 6G 21
(Chertsey La.)
Riverside Dri. Stai. 8H 21
(Wheatsheaf La.)
Riverside Gdns. W6. 1G 13
Riverside Gdns. Old Wok. 8D 74
Riverside Ind. Pk. Farnh. 9J 109
Riverside M. Croy. 9J 45
Riverside Pk. Add. 2N 55
Riverside Pk. Coln. 5G 6
Riverside Pk. Farnh. 9J 109
Riverside Pk. (Watchmoor Pk.) Camb. 3M 69
Riverside Pl. Stanw. 9M 7
Riverside Rd. SW17. 5N 27
Riverside Rd. Stai. 8H 21
Riverside Rd. Stanw. 8M 7
(in two parts)
Riverside Rd. W on T. 1M 57
Riverside, The. E Mol. 2D 40
Riverside Wlk. SW6. 6K 13
Riverside Wlk. W4. 2E 12
(off Chiswick Wharf)
Riverside Wlk. G'ming. 6G 133
Riverside Wlk. Iswth. 6E 10
Riverside Wlk. King T. 2K 41 (3G 203)
Riverside Wlk. W Wick. 7L 47
Riverside Wlk. Wind. 3G 5
(off Thames Side)
Riverside Way. Camb. 3M 69
Riverstone Ct. King T. 9M 25 (2L 203)
River St. Wind. 3G 4
River Ter. W6. 1H 13
River Vw. Add. 2L 55
Riverview. Guild. 3M 113 (2A 202)
Riverview Gdns. Cob. 9G 57
Riverview Gdns. SW13. 2G 13
River Vw. Gdns. Twic. 3F 24
Riverview Gro. W4. 2A 12
Riverview Rd. W4. 3A 12
Riverview Rd. Eps. 1B 60
River Wlk. W6. 3H 13
River Wlk. W on T. 5H 39
River Way. Eps. 2C 60
Riverway. Stai. 9K 21
River Way. Twic. 3B 24
Riverway Est. P'mrsh. 3L 133
Riverwood Ct. Guild. 1M 113
Rives Av. Yat. 1A 68
Rivett Drake Rd. Guild. 8K 93
Rivey Clo. W Byf. 1H 75
Rd. House Est. Old Wok. 8C 74
Roakes Av. Add. 8K 37
Roasthill La. Eton W. 2A 4
Robert Clo. W on T. 2J 57
Robert Gentry Ho. W14. 1K 13
(off Gledstanes Rd.)
Robert Owen Ho. SW6. 4J 13
Robertsbridge Rd. Cars. 7A 44
Roberts Clo. Stanw. 9L 7
Roberts Clo. Sutt. 4J 61
Robertson Ct. Wok. 5H 73
Robertson Way. As. 3D 110
Roberts Rd. Alder. 3A 110
Roberts Rd. Camb. 9M 49
Robert St. Croy. 9N 45 (4C 200)
Roberts Way. Eng G. 8M 19
Robert Way. H'ham. 1M 197
Robert Way. Myt. 2D 90
Robin Clo. Add. 2M 55
Robin Clo. Ash V. 7E 90
Robin Clo. Craw. 1A 182
Robin Clo. E Grin. 8B 166
Robin Clo. Hamp. 6M 23
Robin Gdns. Red. 1E 122
Robin Gro. Bren. 2J 11
Robin Hill. G'ming. 4G 133
Robin Hill Dri. Camb. 3E 70
Robin Hood. (Junct.) 4D 26
Robin Hood Clo. Farnb. 7M 69
Robinhood Clo. Mitc. 2G 45
Robin Hood Clo. Wok. 5J 73
Robin Hood Cres. Knap. 4H 73
Robin Hood La. SW15. 4D 26
Robinhood La. Mitc. 2G 45
Robin Hood La. Sutt. 2M 61
Robin Hood La. Sut G. 2B 94
Robin Hood La. Warn. 3E 196
Robin Hood Rd. SW19 & SW15. 6F 26
Robin Hood Rd. Knap & Wok. 4G 73
(in two parts)
Robin Hood Way. SW15 & SW20. 4D 26
Robin Hood Works. Knap. 4H 73
(off Robin Hood Rd.)
Robin La. Sand. 7G 49
(in two parts)
Robin Row. Turn H. 4F 184
Robin's Bow. Camb. 2N 69
Robin's Ct. Beck. 1N 47
Robins Ct. S Croy. 7F 200
Robins Dale. Knap. 4F 72
Robins Gro. W Wick. 1C 66
Robins Gro. Cres. Yat. 9A 48
Robinson Rd. SW17 & SW19. 7C 28
Robinson Rd. Craw. 4B 182
Robinson Way. Bord. 7A 168
Robinsway. W on T. 1K 57
Robinswood Ct. H'ham. 4M 197
Robin Way. Guild. 8L 93
Robin Way. Stai. 4H 21
Robin Willis Way. Old Win. 9K 5
Robinwood Pl. SW15. 5C 26
Robson Rd. SE27. 4M 29
Roby Dri. Brack. 6B 32
Robyns Way. Eden. 3M 147
Roche Rd. SW16. 9K 29
Rochester Av. Felt. 3G 23
Rochester Clo. SW16. 8J 29
Rochester Gdns. Cat. 9B 84
Rochester Gdns. Croy. 9B 46
Rochester Gro. Fleet. 5B 88
Rochester Pde. Felt. 3H 23
Rochester Rd. Cars. 1D 62
Rochester Rd. Stai. 7F 20
Rochester Wlk. Reig. 8M 121
Roche Wlk. Cars. 5B 44
Rochford Way. Croy. 5J 45
Rock Av. SW14. 6C 12
Rock Clo. Mitc. 1B 44
Rockdale Dri. Gray. 6B 170
Rockery, The. Farnb. 2J 89
Rockfield Clo. Oxt. 9B 106
Rockfield Rd. Oxt. 7B 106
Rockfield Way. Col T. 7J 49
Rock Gdns. Alder. 3L 109
Rockhampton Clo. SE27. 5L 29
Rockhampton Rd. SE27. 5L 29
Rockhampton Rd. S Croy. 3B 64
Rock Hill. Hamb. 8G 152
Rockingham Clo. SW15. 7E 12
Rockland Rd. SW15. 7K 13
Rock La. Wrec. 6F 128
Rockshaw Rd. Red. 5G 102
Rocks La. SW13. 4F 12
Rocks, The. Ash W. 3E 186
Rockwood Park. 4M 185
Rocky La. Reig. 6D 102
Rocque Ho. SW6. 3L 13
(off Estcourt Rd.)
Rodale Mans. SW18. 9N 13
Rodborough Hill Cotts. Milf. 3N 151
Roden Gdns. Croy. 5B 46
Rodenhurst Rd. SW4. 1G 29
Rodgate La. Hasl. 3A 190
Rodgers Ho. SW4. 1H 29
(off Clapham Pk. Est.)
Roding Clo. Cranl. 8H 155
Rodmel Ct. Farnb. 4C 90
Rodmill La. SW2. 1J 29
Rodney Clo. Croy. 7M 45 (1A 200)
Rodney Clo. N Mald. 4D 42
Rodney Clo. W on T. 7K 39
Rodney Gdns. W Wick. 1C 66
Rodney Grn. W on T. 8K 39
Rodney Pl. SW19. 9A 28
Rodney Rd. Mitc. 2C 44
Rodney Rd. N Mald. 4D 42
Rodney Rd. Twic. 9A 10
Rodney Rd. W on T. 8K 39
Rodney Way. Coln. 4G 7
Rodney Way. Guild. 2C 114
Rodona Rd. Wey. 7E 56
Rodsall La. P'ham. 3K 131
Rodway Rd. SW15. 1F 26
Rodwell Ct. Add. 1L 55
Roebuck Clo. Asht. 7L 79
Roebuck Clo. Felt. 5J 23
Roebuck Clo. H'ham. 4A 198
Roebuck Clo. Reig. 3M 121
Roebuck Est. Binf. 8H 15
Roebuck Rd. Chess. 2N 59
Roedean Cres. SW15. 9D 12
Roedeer Copse. Hasl. 2C 188
Roehampton. 1F 26
Roehampton Clo. SW15. 7F 12
Roehampton Ga. SW15. 9D 12
Roehampton High St. SW15. 1F 26
Roehampton Lane. (Junct.) 2G 27
Roehampton La. SW15. 7F 12
Roehampton Va. SW15. 4E 26
Roffe's La. Cat. 2A 104
Roffey. 4N 197
Roffey Clo. Horl. 8D 142
Roffey Clo. Purl. 3M 83
Roffey Park. 2E 198
Roffey's Clo. Copt. 6L 163
Roffords. Wok. 4L 73
Roffye Ct. H'ham. 4N 197
Rogers Clo. Cat. 9E 84
Rogers Clo. Coul. 5M 83
Roger Simmons Ct. Bookh. 2N 97
Rogers La. Warl. 5J 85
Rogers Mead. God. 1E 124
Rogers Rd. SW17. 5B 28
Rokeby Clo. Brack. 9B 16
Rokeby Ct. Wok. 4J 73
Rokeby Pl. SW20. 8G 27
Roke Clo. Kenl. 1N 83
Roke Clo. Witl. 5B 152
Roke La. Witl. 6N 151
Roke Lodge Rd. Kenl. 9M 63
Roke Rd. Kenl. 2N 83
Rokers La. Shack. 4A 132
(in two parts)
Rokes Pl. Yat. 9A 48
Roland Way. Wor Pk. 8E 42
Rolinsden Way. Kes. 2F 66
Rollesby Rd. Chess. 3N 59
Rolleston Rd. S Croy. 4A 64
Rollit Cres. Houn. 8A 10
Rolston Ho. Hasl. 2D 188
Romana Ct. Stai. 5J 21
Romanby Ct. Red. 4D 122
Roman Clo. Felt. 8K 9
Romanfield Rd. SW2. 1K 29
Romanhurst Av. Brom. 3N 47
Romanhurst Gdns. Brom. 3N 47
Roman Ind. Est. Croy. 6B 46
Roman Ride. Crowt. 2C 48
Roman Rd. Dork. 7G 119
Roman Rd. M Grn. 5M 147
Romans Bus. Pk. Farnh. 9J 109
Romans Way. Wok. 2J 75
Roman Way. Cars. 5D 62
Roman Way. Croy. 8M 45 (2A 200)
Roman Way. Farnh. 8K 109
Roman Way. Warf. 9D 16
Romany Gdns. Sutt. 6M 43
Romany Rd. Knap. 2F 72
Romany, The. Farnb. 4F 88
Roma Read Clo. SW15. 1G 26
Romayne Clo. Farnb. 9M 69
Romberg Rd. SW17. 4E 28
Romeo Hill. Warf. 9D 16
Romeyn Rd. SW16. 4K 29
Romily Ct. SW6. 5L 13
Romley Ct. Farnh. 2J 129
Rommany Rd. SE27. 5N 29
(in two parts)
Romney Clo. Ashf. 6D 22
Romney Clo. Chess. 1L 59
Romney Ho. Brack. 3C 32
Romney Lock Rd. Wind. 3G 5
Romney Rd. N Mald. 5C 42
Romola Rd. SE24. 2M 29
Romsey Clo. Alder. 6A 110
Romsey Clo. B'water. 9H 49
Romsey Clo. Orp. 1K 67
Romulus Ct. Bren. 3K 11
Rona Clo. Craw. 6N 181
Ronald Clo. Beck. 3J 47
Ronelean Rd. Surb. 8M 41
Ronneby Clo. Wey. 9F 38
Roof of the World Cvn. Pk. Tad. 9A 100
Rookeries Clo. Felt. 4J 23
Rookery Clo. Fet. 2E 98
Rookery Dri. Westc. 7A 118
Rookery Hill. Asht. 5N 79
Rookery Hill. Out & Small. 4L 143
Rookery La. Small. 6L 143
Rookery Mead. Coul. 9H 83
Rookery Rd. Orp. 6H 67
Rookery Rd. Stai. 6K 21
Rookery, The. Westc. 7A 118
Rookery Way. Lwr K. 5L 101
Rook La. Cat. 3K 103
Rookley Clo. Sutt. 5N 61
Rooks Hill. Brmly. 9D 134
Rooksmead Rd. Sun. 1G 39
Rooks Nest. 8H 105
Rookstone Rd. SW17. 6D 28
Rookswood. Brack. 8N 15
Rook Way. H'ham. 2M 197
Rookwood Av. N Mald. 3F 42
Rookwood Av. Owl. 5K 49
Rookwood Av. Wall. 1H 63
Rookwood Clo. Red. 7F 102
Rookwood Ct. Guild. 6M 113 (8A 202)
Rookwood Pk. H'ham. 5F 196
Roosthole Hill. Man H. 8C 198
Roothill La. Bet. 1N 139
Ropeland Way. H'ham. 1L 197
Ropers Wlk. SW2. 1L 29
Roper Way. Mitc. 1E 44
Rope Wlk. Sun. 2K 39
Rorkes Drift. Myt. 1D 90
Rosa Av. Ashf. 5B 22
Rosalind Franklin Clo. Guild. 4H 113
Rosaline Rd. SW6. 3K 13
Rosaline Ter. SW6. 3K 13
(off Rosaline Rd.)
Rosamund Clo. S Croy. 1A 64 (7E 200)
Rosamund Rd. Craw. 5F 182
Rosamun St. S'hall. 1M 9
Rosary Clo. Houn. 5M 9
Rosary Gdns. Ashf. 5C 22
Rosary Gdns. SW7. 1N 13
Rosary Gdns. Yat. 9C 48
Rosaville Rd. SW6. 3L 13
Roseacre. Oxt. 3C 126
Roseacre Clo. Shep. 4B 38
Roseacre Gdns. Chil. 9H 115
Rose & Crown Pas. Iswth. 4G 10
Rose Av. Mitc. 9D 28
Rose Av. Mord. 4A 44
Rosebank. SW6. 3H 13
Rosebank. Eps. 1B 80 (8H 201)
Rosebank Clo. Tedd. 7G 25
Rose Bank Cotts. Wok. 9A 74
Rosebay. Wokgm. 9D 14
Roseberry Av. T Hth. 1N 45
Roseberry Gdns. Orp. 1N 67
Rosebery Av. Eps. 1D 80 (8M 201)
Rosebery Av. N Mald. 1E 42
Rosebery Clo. Mord. 5J 43
Rosebery Cres. Wok. 7B 74
Rosebery Gdns. Sutt. 1N 61
Rosebery Rd. SW2. 1J 29
Rosebery Rd. Eps. 6C 80
Rosebery Rd. Houn. 8C 10
Rosebery Rd. King T. 1A 42
Rosebery Rd. Sutt. 3L 61
Rosebery Sq. King T. 1A 42
Rosebine Av. Twic. 1D 24
Rosebriar Clo. Wok. 3J 75
Rosebriars. Cat. 7B 84
Rosebriars. Esh. 2C 58
(in two parts)
Rosebury Dri. Bisl. 2D 72
Rosebury Rd. SW6. 5N 13
Rosebushes. Eps. 3G 81
Rose Cotts. Fay. 9H 181
Rose Cotts. F Row. 6G 187
Rose Cotts. Kes. 7E 66
Rose Cotts. Rusp. 2M 179
Rose Cotts. Wmly. 8D 152
Rose Ct. Wokgm. 2B 30
Rosecourt Rd. Croy. 5K 45
Rosecroft Clo. Big H. 5H 87
Rosecroft Gdns. Twic. 2D 24
Rosedale. Alder. 2A 110
Rosedale. Asht. 5J 79

Russet Av.—St John's Mdw.

Russet Av. *Shep* 2F **38**
Russet Clo. *Horl* 8G **143**
Russet Clo. *Stai* 9H **7**
Russet Clo. *Tong* 5C **110**
Russet Clo. *W on T* 9L **39**
Russet Dri. *Croy* 7H **47**
Russet Gdns. *Camb* 3B **70**
Russet Glade. *Alder* 4J **109**
Russett Ct. *Cat* 3D **104**
Russett Ct. *H'ham* 4N **197**
Russetts Clo. *Wok* 2B **74**
Russetts Dri. *Fleet* 5B **88**
Russet Way. *N Holm* 8K **119**
Russ Hill. **5G 161**
Russ Hill. *Charl* 5F **160**
Russ Hill Rd. *Charl* 4J **161**
Russington Rd. *Shep* 5E **38**
Russley Grn. *Wokgm* 7A **30**
Rusthall Clo. *Croy* 5F **46**
Rustic Av. *SW16* 8F **28**
Rustic Glen. *C Crook* 8A **88**
Rustington Wlk. *Mord* 6L **43**
Ruston Av. *Surb* 6A **42**
Ruston Clo. *M'bowr* 6G **182**
Ruston Way. *Asc* 1H **33**
Rutford Rd. *SW16* 6J **29**
Ruth Clo. *Farnb* 9H **69**
Ruthen Clo. *Eps* 1A **80**
Rutherford Clo. *Sutt* 3B **62**
Rutherford Clo. *Wind* 4C **4**
Rutherford Way. *Craw* 7E **162**
Rutherford Way Ind. Est. *Craw* 7E **162**
Rutherwick Clo. *Horl* 8D **142**
Rutherwick Ri. *Coul* 4J **83**
Rutherwick Tower. *Horl* 8D **142**
Rutherwyke Clo. *Eps* 3F **60**
Rutherwyk Rd. *Cher* 6G **36**
Rutland Clo. *SW14* 6A **12**
Rutland Clo. *SW19* 8C **28**
Rutland Clo. *Alder* 1M **109**
Rutland Clo. *Asht* 4L **79**
Rutland Clo. *Chess* 3M **59**
Rutland Clo. *Eps* 6C **60**
Rutland Clo. *Red* 2D **122**
Rutland Ct. *King T* 8H **203**
Rutland Dri. *Mord* 5L **43**
Rutland Dri. *Rich* 2K **25**
Rutland Gdns. *Croy* 1B **64**
Rutland Gro. *W6* 1G **13**
Rutland Rd. *SW19* 8C **28**
Rutland Rd. *Hay* 1E **8**
Rutland Rd. *Twic* 3D **24**
Rutland Ter. *Alder* 1M **109**
Rutlish Rd. *SW19* 9M **27**
Rutson Rd. *Byfl* 1A **76**
Rutter Gdns. *Mitc* 3A **44**
Rutton Hill Rd. *G'ming* 2H **171**
Ruvigny Gdns. *SW15* 6J **13**
Ruxbury Rd. *Cher* 5E **36**
Ruxley Clo. *Eps* 2A **60**
Ruxley Ct. *Eps* 2B **60**
Ruxley Cres. *Clay* 3H **59**
Ruxley La. *Eps* 3A **60**
Ruxley M. *Eps* 2A **60**
Ruxley Ridge. *Clay* 4G **58**
Ruxley Towers. *Clay* 4G **59**
Ruxton Clo. *Coul* 2G **83**
Ryan Ct. *SW16* 8J **29**
Ryan Dri. *Bren* 2G **11**
Ryan Mt. *Sand* 7F **48**
Ryarsh Cres. *Orp* 1N **67**
Rybrook Dri. *W on T* 8K **39**
Rycroft. *Wind* 6C **4**
Rydal Clo. *Farnb* 2J **89**
Rydal Clo. *Camb* 1H **71**
Rydal Clo. *If'd* 5J **181**
Rydal Clo. *Purl* 9A **64**
Rydal Dri. *C Crook* 8A **88**
Rydal Dri. *W Wick* 8N **47**
Rydal Gdns. *SW15* 6D **26**
Rydal Gdns. *Houn* 9B **10**
Rydal Pl. *Light* 7M **51**
Rydal Rd. *SW16* 5H **29**
Rydal Way. *Egh* 8D **20**
Ryde Clo. *Rip* 8L **75**
Ryde Ct. *Alder* 3A **110**
Ryde Gdns. *Yat* 9A **48**
Ryde Heron. *Knap* 4H **73**
Ryde Lands. *Cranl* 6A **156**
Rydens. **9K 39**
Rydens Av. *W on T* 8J **39**
Rydens Clo. *W on T* 8K **39**
Rydens Gro. *W on T* 1L **57**
Rydens Pk. *W on T* 8L **39**
Rydens Rd. *W on T* 9J **39**
Rydens Way. *Wok* 7C **74**
Ryde Pl. *Twic* 9K **11**
Ryders Way. *H'ham* 1M **197**
Rydes Av. *Guild* 9J **93**
Rydes Clo. *Wok* 7E **74**
Rydeshill. **1H 113**
Ryde's Hill Cres. *Guild* 8J **93**
Ryde's Hill Rd. *Guild* 1J **113**
Ryde, The. *Stai* 9K **21**
Ryde Va. Rd. *SW12* 3G **28**
Rydings. *Wind* 6C **4**
Rydon M. *SW19* 8H **27**
Rydon's La. *Coul* 7N **83**
Rydon's Wood Clo. *Coul* 7N **83**
Rye Ash. *Craw* 2E **182**
(in two parts)
Ryebeck Rd. *C Crook* 8B **88**
Ryebridge Clo. *Lea* 5G **79**
Ryebrook. *Lea* 7G **79**
Ryebrook Rd. *Lea* 5G **79**
Rye Clo. *Farnb* 8K **69**
Rye Clo. *Brack* 8B **16**
Rye Clo. *Fleet* 9D **68**
Rye Clo. *Guild* 1H **113**
Ryecroft Av. *Twic* 1B **24**
Ryecroft Dri. *H'ham* 5G **196**
Ryecroft Gdns. *B'water* 2K **69**
Ryecroft Lodge. *SW16* 7M **29**
Ryecroft Rd. *SW16* 7L **29**
Ryecroft St. *SW6* 4N **13**
Rye Fld. *Asht* 3K **79**
Ryefield Path. *SW15* 2F **26**
Ryefield Rd. *SE19* 7N **29**
Rye Gro. *Cranl* 7J **155**
Rye Gro. *Light* 4C **52**
Ryehurst La. *Binf* 5K **15**
Ryeland Clo. *Fleet* 1D **88**
Ryelands. *Craw* 4M **181**
Ryelands. *Horl* 7G **142**
Ryelands Clo. *Cat* 8B **84**
Ryelands Ct. *Lea* 5G **79**
Ryelands Pl. *Wey* 9F **38**
Ryelaw Rd. *C Crook* 8B **88**
Ryemead La. *Wink* 4G **17**
Ryersh La. *Capel* 3H **159**
Rye Wlk. *SW15* 8J **13**
Ryfold Rd. *SW19* 4M **27**
Ryland Clo. *Felt* 5G **23**
Rylandes Rd. *S Croy* 5E **64**
Ryle Rd. *Farnh* 3G **128**
Rylston Rd. *SW6* 2L **13**
Rymer Rd. *Croy* 6B **46**
Rysted La. *W'ham* 4L **107**
Ryst Wood Rd. *F Row* 7K **187**
Rythe Ct. *Th Dit* 6G **41**
Rythe Rd. *Clay* 2D **58**
Rythe, The. *Esh* 6B **58**

S

Sabah Ct. *Ashf* 5B **22**
Sable Clo. *Houn* 6K **9**
Sabre Ct. *Alder* 2K **109**
Sachel Ct. Dri. *Alf* 7H **175**
Sachel Ct. M. *Alf* 7G **174**
Sachel Ct. Rd. *Alf* 6F **174**
Sachel Hill La. *Alf* 7F **174**
Sackville Clo. *E Grin* 7M **165**
Sackville College. 9B **166**
Sackville Cotts. *Blet* 2A **124**
Sackville Ct. *E Grin* 1B **186**
Sackville Gdns. *E Grin* 7M **165**
(in two parts)
Sackville Ho. *SW16* 4J **29**
Sackville La. *E Grin* 7L **165**
Sackville Rd. *Sutt* 4M **61**
Saddleback Rd. *Camb* 7C **50**
Saddleback Way. *Fleet* 1C **88**
Saddlebrook Pk. *Sun* 8F **22**
Saddler Corner. *Sand* 8G **49**
Saddler Row. *Craw* 6B **182**
Saddlers Clo. *Guild* 2F **114**
Saddlers M. *King T* 9J **25**
Saddlers Scarp. *Gray* 5M **169**
Saddlers Way. *Eps* 6C **80**
Saddlewood. *Camb* 2A **70**
Sadler Clo. *Mitc* 1D **44**
Sadlers Ride. *W Mol* 1C **40**
Sadlers Way. *Hasl* 1H **189**
Saffron Clo. *Craw* 6M **181**
Saffron Clo. *Croy* 5J **45**
Saffron Clo. *Dat* 4L **5**
Saffron Ct. *Farnb* 1H **89**
Saffron Ct. *Felt* 1D **22**
Saffron Platt. *Guild* 8K **93**
Saffron Rd. *Brack* 3N **31**
Saffron Way. *Surb* 7K **41**
Sage Wlk. *Warf* 8B **16**
Sailmakers Ct. *SW6* 6N **13**
Sailors La. *Thur* 8D **150**
Sainfoin Rd. *SW17* 3E **28**
St Agatha's Dri. *King T* 7M **25**
St Agatha's Gro. *Cars* 7D **44**
St Agnes Rd. *E Grin* 8A **166**
St Albans Av. *Felt* 6L **23**
St Albans Av. *Wey* 9B **38**
St Alban's Clo. *Wind* 4G **5**
St Albans Clo. *Wood S* 2E **112**
St Alban's Gdns. *Tedd* 6G **25**
St Alban's Gro. *Cars* 6C **44**
St Alban's Rd. *King T* 7L **25**
St Alban's Rd. *Reig* 1M **121**
St Alban's Rd. *Sutt* 1L **61**
St Albans Roundabout. *Farnb* 5A **90**
St Alban's St. *Wind* 4G **5**
St Albans Ter. *W6* 2K **13**
St Andrews. *Brack* 5K **31**
St Andrews. *Cranl* 6K **155**
St Andrews. Horl *9F 142*
(off Aurum Clo.)
St Andrew's Av. *Wind* 5C **4**
St Andrew's Clo. *Crowt* 1E **48**
St Andrew's Clo. *Iswth* 4E **10**
St Andrew's Clo. *Old Win* 9K **5**
St Andrews Clo. *Reig* 4N **121**
St Andrew's Clo. *Shep* 3E **38**
St Andrews Clo. *Wok* 4M **73**
St Andrew's Clo. *Wray* 9A **6**
St Andrew's Ct. *SW18* 3A **28**
St Andrews Ct. *Sutt* 9C **44**
St Andrew's Cres. *Wind* 5C **4**
St Andrews Gdns. *Cob* 9K **57**
St Andrew's Ga. *Wok* 5B **74**
St Andrews Mans. W14 *2K 13*
(off St Andrews Rd.)
St Andrews M. *SW12* 2H **29**
St Andrew's Rd. *W14* 2K **13**
St Andrew's Rd. *Cars* 9C **44**
St Andrew's Rd. *Coul* 3E **82**
St Andrew's Rd. *Croy* 1N **63** (6B **200**)
St Andrews Rd. *If'd* 4J **181**
St Andrew's Rd. *Surb* 5K **41**
St Andrew's Sq. *Surb* 5K **41**
St Andrew's Wlk. *Cob* 2J **77**
St Andrew's Way. *Frim* 7D **70**
St Andrews Way. *Oxt* 9G **107**
St Anne's Av. *Stanw* 1M **21**
St Annes Boulevd. *Red* 1F **122**
St Anne's Ct. *W Wick* 1A **66**
St Anne's Dri. *Red* 2E **122**
St Annes Dri. *Wokgm* 2F **30**
St Annes Dri. N. *Red* 1E **122**
St Annes Glade. *Bag* 4H **51**
St Anne's Mt. *Red* 2E **122**
St Anne's Ri. *Red* 2E **122**
St Annes Rd. *Craw* 9G **163**
St Anne's Rd. *G'ming* 6K **133**
St Ann's Clo. *Cher* 5H **37**
St Ann's Ct. *Vir W* 4B **36**
St Ann's Cres. *SW18* 9N **13**
St Ann's Hill. *SW18* 8N **13** & 1A **28**
St Ann's Hill Rd. *Cher* 5E **36**
St Ann's Pk. Rd. *SW18* 9N **13** & 1A **28**
St Ann's Pas. *SW13* 6D **12**
St Ann's Rd. *SW13* 5E **12**
St Ann's Rd. *Cher* 5G **36**
(in two parts)
St Anns Way. *Berr G* 3K **87**
St Ann's Way. *S Croy* 3M **63**
St Anthony's Clo. *SW17* 3C **28**
St Anthonys Clo. *Brack* 9M **15**
St Anthony's Way. *Felt* 7G **9**
St Arvan's Clo. *Croy* 9B **46**
St Aubin Clo. *Craw* 7L **181**
St Aubyns. *Dork* 7G **119**
St Aubyn's Av. *SW19* 6L **27**
St Aubyn's Av. *Houn* 8A **10**
St Augustine's Av. *S Croy* 3N **63**
St Augustine's Clo. *Alder* 3B **110**
St Austins. *Gray* 6B **170**
St Barnabas Clo. *Beck* 1M **47**
St Barnabas Ct. *Craw* 2G **182**
St Barnabas Gdns. *W Mol* 4A **40**
St Barnabas Rd. *Mitc* 8E **28**
St Barnabas Rd. *Sutt* 2B **62**
St Bartholomews Ct. *Guild* 5B **114**
St Benedict's Clo. *SW17* 6E **28**
St Benedicts Clo. *Alder* 3M **109**
St Benet's Clo. *SW17* 3C **28**
St Benet's Gro. *Cars* 6A **44**
St Bernards. *Croy* 9B **46** (5F **200**)
St Bernard's Clo. *SE27* 5N **29**
St Brelades Clo. *Dork* 7G **119**
St Brelades Rd. *Craw* 7L **181**
St Catherines. *Wey* 9C **38**
St Catherines. *Wok* 6M **73**
St Catherines Clo. *Chess* 3K **59**
St Catherine's Clo. *SW17* 3C **28**
St Catherine's Ct. *Brmly* 4B **134**
St Catherines Ct. *Felt* 2H **23**
St Catherines Ct. *Stai* 5J **21**
St Catherine's Cross. *Blet* 3B **124**
St Catherine's Dri. *Guild* 7L **113**
St Catherine's Hill. *Guild* 7M **113**
St Catherines Pk. *Guild* 5B **114**
St Catherines Rd. *Craw* 9G **163**
St Catherines Rd. *Frim & Frim G* 5D **70**
(in two parts)
St Cecilia's Clo. *Sutt* 7K **43**
St Chads Clo. *Surb* 6J **41**
St Charles Pl. *Wey* 2B **56**
St Christopher's. *Ling* 7N **145**
St Christophers Clo. *Alder* 2B **110**
St Christopher's Clo. *Hasl* 2E **188**
St Christopher's Clo. *H'ham* 4J **197**
St Christopher's Clo. *Iswth* 4E **10**
St Christophers Gdns. *Asc* 9H **17**
St Christopher's Gdns. *T Hth* 2L **45**
St Christopher's Grn. *Hasl* 2E **188**
St Christopher's M. *Wall* 2G **62**
St Christopher's Pl. *Farnb* 2L **89**
St Christopher's Rd. *Farnb* 2M **89**
St Christopher's Rd. *Hasl* 2E **188**
St Clair Clo. *Oxt* 8M **105**
St Clair Clo. *Reig* 3A **122**
St Clair Dri. *Wor Pk* 9G **42**
St Claire Cotts. *D'land* 1D **166**
St Clair's Rd. *Croy* 8B **46** (3F **200**)
St Clare Bus. Pk. *Hamp* 7C **24**
St Clement Rd. *Craw* 7L **181**
St Clements Ct. *Farnb* 7N **69**
St Clements Mans. SW6 *2J 13*
(off Lillie Rd.)
St Cloud Rd. *SE27* 5N **29**
St Crispins Way. *Ott* 5E **54**
St Cross Rd. *Farnh* 9H **109**
St Cross Rd. *Frim G* 7E **70**
St Cuthberts Clo. *Eng G* 7N **19**
St Cyprian's St. *SW17* 5D **28**
St David's. *Coul* 4K **83**
St David's Clo. *Farnb* 6L **69**
St David's Clo. *Farnh* 5K **109**
St David's Clo. *Reig* 2A **122**
St David's Clo. *W Wick* 6L **47**
St David's Dri. *Eng G* 8M **19**
St Denis Rd. *SE27* 5N **29**
St Denys Clo. *Knap* 5F **72**
St Dionis Rd. *SW6* 5L **13**
St Dunstan's. (Junct.) **3L 61**
St Dunstan's Clo. *Hay* 1G **9**
St Dunstan's Hill. *Sutt* 2K **61**
St Dunstan's La. *Beck* 5M **47**
St Dunstan's Rd. *SE25* 3C **46**
St Dunstan's Rd. *W6* 1J **13**
St Dunstan's Rd. *Felt* 4G **23**
St Dunstan's Rd. *Houn* 5J **9**
(in two parts)
St Edith Clo. *Eps* 1B **80** (8H **201**)
St Edmund Clo. *Craw* 9B **162**
St Edmund's Clo. *SW17* 3C **28**
St Edmund's La. *Twic* 1B **24**
St Edmunds Sq. *SW13* 2H **13**
St Edmund's Steps. *G'ming* 7G **133**
St Edward's Clo. *E Grin* 9M **165**
St Edward's Clo. *New Ad* 7N **65**
St Elizabeth Dri. *Eps* 1B **80** (8H **201**)
St Faith's Rd. *SE21* 2M **29**
St Francis Gdns. *Copt* 6M **163**
St Francis Wlk. *Bew* 5K **181**
St George's Av. *Wey* 3C **56**
St Georges Bus. Pk. *Wey* 5B **56**
St George's Clo. *Bad L* 7N **109**
St Georges Clo. *Horl* 8F **142**
St George's Clo. *Wey* 2D **56**
St Georges Clo. *Wind* 4B **4**
St George's Ct. *SW15* 7L **13**
St Georges Ct. *Add* 1L **55**
St George's Ct. *Craw* 2B **182**
St Georges Ct. *E Grin* 7M **165**
St Georges Ct. *Owl* 5K **49**
St George's Gdns. *Eps* 1E **80**
St George's Gdns. *H'ham* 4L **197**
St George's Gdns. *Surb* 8A **42**
St George's Gro. *SW17* 4B **28**
St George's Hill. **6C 56**
St George's Hill. *Red* 2H **143**
St George's Ind. Est. *Camb* 3N **69**
St Georges Ind. Est. *King T* 6K **25**
St George's La. *Asc* 2M **33**
(in three parts)
St George's M. Farnh *9G 109*
(off Bear La.)
St George's Pl. *Twic* 2G **25**
St George's Rd. *SW19* 8L **27**
(in two parts)
St George's Rd. *Add* 1L **55**
St George's Rd. *Alder* 3N **109**
St George's Rd. *Bad L & Farnh* 6N **109**
(in two parts)
St George's Rd. *Beck* 1L **47**
St George's Rd. *Camb* 9B **50**
St George's Rd. *Farnh* 2J **129**
St George's Rd. *Felt* 5L **23**
St George's Rd. *King T* 8N **25** (1M **203**)
St George's Rd. *Mitc* 2F **44**
St George's Rd. *Red* 2H **143**
St Georges Rd. *Rich* 6M **11**
St George's Rd. *Twic* 8H **11**
St George's Rd. *Wall* 2F **62**
St George's Rd. *Wey* 3E **56**
St George's Rd. E. *Alder* 3N **109**
St George's Sq. *N Mald* 2D **42**
St George's Wlk. *Croy* 9N **45** (3C **200**)
St George's Yd. Farnh *1G 129*
(off Castle St.)
St Giles Clo. *Orp* 2M **67**
St Gothard Rd. *SE27* 5N **29**
(in two parts)
St Helens. *Th Dit* 6F **40**
St Helen's Cres. *SW16* 9K **29**
St Helens Cres. *Sand* 7G **48**
St Helen's Rd. *SW16* 9K **29**
St Helier. **6C 44**
St Helier Av. *Mord* 6A **44**
St Helier Clo. *Craw* 7M **181**
St Helier Clo. *Wokgm* 5A **30**
St Helier's Av. *Houn* 8A **10**
St Hilda's Av. *Ashf* 6N **21**
St Hilda's Clo. *SW17* 3C **28**
St Hilda's Clo. *Craw* 8G **163**
St Hilda's Clo. *Horl* 8F **142**
St Hilda's Clo. *Knap* 4G **73**
St Hilda's Rd. *SW13* 2G **12**
Saint Hill. **5M 185**
Saint Hill Grn. *E Grin* 5N **185**
Saint Hill Rd. *E Grin* 3L **185**
St Hoathly Rd. *E Grin* 7M **185**
St Hughes Clo. *SW17* 3C **28**
St Hughs Clo. *Craw* 9G **163**
St Ives. *Craw* 2G **182**
St James Av. *Eps* 7E **60**
St James' Av. *Farnh* 8J **109**
St James Av. *Sutt* 2M **61**
St James Clo. *Eps* 1D **80** (8L **201**)
St James Clo. *N Mald* 4E **42**
St James Clo. *Wok* 5K **73**
St James Ct. *Asht* 4K **79**
St James Ct. *Farnh* 9H **109**
St James M. *Wey* 1C **56**
St James Pl. *S Croy* 3B **64**
St James Rd. *Cars* 9C **44**
St James Rd. *E Grin* 9N **165**
St James Rd. *Fleet* 5A **88**
St James Rd. *Mitc* 8E **28**
St James Rd. *Purl* 9M **63**
St James' Rd. *Surb* 5K **41**
St James Rd. *Sutt* 2M **61**
St James's Av. *Beck* 2H **47**
St James's Av. *Hamp H* 6C **24**
St James's Clo. *SW17* 3D **28**
St James's Cotts. *Rich* 8K **11**
St James's Ct. *King T* 2L **41** (6J **203**)
St James's Dri. *SW17 & SW12* 2D **28**
St James's Pk. *Croy* 6N **45**
St James's Pl. *Cranl* 7L **155**
St James's Rd. *Croy* 6M **45**
St James's Rd. *Hamp H* 6B **24**
St James's Rd. *King T* 1K **41** (4H **203**)
St James St. *W6* 1H **13**
St James Ter. *SW12* 2E **28**
St James' Ter. *Farnh* 9H **109**
St James Wlk. *Craw* 8A **182**
St Joan Clo. *Craw* 9B **162**
St John Clo. *H'ham* 7L **197**
St John's. 5C **122**
(Redhill)
St Johns. 6K **73**
(Woking)
St John's. *N Holm* 9J **119**
St John's. *Red* 5C **122**
St John's Av. *SW15* 8J **13**
St John's Av. *Eps* 8F **60**
St John's Av. *Lea* 8H **79**
St Johns Chu. Rd. *Wott* 8N **117**
St John's Clo. *SW6* 3M **13**
St John's Clo. *E Grin* 8A **166**
St John's Clo. *Guild* 4K **113**
St John's Clo. *Lea* 8J **79**
St John's Corner. Red *5D 122*
(off St John's Rd.)
St John's Ct. *Farnb* 9J **69**
St John's Ct. *Brkwd* 7C **72**
St John's Ct. *Egh* 6C **20**
St John's Ct. *Iswth* 5F **10**
St John's Ct. *King T* 7K **203**
St Johns Ct. *S God* 7J **125**
St John's Ct. Westc *6C 118*
(off St John's Rd.)
St Johns Ct. *Wok* 6K **73**
St John's Cres. *Broad H* 5E **196**
St Johns Dri. *SW18* 2N **27**
St John's Dri. *W on T* 7K **39**
St John's Dri. *Wind* 5D **4**
St John's Gro. *SW13* 5E **12**
St John's Gro. *Rich* 7L **11**
St John's Hill. *Coul* 4L **83**
(in two parts)
St John's Hill. *Purl* 3L **83**
St John's Hill Rd. *Wok* 6K **73**
St John's Lye. *Wok* 6J **73**
(in three parts)
St John's Mdw. *Blind H* 3G **145**

St John's M.—Sandrock Hill Rd.

St John's M. Wok. 6K 73
St John's Pas. SW19 7K 27
St Johns Ri. Berr G 3K 87
St John's Ri. Wok. 5L 73
St John's Rd. Farnb 1J 89
St John's Rd. SW19. 8K 27
St John's Rd. Asc. 8K 17
St John's Rd. Cars 9C 44
St John's Rd. Craw 3A 182
St John's Rd. Croy 9M 45 (4A 200)
St John's Rd. E Grin. 8A 166
St John's Rd. E Mol. 3D 40
St John's Rd. Farnh 3G 129
St John's Rd. Felt 5M 23
St John's Rd. Guild. 4J 113
St John's Rd. Hamp W. 1J 41
St John's Rd. Iswth 5F 10
St John's Rd. Lea 8J 79
St John's Rd. N Mald 2B 42
St John's Rd. Red 5D 122
St John's Rd. Rich 7L 11
St John's Rd. Sand 8G 49
St John's Rd. Sutt 8N 43
St John's Rd. Westc. 6C 118
St John's Rd. Wind 5D 4
St John's Rd. Wok 6J 73
St Johns St. Crowt. 2G 49
St John's St. G'ming. 5J 133
St John's Ter. SW15. 4D 26 (off Kingston Va.)
St John's Ter. Rd. Red 5D 122
St John's Way. Cher 7J 37
St Joseph's Rd. Alder 3M 109
St Jude's Clo. Eng G 6M 19
St Judes Rd. Eng G. 5M 19
St Julian's Clo. SW16. 5L 29
St Julian's Farm Rd. SE27 5L 29
St Katherines Rd. Cat. 3D 104
St Lawrence Bus. Cen. Twic 3J 23
St Lawrence Ct. Chob 7H 53
St Lawrence Ho. Chob. 7H 53 (off Bagshot Rd.)
St Lawrence's Way. Reig. 3M 121
St Lawrence Way. Cat 1N 103
St Leonard's Av. Wind 5F 4
St Leonards Ct. SW14 6B 12
St Leonard's Dri. Craw 5E 182
St Leonards Forest. 4C 198
St Leonard's Gdns. Houn 4M 9
St Leonard's Hill. Wind 7A 4
St Leonard's Park. 5A 198
St Leonards Pk. E Grin 9N 165
St Leonard's Ri. Orp 1N 67
St Leonard's Rd. SW14 6A 12
St Leonard's Rd. Clay 3F 58
St Leonard's Rd. Croy. 9M 45
St Leonard's Rd. Eps 6H 81
St Leonard's Rd. H'ham 8L 197
St Leonard's Rd. Surb 4K 41
St Leonard's Rd. Th Dit 5G 40
St Leonard's Rd. Wind. 6D 4 (Imperial Rd.)
St Leonard's Rd. Wind 9A 4 (Queen Adelaide's Ride)
St Leonards Sq. Surb. 4K 41
St Leonard's Wlk. SW16 8K 29
St Louis Rd. SE27 5N 29
St Luke's Clo. SE25 5E 46
St Lukes Ct. Wok 1E 74
St Luke's Pas. King T 9M 25 (1L 203)
St Luke's Rd. Old Win 9K 5
St Luke's Rd. Whyt 5C 84
St Lukes Sq. Guild. 4B 114
St Margaret Dri. Eps 1B 80 (8H 201)
St Margarets. 9H 11
St Margaret's. Guild 3B 114
St Margaret's Av. Ashf 6C 22
St Margarets Av. Berr G 3K 87
St Margaret's Av. Dor P 4A 166
St Margaret's Av. Sutt 9K 43
St Margarets Bus. Cen. Twic 9H 11
St Margarets Cotts. Fern 9F 188
St Margarets Ct. SW15 7G 12
St Margaret's Cres. SW15 8G 13
St Margaret's Dri. Twic 8H 11
St Margaret's Gro. Twic 9G 11
St Margaret's Rd. Coul 8F 82
St Margaret's Rd. E Grin 7B 166
St Margarets Rd. Iswth & Twic 7H 11
St Margarets Roundabout. (Junct.) 9H 11
St Mark's Clo. Farnb. 4A 90
St Marks Clo. SW6 4M 13
St Mark's Gro. SW10. 3N 13
St Mark's Hill. Surb 5L 41
St Mark's La. H'ham 2L 197
St Mark's Pl. SW19 7L 27
St Mark's Pl. Farnh 5G 109
St Marks Pl. Wind 5F 4
St Mark's Rd. SE25 3D 46
St Mark's Rd. Binf 8H 15
St Mark's Rd. Eps 5H 81
St Marks Rd. Mitc 1D 44
St Mark's Rd. Tedd 8H 25
St Marks Rd. Wind. 5F 4
St Martha's Av. Wok. 8B 74
St Marthas Ct. Chil. 9D 114
St Martin Clo. Hand 9N 199
St Martin's Av. Eps 1D 80 (8L 201)
St Martins Clo. E Hor 7F 96
St Martins Clo. Eps 9D 60 (7M 201)
St Martin's Ct. Ashf 6L 21
St Martin's Ct. E Hor. 7F 96
St Martins Dri. W on T. 9K 39
St Martins Est. SW2. 2L 29
St Martins La. Beck 4L 47
St Martins M. Dork 5G 119 (2J 201)
St Martins M. Pyr. 3J 75
St Martin's Wlk. Dork 4H 119 (1K 201)
St Martins Way. SW17. 4A 28
St Mary Av. Wall. 9E 44
St Marys. Wey 9E 38
St Mary's Av. Brom 2N 47
St Mary's Av. Stanw 1M 21
St Mary's Av. Tedd 7F 24
St Mary's Av. Central. S'hall 1B 10
St Mary's Av. S. S'hall 1B 10
St Mary's Clo. Chess. 4M 59
St Mary's Clo. Eps 4E 60
St Mary's Clo. Fet. 1D 98
St Mary's Clo. Oxt 7A 106
St Mary's Clo. Sand. 7H 49
St Mary's Clo. Stanw. 1M 21
St Mary's Clo. Sun. 3H 39
St Mary's Ct. Wall 1G 62
St Mary's Ct. W'ham 4M 107
St Mary's Cres. Iswth. 3D 10
St Mary's Cres. Stanw. 1M 21
St Mary's Dri. Craw 1F 182
St Mary's Dri. Felt 1D 22
St Marys Garden. Worp. 5H 93
St Mary's Gdns. Bag. 4J 51
St Mary's Gdns. H'ham. 7J 197
St Mary's Grn. Big H 5E 86
St Mary's Gro. SW13. 6G 12
St Mary's Gro. W4 2A 12
St Mary's Gro. Big H 5E 86
St Mary's Gro. Rich. 7M 11
St Mary's Hill. Asc 5N 33
St Mary's La. Wink. 4H 17
St Marys M. Rich 3J 25
St Marys Mill. C'fold. 6E 172
St Mary's Mt. Cat. 2C 104
St Marys Pl. Farnh. 9H 109
St Mary's Rd. SE25 2B 46
St Mary's Rd. SW19. 6K 27
St Mary's Rd. Asc 6M 33
St Mary's Rd. Ash V. 8E 90
St Mary's Rd. Camb. 9A 50
St Mary's Rd. Dit H. 6J 41
St Mary's Rd. E Mol. 4D 40
St Mary's Rd. Lea 9H 79
St Mary's Rd. Reig. 4N 121
St Mary's Rd. S Croy 6A 64
St Mary's Rd. Surb. 5K 41
St Mary's Rd. Wey 1E 56
St Mary's Rd. Wok 4M 73
St Mary's Rd. Wor Pk 8D 42
St Mary's Wlk. Blet. 2A 124
St Mary's Wlk. H'ham. 7J 197
St Marys Way. Guild 1H 113
St Matthew's Av. Surb 7L 41
St Matthew's Rd. Red 2D 122
St Maur Rd. SW6. 4L 13
St Michael's Av. Guild. 7F 92
St Michaels Clo. Fleet. 5C 88
St Michael's Clo. W on T 8K 39
St Michael's Clo. Wor Pk 8E 42
St Michaels Cotts. Wokgm 8H 31
St Michael's Ct. Wey 2D 56 (off Princes Rd.)
St Michael's Rd. Ashf. 6B 22
St Michael's Rd. Farnb. 8N 69
St Michael's Rd. Alder 3N 109
St Michael's Rd. Camb. 1N 69
St Michael's Rd. Cat. 9A 84
St Michael's Rd. Croy 7N 45 (1C 200)
St Michaels Rd. E Grin. 8A 166
St Michael's Rd. Sand 7E 48
St Michael's Rd. Wall. 3G 62
St Michael's Rd. Wok. 1F 74
St Mildred's Rd. Guild 2B 114
St Monicas Rd. Kgswd. 8L 81
St Nazaire Clo. Egh. 6E 20
St Nicholas Av. Bookh 3B 98
St Nicholas Cen. Sutt. 2N 61
St Nicholas Clo. Fleet. 4A 88
St Nicholas Ct. Craw 2G 182
St Nicholas Ct. King T 8J 203
St Nicholas Cres. Pyr 3J 75
St Nicholas Dri. Shep. 6B 38
St Nicholas Glebe. SW17 6E 28
St Nicholas Hill. Lea. 9H 79
St Nicholas Rd. Sutt 2N 61
St Nicholas Rd. Th Dit 5F 40
St Nicholas Way. Sutt 1N 61
St Nicolas Av. Cranl 7N 155
St Nicolas Clo. Cranl 7N 155
St Normans Way. Eps. 6F 60
St Olaf's Rd. SW6 3K 13
St Olaves Clo. Stai 8H 21
St Olaves Wlk. SW16. 1G 45
St Omer Ridge. Guild 4C 114
St Omer Rd. Guild 4C 114
St Oswald's Rd. SW16 9M 29
St Paul's Clo. Ashf. 6D 22
St Paul's Clo. Add. 2J 55
St Paul's Clo. Cars 7C 44
St Paul's Clo. Chess. 1K 59
St Paul's Clo. Hay. 1E 8
St Paul's Clo. Houn 5M 9
St Pauls Clo. Tong 5D 110
St Paul's Ct. Houn. 6M 9
St Paul's Ga. Wokgm 2A 30
St Paul's Rd. Bren 2K 11
St Paul's Rd. Rich. 6M 11
St Paul's Rd. Stai 6F 20
St Paul's Rd. T Hth 2N 45
St Paul's Rd. Wok 4C 74
St Paul's Rd. E. Dork 5H 119 (3L 201)
St Paul's Rd. W. Dork 6G 119 (4J 201)
St Paul's Studios. W6 1K 13 (off Talgarth Rd.)
St Paul's Wlk. King T. 8N 25
St Peters Av. Berr G. 3K 87
St Peter's Clo. SW17 3C 28
St Peter's Clo. Old Win. 8K 5
St Peter's Clo. Stai. 7H 21
St Peter's Clo. Wok 7E 74
St Peters Ct. W Mol. 3A 40
St Peter's Gdns. SE27 4L 29
St Peters Gdns. Wrec. 5E 128
St Peter's Gdns. Yat. 9C 48
St Peter's Gro. W6 1F 12
St Peters Mead. As. 2F 110
St Peters Pk. Alder. 4K 109
St Peter's Rd. W6. 1F 12
St Peter's Rd. Craw 3A 182
St Peter's Rd. Croy 1A 64 (6D 200)
St Peter's Rd. King T 1N 41
St Peters Rd. Old Win 8K 5
St Peter's Rd. Twic. 8H 11
St Peter's Rd. W Mol 3A 40
St Peter's Rd. Wok. 8D 74
St Peter's Sq. W6. 1E 12
St Peter's St. S Croy 2A 64 (8E 200)
St Peter's Ter. SW6. 3L 13
St Peter's Vs. W6 1F 12
St Peter's Way. Cher & Add 1F 54
St Peter's Way. Frim 7D 70
St Peters Way. Hay. 1E 8
St Peter's Wharf. W6 1F 12
St Philip's Av. Wor Pk 8G 42
St Philip's Ga. Wor Pk 8G 43
St Philips Rd. Surb 5K 41
St Phillips Ct. Fleet. 4B 88
St Pier's La. Ling & M Grn. 8B 146
St Pinnock Av. Stai. 9J 21
St Richard's M. Craw. 3D 182 (off Broomdashers Rd.)
St Sampson Rd. Craw 7L 181
St Saviour's College. SE27 5N 29
St Saviours Pl. Guild 3M 113 (3B 202)
St Saviour's Rd. Croy 5M 45
Saints Clo. SE27 5M 29
St Sebastian's Clo. Wokgm 3D 30
St Simon's Av. SW15. 8H 13
Saints M. Mitc 2C 44
St Stephen Clo. Craw. 9B 162
St Stephen's Av. Asht. 3L 79
St Stephens Clo. Hasl 2D 188
St Stephen's Cres. T Hth 2L 45
St Stephen's Gdns. SW15 8L 13
St Stephen's Gdns. Twic. 9J 11
St Stephen's Pas. Twic 9J 11
St Stephen's Rd. Houn. 9A 10
St Stevens Clo. Hasl 1G 188
St Swithun's Clo. E Grin. 9B 166
St Theresa Clo. Eps 1B 80 (8H 201)
St Theresa's Rd. Felt 7G 9
St Thomas Clo. Surb. 7M 41
St Thomas Clo. Wok. 4M 73
St Thomas Dri. E Clan 9N 95
St Thomas Rd. W4. 2B 12
St Thomas's M. Guild. 5B 114
St Thomas's Way. SW6 3L 13
St Thomas Wlk. Coln 3F 6
St Vincent Clo. SE27. 6M 29
St Vincent Clo. Craw 4H 183
St Vincent Rd. Twic. 9C 10
St Vincent Rd. W on T 9J 39
St Winifreds. Kenl 2N 83
St Winifred's Rd. Big H 5H 87
St Winifred's Rd. Tedd. 7H 25
Salamanca. Crowt 2D 48
Salamanca Pk. Alder 1L 109
Salamander Clo. King T 6J 25
Salamander Quay. King T 9K 25 (2G 203)
Salbrook Rd. Red. 2E 142
Salcombe Dri. Mord. 7J 43
Salcombe Rd. Ashf 4N 21
Salcot Cres. New Ad 6M 65
Salcott Rd. Croy. 9J 45
Sale Garden Cotts. Wokgm 3B 30
Salehurst Rd. Worth. 3J 183
Salem Pl. Croy 9N 45 (5B 200)
Salerno Clo. Alder. 1M 109
Sales Ct. Alder 3L 109
Salesian Gdns. Cher 7J 37
Salesian Vw. Farnb. 5C 90
Salford Rd. SW2 2H 29
Salfords. 2E 142
Salfords Ind. Est. Red 3F 142
Salfords Way. Red 2E 142
Salisbury Av. Sutt. 3L 61
Salisbury Clo. Wokgm 6A 30
Salisbury Clo. Wor Pk 9E 42
Salisbury Ct. Cars 2D 62
Salisbury Gdns. SW19. 8K 27
Salisbury Gro. Myt. 1D 90
Salisbury M. SW6 3L 13
Salisbury Pas. SW6 3L 13 (off Dawes Rd.)
Salisbury Pavement. SW6 3L 13 (off Dawes Rd.)
Salisbury Pl. W Byf 7L 55
Salisbury Rd. Farnb. 1A 90
Salisbury Rd. SE25 5D 46
Salisbury Rd. SW19. 8K 27
Salisbury Rd. As 1E 110
Salisbury Rd. Bans 1N 81
Salisbury Rd. B'water 1H 69
Salisbury Rd. Cars. 3D 62
Salisbury Rd. Craw 7C 182 (in two parts)
Salisbury Rd. Felt. 2K 23
Salisbury Rd. God 9F 104
Salisbury Rd. H'ham 8G 196
Salisbury Rd. Houn 6K 9
Salisbury Rd. H'row A. 8D 8
Salisbury Rd. N Mald. 2C 42
Salisbury Rd. Rich 7L 11
Salisbury Rd. Wok. 6A 74
Salisbury Rd. Wor Pk 1C 60
Salisbury Ter. Myt 2E 90
Salix Clo. Sun. 8J 23
Salliesfield. Twic 9D 10
Salmons La. Whyt 7B 84
Salmons La. W. Cat 7B 84
Salmons Rd. Chess 3L 59
Salmons Rd. Eff. 7J 97
Salomons Memorial. 1L 119
Saltash Clo. Sutt 1L 61
Saltbox Hill. Big H 9D 66
Salt Box Rd. Worp & Guild 7J 93
Saltdean Clo. Craw. 6B 182
Salterford Rd. SW17 7E 28
Salterns Rd. M'bowr 6G 182
Salter's Hill. SE19 6N 29
Saltire Gdns. Brack 9M 15
Salt La. Hyde 4G 153
Saltram Rd. Farnb 3C 90
Salvador. SW17 6D 28
Salvation Pl. Lea 2G 98
Salvia Ct. Bisl. 3D 72
Salvington Rd. Craw 6L 181
Salvin Rd. SW15 6J 13
Salwey Clo. Brack 5N 31
Samaritan Clo. Bew. 5K 181
Samarkand Clo. Camb 2F 70
Samels Ct. W6 1F 12
Samian Pl. Binf 8K 15
Samos Rd. SE20 1E 46
Samphire Clo. Craw 6M 181
Sampleoak La. Chil 9G 114
Sampson Pk. Binf. 9J 15
Sampson's Almshouses. Farnh 2E 128
Sampsons Ct. Shep. 4D 38
Samuel Gray Gdns. King T 9K 25 (1H 203)
Samuel Johnson Clo. SW16 5K 29
Samuel Lewis Trust Dwellings. SW6 3M 13 (off Vanston Pl.)
Samuel Lewis Trust Dwellings. W14 1L 13 (off Lisgar Ter.)
Samuel Richardson Ho. W14 1L 13 (off N. End Cres.)
San Carlos App. Alder 2A 110
Sanctuary Rd. H'row A 9B 8
Sanctuary, The. Mord 5M 43
Sandal Rd. N Mald 4C 42
Sandalwood. Guild. 4L 113
Sandalwood Av. Cher 9G 36
Sandalwood Rd. Felt 4J 23
Sandbanks. Felt 2F 22
Sandbourne Av. SW19 1N 43
Sandcross La. Reig 6L 121
Sandell's Av. Ashf 5D 22
Sandeman Way. H'ham 8L 197
Sanders Clo. Hamp H 6C 24
Sandersfield Gdns. Bans 2M 81
Sandersfield Rd. Bans. 2N 81
Sanderstead. 8D 64
Sanderstead Clo. SW12 1G 29
Sanderstead Ct. Av. S Croy 9D 64
Sanderstead Hill. S Croy 7B 64
Sanderstead Rd. S Croy 4A 64
Sandes Pl. Lea 5G 79
Sandfield Gdns. T Hth 2M 45
Sandfield Rd. T Hth 2M 45
Sandfields. Send 2F 94
Sandfield Ter. Guild 4N 113 (4C 202)
Sandford Ct. Alder. 3L 109
Sandford Down. Brack 4D 32
Sandford Rd. Alder 3L 109
Sandford Rd. Farnh. 5G 109
Sandford St. SW6 3N 13
Sandgate La. SW18. 2C 28
Sandhawes Hill. E Grin 6C 166
Sandheath Rd. Hind 2A 170
Sand Hill. Farnb. 7N 69
Sand Hill Ct. Farnb 7N 69
Sandhill La. Craw D. 2E 184
Sandhills. 9A 152
Sandhills. Wall 1H 63
Sandhills. Wmly 9A 152 (in two parts)
Sandhills Ct. Vir W 4A 36
Sandhills La. Vir W 4A 36
Sandhills Mdw. Shep. 6D 38
Sandhills Rd. Reig 4M 121
Sandhurst. 8G 49
Sandhurst Av. Surb 6A 42
Sandhurst Clo. S Croy. 5B 64
Sandhurst La. B'water. 9G 48
Sandhurst Rd. Crowt. 4G 49
Sandhurst Rd. Finch 8A 30
Sandhurst Rd. Yat. 8E 48
Sandhurst Way. S Croy 4B 64
Sandiford Rd. Sutt. 8L 43
Sandilands. Croy. 8D 46
Sandilands Rd. SW6 4N 13
Sandlands Gro. Tad 1F 100
Sandlands Rd. Tad. 1F 100
Sandon Clo. Esh 6D 40
Sandown Av. Esh. 2C 58
Sandown Clo. B'water 1J 69
Sandown Clo. Houn 4H 9
Sandown Ct. Craw. 3H 183
Sandown Ct. Red. 2C 122 (off Station Rd.)
Sandown Ct. Sutt 4N 61
Sandown Cres. Alder. 5N 109
Sandown Dri. Cars. 5E 62
Sandown Dri. Frim 4B 70
Sandown Ga. Esh 9D 40
Sandown Lodge. Eps. 1C 80
Sandown Pk. Racecourse 9C 40
Sandown Rd. SE25 4E 46
Sandown Rd. Coul. 3E 82
Sandown Rd. Esh 1C 58
Sandpiper Clo. If'd. 5J 181
Sandpiper Rd. S Croy 7G 64
Sandpiper Rd. Sutt 2L 61
Sandpit Cotts. Pirb 9B 72
Sandpit Hall Rd. Chob 8K 53
Sandpit Heath. Guild 8G 92
Sandpit La. Knap 1E 72 (in two parts)
Sandpit Rd. Red 4C 122
Sandpit Site. Wey 6B 56
Sandpits Rd. Croy. 1G 64
Sandpits Rd. Rich 3K 25
Sandra Clo. Houn 8B 10
Sandringham Av. SW20 9K 27
Sandringham Clo. SW19 2J 27
Sandringham Clo. E Grin. 1C 186
Sandringham Clo. Wok 3J 75
Sandringham Ct. Sutt. 5M 61
Sandringham Dri. Ashf. 5M 21
Sandringham Gdns. Houn. 4H 9
Sandringham Gdns. W Mol. 3A 40
Sandringham Pk. Cob 8A 58
Sandringham Rd. Craw. 7N 181
Sandringham Rd. H'row A 8N 7
Sandringham Rd. T Hth 4N 45
Sandringham Rd. Wor Pk 9F 42
Sandringham Way. Frim 6D 70
Sandrock. Hasl 2G 188
Sandrock Cotts. N'chap. 8D 190
Sandrock Hill Rd. Wrec 5E 128

Shaftesbury Ct.—Silverwood Ind. Est.

Shaftesbury Ct. Wokgm 1C 30
Shaftesbury Cres. Stai 8M 21
Shaftesbury Ho. Coul 9H 83
Shaftesbury Mt. B'water 4J 69
Shaftesbury Pl. W14 1L 13 (off Warwick Rd.)
Shaftesbury Rd. Beck 1J 47
Shaftesbury Rd. Bisl 3C 72
Shaftesbury Rd. Cars 6B 44
Shaftesbury Rd. M'bowr 5H 183
Shaftesbury Rd. Rich 6L 11
Shaftesbury Rd. Wok 4D 74
Shaftesbury Way. Twic 4D 24
Shakespeare Av. Felt 9H 9
Shakespeare Gdns. Farnb 9J 69
Shakespeare Rd. Add 1M 55
Shakespeare Way. Felt 5K 23
Shakespeare Way. Warf 9C 16
Shalbourne Ri. Camb 1B 70
Shalden Ho. SW15 9E 12
Shalden Rd. Alder 4B 110
Shaldon Dri. Mord 4K 43
Shaldon Way. W on T 9K 39
Shale Grn. Red 7H 103
Shalesbrook La. F Row 8H 187 (in two parts)
Shalford 9A 114
Shalford Clo. Orp 1L 67
Shalford Mill 8A 114 (Disused)
Shalford Rd. Guild & Shalf 6N 113 (8D 202)
Shalstone Rd. SW14 6A 12
Shalston Vs. Surb 5M 41
Shambles, The. Guild 5N 113 (6C 202)
Shamley Green 7G 134
Shamrock Clo. Fet 8D 78
Shamrock Clo. Frim 6B 70
Shamrock Cotts. Guild 6L 93
Shamrock Rd. Croy 5K 45
Shandys Clo. H'ham 7G 196
Shanklin Ct. Alder 3A 110
Shannon Clo. S'hall 1L 9
Shannon Corner. (Junct.) 3F 42
Shannon Corner Retail Pk. N Mald 3F 42
Shannon Ct. Croy 1C 200
Shanti Ct. SW18 2M 27
Shap Cres. Cars 7D 44
Sharland Clo. T Hth 5L 45
Sharnbrook Ho. W14 2M 13
Sharon Clo. Bookh 2A 98
Sharon Clo. Craw 6E 182
Sharon Clo. Eps 9B 60 (6H 201)
Sharon Clo. Surb 7J 41
Sharon Ct. S Croy 8C 200
Sharon Rd. W4 1C 12
Sharp Ho. Twic 9K 11
Sharpthorne Clo. If'd 3L 181
Shaw Clo. Eps 7E 60
Shaw Clo. Ott 3E 54
Shaw Clo. S Croy 8C 64
Shaw Ct. Old Win 8K 5
Shaw Cres. S Croy 8C 64
Shaw Dri. W on T 6K 39
Shaw Farm 7H 5
Shawfield Cotts. As 2D 110
Shawfield La. As 2D 110
Shawfield Rd. As 3D 110
Shawford Ct. SW15 1F 26
Shawford Rd. Eps 3C 60
Shawley Cres. Eps 5H 81
Shawley Way. Eps 5G 81
Shaw Pk. Crowt 4G 48
Shaw Rd. Tats 7E 86
Shaws Cotts. Guild 7J 93 (off Worplesdon Rd.)
Shaws Path. Hamp W 9J 25 (off Bennett Clo.)
Shaws Rd. Craw 2D 182
Shaw Way. Wall 4J 63
Shaxton Cres. New Ad 5M 65
Shearing Dri. Cars 6A 44
Shears Ct. Sun 8F 22
Shears, The. (Junct.) 8F 22
Shearwater Ct. If'd 4J 181 (off Stoneycroft Wlk.)
Shearwater Rd. Sutt 2L 61
Sheath's La. Oxs 9B 58
Sheen Comn. Dri. Rich 7N 11
Sheen Ct. Rich 7N 11
Sheen Ct. Rd. Rich 7N 11
Sheendale Rd. Rich 7M 11
Sheen Ga. Gdns. SW14 7B 12
Sheengate Mans. SW14 7C 12
Sheen La. SW14 8B 12
Sheen Pk. Rich 7M 11
Sheen Rd. Rich 8L 11
Sheen Way. Wall 2K 63
Sheen Wood. SW14 8B 12
Sheepbarn La. Warl 8B 66
Sheepcote Clo. Houn 3H 9
Sheepcote Rd. Eton W 1D 4
Sheepcote Rd. Wind 5B 4
Sheepfold Rd. Guild 9J 93
Sheep Green 3C 158
Sheephatch La. Tilf 6N 129
Sheep Ho. Farnh 3H 129
Sheephouse Grn. Wott 9N 117
Sheephouse La. Ab C 7N 137
Sheephouse La. Wott & Ab C 8N 117
Sheephouse Way. N Mald 7C 42
Sheeplands Av. Guild 1E 114
Sheep Wlk. Eps 8C 80
Sheep Wlk. Reig 9L 101
Sheep Wlk. Shep 4B 38
Sheepwalk La. E Hor & Ran C 3G 116
Sheep Wlk. M. SW19 7J 27
Sheep Wlk., The. Shep 6A 38
Sheep Wlk., The. Wok 5F 74
Sheerwater 1F 74
Sheerwater Av. Wdhm 8G 55
Sheerwater Rd. Wok & W Byf 8G 54
Sheet's Heath La. Brkwd 6D 72
Sheet St. Wind 5G 5
Sheet St. Rd. Wind 5A 18
Sheffield Clo. Farnb 1L 89
Sheffield Clo. Craw 5F 182
Sheffield Rd. H'row A 9D 8
Sheffield Way. H'row A 8E 8
Shefford Cres. Wokgm 9C 14
Shelburne Dri. Houn 9A 10
Sheldon Clo. Craw 4H 183
Sheldon Clo. Reig 4N 121
Sheldon Ct. Guild 4B 114
Sheldon St. Croy 9N 45 (5B 200)
Sheldrick Clo. SW19 1B 44
Shelley Av. Brack 1C 32
Shelley Clo. Bans 2J 81
Shelley Clo. Coul 4K 83
Shelley Clo. Craw 1G 182
Shelley Clo. Fleet 5B 88
Shelley Clo. Slou 1C 6
Shelley Ct. Camb 1A 70
Shelley Cres. Houn 4L 9
Shelley Dri. Broad H 5C 196
Shelley Ri. Farnb 8L 69
Shelley Rd. E Grin 9M 165
Shelley Rd. H'ham 5H 197
Shelleys Ct. H'ham 4N 197
Shelley Wlk. Yat 1A 68
Shelley Way. SW19 7B 28
Shellfield Clo. Stai 8J 7
Shellwood Cross 4D 140
Shellwood Dri. N Holm 9J 119
Shellwood Rd. Leigh 1B 140
Shelson Av. Felt 4G 22
Shelton Av. Warl 4F 84
Shelton Clo. Guild 7K 93
Shelton Clo. Warl 4F 84
Shelton Rd. SW19 9M 27
Shelvers Grn. Tad 8H 81
Shelvers Hill. Tad 8G 81
Shelvers Spur. Tad 8H 81
Shelvers Way. Tad 8H 81
Shenfield Clo. Coul 6G 82
Shenley Rd. Houn 4M 9
Shenston Ct. Wind 4G 4 (off James St.)
Shenstone Clo. Finch 8A 30
Shenstone Pk. S'hill 3B 34
Shepherd & Flock Roundabout. Farnh 9K 109
Shepherd Clo. Craw 6C 182
Shepherd Clo. Felt 5M 23
Shepherds Chase. Bag 5J 51
Shepherds Clo. Shep 5C 38
Shepherds Ct. Farnh 3H 129
Shepherdsgrove La. Hamm 5H 167
Shepherds Hill. Brack 9A 16
Shepherd's Hill. Cole H 8M 187
Shepherd's Hill. Guild 1K 113
Shepherd's Hill. Hasl 2G 188
Shepherd's Hill. Red 4G 102
Shepherd's Hill Bungalows. Hasl 2G 189 (off Shepherd's Hill)
Shepherds La. Brack 8M 15
Shepherd's La. Guild 9J 93
Shepherds La. W'sham 2C 52
Shepherds Wlk. Farnb 7K 69
Shepherd's Wlk. Eps 8A 80
Shepherds Way. Crowt 3D 48
Shepherd's Way. Guild 7A 114 (in two parts)
Shepherds Way. H'ham 3N 197
Shepherds Way. S Croy 4G 64
Shepherds Way. Tilf 7A 130
Shepiston La. Hay 1C 8
Shepley Clo. Cars 9E 44
Shepley Dri. Asc 5F 34
Shepley End. Asc 4F 34
Sheppard Clo. King T 3L 41 (8K 203)
Sheppard Ho. SW2 2L 29
Shepperton 5D 38
Shepperton Bus. Pk. Shep 4D 38
Shepperton Ct. Shep 5C 38
Shepperton Ct. Dri. Shep 4C 38
Shepperton Film Studios 2A 38
Shepperton Green 3B 38
Shepperton Rd. Stai 2L 37
Sheppey Clo. Craw 6N 181
Sheraton Clo. B'water 2K 69
Sheraton Dri. Eps 9B 60 (6H 201)
Sheraton Wlk. Craw 8N 181
Sherborne Clo. Coln 4G 7
Sherborne Clo. Eps 4H 81
Sherborne Ct. Guild 5M 113 (6B 202)
Sherborne Cres. Cars 6C 44
Sherborne Gdns. Shep 6F 38
Sherborne La. Peasl 1G 157
Sherborne Rd. Farnb 4B 90
Sherborne Rd. Chess 2L 59
Sherborne Rd. Felt 2E 22 (in two parts)
Sherborne Rd. Sutt 8M 43
Sherborne Wlk. Lea 8J 79
Sherbourne. Alb 8M 115
Sherbourne Cotts. Alb 7N 115
Sherbourne Ct. Sutt 3A 62
Sherbourne Dri. Asc 4G 34
Sherbourne Dri. Wind 7C 4
Sherbrooke Rd. SW6 3K 13
Shere 8B 116
Shere Av. Sutt 6H 61
Shere Clo. Chess 3K 59
Shere Clo. N Holm 9J 119
Shere La. Shere 8B 116
Shere Mus. 8B 116
Shere Rd. Ewh 2E 156
Shere Rd. W Cla & Shere 4J 115
Shere Rd. W Hor 8C 96 (in two parts)
Sherfield Clo. N Mald 3A 42
Sherfield Gdns. SW15 9E 12
Sheridan Clo. Alder 4M 109
Sheridan Ct. Croy 6F 200
Sheridan Ct. Houn 8M 9
Sheridan Dri. Reig 1N 121
Sheridan Grange. Asc 5D 34
Sheridan Pl. SW13 6E 12
Sheridan Pl. E Grin 9M 165
Sheridan Pl. Hamp 9B 24
Sheridan Rd. SW19 9L 27
Sheridan Rd. Frim 6B 70
Sheridan Rd. Rich 4J 25
Sheridans Rd. Bookh 4C 98
Sheridan Wlk. Cars 2D 62
Sheridan Way. Beck 1J 47
Sheringham Av. Felt 4H 23
Sheringham Av. Twic 2N 23
Sheringham Ct. Felt 4H 23 (off Sheringham Av.)
Sheringham Rd. SE20 2F 46
Sherington Clo. Farnb 8N 69
Sherland Rd. Twic 2F 24
Shernden La. M Grn 5L 147 (in two parts)
Sherring Clo. Brack 8A 16
Sherrydon. Cranl 6A 156
Sherwin Cres. Farnb 6N 69
Sherwood Av. SW16 8H 29
Sherwood Clo. SW13 6G 13
Sherwood Clo. Brack 1E 32
Sherwood Clo. Fet 1C 98
Sherwood Ct. Coln 1B 6
Sherwood Ct. S Croy 8B 200
Sherwood Cres. Reig 7N 121
Sherwood Pk. Rd. Mitc 3G 44
Sherwood Pk. Rd. Sutt 2M 61
Sherwood Rd. SW19 8L 27
Sherwood Rd. Coul 3G 82
Sherwood Rd. Croy 6E 46
Sherwood Rd. Hamp H 6C 24
Sherwood Rd. Knap 4H 73
Sherwood Wlk. Craw 6D 182
Sherwood Way. W Wick 8M 47
Shetland Clo. Craw 2J 183
Shetland Clo. Guild 7D 94
Shetland Way. Fleet 1C 88
Shewens Rd. Wey 1E 56
Shey Copse. Wok 4E 74
Shield Dri. Bren 2G 11
Shield Rd. Ashf 5D 22
Shilburn Way. Wok 5K 73
Shildon Clo. Camb 3H 71
Shillinglee 3G 190
Shillinglee Rd. Plais 4K 191
Shimmings, The. Guild 2C 114
Shingle End. Bren 3J 11
Shinners Clo. SE25 4D 46
Shinwell Wlk. Craw 8N 181
Ship All. Farnb 8A 70
Ship All. W4 2N 11
Shipfield Clo. Tats 8E 86
Ship Hill. Tats 8E 86
Shipka Rd. SW12 2F 28
Shiplake Ho. Brack 3D 32
Ship La. Farnb 8A 70
Ship La. SW14 6B 12
Shipley Bridge 4K 163
Shipleybridge La. Ship B & Copt 5K 163
Shipley Rd. Craw 2M 181
Ship St. E Grin 1A 186
Ship Yd. Wey 9C 38
Shire Av. Fleet 1D 88
Shire Clo. Bag 5J 51
Shire Ct. Alder 2K 109
Shire Ct. Eps 4E 60
Shire Horse Way. Iswth 6F 10
Shire La. Kes 5G 67 (in two parts)
Shire La. Orp 2N 67
Shire M. Whit 9C 10
Shire Pde. Craw 2H 183
Shire Pl. SW18 1A 28
Shire Pl. Bren 3J 11
Shire Pl. Craw 2H 183 (off Ridings, The)
Shire Pl. Red 5D 122
Shires Clo. Asht 6K 79
Shires Ho. Byfl 9N 55
Shires, The. Ham 5L 25
Shires Way. Yat 8C 48
Shirley 8F 46
Shirley Av. Cheam 5L 61
Shirley Av. Coul 6M 83
Shirley Av. Croy 7F 46
Shirley Av. Red 8D 122
Shirley Av. Sutt 1B 62
Shirley Av. Wind 4C 4
Shirley Chu. Rd. Croy 9F 46
Shirley Clo. Craw 7J 181
Shirley Clo. Houn 8C 10
Shirley Ct. SW16 8J 29
Shirley Cres. Beck 3H 47
Shirley Dri. Houn 8C 10
Shirley Heights. Wall 5G 62
Shirley Hills Rd. Croy 2F 64
Shirley Oaks 7G 46
Shirley Oaks Rd. Croy 7G 46
Shirley Pk. Croy 8F 46
Shirley Pk. Rd. Croy 7E 46
Shirley Pl. Knap 4F 72
Shirley Rd. Croy 6E 46
Shirley Rd. Wall 5G 62
Shirley Way. Croy 9H 47
Shoe La. Alder 7M 89
Shophouse La. Alb 4M 135
Shoppe Hill. Duns 4A 174
Shop Rd. Wind 3A 4
Shops, The. Won 3D 134
Shord Hill. Kenl 3A 84
Shore Clo. Felt 1H 23
Shore Clo. Hamp 7M 23
Shore Gro. Felt 3N 23
Shoreham Clo. SW18 8N 13
Shoreham Clo. Croy 5F 46
Shoreham Rd. M'bowr 6G 183
Shoreham Rd. E. H'row A 8N 7
Shoreham Rd. W. H'row A 8N 7
Shores Rd. Wok 1A 74
Shorland Oaks. Brack 7A 16
Shorrold's Rd. SW6 3L 13
Shortacres. Nutf 2K 123
Short Clo. Craw 9B 162
Shortcroft Rd. Eps 4E 60
Shortdale Rd. Alder 6A 110
Shortfield Common 1H 149
Shortfield Rd. Fren 1H 149
Short Gallop. Craw 2H 183
Shortheath 5F 128
Shortheath Crest. Farnh 5E 128
Shortheath Rd. Farnh 5F 128
Short Hedges. Houn 4A 10
Shortlands 1N 47
Shortlands. W6 1J 13
Shortlands. Fren 1G 149
Shortlands. Hay 2E 8
Shortlands Gro. Brom 2N 47
Shortlands Rd. Brom 2N 47
Shortlands Rd. King T 8M 25 (1M 203)
Short La. Oxt 1D 126
Short La. Stai 1A 22
Short Rd. W4 2D 12
Short Rd. H'row A 9N 7
Shortsfield Clo. H'ham 3J 197
Shorts Rd. Cars 1C 62
Short St. Alder 2M 109
Short Way. Twic 1C 24
Shortwood Av. Stai 4K 21
Shotfield. Wall 3F 62
Shott Clo. Sutt 2A 62
Shottendane Rd. SW6 4M 13
Shottermill 1D 188
Shottermill. H'ham 1N 197
Shottermill Pk. Hasl 1C 188
Shottermill Pond. Hasl 3C 188
Shottermill Ponds 3C 188
Shottermill Rd. Hasl 3C 188
Shottfield Av. SW14 7D 12
Shovelstrode La. E Grin & Ash W 1E 186
Shrewsbury Av. SW14 7B 12
Shrewsbury Clo. Surb 8L 41
Shrewsbury Rd. Beck 2H 47
Shrewsbury Rd. Cars 6C 44
Shrewsbury Rd. H'row A 9D 8
Shrewsbury Rd. Red 3C 122
Shrewsbury Wlk. Iswth 6G 11
Shrewton Rd. SW17 8D 28
Shrivenham Clo. Col T 7J 49
Shropshire Clo. Mitc 3J 45
Shropshire Gdns. Warf 8D 16
Shrubbery Rd. SW16 5J 29
Shrubbery, The. Farnb 2J 89
Shrubbery, The. Surb 7L 41
Shrubbs Hill. Chob 5F 52
Shrubbs Hill La. Asc 5F 34
Shrubbs La. Rowl 7E 128
Shrubland Gro. Wor Pk 9H 43
Shrubland Rd. Bans 3L 81
Shrublands Av. Croy 9K 47
Shrublands Dri. Light 7M 51
Shrubs Hill 5F 34
Shulbrede Priory 8B 188
Shurlock Dri. Orp 1L 67
Shurlock Row 1F 14
Shute End. Wokgm 2A 30
Shuters Sq. W14 1L 13
Sian Clo. C Crook 8C 88
Sibthorp Rd. Mitc 1D 44
Sibton Rd. Cars 6C 44
Sickle Rd. Hasl 3D 188
Sidbury Clo. Asc 4D 34
Sidbury St. SW6 4K 13
Siddeley Dri. Houn 6M 9
Siddons Rd. Croy 9L 45
Sideways La. Hkwd 1A 162
Sidings, The. Alder 1A 110
Sidings, The. Rud 1E 194
Sidings, The. Stai 5K 21
Sidlaws Rd. Farnb 7J 69
Sidlow 1N 141
Sidmouth Av. Iswth 5E 10
Sidney Gdns. Bren 2K 11
Sidney Rd. SE25 4D 46
Sidney Rd. Beck 1H 47
Sidney Rd. Stai 5J 21
Sidney Rd. Twic 9G 11
Sidney Rd. W on T 6H 39
Sidney Rd. Wind 6A 4
Sidney Wood 9E 174
Signal Ct. Ling 6A 146
Sigrist Sq. King T 9L 25 (2K 203)
Silbury Av. Mitc 9C 28
Silchester Dri. Craw 6N 181
Silent Pool 6M 115
Silistria Clo. Knap 5F 72
Silkham Rd. Oxt 5N 105
Silkin Wlk. Craw 8M 181
Silkmore La. W Hor 3B 96 (in two parts)
Silo Clo. G'ming 3J 133
Silo Dri. G'ming 3J 133
Silo Rd. G'ming 3J 133
Silver Birch Clo. C Crook 8A 88
Silver Birch Clo. Wdhm 8G 55
Silver Birch Cotts. Churt 9B 150
Silver Birches Way. Elst 8J 131
Silver Birch Ho. Craw 8A 182
Silver Clo. Kgswd 2K 101
Silver Cres. W4 1A 12
Silverdale. Fleet 7B 88
Silverdale Av. Oxs 1C 78
Silverdale Av. W on T 8G 38
Silverdale Clo. Brock 7A 120
Silverdale Clo. Sutt 1L 61
Silverdale Ct. Stai 5K 21
Silverdale Dri. Sun 1J 39
Silver Dri. Frim 3G 70
Silverglade Bus. Pk. Chess 8J 59
Silver Glades. Yat 2B 68
Silverhall St. Iswth 6G 11
Silver Hill. Col T 7K 49
Silver Jubilee Way. Houn 5J 9
Silverlands Clo. Ott 9F 36
Silver La. Purl 8H 63
Silver La. W Wick 8N 47
Silverlea Gdns. Horl 9G 142
Silverleigh Rd. T Hth 3K 45
Silvermere Ct. Purl 8L 63
Silver Pk. Clo. C Crook 7C 88
Silversmiths Way. Wok 5M 73
Silverstead La. W'ham 8M 87
Silverstone Clo. Red 1D 122
Silverton Rd. W6 2J 13
Silver Tree Clo. W on T 9H 39
Silver Wing Ind. Est. Croy 3K 63
Silverwood. Cranl 4K 155
Silverwood Clo. Croy 5J 65
Silverwood Cotts. Shere 7N 115
Silverwood Dri. Camb 8E 50
Silverwood Ind. Est. Craw D 7C 164

Silvester Way. C Crook 9A 88
Silwood. Brack 7K 31
Silwood Clo. Asc 1A 34
Silwood Rd. Asc 3C 34
Simkin's Clo. Wink R 7F 16
Simmil Rd. Clay 2E 58
Simmonds Clo. Brack 9K 15
Simmond's Cotts. G'ming 7E 132
Simmondstone La. Churt 8J 149
Simmons Clo. Chess 3J 59
Simmons Clo. Slou 1C 6
Simmons Pl. Stai 6G 21
Simms Clo. Cars 8C 44
Simone Dri. Kenl 3N 83
Simons Clo. Ott 3E 54
Simons Wlk. Eng G 8M 19
Simons Wood 2B 48
Simplemarsh Ct. Add 1K 55
Simplemarsh Rd. Add 1J 55
Simpson Rd. Houn 9N 9
Simpson Rd. Rich 5J 25
Simpson Way. Surb 5J 41
Simrose Ct. SW18 8M 13
Sinclair Clo. M'bowr 5G 182
Sinclair Ct. Croy 8B 46
Sinclair Dri. Sutt 5N 61
Sinclair Rd. Wind 6F 4
Sincots Rd. Red 3D 122
Sine Clo. Farnb 6N 69
Single Street 2K 87
Single St. Berr G 2K 87
Singleton Clo. SW17 8D 28
Singleton Clo. Croy 6N 45
Singleton Rd. Broad H 5C 196
Sinhurst Rd. Camb 2N 69
Sion Ct. Twic 2H 25
Sion Rd. Twic 2H 25
Sipson 2B 8
Sipson Clo. W Dray 2B 8
Sipson La. W Dray & Hay 2B 8
Sipson Rd. W Dray 1A 8 (in two parts)
Sipson Way. W Dray 3B 8
Sir Abraham Dawes Cotts. SW15 7K 13
Sir Cyril Black Way. SW19 8M 27
Sirdar Rd. Mitc 7E 28
Sir Oswald Stoll Foundation, The. SW6 3N 13 (off Fulham Rd.)
Sir Oswald Stoll Mans. SW6 3N 13 (off Fulham Rd.)
Sir Sydney Camm Ho. Wind 4E 4
Sir William Atkins Ho. Eps 1C 80 (7J 201)
Sir William Powell's Almshouses. SW6 5K 13
Siskin Av. Turn H 4F 184
Siskin Clo. H'ham 3L 197
Sispara Gdns. SW18 9L 13
Sissinghurst Clo. Craw 2H 183
Sissinghurst Rd. Croy 6D 46
Sistova Rd. SW12 2F 28
Siward Rd. SW17 4A 28
Six Acres. Slin 6L 195
Six Bells Roundabout. Farnh 7K 109
Six Penny Clo. Eden 3L 147
Sixteenth Av. Tad 3K 101 (off Holly Lodge Mobile Home Pk.)
Sixth Cross Rd. Twic 4C 24
Skeena Hill. SW18 1K 27
Skelbrook St. SW18 3A 28
Skelgill Rd. SW15 7L 13
Skelmersdale Wlk. Bew 7K 181
Skelton Fields. Warf 8A 16
Skelwith Rd. W6 2H 13
Skerne Rd. King T 9K 25 (2H 203)
Skerne Wlk. King T 1H 203
Skeynes Rd. Eden 3K 147
Skid Hill La. Warl 8B 66
Skiffington Clo. SW2 2L 29
Skiff La. Wis G 9H 193
Skimmington Cotts. Reig 4J 121
Skimped Hill 1N 31
Skimped Hill La. Brack 1M 31
Skinners La. Asht 5K 79
Skinners La. C'fold 4G 172
Skinner's La. Eden 9M 127
Skinners La. Houn 4B 10
Skipton Way. Horl 6F 142
Sky Bus. Cen. Egh 1E 36
Skylark Vw. H'ham 1K 197
Skyline Ct. S Croy 5D 200
Skyport Dri. W Dray 3M 7
Skyview Apartments. S Croy 3C 200
Skyway Trad. Est. Coln 6H 7
Slade Ct. Ott 3F 54
Slade Ho. Houn 9N 9
Slade La. As 9H 91
Slade Rd. Brkwd 7A 72
Slade Rd. Ott 3F 54
Slaidburn Grn. Brack 6C 32
Slapleys. Wok 7A 74
Slattery Rd. Felt 2L 23
Slaugham Ct. Craw 6L 181
Sleaford 9A 148
Sledmere Ct. Felt 2F 22
Sleets Rd. Broad H 5E 196
Slim Clo. Alder 6C 90
Slim Rd. Camb 8N 49
Slines Oak Rd. Warl & Wold 6K 85
Slinfold 5L 195
Slinfold Wlk. Craw 3M 181 (in two parts)
Slip of Wood. Cranl 6N 155
Slipshatch Rd. Reig 7J 121
Slipshoe St. Reig 3L 121
Slip, The. W'ham 4L 107
Sloane Wlk. Croy 5J 47
Slocock Hill. St J 4M 73
Sloughbrook Clo. H'ham 2M 197
Slough La. Buck 1F 120
Slough La. H'ley 3B 100
Slough Rd. Dat 1K 5
Slough Rd. Eton & Slou 2G 4
Slyfield Ct. Guild 9A 94
Slyfield Green 9N 93
Slyfield Grn. Guild 8A 94
Slyfield Ind. Est. Sly I 8A 94
Smallberry Av. Iswth 5F 10
Smallfield 8M 143
Smallfield Rd. Horl & Small 8F 142
Smallfield Rd. Small & Horne 8A 144
Smallmead. Horl 8F 142
Smalls Hill Rd. Leigh 1F 140
Small's La. Craw 3A 182
Smalls Mead. Craw 3A 182
Smallwood Rd. SW17 5B 28
Smart's Heath La. Wok 1K 93
Smart's Heath Rd. Wok 1J 93
Smeaton Clo. Chess 3K 59
Smeaton Rd. SW18 1M 27
Smitham Bottom La. Purl 7G 63
Smitham Downs Rd. Purl 9H 63
Smithbarn. H'ham 5N 197
Smithbarn Clo. Horl 7F 142
Smithbrook 7E 154
Smithbrook Kilns. Cranl 7F 154
Smith Clo. Craw 6B 182
Smith Ct. Sheer 9F 54
Smithers La. Hamm 5J 167
Smithers, The. Brock 5A 120
Smithfield La. Hdly D 8F 148
Smith Hill. Bren 2L 11
Smith Rd. Reig 6L 121
Smiths La. Crock H 2L 127
Smith's La. Wind 5B 4
Smith's Lawn (Polo Ground). 7H 19
Smith Sq. Brack 1B 32
Smith St. Surb 5M 41
Smith's Yd. SW18 3A 28
Smiths Yd. Croy 4C 200
Smithwood Av. Cranl 3K 155
Smithwood Clo. SW19 2K 27
Smithwood Comn. Rd. Cranl 2J 155
Smithy Clo. Lwr K 4L 101
Smithyfield. Eden 9M 127
Smithy La. Dock 8C 148
Smithy La. Lwr K 5L 101
Smithy's Grn. W'sham 3A 52
Smock Wlk. Croy 5N 45
Smokejack Hill. Wal W 2L 177
Smoke La. Reig 5N 121
Smoky Hole 4E 136
Smolletts. E Grin 1M 185
Smoothfield. Houn 7A 10
Smugglers End. Hand 8N 199
Smugglers La. Ockl 2E 178 (in two parts)
Smugglers La. Rusp 3F 180
Smugglers Way. SW18 7N 13
Smugglers Way. Seale 3B 130 (in two parts)
Snag La. Cud 7M 67 (in two parts)
Snailslynch. Farnh 1J 129
Snatts Hill. Oxt 7B 106
Snelgate Cotts. E Clan 9M 95
Snell Hatch. Craw 3N 181
Snellings Rd. W on T 2K 57
Snipe Rd. Hasl 7E 188
Snodland Clo. Orp 6J 67
Snowbury Rd. SW6 5N 13
Snowden Clo. Wind 7A 4
Snowdenham La. Brmly 6A 134
Snowdenham Links Rd. Brmly 5N 133
Snowdon Rd. Farnb 7K 69
Snowdon Rd. H'row A 9D 8
Snowdown Clo. SE20 1G 46
Snowdrop Clo. Craw 7M 181
Snowdrop Clo. Hamp 7A 24
Snowdrop Wlk. Fleet 3A 88 (off Stockton Av.)
Snowdrop Way. Bisl 4D 72
Snowerhill Rd. Bet 5D 120
Snow Hill 6D 164
Snow Hill. Copt 7C 164 (in two parts)
Snowhill Bus. Cen. Copt 6D 164
Snow Hill La. Copt 5C 164
Snows Paddock. W'sham 9M 33
Snows Ride. W'sham 2M 51
Snowy Fielder Waye. Iswth 5H 11
Snoxhall Fld. Cranl 8M 155
Soames Wlk. N Mald 9D 26
Soane Clo. Craw 5K 181
Sobraon Ho. King T 1L 203
Solartron Rd. Farnb 2N 89
Soldiers Ri. Finch 9C 30
Solecote. Bookh 3A 98
Sole Farm Av. Bookh 3N 97
Sole Farm Clo. Bookh 2N 97
Sole Farm Rd. Bookh 3N 97
Solent Rd. H'row A 9A 8
Solna Av. SW15 8H 13
Soloms Ct. Rd. Bans 4B 82 (in two parts)
Solway Clo. Houn 6M 9
Sol-y-Vista. G'ming 5G 133
Somer Ct. SW6 2M 13 (off Anselm Rd.)
Somerfield Clo. Tad 6K 81
Somergate. H'ham 6F 196
Somersbury La. Ewh & Rud 8G 156
Somers Clo. Reig 2M 121
Somerset Av. SW20 1G 42
Somerset Av. Chess 1K 59
Somerset Clo. Eps 5C 60
Somerset Clo. N Mald 5D 42
Somerset Clo. W on T 2J 57
Somerset Ct. Farnb 4A 90
Somerset Gdns. SW16 2K 45
Somerset Gdns. Tedd 6E 24
Somerset Gro. Warf 8D 16
Somerset Ho. Red 2D 122
Somerset Lodge. Bren 2K 11
Somerset Rd. Farnb 4A 90
Somerset Rd. SW19 4J 27
Somerset Rd. Bren 2J 11
Somerset Rd. King T 1M 41 (4M 203)
Somerset Rd. Red 5B 122
Somerset Rd. Tedd 6E 24
Somerset Waye. Houn 2M 9
Somers Pl. SW2 1K 29
Somers Pl. Reig 2M 121
Somers Rd. SW2 1K 29
Somers Rd. Reig 2M 121
Somerswey. Shalf 2A 134
Somerton Av. Rich 6A 12
Somerton Clo. Purl 2L 83
Somertons Clo. Guild 9K 93
Somerville Av. SW13 2G 13
Somerville Ct. Red 2C 122 (off Oxford Rd.)
Somerville Cres. Yat 9D 48
Somerville Dri. Craw 9G 163
Somerville Rd. Cob 1A 78
Somerville Rd. Eton 1F 4
Sondes Farm. Dork 5F 118 (3G 201)
Sondes Pl. Dri. Dork 5F 118
Sonia Gdns. Houn 3A 10
Sonnet Wlk. Big H 5D 86
Sonninge Clo. Col T 7J 49
Sonning Gdns. Hamp 7M 23
Sonning Rd. SE25 5D 46
Sontan Ct. Twic 2D 24
Soper Dri. Cat 1A 104
Sophia Ho. W6 1H 13 (off Queen Caroline St.)
Sopwith Av. Chess 2L 59
Sopwith Clo. Big H 3F 86
Sopwith Clo. King T 6M 25
Sopwith Dri. Bro P & Wey 7N 55
Sopwith Rd. Houn 3K 9
Sopwith Way. King T 9L 25 (2J 203)
Sorbie Clo. Wey 3E 56
Sorrel Bank. Croy 6H 65
Sorrel Clo. Farnb 9H 69
Sorrel Clo. Craw 7M 181
Sorrel Clo. Wokgm 9D 14
Sorrel Dri. Light 8K 51
Sorrell Clo. Eden 9L 127
Sorrell Rd. H'ham 3L 197
Sorrento Rd. Sutt 9M 43
Sotheron Rd. SW6 3N 13
S. Albert Rd. Reig 2L 121
Southall La. Houn & S'hall 2L 9
Southam Ho. Add 2K 55 (off Addlestone Pk.)
Southampton Clo. B'water 9H 49
Southampton Gdns. Mitc 4J 45
Southampton Rd. H'row A 9N 7
Southampton St. Farnb 5N 89
Southampton Way. Stanw 9N 7
South Ascot 5L 33
S. Atlantic Dri. Alder 1A 110
South Av. Cars 4E 62
South Av. Egh 7E 20
South Av. Farnh 6J 109
South Av. Rich 5N 11
South Av. Wey 6B 56
South Av. W Vill 6F 56
South Bank. Surb 5L 41
Southbank. Th Dit 6H 41
South Bank. W'ham 4M 107
S. Bank Ter. Surb 5L 41
South Beddington 3H 63
S. Black Lion La. W6 1F 12
S. Bolton Gdns. SW5 1N 13
S. Border, The. Purl 7H 63
Southborough 7L 41
Southborough Clo. Surb 7K 41
Southborough Rd. Surb 7L 41
Southbridge Pl. Croy 1N 63 (6B 200)
Southbrook. Craw 8A 182
Southbrook Rd. SW16 9J 29
Southby Dri. Fleet 4C 88
South Camp 9A 90
S. Circular Rd. SW15 7F 12
South Clo. Craw 2D 182
South Clo. Mord 5M 43
South Clo. Twic 4A 24
South Clo. Wok 3M 73
South Clo. Wokgm 2B 30 (Peach St.)
South Clo. Wokgm 4B 30 (South Dri.)
South Clo. Grn. Red 7F 102
Southcote. Wok 2N 73
Southcote Av. Felt 3G 23
Southcote Av. Surb 6A 42
Southcote Dri. Camb 1E 70
Southcote Rd. SE25 4E 46
Southcote Rd. Red 8G 102
Southcote Rd. S Croy 6B 64
South Cft. Eng G 6L 19
Southcroft Av. W Wick 8M 47
Southcroft Rd. SW17 & SW16 7E 28
South Croydon 2A 64
Southdean Gdns. SW19 3L 27
Southdown Clo. H'ham 3N 197
Southdown Dri. SW20 8J 27
Southdown Rd. SW20 9J 27
Southdown Rd. Cars 5E 62
Southdown Rd. W on T 1M 57
Southdown Rd. Wold 9J 85
South Dri. Bans 9C 62
South Dri. Brkwd 8N 71
South Dri. Coul 2H 83
South Dri. Dork 5J 119 (2M 201)
South Dri. Orp 2N 67
South Dri. Sutt 6K 61
South Dri. Vir W 7K 35
South Dri. Wokgm 3B 30
S. Ealing Rd. W5 1K 11
S. Eden Pk. Rd. Beck 5L 47
South End. Bookh 4B 98
South End. Croy 1N 63 (6C 200)
Southerland Clo. Wey 1D 56
Southern Av. SE25 2C 46
Southern Av. Felt 2H 23
Southern Av. Red 1E 142
Southern Bungalows. Chil 1D 134
Southern Cotts. Stai 8J 7
Southern Industrial Area, Bracknell 2K 31
Southern Perimeter Rd. H'row A 8K 7
Southern Rd. Camb 1A 70
Southerns La. Coul 3A 102
Southern Way. Farnb 2J 89
Southern Way. Farnh 2H 129
Southey Ct. Bookh 2B 98
Southey Rd. SW19 8M 27
S. Farm La. Light 5L 51
South Farnborough 5B 90
Southfield Gdns. Twic 5F 24
Southfield Pl. Wey 4C 56
Southfields 1M 27
Southfields. E Mol 5E 40
Southfields Av. Ashf 7C 22
Southfields Ct. Sutt 8M 43
Southfields M. SW18 9M 13
Southfields Pas. SW18 9M 13
Southfields Rd. SW18 9M 13
Southfields Rd. Wold 9L 85 (in two parts)
Southfleet Rd. Orp 1N 67
South Gdns. SW19 8B 28
Southgate 5B 182
Southgate Av. Craw 6B 182
Southgate Av. Felt 5E 22
Southgate Dri. Craw 5B 182
Southgate Pde. Craw 5B 182
Southgate Rd. Craw 5B 182
South Godstone 7H 125
South Gro. Cher 5H 37
South Gro. Fleet 1D 88
South Gro. H'ham 7K 197
South Hill. G'ming 7H 133
South Hill. Guild 5N 113 (6D 202)
S. Hill Rd. Brack 5M 31
S. Hill Rd. Brom 2N 47
S. Holmes Rd. H'ham 4A 198
South Holmwood 5J 139
South Kensington 1N 13
Southlands. E Grin 2A 186
Southlands Av. Horl 7D 142
Southlands Av. Orp 1M 67
Southlands Clo. As 3E 110
Southlands Clo. Coul 4K 83
Southlands Clo. Wokgm 3C 30
Southlands Dri. SW19 3J 27
Southlands La. Tand & Oxt 3L 125
Southlands Rd. As 3E 110
Southlands Rd. Wokgm 4C 30
Southland Way. Houn 8D 10
South La. As 3F 110
South La. King T 2K 41 (6H 203) (in two parts)
South La. N Mald 3C 42
South La. W. N Mald 3C 42
Southlea 5L 5
Southlea Rd. Dat & Old Win 4L 5
South Lodge. Twic 9C 10
S. Lodge Av. Mitc 3J 45
S. Lodge Rd. W on T 5H 57
South London Crematorium. Mitc 1G 44
Southly Clo. Sutt 9M 43
S. Lynn Cres. Brack 4N 31
South Mall. Fleet 4A 88
South Mall. Stai 5H 21 (off Elmsleigh Shop. Cen.)
South Mead. Eps 4E 60
South Mead. Red 9D 102
South Mdw. Crowt 4J 49
South Mdw. La. Eton & Eton C 2F 4
Southmead Rd. SW19 2K 27
Southmead Rd. Alder 4N 109
South Merstham 7H 103
Southmont Rd. Esh 8E 40
South Munstead 4M 153
S. Munstead La. G'ming 3L 153
South Norwood 3C 46
South Norwood Country Pk. 3F 46
S. Norwood Hill. SE25 1B 46
South Nutfield 5K 123
S. Oak Rd. SW16 5K 29
South Pde. Horl 7D 142
South Pde. Red 6G 102
South Pde. Wall 3G 62
South Park 6D 124 (Godstone)
South Park 6M 121 (Reigate)
S. Park Gro. N Mald 3B 42
S. Park Hill Rd. S Croy 2A 64 (8E 200)
S. Park La. Blet 5D 124
S. Park M. SW6 6N 13
S. Park Rd. SW19 7M 27
South Path. Wind 4F 4
S. Pier Rd. Gat A 3F 162
South Pl. Surb 6M 41
South Ridge. Wey 6C 56
Southridge Pl. SW20 8J 27
South Ri. Cars 5C 62
South Rd. SW19 7A 28
South Rd. Ash V 9E 90
South Rd. Bisl 3C 72
South Rd. Crowt 4K 49
South Rd. Eng G 7M 19
South Rd. Felt 6L 23
South Rd. Guild 1L 113
South Rd. Hamp 7M 23
South Rd. Reig 4N 121
South Rd. Twic 4D 24
South Rd. Wey 5C 56 (Brooklands Rd.)
South Rd. Wey 2D 56 (Queen's Rd.)
South Rd. Wok 2M 73
South Rd. Wokgm 6J 31
Southsea Rd. King T 3L 41 (7J 203)
South Side. Cher 2J 37
South Side. Tong 5D 110
Southside Comn. SW19 7H 27
Southside House 7H 27
S. Station App. S Nut 5J 123
South Street 6J 87
South St. Farnb 4C 90
South St. Dork 6G 119 (4J 201)
South St. Eps 9C 60 (7J 201)
South St. Farnh 1H 129

Stonehill Rd.—Surrey Technology Cen.

Stonehill Rd. *Light* 6L **51**
Stonehouse Gdns. *Cat* 3B **104**
Stonehouse Ri. *Frim* 5C **70**
Stoneleigh. 2F 60
Stoneleigh Av. *Wor Pk* 1F **60**
Stoneleigh B'way. *Eps* 2F **60**
Stoneleigh Clo. *E Grin* 9B **166**
Stoneleigh Ct. *Frim* 5D **70**
Stoneleigh Ct. *Stoke D* 4M **77**
Stoneleigh Cres. *Eps* 2E **60**
Stoneleigh Pk. *Wey* 3D **56**
Stoneleigh Pk. Av. *Croy* 5G **47**
Stoneleigh Pk. Rd. *Eps* 3E **60**
Stoneleigh Rd. *Cars* 6C **44**
Stoneleigh Rd. *Oxt* 8G **107**
Stone Pk. Av. *Beck* 3K **47**
Stonepark Dri. *F Row* 7J **187**
Stonepit Clo. *G'ming* 7E **132**
Stone Pl. *Wor Pk* 8F **42**
Stonequarry. 6C 166
Stones La. *Westc* 6C **118**
(in two parts)
Stone's Rd. *Eps* 8D **60**
Stone St. *Alder* 4B **110**
Stone St. *Croy* 2L **63**
Stoneswood Rd. *Oxt* 8D **106**
Stoney Bottom. *Gray* 6A **170**
Stoney Brook. *Guild* 2H **113**
Stoneybrook. *H'ham* 7F **196**
Stoney Clo. *Yat* 2C **68**
Stoney Cft. *Coul* 9G **83**
(in two parts)
Stoneycroft Wlk. *If'd* 4J **181**
Stoneydeep. *Tedd* 5G **25**
Stoneyfield Rd. *Coul* 4K **83**
Stoneyfields. *Farnh* 2K **129**
Stoneylands Ct. *Egh* 6B **20**
Stoneylands Rd. *Egh* 6B **20**
Stoney Rd. *Brack* 9M **15**
Stonny Cft. *Asht* 4M **79**
Stonor Rd. *W14* 1L **13**
Stonyfield. *Eden* 9M **127**
Stony Hill. *W End* 4N **57**
Stookes Way. *Yat* 2A **68**
Stoop Ct. *W Byf* 8K **55**
Stopham Rd. *M'bowr* 6G **182**
Stormont Way. *Chess* 2J **59**
Storrington Ct. *Craw* 2M **181**
Storrington Rd. *Croy* 7C **46**
Storr's La. *Worp* 2F **92**
Stoughton. 1K 113
Stoughton Av. *Sutt* 2J **61**
Stoughton Clo. *SW15* 2F **26**
Stoughton Rd. *Guild* 9K **93**
Stour Clo. *Kes* 1E **66**
Stourhead Clo. *Farnb* 1B **90**
Stourhead Clo. *SW19* 1J **27**
Stourhead Gdns. *SW20* 2F **42**
Stourton Av. *Felt* 5N **23**
Stovell Rd. *Wind* 3E **4**
Stovolds Hill. *Cranl* 9E **154**
Stovold's Way. *Alder* 4L **109**
Stowell Av. *New Ad* 6N **65**
Stowting Rd. *Orp* 1N **67**
Strachan Pl. *SW19* 7H **27**
Strachey Ct. *Craw* 8N **181**
Stradella Rd. *SE24* 1N **29**
Strafford Rd. *Houn* 6N **9**
Strafford Rd. *Twic* 1G **25**
Straight Mile, The. *Shur R* 1C **14**
Straight Rd. *Old Win* 8K **5**
Strand Clo. *Eps* 6C **80**
Strand Clo. *M'bowr* 5H **183**
Strand on the Green. 2N 11
Strand on the Grn. *W4* 2N **11**
Strand School App. *W4* 2N **11**
Stranraer Rd. *H'row A* 9N **7**
Stranraer Way. *Stanw* 9N **7**
Stratfield. *Brack* 7K **31**
Stratford Ct. *Farnh* 2H **129**
Stratford Ct. *N Mald* 3C **42**
Stratford Gro. *SW15* 7J **13**
Stratford Rd. *Ash V* 5D **90**
Stratford Rd. *H'row A* 9C **8**
Stratford Rd. *S'hall* 1M **9**
Stratford Rd. *T Hth* 3L **45**
Strathan Clo. *SW18* 9K **13**
Strathavon Clo. *Cranl* 3K **155**
Strathbrook Rd. *SW16* 8K **29**
Strathcona Av. *Bookh* 6M **97**
Strathcona Gdns. *Knap* 5G **72**
(in two parts)
Strathdale. *SW16* 6K **29**
Strathdon Dri. *SW17* 4B **28**
Strathearn Av. *Hay* 3G **9**
Strathearn Av. *Twic* 2B **24**
Strathearn Rd. *SW19* 6M **27**
Strathearn Rd. *Sutt* 2M **61**
Strathmore Clo. *Cat* 8B **84**
Strathmore Ct. *Camb* 9B **50**
Strathmore Rd. *SW19* 4M **27**
Strathmore Rd. *Croy* 6A **46**
Strathmore Rd. *If'd* 9M **161**
Strathmore Rd. *Tedd* 5E **24**
Strathville Rd. *SW18* 3M **27**
Strathyre Av. *SW16* 2L **45**
Stratton. 1F 124
Stratton Av. *Wall* 5H **63**
Stratton Clo. *SW19* 1M **43**
Stratton Clo. *Houn* 4A **10**
Stratton Clo. *W on T* 7K **39**
Stratton Ct. *Guild* 1K **113**
Stratton Rd. *SW19* 1M **43**
Stratton Rd. *Sun* 1G **38**
Stratton Ter. *W'ham* 5L **107**
Stratton Wlk. *Farnb* 7M **69**
Strawberry Clo. *Brkwd* 8A **72**
Strawberry Ct. *Deep* 6H **71**
Strawberry Fields. *Bisl* 2D **72**
Strawberry Hill. 4F 24
Strawberry Hill. *Twic* 4F **24**
Strawberry Hill. *Warf* 7C **16**
Strawberry Hill Clo. *Twic* 4F **24**
Strawberry Hill House. *4F 24*
(off Strawberry Va.)
Strawberry Hill Rd. *Twic* 4F **24**
Strawberry La. *Cars* 9E **44**
Strawberry Ri. *Bisl* 2D **72**
Strawberry Va. *Twic* 4G **24**
(in two parts)
Straw Clo. *Cat* 1N **103**
Stream Clo. *Byfl* 8M **55**
Stream Cotts. Frim *5B 70*
(off Gro. Cross Rd.)
Stream Farm Clo. *Lwr Bo* 4J **129**
Stream Pk. *E Grin* 7K **165**
Streamside. *Fleet* 5B **88**
Stream Valley Rd. *Lwr Bo* 5H **129**
Streatfield. *Eden* 2M **147**
Streatham. 6J 29
Streatham Clo. *SW16* 3J **29**
Streatham Common. 7J 29
Streatham Comn. N. *SW16* 6J **29**
Streatham Comn. S. *SW16* 7J **29**
Streatham Ct. *SW16* 4J **29**
Streatham High Rd. *SW16* 5J **29**
Streatham Hill. 3J 29
Streatham Hill. *SW2* 3J **29**
Streatham Ice Rink 6H 29
Streatham Park. 6G 29
Streatham Pl. *SW2* 1J **29**
Streatham Rd. *Mitc & SW16*
9E **28**
Streatham Vale. 8G 29
Streatham Va. *SW16* 9G **29**
Streathbourne Rd. *SW17* 3E **28**
Streeters Clo. *G'ming* 5K **133**
Streeters La. *Wall* 9H **45**
Streetfield Rd. *Slin* 5L **195**
Street Hill. *M'bowr* 4J **183**
Streets Heath. *W End* 8C **52**
(in two parts)
Street, The. *Alb* 8K **115**
Street, The. *Asht* 6L **79**
Street, The. *Bet* 4D **120**
Street, The. *Capel* 5J **159**
Street, The. *Charl* 3K **161**
Street, The. *Comp* 9D **112**
Street, The. *Dock* 4D **148**
Street, The. *E Clan* 9M **95**
Street, The. *Eff* 5L **97**
Street, The. *Ewh* 4F **156**
(in two parts)
Street, The. *Fet* 9D **78**
Street, The. *Fren* 3H **149**
Street, The. *Hasc* 4N **153**
Street, The. *Plais* 6A **192**
Street, The. *P'ham* 8M **111**
Street, The. *Shack* 3N **131**
Street, The. *Shalf* 7N **113**
Street, The. *Shur R* 1F **14**
Street, The. *Slin* 5K **195**
Street, The. *Thur* 7G **150**
Street, The. *Tong* 5D **110**
Street, The. *W Cla* 6J **95**
Street, The. *W Hor* 7C **96**
Street, The. *Won* 4C **134**
Street, The. *Wrec* 5D **128**
Stretton Rd. *Croy* 6B **46**
Stretton Rd. *Rich* 3J **25**
Strickland Clo. *If'd* 4K **181**
Strickland Row. *SW18* 1B **28**
Strickland Way. *Orp* 1N **67**
Stringer's Av. *Guild* 6N **93**
Stringers Common. 7M 93
Stringhams Copse. *Rip* 2H **95**
Strode Rd. *SW6* 3K **13**
Strode's College La. Egh *6B 20*
(off High St.)
Strode's Cres. *Stai* 6L **21**
Strode St. *Egh* 5C **20**
Strood Green. 3D 158
(Betchworth)
Strood Green. 2B 196
(Horsham)
Strood La. *Asc* 7N **17**
Strood La. *Warn* 1B **196**
Stroud Clo. *Wind* 6A **4**
Stroud Common. 9H 135
Stroud Comn. *Sham G* 8H **135**
Stroud Cres. *SW15* 4F **26**
Stroude. 2A 36
Stroude Rd. *Egh* 7C **20**
Stroudes Clo. *Wor Pk* 6D **42**
Stroud Grn. Gdns. *Croy* 6F **46**
Stroud Grn. Way. *Croy* 6E **46**
Stroud La. *B'water* 2F **68**
Stroud La. *Sham G* 9J **135**
Stroudley Clo. *M'bowr* 4F **182**
Stroud Rd. *SE25* 5D **46**
Stroud Rd. *SW19* 4M **27**
Stroudwater Pk. *Wey* 3C **56**
Stroud Way. *Ashf* 7C **22**
Struan Gdns. *Wok* 2A **74**
Strudgate Clo. *Craw* 5F **182**
Strudwicks Fld. *Cranl* 6A **156**
Stuart Av. *W on T* 7J **39**
Stuart Clo. *Farnb* 9M **69**
Stuart Clo. *M'bowr* 4G **183**
Stuart Clo. *Wind* 5C **4**
Stuart Ct. *Croy* 4A **200**
Stuart Ct. *G'ming* 7H **133**
Stuart Ct. Red *2E 122*
(off St Anne's Ri.)
Stuart Cres. *Croy* 9J **47**
Stuart Cres. *Reig* 6M **121**
Stuart Gro. *Tedd* 6E **24**
Stuart Pl. *Mitc* 9D **28**
Stuart Rd. *SW19* 4M **27**
Stuart Rd. *Reig* 6M **121**
Stuart Rd. *Rich* 3H **25**
Stuart Rd. *T Hth* 3N **45**
Stuart Rd. *Warl* 7E **84**
Stuart Way. *E Grin* 2B **186**
Stuart Way. *Stai* 7K **21**
Stuart Way. *Vir W* 3K **35**
Stuart Way. *Wind* 5B **4**
Stubbs Ct. W4 *1A 12*
(off Chaseley Dri.)
Stubbs Folly. *Col T* 8J **49**
Stubbs Hill. *Binf* 5K **15**
Stubbs La. *Lwr K* 6L **101**
Stubbs Moor Rd. *Farnb* 9L **69**
Stubbs Way. *SW19* 9B **28**
Stubfield. *H'ham* 5G **196**
Stubpond La. *Newc & Felb* 2F **164**
(in three parts)
Stubs Clo. *Dork* 7J **119**
Stubs Hill. *Dork* 7J **119**
Stucley Rd. *Houn* 3C **10**
Studdridge St. *SW6* 5M **13**
(in two parts)
Studios Rd. *Shep* 2A **38**
Studland Rd. *Byfl* 9A **56**
Studland Rd. *King T* 7L **25**
Studland St. *W6* 1G **12**
Stumblets. *Craw* 2G **183**
Stumps La. *Whyt* 4B **84**
Sturdee Clo. *Frim* 5C **70**
Sturges Rd. *Wokgm* 3B **30**
Sturt Av. *Hasl* 3D **188**
Sturt Ct. *Guild* 1D **114**
Sturt Mdw. Cotts. *Hasl* 3D **188**
Sturt Rd. *Farnh* 5G **109**
Sturt Rd. *Frim G* 9D **70**
Sturt Rd. *Hasl* 2D **188**
Sturt's La. *Tad* 5E **100**
Stychens Clo. *Blet* 2N **123**
Stychens La. *Blet* 9N **103**
(in two parts)
Styles End. *Bookh* 5B **98**
Styles Way. *Beck* 3M **47**
Styventon Pl. *Cher* 6H **37**
Subrosa Cvn. Site. *Red* 8F **102**
Subrosa Dri. *Red* 8F **102**
Succombs Hill. *Whyt & Warl*
7E **84**
Succombs Pl. *Warl* 6E **84**
Sudbrooke Rd. *SW12* 1D **28**
Sudbrook Gdns. *Rich* 4K **25**
Sudbrook La. *Rich* 2L **25**
Sudbury Gdns. *Croy* 1B **64**
Sudbury Ho. *SW18* 8N **13**
Sudlow Rd. *SW18* 8M **13**
Suffield Clo. *S Croy* 8G **64**
Suffield La. *Shack & P'ham*
4H **131**
Suffield Rd. *SE20* 1F **46**
Suffolk Clo. *Bag* 5J **51**
Suffolk Clo. *Deep* 6H **71**
Suffolk Clo. *Horl* 9E **142**
Suffolk Combe. *Warf* 8D **16**
Suffolk Dri. *Guild* 7D **94**
Suffolk Ho. *Croy* 3D **200**
Suffolk Rd. *SE25* 3C **46**
Suffolk Rd. *SW13* 3E **12**
Suffolk Rd. *Wor Pk* 8E **42**
Sugden Rd. *Th Dit* 7H **41**
Sulina Rd. *SW2* 1J **29**
Sulivan Ct. *SW6* 5M **13**
Sulivan Enterprise Cen. *SW6*
6N **13**
Sulivan Rd. *SW6* 6M **13**
Sullington Hill. *Craw* 5B **182**
Sullington Mead. *Broad H* 5E **196**
Sullivan Clo. *Farnb* 1N **89**
Sullivan Clo. *W Mol* 2B **40**
Sullivan Dri. *Craw* 6K **181**
Sullivan Rd. *Camb* 1M **69**
Sullivans Reach. *W on T* 6G **39**
Sultan St. *Beck* 1G **47**
Summer Av. *E Mol* 4E **40**
Summerene Clo. *SW16* 8G **29**
Summerfield. *Asht* 6K **79**
Summerfield Clo. *Add* 2H **55**
Summerfield La. *Fren* 9F **128**
Summerfield La. *Surb* 8K **41**
Summerfield Pl. *Ott* 3F **54**
Summer Gdns. *Camb* 1G **71**
Summer Gdns. *E Mol* 4E **40**
Summerhayes Clo. *Wok* 1A **74**
Summerhays. *Cob* 9L **57**
Summerhill. *G'ming* 5G **132**
Summerhill Clo. *Orp* 1N **67**
Summerhill Way. *Mitc* 9E **28**
Summerhouse Av. *Houn* 4M **9**
Summerhouse Clo. *G'ming*
8G **133**
Summerhouse Ct. *Gray* 6B **170**
Summerhouse La. *W Dray* 2M **7**
Summerhouse Rd. *G'ming*
8G **133**
Summerlands. *Cranl* 6N **155**
Summerlands Lodge. *Orp* 1J **67**
Summerlay Clo. *Tad* 7K **81**
Summerleigh. Wey *3E 56*
(off Gower Rd.)
Summerley St. *SW18* 3N **27**
Summerly Av. *Reig* 2M **121**
Summer Rd. *E Mol & Th Dit*
4E **40**
Summersbury Dri. *Shalf* 2A **134**
Summersbury Hall. *Shalf* 2A **134**
Summersby Clo. *G'ming* 4J **133**
Summers Clo. *Sutt* 4M **61**
Summers Clo. *Wey* 7B **56**
Summers La. *Hurt* 3D **132**
Summer's Rd. *G'ming* 4J **133**
Summerstown. 4A 28
Summerstown. *SW17* 4A **28**
Summersvere Clo. *Craw* 9E **162**
Summerswood Clo. *Kenl* 3A **84**
Summer Trees. *Sun* 9J **23**
Summerville Gdns. *Sutt* 3L **61**
Summerwood Rd. *Iswth* 8F **10**
Summit Av. *Farnb* 1G **88**
Summit Bus. Pk. *Sun* 8H **23**
Summit Pl. *Wey* 4B **56**
Sumner Clo. *Fet* 2D **98**
Sumner Clo. *Orp* 1L **67**
Sumner Ct. *Farnh* 9H **109**
Sumner Gdns. *Croy* 7L **45**
Sumner Pl. *Add* 2J **55**
Sumner Rd. *Croy* 7L **45**
Sumner Rd. *Farnh* 9H **109**
Sumner Rd. S. *Croy* 7L **45**
Sun All. *Rich* 7L **11**
Sun Brow. *Hasl* 3D **188**
Sunbury. 2K 39
Sunbury Av. *SW14* 7C **12**
Sunbury Av. Pas. *SW14* 7D **12**
Sunbury Clo. *W on T* 5H **39**
Sunbury Common. 8G 23
Sunbury Ct. *Eton* 2G **5**
Sunbury Ct. Island. *Sun* 2L **39**
Sunbury Ct. M. *Sun* 1L **39**
Sunbury Ct. Rd. *Sun* 1K **39**
Sunbury Cres. *Felt* 5G **23**
Sunbury Cross. (Junct.) 8H 23
Sunbury Cross Shop. Cen. *Sun*
8G **23**
Sunbury La. *W on T* 5H **39**
Sunburylock Ait. *W on T* 3J **39**
Sunbury Pk. Walled Garden.
2J 39
Sunbury Rd. *Eton* 2G **4**
Sunbury Rd. *Felt* 4G **23**
Sunbury Rd. *Sutt* 9J **43**
Sunbury Way. *Hanw* 6K **23**
Sun Clo. *Eton* 2G **4**
Sundale Av. *S Croy* 6F **64**
Sunderland Ct. *Stanw* 9N **7**
Sunderland Rd. *H'row A* 9N **7**
Sundew Clo. *Craw* 7M **181**
Sundew Clo. *Light* 7A **52**
Sundew Clo. *Wokgm* 1D **30**
Sundial Av. *SE25* 2C **46**
Sundials Cvn. Site. *Hkwd* 9B **142**
Sundon Cres. *Vir W* 4L **35**
Sundown Av. *S Croy* 7C **64**
Sundown Rd. *Ashf* 6D **22**
Sundridge Pl. *Croy* 7D **46**
Sundridge Rd. *Croy* 6C **46**
Sundridge Rd. *Wok* 6C **74**
Sun Hill. *Wok* 8K **73**
Sun Inn Rd. *Duns* 4B **174**
Sunken Rd. *Croy* 2F **64**
Sunkist Way. *Wall* 5J **63**
Sunlight Clo. *SW19* 7A **28**
Sunmead Clo. *Fet* 9F **78**
Sunmead Rd. *Sun* 2H **39**
Sunna Gdns. *Sun* 1J **39**
Sunniholme Ct. *S Croy* 8B **200**
Sunning Av. *Asc* 6B **34**
Sunningdale. 5C 34
Sunningdale Av. *Felt* 3M **23**
Sunningdale Clo. *Surb* 8L **41**
Sunningdale Ct. *Craw* 5B **182**
Sunningdale Ct. Houn *9D 10*
(off Whitton Dene)
Sunningdale Golf Course. 8E 34
Sunningdale Rd. *Sutt* 9L **43**
Sunninghill. 4A 34
Sunninghill Clo. *Asc* 3A **34**
Sunninghill Ct. *Asc* 3A **34**
Sunninghill Park. 8A 18
Sunninghill Rd. *Asc* 4A **34**
Sunninghill Rd. *W'sham* 9L **33**
Sunninghill Rd. *Wink & Asc*
6A **18**
Sunningvale Av. *Big H* 2E **86**
Sunningvale Clo. *Big H* 2F **86**
Sunny Av. *Craw D* 1D **184**
Sunny Bank. *SE25* 2D **46**
Sunnybank. *Asc* 3L **33**
Sunnybank. *Eps* 3B **80**
Sunnybank. *Warl* 4H **85**
Sunnybank Rd. *Farnb* 8J **69**
(in two parts)
Sunnybank Vs. *Blet* 1C **124**
Sunnycroft Rd. *SE25* 2D **46**
Sunnycroft Rd. *Houn* 5B **10**
Sunnydell La. *Wrec* 5F **128**
(in two parts)
Sunnydene Rd. *Purl* 9M **63**
Sunny Down. *Witl* 5B **152**
Sunny Hill. *Witl* 5B **152**
Sunnyhill Clo. *Craw D* 1D **184**
Sunnyhill Rd. *SW16* 5J **29**
Sunny Hill Rd. *Alder* 2J **109**
Sunnyhurst Clo. *Sutt* 9M **43**
Sunnymead. *Craw* 3B **182**
Sunnymead. *Craw D* 1E **184**
(in two parts)
Sunnymead Av. *Mitc* 2H **45**
Sunnymead Rd. *SW15* 8G **12**
Sunnymeads. 7A 6
Sunnymede Av. *Cars* 7B **62**
Sunnymede Av. *Eps* 5D **60**
Sunny Nook Gdns. *S Croy* 3A **64**
Sunny Ri. *Cat* 2A **104**
Sunnyside. 2A 186
Sunnyside. *SW19* 7K **27**
Sunnyside. *Eden* 9K **127**
Sunnyside. *Fleet* 3A **88**
Sunny Side. *Knap* 6E **72**
Sunnyside. *W on T* 4K **39**
Sunnyside Cotts. *Holm M* 6K **137**
Sunnyside Pas. *SW19* 7K **27**
Sunnyside Rd. *Head D* 5H **169**
Sunnyside Rd. *Tedd* 5D **24**
Sunny Vw. Clo. *Alder* 3A **110**
Sunoak Rd. *H'ham* 6B **198**
Sun Pas. *Wind* 4G **4**
Sunray Av. *Surb* 8A **42**
Sun Ray Est. *Sand* 7F **48**
Sunrise Clo. *Felt* 4N **23**
Sun Rd. *W14* 1L **13**
Sunset Gdns. *SE25* 1C **46**
Sunshine Way. *Mitc* 1D **44**
Sunstone Gro. *Red* 7H **103**
Sunvale Av. *Hasl* 2B **188**
Sunvale Clo. *Hasl* 2B **188**
Superior Dri. *G Str* 3N **67**
Surbiton. 5K 41
Surbiton Ct. *Surb* 5J **41**
Surbiton Cres. *King T*
3L **41** (8J **203**)
Surbiton Hall Clo. *King T*
3L **41** (8J **203**)
Surbiton Hill Pk. *Surb* 4M **41**
Surbiton Hill Rd. *Surb*
3L **41** (8J **203**)
Surbiton Pde. *Surb* 5L **41**
Surbiton Rd. *Camb* 6E **50**
Surbiton Rd. *King T*
3K **41** (7H **203**)
Surly Hall Wlk. *Wind* 4C **4**
Surrenden Ri. *Craw* 9A **182**
Surrey Av. *Camb* 2M **69**
Surrey Ct. *Guild* 3L **113**
Surrey Ct. *Warf* 8D **16**
Surrey Cres. *W4* 1N **11**
Surrey Gdns. *Eff J* 9H **77**
Surrey Gro. *Sutt* 9B **44**
Surrey Heath Mus. 9B 50
Surrey Hills Av. *Tad* 8B **100**
Surrey Hills Residential Pk. *Tad*
8B **100**
Surrey Research Pk., The. *Sur R*
3G **112**
Surrey Rd. *W Wick* 7L **47**
Surrey St. *Croy* 8N **45** (3B **200**)
Surrey Technology Cen. *Guild*
4G **113**

A-Z Surrey 277

Surrey Towers—Telferscot Rd.

Surrey Towers. Add 2L 55
(off Garfield Rd.)
Surrey Way. Guild 2L 113
Surridge Ct. Bag 5J 51
Surridge Gdns. SE19 7N 29
Sussex & Surrey Crematorium. Craw 8H 163
Sussex Av. Iswth 6E 10
Sussex Clo. Knap 5F 72
Sussex Clo. N Mald 3D 42
Sussex Clo. Reig 4B 122
Sussex Clo. Twic 9H 11
Sussex Ct. Add 2L 55
Sussex Ct. Knap 4F 72
Sussex Gdns. Chess 3K 59
Sussex Gdns. Fleet 1C 88
Sussex Lodge. H'ham 4J 197
Sussex Mnr. Bus. Pk. Craw 8E 162
Sussex Pl. W6 1H 13
Sussex Pl. Knap 5F 72
Sussex Pl. N Mald 3D 42
Sussex Rd. Cars 4D 62
Sussex Rd. Knap 5F 72
Sussex Rd. Mitc 4J 45
Sussex Rd. N Mald 3D 42
Sussex Rd. S Croy 3A 64
Sussex Rd. W Wick 7L 47
Sutherland Av. Big H 4F 86
Sutherland Av. Jac 6A 94
Sutherland Av. Sun 1G 39
Sutherland Chase. Asc 9J 17
Sutherland Dri. SW19 9B 28
Sutherland Dri. Burp 9B 94
Sutherland Gdns. SW14 6D 12
Sutherland Gdns. Sun 1G 39
Sutherland Gdns. Wor Pk 7G 42
Sutherland Gro. SW18 9K 13
Sutherland Gro. Tedd 6E 24
Sutherland Rd. W4 2D 12
Sutherland Rd. Croy 6L 45
Sutton. 2N 61
(Cheam)
Sutton. 1E 6
(Colnbrook)
Sutton Abinger. 3H 137
Sutton Arc. Sutt 2N 61
Sutton Av. Wok 6H 73
Sutton Comn. Rd. Sutt 6L 43
Sutton Ct. W4 2B 12
Sutton Ct. Sutt 3A 62
Sutton Ct. Rd. W4 3B 12
Sutton Ct. Rd. Sutt 3A 62
Sutton Dene. Houn 4B 10
Sutton Gdns. SE25 4C 46
Sutton Gdns. Red 7H 103
Sutton Green. 4B 94
Sutton Grn. Rd. Sut G 4A 94
Sutton Gro. Sutt 1B 62
Sutton Hall Rd. Houn 3A 10
Sutton Heights. Sutt 4B 62
Sutton Hill. Guild 7E 94
Sutton La. Ab H & Ab C 3J 137
Sutton La. Houn 6N 9
Sutton La. Slou 2D 6
Sutton La. Sutt & Bans 7N 61
Sutton La. N. W4 1B 12
Sutton La. S. W4 2B 12
Sutton Park. 5B 94
Sutton Pk. Rd. Sutt 3N 61
Sutton Pl. Ab H 3G 136
Sutton Pl. Slou 2D 6
Sutton Rd. Camb 6E 50
Sutton Rd. Houn 4A 10
Sutton Sq. Houn 4N 9
Sutton United F.C. 1M 61
Sutton Way. Houn 4N 9
Swabey Rd. Slou 1C 6
Swaby Rd. SW18 2A 28
Swaffield Rd. SW18 1N 27
Swail Ho. Eps 7K 201
Swain Clo. SW16 7F 28
Swain Rd. T Hth 4N 45
Swains Rd. SW17 8D 28
Swaledale. Brack 4M 31
Swaledale Clo. Craw 6A 182
Swaledale Gdns. Fleet 1C 88
Swale Rd. Farnb 8K 69
Swallow Clo. Milf 3B 152
Swallow Clo. Stai 5H 21
Swallow Clo. Yat 9A 48
Swallowdale. S Croy 5G 65
Swallow Fld. D'land 1C 166
Swallowfield. Eng G 7L 19
Swallowfields. Horl 8F 142
(off Rosemary La.)
Swallow Gdns. SW16 6H 29
Swallow La. Mid H 2H 139
Swallow Pk. Cvn. Site. Surb 9M 41
Swallow Ri. Knap 4F 72
Swallow Rd. Craw 1A 182
Swallow St. Turn H 4F 184
Swallowtail Rd. H'ham 2L 197
Swanage Rd. SW18 1A 28
Swan Barn Rd. Hasl 2H 189
Swan Cen., The. SW17 4N 27
Swan Cen., The. Lea 8H 79
Swan Clo. Croy 6B 46
Swan Clo. Felt 5M 23
Swancote Grn. Brack 4N 31
Swan Ct. SW6 3M 13
(off Fulham Rd.)
Swan Ct. Guild 1N 113
Swan Ct. Iswth 6H 11
(off Swan St.)
Swan Ct. Lea 9H 79
Swandon Way. SW18 8N 13
Swan La. Charl 3L 161
Swan La. Eden 8L 127
Swan La. Guild 4N 113 (5C 202)
Swan La. Sand 8G 48
Swan M. SW6 4L 13
Swan Mill Gdns. Dork 3J 119
Swann Ct. Iswth 6G 11
(off South St.)
Swanns Mdw. Bookh 4A 98
Swann Way. Broad H 5E 196
Swan Pl. SW13 5E 12
Swan Ridge. Eden 8M 127
Swan Rd. Felt 6M 23
Swanscombe Rd. W4 1D 12
Swansea Rd. H'row A 9D 8
Swans Ghyll. F Row 6G 187
Swan Sq. H'ham 6J 197
Swan St. Iswth 6H 11
Swansway, The. Wey 9B 38
Swan Ter. Wind 3E 4
Swan, The. (Junct.) 7M 47
Swanton Gdns. SW19 2J 27
Swan Wlk. H'ham 6J 197
Swan Wlk. Shep 6F 38
Swanwick Clo. SW15 1E 26
Swanworth La. Mick 6G 99
Swathling Ho. SW15 9E 12
(off Tunworth Cres.)
Swaynesland Rd. Eden 3H 127
Swayne's La. Guild 3G 114
Sweeps Ditch Clo. Stai 9J 21
Sweeps La. Egh 6B 20
Sweetbriar. Crowt 9F 30
Sweet Briar La. Eps 1C 80 (8J 201)
Sweet La. Peasl 3F 136
Sweetwater Clo. Sham G 7F 134
Sweetwater La. Sham G 7F 134
Sweetwater La. Wmly 7D 152
Sweetwell Rd. Brack 1K 31
Swievelands Rd. Big H 6D 86
Swift Ct. Sutt 4N 61
Swift La. Bag 4K 51
Swift La. Craw 1A 182
Swift Rd. Farnh 5H 109
Swift Rd. Felt 4M 23
Swift's Clo. Farnh 2N 129
Swift St. SW6 4L 13
Swinburne Cres. Croy 5F 46
Swinburne Rd. SW15 7F 12
Swindon Rd. H'ham 4H 197
Swindon Rd. H'row A 8D 8
Swinfield Clo. Felt 4M 23
Swingate Rd. Farnh 3J 129
Swinley Rd. Asc 2G 32
Swinley Rd. Bag 1H 51
Swires Shaw. Kes 1F 66
Swiss Clo. Wrec 7F 128
Swissland Hill. Dor P 4N 165
Switchback La. Rowl 7E 128
(in three parts)
Swithin Chase. Warf 8C 16
Swordsmans Dri. Deep 5H 71
Swyncombe Av. W5 1H 11
Sybil Thorndike Casson Ho. SW5 1M 13
(off Old Brompton Rd.)
Sycamore Av. H'ham 2B 198
Sycamore Clo. Cars 1D 62
Sycamore Clo. Craw 9A 162
Sycamore Clo. Felt 4H 23
Sycamore Clo. Fet 1F 98
Sycamore Clo. Frim 5C 70
Sycamore Clo. Sand 8G 48
Sycamore Clo. S Croy 2B 64 (8F 200)
Sycamore Cotts. Camb 3N 69
(off Frimley Rd.)
Sycamore Ct. G'ming 3J 133
Sycamore Ct. Houn 7M 9
Sycamore Ct. N Mald 2D 42
Sycamore Ct. Wind 6F 4
Sycamore Cres. C Crook 7A 88
Sycamore Dri. Ash V 6E 90
Sycamore Dri. E Grin 9C 166
Sycamore Dri. Frim 4C 70
Sycamore Dri. Wrec 5F 128
Sycamore Gdns. Mitc 1B 44
Sycamore Gro. N Mald 2C 42
Sycamore Ho. Short 1N 47
Sycamore Ri. Bans 1J 81
Sycamore Ri. Brack 2B 32
Sycamore Rd. Farnb 3A 90
(in two parts)
Sycamore Rd. SW19 7H 27
Sycamore Rd. Guild 3N 113 (2C 202)
Sycamores, The. Farnb 2B 90
Sycamores, The. B'water 1G 68
Sycamore Wlk. Eng G 7L 19
Sycamore Wlk. Reig 6A 122
Sycamore Way. Tedd 7J 25
Sycamore Way. T Hth 4L 45
Sydcote. SE21 2N 29
Sydenham Ct. Croy 1D 200
Sydenham Pl. SE27 4M 29
Sydenham Rd. Croy 7N 45 (2C 200)
Sydenham Rd. Guild 5N 113 (6D 202)
Sydmondson M. Binf 5H 15
Sydney Av. Purl 8K 63
Sydney Clo. Crowt 9H 31
Sydney Cres. Ashf 7C 22
Sydney Loader Pl. B'water 9F 48
Sydney Pl. Guild 4B 114
Sydney Rd. SW20 1J 43
Sydney Rd. Felt 2H 23
Sydney Rd. Guild 4B 114
Sydney Rd. Rich 7L 11
Sydney Rd. Sutt 1M 61
Sydney Rd. Tedd 6F 24
Sykes Dri. Stai 6K 21
Sylvan Clo. Oxt 7D 106
Sylvan Clo. S Croy 6E 64
Sylvan Clo. Wok 4D 74
Sylvan Est. SE19 1C 46
Sylvan Gdns. Surb 6K 41
Sylvan Ridge. Sand 6F 48
Sylvan Rd. SE19 1C 46
Sylvan Rd. Craw 5E 182
Sylvanus. Brack 6L 31
Sylvan Way. C Crook 8A 88
Sylvan Way. Red 4E 122
(in two parts)
Sylvan Way. W Wick 1A 66
Sylvaways Clo. Cranl 7B 156
Sylverdale Rd. Croy 9M 45 (4A 200)
Sylverdale Rd. Purl 9M 63
Sylverns Ct. Warf 8B 16
Sylvestrus Clo. King T 9N 25
Syon Ga. Way. Bren 3G 11
Syon House & Pk. 4J 11
Syon La. Iswth 2F 10
Syon Pk. Gdns. Iswth 3F 10
Syon Pl. Farnb 1B 90
Sythwood. Wok 4L 73
Szabo Cres. Norm 3M 111

T

Tabarin Way. Eps 3H 81
Tabor Ct. Sutt 3K 61
Tabor Gdns. Sutt 3L 61
Tabor Gro. SW19 8L 27
Tachbrook Rd. Felt 1G 23
Tadlow. King T 5M 203
Tadmor Clo. Sun 3G 39
Tadorne Rd. Tad 8H 81
Tadpole La. Ews 3C 108
Tadworth. 9H 81
Tadworth Av. N Mald 3E 42
Tadworth Clo. Tad 9J 81
Tadworth Ct. Tad 8J 81
Tadworth Park. 8J 81
Tadworth St. Tad 1H 101
Taffy's Row. Mitc 2C 44
Tailworth St. Houn 5C 10
Tait Rd. Croy 6B 46
Talavera Pk. Alder 1M 109
Talbot Clo. Myt 1E 90
Talbot Clo. Reig 4N 121
Talbot La. H'ham 7J 197
Talbot Pl. Bag 3J 51
Talbot Pl. Dat 4M 5
Talbot Rd. Ashf 6N 21
Talbot Rd. Cars 2E 62
Talbot Rd. Farnh 3G 128
Talbot Rd. Iswth 7G 11
Talbot Rd. Ling 8N 145
Talbot Rd. T Hth 3A 46
Talbot Rd. Twic 2E 24
Talcott Path. SW2 2L 29
Taleworth Clo. Asht 7K 79
Taleworth Pk. Asht 7K 79
Taleworth Rd. Asht 6K 79
Talgarth Dri. Farnb 3B 90
Talgarth Mans. W14 1K 13
(off Talgarth Rd.)
Talgarth Rd. W6 & W14 1J 13
Talina Cen. SW6 4N 13
Talisman Clo. Crowt 2C 48
Talisman Way. Eps 3H 81
Tallis Clo. Craw 6L 181
Tall Pines. Eps 7E 60
Tall Trees. SW16 2K 45
Tall Trees. Coln 4F 6
Tall Trees. E Grin 1B 186
Tally Rd. Oxt 9G 107
Talma Gdns. Twic 9E 10
Talman Clo. If'd 4K 181
Tamar Clo. M'bowr 4G 182
Tamarind Clo. Guild 7K 93
Tamarind Ct. Egh 6B 20
Tamarisk Ri. Wokgm 1B 30
Tamar Way. Slou 1D 6
Tamerton Sq. Wok 6A 74
Tamesis Gdns. Wor Pk 8D 42
Tamian Ind. Est. Houn 7K 9
Tamian Way. Houn 7K 9
Tamworth. Brack 6B 32
Tamworth Dri. Fleet 1C 88
Tamworth La. Mitc 1F 44
Tamworth Pk. Mitc 3F 44
Tamworth Pl. Croy 8N 45 (3B 200)
Tamworth Rd. Croy 8M 45 (3A 200)
Tamworth St. SW6 2M 13
Tamworth Vs. Mitc 3F 44
Tanbridge Pk. H'ham 7G 197
Tanbridge Pl. H'ham 7H 197
Tanbridge Retail Pk. H'ham 7H 197
Tandem Cen. Retail Pk. SW19 9B 28
Tandem Way. SW19 9B 28
Tandridge. 2K 125
Tandridge Ct. Cat 9D 84
Tandridge Gdns. S Croy 9C 64
Tandridge Hill La. God 6J 105
Tandridge La. Tand & Oxt 1K 125
Tandridge Rd. Warl 6G 84
Tanfield Ct. H'ham 6H 197
Tanfield Rd. Croy 1N 63 (6B 200)
Tangier Ct. Alder 2L 109
Tangier Ct. Eton 2G 5
Tangier La. Eton 2G 4
Tangier Rd. Guild 4C 114
Tangier Rd. Rich 7N 11
Tangier Way. Tad 4K 81
Tangier Wood. Tad 5K 81
Tangle Oak. Felb 6H 165
Tanglewood. Finch 9A 30
Tanglewood Clo. Croy 9F 46
Tanglewood Clo. Longc 9L 35
Tanglewood Clo. Wok 3F 74
Tanglewood Ride. W End 8A 52
Tanglewood Way. Felt 4J 23
Tangley Dri. Wokgm 4A 30
Tangley Gro. SW15 9E 12
Tangley La. Guild 8J 93
Tangley Pk. Rd. Hamp 6N 23
Tanglyn Av. Shep 4C 38
Tangmere Gro. King T 6K 25
Tangmere Rd. Craw 3L 181
Tanhouse La. Wokgm 3A 30
Tanhouse Rd. Oxt 1N 125
Tanhurst Ho. SW2 1K 29
(off Redlands Way)
Tanhurst La. Holm M 2M 157
Tankerton Rd. Surb 8M 41
Tankerton Ter. Croy 5K 45
Tankerville Rd. SW16 8H 29
Tank Rd. Sand 1L 69
Tanners Clo. W on T 5J 39
Tanners Ct. Brock 4A 120
Tanners Dean. Lea 9J 79
Tannersfield. Shalf 2A 134
Tanner's Hill. Brock 5A 120
Tanners La. Hasl 1G 188
Tanners Mead. Eden 2L 147
Tanners Mdw. Brock 7A 120
Tanners Yd. Bag 4H 51
Tannery Clo. Beck 4G 46
Tannery Clo. Slin 5L 195
Tannery La. Brmly 3B 134
Tannery La. Send 1F 94
Tannery, The. Red 3D 122
Tansy Clo. Guild 1E 114
Tantallon Rd. SW12 2E 28
Tanyard Av. E Grin 1C 186
Tanyard Clo. H'ham 7L 197
Tanyard Clo. M'bowr 6G 182
Tanyard Way. Horl 6F 142
Tapestry Clo. Sutt 4N 61
Taplow Ct. Mitc 3C 44
Tapners Rd. Bet 8E 120
Tara Ct. Beck 1L 47
Tarbat Ct. Col T 7J 49
Target Clo. Felt 9F 8
Target Hill. Warf 8B 16
Tarham Clo. Horl 6C 142
Tarmac Way. W Dray 3K 7
Tarnbrook Way. Brack 6C 32
Tarn Clo. Farnb 3K 89
Tarn Rd. Hind 6B 170
Tarragon Clo. Farnb 1H 89
Tarragon Clo. Brack 8B 16
Tarragon Ct. Guild 8K 93
Tarragon Dri. Guild 7K 93
Tarrant Grn. Warf 8A 16
Tarrington Clo. SW16 4H 29
Tartar Hill. Cob 9K 57
Tartar Rd. Cob 9K 57
Tasker Clo. Hay 3D 8
Tasman Ct. Sun 8F 22
Tasso Rd. W6 2K 13
Tasso Yd. W6 2K 13
(off Tasso Rd.)
Tatchbury Ho. SW15 9E 12
(off Tunworth Cres.)
Tate Clo. Lea 1J 99
Tate Rd. Sutt 2M 61
Tate's Way. Rud 1E 194
Tatham Ct. Craw 8N 181
Tatsfield. 8E 86
Tatsfield Green. 8F 86
Tatsfield La. Tats 8H 87
Tattenham Corner. 5G 80
Tattenham Corner Rd. Eps 4E 80
Tattenham Cres. Eps 5F 80
Tattenham Gro. Eps 5G 80
Tattenham Way. Tad 5J 81
Tattersall Clo. Wokgm 3D 30
Taunton Av. SW20 1G 42
Taunton Av. Cat 1C 104
Taunton Clo. Craw 2H 183
Taunton Clo. Sutt 7M 43
Taunton La. Coul 6L 83
Tavern Clo. Cars 6C 44
Tavistock Clo. Stai 8M 21
Tavistock Ct. Croy 7A 46
(off Tavistock Rd.)
Tavistock Cres. Mitc 3J 45
Tavistock Gdns. Farnb 7N 69
Tavistock Ga. Croy 7A 46 (1D 200)
Tavistock Gro. Croy 6A 46
Tavistock Rd. Cars 7B 44
Tavistock Rd. Croy 7A 46 (1D 200)
Tavistock Rd. Well 5A 88
Tavistock Wlk. Cars 7B 44
Tawfield. Brack 6K 31
Tawny Clo. Felt 4H 23
Tawny Cft. Sand 7K 49
Tayben Av. Twic 9E 10
Tay Clo. Farnb 8K 69
Tayles Hill Dri. Eps 6E 60
Taylor Av. Rich 5A 12
Taylor Clo. Eps 7N 59
Taylor Clo. Hamp H 6C 24
Taylor Clo. Houn 4C 10
Taylor Clo. Orp 1N 67
Taylor Ct. SE20 1F 46
(off Elmers End Rd.)
Taylor Rd. Asht 4K 79
Taylor Rd. Mitc 8C 28
Taylor Rd. Wall 2F 62
Taylor's Bushes Ride. Wind 3N 17
Taylors Clo. Lind 4A 168
Taylors Ct. Felt 3H 23
Taylors Cres. Cranl 7A 156
Taylors La. Lind 4A 168
Taylor Wlk. Craw 3A 182
Taymans Track. Hand 8L 199
Taynton Dri. Red 8H 103
Teal Clo. H'ham 3J 197
Teal Clo. S Croy 7G 64
Teal Ct. Dork 1J 201
Tealing Dri. Eps 1C 60
Teal Pl. Sutt 2L 61
Teasel Clo. Craw 6N 181
Teasel Clo. Croy 7G 46
Teazlewood Pk. Lea 4G 78
Tebbit Clo. Brack 1B 32
Teck Clo. Iswth 5G 11
Tedder Clo. Chess 2J 59
Tedder Rd. S Croy 4F 64
Teddington. 6G 24
Teddington Bus. Pk. Tedd 7F 24
(off Station Rd.)
Teddington Clo. Eps 6C 60
Teddington Pk. Tedd 6F 24
Teddington Pk. Rd. Tedd 5F 24
Tedham La. God 3E 144
Tees Clo. Farnb 8K 69
Teesdale. Craw 6A 182
Teesdale Av. Iswth 4G 11
Teesdale Gdns. SE25 1B 46
Teesdale Gdns. Iswth 4G 11
Teevan Clo. Croy 6D 46
Teevan Rd. Croy 7D 46
Tegg's La. Wok 3H 75
Tekels Av. Camb 1B 70
Tekels Pk. Camb 1C 70
Tekels Way. Camb 3C 70
Telconia Clo. Head D 5H 169
Telegraph La. Clay 2F 58
Telegraph Pas. SW2 1J 29
Telegraph Rd. SW15 1G 27
Telegraph Track. Cars 7E 62
Telephone Pl. SW6 2L 13
Telferscot Rd. SW12 2H 29

278 A-Z Surrey

Tinsley La. S.—Tudor Pl.

Tinsley La. S. Craw. 1E 182
Tintagel Clo. Eps 1E 80 (8M 201)
Tintagel Ct. H'ham 7K 197
Tintagel Dri. Frim 5D 70
Tintagel Rd. Finch 8A 30
Tintagel Way. Wok 3C 74
Tintells La. W Hor 6C 96
Tintern Clo. SW15 8K 13
Tintern Clo. SW19 7A 28
Tintern Rd. Cars 7B 44
Tintern Rd. Craw 5M 181
Tippits Mead. Brack 9J 15
Tipton Dri. Croy 1B 64
Tiree Path. Craw 6N 181
Tirlemont Rd. S Croy 4N 63
Tirrell Rd. Croy 5N 45
Tisbury Rd. SW16 1J 45
Tisman's Common 2A 194
Tismans Comn. Rud 2A 194
Titan Ct. Bren 1M 11
Titchfield Rd. Cars 7B 44
Titchfield Wlk. Cars 6B 44
Titchwell Rd. SW18 2B 28
Tite Hill. Eng G 6N 19
Tithe Barn Clo. King T 9M 25 (2L 203)
Tithebarns La. Send 4J 95
Tithe Clo. Vir W 5N 35
Tithe Clo. W on T 5J 39
Tithe Ct. Wokgm 1B 30
Tithe La. Wray 9C 6
Tithe Meadows. Vir W 5M 35
Tithe Orchard. Felb 6H 165
Tithepit Shaw La. Warl 4E 84
Titlarks Hill. Asc 8E 34
Titmus Dri. Craw 6D 182
Titness Pk. S'hill 2D 34
Titsey 3D 106
Titsey Hill. T'sey 1C 106
Titsey Place 2D 106
Titsey Rd. Oxt 3D 106
Tiverton Clo. Croy 6C 46
Tiverton M. Houn 5C 10
Tiverton Rd. Houn 5C 10
Tiverton Rd. T Hth 4L 45
Tiverton Way. Chess 2K 59
Tiverton Way. Frim 5D 70
Tivoli Rd. SE27 6N 29
Tivoli Rd. Houn 7M 9
Toad La. B'water 2K 69
Toad La. Houn 7N 9
Toat Hill. Slin 8N 195
Toby Way. Surb 8A 42
Tocker Gdns. Warf 7N 15
Tockington Ct. Yat 9C 48
Todds Clo. Horl 6C 142
Toftwood Clo. Craw 4G 183
Token Yd. SW15 7K 13
Toland Sq. SW15 8F 12
Toll Bar Ct. Sutt 5N 61
Tolldene Clo. Knap 4H 73
Tollers La. Coul 5K 83
Toll Gdns. Brack 2D 32
Tollgate. Guild 3F 114
Tollgate Av. Red 8D 122
Tollgate Hill. Craw 9A 182
Tollgate Rd. Dork 8H 119
Tollhouse La. Wall 5G 63
Tolpuddle Way. Yat 1E 68
Tolson Rd. Iswth 6G 10
Tolvaddon Clo. Wok 4K 73
Tolverne Rd. SW20 9H 27
Tolworth 8A 42
Tolworth B'way. Surb 7A 42
Tolworth Clo. Surb 7A 42
Tolworth Junction (Toby Jug). (Junct.) 8A 42
Tolworth Pk. Rd. Surb 8M 41
Tolworth Ri. N. Surb 7A 42
Tolworth Ri. S. Surb 8A 42
Tolworth Rd. Surb 8L 41
Tolworth Tower. Surb 8A 42
Tomlin Clo. Eps 7C 60
Tomlin Ct. Eps 7C 60
Tomlins All. Twic 2G 24
Tomlins Av. Frim 4D 70
Tomlinscote Way. Frim 4E 70
Tomlinson Clo. W4 1A 12
Tomlinson Dri. Finch 9A 30
Tompset's Bank 9H 187
Tompset's Bank. F Row 9H 187
Tomtit Cres. Turn H 4F 184
Tomtits La. F Row 8G 187
Tom Williams Ho. SW6 2L 13 (off Clem Attlee Ct.)
Tonbridge Clo. Bans 1D 82
Tonbridge Rd. W Mol 3N 39
Tonfield Rd. Sutt 7L 43
Tonge Clo. Beck 4K 47
Tongham 6D 110
Tongham Meadows. Tong 5C 110
Tongham Rd. Alder 4B 110
Tongham Rd. Farnh 8A 110 (in two parts)
Tonsley Hill. SW18 8N 13
Tonsley Pl. SW18 8N 13
Tonsley Rd. SW18 8N 13
Tonsley St. SW18 8N 13
Tonstall Rd. Eps 6C 60
Tonstall Rd. Mitc 1E 44
Tony Law Ho. SE20 1E 46
Toogood Pl. Warf 6B 16
Tooting 6C 28
Tooting Bec 4E 28
Tooting Bec Gdns. SW16 5H 29 (in two parts)
Tooting Bec Rd. SW17 & SW16 4E 28
Tooting B'way. SW17 6C 28
Tooting Graveney 7D 28
Tooting Gro. SW17 6C 28
Tooting High St. SW17 7C 28
Tooting Mkt. SW17 5D 28
Tootswood Rd. Brom 4N 47
Topcliffe Dri. Orp 1M 67
Top Common. Warf 8B 16
Topiary Sq. Rich 6M 11
Topiary, The. Farnb 2K 89
Topiary, The. Asht 7L 79
Toplady Pl. Farnh 5H 109
Top Pk. Beck 4N 47
Topsham Rd. SW17 4D 28
Torin Ct. Eng G 6M 19
Torland Dri. Oxs 9D 58
Tor La. Wey 7D 56
Tormead Clo. Sutt 3M 61
Tormead Rd. Guild 3B 114
Toronto Dri. Small 9L 143
Torrens Clo. Guild 9K 93
Torre Wlk. Cars 7C 44
Torridge Rd. Slou 2D 6
Torridge Rd. T Hth 4M 45
Torridon Clo. Wok 4L 73
Torrington Clo. Clay 3E 58
Torrington Clo. Lind 4B 168
Torrington Rd. Clay 3E 58
Torrington Sq. Croy 6A 46
Torrington Way. Mord 5M 43
Tor Rd. Farnh 1E 128 (in two parts)
Torwood La. Whyt 7C 84
Torwood Rd. SW15 8F 12
Totale Ri. Warf 7N 15
Totford La. Seale 9J 111
Tot Hill 4B 100
Totland Clo. Farnb 8M 69
Tottenham Rd. G'ming 5H 133
Tottenham Wlk. Owl 6J 49
Totterdown St. SW17 5D 28
Totton Rd. T Hth 2L 45
Toulouse Clo. Camb 8F 50
Tourist Info. Cen. 7A 90 (Aldershot)
Tourist Info. Cen. 7B 32 (Bracknell)
Tourist Info. Cen. 4G 107 (Clacket Lane Services)
Tourist Info. Cen. 9N 45 (4C 200) (Croydon)
Tourist Info. Cen. 1G 128 (Farnham)
Tourist Info. Cen. 4A 88 (Fleet)
Tourist Info. Cen. 3F 162 (Gatwick Airport)
Tourist Info. Cen. 5N 113 (6D 202) (Guildford)
Tourist Info. Cen. 6C 8 (Heathrow Airport)
Tourist Info. Cen. 7J 197 (Horsham)
Tourist Info. Cen. 6B 10 (Hounslow)
Tourist Info. Cen. 1K 41 (4H 203) (Kingston)
Tourist Info. Cen. 1K 41 (Kingston Upon Thames)
Tourist Info. Cen. 8K 11 (Richmond upon Thames)
Tourist Info. Cen. 2H 25 (Twickenham)
Tourist Info. Cen. 4G 5 (Windsor)
Tournai Clo. Alder 6C 90
Tournay Rd. SW6 3L 13
Tovil Clo. SE20 1E 46
Tower Clo. E Grin 8A 166
Tower Clo. Hind 5C 170
Tower Clo. Horl 8D 142
Tower Clo. H'ham 8G 196
Tower Clo. Wok 4N 73
Tower Ct. E Grin 8A 166
Tower Ct. H'ham 7K 197
Tower Gdns. Clay 4H 59
Tower Gro. Wey 8F 38
Tower Hill 7H 119 (Dorking)
Tower Hill 9G 196 (Horsham)
Tower Hill. Farnb 2M 89
Tower Hill. Dork 7H 119
Towerhill. Gom 9D 116
Tower Hill. H'ham 9F 196
Towerhill La. Gom 8D 116 (in two parts)
Towerhill Ri. Gom 9D 116
Tower Hill Rd. Dork 7H 119
Tower La. Reig 6C 102
Tower Ride. Wind 4B 18
Tower Ri. Rich 6L 11
Tower Rd. Fay 9E 180
Tower Rd. Hind 5C 170
Tower Rd. Tad 1H 101
Tower Rd. Twic 4F 24
Towers Dri. Crowt 3G 48
Towers Pl. Rich 8L 11
Towers, The. Kenl 2N 83
Towers Wlk. Wey 3C 56
Tower Vw. Croy 7H 47
Tower Yd. Rich 8M 11
Towfield Ct. Felt 3N 23
Towfield Rd. Felt 3N 23
Town & Crown Exhibition 4G 5
Town Barn Rd. Craw 3A 182
Townend. Cat 9B 84
Townend Clo. Cat 9B 84
Town End Clo. G'ming 7H 133
Town End Pde. King T 5H 203
Town End St. G'ming 7H 133
Town Farm Way. Stanw 1M 21
Townfield Ct. Dork 6G 119 (4J 201)
Townfield Rd. Dork 6G 119 (4J 201)
Town Fld. Way. Iswth 5G 11
Towngate. Cob 2M 77
Town Hall Av. W4 1C 12
Town Hill. Ling 7N 145
Town La. Stanw 9M 7 (in two parts)
Town Mead. Blet 2A 124
Town Mead. Craw 2B 182
Townmead Bus. Cen. SW6 6N 13
Town Mdw. Bren 2K 11
Town Mdw. Rd. Bren 3K 11
Townmead Rd. SW6 6N 13
Townmead Rd. Rich 5A 12
Townquay. Stai 2K 37 (off Blacksmiths La.)
Townsend Clo. Brack 4C 32
Townsend La. Wok 8D 74
Townsend Rd. Ashf 6N 21
Townshend Rd. Rich 7M 11
Townshend Ter. Rich 7M 11
Townshott Clo. Bookh 3A 98
Townside Pl. Camb 9B 50
Townslow La. Wis 3L 75
Town Sq. Brack 1A 32
Town Sq. Camb 9A 50
Town Sq. Iswth 6H 11 (off Swan St.)
Town Sq. Wok 4A 74
Town Tree Rd. Ashf 6B 22
Town Wharf. Iswth 6H 11
Towpath. Shep 7A 38
Towpath. W on T 4H 39
Towpath Way. SE25 5C 46
Towton Rd. SE27 3N 29
Toynbee Rd. SW20 9K 27
Tozer Wlk. Wind 6A 4
Tracery, The. Bans 2N 81
Tracious Clo. Wok 3L 73
Tracious La. St J 3L 73
Trade Dri. Owl 5K 49
Trafalgar Av. Wor Pk 7J 43
Trafalgar Ct. Farnh 2G 129
Trafalgar Dri. W on T 9J 39
Trafalgar Rd. SW19 8N 27
Trafalgar Rd. H'ham 4J 197
Trafalgar Rd. Twic 3D 24
Trafalgar Way. Camb 2L 69
Trafalgar Way. Croy 8L 45
Trafford Rd. Frim 6B 70
Trafford Rd. T Hth 4K 45
Tramsheds Ind. Est. Croy 6H 45
Tramway Path. Mitc 3C 44 (in three parts)
Tranmere Ct. Sutt 4A 62
Tranmere Rd. SW18 3A 28
Tranmere Rd. Twic 1B 24
Tranquil Dale. Buck 1E 120
Transport Av. Bren 1G 11
Trap La. Ockl 8N 157
Traps La. N Mald 9D 26
Trasher Mead. Dork 7J 119
Travellers Way. Houn 5K 9
Travis La. Sand 8H 49
Treadcroft Dri. H'ham 3L 197
Treadwell Rd. Eps 3D 80
Treaty Cen. Houn 6B 10
Trebor Av. Farnh 2J 129
Trebovir Rd. SW5 1M 13
Tredenham Clo. Farnb 5A 90
Tredwell Clo. SW2 3K 29
Tredwell Rd. SE27 5M 29
Treebourne Rd. Big H 4E 86
Treebys Av. Guild 6N 93
Tree Clo. Rich 2K 25
Treelands. N Holm 8J 119
Treemount Ct. Eps 9D 60 (6M 201)
Treen Av. SW13 6E 12
Treeside Dri. Farnh 5K 109
Tree Tops. S God 6H 125
Treetops. Whyt 5D 84
Tree Tops Av. Camb 7E 50
Tree Tops Cvn. Pk. Alb 6N 135
Treeview. Craw 8A 182
Treeview Ct. Reig 3B 122 (off Wray Comn. Rd.)
Tree Way. Reig 9N 101
Trefoil Clo. H'ham 3L 197
Trefoil Clo. Wokgm 1D 30
Trefoil Cres. Craw 7M 181
Trefusis Ct. Houn 4J 9
Tregaron Gdns. N Mald 3D 42
Tregarthen Pl. Lea 8J 79
Tregarth Pl. Wok 4J 73
Tregolls Dri. Farnb 2A 90
Tregunter Rd. SW10 2N 13
Trehaven Pde. Reig 6N 121
Treherne Ct. SW17 5E 28
Trehern Rd. SW14 6C 12
Trelawn Clo. Ott 4E 54
Trelawne Dri. Cranl 8N 155
Trelawney Av. Slou 1B 6
Trelawney Gro. Wey 3B 56
Treloar Gdns. SE19 7N 29
Tremaine Rd. SE20 1E 46
Trematon Pl. Tedd 8J 25
Tremayne Wlk. Camb 2G 70
Trenance. Wok 4K 73
Trenchard Clo. W on T 2K 57
Trenchard Ct. Mord 5M 43
Trenear Clo. H'ham 6L 197
Trenham Dri. Warl 3F 84
Trenholme Ct. Cat 9D 84
Trent Clo. Farnb 8K 69
Trent Clo. Craw 5L 181
Trent Ct. S Croy 8B 200
Trentham Cres. Wok 8C 74
Trentham Rd. Red 5D 122
Trentham St. SW18 2M 27
Trent Ho. King T 9K 25 (1H 203)
Trenton Clo. Frim 4E 70
Trent Rd. Slou 2D 6
Trent Way. Wor Pk 9H 43
Treport St. SW18 1N 27
Tresham Cres. Yat 9A 48
Tresidder Ho. SW4 1H 29
Tresillian Way. Wok 3K 73
Tresta Wlk. Wok 3K 73
Trevanion Rd. W14 1K 13
Trevanne Plat. Craw 2H 183
Trevelyan. Brack 6K 31
Trevelyan Rd. SW17 6C 28
Trevereux Hill. Oxt 9H 107
Treville St. SW15 1G 26
Trevithick Clo. Felt 2G 23
Trevone Ct. SW2 1J 29 (off Doverfield Rd.)
Trevor Clo. Iswth 8F 10
Trevor Rd. SW19 8K 27
Trevose Av. W Byf 1H 75
Trewaren Ct. Craw 3N 181
Trewenna Dri. Chess 2K 59
Trewince Rd. SW20 9H 27
Trewint St. SW18 3A 28
Treyford Clo. Craw 3L 181
Triangle, The. King T 1A 42
Triangle, The. Wok 5M 73
Trickett Ho. Sutt 5N 61
Trident Bus. Cen. SW17 6D 28
Trident Ind. Est. Coln 6G 7
Trigg's Clo. Wok 6N 73
Trigg's La. Wok 6M 73
Trig Ct. Eps 7C 60
Trig St. Newd 1L 159
Trilakes Country Pk. 7E 48
Trimmers. Farnh 2F 128
Trimmers Clo. Farnh 5G 109
Trimmers Fld. Farnh 2K 129
Trimmers Wood. Hind 3B 170
Trimmer Wlk. Bren 2L 11
Trindledown. Brack 7M 15
Trindles Rd. S Nut 5K 123
Tring Ct. Twic 5G 24
Tringham Clo. Knap 5F 72
Tringham Clo. Ott 2E 54
Tringham Cotts. W end 8C 52
Trinity. Owl 5K 49
Trinity Chu. Pas. SW13 2G 13
Trinity Chu. Rd. SW13 2G 13
Trinity Chyd. Guild 5N 113 (6D 202)
Trinity Clo. Craw 1G 183
Trinity Clo. Houn 7M 9
Trinity Clo. S Croy 5B 64
Trinity Clo. Stanw 9L 7
Trinity Cotts. Rich 6M 11
Trinity Ct. SE25 5B 46
Trinity Ct. Croy 8N 45 (2C 200)
Trinity Ct. H'ham 5J 197
Trinity Cres. SW17 3D 28
Trinity Cres. Asc 4D 34
Trinity Fields. Farnh 5F 108
Trinity Hill. Farnh 5F 108
Trinity M. SE20 1E 46
Trinity Pl. Wind 5F 4
Trinity Ri. SW2 2L 29
Trinity Rd. SW18 & SW17 7N 13 & 1B 28
Trinity Rd. SW19 7M 27
Trinity Rd. Knap 5E 72
Trinity Rd. Rich 6M 11
Tritton Av. Croy 1J 63
Tritton Rd. SE21 4N 29
Trittons. Tad 8J 81
Triumph Clo. Hay 4D 8
Trodd's La. Guild & W Cla 2F 114
Trojan Way. Croy 9K 45
Troon Clo. If'd 4J 181
Troon Ct. S'hill 4N 33
Trotsford Mdw. B'water 2H 69
Trotsworth Av. Vir W 3A 36
Trotsworth Ct. Vir W 3N 35
Trotters La. Chob 8L 53
Trotter Way. Eps 8A 60
Trotton Clo. M'bowr 6G 182
Trotts La. W'ham 5L 107
Trotwood Clo. Owl 5K 49
Troutbeck Wlk. Camb 3H 71
Trout Rd. Hasl 2C 188
Trouville Rd. SW4 1G 28
Trowers Way. Red 9F 102
Trowlock Av. Tedd 7J 25
Trowlock Way. Tedd 7K 25
Troy Clo. Tad 7G 81
Troy La. Eden 8H 127
Troy Town 7H 127
Truggers. Hand 8N 199
Trumble Gdns. T Hth 3M 45
Trumbull Rd. Brack 8M 15
Trumpets Hill Rd. Reig 4G 120
Trumps Green 5N 35
Trumpsgreen Av. Vir W 5N 35
Trumps Grn. Clo. Vir W 4A 36
Trumpsgreen Rd. Vir W 7M 35
Trumps Mill La. Vir W 5B 36
Trundle Mead. H'ham 3J 197
Trunk Rd. Farnb 1H 89
Trunley Heath Rd. Brmly 4M 133
Truslove Rd. SE27 6L 29
Truss Hill Rd. Asc 4N 33
Trust Wlk. SE21 2M 29
Trystings Clo. Clay 3G 59
Tubbenden Dri. Orp 1M 67
Tubbenden La. Orp 1M 67
Tubbenden La. S. Orp 2M 67
Tucker Rd. Ott 3F 54
Tuckers Corner. Cranl 7K 155
Tuckers Dri. Cranl 7K 155
Tuckey Gro. Rip 1H 95
Tucklow Wlk. SW15 1E 26
Tudor Av. Hamp 7A 24
Tudor Av. Wor Pk 9G 42
Tudor Circ. G'ming 4H 133
Tudor Clo. Ashf 5N 21
Tudor Clo. Cob 9N 57
Tudor Clo. SW2 1K 29
Tudor Clo. Bans 2K 81
Tudor Clo. Bookh 2N 97 (in two parts)
Tudor Clo. Chess 2L 59
Tudor Clo. Coul 5L 83
Tudor Clo. E Grin 1B 186
Tudor Clo. Eps 6E 60
Tudor Clo. Gray 7B 170
Tudor Clo. Hamp 6C 24
Tudor Clo. M'bowr 4H 183
Tudor Clo. Small 8M 143
Tudor Clo. S Croy 2E 84
Tudor Clo. Sutt 2J 61
Tudor Clo. Wall 4G 63
Tudor Clo. Wok 4C 74
Tudor Clo. Wokgm 3E 30
Tudor Ct. As 3D 110
Tudor Ct. Big H 5G 86
Tudor Ct. Felt 5K 23
Tudor Ct. Red 2E 122 (off St Anne's Ri.)
Tudor Ct. Stanw 9N 7
Tudor Ct. Tedd 7F 24
Tudor Dri. King T 6K 25
Tudor Dri. Mord 5J 43
Tudor Dri. W on T 7L 39
Tudor Dri. Yat 2C 68
Tudor Gdns. SW13 6D 12
Tudor Gdns. Twic 2F 24
Tudor Gdns. W Wick 9M 47
Tudor Ho. Brack 4N 31
Tudor La. Old Win 1M 19
Tudor Lodge Mans. Kgswd 8L 81
Tudor Pl. Mitc 8C 28

Tudor Rd.—Vaughan Almshouses

Tudor Rd. Ashf. 7E 22
Tudor Rd. SE25 4E 46
Tudor Rd. Beck 2M 47
Tudor Rd. G'ming 4H 133
Tudor Rd. Hamp 8A 24
Tudor Rd. Houn 7D 10
Tudor Rd. King T 8N 25
Tudors, The. Reig 9A 102
Tudor Wlk. Lea 7F 78
Tudor Wlk. Wey 9C 38
Tudor Way. C Crook 9B 88
Tudor Way. Wind 4B 4
Tuesley. 1F 152
Tuesley Corner. G'ming 8G 132
Tuesley La. G'ming 8G 133
Tufton Gdns. W Mol 1B 40
Tugela Rd. Croy 5A 46
Tuggles Plat. Warn 1E 196
Tugmutton Clo. Orp 1K 67
Tulip Clo. Croy 7G 46
Tulip Clo. Hamp 7N 23
Tulip Ct. H'ham 4J 197
Tulip Tree Ct. Belm 7M 61
Tullett Rd. M'bowr 7F 182
Tulls La. Stand 7C 168
Tull St. Mitc 6D 44
Tulse Clo. Beck 2M 47
Tulse Hill. 2M 29
Tulse Hill Est. SW2 1L 29
Tulse Ho. SW2 1L 29
Tulsemere Rd. SE27 3N 29
Tulyar Clo. Tad 7G 81
Tumber Clo. As 2E 110
Tumber St. H'ley 3B 100
Tumblewood Rd. Bans 3K 81
Tumbling Bay. W on T 5H 39
Tummons Gdns. SE25 1B 46
Tunbridge La. Bram 8F 168
Tunley Rd. SW17 2E 28
Tunnel Link Rd. H'row A 8B 8
Tunnel Rd. Reig 3M 121
Tunnel Rd. E. H'row A 4C 8
Tunnel Rd. W. H'row A 4B 8
Tunnmeade. If'd 4K 181
Tunsgate. Guild 5N 113 (6D 202)
Tunsgate Sq. Guild 6C 202
Tunstall Clo. Orp 1N 67
Tunstall Rd. Croy 7B 46
Tunstall Wlk. Bren 2L 11
Tunworth Cres. SW15 9E 12
Tuppers Ct. Alb 8L 115
Tupwood La. Cat 4D 104
Tupwood Scrubbs Rd. Cat 6D 104
Turf Hill Rd. Camb 7D 50
Turfhouse La. Chob 5H 53
Turing Dri. Brack 5M 31
Turle Rd. SW16 1J 45
Turle Rd. SW16 1J 45
Turnberry. Brack 5K 31
Turner Av. Mitc 9D 28
Turner Av. Twic 4C 24
Turner Clo. Guild 9B 94
Turner Ct. E Grin 7C 166
Turner Ho. Bear G 7J 139
Turner Ho. Twic 9K 11
(off Clevedon Rd.)
Turner Pl. Col T 9J 49
Turner Rd. Big H 8E 66
Turner Rd. N Mald 6C 42
Turners Clo. Stai 6K 21
Turners Hill. 5D 184
Turners Hill Pk. Turn H 4G 184
Turners Hill Rd. Copt & Craw D 7B 164
Turners Hill Rd. Craw & Worth 3H 183
Turners Hill Rd. E Grin 4J 185
Turners Hill Rd. Turn H 5A 184
Turners La. W on T 3J 57
Turners Mead. C'fold 6F 172
Turners Mdw. Way. Beck 1J 47
Turner's Way. Croy 8L 45
Turner Wlk. Craw 6D 182
Turneville Rd. W14 2L 13
Turney Rd. SE21 1N 29
Turnham Clo. Guild 7M 113
Turnham Green. 1D 12
Turnham Grn. Ter. W4 1D 12
Turnham Grn. Ter. M. W4 1D 12
Turnoak Av. Wok 7A 74
Turnoak La. Wok 7A 74
Turnoak Pk. Wind 7B 4
Turnpike La. Sutt 2A 62
Turnpike Link. Croy 8B 46 (3F 200)
Turnpike Pl. Craw 1B 182
Turnpike Rd. Brack 1J 31
Turnpike Way. Iswth 4G 10
Turnstone Clo. S Croy 6H 65
Turnstone End. Yat 9A 48
Turnville Clo. Light 6L 51
Turpin Rd. Felt 9G 9
Turpins Ri. W'sham 1M 51
Turpin Way. Wall 4F 62
Turtledove Av. Turn H 4F 184
Tuscam Way. Camb 2L 69
Tuscany Gdns. Craw 9C 162
Tuscany Way. Yat 2B 68
Tushmore Av. Craw 9C 162
Tushmore Ct. Craw 1C 182
Tushmore Cres. Craw 9C 162
Tushmore La. Craw 1C 182
Tushmore Roundabout. Craw 1B 182
Tussock Clo. Craw 5M 181
Tuxford Clo. M'bowr 5G 182
Tweed Clo. Farnb 8K 69
Tweeddale Rd. Cars 7B 44
Tweed La. If'd 9L 161
Tweed La. Str G 7N 119
(in two parts)
Tweed Rd. Slou 2D 6
Tweedsmuir Clo. Farnb 2J 89
Twelve Acre Clo. Bookh 2N 97
Twelve Acre Cres. Farnb 9J 69
Tweseldown Rd. C Crook 9C 88
Twickenham. 2G 25
Twickenham Bri. Twic & Rich 8J 11
Twickenham Clo. Croy 9K 45
Twickenham Rd. Felt 4N 23
Twickenham Rd. Iswth 8G 10
Twickenham Rd. Rich 7J 11
Twickenham Rd. Tedd 5G 24
(in two parts)
Twickenham Rugby Union Football Ground. 9E 10
Twickenham Stadium Tours. 9E 10
(Museum of Rugby, Twickenham)
Twickenham Trad. Est. Twic 9F 10
Twilley St. SW18 1N 27
Twin Bridges Bus. Pk. S Croy 3A 64
Twining Av. Twic 4C 24
Twinoaks. Cob 9A 58
Twisell Thorne. C Crook 9A 88
Twitten La. Felb 6H 165
Twitten, The. Craw 3A 182
Two Rivers Retail Pk. Stai 5H 21
Two Ways. Loxw 4J 193
Twycross Rd. G'ming 4G 132
Twycross Rd. Wokgm 1D 30
Twyford La. Wrec 5G 128
Twyford Rd. Binf 1H 15
Twyford Rd. Cars 7B 44
Twyford Rd. Wokgm & Hurst 9A 14
Twyhurst Ct. E Grin 7N 165
Twyne Clo. Craw 5L 181
Twyner Clo. Horl 7H 143
Twynersh Av. Cher 5H 37
Twynham Rd. Camb 1A 70
Tybenham Rd. SW19 2M 43
Tychbourne Dri. Guild 9E 94
Tydcombe Rd. Warl 6F 84
Tye La. H'ley 5D 100
Tye La. Orp 2L 67
Tylden Way. H'ham 2M 197
Tylecroft Rd. SW16 1J 45
Tylehost. Guild 8K 93
Tyle Pl. Old Win 8K 5
Tyler Gdns. Add 1L 55
Tyler Rd. Craw 6B 182
Tylers Clo. God 8E 104
Tylers Ct. Cranl 7M 155
(off Rowland Rd.)
Tyler's Green. 8E 104
Tylers Path. Cars 1D 62
Tymperley Ct. H'ham 5L 197
(off King's Rd.)
Tynamara. King T 7H 203
Tynan Clo. Felt 2H 23
Tyndalls. Hind 5D 170
Tyndalls Wood. 6D 170
Tyne Clo. Farnb 8K 69
Tyne Clo. Craw 4G 183
Tynedale Rd. Str G 7A 120
Tyne Ho. King T 9K 25 (1H 203)
Tynemouth Rd. Mitc 8E 28
Tynemouth St. SW6 5N 13
Tynley Gro. Guild 6N 93
Tyrawley Rd. SW6 4N 13
Tyrell Ct. Cars 1D 62
Tyrell Gdns. Wind 6C 4
Tyrell's Wood. 2N 99
Tyrrell Sq. Mitc 9C 28
Tyrwhitt Av. Guild 8L 93
Tythebarn Clo. Guild 7D 94
Tytherton. Brack 1A 32
Tyting Cotts. Guild 6E 114

U

Uckfield Gro. Mitc 8E 28
Udney Pk. Rd. Tedd 7G 25
Uffington Dri. Brack 3C 32
Uffington Rd. SE27 5L 29
Ujima Ct. SW16 5J 29
Ullathorne Rd. SW16 5G 28
Ullswater. Brack 6K 31
Ullswater Av. Farnb 2K 89
Ullswater Clo. SW15 5C 26
Ullswater Clo. Farnh 6F 108
Ullswater Clo. Light 6M 51
Ullswater Ct. Ash V 8D 90
(off Lakeside Clo.)
Ullswater Cres. SW15 5C 26
Ullswater Cres. Coul 3H 83
Ullswater Rd. SE27 3M 29
Ullswater Rd. SW13 3F 12
Ullswater Rd. Light 6M 51
Ulstan Clo. Wold 1K 105
Ulva Rd. SW15 8J 13
Ulverstone Rd. SE27 3M 29
Ulwin Av. Byfl 9N 55
Umbria St. SW15 9F 12
Underhill Clo. G'ming 8H 133
Underhill La. Lwr Bo 4G 129
Underhill Pk. Rd. Reig 9M 101
Underhill Rd. Newd 1A 160
Underwood. Brack 5K 31
Underwood. New Ad 2M 65
Underwood Av. As 3C 110
Underwood Clo. Craw D 1E 184
Underwood Ct. Binf 7H 15
Underwood Ct. Cat 3B 104
Underwood Rd. Cat 4B 104
Underwood Rd. Hasl 1D 188
Undine St. SW17 6D 28
Unicorn Ind. Est. Hasl 1F 188
Union Clo. Owl 5K 49
Union Ct. Rich 8L 11
Union Rd. Croy 6N 45
Union Rd. Deep 6H 71
Union Rd. Farnh 1H 129
Union St. Farnb 1M 89
Union St. Alder 2M 109
Union St. Brkwd 8L 71
Union St. King T 1K 41 (3H 203)
Union Ter. Alder 2M 109
Unitair Cen. Felt 9D 8
Unity Clo. SE19 6N 29
Unity Clo. New Ad 5L 65
University of Surrey Gallery. 3K 113
University Rd. SW19 7B 28
Unstead La. Brmly 4M 133
Unstead Wood. P'mrsh 2M 133
Unsted. 6M 133
Unwin Av. Felt 8E 8
Unwin Mans. W14 2L 13
(off Queen's Club Gdns.)
Unwin Rd. Iswth 6E 10
Upavon Gdns. Brack 4D 32
Upcerne Rd. SW10 3N 13
Upcroft. Wind 6E 4
Updown Hill. W'sham 3A 52
Upfield. Croy 9E 46
Upfield. Horl 9E 142
Upfield Clo. Horl 1E 162
Upfold Clo. Cranl 4K 155
Upfold La. Cranl 5K 155
Upfolds Grn. Guild 8E 94
Upgrove Mnr. Way. SE24 1L 29
Upham Pk. Rd. W4 1D 12
Upland Rd. Camb 8B 50
Upland Rd. S Croy 2A 64
Upland Rd. Sutt 4B 62
Upland Rd. Wold 7K 85
(in two parts)
Uplands. Asht 7K 79
Uplands. Beck 1K 47
Uplands Clo. SW14 8A 12
Uplands Clo. Hasl 9H 171
Uplands Clo. Sand 7G 48
Uplands Dri. Oxs 1D 78
Uplands Rd. Farnh 2K 129
Uplands Rd. Kenl 3N 83
Upland Way. Eps 5H 81
Uppark Gdns. H'ham 2M 197
Up. Bourne La. Wrec 6F 128
Up. Bourne Va. Wrec 6F 128
Up. Bridge Rd. Red 3C 122
Up. Brighton Rd. Surb 5K 41
Up. Broadmoor Rd. Crowt 2H 49
Up. Butts. Bren 2J 11
Up. Charles St. Camb 9A 50
Up. Chobham Rd. Camb 3E 70
Up. Church La. Farnh 1G 129
Upper Clo. F Row 7H 187
Up. College Ride. Camb 7C 50
Up. Court Rd. Eps 7B 60
Up. Court Rd. Wold 1K 105
Upper Dri. Big H 5E 86
Upper Dunnymans. Bans 1L 81
Upper Eashing. 7D 132
Up. Edgeborough Rd. Guild 4B 114
Upper Elmers End. 4J 47
Up. Elmers End Rd. Beck 3H 47
Up. Elms Rd. Alder 3M 109
Up. Fairfield Rd. Lea 8H 79
Up. Farm Rd. W Mol 3N 39
Upper Gatton. 5B 102
Up. Gordon Rd. Camb 1B 70
Up. Green E. Mitc 2D 44
Up. Green W. Mitc 1D 44
(in two parts)
Up. Grotto Rd. Twic 3F 24
Upper Gro. SE25 3B 46
Up. Guildown Rd. Guild 6L 113 (8A 202)
Upper Hale. 6H 109
Up. Hale Rd. Farnh 5F 108
Upper Halliford. 3F 38
Up. Halliford By-Pass. Shep 4F 38
Up. Halliford Grn. Shep 3F 38
Up. Halliford Rd. Shep 2F 38
Up. Ham Rd. Rich 5K 25
Upper Harestone. Cat 5D 104
Up. High St. Eps 9D 60 (6L 201)
Up. House La. Sham G 2H 155
Upper Ifold. 1B 192
Upper Kiln. Dork 7J 119
(off Stubs Hill)
Upper Mall. W6 1F 12
(in two parts)
Up. Manor Rd. G'ming 4H 133
Up. Manor Rd. Milf 1B 152
Upper Mount. G'wood 8K 171
Up. Mulgrave Rd. Sutt 4K 61
Upper Norwood. 1B 46
Upper Nursery. Asc 4D 34
Up. Old Pk. La. Farnh 7E 108
Up. Palace Rd. E Mol 2C 40
Up. Park Rd. Camb 1B 70
Up. Park Rd. King T 7N 25
Upper Parrock. 7N 187
Upper Path. Dork 7H 119
Up. Pillory Down. Cars 9E 62
Upper Pines. Bans 4D 82
Up. Pinewood Rd. As 1H 111
Up. Queen St. G'ming 7H 133
Up. Richmond Rd. SW15 7E 12
Up. Richmond Rd. W. Rich & SW14 7N 11
Upper Rd. Wall 2H 63
Up. Rose Hill. Dork 6H 119 (4K 201)
Up. St Michael's Rd. Alder 4N 109
Up. Sawley Wood. Bans 1L 81
Up. Selsdon Rd. S Croy 4C 64
Upper Shirley. 1G 64
Up. Shirley Rd. Croy 8F 46
Up. South Vw. Farnh 9H 109
Upper Springfield. Elst 8J 131
Upper Sq. F Row 6H 187
Upper Sq. Iswth 6G 11
Upper Stanford. Pirb 3C 92
Up. Star Post Ride. Crowt 9N 31
Upper St. Fleet 4A 88
Upper St. Shere 7A 116
(in two parts)
Up. Sunbury Rd. Hamp 9M 23
Up. Sutton La. Houn 3A 10
Up. Teddington Rd. King T 8J 25
Upperton Rd. Guild 4M 113 (6A 202)
Upper Tooting. 4D 28
Up. Tooting Pk. SW17 3D 28
Up. Tooting Rd. SW17 5D 28
Up. Tulse Hill. SW2 1K 29
Up. Union St. Alder 2M 109
Up. Union Ter. Alder 2M 109
Upper Vann. 8J 153
Up. Vann La. Hamb 9K 153
Up. Vernon Rd. Sutt 2B 62
Up. Verran Rd. Camb 3B 70
Up. Village Rd. Asc 4N 33
Upper Wlk. Vir W 3A 36
Upper Way. Farnh 4F 128
Up. West St. Reig 3L 121
Up. Weybourne La. Farnh 4J 109
Up. Woodcote Village. Purl 8H 63
Upshire Gdns. Brack 3D 32
Upshott La. Wok 4H 75
Upton. Wok 4L 73
Upton Clo. Farnb 2B 90
Upton Dene. Sutt 4N 61
Upton Rd. Houn 6A 10
Upton Rd. T Hth 1A 46
Upwood Rd. SW16 9J 29
Urmston Dri. SW19 2K 27
Usherwood Clo. Tad 9A 100
Uvedale Clo. New Ad 7N 65
Uvedale Cres. New Ad 7N 65
Uvedale Rd. Oxt 8B 106
Uverdale Rd. SW10 3N 13
Uxbridge Ct. King T 8H 203
Uxbridge Rd. Felt 3K 23
Uxbridge Rd. Hamp H 5A 24
Uxbridge Rd. King T 3K 41 (8G 203)

V

Vachery La. Cranl 2N 175
Vaillant Rd. Wey 1D 56
Vale Border. S Croy 7G 65
Vale Clo. Coul 1J 83
Vale Clo. Lwr Bo 7H 129
Vale Clo. Orp 1J 67
Vale Clo. Twic 4G 24
Vale Clo. Wey 9E 38
Vale Clo. Wok 3A 74
Vale Cotts. SW15 4D 26
Vale Ct. Ash V 6E 90
Vale Ct. Wey 9E 38
Vale Cres. SW15 5D 26
Vale Cft. Clay 5F 58
Vale Dri. H'ham 6H 197
Vale Farm Rd. Wok 4A 74
Valentines. Plais 3N 191
Valentines Lea. N'chap 8D 190
Valentyne Clo. New Ad 7A 66
Vale Pde. SW15 4D 26
Valerie Ct. Sutt 4N 61
Vale Rd. Ash V 6E 90
Vale Rd. Camb 2M 69
(in two parts)
Vale Rd. Clay 5E 58
Vale Rd. Mitc 2H 45
Vale Rd. Sutt 1N 61
Vale Rd. Wey 9E 38
Vale Rd. Wind 3C 4
Vale Rd. Wor Pk & Eps 9E 42
Vale Rd. N. Surb 8L 41
Vale Rd. S. Surb 8L 41
Valery Pl. Hamp 8A 24
Vale St. SE27 4N 29
Vale, The. Coul 1H 83
Vale, The. Croy 8G 47
Vale, The. Felt 9J 9
Vale, The. Houn 2M 9
Vale, The. Sun 7H 23
Va. Wood Dri. Lwr Bo 7J 129
Va. Wood La. Gray 5A 170
(in two parts)
Valewood Rd. Hasl 4G 188
Valley Ct. Cat 9D 84
Valley Cres. Wokgm 9A 14
Valley End. 3D 52
Valley End Rd. Chob 3D 52
Valleyfield Rd. SW16 6K 29
Valley Gardens. 1H 35
Valley Gdns. SW19 8B 28
Valley La. Lwr Bo 5H 129
Valley M. Twic 3F 24
Valley Rd. SW16 6K 29
Valley Rd. Frim 6E 70
Valley Rd. Kenl 2A 84
Valley, The. Guild 7M 113
Valley Vw. Big H 5E 86
Valley Vw. G'ming 7G 132
Valley Vw. Sand 8F 48
Valley Vw. Gdns. Kenl 2B 84
Valley Wlk. Croy 8F 46
Vallis Way. Chess 1K 59
Valnay St. SW17 6D 28
Valonia Gdns. SW18 9L 13
Valroy Clo. Camb 9B 50
Vanbrugh Clo. Craw 6K 181
Vanbrugh Dri. W on T 6K 39
Van Common. 9E 188
Vancouver Clo. Eps 7B 60
Vancouver Ct. Small 8L 143
Vancouver Dri. Craw 9B 162
Vancouver Rd. Rich 5J 25
Vanderbilt Rd. SW18 2N 27
Van Dyck Av. N Mald 6C 42
Vandyke. Brack 5K 31
Vandyke Clo. SW15 1J 27
Vandyke Clo. Red 9D 102
Van Gogh Clo. Iswth 6G 10
Vanguard Clo. Croy 7M 45 (1A 200)
Vanguard Way. H'row A 5F 8
Vanguard Way. Wall 4J 63
Vann Bri. Clo. Fern 9E 188
Vanneck Sq. SW15 8F 12
Vanners. Craw 2C 182
Vanners Pde. Byfl 9N 55
Vann Farm Rd. Ockl 6E 158
Vann Lake. Ockl 6F 158
Vann Lake Rd. Capel & Ockl 7F 158
Vann La. Hamb 9G 152
Vann Rd. Fern 9E 188
Vansittart Est. Wind 3F 4
Vansittart Rd. Wind 4E 4
Vanston Pl. SW6 3M 13
Vantage W. W3 1M 11
Vant Rd. SW17 6D 28
Vapery La. Pirb 8A 72
Varley Way. Mitc 1B 44
Varna Rd. SW6 3K 13
Varna Rd. Hamp 9B 24
Varney Clo. Farnb 9K 69
Varsity Dri. Twic 8E 10
Varsity Row. SW14 5B 12
Vaughan Almshouses. Ashf 6C 22
(off Feltham Hill Rd.)

A-Z Surrey 281

Vaughan Clo.—Walls Ct.

Vaughan Clo. Hamp 7M 23
Vaughan Gdns. Eton W 1C 4
Vaughan Ho. SW4 1G 29
Vaughan Rd. Th Dit 6H 41
Vaughan Way. Dork 5G 118 (2H 201)
Vaux Cres. W on T 3J 57
Vauxhall Gdns. S Croy 3N 63
Veals Mead. Mitc 9C 28
Vectis Gdns. SW17 7F 28
Vectis Rd. SW17 7F 28
Vector Point. Craw 8D 162
Vegal Cres. Eng G 6L 19
Veitch Clo. Felt 1G 23
Vellum Dri. Cars 9E 44
Velmead Clo. Fleet 6C 88
Velmead Rd. Fleet 6B 88
Vencourt Pl. W6 1F 12
Ventnor Rd. Sutt 4N 61
Ventnor Ter. Alder 3A 110
Venton Clo. Wok 4L 73
Vera Rd. SW6 4K 13
Verbania Way. E Grin 9D 166
Verbena Clo. W Dray 1M 7
Verbena Gdns. W6 1F 12
Verdayne Av. Croy 7G 47
Verdayne Gdns. Warl 3F 84
Verdun Rd. SW13 2F 12
Vereker Dri. Sun 2H 39
Vereker Rd. W14 1K 13
Verge Wlk. Alder 5M 109
Vermont Rd. SW18 9N 13
Vermont Rd. Sutt 9N 43
Verner Clo. Head 5D 168
Verne, The. C Crook 8B 88
Vernon Av. SW20 1J 43
Vernon Clo. Eps 3B 60
Vernon Clo. H'ham 4N 197
Vernon Clo. Ott 3F 54
Vernon Ct. Farnh 1F 128
Vernon Dri. Asc 1H 33
Vernon Dri. Cat 9N 83
Vernon M. W14 1K 13
Vernon Rd. SW14 6C 12
Vernon Rd. Felt 3G 22
Vernon Rd. Sutt 2A 62
Vernon St. W14 1K 13
Vernon Wlk. Tad 7J 81
Vernon Way. Guild 2J 113
Verona Dri. Surb 8L 41
Veronica Gdns. SW16 9G 28
Veronica Rd. SW17 3F 28
Verralls. Wok 4D 74
(in two parts)
Verran Rd. SW12 1F 28
Verran Rd. Camb 3B 70
Verulam Av. Purl 8G 63
Veryan. Wok 4K 73
Vesey Clo. Farnb 9M 69
Vevers Rd. Reig 6A 122
Vibart Gdns. SW2 1K 29
Vibia Clo. Stanw 1M 21
Viburnum Ct. W End 9B 52
Vicarage Av. Egh 6D 20
Vicarage Clo. Bookh 3A 98
Vicarage Clo. Farnh 4J 129
Vicarage Clo. Ling 7N 145
Vicarage Clo. Tad 2K 101
Vicarage Clo. Wor Pk 7D 42
Vicarage Ct. Beck 2H 47
Vicarage Ct. Egh 7D 20
Vicarage Ct. Felt 1D 22
Vicarage Cres. Egh 6D 20
Vicarage Dri. SW14 8C 12
Vicarage Dri. Beck 1K 47
Vicarage Farm Ct. Houn 3N 9
Vicarage Farm Rd. Houn 5M 9
Vicarage Fields. W on T 5K 39
Vicarage Gdns. SW14 8B 12
Vicarage Gdns. Asc 4L 33
Vicarage Gdns. C Crook 9A 88
Vicarage Gdns. Gray 6A 170
Vicarage Gdns. Mitc 2C 44
Vicarage Ga. Guild 5K 113
Vicarage Hill. Farnh & Lwr Bo 4J 129
Vicarage Hill. Loxw 5J 193
Vicarage Hill. W'ham 4M 107
Vicarage Ho. King T 3M 203
Vicarage La. Bourne 4J 129
Vicarage La. Capel 4K 159
Vicarage La. Crowt & Bag 2E 50
Vicarage La. Eps 5F 60
(in two parts)
Vicarage La. Farnh 1G 129
(Downing St.)
Vicarage La. Farnh 5H 109
(Heath La.)
Vicarage La. Hasl 2D 188
Vicarage La. Horl 7D 142
Vicarage La. Lea 9H 79
Vicarage La. Send 4E 94
Vicarage La. Stai 2L 37
Vicarage La. Wray 2A 20
Vicarage La. Yat 8B 48
Vicarage Rd. SW14 8B 12
Vicarage Rd. Bag 3G 50
(in two parts)
Vicarage Rd. B'water 2K 69
Vicarage Rd. Chob 7G 53
Vicarage Rd. Craw D 2D 184
Vicarage Rd. Croy 9L 45
Vicarage Rd. Egh 6C 20
Vicarage Rd. Hamp W 9J 25
Vicarage Rd. King T 1K 41 (3H 203)
Vicarage Rd. Ling 7N 145
Vicarage Rd. Stai 4G 20
Vicarage Rd. Sun 6G 23
Vicarage Rd. Sutt 1N 61
Vicarage Rd. Tedd 6G 24
Vicarage Rd. Twic 3E 24
(Green, The)
Vicarage Rd. Twic 9C 10
(Kneller Rd.)
Vicarage Rd. Wok 8B 74
Vicarage Rd. Yat 8A 48
Vicarage Wlk. E Grin 9B 166
Vicarage Wlk. G'ming 6G 132
(off Borough Rd.)
Vicarage Wlk. W on T 6H 39
Vicarage Way. Coln 3E 6
Viceroy Ct. Croy 7A 46 (1D 200)
Vickers Clo. Wall 4K 63
Vickers Dri. N. Bro P 6N 55
Vickers Dri. S. Wey 7N 55
Vickers Rd. Ash V 8D 90
Vickers Way. Houn 8M 9
Victor Ct. Craw 9H 163
Victoria Almshouses. Red 9E 102
Victoria Almshouses. Reig 3A 122
Victoria Av. Camb 1M 69
Victoria Av. Houn 8A 10
Victoria Av. S Croy 6N 63
Victoria Av. Surb 5K 41
Victoria Av. Wall 9E 44
Victoria Av. W Mol 2B 40
Victoria Clo. Eden 3L 147
Victoria Clo. Horl 8E 142
Victoria Clo. W Mol 2A 40
Victoria Clo. Wey 9E 38
Victoria Cotts. Rich 4M 11
Victoria Ct. Bag 6J 51
Victoria Ct. Fleet 4A 88
Victoria Ct. H'ham 6K 197
Victoria Ct. Red 6E 122
Victoria Ct. Shalf 9A 114
(off Station Row)
Victoria Cres. SW19 8L 27
Victoria Dri. SW19 1J 27
Victoria Dri. B'water 2H 69
Victoria Gdns. Big H 2E 86
Victoria Gdns. Fleet 4A 88
Victoria Gdns. Houn 4M 9
Victoria Hill Rd. Fleet 4A 88
Victoria La. Hay 1D 8
Victoria M. SW18 2A 28
Victoria Pde. Rich 4N 11
(off Sandycombe Rd.)
Victoria Pl. Eps 8D 60 (5M 201)
Victoria Pl. Esh 1B 58
Victoria Pl. Rich 8K 11
Victoria Rd. Farnb 1M 89
Victoria Rd. SW14 6C 12
Victoria Rd. Add 1M 55
Victoria Rd. Alder 2M 109
Victoria Rd. Asc 4L 33
Victoria Rd. Coul 2H 83
Victoria Rd. Cranl 7M 155
Victoria Rd. Craw 3A 182
Victoria Rd. Eden 3L 147
Victoria Rd. Eton W 1B 4
Victoria Rd. Farnh 1H 129
Victoria Rd. Felt 2J 23
Victoria Rd. Fleet 4A 88
Victoria Rd. G'ming 7H 133
Victoria Rd. Guild 3A 114 (3E 202)
Victoria Rd. Horl 8E 142
Victoria Rd. King T 1M 41 (4L 203)
Victoria Rd. Knap 4G 72
Victoria Rd. Mitc 8C 28
Victoria Rd. Owl 6K 49
Victoria Rd. Red 4E 122
Victoria Rd. Stai 4G 20
Victoria Rd. Surb 5K 41
Victoria Rd. Sutt 2B 62
Victoria Rd. Tedd 7G 24
Victoria Rd. Twic 1H 25
Victoria Rd. Wey 9E 38
Victoria Rd. Wok 4A 74
Victoria Sq. Horl 8E 142
(off Consort Way)
Victoria St. Eng G 7M 19
Victoria St. H'ham 6K 197
Victoria St. Wind 4G 4
Victoria Ter. Dork 5G 119 (3J 201)
Victoria Vs. Rich 6M 11
Victoria Way. E Grin 2B 186
Victoria Way. Wey 9E 38
Victoria Way. Wok 4A 74
Victor Rd. Tedd 5E 24
Victor Rd. Wind 6F 4
Victors Dri. Hamp 7M 23
Victory Av. Mord 4A 44
Victory Bus. Cen. Iswth 7F 10
Victory Cotts. Eff 6M 97
Victory Pk. Rd. Add 9L 37
(in two parts)
Victory Rd. SW19 8A 28
Victory Rd. Cher 7J 37
Victory Rd. H'ham 5H 197
Victory Rd. M. SW19 8A 28
Victory Way. Houn 1K 9
Vidler Clo. Chess 3J 59
View Clo. Big H 3E 86
Viewfield Rd. SW18 9L 13
Viewlands Av. W'ham 7N 87
View Ter. D'land 2C 166
Viggory La. Wok 2M 73
Vigo La. Yat 1B 68
Viking. Brack 4K 31
Viking Ct. SW6 2M 13
Village Clo. Wey 9E 38
Village Gdns. Eps 6E 60
Village Grn. Av. Big H 4G 87
Village Grn. Way. Big H 4G 87
Village Rd. Egh 2E 36
Village Row. Sutt 4M 61
Village St. Newd 1A 160
Village, The. 4D 18
Village, The. Ewh 4E 156
Village Way. Ashf 5A 22
Village Way. Beck 1K 47
Village Way. Cranl 7M 155
Village Way. S Croy 9D 64
Village Way. Yat 8C 48
Villas, The. Blind H 3H 145
Villiers Av. Surb 4M 41 (8L 203)
Villiers Av. Twic 2N 23
Villiers Clo. Surb 3M 41 (8M 203)
Villiers Gro. Sutt 5J 61
Villiers Mead. Wokgm 2A 30
Villiers Path. Surb 4L 41
Villiers Rd. Beck 1G 47
Villiers Rd. Iswth 5E 10
Villiers Rd. King T 3M 41 (7L 203)
Villiers, The. Wey 3E 56
Vinall Gdns. Broad H 4D 196
Vincam Clo. Twic 1A 24
Vincennes Est. SE27 5N 29
Vincent Av. Cars 7B 62
Vincent Av. Surb 8B 42
Vincent Clo. Cher 6G 37
Vincent Clo. Coul 7D 82
Vincent Clo. Esh 9B 40
Vincent Clo. Fet 1B 98
Vincent Clo. H'ham 6M 197
Vincent Clo. W Dray 2B 8
Vincent Dri. Dork 6G 118 (4H 201)
Vincent Dri. Shep 2F 38
Vincent Grn. Coul 7D 82
Vincent La. Dork 5G 118 (2H 201)
Vincent Ri. Brack 2C 32
Vincent Rd. Cher 6G 37
Vincent Rd. Coul 3G 82
Vincent Rd. Croy 6B 46
Vincent Rd. Dork 5G 118 (3H 201)
Vincent Rd. Houn 5L 9
Vincent Rd. Iswth 4D 10
Vincent Rd. King T 2N 41
Vincent Rd. Stoke D 3M 77
Vincent Row. Hamp H 7C 24
Vincent Sq. Big H 9E 66
Vincent Wlk. Dork 5G 118 (2J 201)
Vincent Works. Dork 3H 201
Vine Clo. Alder 7M 89
Vine Clo. Holmw 4J 139
Vine Clo. Stai 8J 7
Vine Clo. Surb 5M 41
Vine Clo. Sutt 9A 44
Vine Clo. W Dray 1B 8
Vine Clo. Worp 4G 93
Vine Clo. Wrec 7F 128
Vine Cotts. Cranl 7K 155
Vine Cotts. N'chap 8D 190
Vine Farm Cotts. Worp 5G 93
Vine Ho. Clo. Myt 2E 90
Vine La. Wrec 6F 128
Vine Pl. Houn 7B 10
Viner Clo. W on T 5K 39
Vineries Clo. W Dray 2B 8
Vine Rd. SW13 6E 12
Vine Rd. E Mol 3C 40
Vine Rd. Orp 3N 67
Vine Sq. W14 1L 13
(off Star Rd.)
Vine St. Alder 3M 109
Vine Way. Wrec 6F 128
Vineyard Clo. King T 2M 41 (5L 203)
Vineyard Hill Rd. SW19 5L 27
Vineyard Pas. Rich 8L 11
Vineyard Path. SW14 6C 12
Vineyard Rd. Felt 4H 23
Vineyard Row. Hamp W 9J 25
Vineyards, The. Felt 4H 23
(off High St.)
Vineyards, The. Sun 2H 39
Vineyard, The. Rich 8L 11
Viney Bank. Croy 5J 65
Viola Av. Felt 9K 9
Viola Av. Stai 2M 21
Viola Cft. Warf 9D 16
Violet Clo. Wall 7E 44
Violet Gdns. Croy 2M 63
Violet La. Croy 3M 63 (8A 200)
Virginia Av. Vir W 4M 35
Virginia Beeches. Vir W 2M 35
Virginia Clo. Asht 5K 79
Virginia Clo. N Mald 3B 42
Virginia Clo. Stai 2L 37
Virginia Clo. Wey 3D 56
Virginia Dri. Vir W 4M 35
Virginia Gdns. Farnb 3A 90
Virginia Pk. Vir W 3A 36
Virginia Pl. Cob 1H 77
Virginia Rd. T Hth 9M 29
Virginia Wlk. SW2 1K 29
Virginia Water. 4A 36
Virginia Water. 2H 35
Viscount Clo. Ash V 8D 90
Viscount Gdns. W Byf 8N 55
Viscount Ind. Est. Coln 6G 6
Viscount Rd. Stanw 2N 21
Viscount Way. H'row A 7F 8
(in two parts)
Vivian Clo. C Crook 7C 88
Vivien Clo. Chess 4L 59
Vivienne Clo. Craw 9B 162
Vivienne Clo. Twic 9K 11
Voewood Clo. N Mald 5E 42
Vogan Clo. Reig 6N 121
Volta Way. Croy 7K 45
Voss Ct. SW16 7J 29
Vowels La. E Grin 8F 184
Vulcan Clo. Craw 7A 182
Vulcan Clo. Sand 8F 48
Vulcan Ct. Sand 8F 48
Vulcan Way. New Ad 6A 66
Vulcan Way. Sand 8F 48

W

Wadbrook St. King T 1K 41 (4H 203)
Waddington Av. Coul 7L 83
Waddington Clo. Coul 6M 83
Waddington Clo. Craw 6M 181
Waddington Way. SE19 8N 29
Waddon. 9L 45
Waddon Clo. Croy 9L 45
Waddon Ct. Rd. Croy 9L 45
Waddon Marsh Way. Croy 7K 45
Waddon New Rd. Croy 9M 45 (4A 200)
Waddon Pk. Av. Croy 1L 63
Waddon Rd. Croy 9L 45 (4A 200)
Waddon Way. Croy 3L 63
Wades La. Tedd 6G 24
Wadham. Owl 6L 49
Wadham Clo. Craw 9G 162
Wadham Clo. Shep 6D 38
Wadham Rd. SW15 7K 13
Wadhurst Clo. SE20 1E 46
Wadlands Brook Rd. E Grin 5N 165
Wagbullock Ri. Brack 5A 32
Wagg Clo. E Grin 9C 166
Waggon Clo. Guild 2H 113
Waggoners Hollow. Bag 5J 51
Waggoners Roundabout. (Junct.) 4J 9
Waggoners Way. Gray 6M 169
Waggoners Wells Rd. Gray 6M 169
Wagon Yd. Farnh 1G 129
Wagtail Clo. H'ham 1K 197
Wagtail Gdns. S Croy 6H 65
Wagtail Wlk. Beck 4M 47
Waight's Ct. King T 9L 25 (1K 203)
Wain End. H'ham 3K 197
Wainford Clo. SW19 2J 27
Wainhouse Clo. Eden 9M 127
(in two parts)
Wainscot. Asc 5C 34
Wainwright Clo. Wokgm 2F 30
Wainwright Gro. Iswth 7D 10
Wainwrights. Craw 6B 182
Wake Ct. Guild 9L 93
Wakefield Clo. Byfl 8N 55
Wakefield Rd. Rich 8K 11
Wakefords Copse. C Crook 1C 108
Wakefords Pk. C Crook 1C 108
(in three parts)
Wakehams Grn. Dri. Craw 9H 163
Wakehurst Dri. Craw 6B 182
Wakehurst M. H'ham 7F 196
Wakehurst Path. Wok 1E 74
Wakely Clo. Big H 5E 86
Walburton Rd. Purl 9G 63
Walbury. Brack 3C 32
Waldby Ct. Craw 6M 181
Waldeck Gro. SE27 4M 29
Waldeck Rd. SW14 6B 12
Waldeck Rd. W4 2N 11
Waldeck Ter. SW14 6B 12
(off Waldeck Rd.)
Waldegrave Av. Tedd 6F 24
Waldegrave Gdns. Twic 3F 24
Waldegrave Pk. Twic 5F 24
Waldegrave Rd. Tedd & Twic 5F 24
Waldegrove. Croy 9C 46
Waldemar Av. SW6 4K 13
Waldemar Rd. SW19 6M 27
Walden Cotts. Norm 1L 111
Walden Gdns. T Hth 2K 45
Waldens Pk. Rd. Wok 3M 73
Waldens Rd. Wok 4N 73
Waldo Pl. Mitc 8C 28
Waldorf Clo. S Croy 5M 63
Waldorf Heights. B'water 3J 69
Waldron Gdns. Brom 2N 47
Waldron Hill. Brack 9D 16
Waldronhyrst. S Croy 1M 63 (7A 200)
Waldron Rd. SW18 4A 28
Waldron's Path. S Croy 1N 63 (7B 200)
Waldrons, The. Croy 1M 63 (7A 200)
Waldrons, The. Oxt 9B 106
Waldy Ri. Cranl 6N 155
Wales Av. Cars 2C 62
Walesbeech. Craw 4E 182
Waleton Acres. Wall 3G 63
Waleys La. Ockl 9E 158
Walford Rd. N Holm 9H 119
Walham Green. 4N 13
Walham Grn. Ct. SW6 3N 13
(off Waterford Rd.)
Walham Gro. SW6 3M 13
Walham Ri. SW19 7K 27
Walham Yd. SW6 3M 13
Walker Clo. Felt 1G 22
Walker Clo. Hamp 7N 23
Walker Rd. M'bowr 5F 182
Walkerscroft Mead. SE21 2N 29
Walkers Pl. SW15 7K 13
Walker's Ridge. Camb 2C 70
Walkfield Dri. Eps 4G 81
Walking Bottom. Peasl 5D 136
Walk, The. Eton W 1D 4
Walk, The. Sun 8G 22
Walk, The. Tand 2K 125
Wallace Clo. Guild 9F 92
Wallace Clo. Shep 3E 38
Wallace Cres. Cars 2D 62
Wallace Fields. Eps 9F 60
Wallace Sq. Coul 9H 83
Wallace Wlk. Add 1L 55
Wallace Wlk. Eton 1J 5
Wallace Way. Alder 1L 109
Wallage La. Rowf 3N 183
Wallbrook Bus. Cen. Houn 6J 9
Wallcroft Clo. Binf 8K 15
Walldown Rd. W'hill 8A 168
Walled Garden, The. Bet 4C 120
Walled Garden, The. Loxw 1H 193
Walled Garden, The. Tad 9J 81
Waller La. Cat 1C 104
Wall Hill. 5G 186
Wall Hill Rd. Ash W & F Row 4F 186
Wallingford Clo. Brack 3C 32
Wallington. 3G 62
Wallington Corner. Wall 1F 62
(off Manor Rd. N.)
Wallington Ct. Wall 3F 62
(off Stanley Pk. Rd.)
Wallington Green. (Junct.) 1F 62
Wallington Rd. Camb 6E 50
Wallington Sq. Wall 3F 62
Wallis Ct. Craw 8D 162
Wallis M. Lea 9G 78
Wallis's Cotts. SW2 1J 29
Wallis Way. H'ham 4N 197
Walliswood. 9L 157
Walliswood Grn. Rd. Wal W 1L 177
Wallner Way. Wokgm 3D 30
Wallorton Gdns. SW14 7C 12
Walls Ct. Frim 6C 70

West Gdns.—Whither Dale

West Gdns. SW17 . . . . 7C 28
West Gdns. Eps 6D 60
Westgate Clo. Eps 2C 80
Westgate Rd. SE25 . . . . 3E 46
Westgate Rd. Beck 1L 47
Westgate Ter. SW10 . . . . 1N 13
West Glade. Farnb 1J 89
West Green. 2A 182
West Grn. Yat 8A 48
West Grn. Dri. Craw 2A 182
West Gro. W on T 2J 57
Westhall Pk. Warl 6F 84
W. Hall Rd. Rich 4A 12
Westhall Rd. Warl 5D 84
Westhatch La. Brack 5N 15
Westhay Gdns. SW14 . . . . 8A 12
West Heath. 9L 69
(Farnborough)
West Heath. 8C 106
(Oxted)
West Heath. Pirb 1A 92
(in two parts)
W. Heath Rd. Farnb 1L 89
West Hill. 9L 13
West Hill. SW15 & SW18 . . . . . 1J 27
West Hill. Dor P 4A 166
West Hill. E Grin 1N 185
West Hill. Elst 8G 131
West Hill. Eps 9A 60 (6G 201)
West Hill. Orp 8H 67
West Hill. Oxt 8N 105
West Hill. S Croy 6B 64
W. Hill Av. Eps 9A 60 (5G 201)
W. Hill Bank. Oxt 8N 105
W. Hill Clo. Brkwd 7E 72
W. Hill Clo. Elst 8G 131
W. Hill Ct. Eps 6G 201
W. Hill Rd. SW18 . . . . 9L 13
W. Hill Rd. Wok 6N 73
W. Hoathly Rd. E Grin 4N 185
(in two parts)
Westhorpe Rd. SW15 . . . . 6H 13
West Horsley. 7C 96
West Ho. Clo. SW19 . . . . 2K 27
Westhumble. 9H 99
West Humble Chapel. 9F 98
(Remains of)
Westhumble St. Westh 9H 99
West Kensington. 1L 13
W. Kensington Ct. W14 . . . . . . 1L 13
(off Edith Vs.)
W. Kensington Mans. W14 . . . . 1L 13
(off Beaumont Cres.)
Westland Clo. Stanw 9N 7
Westland Ct. Farnb 1J 89
Westlands. H'ham 5L 197
Westlands Ct. Eps 2B 80
Westlands Ter. SW12 . . . . 1G 28
Westlands Way. Oxt 5N 105
West La. Ab H 8L 117
West La. E Grin 1N 185
Westleas. Horl 6C 142
Westlees Clo. N Holm 8K 119
West Leigh. E Grin 2A 186
Westleigh Av. SW15 . . . . 8G 13
Westleigh Av. Coul 3E 82
Westleigh Ct. S Croy 7F 200
Westley Mill. Binf 1K 15
Westmacott Dri. Felt 2G 22
Westmead. Farnb 2N 89
Westmead. SW15 . . . . 9G 12
West Mead. Eps 3D 60
Westmead. Farnh 1G 128
Westmead. Horl 8G 143
Westmead. Wind 6E 4
Westmead. Wok 4L 73
Westmead Corner. Cars 1C 62
Westmead Dri. Red 2E 142
Westmead Rd. Sutt 1B 62
West Meads. Guild 4J 113
Westminster Av. T Hth 1M 45
Westminster Clo. Felt 2H 23
Westminster Clo. Fleet 3B 88
Westminster Clo. Tedd 6G 24
Westminster Ct. Guild
. . . . 4A 114 (5E 202)
Westminster Ct. Wok 8D 74
Westminster Rd. M'bowr
. . . . 4G 182
Westminster Rd. Sutt 8B 44
West Molesey. 3A 40
Westmont Rd. Esh 8E 40
Westmore Grn. Tats 7E 86
Westmoreland Dri. Sutt 4N 61
Westmoreland Rd. SW13 . . . . . 4E 12
Westmoreland Rd. Brom 4N 47
Westmore Rd. Tats 8E 86
Westmorland Clo. Eps 6D 60
Westmorland Clo. Twic 9H 11
Westmorland Ct. Surb 6K 41
Westmorland Dri. Camb 3F 70
Westmorland Dri. Warf 7D 16
Westmorland Sq. Mitc 4J 45
(off Westmorland Way)
Westmorland Way. Mitc 3H 45
West Mt. Guild 5M 113 (7A 202)
(in two parts)
West Norwood. 5N 29
West Norwood Crematorium.
SE27 . . . . 4N 29
Weston Av. Add 1K 55
Weston Av. Th Dit 6E 40
Weston Av. W Mol 2M 39
Weston Clo. Coul 7K 83
Weston Clo. G'ming 5H 133
Weston Ct. G'ming 5H 133
Weston Ct. King T 6J 203
Weston Dri. Cat 8N 83
Weston Farm Cotts. Alb 8K 115
Westonfields. Alb 8L 115
Weston Gdns. Iswth 4E 10
Weston Gdns. Wok 3G 75
Weston Green. 7E 40
Weston Grn. Th Dit 8E 40
(in two parts)
Weston Grn. Rd. Esh 7D 40
(in two parts)
Weston Gro. Bag 5K 51
Weston Lea. W Hor 3E 96
Weston Pk. King T . . . 1L 41 (3J 203)
Weston Pk. Th Dit 7E 40
Weston Pk. Clo. Th Dit 7E 40
Weston Rd. Eps 7D 60
Weston Rd. Guild 2K 113
(in two parts)
Weston Rd. Th Dit 7E 40
Westons Clo. H'ham 1K 197
Weston Way. Wok 3G 75
Weston Yd. Alb 8L 115
Westover Clo. Sutt 5N 61
Westover Rd. SW18 . . . . 1A 28
Westover Rd. Fleet 4C 88
West Pal. Gdns. Wey 9C 38
West Pde. H'ham 4J 197
W. Park Av. Rich 4N 11
W. Park Clo. Houn 2N 9
W. Park Rd. Copt & Newc . . . 6C 164
(in two parts)
W. Park Rd. Eps 8M 59
W. Park Rd. Hand 9N 199
W. Park Rd. Rich 4N 11
West Pl. SW19 . . . . 6H 27
West Ramp. H'row A 4B 8
West Ridge. Seale 7C 110
West Ring. Tong 5D 110
West Rd. Farnb 7N 69
West Rd. Camb 1B 70
West Rd. Chess 8J 59
West Rd. Felt 9E 8
West Rd. Guild 4A 114 (4F 202)
West Rd. King T 9B 26
West Rd. Reig 4N 121
West Rd. Wey 5C 56
West Rd. Wokgm 6G 31
Westrow. SW15 . . . . 9H 13
W. Sheen Va. Rich 7M 11
W. Side Comn. SW19 . . . . 6H 27
Westside Ct. W End 9B 52
Westside Ho. Red 1F 142
West St. Bren 2J 11
West St. Cars 1D 62
West St. Craw 4B 182
West St. Croy 1N 63 (6C 200)
West St. Dork 5G 119 (2J 201)
West St. D'land 1C 166
West St. E Grin 1A 186
West St. Eps 9B 60 (7H 201)
(in two parts)
West St. Ewe 6D 60
West St. Farnh 2E 128
West St. Hasl 1G 189
West St. H'ham 6J 197
West St. Reig 3K 121
West St. Sutt 2N 61
West St. Wok 4B 74
West St. La. Cars 1D 62
(in two parts)
W. Street Pl. Croy 6C 200
W. Temple Sheen. SW14 . . . . . 8A 12
West Vw. Felt 1D 22
W. View Av. Whyt 5C 84
Westview Clo. Red 5C 122
W. View Cotts. Newd 2A 160
W. View Gdns. E Grin 1A 186
W. View Rd. Head D 5H 169
W. View Rd. Warl 6E 84
Westville Rd. Th Dit 7G 41
Westward Ho. Guild 1B 114
Westwates Clo. Brack 9B 16
Westway. SW20 . . . . 2G 43
West Way. Cars 6B 62
Westway. Cat 9A 84
Westway. Copt 7K 163
West Way. Craw 2E 182
West Way. Croy 8H 47
Westway. Guild 1J 113
West Way. Houn 4N 9
Westway. Gat A 3F 162
West Way. Shep 5E 38
West Way. Slin 5L 195
West Way. W Wick 5N 47
Westway. Wmly 1C 172
Westway Clo. SW20 . . . . 2G 43
W. Way Gdns. Croy 8G 47
Westway Gdns. Red 9E 102
Westways. Eden 1L 147
Westways. Eps 1E 60
Westways. W'ham 4L 107
Westwell M. SW16 . . . . 7J 29
Westwell Rd. SW16 . . . . 7J 29
Westwell Rd. App. SW16 . . . . . 7J 29
Westwick. King T
. . . . 1N 41 (4M 203)
(off Chesterton Ter.)
Westwick Gdns. Houn 5J 9
West Wickham. 7M 47
Westwood Av. SE19 . . . . 9N 29
Westwood Av. Wdhm 8H 55
Westwood Clo. Esh 9D 40
Westwood Ct. Guild 2J 113
Westwood Gdns. SW13 . . . . . . 6E 12
Westwood La. Norm & Wanb
. . . . 1L 111
Westwood Rd. SW13 . . . . 6E 12
Westwood Rd. Coul 5H 83
Westwood Rd. W'sham 8B 34
Wetherby Gdns. Farnb 5A 90
Wetherby Gdns. SW5 . . . . 1N 13
Wetherby Mans. SW5 . . . . 1N 13
(off Earl's Ct. Sq.)
Wetherby M. SW5 . . . . 1N 13
Wetherby Pl. SW7 . . . . 1N 13
Wetherby Way. Chess 4L 59
Wetlands Cen., The. 4G 13
Wettern Clo. S Croy 6B 64
Wetton Pl. Egh 6B 20
Wexfenne Gdns. Wok 3K 75
Wexford Rd. SW12 . . . . 1D 28
Wey Av. Cher 2J 37
Weybank. Wis 3N 75
Weybank Clo. Farnh 1H 129
Wey Barton. Byfl 9A 56
Weybourne. 6K 109
Weybourne Pl. S Croy 6A 64
Weybourne Rd. Farnh & Alder
. . . . 7K 109
Weybourne St. SW18 . . . . 3A 28
Weybridge. 1B 56
Weybridge Bus. Pk. Add 1N 55
Weybridge Mead. Yat 8D 48
Weybridge Pk. Wey 2B 56
Weybridge Rd. Add 1N 55
Weybridge Rd. T Hth 3L 45
Weybridge Trad. Est. Add 1M 55
Weybrook Dri. Guild 7D 94
Wey Clo. As 3E 110
Wey Clo. Camb 1N 69
Wey Clo. W Byf 9K 55
Weycombe Rd. Hasl 1G 189
(in two parts)
Wey Ct. Eps 1B 60
Wey Ct. G'ming 5K 133
Wey Ct. Guild 4M 113 (4B 202)
Wey Ct. New H 5M 55
Wey Ct. Clo. G'ming 5J 133
Weycrofts. Brack 8L 15
Weydon Farm La. Farnh 3G 128
Weydon Hill Clo. Farnh 3G 129
Weydon Hill Rd. Farnh 3G 129
Weydon La. Farnh 4E 128
Weydon Mill La. Farnh 2G 128
Weydown Clo. SW19 . . . . 2K 27
Weydown Clo. Guild 7K 93
Weydown Cotts. Hasl 8G 170
Weydown Ind. Est. Hasl 2F 188
(in two parts)
Weydown La. Guild 7K 93
Weydown Rd. Hasl 2F 188
Wey Hill. Hasl 2E 188
Weylands Clo. W on T 7N 39
Weylands Pk. Wey 3E 56
Weylea Av. Guild 9C 94
Wey Mnr. Rd. New H 5M 55
Weymead Clo. Cher 7L 37
Wey Meadows. Add 2N 55
Weymede. Byfl 8A 56
Weymouth Ct. Sutt 4M 61
Wey Retail Pk. Byfl 8N 55
Wey Rd. G'ming 6K 133
Wey Rd. Wey 9A 38
Weyside. Farnh 1H 129
Weyside Clo. Byfl 8A 56
Weyside Gdns. Guild 1M 113
Weyside Pk. G'ming 6K 133
Weyside Rd. Guild 1L 113
Weysprings. Hasl 1D 188
Weystone Rd. Add 1A 56
Weyvern Pk. P'mrsh 2L 133
Weyvern Pl. P'mrsh 2L 133
Weyview Clo. Guild 1M 113
Wey Vw. Ct. Guild
. . . . 4M 113 (4A 202)
Weywood Clo. Farnh 5L 109
Weywood La. Farnh 5K 109
Whaley Rd. Wokgm 9C 14
Wharfedale Gdns. T Hth 3K 45
Wharfedale St. SW10 . . . . 1N 13
Wharfenden Way. Frim G 8D 70
Wharf La. Send 5M 75
(Mill La.)
Wharf La. Send 1E 94
(Send Rd.)
Wharf La. Twic 2G 24
Wharf Rd. Ash V 9E 90
Wharf Rd. Frim G 8D 70
Wharf Rd. Guild . . . 3M 113 (3B 202)
Wharf Rd. Wray 1M 19
Wharf St. G'ming 7H 133
Wharf, The. G'ming 6H 133
Wharf Way. Frim G 8E 70
Wharncliffe Gdns. SE25 . . . . . . 1B 46
Wharncliffe Rd. SE25 . . . . 1B 46
Whateley Rd. Guild 8L 93
Whatley Av. SW20 . . . . 2J 43
Whatley Grn. Brack 5N 31
Whatmore Clo. Stai 9J 7
Wheatash Rd. Add 8K 37
Wheatbutts, The. Eton W 1C 4
Wheatfield Way. Horl 6F 142
Wheatfield Way. King T
. . . . 1L 41 (5J 203)
Wheathill Rd. SE20 . . . . 2E 46
Wheat Knoll. Kenl 3N 83
Wheatlands. Houn 2A 10
Wheatlands Rd. SW17 . . . . 4E 28
Wheatley. Brack 4K 31
Wheatley Ho. SW15 . . . . 1F 26
(off Ellisfield Dri.)
Wheatley Rd. Alder 1L 109
Wheatley Rd. Iswth 6F 10
Wheatsheaf Clo. H'ham 3L 197
Wheatsheaf Clo. Ott 3F 54
Wheatsheaf Clo. Wok 3A 74
Wheatsheaf Ct. Hdly 3E 168
Wheatsheaf La. SW6 . . . . 3H 13
Wheatsheaf La. Stai 8H 21
Wheatsheaf Ter. SW6 . . . . 3L 13
Wheatstone Clo. Craw 7F 162
Wheatstone Clo. Mitc 9C 28
Wheeler Av. Oxt 7N 105
Wheeler La. Witl 4B 152
Wheeler Rd. M'bowr 5F 182
Wheelers La. Brock 5A 120
Wheelers La. Eps 1A 80 (8G 201)
Wheelers La. Small 9L 143
Wheelerstreet. 4C 152
Wheelerstreet. Witl 4C 152
Wheelers Way. Felb 7H 165
Wheelwrights La. Gray 5M 169
Wheelwrights Pl. Coln 3E 6
Whelan Way. Wall 9H 45
Wherwell Rd. Guild
. . . . 5M 113 (6A 202)
Whetstone Rd. Farnb 1H 89
Whimbrel Clo. S Croy 7A 64
Whinfell Clo. SW16 . . . . 6H 29
Whin Holt. Fleet 7B 88
Whins Clo. Camb 2N 69
Whins Dri. Camb 2N 69
Whipley Clo. Guild 7D 94
Whistler Clo. Craw 6D 182
Whistler Gro. Col T 9J 49
Whistley Clo. Brack 2C 32
Whitby Clo. Farnb 4C 90
Whitby Clo. Big H 6D 86
Whitby Gdns. Sutt 8B 44
Whitby Rd. Sutt 8B 44
Whitchurch Clo. Alder 6B 110
White Acres Rd. Myt 1D 90
Whitebeam Dri. Reig 6N 121
Whitebeam Gdns. Farnb 2H 89
White Beam Way. Tad 8F 80
White Beech La. C'fold 4K 173
Whiteberry Rd. Ab C 3B 138
Whitebines. Farnh 1J 129
White Bri. Av. Mitc 2B 44
Whitebridge Clo. Felt 9G 9
White Bushes. 8E 122
Whitebushes. Red 8E 122
White City. Crowt 2J 49
(in two parts)
White Cottage Clo. Farnh 6J 109
Whitecroft. Horl 7F 142
Whitecroft Clo. Beck 3N 47
Whitecroft Way. Beck 4M 47
White Down La. Ran C 4K 117
Whitefield Av. Purl 3L 83
Whitefield Clo. SW18 . . . . 9K 13
White Ga. Wok 7B 74
Whitegates. Whyt 6D 84
Whitegate Way. Tad 7G 81
Whitehall. 3K 61
Whitehall Cres. Chess 2K 59
Whitehall Dri. If'd 3K 181
Whitehall Farm La. Vir W 1A 36
(in two parts)
Whitehall Gdns. W4 . . . . 2A 12
Whitehall La. Egh 8B 20
Whitehall La. S Pk 7L 121
Whitehall La. Wray 9C 6
Whitehall Pde. E Grin 9A 166
(off London Rd.)
Whitehall Pk. Rd. W4 . . . . 2A 12
Whitehall Pl. Wall 1F 62
Whitehall Rd. T Hth 4L 45
White Hart Clo. Hay 2E 8
White Hart Ct. H'ham 4J 197
White Hart Ct. Rip 8L 75
White Hart Ind. Est. B'water
. . . . 2K 69
White Hart La. SW13 . . . . 6D 12
White Hart La. Wood S 2D 112
White Hart Meadows. Rip 8L 75
White Hart Row. Cher 6J 37
Whitehead Clo. SW18 . . . . 1A 28
White Hermitage. Old Win 8M 5
White Heron M. Tedd 7F 24
White Hill. Chips 1C 102
White Hill. S Croy 6A 64
White Hill. W'sham 1M 51
Whitehill Clo. Camb 8B 50
Whitehill La. Cob 1D 96
Whitehill La. Blet 5A 104
Whitehill Pk. W'hill 9A 168
Whitehill Pl. Vir W 4A 36
Whitehill Rd. Stand 8A 168
White Horse Dri. Eps
. . . . 1B 80 (8G 201)
Whitehorse La. SE25 . . . . 3A 46
White Horse La. Rip 8L 75
Whitehorse Rd. Croy & T Hth
. . . . 6N 45
Whitehorse Rd. H'ham 2A 198
White Horse Rd. Wind 6A 4
White Ho. SW4 . . . . 1H 29
(off Clapham Pk. Est.)
White House. Add 1L 55
White Ho. Dri. Guild 3D 114
White Ho. Gdns. Yat 8B 48
White Ho. La. Guild 7N 93
(in two parts)
White Ho. Wlk. Farnh 5J 109
Whiteknights. Cars 7B 62
White Knights Rd. Wey 4D 56
White Knobs Way. Cat 3D 104
Whitelands Dri. Asc 9H 17
White La. Ash G & Tong 3G 110
White La. Guild & Shere 5E 114
White La. Tats & T'sey 1D 106
Whiteley. Wind 3B 4
Whiteley's Cotts. W14 . . . . 1L 13
Whiteley's Way. Hanw 4A 24
Whiteley Village. 5F 56
White Lillies Island. Wind 3D 4
White Lion Ct. Iswth 6H 11
White Lion Wlk. Guild
. . . . 4N 113 (5C 202)
White Lion Way. Yat 8C 48
White Lodge. SE19 . . . . 8M 29
White Lodge Clo. Sutt 4A 62
Whitelodge Gdns. Red 2E 142
Whitely Hill. 8K 183
Whitely Hill. Turn H 8K 183
Whitemore Rd. Guild 8N 93
White Oak Dri. Beck 1M 47
Whiteoaks. Bans 9N 61
White Post. 3C 124
Whitepost Hill. Red 3C 122
(in two parts)
White Post La. Wrec 7F 128
White Rd. Col T 9L 49
White Rd. Brock 2N 119
(in two parts)
White Rose La. Lwr Bo 4G 129
White Rose La. Wok 5B 74
Whites La. Dat 2L 5
Whites La. Pirb 2D 92
(in three parts)
Whites Rd. Farnb 4C 90
Whitestile Rd. Bren 1J 11
Whiteswan M. W4 . . . . 1D 12
Whitethorn Av. Coul 2E 82
Whitethorn Clo. As 3F 110
Whitethorn Cotts. Cranl 5K 155
Whitethorn Gdns. Croy 8E 46
Whitewalls. Craw 3L 181
(off Rusper Rd.)
White Way. Bookh 4B 98
Whiteways Ct. Stai 8K 21
Whitewood. 5D 144
Whitewood Cotts. Tats 7E 86
Whitewood La. S God 5D 144
Whitfield Clo. Guild 9K 93
Whitfield Clo. Hasl 8G 171
Whitfield Rd. Hasl 9G 171
Whitford Gdns. Mitc 2D 44
Whitgift Av. S Croy
. . . . 2M 63 (8A 200)
Whitgift Cen. Croy
. . . . 8N 45 (2C 200)
Whitgift Ct. S Croy 8C 200
Whitgift Sq. Croy . . . 8N 45 (3C 200)
Whitgift St. Croy . . . 9N 45 (5B 200)
Whitgift Wlk. Craw 6B 182
Whither Dale. Horl 7C 142

HOSPITALS and HOSPICES
covered by this atlas
with their map square reference

N.B. Where Hospitals and Hospices are not named on the map, the reference given is for the road in which they are situated.

ABRAHAM COWLEY UNIT —9F **36**
Holloway Hill
Lyne
CHERTSEY
Surrey
KT16 0AE
Tel: 01932 872010

ASHFORD & ST PETER'S HOSPITALS NHS
TRUST., THE —9F **36**
Guildford Road
CHERTSEY
Surrey
KT16 0PZ
Tel: 01932 872000

ASHFORD HOSPITAL —3N **21**
London Road
ASHFORD
Middlesex
TW15 3AA
Tel: 01784 884488

ASHTEAD HOSPITAL —6L **79**
The Warren
ASHTEAD
Surrey
KT21 2SB
Tel: 01372 276161

ATKINSON MORLEY'S HOSPITAL —8G **26**
31 Copse Hill
LONDON
SW20 0NE
Tel: 020 89467711

BARNES HOSPITAL —6D **12**
South Worple Way
LONDON
SW14 8SU
Tel: 020 88784981

BECKENHAM HOSPITAL —1J **47**
379 Croydon Road
BECKENHAM
Kent
BR3 3QL
Tel: 020 82896600

BETHLEM ROYAL HOSPITAL, THE —6K **47**
Monks Orchard Road
BECKENHAM
Kent
BR3 3BX
Tel: 020 87776611

BRITISH HOME & HOSPITAL FOR
INCURABLES —6M **29**
Crown Lane
LONDON
SW16 3JB
Tel: 020 86708261

BROADMOOR HOSPITAL —3J **49**
Lower Broadmoor Road
CROWTHORNE
Berkshire
RG45 7EG
Tel: 01344 773111

CANE HILL FORENSIC MENTAL HEALTH UNIT
—4G **82**
Brighton Road
COULSDON
Surrey
CR5 3YL
Tel: 01737 556300

CARSHALTON WAR MEMORIAL HOSPITAL
—3D **62**
The Park
CARSHALTON
Surrey
SM5 3DB
Tel: 020 86475534

CASSEL HOSPITAL, THE —5K **25**
1 Ham Common
RICHMOND
Surrey
TW10 7JF
Tel: 020 89408181

CATERHAM DENE HOSPITAL —1C **104**
Church Road
CATERHAM
Surrey
CR3 5RA
Tel: 01883 837500

CHARING CROSS HOSPITAL —2J **13**
Fulham Palace Road
LONDON
W6 8RF
Tel: 020 88461234

CHASE CHILDREN'S HOSPICE —8M **113**
Old Portsmouth Road
Artington
GUILDFORD
Surrey
GU3 1LP
Tel: 01483 230960

CHELSEA & WESTMINSTER HOSPITAL
—2N **13**
369 Fulham Road
LONDON
SW10 9NH
Tel: 020 87468000

CHILDREN'S TRUST, THE —8J **81**
Tadworth Court
TADWORTH
Surrey
KT20 5RU
Tel: 01737 357171

CLARE PARK BUPA HOSPITAL —8A **108**
Crondall Lane
Clare Park
FARNHAM
Surrey
GU10 5XX
Tel: 01252 850216

CLAYPONDS HOSPITAL —1L **11**
Sterling Place
LONDON
W5 4RN
Tel: 020 85604011

COBHAM COTTAGE HOSPITAL —9J **57**
Portsmouth Road
COBHAM
Surrey
KT11 1HT
Tel: 01932 584200

CRANLEIGH VILLAGE COMMUNITY HOSPITAL
—8M **155**
6 High Street
CRANLEIGH
Surrey
GU6 8AE
Tel: 01483 782000

CRAWLEY HOSPITAL —3A **182**
West Green Drive
CRAWLEY
West Sussex
RH11 7DH
Tel: 01293 600300

DORKING HOSPITAL —6H **119**
Horsham Road
DORKING
Surrey
RH4 2AA
Tel: 01737 768511

EAST SURREY HOSPITAL —7E **122**
Canada Avenue
REDHILL
RH1 5RH
Tel: 01737 768511

EDENBRIDGE & DISTRICT WAR MEMORIAL
HOSPITAL —4L **147**
Mill Hill
EDENBRIDGE
Kent
TN8 5DA
Tel: 01732 863164

EPSOM DAY SURGERY UNIT —9E **60** (6M **201**)
The Old Cottage Hospital, Alexandra Road
EPSOM
Surrey
KT17 4BL
Tel: 01372 739002

EPSOM GENERAL HOSPITAL —2B **80**
Dorking Road
EPSOM
Surrey
KT18 7EG
Tel: 01372 735735

FARNBOROUGH HOSPITAL —1J **67**
Farnborough Common
ORPINGTON
Kent
BR6 8ND
Tel: 01689 814000

FARNHAM COMMUNITY HOSPITAL —9K **109**
Hale Road
FARNHAM
Surrey
GU9 9QL
Tel: 01483 782000

FARNHAM ROAD HOSPITAL —5L **113**
Farnham Road
GUILDFORD
Surrey
GU2 7LX
Tel: 01483 443535

FLEET COMMUNITY HOSPITAL —3A **88**
Church Road
FLEET
Hampshire
GU13 8LD
Tel: 01483 782000

FRIMLEY PARK HOSPITAL —4B **70**
Portsmouth Road
Frimley
CAMBERLEY
Surrey
GU16 5UJ
Tel: 01276 604604

GATWICK PARK BUPA HOSPITAL —9C **142**
Povey Cross Road
HORLEY
Surrey
RH6 0BB
Tel: 01293 785511

GUILDFORD NUFFIELD HOSPITAL, THE
—3G **113**
Stirling Road
Surrey Research Park
GUILDFORD
Surrey
GU2 7RF
Tel: 01483 555800

HASLEMERE & DISTRICT COMMUNITY
HOSPITAL —1H **189**
Church Lane
HASLEMERE
Surrey
GU27 2BJ
Tel: 01483 782000

HEATHERWOOD HOSPITAL —2K **33**
London Road
ASCOT
Berkshire
SL5 8AA
Tel: 01344 23333

HENDERSON HOSPITAL —5N **61**
Homeland Drive
SUTTON
Surrey
SM2 5LY
Tel: 020 86611611

HOLY CROSS HOSPITAL —1C **188**
Hindhead Road
HASLEMERE
Surrey
GU27 1NQ
Tel: 01428 643311

HOMEWOOD RESOURCE CENTRE —9E **36**
Bournewood House
Guildford Road
CHERTSEY
Surrey
KT16 0QA
Tel: 01932 872010

HORSHAM HOSPITAL —5J **197**
Hurst Road
HORSHAM
West Sussex
RH12 2DR
Tel: 01403 227000

HRH PRINCESS CHRISTIAN'S HOSPITAL
—4F **4**
12 Clarence Road
WINDSOR
Berkshire
SL4 5AG
Tel: 01753 853121

KING EDWARD VII HOSPITAL —6F **4**
St Leonard's Road
WINDSOR
Berkshire
SL4 3DP
Tel: 01753 860441

KINGSTON HOSPITAL —9A **26**
Galsworthy Road
KINGSTON UPON THAMES
Surrey
KT2 7QB
Tel: 020 85467711

LEATHERHEAD HOSPITAL —9J **79**
Poplar Road
LEATHERHEAD
Surrey
KT22 8SD
Tel: 01372 384384

MARIE CURIE CENTRE CATERHAM —3C **104**
Harestone Drive
CATERHAM
Surrey
CR3 6YQ
Tel: 01883 342226

MAYDAY UNIVERSITY HOSPITAL —5M **45**
Mayday Road
THORNTON HEATH
Surrey
CR7 7YE
Tel: 020 84013000

MEDICAL RECEPTION STATION HOSPITAL
—7M **49**
Royal Military Academy
Egerton Road
CAMBERLEY
Surrey
GU15 4PH
Tel: 01276 412234

MILFORD HOSPITAL —2F **152**
Tuesley Lane
GODALMING
Surrey
GU7 1UF
Tel: 01483 782000

MOLESEY HOSPITAL —4A **40**
High Street
WEST MOLESEY
Surrey
KT8 2LU
Tel: 020 89414481

MOUNT ALVERNIA HOSPITAL
—5A **114** (6F **202**)
46 Harvey Road
GUILDFORD
Surrey
GU1 3LX
Tel: 01483 570122

NELSON HOSPITAL —1L **43**
Kingston Road
LONDON
SW20 8DB
Tel: 020 82962000

NEW EPSOM & EWELL COTTAGE HOSPITAL,
THE —7L **59**
West Park Road
EPSOM
Surrey
KT19 8PH
Tel: 01372 734834

NEW VICTORIA HOSPITAL —9D **26**
184 Coombe Lane West
KINGSTON UPON THAMES
Surrey
KT2 7EG
Tel: 020 89499000

NORTH DOWNS HOSPITAL —3D **104**
46 Tupwood Lane
CATERHAM
Surrey
CR3 6DP
Tel: 01883 348981

ORPINGTON HOSPITAL —1N **67**
Sevenoaks Road
ORPINGTON
Kent
BR6 9JU
Tel: 01689 815000

OXTED & LIMPSFIELD HOSPITAL —6N **105**
Eastlands Way
OXTED
Surrey
RH8 0LR
Tel: 01883 714344

PARKLANDS DAY HOSPITAL —8L **59**
West Park Hospital
Horton Lane
EPSOM
Surrey
KT19 8PB
Tel: 01883 388300

PARKSIDE HOSPITAL —4J **27**
53 Parkside
LONDON
SW19 5NX
Tel: 020 89718000

PAUL BEVAN HOSPICE —2J **33**
King's Ride
ASCOT
Berkshire
SL5 7RD
Tel: 01344 877877

PHYLLIS TUCKWELL HOSPICE —2K **129**
Waverley Lane
FARNHAM
Surrey
GU9 8BL
Tel: 01252 729400

PRINCESS ALICE HOSPICE —2A **58**
West End Lane
ESHER
Surrey
KT10 8NA
Tel: 01372 468811

PRINCESS MARGARET HOSPITAL —5G **4**
Osborne Road
WINDSOR
Berkshire
SL4 3SJ
Tel: 01753 743434

PURLEY & DISTRICT WAR MEMORIAL
HOSPITAL —7L **63**
Brighton Road
PURLEY
Surrey
CR8 2YL
Tel: 020 84013000

QUEEN ELIZABETH HOUSE —6M **19**
Torin Court
Englefield Green
EGHAM
Surrey
TW20 0PJ
Tel: 01784 471452

QUEEN MARY'S HOSPITAL FOR CHILDREN
—7A **44**
Wrythe Lane
CARSHALTON
Surrey
SM5 1AA
Tel: 020 82962000

QUEEN MARY'S UNIVERSITY HOSPITAL
—9F **12**
Roehampton Lane
LONDON
SW15 5PN
Tel: 020 87896611

QUEEN VICTORIA HOSPITAL —7B **166**
Holtye Road
EAST GRINSTEAD
West Sussex
RH19 3DZ
Tel: 01342 410210

REDWOOD BUPA HOSPITAL —7E **122**
Canada Drive
REDHILL
RH1 5BY
Tel: 01737 277277

RICHMOND HEALTHCARE HAMLET —6L **11**
Kew Foot Road
RICHMOND
Surrey
TW9 2TE
Tel: 020 89403331

RIDGEWOOD CENTRE, THE —3G **71**
Old Bisley Road
CAMBERLEY
Surrey
GU16 9QE
Tel: 01276 692919

ROEHAMPTON PRIORY HOSPITAL —7E **12**
Priory Lane
LONDON
SW15 5JJ
Tel: 020 88768261

ROYAL HOSPITAL FOR NEURO-DISABILITY
—9K **13**
West Hill
LONDON
SW15 3SW
Tel: 020 87804500

ROYAL MARSDEN HOSPITAL (SUTTON), THE
—6A **62**
Downs Road
SUTTON
Surrey
SM2 5PT
Tel: 020 86426011

ROYAL SURREY COUNTY HOSPITAL, THE
—3H **113**
Egerton Road
GUILDFORD
Surrey
GU2 5XX
Tel: 01483 571122

RUNNYMEDE HOSPITAL, THE —9F **36**
Guildford Road
Ottershaw
CHERTSEY
Surrey
KT16 0RQ
Tel: 01932 877800

ST ANTHONY'S HOSPITAL —8J **43**
London Road
LONDON
SM3 9DW
Tel: 020 83376691

ST CATHERINE'S HOSPICE —5B **182**
Malthouse Road
CRAWLEY
West Sussex
RH10 6BH
Tel: 01293 447333

ST EBBA'S —5B **60**
Hook Road
EPSOM
Surrey
KT19 8QJ
Tel: 01883 388300

ST GEORGE'S HOSPITAL (TOOTING) —6B **28**
Blackshaw Road
LONDON
SW17 0QT
Tel: 020 86721255

ST HELIER HOSPITAL —7A **44**
Wrythe Lane
CARSHALTON
Surrey
SM5 1AA
Tel: 020 82962000

ST JOHN'S AND AMYAND HOUSE —1G **25**
Strafford Road
TWICKENHAM
TW1 3AD
Tel: 020 87449943

ST RAPHAEL'S HOSPICE —7J **43**
St. Anthony's Hospital
London Road
SUTTON
Surrey
SM3 9DW
Tel: 020 83354575

SHIRLEY OAKS HOSPITAL —6F **46**
Poppy Lane
CROYDON
CR9 8AB
Tel: 020 86555500

SLOANE HOSPITAL, THE —1N **47**
125-133 Albemarle Road
BECKENHAM
Kent
BR3 5HS
Tel: 020 84666911

SPRINGFIELD UNIVERSITY HOSPITAL —4C **28**
61 Glenburnie Road
LONDON
SW17 7DJ
Tel: 020 86826000

SURBITON HOSPITAL —5L **41**
Ewell Road
SURBITON
Surrey
KT6 6EZ
Tel: 020 83997111

SUTTON GENERAL HOSPITAL —6N **61**
Cotswold Road
SUTTON
Surrey
SM2 5NF
Tel: 020 82962000

TEDDINGTON MEMORIAL HOSPITAL —7E **24**
Hampton Road
TEDDINGTON
Middlesex
TW11 0JL
Tel: 020 84088210

THAMES VALLEY HOSPICE —6D **4**
Pine Lodge
Hatch Lane
WINDSOR
Berkshire
SL4 3RW
Tel: 01753 842121

TOLWORTH HOSPITAL —8N **41**
Red Lion Road
SURBITON
Surrey
KT6 7QU
Tel: 020 83900102

UNSTED PARK REHABILITATION HOSPITAL
—6M **133**
Munstead Heath Road
GODALMING
Surrey
GU7 1UW
Tel: 01483 892061

WALTON COMMUNITY HOSPITAL —8J **39**
Rodney Road
WALTON-ON-THAMES
Surrey
KT12 3LD
Tel: 01932 220060

WEST MIDDLESEX UNIVERSITY HOSPITAL
—5G **11**
Twickenham Road
ISLEWORTH
Middlesex
TW7 6AF
Tel: 020 85602121

WEST PARK HOSPITAL —8L **59**
Horton Lane
EPSOM
Surrey
KT19 8PB
Tel: 01883 388300

WEYBRIDGE COMMUNITY HOSPITAL —1B **56**
22 Church Street
WEYBRIDGE
Surrey
KT13 8DY
Tel: 01932 852931

WOKING COMMUNITY HOSPITAL —5B **74**
Heathside Road
WOKING
Surrey
GU22 7HS
Tel: 01483 715911

WOKING HOSPICE —5B **74**
5 Hill View Road
WOKING
Surrey
GU22 7HW
Tel: 01483 881750

WOKING NUFFIELD HOSPITAL —1A **74**
Shores Road
WOKING
Surrey
GU21 4BY
Tel: 01483 227800

WOKINGHAM HOSPITAL —2A **30**
41 Barkham Road
WOKINGHAM
Berkshire
RG41 2RE
Tel: 0118 9495000

RAIL, CROYDON TRAMLINK
AND LONDON UNDERGROUND STATIONS

with their map square reference

Addington Village Stop. CT —3K **65**
Addiscombe Stop. CT —7D **46**
Addlestone Station. Rail —1M **55**
Aldershot Station. Rail —3N **109**
Ampere Way Stop. CT —7K **45**
Arena Stop. CT —4F **46**
Ascot Station. Rail —3L **33**
Ashford Station. Rail —5A **22**
Ash Station. Rail —2F **110**
Ashtead Station. Rail —4L **79**
Ash Vale Station. Rail —6E **90**
Avenue Road Stop. CT —1G **47**

Bagshot Station. Rail —3J **51**
Balham Station. Rail & Tube —2F **28**
Banstead Station. Rail —1L **81**
Barnes Bridge Station. Rail —5E **12**
Barnes Station. Rail —6F **12**
Barons Court Station. Tube —1K **13**
Beckenham Road Stop. CT —1H **47**
Beddington Lane Stop. CT —5G **45**
Belgrave Walk Stop. CT —3B **44**
Belmont Station. Rail —6N **61**
Berrylands Station. Rail —3A **42**
Betchworth Station. Rail —1C **120**
Bingham Road Stop. CT —7D **46**
Birkbeck Stop. CT —2F **46**
Blackhorse Lane Stop. CT —6D **46**
Blackwater Station. Rail —2K **69**
Bookham Station. Rail —1N **97**
Boston Manor Station. Tube —1G **11**
Boxhill and Westhumble Station. Rail —9H **99**
Bracknell Station. Rail —2N **31**
Brentford Station. Rail —2J **11**
Brookwood Station. Rail —8D **72**
Byfleet & New Haw Station. Rail —6M **55**

Camberley Station. Rail —1B **70**
Carshalton Beeches Station. Rail —3D **62**
Carshalton Station. Rail —1D **62**
Caterham Station. Rail —2D **104**
Cheam Station. Rail —4K **61**
Chertsey Station. Rail —7H **37**
Chessington North Station. Rail —2L **59**
Chessington South Station. Rail —4K **59**
Chilworth Station. Rail —9G **114**
Chipstead Station. Rail —5D **82**
Chiswick Park Station. Tube —1B **12**
Chiswick Station. Rail —3B **12**
Christs Hospital Station. Rail —9D **196**
Church Street Stop. CT —8N **45** (3B **200**)
Clandon Station. Rail —7K **95**
Clapham South Station. Tube —1F **28**
Claygate Station. Rail —3E **58**
Clock House Station. Rail —1H **47**
Cobham & Stoke D'abernon Station. Rail —4M **77**
Colliers Wood Station. Tube —8B **28**
Coombe Lane Stop. CT —2F **64**
Coulsdon South Station. Rail —3H **83**
Crawley Station. Rail —4C **182**
Crowthorne Station. Rail —3D **48**
Croydon Central Stop. CT —8N **45**

Datchet Station. Rail —4L **5**
Dorking (Deepdene) Station. Rail —3J **119**
Dorking Station. Rail —3J **119**
Dorking West Station. Rail —4F **118** (1H **201**)
Dormans Station. Rail —2B **166**
Dundonald Road Stop. CT —8L **27**

Earl's Court Station. Tube —1N **13**
Earlsfield Station. Rail —2A **28**

Earlswood Station. Rail —5D **122**
East Croydon Station. Rail & CT —8A **46** (3E **200**)
East Grinstead Station. Rail —9N **165**
East Putney Station. Tube —8K **13**

Edenbridge Station. Rail —9K **127**
Edenbridge Town Station. Rail —1M **147**
Eden Park Station. Rail —4K **47**
Effingham Junction Station. Rail —1H **97**
Egham Station. Rail —6C **20**
Elmers End Station. Rail & CT —3G **47**
Epsom Downs Station. Rail —2G **81**
Epsom Station. Rail —9C **60** (6J **201**)
Esher Station. Rail —8D **40**
Ewell East Station. Rail —6G **60**
Ewell West Station. Rail —5D **60**

Farnborough Main Station. Rail —9N **69**
Farnborough North Station. Rail —8B **70**
Farncombe Station. Rail —4J **133**
Farnham Station. Rail —2H **129**
Faygate Station. Rail —8E **180**
Feltham Station. Rail —2J **23**
Fieldway Stop. CT —4L **65**
Fleet Station. Rail —2C **88**
Frimley Station. Rail —6A **70**
Fulham Broadway Station. Tube —3M **13**
Fulwell Station. Rail —5D **24**

Gatwick Airport Station. Rail —3F **162**
George Street Stop. CT —8N **45** (3C **200**)
Godalming Station. Rail —7G **132**
Godstone Station. Rail —7F **124**
Gomshall Station. Rail —8E **116**
Gravel Hill Stop. CT —3H **65**
Guildford Station. Rail —5M **113** (5A **202**)
Gunnersbury Station. Rail & Tube —1A **12**

Hackbridge Station. Rail —8F **44**
Hammersmith. Tube —1H **13**
Hampton Court Station. Rail —3E **40**
Hampton Station. Rail —9A **24**
Hampton Wick Station. Rail —9J **25** (2G **203**)
Harrington Road Stop. CT —2F **46**
Haslemere Station. Rail —2F **188**
Hatton Cross Station. Tube —7G **8**
Haydons Road Station. Rail —6A **28**
Heathrow Central Station. Rail —6B **8**
Heathrow Terminal 4 Station. Tube —9D **8**
Heathrow Terminals 1, 2, 3 Station. Tube —6C **8**
Hersham Station. Rail —9M **39**
Hinchley Wood Station. Rail —9F **40**
Holmwood Station. Rail —7J **139**
Horley Station. Rail —9F **142**
Horsham Station. Rail —6K **197**
Horsley Station. Rail —3F **96**
Hounslow Central Station. Tube —6B **10**
Hounslow East Station. Tube —5C **10**
Hounslow Station. Rail —8B **10**
Hounslow West Station. Tube —5M **9**
Hurst Green Station. Rail —1B **126**

Ifield Station. Rail —3M **181**
Isleworth Station. Rail —5F **10**

Kenley Station. Rail —1N **83**
Kew Bridge Station. Rail —1M **11**
Kew Gardens Station. Rail & Tube —4N **11**
King Henry's Drive Stop. CT —5L **65**
Kingscote Station. Rail —5J **185**
Kingston Station. Rail —9L **25** (2J **203**)

Kingswood Station. Rail —8L **81**

Leatherhead Station. Rail —8G **79**
Lebanon Road Stop. CT —8B **46**
Lingfield Station. Rail —7A **146**
Littlehaven Station. Rail —3M **197**
Lloyd Park Stop. CT —1C **64**
London Road Station. Rail —3A **114** (3F **202**)
Longcross Station. Rail —7J **35**

Malden Manor Station. Rail —6D **42**
Martin's Heron Station. Rail —3D **32**
Merstham Station. Rail —6G **102**
Merton Park Stop. CT —9M **27**
Milford Station. Rail —3D **152**
Mitcham Junction Station. Rail & CT —4E **44**
Mitcham Stop. CT —3C **44**
Morden Road Stop. CT —1N **43**
Morden South Station. Rail —4M **43**
Morden Station. Tube —2N **43**
Mortlake Station. Rail —6B **12**
Motspur Park Station. Rail —4G **42**

New Addington Stop. CT —6M **65**
New Malden Station. Rail —2D **42**
Norbiton Station. Rail —9N **25**
Norbury Station. Rail —9K **29**
North Camp Station. Rail —5D **90**
North Sheen Station. Rail —7N **11**
Norwood Junction Station. Rail —3D **46**
Nutfield Station. Rail —5K **123**

Ockley Station. Rail —4G **159**
Osterley Station. Tube —3D **10**
Oxshott Station. Rail —9C **58**
Oxted Station. Rail —7A **106**

Parsons Green Station. Tube —4M **13**
Phipps Bridge Stop. CT —2B **44**
Purley Oaks Station. Rail —5A **64**
Purley Station. Rail —7L **63**
Putney Bridge Station. Tube —6L **13**
Putney Station. Rail —7K **13**

Ravenscourt Park Station. Tube —1G **12**
Raynes Park Station. Rail —1H **43**
Redhill Station. Rail —2E **122**
Reedham Station. Rail —9K **63**
Reeves Corner Stop. CT —8M **45** (3A **200**)
Reigate Station. Rail —6N **121**
Richmond Station. Rail & Tube —7L **11**
Riddlesdown Station. Rail —9N **63**

St Helier Station. Rail —5M **43**
St Margarets Station. Rail —9H **11**
Salfords Station. Rail —2F **142**
Sanderstead Station. Rail —5A **64**
Sandhurst Station. Rail —8F **48**
Sandilands Stop. CT —8C **46**
Selhurst Station. Rail —4B **46**
Shalford Station. Rail —9A **114**
Shepperton Station. Rail —4D **38**
Smitham Station. Rail —2J **83**
South Croydon Station. Rail —2A **64** (8E **200**)
Southfields Station. Tube —2L **27**
South Merton Station. Rail —2L **43**
South Wimbledon Station. Tube —8N **27**
Southfields Station. Tube —2L **27**
Staines Station. Rail —6J **21**
Stoneleigh Station. Rail —2F **60**
Strawberry Hill Station. Rail —4F **24**

Streatham Common Station. Rail —8H **29**
Streatham Hill Station. Rail —3J **29**
Streatham Station. Rail —6H **29**
Sunbury Station. Rail —9H **23**
Sunningdale Station. Rail —6D **34**
Sunnymeads Station. Rail —6A **6**
Surbiton Station. Rail —5L **41**
Sutton Common Station. Rail —8N **43**
Sutton Station. Rail —3A **62**
Syon Lane Station. Rail —3G **11**

Tadworth Station. Rail —9H **81**
Tattenham Corner Station. Rail —5G **80**
Teddington Station. Rail —7G **24**
Thames Ditton Station. Rail —6F **40**
Therapia Lane Stop. CT —6J **45**
Thornton Heath Station. Rail —3N **45**
Three Bridges Station. Rail —3F **182**
Tolworth Station. Rail —8A **42**
Tooting Bec Station. Tube —4E **28**
Tooting Broadway Station. Tube —6C **28**
Tooting Station. Rail —7D **28**
Tulse Hill Station. Rail —3M **29**
Twickenham Station. Rail —1G **24**

Upper Halliford Station. Rail —1F **38**
Upper Warlingham Station. Rail —5D **84**

Virginia Water Station. Rail —4A **36**

Waddon Marsh Stop. CT —8L **45**
Waddon Station. Rail —1L **63**
Wallington Station. Rail —3F **62**
Walton-on-Thames Station. Rail —1H **57**
Wanborough Station. Rail —3N **111**
Wandle Park Stop. CT —8L **45**
Wandsworth Common Station. Rail —2D **28**
Wandsworth Town Station. Rail —7N **13**
Warnham Station. Rail —9J **179**
Wellesley Road Stop. CT —8A **46** (2D **200**)
West Brompton Station. Rail & Tube —2M **13**
West Byfleet Station. Rail —8J **55**
West Croydon Station. Rail & CT —7N **45** (1B **200**)
West Dulwich Station. Rail —3N **29**
West Kensington Station. Tube —1L **13**
West Norwood Station. Rail —5M **29**
West Sutton Station. Rail —1M **61**
West Wickham Station. Rail —6M **47**
Weybridge Station. Rail —3B **56**
Whitton Station. Rail —1C **24**
Whyteleafe South Station. Rail —6D **84**
Whyteleafe Station. Rail —4C **84**
Wimbledon Chase Station. Rail —1K **43**
Wimbledon Park Station. Tube —4M **27**
Wimbledon Station. Rail, CT & Tube —7L **27**
Windsor & Eton Central Station. Rail —4G **4**
Windsor & Eton Riverside Station. Rail —3G **5**
Witley Station. Rail —1C **172**
Wokingham Station. Rail —2A **30**
Woking Station. Rail —4B **74**
Woldingham Station. Rail —9G **85**
Woodmansterne Station. Rail —3F **82**
Woodside Stop. CT —5E **46**
Worcester Park Station. Rail —7F **42**
Worplesdon Station. Rail —2L **93**
Wraysbury Station. Rail —9C **6**